Wolfgang Breuer

Investition I

Entscheidungen bei Sicherheit

2., korrigierte Auflage

Die Deutsche Bibliothek – CIP-Einheitsaufnahme
Ein Titeldatensatz für diese Publikation ist bei
Der Deutschen Bibliothek erhältlich

Prof. Dr. Wolfgang Breuer ist Inhaber des Lehrstuhls für Betriebliche Finanzwirtschaft an der Rheinisch-Westfälischen TH Aachen.

1. Auflage September 2000
2. Auflage Juni 2002

Alle Rechte vorbehalten
© Betriebswirtschaftlicher Verlag Dr. Th. Gabler GmbH, Wiesbaden 2002

Lektorat: Ralf Wettlaufer / Renate Schilling

Der Gabler Verlag ist ein Unternehmen der Fachverlagsgruppe BertelsmannSpringer.
www.gabler.de

Das Werk einschließlich aller seiner Teile ist urheberrechtlich geschützt. Jede Verwertung außerhalb der engen Grenzen des Urheberrechtsgesetzes ist ohne Zustimmung des Verlages unzulässig und strafbar. Das gilt insbesondere für Vervielfältigungen, Übersetzungen, Mikroverfilmungen und die Einspeicherung und Verarbeitung in elektronischen Systemen.

Die Wiedergabe von Gebrauchsnamen, Handelsnamen, Warenbezeichnungen usw. in diesem Werk berechtigt auch ohne besondere Kennzeichnung nicht zu der Annahme, dass solche Namen im Sinne der Warenzeichen- und Markenschutz-Gesetzgebung als frei zu betrachten wären und daher von jedermann benutzt werden dürften.

Umschlaggestaltung: Ulrike Weigel, www.Corporate.DesignGroup.de
Druck und buchbinderische Verarbeitung: Lengericher Handelsdruckerei, Lengerich/Westf.
Gedruckt auf säurefreiem und chlorfrei gebleichtem Papier
Printed in Germany

ISBN 3-409-21648-0

Vorwort zur 2. Auflage

Daß es ein reichhaltiges Angebot an investitionstheoretischen Lehrbüchern gibt, ist sicherlich kein Geheimnis. Um so erfreulicher war es für mich, daß die erste Auflage von "Investition I" bereits nach weniger als zwei Jahren vergriffen war. Entsprechend halten sich die vorgenommenen Änderungen im Rahmen dieser zweiten Auflage in engen Grenzen. Neben der Verbesserung von insgesamt ungefähr zwei Dutzend sinnverzerrenden (wie etwa "Projekt 1" statt richtig "Projekt 2") und "gewöhnlichen" Tippfehlern (beispielsweise "korrEkt" statt "korrekt") wurde vor allem das Kapitel II in beschränktem Umfang neu gestaltet. Ferner begründete auch die Reform des deutschen Steuerrechts einen gewissen Änderungsbedarf, und zwar im Abschnitt 4 des Kapitels IV. Des weiteren wurden an verschiedenen anderen Stellen einige kleinere Ergänzungen vorgenommen. So wird im Abschnitt 1 des Kapitels III nunmehr kurz auf Kapitalwertberechnungen bei unterjähriger Verzinsung eingegangen. Überdies wurde eine auf einem Denkfehler beruhende falsche Aussage in einer Fußnote korrigiert und das Literaturverzeichnis aktualisiert.

Durch die vorgenommenen Änderungen sind die Verweise aus "Investition II" auf den vorliegenden ersten Band nicht mehr zutreffend. Zum Ende dieser zweiten Auflage ist daher ein "Verweisregister" eingeführt worden, in dem die entsprechenden Seitenzahlen dieser zweiten Auflage nachgeschlagen werden können, die mit den überholten Verweisen aus "Investition II" korrespondieren.

Etwas länger habe ich darüber nachgedacht, ob ich für diese zweite Auflage das Symbol "C" für Konsum durch den Kleinbuchstaben "c" ersetzen soll. In "Investition II" ist die Verwendung von "c" statt "C" aus "EDV-technischen" Gründen zwingend erforderlich (Tilden auf C werden bei dem von mir verwendeten Textverarbeitungsprogramm anders als Tilden auf c nicht richtig dargestellt; gerade durch Tilden soll aber unsicherer Konsum gekennzeichnet werden). Ich habe mich entschieden, im Band I beim "C" wegen der Parallelität zu Größen wie "I" und "W_0" zu bleiben.

Anders als noch bei der ersten Auflage von "Investition I" ist nunmehr ein dreibändiges Gesamtwerk zur Investition vorgesehen. Während "Investition I" und "Investition II" letztlich von zentralisierten Investitionsentscheidungen innerhalb einer Unternehmung ausgehen, und zwar im Band I bei Sicherheit und im Band II bei Risiko, soll sich der noch fehlende Band III mit den resultierenden besonderen Gestaltungsfragen bei wenigstens partiell dezentralisierter Investitionsplanung auseinandersetzen. Mit der Veröffentlichung dieses dritten Bands ist freilich nicht allzu bald zu rechnen. Realistisch dürfte ein Erscheinungstermin im letzten Quartal von 2004 sein.

Ich will nicht verheimlichen, daß der Absatzerfolg von "Investition I" natürlich zum Teil Konsequenz des Umstands ist, daß ich "Investition I" für meine eigenen Lehrveranstaltungen nutze. Vor allem die Teilnehmer des 64. und des 65. Lehrgangs der Deutschen Sparkassenakademie haben mir mit Hinweisen auf von ihnen gefundene Fehler in meinen Ausführungen die Erstellung der zweiten Auflage sehr erleichtert. Dafür möchte ich besonders Dank sagen. Ein derartiges Engagement wünscht man sich auch von unseren Studenten an den Universitäten. Zu danken habe ich schließlich noch Herrn Dr. *Jürgen Ewert*, Hagen, der mich auf den oben angesprochenen Denkfehler hingewiesen hat.

Wie stets stellt sich zuletzt die Frage nach einer Widmung des vorliegenden Werkes. Ein guter Freund aus Tübingen hat mir gegenüber vor einiger Zeit die Ansicht geäußert, meine Frau *Claudia* sei (statt unserer beiden Kinder) mal wieder an der Reihe. Tatsächlich wünscht sie sich wohl eher einen Zwergpudel als eine Widmung. Trotzdem hoffe ich, daß sie sich freut, wenn ich ihr diese zweite Auflage widme. Immerhin muß man mit einem Buch nicht abends "Gassi gehen".

Wolfgang Breuer

Vorwort zur 1. Auflage

Das vorliegende Lehrbuch basiert im wesentlichen auf meinen Vorlesungen des Grund- und Hauptstudiums zur internen Unternehmensrechnung und Investitionstheorie in den Jahren 1995 bis 1999 an der Universität Bonn. Es stellt den ersten Band eines auf zwei Bände angelegten Gesamtwerkes dar. Während das vorliegende Buch lediglich investitionstheoretische Grundlagen für den Fall sicherer Erwartungen erörtert, werden die Investitionstheorie bei Risiko sowie Fragen des Investitionscontrolling Gegenstände des zweiten Bandes sein. Entsprechend ist der erste Band primär als Basis für eine Grundstudiumsveranstaltung gedacht, wohingegen der zweite Band sicherlich Hauptstudiumsstoff behandelt.

Insgesamt umfaßt das vorliegende Lehrbuch 12 größere Abschnitte, von denen jeder bis auf den Abschnitt 4 des vierten Kapitels zu steuerlichen Fragen innerhalb einer Doppelstunde zu behandeln sein dürfte. Demnach enthält das Lehrbuch - mit vereinzelten Kürzungen oder Auslassungen - im wesentlichen den Stoff einer zweistündigen Veranstaltung während eines Semesters.

Natürlich stellt sich gerade beim Verfassen eines investitionstheoretischen Lehrbuchs die Frage nach dessen Notwendigkeit. Zweifellos existiert im Bereich der Investitionstheorie eine große Zahl sehr guter Lehrbücher. Trotzdem denke ich, daß das vorliegende Lehrbuch in vielen Detailfragen Akzente setzt, die seinen Inhalt von dem anderer investitionstheoretischer Lehrbücher unterscheiden. So werden beispielsweise Parameterregeln und Klienteleffekt ebenso wie das Verhältnis zwischen *Dean*- und *Hirshleifer*-Modell oder die Gültigkeit der *Fisher*-Separation unter Berücksichtigung von Steuern in einer Ausführlichkeit behandelt, die man in anderen Lehrbuchdarstellungen typischerweise nicht vorfindet. Entsprechendes gilt für die Berücksichtigung von Inflationsaspekten und Zahlungskonsequenzen in Fremdwährung. Dafür sind natürlich an anderen Stellen Abstriche erforderlich. So werden etwa Details der Linearen Programmierung bei der Planung von Investitions- und Finanzierungsprogrammen für den unvollkommenen Kapitalmarkt nur sehr rudimentär erörtert. Insgesamt dürfte sich das vorliegende Lehrbuch trotz der fraglos großen generellen Nähe zu anderen Lehrbüchern in den konkreten inhaltlichen Schwerpunkten deutlich absetzen und insofern (hoffentlich) eine Bereicherung der investitionstheoretischen Lehrbuchlandschaft darstellen.

Wieder war mir bei der Erstellung des Buches die Unterstützung meiner Mitarbeiter an meinem Lehrstuhl in Bonn bzw. (seit März 2000) in Aachen eine große Hilfe. Frau *Annegret Ruston*, BA (Hons), habe ich einmal mehr für die Erstellung sämtlicher Graphiken dieses Lehrbuchs zu danken. Herr Dipl.-Vw. *Thomas Weber* hat dankenswerterweise das gesamte Manuskript korrekturgelesen und mir bei Literaturrecherchen sowie der Formulierung der Wiederholungsfragen geholfen. Teile des Manuskripts wurden überdies von den Herren Dr. *Marc Gürtler*, Dipl.-Kfm. *Thomas Herfs* und Dipl.-Vw. *Klaus Mark* sowie von Frau Dipl.-Vw. *Anke Kleefisch* durchgesehen. Auch ihnen bin ich für ihre Anmerkungen zu Dank verpflichtet. Schließlich danke ich meiner Frau, Dr. *Claudia Breuer*, die ebenfalls eine späte Fassung des Manuskripts korrekturgelesen hat.

Am meisten Kopfzerbrechen bereitete mir die Numerierung von Abbildungen, Tabellen, Formeln u.ä. im ungewöhnlich kurzen Kapitel II. Weil Kapitel II de facto nur aus einem (inhaltlichen) Abschnitt besteht, habe ich mich aus Symmetriegründen für "1.1", "1.2", ... entschieden, obgleich auch "1", "2", ... genügt hätte. In zweien meiner bislang vier Lehrbücher zur betrieblichen Finanzwirtschaft konnte ich überdies die Geburt eines Kindes vermelden. Wie ich aber schon in meinem Übungsbuch zum unternehmerischen Währungsmanagement angekündigt habe, wollen meine Frau und ich diese Koinzidenz von Lehrbuchveröffentlichungen und der Erhöhung der Zahl unserer Nachkommen nicht weiter aufrechterhalten. Ich beschränke mich daher darauf, das vorliegende Buch den beiden vorhandenen Kindern, *Clara* und *Franziska*, zu widmen. Allerdings hoffe ich aus Hygienegründen, daß sie zwischen Duplo und Playmobil nicht so bald die Zeit finden werden, einen Blick in ein Exemplar dieses Lehrbuchs zu werfen.

Wolfgang Breuer

Gliederung

Vorwort V

Verzeichnis wichtiger Symbole XVII

I Problemstellung und Aufbau des Buches 1

II Investitionsentscheidungen bei fehlendem Kapitalmarktzugang 7

    1 Problemstellung 7
    2 Die Annahmen 7
        2.1 Unternehmerische Präferenzen 7
        2.2 Unternehmerische Anfangsausstattung und Realinvestitionsmöglichkeiten 12
    3 Optimale Konsum- und Investitionsentscheidungen 27
        3.1 Darstellung der Lösung 27
        3.2 Diskussion 37
    4 Zusammenfassung 39
    Wiederholungsfragen 41

III Investitionsentscheidungen bei vollkommenem Kapitalmarkt .. 43

    1 *Fisher*-Separation und Kapitalwertkriterium 43
        1.1 Problemstellung 43
        1.2 Die zusätzlichen Annahmen 43
        1.3 Die Konsequenzen 45
            1.3.1 Existenz eines einheitlichen Zinssatzes für Anlage/Verschuldung 45
            1.3.2 Die Kapitalmarktgeraden 46
            1.3.3 Die *Fisher*-Separation: präferenz- und vermögensunabhängige Ermittlung optimaler Realinvestitionen .. 49

	1.3.4	Das Kapitalwertkriterium	59
		1.3.4.1 Herleitung	59
		1.3.4.2 Diskussion	61
1.4	Zusammenfassung		79
Wiederholungsfragen			81

2 Dynamischer versus statischer Vorteilhaftigkeitsvergleich 83
- 2.1 Problemstellung 83
- 2.2 Rentenbarwertfaktor und äquivalente Annuität 84
- 2.3 Statischer Gewinnvergleich versus Kapitalwertkriterium ... 90
  - 2.3.1 Vorgehen im Rahmen eines statischen Gewinnvergleichs 90
    - 2.3.1.1 Einzelentscheidung 92
    - 2.3.1.2 Auswahlentscheidung 98
  - 2.3.2 Gegenüberstellung mit dem Kapitalwertkriterium .. 102
- 2.4 Zusammenfassung 107
- Anhang 1 109
- Anhang 2 110
- Wiederholungsfragen 111

3 Parameterregeln 113
- 3.1 Problemstellung 113
- 3.2 Irrelevanz der Nullpunktwahl bei Kapitalwertorientierung 114
- 3.3 Parameter, kritische Werte und Projektkapitalwerte 119
- 3.4 Interne Zinsfüße von Zahlungsreihen 125
  - 3.4.1 Ermittlung und Interpretation von internen Zinsfüßen 125
  - 3.4.2 Investitionsentscheidungen mit Hilfe interner Zinsfüße 132
    - 3.4.2.1 Einzelentscheidungen 132
    - 3.4.2.2 Auswahlentscheidungen 136

	3.5 Zusammenfassung	151
	Wiederholungsfragen	153
4	**Nutzungsdauerentscheidungen und optimaler Ersatzzeitpunkt**	155
	4.1 Problemstellung	155
	4.2 Optimale Nutzungsdauer eines Projekts ohne Möglichkeit zu Anschlußinvestitionen	159
	4.3 Optimale Nutzungsdauern bei endlicher Wiederholung gleichartiger Projekte	167
	4.4 Optimale Nutzungsdauern bei endlicher Kette verschiedenartiger Projekte	172
	4.5 Optimale Nutzungsdauern bei unendlicher Wiederholung identischer Projekte	180
	4.6 Optimale Nutzungsdauern bei unendlicher Kette verschiedenartiger Projekte	184
	4.7 Zusammenfassung	186
	Wiederholungsfragen	189
5	**Kapitalwert bei nicht-flacher Zinsstruktur**	191
	5.1 Problemstellung	191
	5.2 Die retrograde Berechnungsmethode nach *Rolfes*	198
	5.3 Kapitalwertberechnung mittels Zero-Bond-Abzinsungsfaktoren	200
	5.4 Effektivrenditen von Zero Bonds und Zinsstrukturcharakterisierung	210
	5.5 Ein-Perioden-Terminzinssätze und Zero-Bond-Abzinsungsfaktoren	215
	5.6 Zusammenfassung	221
	Anhang	223
	Wiederholungsfragen	226

XII

6	Kapitalwert und Inflation	228
	6.1 Problemstellung	228
	6.2 Inflationsraten, nominale und reale Größen	228
	6.3 Kapitalwertformel in realen Größen	233
	6.3.1 Herleitung	233
	6.3.2 Diskussion	240
	6.3.2.1 Konstante reale Einzahlungen	240
	6.3.2.2 Konstanter Realzinssatz	242
	6.4 Monetäre Konsequenzen von Inflationsratenvariationen	249
	6.5 Zusammenfassung	257
	Wiederholungsfragen	259
7	Kapitalwert von Auslandsdirektinvestitionen	261
	7.1 Problemstellung	261
	7.2 *Fisher*-Separation und Kapitalwertkriterium	262
	7.3 Kapitalwertformeln	264
	7.3.1 Kapitalwertformel in Inlandswährung	264
	7.3.2 Kapitalwertformel in Fremdwährung	266
	7.4 Der Internationale *Fisher*-Effekt	269
	7.5 Weitergehende Fragen	272
	7.5.1 Möglichkeit zur Einzelprojektbeurteilung	273
	7.5.2 Alleinige Bewertungsrelevanz der durch die Investition ausgelösten Zahlungskonsequenzen	274
	7.5.3 Vereinfachte Kapitalwertformel bei Gültigkeit des Nationalen *Fisher*-Effekts	278
	7.5.3.1 Herleitung	278
	7.5.3.2 Diskussion	283
	7.6 Zusammenfassung	288
	Wiederholungsfragen	290

XIII

IV Investitionsentscheidungen bei unvollkommenem Kapitalmarkt 293

1 *Hirshleifer*-Modell und Klienteleffekt 293
   1.1 Problemstellung 293
   1.2 Das *Hirshleifer*-Modell 294
      1.2.1 Die Annahmen 294
      1.2.2 Optimale Investitionsentscheidungen im
             Hirshleifer-Modell 299
      1.2.3 Marktwert von Investitionsmöglichkeiten 312
   1.3 Der Klienteleffekt 319
   1.4 *Hirshleifer*-Modell und Klienteleffekt 321
   1.5 Zusammenfassung 325
   Wiederholungsfragen 327

2 Das *Dean*-Modell 329
   2.1 Problemstellung 329
   2.2 Das *Dean*-Modell in seiner Grundversion 329
      2.2.1 Die Prämissen 329
      2.2.2 Die Resultate 335
   2.3 Mögliche Erweiterungen des *Dean*-Modells 341
      2.3.1 Mangelnde Teilbarkeit von Investitions-
             projekten 341
      2.3.2 Gegenseitiger Ausschluß von Investitions-
             projekten 345
      2.3.3 Mehr-Perioden-Betrachtung 353
   2.4 Das Verhältnis von *Hirshleifer*- zu *Dean*-Modell 360
   2.5 Zusammenfassung 364
   Wiederholungsfragen 366

3 Vollständige Finanzplanung und Ansätze der Linearen Programmierung 368
   3.1 Problemstellung 368
   3.2 Die Grundstruktur vollständiger Finanzpläne 369
      3.2.1 Definition und Funktion vollständiger Finanzplanung 369
      3.2.2 Elemente eines vollständigen Finanzplans 371
      3.2.3 Mögliche Zielsetzungen im Rahmen vollständiger Finanzplanung 373
   3.3 Ein Zahlenbeispiel 378
   3.4 LP-Ansätze zur Lösung von Kapitalbudgetierungsproblemen 393
      3.4.1 Charakterisierung des allgemeinen Budgetierungsproblems 393
      3.4.2 Endogene Kalkulationszinsfüße im Rahmen des allgemeinen Budgetierungsproblems 397
   3.5 Zusammenfassung 402
   Wiederholungsfragen 403

4 Steuern in der Investitionsrechnung 405
   4.1 Problemstellung 405
   4.2 Grundzüge steuerlicher Regelungen in Deutschland und die Annahmen des Standardmodells 407
   4.3 *Fisher*-Separation und Kapitalwertkriterium bei Steuern .. 413
      4.3.1 Unternehmerische Präferenzen und Realinvestitionsmöglichkeiten 413
      4.3.2 Der unternehmerische Kapitalmarktzugang 415
      4.3.3 Kapitalwertmaximierung als Auswahlkriterium für Realinvestitionen 419
   4.4 Steuerparadoxon und Investitionsneutralität 435
      4.4.1 Das Steuerparadoxon 436
      4.4.2 Investitionsneutrale Besteuerung 441

		4.4.2.1	Ertragswertabschreibung im Standardmodell	441
		4.4.2.2	Cash-flow-Besteuerung	452
		4.4.2.3	Residualgewinnorientierte Besteuerung	459
	4.5	Zusammenfassung		467
	Anhang 1			469
	Anhang 2			471
	Anhang 3			475
	Wiederholungsfragen			477

V Ausblick **479**

Literaturverzeichnis **481**

Verweisregister **493**

Stichwortregister **495**

Verzeichnis wichtiger Symbole

A	Anlagevolumen
A_0	Anfangsauszahlung
$C_{0,max}$	Abszissenabschnitt einer Kapitalmarktgeraden
C_t	Konsumauszahlung im Zeitpunkt t
$\bar{C}_t$	Konsumauszahlung im Zeitpunkt t vor Finanzinvestitionen
$\bar{C}_t^{(H)}$	Konsumauszahlung im Zeitpunkt t vor Mittelanlage
$\bar{C}_t^{(S)}$	Konsumauszahlung im Zeitpunkt t vor Verschuldung
dC_t	(Infinitesimale) Änderung von C_t
d_t	Diskontierungs-/Zero-Bond-Abzinsungsfaktor für Laufzeit von 0 bis t
D_t	Abschreibungen im Zeitpunkt t
$E^{(n)}$	Einzahlungsüberschuß aus Projekt n im Zeitpunkt t = 1
E_t	Erlös aus Produkteabsatz im Zeitpunkt t
F	Finanzierungsvolumen
$F(\cdot)$	Realinvestitions- oder Investitionsertragsfunktion
$F_s(\cdot)$	Realinvestitions- oder Investitionsertragsfunktion nach Steuern
G_t	Gewinn eines Zeitpunktes t
$\bar{G}$	Repräsentativer Gewinn
HZ_t	Habenzinsen im Zeitpunkt t
i	Zinssatz für Anlage/Verschuldung von t = 0 bis t = 1 (*Fisher*-Modell); Grenzrendite/Grenzkapitalkostensatz (*Dean*-Modell)
i_S	Nach-Steuer-Kapitalmarktzinssatz von t = 0 bis t = 1
i_t	Zinssatz für Anlage/Verschuldung von t-1 bis t
$i^{(H)}$	Zinssatz für Mittelanlage von t = 0 bis t = 1
$i^{(S)}$	Zinssatz für Verschuldung von t = 0 bis t = 1
I	Realinvestitionsvolumen
$I^{(H)*}$	Optimales Investitionsvolumen eines Anlegertyps
$I^{(S)*}$	Optimales Investitionsvolumen eines Schuldnertyps
K	Kreditvolumen
$K_{f,t}$	Fixkosten/-auszahlungen im Zeitpunkt t

$k_{v,t}$	variable Kosten/Auszahlungen je Stück im Zeitpunkt t
kZ_t	verrechnete kalkulatorische Zinsen im Zeitpunkt t
n	Index für Investitionsprojekte
N	Anzahl verfügbarer Investitionsprojekte
$p_t^{(j)}$	Preis eines Gutes j im Zeitpunkt t
P_t	Preisniveau im Zeitpunkt t
RG_t	Residualgewinn im Zeitpunkt t
r_t	Ein-Perioden-Zinssatz bei Mittelanlage/-aufnahme von 0 bis t und periodischer Zinszahlung
s	Steuersatz im Rahmen des Standardmodells
s_e	(Grenz-) Einkommensteuersatz
s_{ge}	effektiver Gewerbesteuersatz
SZ_t	Sollzinsen in einem Zeitpunkt t
t	Zeitindex
T	Zeithorizont; Nutzungsdauer eines Investitionsprojekts
$U(\cdot;\cdot)$	Unternehmerische Nutzenfunktion
v_t	Effektivrendite eines Zero Bond mit Fälligkeit im Zeitpunkt t
V	Kaufpreis einer Investitionsmöglichkeit
w_t	Wechselkurs zwischen Euro und US-$ im Zeitpunkt t
W_0	Unternehmerisches Anfangsvermögen
x_t	Absatzmenge im Zeitpunkt t
z_t	Einzahlungsüberschuß eines Investitionsprojekts oder -programms im Zeitpunkt t
ΔW_0	Für investive Verwendung vorgesehener Teil der unternehmerischen Anfangsausstattung
η_t	Ertragswert einer Zahlungsreihe aus Sicht des Zeitpunktes t
κ	Kapitalwert einer Zahlungsreihe (aus Sicht von t = 0)
κ_t	Kapitalwert einer Zahlungsreihe aus Sicht des Zeitpunktes t
κ_S	Nach-Steuer-Kapitalwert
π_t	Inflationsrate von t-1 bis t
τ	Zeitindex

XIX

Das Kürzel "nom" kennzeichnet nominale, das Kürzel "real" reale Größen. Mit "I" werden Größen in Inlandswährung, mit "F" solche in Auslandswährung indiziert. "ME" bedeutet "Mengeneinheit(en)", "GE" steht für "Geldeinheit(en)".

I Problemstellung und Aufbau des Buches

Im Rahmen der **Investitionstheorie** setzt man sich mit dem Problem auseinander, in welcher Form monetäre Mittel in Unternehmungen produktiv verwendet werden können. Im engen Sinne behandelt die Investitionstheorie damit die Frage der **Mittelverwendung** in Unternehmungen. Die einzusetzenden Mittel müssen aber zunächst beschafft werden, so daß Mittelbeschaffung und -verwendung unmittelbar miteinander verknüpft sind. Maßnahmen der **Mittelbeschaffung** werden im Rahmen der **Finanzierungstheorie** erörtert, und es sollte nicht verwundern, daß Investitions- und Finanzierungstheorie herkömmlicherweise unter dem Oberbegriff der **(betrieblichen) Finanzwirtschaft**[1] zusammengefaßt werden. Insofern werden in jedem Lehrbuch zur Investitionstheorie auch finanzierungstheoretische Fragen angesprochen, wie andererseits auch in Lehrbüchern zur Finanzierungstheorie Fragen der Mittelverwendung nicht vernachlässigt werden können. Aus diesem Grunde werden in vielen Lehrbüchern auch beide Bereiche gleichberechtigt simultan behandelt.[2] Gleichwohl stellt es einen Unterschied dar, ob man gewissermaßen am Bereich der Mittelbeschaffung ansetzt und von dort beginnend auch auf Fragen der Mittelverwendung eingeht oder aber die Mittelverwendung in den Vordergrund stellt und mit diesem Schwerpunkt auch auf Fragen der Mittelbeschaffung eingeht.

Die Investitionstheorie stellt sich in großen Teilen als außerordentlich weit entwickelt dar, weswegen eine **Dreiteilung** der gesamten Materie vorgenommen worden ist. Im vorliegenden ersten Band wird auf die investitionstheoretischen Grundlagen unter der **Annahme sicherer Erwartungen** eingegangen. Ferner wird unterstellt, daß Investitionsentscheidungen nicht delegiert werden, sondern der oder die Unternehmer sie selbst treffen. Der zweite Band, *Breuer* (2001a), dehnt die Betrachtung auf Entscheidungen bei **Risiko** aus, behält aber die Annah-

---

[1] Vgl. zu dieser Begriffsfassung auch *Breuer* (1999a), S. 141 f.

[2] Vgl. z.B. *Spremann* (1996), *Gerke/Bank* (1998), *Franke/Hax* (1999).

me zentral getroffener Investitionsentscheidungen bei. Erst im noch zu erstellenden dritten Band schließlich findet der Umstand Berücksichtigung, daß in praxi häufig auch der Unternehmensführung **untergeordnete Stellen** Investitionsentscheidungskompetenz innehaben.

Investitionsentscheidungen werden in einfachster Form durch einen einzigen Unternehmer als alleinigem Entscheidungsträger getroffen. Natürlich wird dieser derart investieren wollen, daß sein persönliches Nutzenniveau maximal wird. Insofern bietet sich unmittelbar eine **mikroökonomische Fundierung** investitionstheoretischer Entscheidungen an. Die hier zugehörige grundlegende Modellstruktur wird im nachfolgenden **zweiten Kapitel** entwickelt.

Eine ganz wesentliche Modifikation des Entscheidungsproblems ergibt sich, wenn der betrachtete Unternehmer Zugang zu einem friktionsfrei arbeitenden Kapitalmarkt erhält, auf dem in grundsätzlich beliebiger Höhe Mittel aufgenommen oder angelegt werden können. Die wichtigste Konsequenz der so angenommenen Existenz eines "vollkommenen" Kapitalmarktes ist die Möglichkeit der präferenz- und vermögensunabhängigen Beurteilung von Investitionsprojekten anhand ihres jeweiligen "Kapitalwertes". Dieses als *Fisher*-**Separation** in die Literatur eingegangene zentrale investitionstheoretische Ergebnis ist Gegenstand des **Abschnitts 1** des **dritten Kapitels**. Unmittelbare Konsequenz hieraus ist, daß auch mehrere kollektiv entscheidende Unternehmer zur einmütigen Bestimmung des im Rahmen ihrer gemeinsamen Unternehmung durchzuführenden Investitionsprogramms gelangen.

Die nachfolgenden Abschnitte dieses recht langen Kapitels beschäftigen sich sämtlich auf der Grundlage von Investitionsentscheidungen anhand des Kapitalwertkriteriums mit verschiedenen Spezialfragen. So behandelt **Abschnitt 2** die Möglichkeit, die Betrachtung auf eine **"repräsentative" Periode** zu verdichten. Es wird gezeigt, wie eine derartige Verdichtung auf der Grundlage des Kapitalwertkalküls sachgerecht vorzunehmen ist und wie im Lichte dieser Erkenntnis andersartige Verdichtungen auf der Grundlage der Betrachtung von Gewinngrößen statt Kapitalwerten zu würdigen sind.

Abschnitt 3 behandelt sogenannte **Parameterregeln**, bei denen man für verschiedene Einflußfaktoren im Rahmen der Kapitalwertberechnung "kritische" Werte ermittelt. Diese zeichnen sich dadurch aus, daß sie ceteris paribus gerade einen Kapitalwert von Null induzieren. Viele praktisch gängige Entscheidungsregeln beruhen auf der Betrachtung solcherlei kritischer Werte, ohne daß die Äquivalenz zum theoretisch gut fundierten Kapitalwertkriterium stets gewährleistet ist.

Im **Abschnitt 4** wird zum ersten Mal die **Nutzungsdauer** eines Investitionsprojekts nicht mehr als exogen aufgefaßt, sondern zum Gegenstand eines Optimierungskalküls. Weil ein Investitionsprojekt nur über eine einzige bestimmte Nutzungsdauer verfügen kann, liegt hier eine spezielle Auswahlentscheidung zwischen mehreren sich gegenseitig ausschließenden Investitionsalternativen vor. Die Entscheidungssituation wird komplizierter, wenn mehrfach hintereinander Investitionsprojekte mit endogen zu bestimmender Nutzungsdauer durchgeführt werden können. Auch auf derartige Szenarien wird daher im Rahmen dieses Abschnittes näher eingegangen.

Unterstellt man im Rahmen von Mehr-Perioden-Betrachtungen einen konstanten Ein-Perioden-Kapitalmarktzinssatz über alle betrachteten Perioden, so spricht man vom Vorliegen einer flachen Zinsstruktur. Dies ist gleichbedeutend damit, daß die für verschiedene Anlagezeiträume gewährte durchschnittliche Ein-Perioden-Verzinsung stets identisch ist. In der Realität ist eine solche Situation typischerweise nicht gegeben. Wie man in **Fällen "nicht-flacher" Zinsstruktur** Kapitalwerte von Investitionsprojekten ermittelt, wird im **Abschnitt 5** des dritten Kapitels erörtert.

Kapitalwertberechnungen basieren auf der Diskontierung der künftigen Einzahlungen eines Investitionsprojekts mit den jeweils relevanten Kapitalmarktzinssätzen. Inwiefern in der betrachteten Entscheidungssituation inflationäre Tendenzen vorherrschen, ist in diesem Zusammenhang grundsätzlich ohne Bedeutung. Unter bestimmten Voraussetzungen kann die explizite Berücksichtigung von **Inflationsraten** allerdings die Möglichkeit zu vereinfachten Kapitalwertberechnungen eröffnen. Zu diesem Zweck ist es erforderlich, nominale (oder monetäre) Größen in reale (das heißt in Gütereinheiten ausgedrückte) umzurechnen. Details hierzu finden sich im **Abschnitt 6** des dritten Kapitels.

Im **Abschnitt 7** schließlich wird der Umstand berücksichtigt, daß die Zahlungskonsequenzen aus einem Investitionsprojekt in einer anderen als der Inlandswährung anfallen können. Damit werden **Wechselkurse** als Ausdruck der Wertrelation zwischen verschiedenen Währungen relevant, und es können Kapitalwerte in unterschiedlichen Währungen berechnet werden. Hierauf und auf die zwischen Zinssätzen, Wechselkursen und Preisniveaus bei vollkommenen Märkten gültigen Beziehungen wird im Rahmen des letzten Abschnitts des Kapitels III abgestellt.

Während des ganzen dritten Kapitels wurde stets ein vollkommener Kapitalmarkt unterstellt. Dieser ist vor allem dadurch charakterisiert, daß in jeder Periode ein fester Kapitalmarktzinssatz gegeben ist, zu dem Subjekte in beliebiger Höhe Mittel anlegen oder aufnehmen können. Realistischerweise muß man jedoch anerkennen, daß der Mittelanlage- oder Habenzinssatz in aller Regel unter dem Mittelaufnahme- oder Sollzinssatz liegt. Eine derartige Konstellation charakterisiert einen **unvollkommenen Kapitalmarkt**, der Gegenstand des **vierten Kapitels** des Lehrbuchs ist.

Zunächst kann dabei unmittelbar an die Darstellung des Abschnitts 1 aus dem dritten Kapitel angeknüpft werden. Dazu wird der Kontext des *Fisher*-Modells einer erneuten Analyse unter der Modifikation unterzogen, daß der Sollzinssatz oberhalb des Habenzinssatzes liegt. Ein derartiges Szenario bezeichnet man nach seinem geistigen Urheber als *Hirshleifer*-Modell. Es sollte nicht überraschen, daß das Kapitalwertkriterium in seiner im dritten Kapitel hergeleiteten Form keine Gültigkeit mehr besitzt. In der Tat kann man jegliches unternehmerisches Investitionsverhalten zwar nach wie vor als kapitalwertmaximierend interpretieren, doch ist der zur Diskontierung anzusetzende Zinsfuß nun präferenz- und vermögensabhängig. Die *Fisher*-Separation verliert somit ihre generelle Gültigkeit. Aussagen zur Separation von (präferenzabhängigen) Konsum- und (präferenzunabhängigen) Investitionsentscheidungen lassen sich unter der Annahme eines über dem Habenzinssatz liegenden Sollzinssatzes daher nur sehr eingeschränkt herleiten, wie die ebenfalls noch im **Abschnitt 1** des vierten Kapitels erfolgende Diskussion des sogenannten Klienteleffekts aus dem *Hirshleifer*-Modell belegt.

Eine weitere Konsequenz aus der Annahme eines unvollkommenen Kapitalmarktes neben der grundsätzlichen Präferenzabhängigkeit optimaler unternehmerischer Investitionsentscheidungen ist in der erschwerten Problematik des Treffens von Finanzierungsentscheidungen zu sehen. Unvollkommenheit des Kapitalmarktes bedingt unter anderem "Konditionenvielfalt" auf der Finanzierungsseite und schafft dadurch in diesem Zusammenhang ein Entscheidungsproblem, das bei vollkommenem Kapitalmarkt so nicht existiert. Gesucht wird nun in der Tat simultan ein optimales Investitions- **und** Finanzierungsprogramm, das heißt das bestmögliche "Kapitalbudget". Ein Modellansatz, um dieser erhöhten Komplexität Herr zu werden, geht auf *J. Dean* zurück. Das ***Dean*-Modell** ist Gegenstand des **Abschnitts 2** des vierten Kapitels. Allerdings zeigt sich, daß der Anwendungsbereich des mit unternehmensbezogenen Kapitalangebots- und -nachfragefunktionen operierenden *Dean*-Modells als überaus eng zu bezeichnen ist und in der Tat entgegen dem ersten Augenschein sogar hinter dem einfachen *Hirshleifer*-Modell des vorhergehenden Abschnitts zurückbleibt.

Auch als Heuristik ist das *Dean*-Modell nur von sehr eingeschränktem Wert. Im **Abschnitt 3** des vierten Kapitels wird daher erörtert, wie sich mittels **vollständiger Finanzplanung** (überschaubare) Kapitalbudgetierungsprobleme bei unvollkommenem Kapitalmarkt lösen lassen. Unter einem vollständigen Finanzplan versteht man die systematische Erfassung sämtlicher Zahlungskonsequenzen aus einem gegebenen Kapitalbudget. Durch die explizite Formulierung der Finanzpläne für alle in Betracht zu ziehenden Kapitalbudgets ist ohne weiteres die

Ermittlung des optimalen unternehmerischen Investitions- und Finanzierungsprogramms möglich. Formuliert man vollständige Finanzpläne in allgemeiner Form, so ist eine generelle rechentechnische Verarbeitung mit Hilfe der Linearen Programmierung bei Voraussetzung einer entsprechenden unternehmerischen Zielfunktion ohne weiteres möglich. Insofern lassen sich bei entsprechender EDV-technischer Unterstützung Kapitalbudgetierungsprobleme unter der Prämisse sicherer Erwartungen in sehr allgemeiner Form lösen, ohne daß derlei Lösungsansätze in der Praxis bislang wohl eine größere Bedeutung erlangt haben. Ein Grund mag dabei in der fehlenden Berücksichtigung von Risikoaspekten zu sehen sein, die Gegenstand des nachfolgenden zweiten Bandes sind.

Völlig ausgeklammert blieben in allen Abschnitten bisher noch **steuerliche Fragen**. Deren praktische Relevanz dürfte unbestritten sein. Da überdies Steuern in gewisser Weise eine Marktunvollkommenheit darstellen, werden steuerliche Aspekte im **Abschnitt 4** des vierten Kapitels behandelt. Dabei zeigt sich insbesondere, daß unter den Prämissen des Standardmodells zur Erfassung steuerlicher Aspekte in der Investitionsrechnung die *Fisher*-Separation weiterhin Bestand hat, diese Kapitalmarktunvollkommenheit an der Anwendung des Kapitalwertkriteriums (wenngleich in modifizierter Form) also grundsätzlich nichts ändert. Es sollte nicht verwundern, daß die Existenz von Steuern Einfluß auf die Beurteilung verschiedener Investitionsprojekte nehmen kann. Sofern dies nicht der Fall ist, spricht man von der Investitionsneutralität des Steuersystems. Inbesondere wenn Investitionsneutralität verletzt ist, ist ein sogenanntes Steuerparadoxon möglich, nach dem ein Investitionsprojekt unter Berücksichtigung der Steuerbelastung über einen höheren Kapitalwert als vor Steuern verfügen kann. Beide Phänomene, Investitionsneutralität und Steuerparadoxon, werden ebenfalls im Abschnitt 4 behandelt.

Die Ausführungen schließen mit einem kurzen **Ausblick** im **fünften Kapitel**.

II Investitionsentscheidungen bei fehlendem Kapitalmarktzugang[1]

1 Problemstellung

In den folgenden Kapiteln soll der Frage nach **optimalen unternehmerischen Investitionsentscheidungen** nachgegangen werden. Dieses Problem kann für verschiedene Entscheidungssituationen einer näheren Analyse unterzogen werden. Im einfachsten Fall betrachtet man einen Unternehmer, der Investitionsprojekte lediglich durch Einsatz seiner **eigenen Mittel** finanzieren kann, nicht aber in der Lage ist, zusätzliche Mittel bei Kapitalgebern aufzunehmen oder überschüssige Mittel bei Kapitalnehmern anzulegen. Der Unternehmer hat insofern zwischen heutigem Konsum seiner Mittel und in die Zukunft über Investitionen verlagertem Konsum seiner monetären Anfangsausstattung zu befinden.

Zunächst werden im folgenden **Abschnitt 2** die zugehörigen Prämissen der unternehmerischen Entscheidungssituation näher beschrieben. Der **Abschnitt 3** leitet auf dieser Grundlage konkret die optimalen unternehmerischen Konsum- und Investitionsentscheidungen des betrachteten Unternehmers her. **Abschnitt 4** dient der Zusammenfassung der wichtigsten Ergebnisse.

2 Die Annahmen

2.1 Unternehmerische Präferenzen

Ausgangspunkt der folgenden Betrachtung sei ein **Zwei-Zeitpunkte-Modell** (t = 0, 1) bei Sicherheit. Da zwei Zeitpunkte einen Zeitraum von einer Periode

---

[1] Das im folgenden darzustellende Entscheidungsproblem findet sich mehr oder weniger ausführlich erörtert in zahlreichen finanzwirtschaftlichen Lehrbüchern. Vgl. etwa *Drukarczyk* (1993), S. 34 f., *Franke/Hax* (1999), S. 149 ff., sowie *Schäfer* (1999), S. 84 ff.

begrenzen, kann man alternativ auch von einem **Ein-Perioden-Modell** sprechen.

Es sei nun ein Unternehmer vorausgesetzt, der **Konsumauszahlungen C_t** in den Zeitpunkten t = 0, 1 tätige. Konkret wird der Unternehmer Mengeneinheiten von nutzenstiftenden Konsumgütern erwerben. Im weiteren sei dabei von dem einfachsten Fall der Existenz nur eines Konsumgutes ausgegangen, das vom Unternehmer in den Zeitpunkten t = 0 und t = 1 zu den dann herrschenden, vom Unternehmer nicht beeinflußbaren (Stück-) Preisen p_t bezogen werden kann.

Es ist unmittelbar plausibel und läßt sich auch leicht zeigen, daß unter diesen Voraussetzungen eine ceteris paribus erfolgende Erhöhung der Konsumauszahlung C_t in einem Zeitpunkt t ebenfalls mit einem **Nutzenzuwachs** einhergeht. Der unternehmerische Nutzen wird nämlich originär in den Verbrauchsmengen y_0 und y_1 des Konsumgutes in t = 0 und t = 1 definiert, wobei $y_t = C_t/p_t$ gilt. Eine ceteris paribus erfolgende Erhöhung von C_t um 1 Geldeinheit (GE) bedingt wegen der Konstanz von p_t eine konstante Erhöhung von y_t und folglich eine entsprechende Nutzenmehrung. Daher steigt der unternehmerische Nutzen mit ceteris paribus erhöhten Konsumauszahlungen C_t an. Prägnant formuliert, bedeutet dies, daß der Unternehmer mehr Geld gegenüber weniger Geld bevorzugt.

Weiter gängig ist die Annahme, daß der Nutzen des Unternehmers in den Konsumauszahlungen C_t jeweils nur **degressiv** ansteigt. Zwar führt eine ceteris paribus erfolgende Erhöhung der Konsumauszahlung C_0 oder C_1 demnach stets zu einer Nutzenmehrung, der resultierende Zuwachs fällt mit wachsendem Wert von C_t (t = 0, 1) aber immer kleiner aus.

Mit **$U(C_0;C_1)$** als der in den Konsumauszahlungen C_t definierten **Nutzenfunktion** des Unternehmers und unter der zusätzlichen Voraussetzung der Differenzierbarkeit von U sind die bislang formulierten Annahmen gleichbedeutend dazu, daß die partiellen Ableitungen erster Ordnung von U nach C_0 und C_1 jeweils positiv, die Ableitungen zweiter Ordnung jedoch negativ sind:

$$\frac{\partial U}{\partial C_t} > 0, \quad \frac{\partial^2 U}{\partial C_t^2} < 0 \quad (t = 0, 1). \tag{1.1}$$

Zweifellos ist die Vorstellung degressiver Nutzenzuwächse bei steigenden Konsumauszahlungen sehr naheliegend und wirkt auf den ersten Blick völlig einleuchtend. Tatsächlich aber sind hiermit zwei Probleme verbunden, die im Zusammenhang mit der bloßen Voraussetzung eines in C_t streng monoton wachsenden Nuzenniveaus nicht auftreten.

Erstens lassen sich die negativen Vorzeichen der zweiten Ableitungen von U in der Tat zwar bei Betrachtung von **nur einem** Konsumgut ähnlich wie die strenge Monotonie aus der Annahme eines abnehmenden Nutzenzuwachses bei ceteris zunehmendem Verbrauch des Konsumguts herleiten. Ein derartiger Zusammenhang besteht bei Betrachtung von **mindestens zwei** Konsumgütern aber nicht mehr. Das bedeutet, daß abnehmender Nutzenzuwachs in den Konsumauszahlungen selbst dann nicht mehr generell gefolgert werden kann, wenn der unternehmerische Nutzenanstieg aus der Erhöhung des Konsums eines (jeden) beliebigen Gutes um 1 Mengeneinheit (ME) grundsätzlich mit wachsendem, bereits erreichtem Ausgangskonsumniveau hinsichtlich des betreffenden Gutes abnehmend verläuft.[2]

Zweitens sind unternehmerische Nutzenfunktionen bei Sicherheit **ordinaler** Natur. Durch den jeweils realisierten Nutzenfunktionswert werden Handlungsalternativen in eine Rangfolge gebracht. Diese Rangfolge ändert sich nicht, wenn man die Nutzenfunktion des Unternehmers positiv monoton transformiert. Dies bedeutet, daß man zu jeder Handlungsalternative neue Nutzenwerte $G[U(\cdot)]$ ermitteln kann, wobei $G(\cdot)$ eine (streng) monoton steigende Funktion der Nutzenfunktionswerte $U(\cdot)$ ist: Die Handlungsalternative mit dem höchsten Nutzenwert **vor** der Transformation hat auch den höchsten Nutzenwert **nach** der Transformation. Daher ist die modifizierte Nutzenfunktion $G[U(\cdot)]$ ebenso gut für eine Al-

---

[2] Auf diesen Umstand wird in *Breuer* (2001b) näher eingegangen.

ternativenreihung geeignet wie die ursprüngliche. Das Krümmungsverhalten der beiden gleichwertigen Beschreibungen der unternehmerischen Präferenzen kann aber ganz unterschiedlich sein.[3]

Insbesondere für unsere Herleitung des zentralen Ergebnisses der sogenannten *Fisher*-Separation im Abschnitt 1 des Kapitels III werden wir freilich schon mit der Annahme eines (streng) monoton steigenden Verlaufs von U auskommen, und diese Annahme sieht sich - wie bereits erwähnt - **nicht** den beiden obigen Problemen ausgesetzt. Insofern dient die Voraussetzung eines bestimmten Krümmungsverhaltens von U hier vor allem der Vereinfachung und Veranschaulichung und könnte auch entfallen.

Wenn im weiteren ohne nähere Spezifikation von "Konsum" die Rede ist, sind stets vereinfachend die unternehmerischen **Konsumauszahlungen** statt der konkreten mengenmäßigen Verbräuche des Konsumguts gemeint. Das heißt, daß auf die hinter den Konsumauszahlungen stehenden Entscheidungen des Unternehmers wegen fehlender Relevanz für die folgenden Herleitungen nicht näher eingegangen wird.

Der ceteris paribus resultierende Nutzenzuwachs aus dem zusätzlichen Konsum einer weiteren Geldeinheit wird als **Grenznutzen** bezeichnet. Betrachtet man eine infinitesimale Steigerung des Konsumniveaus C_t des Zeitpunktes t, so entspricht der Grenznutzen der ersten Ableitung von U nach C_t. Generell gilt nämlich das **totale Differential**

$$dU = \frac{\partial U}{\partial C_0} \cdot dC_0 + \frac{\partial U}{\partial C_1} \cdot dC_1. \qquad (1.2)$$

Die Änderung dU des Nutzenniveaus des Unternehmers infolge der Änderungen dC_0 und dC_1 kann näherungsweise dadurch beschrieben werden, daß man dC_0

---

[3] Bei Entscheidungen unter Risiko hingegen stellt sich der Zusammenhang anders dar. Vgl. *Breuer* (2001a).

und dC_1 mit den jeweils zugehörigen partiellen Ableitungen der unternehmerischen Nutzenfunktion multipliziert und die beiden Produkte addiert. Sofern die unternehmerische Nutzenfunktion $U(C_0;C_1)$ (additiv) linear ist, beispielsweise $U(C_0;C_1) = 2 \cdot C_0 + 3 \cdot C_1$, ist die Ermittlung von dU gemäß (1.2) stets exakt. Sie stimmt recht gut näherungsweise, falls sich die partiellen Ableitungen von U im Bereich der Erhöhung der Konsumauszahlungen nicht sehr stark ändern, also für kleine Variationen von C_0 und C_1. Im Grenzübergang mit infinitesimalen Konsumänderungen dC_0 und dC_1 hat (1.2) daher stets exakte Gültigkeit. In diesem Sinne sollen die Größen dC_0 und dC_1 im weiteren verstanden werden.

Für $dC_0 = 0$ und $dC_1 = 1$ erhält man nun gerade $dU = \partial U/\partial C_1$. Entsprechendes gilt für $dC_0 = 1$ und $dC_1 = 0$. Sofern nichts anderes vermerkt ist, wird aus diesem Grunde die Bezeichnung "Grenznutzen" als Synonym für eine erste Ableitung von U verwendet.

Beispiel 1.1:
Gegeben sei die Nutzenfunktion[4]

$$U(C_0;C_1) = C_0^{0,3} \cdot C_1^{0,7}. \tag{1.3}$$

Für die Ableitungen erster und zweiter Ordnung erhält man

---

[4] Es handelt sich hierbei um einen in ökonomischen Analysen recht beliebten Nutzenfunktionstyp, der unter der Bezeichnung "***Cobb-Douglas*-Nutzenfunktion**" bekannt ist. Vgl. etwa *Varian* (2001), S. 59 f.

$$\frac{\partial U}{\partial C_0} = 0{,}3 \cdot C_0^{-0,7} \cdot C_1^{0,7} = 0{,}3 \cdot \left(\frac{C_1}{C_0}\right)^{0,7} > 0,$$

$$\frac{\partial U}{\partial C_1} = 0{,}7 \cdot C_0^{0,3} \cdot C_1^{-0,3} = 0{,}7 \cdot \left(\frac{C_0}{C_1}\right)^{0,3} > 0,$$

(1.4)

$$\frac{\partial^2 U}{\partial C_0^2} = -0{,}21 \cdot C_0^{-1,7} \cdot C_1^{0,7} < 0,$$

$$\frac{\partial^2 U}{\partial C_1^2} = -0{,}21 \cdot C_0^{0,3} \cdot C_1^{-1,3} < 0,$$

sofern man die Betrachtung (sinnvollerweise) auf positive Werte für C_0 und C_1 beschränkt. □

2.2 Unternehmerische Anfangsausstattung und Realinvestitionsmöglichkeiten

Mit W_0 (W für engl. "wealth" = "Reichtum") sei das **Anfangsvermögen** des Unternehmers im Zeitpunkt t = 0 bezeichnet. Statt dieses Anfangsvermögen komplett in t = 0 zu konsumieren, könne es ganz oder teilweise in t = 0 auch investiv verwendet werden. Ein **Realinvestitionsvolumen I** führe dabei zu monetären Rückflüssen in t = 1 im Umfang F(I). Man spricht hierbei von Realinvestitionen, weil es um das Tätigen von Auszahlungen zum Erwerb von gegenständlichen Dingen wie Gebäuden und Maschinen mit dem Ziel der Herstellung und Veräußerung von Gütern geht und derartige Investitionen von dem Erwerb von Wertpapieren, also reinen Finanztransaktionen und damit **Finanzinvestitionen**, abgegrenzt werden sollen.[5] Natürlich liegen beispielsweise den auf erworbenen Aktien eines anderen Unternehmens zu erwartenden Einzahlungen letztlich auch Realinvestitionen zugrunde. Wenn der Unternehmer aber derartige Wertpapiergeschäfte tätigt, beteiligt er sich nur **mittelbar an Realinvestitionen anderer,** während er bei der **Durchführung eigener Realinvestitionen unmittelbar selbst** unternehmerisch tätig wird. Insofern ist eine grundsätzliche Unterscheidung von Real- und Finanzinvestitionen durchaus sinnvoll. Im weiteren wird zunächst von der Möglichkeit zur Durchführung von Finanzinvestitionen abgesehen. Da diese auf einem Kapitalmarkt getätigt werden, ist diese Prämisse gleichbedeutend mit der Abstraktion von der Existenz eines Kapitalmarktes. Daher betrachten wir im folgenden Realinvestitionsentscheidungen für den Fall **fehlenden unternehmerischen Kapitalmarktzugangs**.

Inwieweit sich Realinvestitionen für den Unternehmer lohnen, hängt natürlich zum einen von den durch die Nutzenfunktion U ausgedrückten Präferenzen des Unternehmers für Konsum in verschiedenen Zeitpunkten und zum anderen von dem Verlauf der Funktion F in Abhängigkeit vom Realinvestitionsvolumen I ab.

Man bezeichnet die Funktion F auch als **Realinvestitions- oder Investitionsertragsfunktion**. Um deren Gestalt herzuleiten, sei angenommen, daß der betrachtete Unternehmer Zugang zu N verschiedenen **Investitionsprojekten** habe. Jedes dieser Investitionsprojekte könne **unabhängig** von den anderen durchgeführt werden. Das bedeutet, daß die Zahlungskonsequenzen aus der Durchführung eines jeden Projekts nicht davon abhängen, welche anderen Projekte noch realisiert werden, und die zur Verfügung stehenden Projekte insbesondere in beliebiger Weise kombiniert werden können. Die Gesamtheit der vom Unternehmer

---

[5] Auch der Erwerb von Patenten und Lizenzen sowie sonstigen immateriellen Produktionsfaktoren ist dem Bereich der Realinvestitionen zuzuordnen, wenngleich es hier an der gegenständlichen Natur fehlt. Derartige Engagements sind nämlich ebenfalls wie der Kauf von Maschinen und Gebäuden systematisch von reinen Kapitalmarkttransaktionen, sprich Finanzinvestitionen, verschieden.

letzten Endes ausgewählten Investitionsprojekte beschreibt das von ihm realisierte **Investitionsprogramm**.

Im Rahmen des n-ten Projekts sollen maximal Mittel im Umfang von $I^{(n)}$ in $t = 0$ eingesetzt werden können. Bei Realisation des maximalen Investitionsvolumens $I^{(n)}$ belaufe sich die unternehmerische Einzahlung des Zeitpunktes $t = 1$ aus der im Rahmen des Projekts n möglichen Gütererstellung auf $E^{(n)}$. Ohne weiteres kann angenommen werden, daß stets $E^{(n)} > 0$ gilt, denn andernfalls wäre der Unternehmer niemals zur Investition und dem damit in $t = 0$ einhergehenden Konsumverzicht bereit: Investitionen können sich hier nur lohnen, wenn dadurch eine Steigerung des Konsumniveaus in $t = 1$ erreicht wird. Projekte mit $E^{(n)} \leq 0$ werden deswegen im weiteren grundsätzlich nicht mehr betrachtet. Wir werden auf diesen Punkt allerdings nochmals zurückkommen.

Wird nur ein Betrag $I^{(n)+} < I^{(n)}$ in das Investitionsprojekt n investiert, so soll sich entsprechend nur ein Anteil $I^{(n)+}/I^{(n)}$ von $E^{(n)}$ als Rückfluß des Zeitpunktes $t = 1$ ergeben. In einem derartigen Fall mit der Möglichkeit, ein Investitionsprojekt nur zu einem bestimmten Bruchteil statt vollständig durchzuführen, spricht man von der (beliebigen) **"Teilbarkeit"** des betreffenden Investitionsprojekts. Infolge dieser hier angenommenen Eigenschaft kann man auch sagen, daß bis zu einem Investitionsvolumen $I^{(n)}$ das n-te Projekt je eingesetzter Geldeinheit einen Rückfluß für $t = 1$ in Höhe von $(1/I^{(n)}) \cdot E^{(n)}$ gewährt und damit einen Vermögenszuwachs[6] von $(E^{(n)}/I^{(n)})-1$ im Zeitraum von $t = 0$ bis $t = 1$ ermöglicht. Dieser auf den Einsatz von 1 GE bezogene (und damit relative) Vermögenszuwachs wird auch als **Rendite** des Investitionsprojekts bezeichnet.

---

[6] Dieser kann auch negativ sein, das heißt, eine Situation mit $E^{(n)} < I^{(n)}$ ist a priori nicht ausgeschlossen, wenngleich ein derartiges Projekt n in vielen Fällen nicht realisiert würde. Beispielsweise gilt letzteres dann, wenn **zinslose Kassenhaltung** monetärer Mittel von $t = 0$ bis $t = 1$ in beliebigem Umfang möglich ist.

Beispiel 1.2:
Gegeben sei ein beliebig teilbares Projekt mit einem maximalen Investitionsvolumen von 80 GE in t = 0 bei einer hieraus resultierenden unternehmerischen Einzahlung in t = 1 von 100 GE. Dann liefert jede in t = 0 in dieses Projekt investierte GE einen Rückfluß von 100/80 = 1,25 GE in t = 1 und mithin eine Rendite von 1,25-1 = 25 % für den Unternehmer. Das heißt, auf jede in t = 0 eingesetzte Geldeinheit wird über den Rückerhalt dieser Geldeinheit in t = 1 hinaus noch eine Verzinsung von 25 % verdient. □

Wenn der Unternehmer nun darüber zu entscheiden hat, in welches der N Projekte er sinnvollerweise eine Geldeinheit investieren sollte, wird er sich in jedem Fall zunächst für das Projekt n = n* entscheiden, das ihm den **höchsten Rückfluß** $E^{(n)}/I^{(n)}$ und damit natürlich auch die höchste Rendite $(E^{(n)}/I^{(n)})-1$ für diesen Mitteleinsatz verspricht. In dieses Projekt würde der Unternehmer auch eine etwaige zweite Geldeinheit investieren. In der Tat wird mit wachsendem Investitionsvolumen ein anderes als das Projekt mit der höchsten Rendite erst dann in Betracht kommen, wenn in das Projekt n* wegen Erreichung der für dieses Projekt maßgeblichen **Investitionsobergrenze** $I^{(n)*}$ nicht **weiter investiert werden kann.** Für darüber hinausgehende Investitionsvolumina wird der Unternehmer zwangsläufig teilweise auch auf das Projekt mit der zweithöchsten Rendite zurückgreifen. Entsprechend kommt das Projekt mit der dritthöchsten Rendite erst dann zum Zuge, wenn in die beiden ertragreichsten Projekte aufgrund der Erreichung ihrer jeweiligen maximalen Investitionsvolumina nicht mehr weiter investiert werden kann. In analoger Weise verfährt der Unternehmer im Falle weiterer Ausdehnung seiner betrachteten Investitionsvolumina. Zusammenfassend wird der Unternehmer die N zur Verfügung stehenden Investitionsprojekte demnach nach ihren Renditen sortieren können. Zur Vereinfachung sei deswegen nun angenommen, daß Projekt 1 das mit der höchsten und Projekt N das mit der niedrigsten Rendite sei. Für alle nichtnegativen Investitionsvolumina I bis zu einem Maximalwert von $I^{(1)}$ ergeben sich zum Zeitpunkt t = 1 für den Unternehmer demnach Rückflüsse in Höhe von $(I/I^{(1)}) \cdot E^{(1)}$. Investitionsvolumina über $I^{(1)}$ führen bis $I^{(1)}+I^{(2)}$ zu Rückflüssen von $E^{(1)}+[(I-I^{(1)})/I^{(2)}] \cdot E^{(2)}$. In entsprechender Weise verhält es sich für $I > I^{(1)}+I^{(2)}$. Allgemein beläuft sich für ein Investitionsvolumen I mit $I^{(1)}+\ldots+I^{(n-1)} < I \leq I^{(1)}+\ldots+I^{(n)}$ der hieraus für $t = 1$ resultierende monetäre Zufluß auf $(E^{(1)}+\ldots+E^{(n-1)}) + [(I-I^{(1)}-\ldots-I^{(n-1)})/I^{(n)}]\cdot E^{(n)}$. Über den Betrag $I^{(1)}+\ldots+I^{(N)}$ hinaus sind weitere Investitionen de facto nicht möglich. Das bedeutet, $I > I^{(1)}+\ldots+I^{(N)}$ kann nur so verstanden werden, daß der Unternehmer den Betrag $I-(I^{(1)}+\ldots+I^{(N)})$ beispielsweise durch "Geldverbrennung" sinnlos vernichtet, weswegen sich die Rückflüsse für $I > I^{(1)}+\ldots+I^{(N)}$ konstant auf $E^{(1)}+\ldots+E^{(N)}$ belaufen. Insofern wäre es sachgerecht, den Definitionsbereich von I auf das Intervall $[0;I^{(1)}+\ldots+I^{(N)}]$ zu beschränken. Es ist aber auch unschädlich, wenn man zur Gewährleistung einer über die ganzen nichtnegativen reellen Zahlen definierten Investitionsertragsfunktion Investitionsvolumina $I > I^{(1)}+\ldots+I^{(N)}$ zuläßt und ihnen als Einzahlung des Zeitpunktes $t = 1$ den Wert $E^{(1)}+\ldots+E^{(N)}$ zuordnet. In dieser Weise soll im weiteren verfahren werden.

Ein denkbarer Spezialfall wäre, daß eines der betrachteten Projekte die reine **(zinslose) Kassenhaltung**[7] der monetären Mittel beschreibt. Sofern diese in unbeschränktem Umfang möglich ist, würde sich die Steigung der Investitionsertragsfunktion ab einem gewissen Investitionsvolumen auf konstant 1 belaufen. Von dieser Möglichkeit wird im folgenden allerdings abgesehen.

Genau über die gerade ausführlich dargelegten Rückflüsse des Zeitpunktes $t = 1$ in Abhängigkeit des Investitionsvolumens des Zeitpunktes $t = 0$ ist nun die Investitionsertragsfunktion beschrieben, da diese zu jedem Investitionsvolumen I angibt, welche Einzahlung der Unternehmer in $t = 1$ realisiert:

---

[7] Zweifellos ist Kassenhaltung eine sehr degenerierte Form einer Realinvestition. Weil es hierbei aber nicht um Kapitalmarkttransaktionen geht, dürfte die Klassifikation als Realinvestition vertretbar sein.

$$F(I) = \begin{cases} \dfrac{I}{I^{(1)}} \cdot E^{(1)} & 0 \leq I \leq I^{(1)}, \\ \ldots & \\ E^{(1)}+\ldots+E^{(n-1)}+\dfrac{I-I^{(1)}-\ldots-I^{(n-1)}}{I^{(n)}} \cdot E^{(n)} & \sum_{n^+=1}^{n-1} I^{(n^+)} < I \leq \sum_{n^+=1}^{n} I^{(n^+)}, \\ \ldots & \\ E^{(1)}+\ldots+E^{(N-1)}+\dfrac{I-I^{(1)}-\ldots-I^{(N-1)}}{I^{(N)}} \cdot E^{(N)} & \sum_{n^+=1}^{N-1} I^{(n^+)} < I \leq \sum_{n^+=1}^{N} I^{(n^+)}, \\ E^{(1)}+\ldots+E^{(N)} & \sum_{n^+=1}^{N} I^{(n^+)} < I. \end{cases} \quad (1.5)$$

Die graphische Darstellung der Investitionsertragsfunktion sei als **Realinvestitions- oder Investitionsertragskurve** bezeichnet. Deren Steigung beträgt zunächst $E^{(1)}/I^{(1)}$, dann $E^{(2)}/I^{(2)}$ bis schließlich $E^{(N)}/I^{(N)}$ und wird somit wegen der angenommenen Projektsortierung nach **absteigenden Renditen** immer kleiner. Man erhält demnach eine abschnittsweise lineare, degressiv steigende Funktion, die im Ursprung beginnt. *Abbildung 1.1* stellt einen beispielhaften Verlauf bei Zugrundelegung von drei verschiedenen Investitionsprojekten dar.

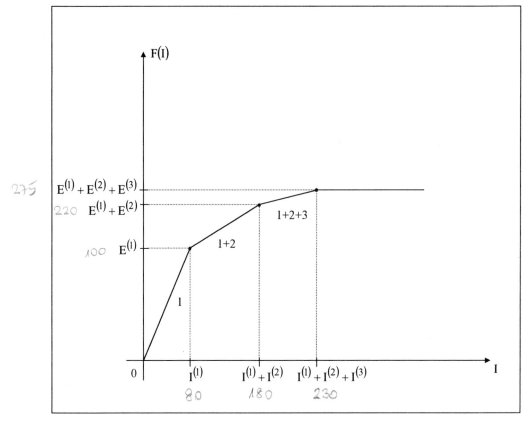

Abbildung 1.1: Investitionsertragskurve bei Verfügbarkeit von drei Investitionsprojekten

Beispiel 1.3:

Gegeben sei ein Unternehmer, der Zugang zu drei beliebig teil- und unabhängig voneinander realisierbaren Investitionsprojekten habe. Die maximalen Investitionsvolumina und zugehörigen Rückflüsse aus den drei Projekten können der nachfolgenden *Tabelle 1.1* entnommen werden:

	$I^{(n)}$	$E^{(n)}$
Projekt 1	80	100
Projekt 2	100	120
Projekt 3	50	55

Tabelle 1.1: Maximale Investitionsvolumina und monetäre Rückflüsse für drei verschiedene Projekte

Auf der Grundlage der Daten aus *Tabelle 1.1* lassen sich die Renditen der drei Projekte als $(E^{(1)}/I^{(1)})-1 = 25\%$, $(E^{(2)}/I^{(2)})-1 = 20\%$ sowie $(E^{(3)}/I^{(3)})-1 = 10\%$ berechnen. Die Projekte sind damit schon absteigend nach ihren jeweiligen Renditen gereiht, und es kann unmittelbar die Investitionsertragsfunktion aufgestellt werden:

$$F(I) = \begin{cases} 1{,}25 \cdot I & 0 \leq I \leq 80, \\ 1{,}2 \cdot (I-80)+100 & 80 < I \leq 180, \\ 1{,}1 \cdot (I-180)+220 & 180 < I \leq 230, \\ 275 & 230 < I. \end{cases} \quad (1.6)$$

Die graphische Darstellung dieser Investitionsertragsfunktion entspricht mit $I^{(1)} = 80$ GE, $I^{(1)}+I^{(2)} = 180$ GE und $I^{(1)}+I^{(2)}+I^{(3)} = 230$ GE sowie $E^{(1)} = 100$ GE, $E^{(1)}+E^{(2)} = 220$ GE und $E^{(1)}+E^{(2)}+E^{(3)} = 275$ GE von der Struktur her *Abbildung 1.1*. □

Sofern man also annimmt, daß der Unternehmer über Zugang zu beliebig teilbaren, unabhängigen Investitionsprojekten verfügt, läßt sich unmittelbar auf die Existenz einer degressiv steigenden Investitionsertragsfunktion schließen. Insbesondere die **Prämisse beliebiger Teilbarkeit** ist in diesem Zusammenhang kritisch. Denn zum einen ist sie mit der Realität kaum in Einklang zu bringen. Nur in sehr wenigen Fällen wird es wirklich möglich sein, ein Investitionsprojekt auch in Bruchteilen zu realisieren, also etwa ein halb so großes Fertigungswerk mit auch nur halb so großen künftigen Einzahlungen zu realisieren. Zum anderen ist die Annahme der beliebigen Teilbarkeit aber in der Tat unabdingbar, um einen degressiv steigenden Verlauf der Investitionsertragsfunktion zu gewährleisten.

Beispiel 1.4:
Das Beispiel 1.3 sei insofern abgewandelt, als die drei zugrunde gelegten, beliebig kombinierbaren Projekte nun als unteilbar angenommen werden sollen. Dies hat zur Konsequenz, daß für Investitionsvolumina unterhalb von 50 GE überhaupt keine positiven Rückflüsse erwirtschaftet werden können. Insofern ist die Investitionsertragsfunktion genaugenommen für Investitionsvolumina unter 50 GE gar nicht definiert. Faßt man diese Investitionsbeträge jedoch wie weiter oben schon dargelegt als das unproduktive Vernichten von liquiden Mitteln in $t = 0$ auf, dann ist für Investitionsbeträge $0 \leq I < 50$ eine Einzahlung von 0 GE zum Zeitpunkt $t = 1$ auszuweisen. Genau in dieser Weise soll im folgenden verfahren werden.

Für $50 \leq I < 80$ ist allein das Projekt 3 durchführbar und damit auch optimal. Der Rückfluß des Zeitpunktes $t = 1$ beträgt jeweils 55 GE. Für $80 \leq I < 100$ wird der Unternehmer zum Projekt 1 wechseln und eine Einzahlung von 100 GE in $t = 1$ realisieren. Im Intervall $[100;130)$ ist Projekt 2 mit einem Rückfluß von 120 GE am besten, für $I \in [130;150)$ eine Kombination von Projekt 1 und 3, was zu Einzahlungen von 155 GE in $t = 1$ führt. Im Intervall $[150;180)$ wird die Wahl auf die simultane Realisation der Projekte 2 und 3 mit künftigen Einzahlungen von 175 GE fallen. Für $180 \leq I < 230$ werden die Projekte 1 und 2 ausgewählt, was 220 GE in $t = 1$ einbringt, und ab $I = 230$ GE schließlich werden alle drei Projekte gleichzeitig bei Einzahlungen von 275 GE implementiert. Die zugehörige Investitionsertragskurve findet sich in *Abbildung 1.2*.

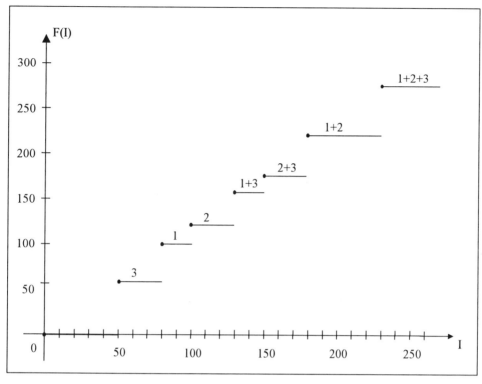

Abbildung 1.2: Investitionsertragskurve bei fehlender Teilbarkeit von Investitionsprojekten

Wie man unschwer erkennt, ist die Investitionsertragskurve zwar (natürlich) monoton steigend, aber nicht einmal mehr stetig und erst recht nicht degressiv. Des weiteren ist eine einfache Reihung von Investitionsprojekten nach ihren jeweiligen Renditen augenscheinlich ohne Bedeutung, da auch ihr jeweiliges Investitionsvolumen mindestens ebenso wichtig ist. So wird bei Zugrundelegung der Unteilbarkeitsannahme das renditeschwächste Projekt 3 bei kleinen Investitionsvolumina einfach deswegen realisiert, weil die größeren Projekte nicht durchführbar sind. Mit wachsendem Investitionsvolumen verschwindet Projekt 3 dann zunächst wieder von der Agenda, um sich etwa für I ∈ [130;150) erneut als optimal zu erweisen. □

Das Beispiel 1.4 zeigt recht instruktiv die Schwierigkeiten auf, die sich aus der Aufgabe der Teilbarkeitsprämisse ergeben. Im wesentlichen bleibt nur die **Monotonie** der Investitionsertragsfunktion erhalten. In ähnlicher Weise ist auch die Annahme **unabhängiger Durchführbarkeit** von Investitionsprojekten von grundlegender Bedeutung, wenngleich dieser Sachverhalt in der Realität eher vorliegen dürfte als die Teilbarkeitseigenschaft. Die extremste Form der Abhängigkeit zwischen zwei Projekten liegt vor, wenn sie nicht beide simultan durchgeführt werden können, etwa weil es sich um die Realisation zweier alternativer Herstellungsverfahren für dasselbe Produkt handelt. Man spricht in diesem Fall davon, daß sich die beiden Projekte gegenseitig ausschließen. Die sich hieraus ergebenden Konsequenzen sollen anhand eines weiteren Beispiels veranschaulicht werden.

Beispiel 1.5:
In Abwandlung des Beispiels 1.3 seien alternativ zwei verschiedene Szenarien betrachtet:

1) Die Durchführung der Projekte 2 und 3 soll sich gegenseitig ausschließen,
2) die Durchführung der Projekte 1 und 2 soll sich gegenseitig ausschließen.

Der Fall 1) ist recht einfach zu handhaben. Projekt 2 verfügt sowohl über eine höhere Rendite als auch ein höheres maximales Investitionsvolumen als Projekt 3 und ist diesem daher eindeutig überlegen. Das heißt, der Unternehmer kann die Investitionsertragsfunktion so ermitteln, als ob Projekt 3 nicht existierte. Infolge der Teilbarkeitsannahme hat der Unternehmer nämlich gewissermaßen zwischen dem Zugang zu 100 standardisierten Investitionsprojekten über jeweils 1 GE mit Rendite von je 20 % und dem Zugang zu 50 standardisierten Investitionsprojekten mit einer Rendite von jeweils 10 % zu entscheiden. Zweifellos fällt diese Wahl leicht.

Etwas komplizierter ist der Sachverhalt im Fall 2), da hier das renditestärkere Projekt 1 über einen geringeren maximalen Investitionsbetrag als das renditeschwächere Projekt 2 verfügt. Für hohe Investitionsvolumina kann es sich für den Unternehmer daher lohnen, das Projekt 2 statt des Projekts 1 trotz der geringeren Projektrendite auszuwählen. Damit ist zunächst einmal auch klar, daß sich der Unternehmer bis zu einem Investitionsvolumen von 80 GE in jedem Fall für die Realisation des Projekts 1 entscheiden wird. Für darüber hinausgehende Investitionsbeträge hat der Unternehmer nun zwischen der simultanen Realisation der Projekte 1 und 3 und alternativ dem Wechsel zur alleinigen Durchführung des Projekts 2 abzuwägen. Erstere Verhaltensweise liefert Einzahlungen in $t = 1$ von $100+[(I-80)/50] \cdot 55 = 100+1,1 \cdot (I-80)$ für $80 < I \leq 130$, während letztere Möglichkeit zu Rückflüssen von $(I/100) \cdot 120 = 1,2 \cdot I$ für $I \leq 100$ führt. Gleichsetzen dieser beiden Ausdrücke ergibt einen kritischen Wert $I_{krit} = 120$ GE. Erst ab diesem Investitionsvolumen würde sich der Wechsel von einem aus Projekt 1 und 3 bestehenden Investitionsprogramm zur alleinigen Durchführung des Projekts 2 demnach lohnen. Weil aber in Projekt 2 hier nur maximal 100 GE investiert werden können, scheidet die alleinige Realisation von Projekt 2 in diesem Fall 2) als optimales Investitionsverhalten aus. In Frage kommt aber noch die kombinierte Realisation der Projekte 2 und 3. Wieder muß man sich hierzu fragen, ab welchem Investitionsvolumen die Durchführung der Projekte 2 und 3 der alternativen Realisation der Projekte 1 und 3 überlegen ist. Weil in beiden Programmen Projekt 3 enthalten ist und Projekt 1 über eine höhere Rendite als Projekt 2 verfügt, kann die simultane Durchführung der Projekte 2 und 3 allenfalls für Investitionsvolumina über $I^{(1)}+I^{(3)} = 130$ GE von Vorteil sein. In der Tat erhält man bei vollständiger Durchführung der Investitionsprojekte 1 und 3 in $t = 1$ Einzahlungen von 155 GE. Auf diesen Betrag kommt man bei Entscheidung für die Projekte 2 und 3 erst, wenn man Projekt 2 vollständig und Projekt 3 im Umfang $35/55 = 7/11$ durchführt. Dazu gehört ein Investitionsvolumen von $100+50 \cdot 7/11 \approx 131,82$ GE. Ab diesem Wert ist die Durchführung der Projekte 2 und 3 besser als die Umsetzung von 1 und 3. Zwischen den Investitionsvolumina 130 GE und 131,82 GE werden folglich weiterhin die Projekte 1 und 3 im vollen Umfang realisiert. Der jeweilige Restinvestitionsbetrag "versickert" unproduktiv: Die Einzahlungen des Zeitpunktes $t = 1$ belaufen sich für diese Investitionsbeträge also auf konstant 155 GE. Zusammenfassend erhält man demnach (näherungsweise) die folgende Investitionsertragsfunktion:

$$F(I) = \begin{cases} 1{,}25 \cdot I & 0 \leq I \leq 80, \\ 100 + 1{,}1 \cdot (I-80) & 80 < I \leq 130, \\ 155 & 130 < I \leq 131{,}82, \\ 120 + 1{,}1 \cdot (I-100) & 131{,}82 < I \leq 150, \\ 175 & 150 < I. \end{cases} \qquad (1.7)$$

Wie man sieht, erhält man in beiden obigen Fällen 1) und 2) nicht nur ein komplizierteres Auswahlproblem als bei Annahme beliebig kombinierbarer Projekte, auch kann der degressiv steigende Verlauf der Investitionsertragsfunktion verlorengehen. Die in (1.7) beschriebene Funktion etwa hat für Investitionsvolumina von 130 bis 131,82 GE eine Steigung von Null, unmittelbar danach aber wieder eine von 1,1. Generell erhalten bleibt bei Abhängigkeiten zwischen (beliebig teilbaren) Investitionsprojekten in der Tat allein der abschnittsweise lineare, monoton steigende Verlauf von Realinvestitionsfunktionen. □

Außer der **Monotonie** erweist sich also im allgemeinen Fall keine Eigenschaft der Investitionsertragskurve als stabil. Diese Erkenntnisse sollte man im Hinterkopf behalten, wenn aus Gründen der Komplexitätsreduktion im weiteren die Annahmen der Unabhängigkeit und beliebigen Teilbarkeit der vorhandenen Investitionsprojekte zunächst beibehalten werden. Die hieraus resultierende Investitionsertragsfunktion ist für konkrete Anwendungen schnell aufzustellen und in ihrem allgemeinen Verlauf aufgrund der möglichen Reihung von Projekten nach ihren Renditen eindeutig zu beschreiben. Als "störend" erweisen sich allerdings noch die **"Knickstellen"**, an denen jeweils ein weiteres Projekt in das augenblicklich betrachtete Investitionsprogramm Aufnahme findet. An diesen Stellen nämlich ist die Investitionsertragskurve nicht differenzierbar. Aus diesem Grunde wird in Lehrbüchern ganz überwiegend ein "stilisierter" Verlauf der Investitionsertragsfunktion zugrunde gelegt mit $F(0) = 0$ sowie $F'(I) > 0$ und $F''(I) < 0$

für alle möglichen Investitionsvolumina I > 0.[8]

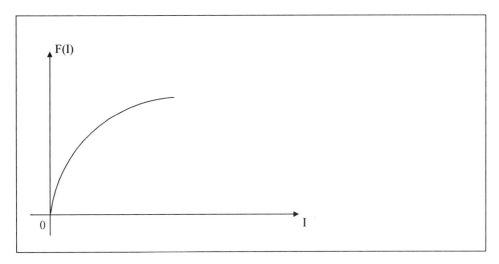

Abbildung 1.3: Stilisierter (differenzierbarer) Verlauf einer Investitionsertragskurve

Unter Beachtung der obigen Herleitung der Investitionsertragskurve aus *Abbildung 1.1* gelangt man zu einem derartigen stilisierten Verlauf nur für den Grenzfall des unternehmerischen Zugangs zu unendlich vielen Projekten infinitesimaler Größe mit ebensolchen Renditeunterschieden, wobei die insgesamt verfügbaren Projekte überdies[9] in ihrer Gesamtheit auch noch unbegrenzte Investitionsmöglichkeiten bieten. Auch im Rahmen des vorliegenden Lehrbuchs wird zunächst von diesem vereinfachten Verlauf der Investitionsertragskurve ausgegangen, wenngleich an späterer Stelle Konsequenzen aus alternativen Verläufen der Investitionsertragskurve noch zu besprechen sein werden.

---

[8] Vgl. hierzu *Abbildung 1.3*. Siehe auch etwa *Franke/Hax* (1999), S. 151.

[9] Die Summe der Investitionsvolumina unendlich vieler kleiner Investitionsprojekte könnte durchaus endlich sein. Dann wäre aber $F'(I) > 0$ nicht mehr für alle I erfüllt. Vielmehr würde die Investitionsertragskurve letztlich zu einer **Parallele** der Abszisse.

Sofern der Unternehmer nun einen Betrag I für investive Zwecke verwendet, reduziert sich sein für Konsumzwecke in $t = 0$ noch vorhandenes Geldvermögen auf W_0-I. Im Gegenzug ergeben sich für ihn in $t = 1$ neue Konsummöglichkeiten im Umfang von F(I). Den Unternehmer interessiert natürlich, welche Paare $(C_0;C_1)$ von gegenwärtigem und zukünftigem Konsum über die Durchführung von Realinvestitionen überhaupt erreichbar sind. Wegen $C_0 = W_0$-I $\Leftrightarrow$ I = W_0-C_0 kann man statt F(I) auch $F(W_0-C_0)$ schreiben und somit (aufgrund der Konstanz von W_0) den möglichen C_1-Konsum unmittelbar in Abhängigkeit vom Konsum C_0 in $t = 0$ angeben. Mit $C_1 = F(W_0-C_0)$ erhält man auf diese Weise eine funktionale Beschreibung der mittels Realinvestitionen erreichbaren $(C_0;C_1)$-Kombinationen. Im weiteren sei hier von der **Transformationsfunktion** die Rede, und die zugehörige Graphik werde als **Transformationskurve** bezeichnet. Die Transformationskurve ist also der geometrische Ort aller durch einen Unternehmer mittels Realinvestitionen und für gegebene Anfangsausstattung W_0 erreichbaren Kombinationen von gegenwärtigem und zukünftigem Konsum.

Augenscheinlich erhält man für $C_0 = W_0$ einen künftigen Konsum $C_1 = F(0) = 0$ GE in $t = 1$. Das heißt, die Transformationskurve verfügt an der Stelle $C_0 = W_0$ über eine Nullstelle. Reduziert man nun den Gegenwartskonsum ceteris paribus um 1 GE, so bedeutet dies eine Steigerung des künftigen Konsums von $C_1 = F(0) = 0$ auf $C_1 = F(1)$. Entsprechend verhält es sich mit weiteren Reduktionen des C_0-Konsums. Ausgehend von $C_0 = W_0$, bewegt man sich durch eine Reduktion von C_0 in einem $(C_0;C_1)$-Diagramm nach links, während der zugehörige Ordinatenwert gemäß der Investitionsertragsfunktion ansteigt. Die Transformationskurve ist demnach nichts anderes als die an der Achse $C_0 = W_0$ nach links gespiegelte Investitionsertragskurve. Ein beispielhafter Verlauf der Transformationskurve auf der Grundlage einer Investitionsertragsfunktion gemäß *Abbildung 1.3* ist in *Abbildung 1.4* dargestellt. Da negative Konsumpositionen nicht möglich sind, ist der im zweiten Quadranten (Situation mit $C_0 < 0$) liegende Teil der Transformationskurve gestrichelt gezeichnet. Hiermit nämlich sind Investitionsvolumina verbunden, die der Unternehmer für seine gegebene Anfangsausstattung W_0 gar nicht erreichen kann und die insofern zumindest im hier betrachteten Szenario (bei fehlendem unternehmerischen Kapitalmarktzugang) ohne Bedeutung sind.

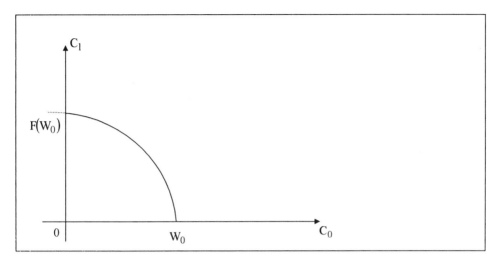

Abbildung 1.4: Stilisierter Verlauf der Transformationskurve

Beispiel 1.6:
Gegeben sei eine Investitionsertragsfunktion der Form $F(I) = 4{,}4 \cdot I^{0,5}$. Damit gilt $F(0) = 0$ sowie $F'(I) = 2{,}2 \cdot I^{-0,5} > 0$ und $F''(I) = -1{,}1 \cdot I^{-1,5} < 0$ für $I > 0$. Alle geforderten Voraussetzungen für den Verlauf einer Investitionsertragsfunktion sind hierbei demnach erfüllt. Ferner verfüge der betrachtete Unternehmer über eine monetäre Anfangsausstattung in $t = 0$ in Höhe von $W_0 = 10$ GE. Die Transformationsfunktion lautet dann $C_1 = F(W_0 - C_0) = 4{,}4 \cdot (10 - C_0)^{0,5}$ und verläuft im $(C_0; C_1)$-Diagramm progressiv fallend. □

3 Optimale Konsum- und Investitionsentscheidungen

3.1 Darstellung der Lösung

Das Problem des Unternehmers besteht nun in der **Maximierung seiner Nutzenfunktion** unter Beachtung seiner durch die Transformationsfunktion beschriebenen Realinvestitionsmöglichkeiten. Formal bedeutet dies:

$$U(C_0;C_1) \to \max_{C_0,C_1}! \qquad (1.8)$$

unter Einhaltung von

$$F(W_0-C_0) = C_1. \qquad (1.9)$$

Als besonders anschaulich erweist sich in diesem Zusammenhang ein graphischer Zugang zur Problemlösung. Zu diesem Zweck ist das $(C_0;C_1)$-Diagramm mit der Transformationskurve um die Darstellung von Indifferenzkurven[10] zu ergänzen.

Unter einer **Indifferenzkurve** versteht man den geometrischen Ort aller $(C_0;C_1)$-Kombinationen, die den gleichen (beliebigen) Nutzenwert $\overline{U}$ stiften, also

$$U(C_0;C_1) = \overline{U} = \text{konst.} \qquad (1.10)$$

Indifferenzkurven heißen deshalb auch **Isonutzenlinien** (mit griech. "iso" = "gleich") und sind grundsätzlich mit den Höhenlinien beispielsweise in Wanderkarten vergleichbar. Denn zu jeder Indifferenzkurve gehört ein ganz bestimmtes (Nutzen-) Niveau $\overline{U}$. In *Abbildung 1.5* sind drei typische Indifferenzkurven mit Nutzenniveaus $\overline{U}^{(1)}$, $\overline{U}^{(2)}$ und $\overline{U}^{(3)}$ beispielhaft dargestellt.

Daß in diesem Zusammenhang die am weitesten außen liegende Indifferenzkurve mit dem höchsten Nutzenniveau $\overline{U}^{(3)}$ einhergeht, ist kein Zufall, sondern diese Eigenschaft liegt stets vor. Ursächlich hierfür ist, daß der unternehmerische Nutzen sowohl mit steigendem C_0 als auch steigendem C_1 zunimmt. Wie man sieht, kann der Unternehmer auf der Indifferenzkurve $\overline{U}^{(3)}$ Konsumkombinationen realisieren, die sowohl einen höheren Gegenwartskonsum als auch einen höheren

---

[10] Die Erörterung von Entscheidungsproblemen über die Betrachtung von Indifferenzkurven ist vor allem in der **mikroökonomischen Theorie** überaus gängig. Vgl. daher zur Herleitung und den Eigenschaften von Indifferenzkurven beispielsweise *Pyndick/Rubinfeld* (1998), S. 76 ff., oder auch *Wiese* (1999), S. 37 ff.

Zukunftskonsum als bestimmte Punkte auf der Indifferenzkurve $\bar{U}^{(2)}$ aufweisen. Infolgedessen muß $\bar{U}^{(3)} > \bar{U}^{(2)}$ gelten. Aus dem gleichen Grunde gilt $\bar{U}^{(2)} > \bar{U}^{(1)}$. Ferner können sich verschiedene Indifferenzkurven nicht schneiden, da es ansonsten Konsumkombinationen gäbe, denen simultan zwei verschiedene Nutzenniveaus zugeordnet wären. Weil das betrachtete Nutzenniveau $\bar{U}$ einer Indifferenzkurve beliebig stetig variiert werden kann, gibt es des weiteren zum einen unendlich viele Indifferenzkurven im $(C_0;C_1)$-Diagramm und liegen diese zum anderen derart "dicht", daß zwischen zwei verschiedenen Indifferenzkurven mit Nutzenniveaus $\bar{U}^{(1)}$ und $\bar{U}^{(3)}$ stets noch eine dritte mit Nutzenniveau $\bar{U}^{(2)}$ ($\bar{U}^{(3)} > \bar{U}^{(2)} > \bar{U}^{(1)}$) identifiziert werden kann.

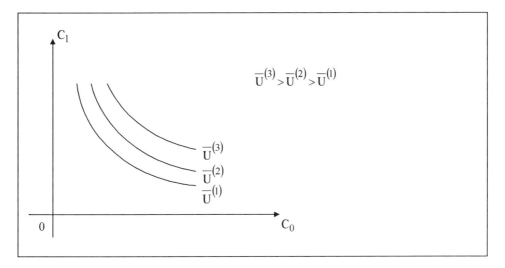

Abbildung 1.5: Indifferenzkurvenschar

Auch der degressiv fallende Verlauf der Indifferenzkurven aus *Abbildung 1.5* ist nicht willkürlich gewählt. Insbesondere sind Indifferenzkurven stets **streng monoton fallend**. Denn eine Erhöhung des Gegenwartskonsums muß ceteris paribus mit einer Reduktion des Zukunftskonsums einhergehen, sofern der resultierende Gesamtnutzenwert konstant bleiben soll. Fraglich ist jedoch, welches **Krümmungsverhalten** Indifferenzkurven aufweisen. In der Regel trifft man hier die auch in *Abbildung 1.5* zum Ausdruck kommende Annahme, daß Indifferenzkurven degressiv fallend verlaufen. Das bedeutet, daß mit wachsendem, bereits erreichten Niveau an C_0-Konsum jede weitere Geldeinheit Gegenwartskonsum den Unternehmer nur noch zu einer immer geringer werdenden Aufgabe von C_1-Konsum bewegen wird. Die Intuition hierfür ist, daß mit steigendem Wert für C_0 und fallendem für C_1 der erreichbare Zukunftskonsum relativ zum Niveau des Gegenwartskonsums immer knapper und damit aus Sicht des jeweiligen Entscheidungssubjekts immer "wertvoller" wird. Daher wird das (Grenz-) Austauschverhältnis oder die **(Grenz-) Rate der Substitution** zwischen C_1- und C_0-Konsum beständig geringer.

Stellt man auf infinitesimale Größen ab, so kann die Grenzrate der Substitution unmittelbar durch den Absolutbetrag $|dC_1/dC_0|$ der Steigung der jeweils betrachteten Indifferenzkurve beschrieben werden, da hierdurch das Grenzaustauschverhältnis zwischen C_1- und C_0-Konsum für infinitesimale Größenordnungen determiniert wird. Konkret gibt $|dC_1/dC_0|$ an, auf wie viele Einheiten des Zukunftskonsums der Unternehmer maximal zu verzichten bereit ist, wenn ihm als Ausgleich eine Steigerung seines Gegenwartskonsums um eine infinitesimale Einheit geboten wird.

Gemäß dem Satz über implizit definierte Funktionen[11] gilt des weiteren folgende Umformung:

$$\left.\frac{dC_1}{dC_0}\right|_{U=\bar{U}} = -\frac{\partial U/\partial C_0}{\partial U/\partial C_1}. \tag{1.11}$$

---

[11] Vgl. zum Satz über implizit definierte Funktionen allgemein beispielsweise *Takayama* (1985), S. 404, oder *Felderer/Homburg* (1999), S. 401 ff. Die spezielle Gültigkeit von (1.11) läßt sich leicht über die Gleichung des totalen Differentials gemäß (1.2) herleiten. Charakteristisch für Indifferenzkurven ist nämlich gerade, daß nur Änderungen dC_0 des Gegenwartskonsums und dC_1 des Zukunftskonsums derart betrachtet werden, daß es per Saldo zu keiner Nutzenänderung kommt. Im Zusammenhang mit (1.2) bedeutet dies $dU = 0$ für alle denkbaren Konsumvariationen dC_0 und dC_1 entlang einer Indifferenzkurve. Die Gleichung $0 = (\partial U/\partial C_0) \cdot dC_0 + (\partial U/\partial C_1) \cdot dC_1$ läßt sich unmittelbar zu (1.11) umformen.

Die Grenzrate der Substitution $|dC_1/dC_0|$ entspricht damit einfach dem **Grenznutzenverhältnis** $(\partial U/\partial C_0)/(\partial U/\partial C_1)$. Eine fallende Grenzrate der Substitution ist nun gleichbedeutend damit, daß die Ableitung des Grenznutzenverhältnisses kleiner als Null ist. Die Anwendung der Quotientenregel liefert hierbei:

$$\frac{\partial\left(\dfrac{\partial U/\partial C_0}{\partial U/\partial C_1}\right)}{\partial C_0} = \frac{\partial^2 U/\partial C_0^2 \cdot \partial U/\partial C_1 - \partial U/\partial C_0 \cdot \partial^2 U/(\partial C_0 \cdot \partial C_1)}{(\partial U/\partial C_1)^2}. \quad (1.12)$$

Das Vorzeichen der Ableitung aus (1.12) wird wegen des infolge des Quadrats stets positiven Nenners allein durch den Zähler des Bruchs auf der rechten Seite von (1.12) bestimmt. Für eine fallende Grenzrate der Substitution müßte dieser Zähler negativ sein. In der Tat ist sein Vorzeichen aber schon infolge der bislang nicht kommentierten Kreuzableitung $\partial^2 U/(\partial C_0 \cdot \partial C_1)$ unspezifiziert. Eindeutig ist lediglich, daß der Minuend des Bruchs wegen der Annahme positiven, fallenden Grenznutzens über ein negatives Vorzeichen verfügt. Unterstellt man nun, daß das Vorzeichen der Kreuzableitung positiv ist, dann ist in der Tat der gesamte Zähler der Ableitung aus (1.12) negativ und der degressiv fallende Verlauf der Indifferenzkurven zweifelsfrei gewährleistet. Ein positives Vorzeichen der **Kreuzableitung** ist damit eine hinreichende, aber keineswegs notwendige Bedingung für den in *Abbildung 1.5* skizzierten Indifferenzkurvenverlauf. Inhaltlich besagt eine positive Kreuzableitung, daß der Grenznutzen etwa des Zukunftskonsums mit wachsendem Gegenwartskonsum zunimmt. Sicherlich ist die Angemessenheit einer solchen Prämisse noch deutlich weniger leicht einzusehen als die Annahme eines positiven, fallenden Grenznutzens in C_0 und C_1. Aus dieser rudimentären formalen Analyse erkennt man daher bereits, daß die Unterstellung einer fallenden Grenzrate der Substitution auf den ersten Blick zwar durchaus plausibel erscheinen mag, aber genaugenommen eine zusätzliche Annahme hinsichtlich der Eigenschaft der unternehmerischen Nutzenfunktion U darstellt, deren Vorliegen selbst bei Voraussetzung positiven, abnehmenden Grenznutzens keineswegs stets gewährleistet sein muß.

In der Tat ist die Eigenschaft konvexer Indifferenzkurven recht wichtig und im Gegensatz zur Annahme eines degressiv steigenden Nutzenfunktionsverlaufs **nicht** den beiden zu Anfang dieses Kapitels genannten Problemen ausgesetzt. Das heißt, daß aus konvexen Indifferenzkurven bei in Verbrauchsmengen von **beliebig vielen** Gütern definierter unternehmerischer Nutzenfunktion stets auch auf konvexe Indifferenzkurven mit Bezug auf $U(C_0;C_1)$ geschlossen werden kann.[12] Überdies führt **jede** positive monotone Transformation einer Nutzenfunktion $U(C_0;C_1)$ mit konvexen Indifferenzkurven ebenfalls wieder zu konvexen Indifferenzkurven. Im Umkehrschluß bedeutet dies, daß bei einer unternehmerischen Nutzenfunktion mit positivem Grenznutzen in C_0 und C_1, aber nicht konvexen Indifferenzkurven auch durch eine positive monotone Transformation der Nutzenfunktion die Konvexität der Indifferenzkurven nicht hergestellt werden kann. Damit haben die Überlegungen im Zusammenhang mit (1.12) trotz der Ordinalität von Nutzenfunktionen bei Sicherheit dennoch grundsätzliche Bedeutung.[13]

Beispiel 1.7:
Es seien die unternehmerischen Präferenzen gemäß Beispiel 1.1 vorausgesetzt. Die Gleichung einer Indifferenzkurve mit Nutzenniveau $\overline{U}$ bestimmt sich damit gemäß

---

[12] Vgl. *Fama/Miller* (1972), S. 19 f.

[13] Es läßt sich zeigen, daß aus der **"Quasi-Konkavität"** einer Nutzenfunktion die Konvexität der Indifferenzkurven folgt. Quasi-Konkavität bedeutet dabei, daß die Realisation einer Linearkombination $\alpha \cdot (C_0^{(1)};C_1^{(1)}) + (1-\alpha) \cdot (C_0^{(2)};C_1^{(2)})$ ($0 \leq \alpha \leq 1$) zweier intertemporaler Konsumallokationen $(C_0^{(1)};C_1^{(1)})$ und $(C_0^{(2)};C_1^{(2)})$ keinen geringeren Nutzen als das Minimum der Nutzenwerte bei Konsum von **entweder** $(C_0^{(1)};C_1^{(1)})$ **oder** $(C_0^{(2)};C_1^{(2)})$ liefert, eine Mischung insbesondere von extremen Konsumallokationen aus Sicht eines Entscheiders generell von Vorteil ist. In der Tat ist hier der Zusammenhang etwas präziser angesprochen, der weiter oben als Motivation für den konvexen Verlauf von Indifferenzkurven geltend gemacht worden ist. Vgl. näher *Mas-Collel/Whinston/Green* (1995), S. 49 f.

$$U(C_0;C_1) = C_0^{0,3} \cdot C_1^{0,7} = \overline{U}$$

$$\Leftrightarrow C_1 = \overline{U}^{\frac{10}{7}} \cdot C_0^{-\frac{3}{7}}, \tag{1.13}$$

so daß des weiteren

$$\frac{dC_1}{dC_0} = -\frac{3}{7} \cdot \overline{U}^{\frac{10}{7}} \cdot C_0^{-\frac{10}{7}} < 0,$$

$$\frac{d^2C_1}{dC_0^2} = \frac{30}{49} \cdot \overline{U}^{\frac{10}{7}} \cdot C_0^{-\frac{17}{7}} > 0 \tag{1.14}$$

für $C_0 > 0$ und damit hier in der Tat ein degressiv fallender Indifferenzkurvenverlauf resultiert. □

Trotz der oben dargelegten Probleme soll die Annahme der fallenden Grenzrate der Substitution im weiteren beibehalten werden, denn zusammen mit den Annahmen, die zu einer degressiv steigenden Investitionsertragsfunktion führen, ergibt sich nun eine besonders einfache Lösung des unternehmerischen Entscheidungsproblems.[14]

Es ist nämlich bekannt, daß der Unternehmer alle Punkte auf (oder natürlich auch unterhalb) der Transformationskurve im $(C_0;C_1)$-Diagramm erreichen kann. Jeder dieser Punkte liegt (auch) auf einer bestimmten Indifferenzkurve. Unternehmerische Nutzenmaximierung bedeutet nun, diejenige Investitionsentscheidung zu treffen, das heißt denjenigen Punkt auf der Transformationskurve

---

[14] Wie schon weiter oben angedeutet, benötigt man für das zentrale Ergebnis des Abschnitts 1 des folgenden Kapitels III lediglich positiven Grenznutzen im Konsum, nicht aber ein bestimmtes Krümmungsverhalten der Indifferenzkurven. Insofern ist diese Frage letztlich ohnehin nicht ganz so entscheidend.

anzusteuern, dessen zugehörige Indifferenzkurve mit dem höchsten Nutzenniveau einhergeht, also am weitesten außen liegt. In der Tat muß die aus Unternehmersicht optimale Konsumkombination (bei Voraussetzung einer inneren Lösung) daher dadurch gekennzeichnet sein, daß dort **ein Tangentialpunkt** von **Transformations- und Indifferenzkurve vorliegt.** Ansonsten wäre es leicht, einen anderen Punkt auf der Transformationskurve zu finden, durch den eine Indifferenzkurve mit einem höheren Nutzenniveau verläuft. Eine graphische Veranschaulichung dieses Sachverhalts findet sich in *Abbildung 1.6*, wobei die optimale Konsumposition durch $(C_0^*; C_1^*)$ gekennzeichnet ist. Das optimale Realinvestitionsvolumen I^* kann als Differenz zwischen Anfangsausstattung W_0 und optimalem Gegenwartskonsum C_0^* ebenfalls leicht in der *Abbildung 1.6* abgelesen werden.

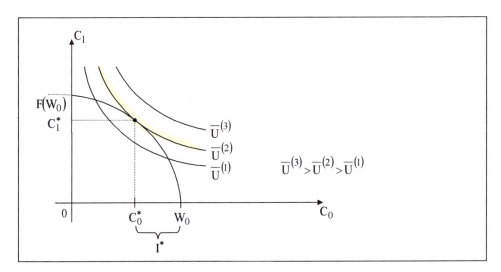

Abbildung 1.6: Optimale unternehmerische Konsum- und Investitionsentscheidungen

Im Tangentialpunkt entspricht die Steigung der Indifferenzkurve gerade der Steigung der Transformationskurve. Den Absolutbetrag der letzteren kann man auch als **Grenzrate der Transformation** bezeichnen. Denn sie gibt an, um wieviel der C_1-Konsum infolge geringerer investiver Auszahlungen in $t = 0$ zurückgeht, wenn der C_0-Konsum um eine (infinitesimale) Geldeinheit ausgedehnt wird. Da sich die Ableitung der Transformationsfunktion $F(W_0-C_0)$ nach C_0 wegen $I = W_0-C_0$ gemäß Kettenregel als $[\partial F(I)/\partial I]\cdot(\partial I/\partial C_0) = -\partial F(I)/\partial I < 0$ ergibt, bestimmt sich die Grenzrate der Transformation als $\partial F/\partial I$. Im **Tangentialpunkt** von Indifferenz- und Transformationskurve gilt die **Gleichheit** von Grenzrate der Substitution und Grenzrate der Transformation.

Je größer C_0 bereits ist, um so höher sind die (Grenz-) Einbußen an C_1-Konsum bei weiterer Ausdehnung von C_0 durch zusätzlichen Investitionsverzicht. Weil gleichzeitig annahmegemäß die Wertschätzung des C_1-Konsums aus Sicht des Unternehmers relativ zunimmt, ist der C_0-Konsum gerade nur bis zu dem Punkt auszudehnen, in dem beide Grenzraten übereinstimmen. Diese **Optimalitätsbedingung** läßt sich auch leicht formal herleiten. Dazu ist auf das weiter oben unter (1.8) und (1.9) präsentierte Entscheidungsproblem zurückzukommen. Zur Lösung dieses Problems kann beispielsweise (1.9) in (1.8) eingesetzt werden, so daß man nur noch über eine Variable, nämlich C_0, maximieren muß:

$$U[C_0; F(W_0 - C_0)] \to \max_{C_0}! \tag{1.15}$$

Durch Ableiten gelangt man mittels Kettenregel und unter Beachtung von $I = W_0 - C_0$ zu der folgenden notwendigen Bedingung für ein unternehmerisches Nutzenmaximum:

$$\frac{\partial U}{\partial C_0} - \frac{\partial U}{\partial C_1} \cdot \frac{\partial F}{\partial I} = 0. \tag{1.16}$$

Umformung von (1.16) liefert unmittelbar

$$\frac{\partial U/\partial C_0}{\partial U/\partial C_1} = \frac{\partial F}{\partial I}, \tag{1.17}$$

mithin die bereits als erforderlich hergeleitete Gleichheit von Grenzrate der Substitution und Grenzrate der Transformation.

Die hinreichende Bedingung für ein lokales Nutzenmaximum bestimmt sich hierbei übrigens gemäß Produkt- und Kettenregel als

$$\frac{\partial^2 U}{\partial C_0^2} - \frac{\partial^2 U}{\partial C_0 \cdot \partial C_1} \cdot \frac{\partial F}{\partial I} + \frac{\partial U}{\partial C_1} \cdot \frac{\partial^2 F}{\partial I^2} < 0 \qquad (1.18)$$

und ist unter den getroffenen Annahmen im Falle positiver Kreuzableitung sicherlich erfüllt. Die Analogie zur graphischen Problemlösung zeigt sich demnach auch hier.

Weil sich das optimale Investitionsvolumen I^* als $W_0 - C_0^*$ ergibt, liegt mit C_0^* und C_1^* natürlich auch I^* fest. Wir erhalten also hier eine sehr einfache Optimalitätsbedingung für unternehmerisches Investitionsverhalten: Investiere solange, bis die Grenzrate der Transformation der Grenzrate der Substitution entspricht. Die Grenzrate der Transformation ist dabei nichts anderes als die um 1 erhöhte **Grenzrendite** aus der Investition, wobei die Grenzrendite wiederum definiert ist als die aus der Investition einer weiteren (infinitesimalen) Geldeinheit erzielbare Verzinsung.

Beispiel 1.8:
Betrachtet sei ein Unternehmer mit der Nutzenfunktion aus Beispiel 1.1 und der Investitionsertragsfunktion sowie der unternehmerischen Anfangsausstattung aus Beispiel 1.6. Das unternehmerische Konsumoptimum ist dann durch den Tangentialpunkt einer Indifferenzkurve mit der Transformationskurve gekennzeichnet. Der optimale Gegenwartskonsum C_0 sowie das maximal erreichbare Nutzenniveau $\overline{U}$ müssen daher den folgenden beiden Bedingungen genügen:

$$\text{I.} \quad \overline{U}^{\frac{10}{7}} \cdot C_0^{-\frac{3}{7}} = 4{,}4 \cdot \sqrt{10 - C_0},$$

$$\text{II.} \quad \frac{3}{7} \cdot \overline{U}^{\frac{10}{7}} \cdot C_0^{-\frac{10}{7}} = \frac{2{,}2}{\sqrt{10 - C_0}}. \qquad (1.19)$$

Bedingung I. stellt sicher, daß ein gemeinsamer Punkt von Transformationskurve und Indifferenzkurve betrachtet wird. Bedingung II. gewährleistet, daß es sich bei diesem gemeinsamen Punkt um einen Tangentialpunkt handelt. Die numerische Lösung dieser beiden Gleichungen führt zu einem optimalen Gegenwartskonsum C_0^* von etwa 4,61 GE, einem zugehörigen Investitionsvolumen I^* von ca. 5,39 GE sowie Zukunftskonsum C_1^* von ungefähr 10,21 GE. Der Unternehmer erreicht damit insgesamt ein Nutzenniveau in Höhe von etwa 8,05. □

3.2 Diskussion

Zu beachten ist, daß die leicht zugängliche Entscheidungsregel der Gleichsetzung der beiden Grenzraten nur aufgrund der hier getroffenen vereinfachenden Annahmen Gültigkeit besitzt. Beispielsweise läßt sie sich überhaupt nur sinnvoll anwenden, wenn man von einem **Zwei-Zeitpunkte-Fall** ausgeht. Bei der Betrachtung von mehr als zwei Zeitpunkten ist diese Entscheidungsregel demnach bereits nicht mehr hilfreich. Ferner wurde bislang wenigstens implizit stets angenommen, daß überhaupt ein Tangentialpunkt zwischen Indifferenzkurvenschar und Transformationskurve existiert. Ist dies nicht der Fall, gilt entweder für alle Punkte der Transformationskurve, daß die Grenzrate der Transformation stets über der Grenzrate der Substitution liegt oder aber stets darunter. Im erstgenannten Fall wird $I^* = W_0$ und somit $C_0^* = 0$ GE gewählt, im letzteren $I^* = 0$ GE und somit $C_1^* = 0$ GE.

Randlösungen dieser Art sind überdies immer auch dann zu prüfen, wenn sich die Indifferenzkurven entgegen den getroffenen Annahmen nicht als konvex erweisen. Auch ist es dann denkbar, daß es mehrere Tangentialpunkte und damit Kandidatenstellen für optimale Konsumentscheidungen gleichzeitig gibt.

Noch gravierender sind die Modifikationen, die sich ergeben, wenn man von der Annahme der Existenz **unendlich vieler kleiner Investitionsprojekte** mit stetig variierender Rendite abgeht. Die Transformationskurve ist in diesem Fall abschnittsweise linear, weswegen möglicherweise selbst bei Vorliegen einer inneren Lösung kein Tangentialpunkt von Transformationskurve und Indifferenzkurvenschar existiert. Dies wird dann der Fall sein, wenn die am weitesten außen liegende, erreichbare Indifferenzkurve durch eine Knickstelle verläuft. Ist überdies beliebige Kombinierbarkeit der Projekte auch nicht gegeben und insofern nicht einmal ein progressiv fallender Verlauf der Transformationskurve gewährleistet, können mehrere Tangentialpunkte von Transformationskurve und Indifferenzkurvenschar oder Schnittpunkte in Knickstellen gleichzeitig auftreten. Fehlt es schließlich auch noch an der **beliebigen Teilbarkeit** der Investitionsprojekte, ist die Existenz eines Tangentialpunkts völlig ausgeschlossen und beträgt die Grenzrate der Transformation, sofern überhaupt definiert, stets Null. Ein marginalanalytischer Ansatz auf der Grundlage der Betrachtung von Ableitungen ist spätestens jetzt vollkommen hinfällig. Stabil ist lediglich die Aussage, daß eine möglichst weit außen gelegene Indifferenzkurve angestrebt werden sollte.

Die Investitionsregel, Grenzrate der Transformation mit Grenzrate der Substitution gleichzusetzen, mag zwar einleuchtend klingen, läßt sich aber in der Tat nur für ganz bestimmte Fallkonstellationen rechtfertigen. Überdies hat sie den Nachteil, daß sie unmittelbar von den **Präferenzen** des betrachteten Unternehmers, nämlich seiner jeweiligen Nutzenfunktion, abhängt. Schon dieser Umstand birgt wenigstens **zwei Probleme**. Erstens wird eine Gruppe von Entscheidungsträgern bei Vorliegen unterschiedlicher Zeitpräferenzen und damit Nutzenfunktionen in der Regel nicht zu einer **einmütigen Beurteilung** hinsichtlich des von der betreffenden Unternehmung anzustrebenden Investitionsprogramms gelangen. Zweitens stellt sich für die Formulierung praktisch brauchbarer Empfehlungen zur Entscheidungsunterstützung von Unternehmern das Problem, daß die jeweilige unternehmerische **Nutzenfunktion spezifiziert** werden muß, was in praxi zumeist schwierig sein dürfte.[15] Insofern wäre es aus vielerlei Gründen wünschenswert, Bedingungen zu nennen, bei deren Erfüllung **präferenzunabhängige Aussagen** zum optimalen Realinvestitionsprogramm von Unternehmen hergeleitet werden können. Sehr hilfreich wäre es überdies, wenn dabei zugleich die bislang benötigten **Annahmen** zur Unabhängigkeit und Teilbarkeit der einzelnen Investi-

---

[15] Auf die Möglichkeiten zur **Ermittlung** unternehmerischer Nutzenfunktionen soll an dieser Stelle nicht weiter eingegangen werden. Wir werden hierauf im zweiten Band noch zurückkommen.

tionsprojekte **gelockert** werden könnten. Im nächsten Kapitel soll gezeigt werden, daß diese Anforderungen unter bestimmten Bedingungen in der Tat erfüllt werden können.

4 Zusammenfassung

Gegenstand des vorliegenden Kapitels war die Ermittlung der optimalen unternehmerischen Konsum- und Investitionsentscheidung für den **Zwei-Zeitpunkte-Fall** und bei **fehlendem Kapitalmarktzugang**. Die **Investitionsertrags- oder Realinvestitionsfunktion** gibt in diesem Zusammenhang zu jedem denkbaren Investitionsvolumen des Zeitpunktes $t = 0$ die hieraus resultierenden unternehmerischen Einzahlungen des Zeitpunktes $t = 1$ an. Unter Berücksichtigung der monetären Anfangsausstattung des Unternehmers kann die Investitionsertragsfunktion in ein $(C_0;C_1)$-Diagramm übertragen werden, wobei C_t ($t = 0, 1$) die Konsumauszahlungen des Unternehmers im Zeitpunkt t bezeichnet. In diesem Fall spricht man von der **Transformationskurve** des Unternehmers. Hierbei handelt es sich um den geometrischen Ort aller Kombinationen von gegenwärtigem und zukünftigem Konsum, die der Unternehmer unter Beachtung seiner monetären Anfangsausstattung und seiner Realinvestitionsmöglichkeiten überhaupt erreichen kann. Unter bestimmten (restriktiven) Voraussetzungen verläuft die Transformationskurve progressiv fallend ohne "Knickstellen".

Die unternehmerischen Präferenzen können graphisch anhand sogenannter **Indifferenzkurven** abgebildet werden. Eine Indifferenzkurve ist der geometrische Ort aller Kombinationen von Gegenwarts- und Zukunftskonsum, die dem Unternehmer gleichen Nutzen stiften. Weil der Unternehmer ceteris paribus mehr Geld gegenüber weniger Geld stets vorzieht, wird er das Erreichen einer möglichst weit außen liegenden Indifferenzkurve anstreben. Unter bestimmten Annahmen hinsichtlich der unternehmerischen Präferenzen verlaufen Indifferenzkurven degressiv fallend. Das optimale unternehmerische Investitionsverhalten ist dann grundsätzlich durch die Realisation des **Tangentialpunktes** der Transformationskurve mit einer Indifferenzkurve charakterisiert. In diesem Punkt stimmen Grenzrate der Transformation und Grenzrate der Substitution überein. Während die **Grenzrate der Transformation** angibt, auf wieviel Geldeinheiten Zukunftskonsum der Unternehmer infolge einer Einschränkung des Investitionsvolumens bei Ausdehnung des Gegenwartskonsums um eine infinitesimale Geldeinheit verzichten muß, teilt die **Grenzrate der Substitution** mit, welche Einschränkung von C_1 bei marginaler Ausdehnung von C_0 gerade noch dergestalt akzeptabel ist, daß sich das unternehmerische Gesamtnutzenniveau nicht verringert.

Insgesamt war so die Herleitung einer **einfachen Entscheidungsregel** auf der Grundlage marginalanalytischer Überlegungen möglich. Als unbefriedigend erwiesen sich aber die recht **engen Prämissen** zur Herleitung dieser Regel und die **Präferenzabhängigkeit** der optimalen Lösung. Im nächsten Kapitel soll deswegen der Versuch zur Herleitung einer allgemeineren und präferenzunabhängigen Entscheidungsregel unternommen werden.

Wiederholungsfragen

W1.1
Welche Annahmen bezüglich der unternehmerischen Präferenzen werden im Rahmen des hier erörterten investitionstheoretischen Grundmodells getroffen?

W1.2
Erklären Sie die Begriffe "Realinvestition" und "Finanzinvestition"! Wie lassen sich beide voneinander abgrenzen?

W1.3
Was versteht man allgemein unter einer Realinvestitions- oder Investitionsertragsfunktion?

W1.4
Was versteht man unter der beliebigen Teilbarkeit eines Investitionsprojekts, und inwiefern ist diese Prämisse problematisch?

W1.5
Für welche Eigenschaften der Realinvestitionsfunktion erweisen sich die Annahmen beliebiger Projektteilbarkeit und Unabhängigkeit von Investitionsprojekten als kritisch?

W1.6
Was versteht man unter einer Transformationsfunktion?

W1.7
Was versteht man unter einer Indifferenzkurve, und welchen Verlauf weisen Indifferenzkurven grundsätzlich auf?

W1.8

Beschreiben Sie das unternehmerische Entscheidungsproblem zur simultanen Bestimmung optimaler Konsum- und Investitionsentscheidungen bei fehlendem Kapitalmarktzugang sowohl graphisch als auch formal!

W1.9

Wie sind die Grenzrate der Substitution und die Grenzrate der Transformation zwischen gegenwärtigem und künftigem Konsum definiert?

W1.10

Wieso erhält man für das hier betrachtete Entscheidungsproblem "Grenzrate der Substitution = Grenzrate der Transformation" als Investitions- und Konsumregel, und welche Probleme ergeben sich beim Versuch einer praktischen Anwendung dieser Regel?

III Investitionsentscheidungen bei vollkommenem Kapitalmarkt

1 *Fisher*-Separation und Kapitalwertkriterium

1.1 Problemstellung

Im weiteren soll die unternehmerische Entscheidungssituation des vorhergehenden Kapitels für den Fall des Zugangs zu einem **vollkommenen Kapitalmarkt** untersucht werden. Hieraus ergeben sich weitreichende Konsequenzen für das optimale unternehmerische Investitionsverhalten, die unter dem Stichwort "*Fisher*"-**Separation** in der Literatur hinlänglich bekannt sind. Im folgenden **Abschnitt 1.2** werden die zusätzlich zur Darstellung des vorhergehenden Kapitels benötigten Annahmen vorgestellt. **Abschnitt 1.3** präsentiert im Detail die *Fisher*-Separation mit der wichtigsten Implikation, daß eine präferenz- und vermögensunabhängige Beurteilung von Investitionsprojekten anhand des Kapitalwertes der mit ihnen jeweils verbundenen Zahlungskonsequenzen, das heißt ihrer jeweiligen Zahlungsreihe[1], möglich wird. **Abschnitt 1.4** schließlich faßt die wesentlichen Erkenntnisse zusammen.

1.2 Die zusätzlichen Annahmen

Die Entscheidungssituation des vorhergehenden Kapitels sei im folgenden um die Möglichkeit des Unternehmers zur Durchführung von **Finanzinvestitionen** ergänzt. Das heißt, der Unternehmer habe Zugang zu einem Kapitalmarkt, auf dem er Mittel von $t = 0$ bis $t = 1$ anlegen oder auch aufnehmen kann. Letzteres stellt gewissermaßen eine Finanzinvestition mit negativem Umfang dar.

---

[1] Genaugenommen geht es im mathematischen Sinne um "**Folgen**" von Projekteinzahlungen im Zeitablauf. Weil der Begriff der Zahlungsreihe jedoch überaus gängig ist, wird er auch hier beibehalten.

Des weiteren sei angenommen, daß der **Kapitalmarkt vollkommen** ist. Definitionen der Vollkommenheit von (Kapital-) Märkten gibt es wohl fast so viele wie Lehrbücher zur Investitionsrechnung.[2] Drei **Merkmale** dürften in jedem Fall zentral für die Charakterisierung eines vollkommenen Kapitalmarktes sein:[3]

1) Rationalverhalten aller Marktteilnehmer,
2) Mengenanpasserverhalten aller Marktteilnehmer und
3) Abwesenheit von Informations- und sonstigen Transaktionskosten inclusive Steuern.

Merkmal 1) besagt, daß jeder Marktteilnehmer unter mehreren zur Auswahl stehenden Handlungsalternativen stets diejenige wählt, die für ihn zum **höchsten Zielerreichungsgrad** führt, hier also seine jeweilige Nutzenfunktion U maximiert. In dieser Formulierung ist Eigenschaft 1) nicht sonderlich restriktiv[4] und fast unabdingbar für ökonomische Analysen. Denn wie sollte man es anders denn als Ausdruck gewisser Irrationalität interpretieren, wenn sich jemand für eine Alternative entscheidet, die nicht seinen Nutzen maximiert, und wie sollte man das Verhalten dieser Person bei der Möglichkeit des Auftretens derartiger Verhaltensweisen überhaupt vorhersehen und verstehen können? Ebenso wie die Vorhersage im obigen Sinne irrationalen Verhaltens erhebliche Probleme bereiten wird, könnten überdies auch kaum sinnvoll Verhaltensempfehlungen für irrationale Entscheidungsträger hergeleitet werden.

---

[2] Vgl. für alternative Charakterisierungen eines vollkommenen Kapitalmarktes etwa *Franke* (1983), S. 241, *Schmidt/Terberger* (1999), S. 91, *Copeland/Weston* (1997), S. 331, *Franke/Hax* (1999), S. 153.

[3] Vgl. hierzu auch schon *Breuer* (1998a), S. 62 f., sowie *Breuer* (2000a).

[4] Es gibt durchaus wesentlich strengere Rationalitätsbegriffe, die aber hier keine Rolle spielen. Vgl. etwa *Bamberg/Coenenberg* (2000), S. 3 f., oder auch *Eisenführ/Weber* (1999), S. 4 ff.

Gemäß Merkmal 2) faßt jeder Marktteilnehmer die am Kapitalmarkt herrschenden Preise, hier konkret die für Mittelanlage und -aufnahme gültigen **Zinssätze**, als **gegeben** und durch seine Kapitalmarkttransaktionen unbeeinflußbar auf.

Merkmal 3) schließlich besagt, daß es vor allem **keine Kosten** der Informationsbeschaffung und -verarbeitung gibt. Des weiteren sind mit Finanzinvestitionen auch keine sonstigen Kosten der Abwicklung verbunden.

1.3 Die Konsequenzen

1.3.1 Existenz eines einheitlichen Zinssatzes für Anlage/Verschuldung

Die oben genannten drei Charakteristika eines vollkommenen Kapitalmarktes implizieren insbesondere, daß es auf dem betrachteten Kapitalmarkt im Gleichgewicht nur **genau einen** einheitlichen Zinssatz i für die Anlage und die Aufnahme von Mitteln von t = 0 bis t = 1 geben kann. Denn angenommen, auf dem Kapitalmarkt existierten wenigstens zwei verschiedene Zinssätze $i^{(1)}$ und $i^{(2)}$ mit $i^{(1)} < i^{(2)}$. In diesem Fall würde jeder Marktteilnehmer in t = 0 einen Kredit in beliebiger Höhe K zum Zinssatz $i^{(1)}$ aufnehmen wollen und damit für t = 1 eine Verbindlichkeit in Höhe von $K + K \cdot i^{(1)} = K \cdot (1 + i^{(1)})$ begründen, die sich aus der Tilgung des aufgenommenen Betrags K und den zusätzlich zu leistenden Zinsen $K \cdot i^{(1)}$ zusammensetzt. Der in t = 0 erhaltene Betrag K würde gleichzeitig mit der Aufnahme noch in t = 0 zur Anlage zum höheren Zinssatz $i^{(2)}$ verwandt werden und dem betreffenden Individuum zu einer Forderung für t = 1 in Höhe von $K + K \cdot i^{(2)} = K \cdot (1 + i^{(2)})$ verhelfen, so daß nach Begleichung der Verbindlichkeiten in t = 1 ein ohne Einsatz eigener Mittel in t = 0 erreichter Vermögenszuwachs in Höhe von $K \cdot (1 + i^{(2)}) - K \cdot (1 + i^{(1)}) = K \cdot (i^{(2)} - i^{(1)}) > 0$ resultierte, der durch entsprechende Wahl von K beliebig groß gemacht werden könnte. Weil dieser Umstand wegen der Annahme 3) kostenloser Informationsbeschaffung und -verarbeitung allen Marktteilnehmern bekannt sein wird, alle Marktteilnehmer infolge 2) von exogenen Zinssätzen $i^{(1)}$ und $i^{(2)}$ ausgehen und schließlich aufgrund von 1) jeder eine ceteris paribus mögliche Vermögensmehrung zum Zeitpunkt t = 1 wahrnehmen wird, wird es zum Zinssatz $i^{(1)}$ kein Mittelangebot in t = 0, wohl aber eine unbegrenzte Nachfrage geben. Entsprechend werden zu $i^{(2)}$ in t = 0 Mittel nur angeboten, nicht aber nachgefragt. Für beide Zinssätze stimmen Mittelangebot und -nachfrage in krasser Weise nicht überein. Die somit nicht gegebene Markträumung ist gleichbedeutend mit dem Nichtvorliegen eines Gleichgewichts. Markträumung erfordert demnach, daß es am Kapitalmarkt nur einen einzigen einheitlichen Zinssatz i gibt.

Man spricht in diesem Zusammenhang auch vom **Gesetz des Einheitspreises**, hier verstanden als Existenz nur eines Zinssatzes für Mittelanlage und -verschuldung. Eine Verletzung dieses Gesetzes auf dem vollkommenen Kapitalmarkt würde grundsätzlich die Möglichkeit zur Erzielung sicherer Gewinne mittels Kapitalmarkttransaktionen eröffnen, die jeder Marktteilnehmer wahrnehmen wollte, und insofern ein Gleichgewicht im Sinne des Ausgleichs von Angebot und Nachfrage auf dem betrachteten Kapitalmarkt ausschließen. Im Zusammenhang mit der Realisation sicherer Gewinne spricht man auch von **Arbitrage**: Ein vollkommener Kapitalmarkt im Gleichgewicht ist demnach notwendigerweise frei von Arbitragemöglichkeiten, das heißt, er ist arbitragefrei.[5]

1.3.2 Die Kapitalmarktgeraden

Ausgehend von einer beliebigen Konsumposition ($\overline{C}_0; \overline{C}_1$), die der Unternehmer etwa allein aufgrund seiner vorhandenen Vermögensanfangsausstattung und geplanter Realinvestitionen erreichen kann, führt die Aufnahme eines Kredites in Höhe von K dazu, daß der Unternehmer sein Konsumniveau in t = 0 auf $C_0 = \overline{C}_0 + K$ steigert. Dafür reduziert sich aber aufgrund der zukünftig erforderlichen Kreditrückzahlung simultan sein Konsum im Zeitpunkt t = 1 auf $C_1 = \overline{C}_1 - (1+i) \cdot K$.

---

[5] Vgl. zum **"Prinzip der arbitragefreien Bewertung"** auf vollkommenen Kapitalmärkten im Gleichgewicht z.B. *Breuer* (1998a), S. 63, oder auch *Hax/Hartmann-Wendels/v. Hinten* (1988), S. 699 ff., *Spremann* (1996), S. 557 ff., und *Kruschwitz* (2002), S. 36 ff., 133 ff.

Man kann in diesem Kontext ohne weiteres auch negative Werte für K zulassen. Ein negatives Kreditvolumen entspricht der Anlage von Mitteln am Kapitalmarkt zum Zinssatz i von t = 0 bis t = 1. Als Konsequenz von K < 0 verringert sich das Konsumniveau des Unternehmers in t = 0, während sein Konsum in t = 1 zunimmt.

Löst man die daher für alle $K \in \mathbb{R}$ gültige Bestimmungsgleichung $C_0 = \overline{C}_0 + K$ für C_0 nach -K auf, $-K = \overline{C}_0 - C_0$, und setzt das Ergebnis in die Bestimmungsgleichung für C_1 ein, $C_1 = \overline{C}_1 - (1+i) \cdot K$, so erhält man die Gleichung der sogenannten **Kapitalmarktgeraden**:

$$C_1 = \overline{C}_1 + (1+i) \cdot (\overline{C}_0 - C_0). \tag{1.1}$$

Die Kapitalmarktgerade beschreibt den geometrischen Ort aller $(C_0; C_1)$-Kombinationen, die der betrachtete Unternehmer durch Anlage oder Aufnahme von Mitteln am Kapitalmarkt, ausgehend von einer (durch Realinvestitionen bei gegebener Vermögensanfangsausstattung erreichten) Konsumposition $(\overline{C}_0; \overline{C}_1)$, realisieren kann. Die Steigung der Kapitalmarktgeraden ist unabhängig vom "Startpunkt" $(\overline{C}_0; \overline{C}_1)$ stets konstant:

$$\frac{dC_1}{dC_0} = -(1+i). \tag{1.2}$$

Denn die Ausdehnung des gegenwärtigen Konsums um eine weitere Geldeinheit über zusätzliche Verschuldung begründet stets eine neue Rückzahlungsverpflichtung für den Zeitpunkt t = 1 im Umfang von 1+i. Entsprechend führt die Einschränkung des Gegenwartskonsums um eine Geldeinheit für Anlagezwecke zu einer erhöhten Einzahlung von 1+i in t = 1. Zu beachten ist ferner, daß negative Werte für C_0 nicht realisiert werden können, da der betreffende Unternehmer in t = 0 mehr als $\overline{C}_0$ zusätzlich am Kapitalmarkt anlegen müßte, was er augenscheinlich nicht kann. Aus einem ähnlichen Grunde sind auch negative Werte für C_1 nicht möglich. Denn dies würde bedeuten, daß der Unternehmer sich so stark verschuldet, also den Gegenwartskonsum so stark ausdehnt, daß er sich im Zeitpunkt t = 1 als zahlungsunfähig erweist, weil $\overline{C}_1$ nicht ausreicht, um seine

Verbindlichkeiten zu begleichen. Natürlich wird der Unternehmer infolge der angenommenen Kapitalmarktvollkommenheit aber keinen Kapitalgeber in t = 0 finden, der ihm dann überhaupt einen derart hohen Kredit gewährt. Insofern kann der Unternehmer zwar grundsätzlich als Mengenanpasser auf dem betrachteten Kapitalmarkt zu einem unbeeinflußbaren Zinssatz i Mittel anlegen und aufnehmen, aber natürlich nur im Rahmen seiner gegebenen Anfangsausstattung. Demnach sind für den Unternehmer zur Ermittlung seiner endgültigen Konsumposition nur solche Punkte einer Kapitalmarktgeraden relevant, für die C_0, $C_1 \geq 0$ gilt. Trotzdem allerdings kann der Startpunkt der Kapitalmarktgeraden durchaus durch $\overline{C}_0 < 0$ gekennzeichnet sein, nämlich dann, wenn der Unternehmer ein Realinvestitionsvolumen plant, das durch seine Vermögensanfangsausstattung allein nicht realisiert werden kann. Natürlich kommt in diesem Zusammenhang dann nur noch eine mehr oder weniger starke Verschuldung am Kapitalmarkt für den Unternehmer in Betracht. Wir werden auf diesen Fall im Rahmen des Abschnitts "*Hirshleifer*-**Modell und Klienteleffekt**" im Kapitel IV dieses Buchs noch ausführlich zurückkommen.

Beispiel 1.1:
Es sei angenommen, der Zinssatz i für Anlage und Verschuldung von t = 0 bis t = 1 belaufe sich auf 10 %. Unternehmer 1 habe eine Anfangsausstattung von $W_0 = 10$ GE, aber keinen Zugang zu Realinvestitionsmöglichkeiten. Damit ist der Startpunkt der für ihn relevanten Kapitalmarktgeraden durch $(\overline{C}_0; \overline{C}_1) = (10;0)$ festgelegt, und deren zugehörige Gleichung lautet

$$C_1 = 0 + 1{,}1 \cdot (10 - C_0) = 11 - 1{,}1 \cdot C_0. \qquad (1.3)$$

Unternehmer 2 hingegen plane für gegebene Vermögensanfangsausstattung derartige Realinvestitionen, daß sich als Startpunkt der für ihn relevanten Kapitalmarktgeraden $(\overline{C}_0; \overline{C}_1) = (6;8{,}8)$ ergibt. Hieraus resultiert als Geradengleichung:

$$C_1 = 8{,}8 + 1{,}1 \cdot (6 - C_0) = 15{,}4 - 1{,}1 \cdot C_0. \qquad (1.4)$$

In beiden Fällen erhält man als Geradensteigung also -1,1. Zur Veranschaulichung sind die beiden Kapitalmarktgeraden in *Abbildung 1.1* wiedergegeben. □

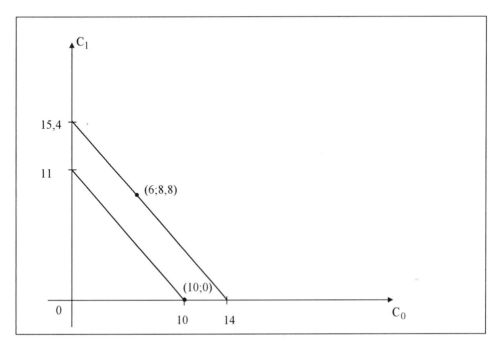

Abbildung 1.1: Kapitalmarktgeraden bei unterschiedlichen Startpunkten (10;0) und (6;8,8)

1.3.3 Die *Fisher*-Separation: präferenz- und vermögensunabhängige Ermittlung optimaler Realinvestitionen

Unabhängig von der konkret angenommenen Nutzenfunktion U des Unternehmers ist es für diesen schon bei bloßer **Voraussetzung positiver Grenznutzen** stets am besten, wenn er eine möglichst **weit außen** liegende Kapitalmarktgerade erreicht. Denn eine weiter außen liegende Kapitalmarktgerade ermöglicht es im Vergleich zu einer weiter innen liegenden stets, ceteris paribus sowohl den unternehmerischen Gegenwarts- als auch den Zukunftskonsum zu erhöhen.

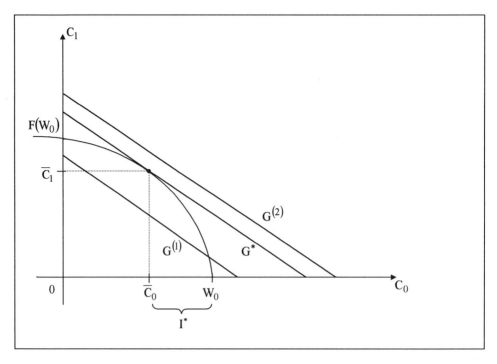

Abbildung 1.2: Optimales Realinvestitionsvolumen bei Existenz eines vollkommenen Kapitalmarktes

Welche Kapitalmarktgerade der Unternehmer konkret erreicht, hängt neben seiner Anfangsausstattung von dem gewählten Realinvestitionsvolumen ab. Unterstellt man wie in dem vorhergehenden Kapitel II einen progressiv fallenden Verlauf der Transformationskurve, so realisiert der Unternehmer die am weitesten außen liegende Kapitalmarktgerade im allgemeinen dann, wenn er ein solches Realinvestitionsvolumen I^* umsetzt, daß die zugehörige Kapitalmarktgerade Tangente an die Transformationskurve wird.[6] Dieser Zusammenhang ist in *Ab-*

---

[6] Grundsätzlich kann es auch sein, daß es gar keinen Tangentialpunkt gibt, weil die Steigung der Transformationskurve entweder nie größer oder aber nie kleiner als die Steigung der Kapitalmarktgeraden ist. Unter dieser Voraussetzung liegen **Randlösungen** vor, bei denen die relevante Kapitalmarktgerade durch den Punkt $(W_0;0)$ oder $(0;F(W_0))$ verläuft. Im weiteren seien derartige Fälle ausgeschlossen. Hinreichend hierfür sind die Annahmen $\lim_{I \to 0} F'(I) = \infty$ und $F'(W_0) = 0$. Dann nimmt $F'(I)$ für $I \in [0;W_0]$ jeden Wert aus dem Intervall $[0;\infty)$ genau einmal an. Außerdem soll auch für das zu erör-

bildung 1.2 skizziert. Dort erweist sich das Realinvestitionsvolumen I* und somit das Erreichen der Kapitalmarktgeraden G* als optimal. Natürlich gibt es noch weiter außen liegende Kapitalmarktgeraden, doch haben diese - wie etwa $G^{(2)}$ - keinen Punkt mehr mit der Transformationskurve gemeinsam, können vom betrachteten Unternehmer also durch Realinvestitionen nicht erreicht werden. Alle sonst erreichbaren Kapitalmarktgeraden - wie etwa $G^{(1)}$ - liegen hingegen weiter innen und sind aus Unternehmersicht deshalb schlechter als die Tangente G*. Zu beachten ist, daß die Transformationskurve im zweiten Quadranten nun nicht mehr als gestrichelte Linie gezeichnet ist. Denn auch die dort abgetragenen $(C_0;C_1)$-Punkte und die zugehörigen Investitionsvolumina sind für den Unternehmer infolge seiner Verschuldungsmöglichkeiten am Kapitalmarkt als Startpunkt einer Kapitalmarktgeraden durchaus erreichbar. Da in *Abbildung 1.2* der letztlich relevante Startpunkt $(\overline{C}_0;\overline{C}_1)$ aber ohnehin im ersten Quadranten liegt, braucht die Kapitalmarktgerade G* allerdings ebenfalls nur im Rahmen des ersten Quadranten abgetragen zu werden.

Die Steigung der Transformationskurve entspricht $-F'(I)$, die der Kapitalmarktgeraden $-(1+i)$. Es gilt somit für das **optimale Realinvestitionsvolumen**:

$$-F'(I^*) = -(1+i) \Leftrightarrow F'(I^*)-1 = i. \tag{1.5}$$

Dies bedeutet, daß das optimale Realinvestitionsvolumen I* durch die Gleichheit von Grenzrendite des Investitionsprogramms und Kapitalmarktzinssatz charakterisiert werden kann. Auch dieser Zusammenhang ist unmittelbar einleuchtend. Der Unternehmer verfügt nämlich über zwei Möglichkeiten, zugunsten künftigen Konsums auf Gegenwartskonsum zu verzichten. Zum einen kann er Realinvestitionen tätigen, zum anderen Finanzinvestitionen. Die Erhöhung seines Realinvestitionsvolumens wird er einer Finanzinvestition dabei solange vorziehen, wie die aus der erhöhten Realinvestition resultierende Grenzrendite $F'(I)-1$ über der am Kapitalmarkt erreichbaren Verzinsung i liegt. Erst für darüber hinausgehende

---

ternde unternehmerische Konsumoptimum stets angenommen werden, daß es sich nicht als Randlösung mit $C_0^* = 0$ GE oder $C_1^* = 0$ GE darstellt. Vgl. hierzu auch die Ausführungen im vorhergehenden Kapitel.

Anlagebeträge kommen Finanzinvestitionen in Betracht. Diese Argumentation hat auch Bestand, wenn der Unternehmer seinen Gegenwartskonsum gar nicht so stark einschränken möchte, wie es die Realisierung des Realinvestitionsvolumens I^* erforderte. Statt weniger zu investieren, ist es dann nämlich sinnvoller, sich am Kapitalmarkt zu i zu verschulden. Die hieraus resultierende Verbindlichkeit liegt nämlich wegen des progressiv fallenden Verlaufs der Transformationskurve unter der Vermögenseinbuße für t = 1, die aus einer Einschränkung des Realinvestitionsvolumens unter I^* resultierte. Anders ausgedrückt, lohnt sich die Umsetzung des Realinvestitionsvolumens I^* auch dann, wenn der Unternehmer es durch Mittelaufnahme zu i finanziert, da die Grenzrendite jeder in Realinvestitionen eingesetzten Geldeinheit für $I < I^*$ über i hinausgeht, die Vermögenszuwächse aus den Realinvestitionen für t = 1 die zusätzlichen Verbindlichkeiten dieses Zeitpunktes also übersteigen.

Beispiel 1.2:
Betrachtet sei ein Unternehmer mit einer Vermögensanfangsausstattung in t = 0 in Höhe von W_0 = 10 GE. Seine Investitionsertragsfunktion sei $F(I) = 4{,}4 \cdot I^{0,5}$ und entspreche damit der aus Beispiel 1.6 des vorhergehenden Kapitels. Der Kapitalmarktzinssatz i für Mittelanlage und -aufnahme von t = 0 bis t = 1 betrage 10 %. Für das optimale Investitionsvolumen muß die Steigung der Transformationskurve, $-F'(I)$, gerade dem Wert -1,1 entsprechen:

$$-\frac{2{,}2}{\sqrt{I}} = -1{,}1 \Leftrightarrow I^* = 4. \tag{1.6}$$

Mit I^* = 4 GE sowie W_0 = 10 GE erhält man unmittelbar $\bar{C}_0$ = 6 GE und $\bar{C}_1$ = 8,8 GE. Die Gleichung der vom Unternehmer bei optimalem Investitionsverhalten erreichbaren Kapitalmarktgeraden ist folglich schon aus Beispiel 1.1 bekannt. □

Im Rahmen der Optimalitätsbedingung $F'(I^*) = 1+i$ spielen sowohl die Nutzenfunktion U des Unternehmers als auch dessen Anfangsausstattung W_0 **keine Rolle**. Beides beeinflußt daher nicht die Entscheidung über das optimale unternehmerische Realinvestitionsvolumen. Präferenzen und Anfangsausstattung des Unternehmers bestimmen nur, ob der Unternehmer Mittel am Kapitalmarkt aufnimmt oder anlegt, also welchen Punkt $(C_0^*;C_1^*)$ er letztlich auf der eindeutig bestimmten (Tangential-) Kapitalmarktgeraden G^* (ausgehend von $(\overline{C}_0;\overline{C}_1)$) anstrebt. Bei relativ stark ausgeprägten Zukunftspräferenzen oder großer Vermögensanfangsausstattung wird der Unternehmer zusätzlich zu seinen Realinvestitionen noch Finanzinvestitionen tätigen, also einen Gegenwartskonsum $C_0^* < \overline{C}_0$ und damit einen Zukunftskonsum $C_1^* > \overline{C}_1$ realisieren. Einen Unternehmer mit einem derartigen Optimalverhalten bezeichnet man als **Anlegertyp**. Sofern der Unternehmer hingegen mit deutlich ausgeprägteren Gegenwartspräferenzen im Verhältnis zu seinem (geringen) Anfangsvermögen ausgestattet ist, wird sich $C_0^* > \overline{C}_0$ sowie $C_1^* < \overline{C}_1$ ergeben, so daß der Unternehmer also zusätzliche Mittel zur Finanzierung seines gegenwärtigen Konsums ohne Einschränkung beim Realinvestitionsvolumen I^* aufnehmen wird. In einer derartigen Situation spricht man vom **Schuldnertyp**. Schließlich ist auch noch der Grenzfall denkbar, daß der Unternehmer neben der Umsetzung des Realinvestitionsvolumens I^* keinerlei weitere Aktivitäten entfaltet, also $C_0^* = \overline{C}_0$ sowie $C_1^* = \overline{C}_1$ gilt. Eine derartige Optimallösung ohne Kapitalmarkttransaktionen kennzeichnet den **neutralen Typ**.[7] Die optimalen Konsumpositionen dieser drei grundsätzlich zu unterscheidenden Unternehmertypen sind auch in der *Abbildung 1.3* wiedergegeben. Zur Vereinfachung wurde die Darstellung dabei wieder auf den ersten Quadranten beschränkt.

Die unternehmerische Anfangsausstattung W_0 ist für die Bestimmung des Konsumoptimums insofern relevant, als sie die genaue Lage der am weitesten außen liegenden, für den Unternehmer gerade noch erreichbaren Kapitalmarktgeraden bestimmt. Ceteris paribus führt eine Erhöhung der unternehmerischen Anfangsausstattung um ΔW_0 nämlich zu einer Rechtsverschiebung der optimalen Kapitalmarktgeraden G^* um ebendiesen Wert (ohne daß dadurch natürlich I^* beeinflußt wird[8]). Dieser Zusammenhang ist in *Abbildung 1.4* graphisch dargestellt.

---

[7] Vgl. hierzu auch *Rudolph* (1983), S. 266 f.

[8] Vgl. hierzu auch die Darstellung von *Breuer/Schweizer* (1997).

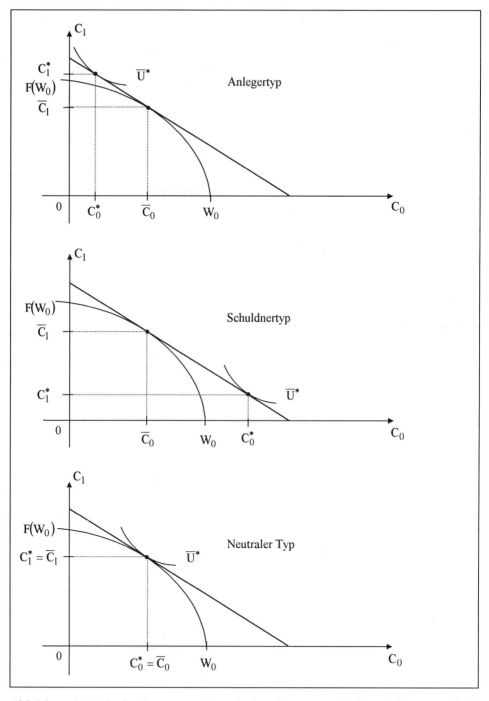

Abbildung 1.3: Optimales unternehmerisches Konsumverhalten bei unterschiedlichen Zeitpräferenzen

Tippfehler: Die Kapitalmarktgeraden oben und unten müssten identische Steigungen haben. Dann würden sich auch oben und unten korrekterweise identische optimale Realinvestitionsvolumina ergeben.

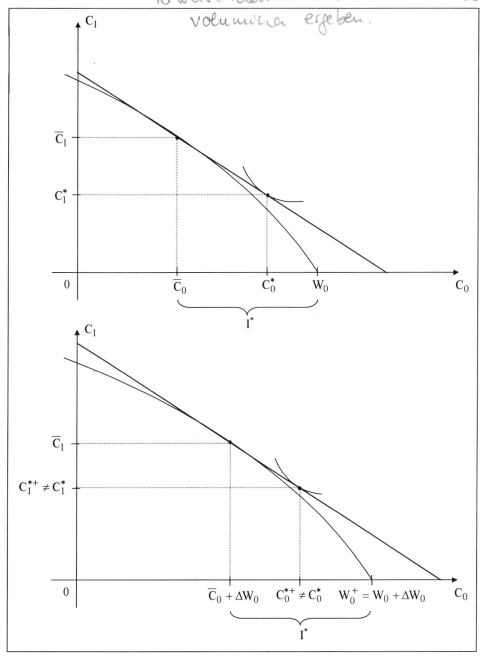

Abbildung 1.4: Unabhängigkeit des optimalen Realinvestitionsvolumens und Abhängigkeit des Konsumoptimums von der unternehmerischen Anfangsausstattung

In jedem Fall wird die vom Unternehmer angestrebte optimale Konsumposition durch einen **Tangentialpunkt** der relevanten Kapitalmarktgeraden mit einer Indifferenzkurve bestimmt. Während also das optimale Realinvestitionsvolumen durch die Gleichheit von Grenzrate der Transformation mit dem um 1 erhöhten Kapitalmarktzinssatz i charakterisiert wird, kennzeichnet die optimale Konsumposition die Gleichheit von Grenzrate der Substitution mit $1+i$. Wie auch schon im Fall ohne Kapitalmarktzugang wird sich der Unternehmer demnach so verhalten, daß die Grenzrate der Transformation der Grenzrate der Substitution entspricht. Der Kapitalmarktzugang führt aber zu der zusätzlichen Restriktion, daß sich beide Grenzraten auf $1+i$ belaufen müssen, was generell nur erfüllt sein kann, wenn die beiden relevanten Grenzraten für unterschiedliche Werte von C_0 bestimmt werden, also die Konsumposition im Falle alleiniger Realinvestitionen von der unter Berücksichtigung von Finanzinvestitionen abweicht.

Die gerade verbal beschriebenen Zusammenhänge lassen sich auch leicht formal herleiten. Das **unternehmerische Optimierungsproblem** lautet bei Verfügbarkeit eines vollkommenen Kapitalmarktes insgesamt wie folgt:

$$U(C_0; C_1) \to \max_{C_0, C_1, I} ! \qquad (1.7)$$

unter Beachtung von

$$\begin{aligned} \text{I.} \quad & \overline{C}_1 = F(W_0 - \overline{C}_0), \\ \text{II.} \quad & C_1 = \overline{C}_1 + (1+i) \cdot (\overline{C}_0 - C_0), \\ \text{III.} \quad & I = W_0 - \overline{C}_0. \end{aligned} \qquad (1.8)$$

Durch Einsetzen von I. und III. (nach Auflösung zu $\overline{C}_0 = W_0 - I$) in II. erhält man eine Bestimmungsgleichung für C_1, die nur noch von den Variablen C_0 und I abhängt. Setzt man diese Bestimmungsgleichung wiederum in (1.7) ein, so verbleibt das Problem der simultanen Optimierung der unternehmerischen Nutzenfunktion über die beiden Variablen C_0 und I:

$$U[C_0; F(I) + (1+i) \cdot (W_0 - I - C_0)] \underset{C_0, I}{\to} \text{max.!} \qquad (1.9)$$

Ableiten mittels Kettenregel und anschließendes Nullsetzen führt unmittelbar zu den beiden folgenden notwendigen[9] Bedingungen für ein **Nutzenmaximum**:

$$\text{I.} \quad \frac{dU}{dC_0} = \frac{\partial U}{\partial C_0} + \frac{\partial U}{\partial C_1} \cdot [-(1+i)] = 0,$$

$$\text{II.} \quad \frac{dU}{dI} = \frac{\partial U}{\partial C_1} \cdot [F'(I) - (1+i)] = 0. \qquad (1.10)$$

Aus II. folgt unmittelbar die Anforderung $F'(I) - 1 = i$, während sich I. zu $(\partial U/\partial C_0)/(\partial U/\partial C_1) = 1+i$ und damit $dC_1/dC_0 = -(1+i)$ umformen läßt, so daß sich die beiden graphisch hergeleiteten Optimalitätsbedingungen auch formal bestätigen.

Die Tatsache, daß das optimale Realinvestitionsvolumen eines Unternehmers unabhängig von seinen Präferenzen und seiner Anfangsausstattung bestimmt werden kann, wird nach *Irving Fisher* auch als *Fisher*-**Separation** bezeichnet, da *Fisher* im Jahre 1930[10] als erster auf diese Möglichkeit der Trennung hingewiesen

---

[9] Auf eine explizite rechnerische Prüfung der **hinreichenden Bedingungen** für ein lokales Maximum sei zur Vereinfachung verzichtet. Erkenntnisse hierzu können erneut unmittelbar aus der graphischen Analyse gewonnen werden. Insbesondere sind die hinreichenden Bedingungen bei progressiv fallender Transformationskurve und degressiv fallenden Indifferenzkurven zweifelsfrei erfüllt, so daß über (1.10) sicherlich kein lokales Minimum bestimmt wird. Überdies kann es höchstens ein zulässiges lokales Maximum geben, das dann zugleich auch ein absolutes ist.

[10] Vgl. *Fisher* (1930). Siehe hierzu auch die deutsche Übersetzung *Fisher* (1932).

hat.[11] Vollkommen äquivalent hierzu kann man die Separationseigenschaft im übrigen auch auf die Möglichkeit der Trennung von Realinvestitionsentscheidungen einerseits und Konsum- sowie Finanzinvestitionsentscheidungen andererseits beziehen.

Beispiel 1.3:
Gegeben sei der Unternehmer aus Beispiel 1.2. Zusätzlich sei alternativ angenommen, daß seine Nutzenfunktion beschrieben werden könne durch
1) $U(C_0;C_1) = C_0^{0,3} \cdot C_1^{0,7}$ oder aber
2) $U(C_0;C_1) = C_0^{0,7} \cdot C_1^{0,3}$.

Aus der *Fisher*-Separation ist unmittelbar bekannt, daß in beiden Fällen die Lösung $I^* = 4$ GE aus Beispiel 1.2 Bestand hat. In beiden Fällen ist die unternehmerische Nutzenfunktion also unter Beachtung der Restriktion $C_1 = 15,4 - 1,1 \cdot C_0$ zu maximieren. Unterschiedlich werden jedoch die optimalen Finanzinvestitionen und damit die sich ergebenden Konsumpositionen für die beiden alternativ betrachteten unternehmerischen Nutzenfunktionen sein. Zunächst sei die Lösung für die unter 1) angegebene Nutzenfunktion hergeleitet. Dazu müssen die folgenden beiden Bedingungen simultan erfüllt sein:

$$\text{I.} \quad \overline{U}^{\frac{10}{7}} \cdot C_0^{-\frac{3}{7}} = 15,4 - 1,1 \cdot C_0,$$
$$\text{II.} \quad \frac{3}{7} \cdot \overline{U}^{\frac{10}{7}} \cdot C_0^{-\frac{10}{7}} = 1,1.$$
(1.11)

Gesucht ist eine Indifferenzkurve mit (maximalem) Nutzenniveau $\overline{U}$, die einen Punkt mit der Kapitalmarktgeraden gemeinsam hat (I.) und in diesem Punkt über

---

[11] Ein Verweis auf die *Fisher*-Separation findet sich in so gut wie jedem fundierten Lehrbuch zur Investitionstheorie. Vgl. etwa *Schmidt/Terberger* (1999), S. 99 ff., *Schäfer* (1999), S. 84 ff., *Kruschwitz* (2002), S. 7 ff., und *Franke/Hax* (1999), S. 153 ff. Siehe hierzu auch *Buchner* (1982a) und *Rudolph* (1983).

eine Grenzrate der Substitution von 1,1 verfügt (II.). Die simultane Lösung der beiden Gleichungen aus (1.11) liefert $C_0^* = 4,2$ GE sowie $\overline{U}^* \approx 8,12471$. Durch Einsetzen von $C_0^* = 4,2$ GE in die Gleichung der Kapitalmarktgeraden ergibt sich des weiteren $C_1^* = 10,78$ GE. Wegen $\overline{C}_0 = 6$ GE $> C_0^* = 4,2$ GE tätigt der Unternehmer also infolge recht stark ausgeprägter Zukunftspräferenzen zusätzlich zu seinen Realinvestitionen im Umfang $I^* = 4$ GE auch noch eine Kapitalmarktanlage von 1,8 GE.

In entsprechender Weise kann das optimale unternehmerische Konsumverhalten für die Nutzenfunktion aus 2) bestimmt werden. Die simultan zu erfüllenden Gleichungen lauten hier:

$$\text{I.} \quad \overline{U}^{\frac{10}{3}} \cdot C_0^{-\frac{7}{3}} = 15,4 - 1,1 \cdot C_0,$$
$$\text{II.} \quad \frac{7}{3} \cdot \overline{U}^{\frac{10}{3}} \cdot C_0^{-\frac{10}{3}} = 1,1,$$
(1.12)

woraus sich $C_0^* = 9,8$ GE sowie $\overline{U}^* \approx 7,82079$ ergeben. Am höheren Exponenten von C_0 bei gleichzeitig geringerem Exponenten von C_1 erkennt man die nun stärkeren Gegenwartspräferenzen des Unternehmers im Vergleich zu 1). Diese bewegen ihn dazu, sich im Umfang von 9,8-6 = 3,8 GE am Kapitalmarkt zu verschulden, um auf diese Weise einen optimalen Konsum im Zeitpunkt t = 1 von $C_1^* = 15,4 - 1,1 \cdot 9,8 = 4,62$ GE zu erreichen. □

1.3.4 Das Kapitalwertkriterium

1.3.4.1 Herleitung

Es soll nun noch etwas näher auf die Charakterisierung des optimalen unternehmerischen Investitionsvolumens I^* eingegangen werden. Augenscheinlich ist I^* so zu wählen, daß der **Abszissenabschnitt $C_{0,max}$** der zugehörigen erreichbaren Kapitalmarktgeraden maximal wird. Diesen Abszissenabschnitt wiederum ermittelt man zu einem beliebigen Investitionsvolumen I, indem man in der Gleichung der entsprechenden Kapitalmarktgeraden C_1 gleich Null setzt und den Ausdruck nach C_0 auflöst. Konkret erhält man hierbei:

$$C_1 = \overline{C}_1 + (1+i) \cdot (\overline{C}_0 - C_0) = F(I) + (1+i) \cdot (W_0 - I - C_0) \stackrel{!}{=} 0$$

$$\Rightarrow F(I) + (1+i) \cdot (W_0 - I) = (1+i) \cdot C_0 \qquad (1.13)$$

$$\Rightarrow C_{0,max} = W_0 - I + \frac{F(I)}{1+i}.$$

Der zu einem bestimmten Investitionsvolumen I gehörige Abszissenabschnitt der Kapitalmarktgeraden ergibt sich also zum einen aus der ohnehin gegebenen Vermögensanfangsausstattung W_0 des Unternehmers. Hinzu tritt aber nun noch die Differenz $[F(I)/(1+i)]-I$. Diese Differenz gibt den auf t = 0 bezogenen unternehmerischen **Vermögenszuwachs** infolge der Realisation des Investitionsvolumens I an. Denn zum einen reduziert eine Investition in Höhe von I unmittelbar das verbleibende unternehmerische Vermögen des Zeitpunktes t = 0 auf W_0-I. Zum anderen aber erhält der Unternehmer Rückflüsse im Umfang F(I) zum Zeitpunkt t = 1. Wenn er diese komplett zur Rückzahlung eines im Zeitpunkt t = 0 aufzunehmenden Kredits K verwenden möchte, dann ist K so zu wählen, daß K·(1+i) = F(I), also K = F(I)/(1+i), gilt. Aus den künftigen Einzahlungen F(I) seines Investitionsprogramms kann der Unternehmer demnach durch Kreditaufnahme einen zusätzlichen Gegenwartskonsum und damit Bruttovermögenszuwachs von F(I)/(1+i) finanzieren. Unter Beachtung der Anfangsauszahlung I resultiert aus dem betreffenden Realinvestitionsprogramm für den Unternehmer damit ein Nettovermögenszuwachs von $[F(I)/(1+i)]-I$. Man bezeichnet diese Differenz auch als den **Kapitalwert** des durch das Investitionsvolumen I beschriebenen Investitionsprogramms.[12] Graphisch entspricht der Kapitalwert im $(C_0;C_1)$-Diagramm der

---

[12] Vgl. ganz allgemein zum Kapitalwertbegriff die Ausführungen in den Lehrbüchern zur Investitionstheorie von beispielsweise *Blohm/Lüder* (1995), S. 58

Länge der Strecke zwischen dem Punkt (W_0;0) und dem Abszissenabschnitt der über das Investitionsvolumen I erreichten Kapitalmarktgeraden.

Weil W_0 eine Konstante ist, maximiert man in (1.13) den Wert für $C_{0,max}$, indem man den Kapitalwert, also die auf t = 0 bezogene Vermögensmehrung des betrachteten Unternehmers,

$$\kappa \equiv \frac{F(I)}{1+i} - I \qquad (1.14)$$

durch geeignete Wahl von I maximiert. Die *Fisher*-Separation besagt somit, daß unabhängig von den konkreten Zeitpräferenzen und der Anfangsausstattung eines Unternehmers seine Nutzenmaximierung die Realisation des **kapitalwertmaximalen Investitionsprogramms** erfordert.

Beispiel 1.4:
Gegeben sei der Unternehmer aus Beispiel 1.3. Der Kapitalwert seines optimalen Investitionsvolumens $I^* = 4$ GE beläuft sich wegen $F(I^*) = 4{,}4 \cdot 4^{0,5} = 8{,}8$ und i = 10 % auf $\kappa^* = -4 + 8{,}8/1{,}1 = 4$ GE. Sein maximaler Konsum in t = 0 bei optimaler Realinvestition beträgt damit 10+4 = 14 GE. □

1.3.4.2 Diskussion

Der Kapitalwert eines Investitionsprogramms kann als Vermögenszuwachs aus der Investitionsrealisation angesehen werden. Durch seine Maximierung maximiert ein Unternehmer also zugleich seinen Vermögenszuwachs in t = 0 aus der Durchführung von Realinvestitionen. Ein derartiges Verhalten dürfte unmittelbar einleuchtend erscheinen, und man mag sich fragen, wozu eine solch langwierige Herleitung für dieses simpel anmutende Ergebnis erforderlich war. In diesem Zusammenhang ist aber zu beachten, daß die Maximierung des gegenwärtigen

---

ff., *Schmidt/Terberger* (1999), S. 128 ff., oder *Kruschwitz* (2000), S. 61 ff., S. 82 ff.

Vermögenszuwachses sich im hier betrachteten Kontext für **beliebige** unternehmerische Zeitpräferenzen als optimal erweist, also insbesondere auch für Unternehmer, die vornehmlich an Konsum im Zeitpunkt $t = 1$ interessiert sind. Denn auch für diese ist ein maximales gegenwärtiges Vermögen insofern von Vorteil, als sie dann durch entsprechende Anlage (oder Minderverschuldung) am Kapitalmarkt ihren Konsum des Zeitpunktes $t = 1$ entsprechend positiv beeinflussen können.

Weil der Kapitalwert eines Investitionsprogramms den aus der Investitionsdurchführung resultierenden Vermögenszuwachs aus Sicht des Zeitpunktes $t = 0$ beschreibt, ist der Kapitalwert zugleich der **Preis** (oder **Marktwert**), der am Kapitalmarkt für den Handel mit der betreffenden Investitionsmöglichkeit im Gleichgewicht gezahlt wird. Der Unternehmer nämlich, der über Zugang zu einem Investitionsprogramm mit Kapitalwert κ verfügt, wird von einem potentiellen Erwerber mindestens diesen Kapitalwert als Preis verlangen. Denn durch die Abgabe der Investitionsmöglichkeit verschiebt sich seine relevante Kapitalmarktgerade um κ Geldeinheiten nach links, so daß ein Mittelzufluß in ebendieser Höhe erforderlich ist, um die gleiche Kapitalmarktgerade wie zuvor zu erreichen. Für einen potentiellen Erwerber der Investitionsmöglichkeit gilt aus einem völlig analogen Grunde, daß maximal ein Preis von κ für den Zugang zu der betreffenden Investitionsmöglichkeit gezahlt werden kann, soll mindestens die gleiche Kapitalmarktgerade wie ohne Erwerb der Investitionsmöglichkeit erreichbar bleiben. Ein Preis von κ für den Transfer der Investitionsmöglichkeit erweist sich also aus Sicht des Verkäufers als mindestens erforderlich und aus Sicht des Käufers als maximal akzeptabel. Konsequenterweise muß der Preis der Investitionsmöglichkeit im Gleichgewicht gerade ihrem Kapitalwert κ entsprechen.

Bei flüchtiger Betrachtung bemerkenswert ist ferner, daß lediglich der Kapitalwert der Zahlungsreihe aus den investiven Aktivitäten des Unternehmers relevant ist und die Zahlungskonsequenzen aus **Finanzinvestitionen** und ihr jeweiliger Kapitalwert hierbei keine Berücksichtigung finden. Die Ursache hierfür ist darin zu sehen, daß sich der Kapitalwert der unternehmerischen Finanzinvestitionen ohnehin stets auf Null beläuft. Graphisch erkennt man dies daran, daß sich der Unternehmer allein durch Finanzinvestitionen lediglich auf einer gegebenen Kapitalmarktgeraden mit fixiertem Abszissenabschnitt, sprich Kapitalwert, bewegt. Nur Maßnahmen, durch die der Unternehmer von einer Kapitalmarktgeraden auf eine andere wechseln kann, sind kapitalwertrelevant. Im hier betrachteten Kontext ist dies allein über Realinvestitionen möglich. Auch rechnerisch prüft man leicht, daß Finanzinvestitionen einen Kapitalwert von Null haben. Dazu sei angenommen, ein Unternehmer verschulde sich von $t = 0$ bis $t = 1$ im Umfang K zum Zinssatz i, so daß ihm in $t = 0$ ein Betrag K zufließt und in $t = 1$ Mittel in Höhe von $K \cdot (1+i)$ zurückzuzahlen sind. Der Kapitalwert der Kreditzahlungsreihe ist demnach $K - [K \cdot (1+i)]/(1+i) = 0$. Genau aus diesem Grunde braucht man zur Kapitalwertmaximierung allein auf die originären Zahlungsreihen der zur Verfügung stehenden Investitionsprogramme einzugehen und kann von den Zahlungskonsequenzen unternehmerischer Finanzinvestitionen vollständig abstrahieren.

Im weiteren soll das Ziel der Maximierung des Kapitalwertes des implementierten Investitionsprogramms kurz als **"Kapitalwertkriterium"** bezeichnet werden. Mit dem Kapitalwertkriterium erhält man demnach hier eine sehr einfache Entscheidungsregel, die vermögens- und präferenzunabhängig ist und damit unter anderem auch Interessenharmonie bei einer Mehrzahl von Entscheidern gewährleistet. Denn unabhängig davon, wie die Beteiligten an erforderlicher Anfangsauszahlung und resultierenden Rückflüssen partizipieren, wird jeder aufgrund des Zugangs zu einem vollkommenen Kapitalmarkt nur an einer möglichst großen, auf $t = 0$ bezogenen persönlichen Nettovermögenssteigerung interessiert sein. Weil das kapitalwertmaximierende Investitionsprogramm zur größten insgesamt verteilbaren Nettovermögenssteigerung führt, wäre jede andere Investitionsentscheidung in dem Sinne ineffizient, daß es durch Wechsel zum kapitalwertmaximalen Programm stets möglich wäre, mindestens einen Beteiligten ceteris paribus noch besserzustellen, ohne die anderen zu schädigen. Daher wird Einmütigkeit unter allen Entscheidungsträgern hinsichtlich der Verfolgung des Ziels der Kapitalwertmaximierung bestehen.[13]

Die Optimalität der Kapitalwertmaximierung erweist sich überdies auch in vielerlei Hinsicht als recht robust und ist insofern auch der Entscheidungsregel "**Grenzrendite = Kapitalmarktzinssatz**" überlegen. Letztere Regel wird nämlich im wesentlichen nur bei progressiv fallender und allgemein differenzierbarer Transformationsfunktion und damit degressiv steigender Investitionsertragskurve zu eindeutigen und zutreffenden Verhaltensempfehlungen führen. Im letzten Kapitel haben wir aber gesehen, daß die Investitionsertragsfunktion in aller Regel diese postulierten Eigenschaften nicht besitzen wird und ein marginalanalytischer Ansatz sowie die Folgerung der Optimalitätsregel "Grenzrendite = Kapitalmarktzinssatz" nicht zulässig ist. Bei der Herleitung der Kapitalwertregel über (1.13) jedoch spielt der konkrete Verlauf der Realinvestitionsfunktion keinerlei Rolle. Solange ein vollkommener Kapitalmarkt gegeben ist, hat die **Kapitalwertregel** damit Bestand unabhängig davon, welche Investitionsprogramme zur Auswahl stehen.

Diese **Robustheit** des Kapitalwertkriteriums zeigt sich auch im Rahmen einer Mehr-Perioden-Betrachtung. Dazu sei von einem beliebigen Zeitraum von $t = 0$ bis $t = T$ ausgegangen und unterstellt, daß der Zinssatz i nicht nur für Anlage/Verschuldung von $t = 0$ bis $t = 1$ Gültigkeit hat, sondern vielmehr für beliebige Ein-Perioden-Anlage/Verschuldung von einem Zeitpunkt $t = \tau-1$ bis $t = \tau$ Gültigkeit besitzt. Des weiteren sei ein Investitionsprogramm mit der Zahlungsreihe $z_0, z_1, ..., z_T$ vorausgesetzt, wobei $z_t > 0$ eine Einzahlung, also einen Mittelzufluß, und $z_t < 0$ eine Auszahlung, also einen Mittelabfluß, für den Unternehmer charakterisiert. Dann bestimmt sich die aus der Programmdurchführung für den Unternehmer erreichbare **Vermögenserhöhung** des Zeitpunktes $t = 0$ einfach als

---

[13] Vgl. hierzu auch die auf den allgemeinen Fall der **Marktwertmaximierung bei Risiko** bezogene Darstellung in *Breuer* (1997a) sowie die entsprechenden Ausführungen im Band II zur Investitionstheorie.

$$\kappa = \sum_{t=0}^{T} \frac{z_t}{(1+i)^t}. \tag{1.15}$$

Für den Fall T = 1 ist die Richtigkeit dieser Formel mit z_0 = -I sowie z_1 = F(I) bereits bekannt. Einzahlungen in t = 2 von z_2 kann der Unternehmer zur Aufnahme eines (einperiodigen) Kredits in Höhe von K = $z_2/(1+i)^2$ in t = 0 benutzen. Dieser Kredit führt nämlich zum Zeitpunkt t = 1 zu Verbindlichkeiten von $z_2/(1+i)^2 + i \cdot z_2/(1+i)^2 = z_2/(1+i)$. Eine neuerliche Kreditaufnahme im Umfang $z_2/(1+i)$ von t = 1 bis t = 2 mündet entsprechend für t = 2 in Verbindlichkeiten von z_2, die ohne weiteres aus der Investitionseinzahlung geleistet werden können. Insofern ermöglicht die Einzahlung z_2 des Zeitpunktes t = 2 eine Konsumausdehnung in t = 0 in Höhe von $z_2/(1+i)^2$. Entsprechend führt eine Einzahlung z_t in einem beliebigen Zeitpunkt t zu einer auf t = 0 bezogenen unternehmerischen Vermögensmehrung von $z_t/(1+i)^t$. Die aus der Zahlungsreihe z_0, z_1, ..., z_T insgesamt resultierenden Vermögenskonsequenzen des Zeitpunktes t = 0 werden demnach in der Tat über (1.15) beschrieben. Wieder können die unternehmerischen Ein- und Auszahlungen aus Finanzinvestitionen in (1.15) explizit unberücksichtigt bleiben. Die Formel (1.15) bezeichnet man hierbei völlig sachgerecht als den Kapitalwert eines Investitionsprogramms im Rahmen einer **Mehr-Perioden-Betrachtung**.

Der Kapitalwert eines Investitionsprogramms ergibt sich demnach generell als gewogene Summe der Zahlungskonsequenzen des betreffenden Programms, wobei als Gewichte zeitpunkt- und zinssatzabhängige **"Diskontierungsfaktoren"** $1/(1+i)^t$ Verwendung finden. Man sagt auch, daß die Zahlungen z_t mit dem Zinssatz i abgezinst oder diskontiert werden.

Beispiel 1.5:
Gegeben sei ein Unternehmer im Rahmen einer Vier-Zeitpunkte-Betrachtung t = 0, 1, 2, 3, der Zugang zu einem Investitionsprogramm mit der nachfolgenden Zahlungsreihe aus *Tabelle 1.1* hat:

t	0	1	2	3
z_t	-100	50	50	100

Tabelle 1.1: Zahlungsreihe eines Investitionsprogramms über vier Zeitpunkte t = 0, 1, 2, 3

Der Ein-Perioden-Kapitalmarktzinssatz für Mittelanlage/Verschuldung betrage über den gesamten Betrachtungszeitraum konstant i = 10 %. Der Kapitalwert des Investitionsprogramms beläuft sich damit auf

$$\kappa = -100 + \frac{50}{1,1} + \frac{50}{1,1^2} + \frac{100}{1,1^3} \approx 61{,}91 \text{ GE}. \tag{1.16}$$

Im Falle einer Vermögensanfangsausstattung von 0 GE impliziert das Ergebnis aus (1.16), daß der Unternehmer bei Programmrealisation einen maximalen Gegenwartskonsum von ca. 61,91 GE erreicht. Weil überdies 100 GE zur Programmdurchführung benötigt werden, lautet die Behauptung, daß der Unternehmer einen in t = 0 aufgenommenen Kredit im Umfang von ungefähr 161,91 GE aus den ab t = 1 eingehenden Einzahlungen des Investitionsprogramms zurückzahlen kann. Der angegebene Kredit führt zu Verbindlichkeiten in t = 1 von 161,91·1,1 ≈ 178,1 GE, von denen 50 GE sofort erbracht werden können. Die verbleibende Restschuld von etwa 128,1 GE muß durch eine Anschlußfinanzierung bis t = 2 beglichen werden. Damit sieht sich der Unternehmer zum Zeitpunkt t = 2 einer Verbindlichkeit in Höhe von ungefähr 128,1·1,1 = 140,91 GE gegenüber, von der nach partieller Bedienung noch ca. 90,91 GE verbleiben, die bei einer Finanzierung zu 10 % für t = 3 eine Restschuld von etwa 90,91·1,1 ≈ 100 GE implizieren. Diese kann komplett aus den Einzahlungen des Unternehmers zum Zeitpunkt t = 3 beglichen werden. □

Die Berechnungsmöglichkeit für Vermögenserhöhungen aus unternehmerischer Tätigkeit über eine Kapitalwertformel im Sinne von (1.15) gilt nicht nur, wenn Zahlungskonsequenzen jeweils mit dem Abstand von einer Periode auftreten, also t lediglich nichtnegative ganzzahlige Werte annehmen kann. Vielmehr besteht ein zu (1.15) analoger Zusammenhang auch dann, wenn Zahlungen etwa nach Ablauf einer **halben Periode**, beispielsweise in t = 0,5, oder zu einem sonstigen Zeitpunkt zwischen dem Anfang und dem Ende einer Teilperiode auftreten. Stets ist der Gegenwartswert der betreffenden Zahlung z_t durch Multiplikation mit $(1+i)^{-t}$ zu bestimmen.

Zur Veranschaulichung sei angenommen, daß bei Anlage/Aufnahme von Mitteln für den Zeitraum von t = 0 bis t = 0,5 eine Verzinsung in Höhe von $i_{0,5}$ am Kapitalmarkt gewährt werde. Wenn der Ein-Perioden-Zinssatz im Zeitablauf konstant i ist, dann besitzt im Zeitraum von t = 0,5 bis t = 1 der gleiche Zinssatz wie von t = 0 bis t = 0,5 Gültigkeit. Folglich beläuft sich das Vermögen eines Investors in t = 1 auf $A \cdot (1+i_{0,5})^2$, wenn er ausgehend von t = 0 einen Betrag A zunächst bis t = 0,5 und anschließend inclusive Zinsen nochmals von t = 0,5 bis t = 1 anlegt. Werden die Mittel statt dessen direkt von t = 0 bis t = 1 mit Zinszahlungen nur in t = 1 investiert, erhält man ein Endvermögen von $A \cdot (1+i)$. Es muß nun $A \cdot (1+i_{0,5})^2 = A \cdot (1+i)$, also $1+i_{0,5} = (1+i)^{0,5}$ gelten. Ansonsten könnte man durch geeignete Kombination günstiger Verschuldung und ertragreicher Anlage von Mitteln am Kapitalmarkt von t = 0 bis t = 1 sichere Gewinne ohne eigenen Mitteleinsatz erzielen. Dies ist bekanntermaßen mit dem Vorliegen eines Kapitalmarktgleichgewichts nicht vereinbar.

Einzahlungen $z_{0,5}$ in t = 0,5 ihrerseits ermöglichen in t = 0 eine maximale Kreditaufnahme und damit Vermögensmehrung von $K = z_{0,5}/(1+i_{0,5})$, weil in t = 0,5 so gerade die Rückzahlung des Kreditbetrags mit Zinsen gelingt. Wegen $1+i_{0,5} = (1+i)^{0,5}$ bestimmt sich der Kreditbetrag K auch als $z_{0,5}/(1+i)^{0,5}$. Genau dies beschreibt die Behauptung, daß die Kapitalwertformel auch für "gebrochene" Periodenbetrachtungen Gültigkeit besitzt.

Weil der Kapitalwert eines Investitionsprogramms auch im Rahmen einer Mehr-Perioden-Betrachtung ohne weiteres als Vermögenserhöhung für den Unternehmer aus der Realisation des betreffenden Programms interpretiert werden kann und auf dem Kapitalmarkt kapitalwertneutral Mittel zwischen den einzelnen Zeitpunkten durch Anlage- oder Verschuldungsmaßnahmen transferiert werden können, bleibt die *Fisher*-**Separation** weiterhin gültig. Eine ceteris paribus durch investive Maßnahmen erreichbare, mit Bezug auf t = 0 berechnete Vermögenssteigerung wird von jedem Entscheidungsträger präferiert, weil auf dieser Grundlage durch entsprechende Finanzinvestitionen stets der gleiche Zahlungsstrom wie vor der Vermögenserhöhung erreichbar ist und überdies noch ein zusätzlicher positiver Betrag (nämlich gerade in Höhe der Vermögenssteigerung des Zeitpunktes t = 0) in t = 0 für weitere Konsumzwecke verbleibt. Der betrachtete Unternehmer wird schlicht durch die Realisation eines Investitionsprogramms mit $\kappa > 0$ um genau diesen Betrag in t = 0 reicher.

Beispiel 1.6:
Betrachtet sei erneut der Unternehmer des vorhergehenden Beispiels 1.5. Dieser verfüge über eine monetäre Anfangsausstattung in t = 0 von W_0 = 80 GE, von denen er ohne Durchführung des für ihn zugänglichen Investitionsprogramms gemäß *Tabelle 1.1* in t = 0 bereits 40 GE konsumieren möchte, während die übrigen 40 GE in t = 0 für zwei Perioden zu i = 10 % angelegt werden sollen, um sodann in t = 2 konsumiert zu werden. Der Unternehmer plant also, die Konsumwerte C_0 = 40 GE, C_1 = 0 GE, C_2 = 40·1,1² = 48,4 GE sowie C_3 = 0 GE zu realisieren. Im Falle der Durchführung des Investitionsprogramms kann der Unternehmer in t = 0 einen Kredit von etwa 121,91 GE aufnehmen. Von den dann verfügbaren 201,91 GE werden in t = 0 die erforderlichen 100 GE Programmanfangsauszahlung investiert. Der Restbetrag von 101,91 GE > 40 GE wird unmittelbar konsumiert. In t = 1 kann der Unternehmer 50 GE von seiner bis dahin aufgelaufenen Schuld in Höhe von etwa 121,91·1,1 ≈ 134,1 GE zurückzahlen, so daß sich für t = 2 eine Restschuld von annähernd 84,1·1,1 = 92,51 GE ergibt. Bei einem Konsum C_2 = 48,4 GE können in t = 2 nur 1,6 GE auf den noch vorhandenen Kreditbetrag zurückgezahlt werden. Damit ergibt sich für t = 3 ein verbleibender Kreditstand von ca. (92,51-1,6)·1,1 ≈ 100 GE, der genau durch die letzte Einzahlung von 100 GE bedient werden kann.

Per saldo hat der Unternehmer demnach trotz Realinvestition seinen ursprünglichen Konsumstrom $C_0 = 40$ GE, $C_1 = 0$ GE, $C_2 = 48{,}4$ GE sowie $C_3 = 0$ GE erreichen und zusätzlich noch etwa 61,91 GE in $t = 0$ verbrauchen können. Natürlich stellt dies für den Unternehmer eine Besserstellung gegenüber der Situation ohne Programmdurchführung dar. In entsprechender Weise kann für jeden anderen Basiskonsumstrom und damit für alle anderen unternehmerischen Präferenzen oder Anfangsausstattungen argumentiert werden. □

Die Kapitalwertformel gemäß (1.15) verfügt über eine wichtige Eigenschaft, die man als "**Wertadditivität**" bezeichnet. Wertadditivität[14] der Kapitalwertformel besagt, daß der Kapitalwert eines aus zwei (unabhängig voneinander durchführbaren) Investitionsprojekten 1 und 2 mit den jeweiligen Zahlungsreihen $z_0^{(1)}$, $z_1^{(1)}$, ..., $z_T^{(1)}$ und $z_0^{(2)}$, $z_1^{(2)}$, ..., $z_T^{(2)}$ bestehenden Investitionsprogramms der Summe der Einzelkapitalwerte dieser beiden Projekte entspricht.

$$\kappa^{(1+2)} \equiv \sum_{t=0}^{T} \frac{z_t^{(1)} + z_t^{(2)}}{(1+i)^t}$$

$$= \sum_{t=0}^{T} \frac{z_t^{(1)}}{(1+i)^t} + \sum_{t=0}^{T} \frac{z_t^{(2)}}{(1+i)^t} \quad (1.17)$$

$$\equiv \kappa^{(1)} + \kappa^{(2)}.$$

Aus (1.17) folgt unmittelbar, daß sich der Kapitalwert eines aus N unabhängig voneinander durchführbaren Projekten bestehenden Investitionsprogramms schlicht als Summe der Einzelkapitalwerte dieser N Projekte ergibt. Damit wiederum läßt sich in einfacher Weise eine Entscheidungsregel für die Zusammenstellung eines optimalen Investitionsprogramms für den Fall des Zugangs zu N unabhängig voneinander durchführbaren Investitionsprojekten angeben. Zur Ma-

---

[14] Vgl. zum Begriff näher *Breuer* (1997b) oder auch *Haley/Schall* (1979), S. 166 f., 202 ff., *Hax* (1982), S. 57 ff., sowie *Copeland/Weston* (1997), S. 26, 32, 848 ff. Grundlegend ist *Schall* (1972), S. 13 ff. Siehe auch Band II.

ximierung des Kapitalwerts des Gesamtinvestitionsprogramms sind alle Einzelprojekte mit positivem Kapitalwert durchzuführen. Investitionsprojekte mit negativem Kapitalwert sind zu unterlassen, solche mit einem Kapitalwert von Null können aufgrund ihrer Vermögensneutralität durchgeführt oder aber unterlassen werden. Im weiteren sei angenommen, daß Projekte mit einem Kapitalwert von Null durchgeführt werden.

Die zur Verfügung stehenden N unabhängigen Projekte können demnach auch **unabhängig voneinander** beurteilt werden. Man spricht hier auch von sogenannten **Einzelentscheidungen**. In diesem Zusammenhang erkennt man ferner, daß **mangelnde Teilbarkeit** von Investitionsprojekten bei Anwendung des Kapitalwertkriteriums keinerlei zusätzliche Schwierigkeiten bereitet. Selbst wenn alle Projekte beliebig teilbar wären, würden sie doch nur entweder im maximalen Umfang (bei nichtnegativem Kapitalwert) oder gar nicht (bei negativem Kapitalwert) durchgeführt.

Beispiel 1.7:
Ein Unternehmer habe Zugang zu vier unabhängig voneinander durchführbaren Investitionsprojekten mit folgenden Zahlungsreihen:

t	0	1	2	3
$z_t^{(1)}$	-90	30	30	60
$z_t^{(2)}$	-80	20	40	30
$z_t^{(3)}$	-110	20	100	20
$z_t^{(4)}$	-60	10	40	30

Tabelle 1.2: Zahlungsreihen von vier Investitionsprojekten für t = 0 bis t = 3

Gesucht ist das kapitalwertmaximale Investitionsprogramm bei einem über alle Perioden einheitlichen Ein-Perioden-Zinssatz i = 10 % für Mittelanlage und -verschuldung.

Die Kapitalwerte der vier Investitionsprojekte belaufen sich auf

$$\kappa^{(1)} = -90 + \frac{30}{1,1} + \frac{30}{1,1^2} + \frac{60}{1,1^3} \approx 7,15 \text{ GE} > 0,$$

$$\kappa^{(2)} = -80 + \frac{20}{1,1} + \frac{40}{1,1^2} + \frac{30}{1,1^3} \approx -6,22 \text{ GE} < 0,$$

$$\kappa^{(3)} = -110 + \frac{20}{1,1} + \frac{100}{1,1^2} + \frac{20}{1,1^3} \approx 5,85 \text{ GE} > 0,$$

$$\kappa^{(4)} = -60 + \frac{10}{1,1} + \frac{40}{1,1^2} + \frac{30}{1,1^3} \approx 4,69 \text{ GE} > 0.$$

(1.18)

Demnach wird der Unternehmer bloß die Projekte 1, 3 und 4 durchführen und dadurch insgesamt eine Vermögenserhöhung in t = 0 von ungefähr 7,15+5,85 +4,69 = 17,69 GE erfahren. □

Das Resultat der Möglichkeit zur **Einzelprojektbeurteilung** mag unmittelbar einleuchtend klingen. In der Tat wären aber unabhängige Projekte bei fehlender Existenz eines vollkommenen Kapitalmarktes keinesfalls ohne weiteres unabhängig voneinander beurteilbar. Zur Verdeutlichung kann an die Beispiele 1.1 und 1.3 aus dem Kapitel II angeknüpft werden.

Beispiel 1.8:
Betrachtet sei ein Unternehmer, der über Zugang zu drei unabhängig voneinander durchführbaren und beliebig teilbaren Investitionsprojekten gemäß *Tabelle 1.1* aus Beispiel 1.3 des Kapitels II verfügt. Des weiteren sei seine Nutzenfunktion mit der aus Beispiel 1.1 des Kapitels II identisch. Schließlich soll eine Vermögensanfangsausstattung des Unternehmers in t = 0 von 250 GE angenommen werden. Möglichkeiten zu Finanzinvestitionen sollen nicht bestehen. Unter diesen

Voraussetzungen liegt ein optimales Realinvestitionsvolumen $I^* = 174$ GE vor, da hierfür die Transformationskurve zur Tangente an eine Indifferenzkurve wird. Das optimale Investitionsprogramm besteht somit aus dem Projekt 1 und 94 %iger Durchführung des Projekts 2. Zur Prüfung dieser Aussage ist als erstes die vom Unternehmer für $I^* = 174$ GE erreichbare Konsumposition zu bestimmen. Aus $W_0 = 250$ GE sowie $I^* = 174$ ergibt sich $C_0^* = 76$ GE. Die Investitionsertragsfunktion für dieses Zahlenbeispiel ist bereits aus Gleichung (1.6) des vorhergehenden Kapitels bekannt. Daraus entnimmt man, daß sich für $I^* = 174$ GE ein Rückfluß $F(I^*) = 1{,}2 \cdot (I^* - 80) + 100 = 212{,}8$ GE ergibt. Der Konsumpunkt $(C_0^*; C_1^*) = (76; 212{,}8)$ geht für die angenommene Nutzenfunktion $U(C_0; C_1) = C_0^{0{,}3} \cdot C_1^{0{,}7}$ einher mit einem Nutzenniveau von etwa 156,25 und beschreibt damit einen Tangentialpunkt von Transformationskurve und einer Indifferenzkurve, wenn die folgenden beiden Bedingungen in Analogie zum Gleichungssystem (1.19) aus dem vorhergehenden Kapitel II erfüllt sind:[15]

$$\text{I.} \quad 156{,}25^{\frac{10}{7}} \cdot 76^{-\frac{3}{7}} \approx 212{,}8,$$

$$\text{II.} \quad \frac{3}{7} \cdot 156{,}25^{\frac{10}{7}} \cdot 76^{-\frac{10}{7}} \approx 1{,}2. \tag{1.19}$$

Die erste Gleichung fordert, daß der Punkt $(C_0^*; C_1^*) = (76; 212{,}8)$ sowohl auf einer Indifferenzkurve als auch auf der unternehmerischen Transformationskurve liegt. Die zweite Bedingung verlangt die Gleichheit der (Absolutbeträge der) Steigungen beider Kurven für $(C_0^*; C_1^*) = (76; 212{,}8)$. Durch Ausrechnen stellt man leicht fest, daß in der Tat beide Bedingungen erfüllt sind.[16]

---

[15] Die "$\approx$"-Zeichen sind statt Gleichheitszeichen erforderlich, weil das unternehmerische Nutzenniveau mit 156,25 nur gerundet wiedergegeben ist.

[16] Natürlich klärt diese Proberechnung nicht, wie die optimale Konsumkombination für dieses Zahlenbeispiel konkret ermittelt wurde. Wegen des abschnittsweise linearen Verlaufs von Investitionsertrags- und damit Transformationsfunktion ist hierbei in der Tat ein gewisses **intelligentes Ausprobieren** möglicher Tangentialpunktlagen erforderlich, auf das hier aber aus Platzgründen

In der ersten Graphik aus *Abbildung 1.5* sind die hier interessierenden Zusammenhänge für drei beliebige Investitionsprojekte 1, 2 und 3 nochmals schematisch dargestellt.

Nimmt man hingegen an, daß nur die Projekte 2 und 3 aus *Tabelle 1.1* des vorhergehenden Kapitels verfügbar sind, nicht aber Projekt 1, dann resultiert ein optimales Investitionsvolumen I^* von 150 GE, so daß Projekt 2 und Projekt 3 nunmehr realisiert werden. Es liegt hier demnach ein derartiger Spezialfall vor, daß sich das Optimum in einem Eckpunkt der abschnittsweise linearen Tranformationskurve befindet und folglich nicht durch einen Tangentialpunkt von Transformations- und einer Indifferenzkurve gekennzeichnet ist.

Zur Überprüfung der Richtigkeit der behaupteten Lösung ist zunächst wieder der zu $I^* = 150$ GE gehörige Konsumpunkt zu ermitteln. Man erhält unmittelbar $C_0^* = 250-150 = 100$ GE. Zur Berechnung von $C_1^* = F(I^*)$ benötigt man die Investitionsertragsfunktion, die sich auf der Grundlage von (1.6) aus dem vorhergehenden Kapitel II leicht durch Weglassen des Projekts 1 bestimmen läßt:

$$F(I) = \begin{cases} 1{,}2 \cdot I & 0 \le I \le 100, \\ 1{,}1 \cdot (I-100)+120 & 100 < I \le 150, \\ 175 & 150 < I. \end{cases} \quad (1.20)$$

Damit kann man $F(150) = 175$ GE ablesen. Der Konsumpunkt $(C_0^*; C_1^*) = (100; 175)$ geht einher mit einem unternehmerischen Nutzenniveau von $100^{0,3} \cdot 175^{0,7} \approx 147{,}95$ und ist aus unternehmerischer Sicht optimal, wenn die folgenden beiden Bedingungen erfüllt sind:[17]

---

nicht näher eingegangen werden soll.

[17] Das "$\approx$"-Zeichen steht in I. aus (1.21) wegen des nur gerundet wiedergegebenen Wertes von 147,95 für das unternehmerische Nutzenniveau.

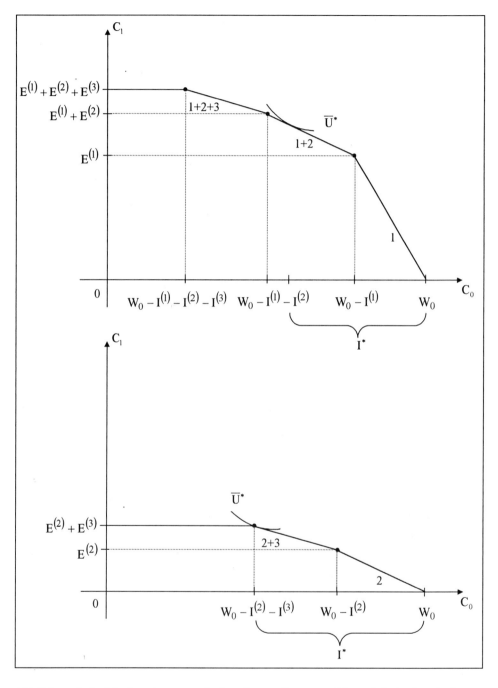

Abbildung 1.5: Nachweis mangelnder Beurteilungsunabhängigkeit im Rahmen von Einzelentscheidungen bei fehlendem Kapitalmarktzugang

$$\text{I.} \quad 147{,}95^{\frac{10}{7}} \cdot 100^{-\frac{3}{7}} \approx 175,$$

$$\text{II.} \quad \frac{3}{7} \cdot 147{,}95^{\frac{10}{7}} \cdot 100^{-\frac{10}{7}} < 1{,}1.$$

(1.21)

Bedingung I. stellt wiederum sicher, daß ein gemeinsamer Punkt von Transformations- und Indifferenzkurve betrachtet wird. Bedingung II. verlangt, daß der Absolutbetrag der Steigung der Indifferenzkurve, also die Grenzrate der Substitution dC_1/dC_0, im betreffenden Konsumpunkt kleiner als 1,1 ist, da ansonsten an der betrachteten Stelle ein Schnittpunkt von Transformations- und Indifferenzkurve vorläge, also eine Ausdehnung des Gegenwartskonsums über 100 GE hinaus aus Unternehmersicht von Vorteil wäre. Die Gültigkeit von I. und II. aus (1.21) läßt sich wieder leicht mit Hilfe eines Taschenrechners verifizieren. In *Abbildung 1.5* ist auch dieses Szenario skizziert, und zwar in der unteren Graphik.

Zusammenfassend erkennt man also unter anderem, daß die Vorteilhaftigkeit des unabhängig von anderen Projekten durchführbaren Projektes 3 hier wesentlich von der Möglichkeit der Realisation anderer Projekte, hier des Projekts 1, abhängt. □

Sofern zwei oder mehr Investitionsprojekte nur alternativ durchgeführt werden können, liegt eine **Auswahlentscheidung** vor. Auch hier erleichtert die Wertadditivität der Kapitalwertformel das Treffen von Entscheidungen sehr stark. Falls ein Unternehmer Zugang zu N Projekten hat, von denen sich n gegenseitig ausschließen, während die übrigen N-n untereinander und mit den n sich gegenseitig ausschließenden Projekten in keinerlei Abhängigkeit stehen, dann sollte der Unternehmer von den n sich gegenseitig ausschließenden Projekten dasjenige mit dem höchsten (nichtnegativen) Kapitalwert durchführen und von den übrigen N-n Projekten all diejenigen, deren Kapitalwert ebenfalls nichtnegativ ist.

Betrachtet man vereinfachend den Spezialfall von nur zwei sich gegenseitig ausschließenden Investitionsprojekten 1 und 2 mit Zahlungsreihen $z_0^{(1)}$, $z_1^{(1)}$, ..., $z_T^{(1)}$ und $z_0^{(2)}$, $z_1^{(2)}$, ..., $z_T^{(2)}$, dann ist der Kapitalwert $\kappa^{(1)}$ des Projektes 1 größer als der von Projekt 2, $\kappa^{(2)}$, wenn gilt:

$$\sum_{t=0}^{T} \frac{z_t^{(1)}}{(1+i)^t} > \sum_{t=0}^{T} \frac{z_t^{(2)}}{(1+i)^t}$$

$$\Leftrightarrow \sum_{t=0}^{T} \frac{z_t^{(1)}}{(1+i)^t} - \sum_{t=0}^{T} \frac{z_t^{(2)}}{(1+i)^t} > 0 \qquad (1.22)$$

$$\Leftrightarrow \sum_{t=0}^{T} \frac{z_t^{(1)} - z_t^{(2)}}{(1+i)^t} > 0.$$

Projekt 1 ist dem Projekt 2 gegenüber vorzuziehen, wenn die Differenz $\kappa^{(1)} - \kappa^{(2)}$ der beiden Kapitalwerte positiv ist. Aus der Wertadditivitätseigenschaft der Kapitalwertformel folgt gemäß der dritten Zeile aus (1.22), daß die Differenz zweier Kapitalwerte dem Kapitalwert der Differenzzahlungsreihe $z_t^{(1)} - z_t^{(2)}$ (t = 0, ..., T) entspricht. Der letztgenannte Kapitalwert wird auch als Kapitalwert der **Differenzinvestition**[18] 1-2 bezeichnet und soll im weiteren durch $\kappa^{(1-2)}$ abgekürzt werden. Da die Differenzinvestition 1-2 bzw. Differenzzahlungsreihe $z_t^{(1-2)} \equiv z_t^{(1)} - z_t^{(2)}$ (t = 0, ..., T) angibt, welche Zahlungskonsequenzen ausgelöst werden, wenn man von der Durchführung des Projekts 2 zum Projekt 1 wechselt, gibt der zugehörige Kapitalwert an, welche Vermögensmehrung dadurch eintritt, daß man Projekt 2 durch Projekt 1 ersetzt. Zugleich ist der Kapitalwert $\kappa^{(1-2)}$ der Preis, der am Kapitalmarkt für den Tausch der Möglichkeit zur Durchführung von Projekt 2 gegen die Möglichkeit zur Durchführung von Projekt 1 gezahlt werden müßte. Der Kapitalwert einer Differenzinvestition läßt sich also völlig entsprechend zum

---

[18] Vgl. zum Begriff der Differenzinvestition beispielsweise *Hax* (1993), S. 39 ff., oder auch *Grob* (2001), S. 394.

bereits bekannten "herkömmlichen" Kapitalwert interpretieren.[19] In zur Gänze analoger Weise kann auch die Differenzinvestition 2-1 betrachtet werden, bei der es um den Wechsel von der Durchführung des Projekts 1 hin zu Projekt 2 geht.

Nicht erkennbar ist aus dem **Vorzeichen** einer Differenzinvestition wie etwa 1-2, welches Vorzeichen die Einzelkapitalwerte besitzen. Sofern also zwei sich gegenseitig ausschließende Projekte 1 und 2 betrachtet werden, von denen keines durchgeführt werden muß, ist ein positiver Kapitalwert $\kappa^{(1-2)}$ nur notwendig, aber nicht hinreichend für eine sachgerechte Entscheidung zugunsten des Projekts 1. Separat zu prüfen ist dann immer noch, ob $\kappa^{(1)}$ größer als Null ist. Insofern erweist sich die Entscheidungsfindung anhand der Kapitalwerte $\kappa^{(n)}$ als einfacher und direkter, als zunächst (und letzten Endes zusätzlich) Kapitalwerte von Differenzinvestitionen zu ermitteln. Wir werden aber auf die Bedeutung von Differenzinvestitionen noch im weiteren Verlauf dieses Kapitels zurückkommen.

Beispiel 1.9:
In Abwandlung von Beispiel 1.7 sei angenommen, daß der Unternehmer die Projekte 3 und 4 nur alternativ durchführen könne, während ansonsten alle Projekte beliebig kombinierbar sind. Als Konsequenz daraus besteht wegen $\kappa^{(3)} \approx 5{,}85$ GE $> \kappa^{(4)} \approx 4{,}69$ GE das optimale unternehmerische Investitionsprogramm lediglich aus den Projekten 1 und 3, so daß sich für den Unternehmer aus seinen Realinvestitionen ein auf t = 0 bezogener Vermögenszuwachs von ungefähr 13 GE ergibt.

Die Differenzinvestitionen 3-4 und 4-3 verfügen dabei über die folgenden Zahlungsreihen:

---

[19] In der Tat ist eine Einzelentscheidung nichts anderes als eine Auswahlentscheidung, bei der eine der beiden alternativen Zahlungsreihen in allen Zeitpunkten **identisch Null** ist. So gesehen, beschreibt **jeder** Kapitalwert gewissermaßen den Kapitalwert einer bestimmten Differenzinvestition. Wir werden hierauf im Abschnitt 3 dieses Kapitels noch zurückkommen.

t	0	1	2	3
$z_t^{(3-4)}$	-50	10	60	-10
$z_t^{(4-3)}$	50	-10	-60	10

Tabelle 1.3: Zahlungsreihen der Differenzinvestitionen 3-4 und 4-3

Die Zahlungsreihen beider Differenzinvestitionen entsprechen sich damit natürlich bis auf die jeweils entgegengesetzten Vorzeichen. Aus *Tabelle 1.3* erkennt man des weiteren, daß ein Wechsel von Projekt 4 zu Projekt 3 in t = 0 eine zusätzliche Auszahlung von 50 GE zur Folge hat, andererseits aber in t = 1 und t = 2 dafür auch um 10 bzw. 60 GE erhöhte Einzahlungen erbringt. In t = 3 allerdings reduzieren sich die unternehmerischen Einzahlungen durch den Wechsel nochmals um 10 GE. Der Kapitalwert der Differenzinvestition beträgt $\kappa^{(3-4)} \approx$ 5,85-4,69 = 1,16 GE > 0. Der Wechsel von Projekt 4 zu Projekt 3 macht den Unternehmer also um etwa 1,16 GE reicher und wird daher vollzogen. Der Kapitalwert $\kappa^{(4-3)}$ beläuft sich entsprechend auf ungefähr -1,16 GE. Der Wechsel von Projekt 3 zu Projekt 4 verursacht demnach Vermögenseinbußen von 1,16 GE und unterbleibt deshalb. Da $\kappa^{(3)} \approx$ 5,85 GE > 0 gilt, ist die Entscheidung für Projekt 3 hier in der Tat optimal. □

Bedeutungslos im Zusammenhang mit Auswahlentscheidungen zwischen verschiedenen Projekten ist übrigens, ob die betreffenden Projekte über unterschiedliche "**Nutzungsdauern**" verfügen. Unter der Nutzungsdauer eines Investitionsprojekts soll dabei derjenige Zeitpunkt T verstanden werden, in dem sich aus dem betreffenden Projekt zum letzten Mal eine von Null verschiedene Zahlungskonsequenz ergibt. Auch wenn zwei sich gegenseitig ausschließende Projekte 1 und 2 über unterschiedliche Nutzungsdauern $T^{(1)}$ und $T^{(2)}$ mit $T^{(1)} > T^{(2)}$ verfügen, reicht ein Kapitalwertvergleich zur Entscheidungsfindung aus. Durch die Kapitalwertermittlung werden nämlich ohnehin letztlich alle Zahlungen auf den Zeitpunkt t = 0 verdichtet unabhängig davon, über welche Nutzungsdauer ein Investitionsprojekt verfügt. Aus einem entsprechenden Grunde spielt es auch keine Rolle, ob die Anfangsauszahlungen verschiedener, sich gegenseitig ausschließender Investitionsprojekte unterschiedlich hoch sind: Stets ist das Projekt zu realisieren, daß per Saldo zur größten Vermögensmehrung für den Unternehmer führt, also mit dem größten Kapitalwert einhergeht. Die unterschiedliche Höhe von Anfangsauszahlungen wird dabei ohnehin in der Kapitalwertermittlung berücksichtigt. In Beispiel 1.9 etwa ist Projekt 3 besser als Projekt 4, obgleich Projekt 4 eine deutlich geringere Anfangsauszahlung erfordert. Ein mittelloser Unternehmer etwa wird bei Entscheidung für Projekt 3 einen Kredit von etwa 115,85 GE in t = 0 erhalten können, während bei Realisation von Projekt 4 nur eine Mittelaufnahme von ca. 64,69 GE möglich ist, so daß dem Unternehmer im ersten Fall nach Abzug der Anfangsauszahlung mit ca. 5,85 GE mehr Mittel für Konsumzwecke verbleiben als mit näherungsweise 4,69 GE im zweiten Fall.

1.4 Zusammenfassung

Gegenstand dieses Abschnitts war die Analyse der Konsequenzen aus der Existenz eines **vollkommenen Kapitalmarktes** für unternehmerische Realinvestitionsentscheidungen. Es zeigte sich, daß unter dieser Prämisse das optimale (Real-) Investitionsprogramm eines Unternehmers unabhängig von seinen Zeitpräferenzen und seiner monetären Anfangsausstattung bestimmt werden kann (*Fisher*-Separation). Kennzeichen des optimalen Investitionsprogramms ist dabei seine Eigenschaft der **Kapitalwertmaximierung**. Der Kapitalwert eines Investitionsprogramms ist die gewogene Summe seiner Zahlungskonsequenzen, wobei als Gewichte zins- und zeitpunktabhängige **Diskontierungsfaktoren** auftreten. Anschaulich beschreibt der Kapitalwert eines Investitionsprogramms die sich aus der Programmrealisation ergebende **Vermögensmehrung** des Unternehmers zum Zeitpunkt t = 0. Der Kapitalwert eines Investitionsprogramms entspricht der Summe der Kapitalwerte der in diesem Programm enthaltenen Projekte. Sofern mehrere unabhängig voneinander durchführbare Investitionsprojekte zur Verfügung stehen, sollte der Unternehmer auf jeden Fall all diejenigen realisieren, deren Kapitalwert positiv ist, da er auf diese Weise das Investitionsprogramm maximalen Kapitalwerts erreicht. Die Durchführung von Projekten mit einem

Kapitalwert von Null ist vermögensneutral und kann daher ebenfalls erfolgen. Projekte mit einem negativen Kapitalwert werden nicht umgesetzt, da sie vermögensreduzierend wirken. Weil die einzelnen Investitionsprojekte hierbei unabhängig voneinander beurteilt werden können, spricht man auch von **Einzelentscheidungen**. Hat ein Unternehmer zwei oder mehr alternativ realisierbare Projekte zur Auswahl, so sollte er sich für dasjenige mit dem höchsten (nichtnegativen) Kapitalwert entscheiden (sogenannte **Auswahlentscheidungen**).

Wiederholungsfragen

W1.1
Benennen Sie die Eigenschaften eines vollkommenen Kapitalmarktes, und erläutern Sie deren Bedeutung!

W1.2
Welche Konsequenz ergibt sich aus der Annahme eines vollkommenen Kapitalmarktes für Anlage- und Verschuldungszinssatz?

W1.3
Was versteht man unter einer Kapitalmarktgeraden?

W1.4
Beschreiben Sie die drei grundsätzlich zu unterscheidenden Unternehmertypen "Anlegertyp", "Schuldnertyp" und "Neutraler"!

W1.5
Was versteht man unter der *Fisher*-Separation, und wie wird sie hergeleitet?

W1.6
Was versteht man unter dem Kapitalwert eines Investitionsprogramms, und wo läßt sich dieser im (C_0;C_1)-Diagramm ablesen?

W1.7
Inwiefern gibt die *Fisher*-Separation eine Rechtfertigung für die Anwendung des Kapitalwertkriteriums?

W1.8
Wie berechnet sich der Kapitalwert eines Investitionsprogramms im Mehr-Perioden-Fall?

W1.9
Zeigen Sie, daß die Kapitalwertformel über die Eigenschaft der Wertadditivität verfügt!

W1.10
Was versteht man unter Einzel- und Auswahlentscheidungen, und wie sind diese im Rahmen des *Fisher*-Modells zu treffen?

2 Dynamischer versus statischer Vorteilhaftigkeitsvergleich

2.1 Problemstellung

Im vorhergehenden Abschnitt wurde das **Kapitalwertkriterium** als geeignetes Entscheidungskriterium hinsichtlich des durchzuführenden unternehmerischen Realinvestitionsprogramms bei Zugang zu einem vollkommenen Kapitalmarkt erläutert.

Insbesondere in der Wirtschaftspraxis wird zum Teil für das Treffen von Investitionsentscheidungen auf **gewinnorientierte Betrachtungen** abgestellt. Während man kapitalwertorientierte Kalküle wegen der hier über entsprechende Diskontierungen erfolgenden expliziten Berücksichtigung der zeitlichen Struktur der monetären Konsequenzen aus Realinvestitionen als **dynamisch** bezeichnet, ist bei gewinnorientierten Ansätzen von statischen Kalkülen die Rede.[1]

Im Rahmen **statischer Investitionsrechnungen** wird typischerweise auf die Betrachtung einer "repräsentativen" Periode abgestellt, und sodann werden hierfür (durchschnittliche) Gewinne oder (bei entscheidungsunabhängiger Erlössituation) Kosten ermittelt. Entsprechend spricht man von statischen **Gewinn- und Kostenvergleichen**. Zuweilen wird auch auf die Betrachtung von Renditen abgestellt. In diesem Fall liegt ein statischer **Rentabilitätsvergleich** vor.[2]

---

[1] Vgl. beispielsweise *Rolfes* (1986).

[2] Daneben gibt es noch die **statische Amortisationsrechnung**, die im Gegensatz zu Gewinn-, Kosten- und Rentabilitätsvergleichen an der Betrachtung von Zahlungsreihen ansetzt, allerdings ohne diese zu diskontieren. Insofern liegt hier trotz mehrperiodiger Betrachtung ebenfalls ein statischer Ansatz vor, wenngleich die statische Amortisationsrechnung die einzige gängige statische Vergleichsrechnung ist, die nicht auf die Betrachtung einer repräsentativen Periode abstellt. Vorgehen und Sinnhaftigkeit von Amortisationsrechnungen werden noch im nächsten Abschnitt eingehend erörtert. Aus Gründen der Systematik soll an dieser Stelle auf eine vertiefte Behandlung verzichtet werden.

Man mag die Betrachtung repräsentativer Perioden als anschaulicher als eine unmittelbare Entscheidung anhand von Kapitalwerten auffassen. Im weiteren soll gezeigt werden, wie sich auch auf **kapitalwertorientierter Basis** Analysen auf der Grundlage repräsentativer Perioden darstellen lassen und welche Probleme im Gegensatz hierzu mit einem **rein statischen Ansatz** verbunden sind. Zu diesem Zweck sind im folgenden **Abschnitt 2.2** zunächst **Rentenbarwertfaktoren** und **(äquivalente) Annuitäten** als wichtige finanzmathematische Begriffe im Zusammenhang mit der Betrachtung repräsentativer Perioden einzuführen. Anschließend erfolgt im **Abschnitt 2.3** eine Gegenüberstellung von statischen und dynamischen Vorteilhaftigkeitsvergleichen auf der Basis der Betrachtung repräsentativer Perioden. Die Ausführungen schließen mit einer Zusammenfassung im **Abschnitt 2.4**.

2.2 Rentenbarwertfaktor und äquivalente Annuität

Ausgangspunkt soll ein Investitionsprojekt mit der Zahlungsreihe $z_0, \ldots, z_T$ und einem Kapitalwert κ bei einem (einperiodigen) Kapitalmarktzinssatz i über alle Perioden sein. Ohne weiteres kann man sich fragen, wie groß eine konstante Einzahlung z von t = 1 bis T sein muß, um für gegebenen Zinssatz i auf diesen Kapitalwert κ zu kommen. Die gesuchte Einzahlung z muß demnach folgender Bedingung genügen:

$$\sum_{t=1}^{T} \frac{z}{(1+i)^t} \stackrel{!}{=} \kappa$$

$$\Leftrightarrow z \cdot \sum_{t=1}^{T} \frac{1}{(1+i)^t} = \kappa$$

$$\Leftrightarrow z = \frac{\kappa}{\sum_{t=1}^{T} \frac{1}{(1+i)^t}} \quad (2.1)$$

$$\Leftrightarrow z = \frac{\kappa}{RBF(i;T)},$$

wobei "RBF(i;T)" kurz für **Rentenbarwertfaktor bei einem Kalkulationszinsfuß i und einem Betrachtungszeitraum T**" steht und hier einfach definiert ist als $\sum_{t=1}^{T} (1+i)^{-t}$. In dieser Definition entspricht der Kapitalwert einer gleichbleibenden Einzahlung in Höhe von z in den Zeitpunkten t = 1 bis t = T gerade z·RBF(i;T). Da man hierbei demnach gerade RBF(i;T) für z = 1 erhält, ist der Rentenbarwertfaktor RBF(i;T) nichts anderes als der Kapitalwert einer gleichbleibenden Einzahlung von genau 1 GE in den Zeitpunkten t = 1 bis t = T für gegebenen Kalkulationszinsfuß i. Der Quotient κ/RBF(i;T) seinerseits gibt gemäß (2.1) augenscheinlich an, welche gleichbleibende Zahlung z von t = 1 bis t = T gerade ebenfalls zum Kapitalwert κ führt. Man bezeichnet z hierbei auch als (zu der dem Kapitalwert κ zugrundeliegenden Zahlungsreihe) **äquivalente Annuität** und nennt 1/RBF(i;T) den **Annuitätenfaktor** ANN(i;T). In völliger Analogie zu RBF(i;T) gibt ANN(i;T) an, welche gleichbleibende Einzahlung von t = 1 bis t = T bei einem Kalkulationszinsfuß i erforderlich ist, um einen Kapitalwert von genau 1 GE zu generieren.[3]

Insbesondere für großes T ist es etwas mühsam, den Rentenbarwertfaktor über die Summe der entsprechenden Diskontierungsfaktoren von t = 1 bis t = T zu ermitteln. In der Tat gibt es eine viel **einfachere Formel**, bei der man ohne die Bildung länglicher Summen auskommt. Sie lautet:

$$\text{RBF(i;T)} = \frac{(1+i)^T - 1}{(1+i)^T \cdot i}. \tag{2.2}$$

Die Herleitung von (2.2) ist einfach, wenn man weiß, daß es sich beim Rentenbarwertfaktor um eine ganz spezifische Summe handelt, die man auch als **geometrische Reihe** bezeichnet. Für eine beliebige Zahl q bezeichnet man die von T abhängige Summe $q^0 + q^1 + \ldots + q^{T-1}$ von Potenzen als geometrische Reihe. Im Anhang 1 zu diesem Abschnitt wird gezeigt, daß für diese (unter Voraussetzung von

---

[3] Vgl. zur Definition von Renterbarwert- und Annuitätenfaktor auch etwa *Fischer* (1996), S. 34 ff. Tabellen mit Werten dieser finanzmathematischen Größen für verschiedene Kombinationen von i und T finden sich beispielsweise auch in *Seicht* (2001), S. 612 ff.

q ≠ 1) folgender Zusammenhang vorliegt:

$$\sum_{t=1}^{T} q^{t-1} = \frac{1-q^T}{1-q}. \tag{2.3}$$

(2.3) kann nun leicht auf den Spezialfall der **Summation von Diskontierungsfaktoren** angewandt werden, wenn man $q \equiv 1/(1+i)$ (unter Voraussetzung von $i \neq -1$ und $i \neq 0$) ansetzt. Damit erhält man:

$$\begin{aligned} \text{RBF}(i;T) &= \sum_{t=1}^{T} \frac{1}{(1+i)^t} \\ &= \sum_{t=1}^{T} \frac{1}{1+i} \cdot \frac{1}{(1+i)^{t-1}} \\ &= \frac{1}{1+i} \cdot \frac{1 - \frac{1}{(1+i)^T}}{1 - \frac{1}{1+i}} \\ &= \frac{1}{1+i} \cdot \frac{(1+i)^T - 1}{(1+i)^{T-1} \cdot i} \\ &= \frac{(1+i)^T - 1}{(1+i)^T \cdot i}. \end{aligned} \tag{2.4}$$

In der dritten Zeile von (2.4) wurde die Konstante $1/(1+i)$ vor die Summe gezogen und überdies (2.3) genutzt. In der vierten Zeile wurde zum einen der Nenner $1-[1/(1+i)]$ des Bruchs zu $i/(1+i)$ umgeformt und zum anderen der ganze Bruch mit $(1+i)^{T-1}$ erweitert. In der fünften Zeile schließlich wurde nur noch der Nenner verdichtet.

Beispiel 2.1:

Gegeben sei ein Investitionsprojekt 1 mit der folgenden Zahlungsreihe über einen Zeitraum von t = 0 bis t = 5:

t	0	1	2	3	4	5
$z_t^{(1)}$	-1.000	500	400	200	300	300

Tabelle 2.1: Zahlungsreihe des Investitionsprojekts 1

Der Kapitalmarktzinssatz sei i = 8 %. Daraus resultiert ein Projektkapitalwert in Höhe von $\kappa^{(1)} \approx 389{,}35$ GE. Der Rentenbarwertfaktor für i = 8 % und T = 5 bemißt sich als RBF(0,08;5) = $(1{,}08^5-1)/(1{,}08^5 \cdot 0{,}08) \approx 3{,}9927$. Die zu dem obigen Projekt für T = 5 gehörige äquivalente Annuität beträgt somit ungefähr 389,35/3,9927 $\approx$ 97,52 GE. Das bedeutet, daß gleichbleibende Einzahlungen von 97,52 GE in den Zeitpunkten t = 1 bis t = 5 ebenfalls näherungsweise zu einem Kapitalwert von 389,35 GE führen. □

Statt Investitionsentscheidungen direkt mittels des Kapitalwertkriteriums zu treffen, kann man natürlich auch mit Hilfe äquivalenter Annuitäten zu sachgerecht zusammengestellten Investitionsprogrammen gelangen. Im Rahmen einer **Einzelentscheidung** sollte ein Investitionsprojekt durchgeführt werden, wenn seine für einen beliebigen Betrachtungszeitraum T berechnete äquivalente Annuität nichtnegativ ist. Denn in diesem Fall ist auch der zugehörige Kapitalwert des Projekts nichtnegativ. Entsprechend ist bei einer **Auswahlentscheidung** zwischen zwei (oder mehr) Projekten zu verfahren: Dasjenige Projekt, dessen äquivalente Annuität für einen (projektunabhängig fixierten) Betrachtungszeitraum die größte ist, verfügt auch über den höchsten Kapitalwert und sollte vorgezogen werden.

Beispiel 2.2:

Gegeben sei erneut das Projekt 1 aus Beispiel 2.1 bei einem einheitlichen Kapitalmarktzinssatz i = 8 %. Im Rahmen einer Einzelentscheidung wäre dieses Projekt in jedem Falle vorteilhaft, wie auch dessen positive äquivalente Annuität signalisiert. Zusätzlich existiere nun aber ein weiteres Projekt 2, das alternativ zu Projekt 1 durchgeführt werden kann und zu den folgenden Zahlungskonsequenzen in den Zeitpunkten t = 0 bis t = 4 führt:

t	0	1	2	3	4
$z_t^{(2)}$	-500	200	400	150	300

Tabelle 2.2: Zahlungsreihe des Investitionsprojekts 2

Der Kapitalwert des Projekts 2 beträgt ungefähr 367,7 GE. Der auf einen Zeithorizont T = 4 bezogene Rentenbarwertfaktor ist ungefähr 3,3121. Somit ergibt sich für T = 4 als äquivalente Annuität ein Wert von etwa 367,7/3,3121 ≈ 111,02 GE, der größer als die zum Projekt 1 gehörige äquivalente Annuität von ca. 97,52 GE ist. Natürlich ist aber eine Entscheidung durch den Vergleich dieser beiden Annuitäten nicht zulässig. Denn während Projekt 1 äquivalent zu gleichbleibenden periodischen Einzahlungen von 97,52 GE über einen Zeitraum von fünf Perioden ist, liefert Projekt 2 einen derartigen Zahlungsstrom von 111,02 GE nur über vier Perioden. Aus diesem Grunde sind zum Vergleich von zwei Projekten im Rahmen einer Auswahlentscheidung die äquivalenten Annuitäten in jedem Fall auf den gleichen (beliebigen) Zeitraum zu beziehen. Beispielsweise beläuft sich die zu Projekt 2 äquivalente Annuität für T = 5 auf etwa 367,7/3,9927 ≈ 92,1 GE und liegt damit deutlich unter der von ca. 97,52 GE des Projekts 1. In entsprechender Weise könnte man auch die zu Projekt 1 für T = 4 äquivalente Annuität mit 389,35/3,3121 ≈ 117,55 GE berechnen. Hier sieht man natürlich erneut, daß sich Projekt 1 gegenüber Projekt 2 mit einer nunmehr maßgeblichen äquivalenten Annuität von näherungsweise 111,02 GE als überlegen erweist. □

Das Treffen von Investitionsentscheidungen auf der Basis **äquivalenter Annuitäten** beruht letztlich auf dem Gedanken, Investitionsprojekte anhand einer **repräsentativen Periode** zu beurteilen. Interessant ist in diesem Zusammenhang insbesondere, wie die Anfangsauszahlung Einfluß nimmt auf die Höhe der äquivalenten Annuität. Zu diesem Zweck ist der Begriff des **Ertragswerts** eines Projekts zu einem Zeitpunkt t einzuführen. Hierunter versteht man den auf den Zeitpunkt t bezogenen Kapitalwert η_t der aus Sicht des Zeitpunktes t künftigen Einzahlungsüberschüsse aus einem Investitionsprojekt. Bei Betrachtung aus Sicht des Zeitpunktes t = 0 erhält man den zugehörigen Ertragswert η_0 eines Investitionsprojekts folglich als Kapitalwert nur der Zahlungsreihe $z_1, ..., z_T$.[4] Sei des weiteren die Anfangsauszahlung des Zeitpunktes t = 0 für die Investitionsrealisation mit A_0 bezeichnet, also $z_0 = -A_0$. Dann gilt $\kappa = -A_0 + \eta_0$ und damit gemäß (2.1):

$$z = \frac{\eta_0 - A_0}{\text{RBF}(i;T)}. \tag{2.5}$$

Augenscheinlich wird also bei der Berechnung von z die Anfangsauszahlung A_0 in ganz spezifischer Weise auf die T künftigen Zeitpunkte verteilt. Dies wirkt unmittelbar sachgerecht, weil die Anfangsauszahlung zwar nur in t = 0 anfällt, aber die Nutzung des Projekts über einen längeren Zeitraum ermöglicht. Das Bedürfnis, die Anfangsauszahlung auf künftige Nutzungsperioden zu verteilen, ist auch aus der Kosten- und Leistungsrechnung bekannt. Dort wird dieses Ziel durch die **Abschreibung** der Anfangsauszahlung erreicht. Unter der Abschreibung kann man generell eine Verringerung des ausgewiesenen (Buch-)Wertes eines Vermögensgegenstands begreifen. Bei Übereinstimmung des anfänglichen Buchwerts eines Investitionsobjekts mit der Projekt-Anfangsauszahlung (oder - in der Terminologie der Kosten- und Leistungsrechnung - den Anschaffungskosten) und einer insgesamt erfolgenden Abschreibung bis auf Null[5] stellen Abschreibungen nichts anderes dar als eine Verteilung der Anfangsauszahlung auf

---

[4] Der Ertragswertbegriff wird nochmals im Abschnitt 4 des vierten Kapitels bei der Diskussion der sogenannten Ertragswertabschreibung aufgegriffen. Dort finden sich auch Berechnungsbeispiele für Ertragswerte.

[5] Sofern das der Projektzahlungsreihe zugrundeliegende Investitionsobjekt zum Ende seiner Nutzung noch zu einem positiven Preis verkauft werden kann, ist es sachgerecht, nur bis zu diesem **Restverkaufserlös** abzuschreiben. Auf diese Komplikation soll im weiteren jedoch nicht näher eingegangen werden.

mehrere nachfolgende Perioden. Insofern kann man die Rechnung $A_0/RBF(i;T)$ als eine ganz spezifische Form der Abschreibung der Anfangsauszahlung begreifen. Während im Rahmen des Rechnungswesens die Abschreibung auf Basis der Anschaffungsauszahlungen derart erfolgt, daß die Summe aller Abschreibungen mit der Anschaffungsauszahlung übereinstimmt, stellt eine Abschreibung auf der Basis der Rechnung $A_0/RBF(i;T)$ sicher, daß der **Kapitalwert** der Abschreibungen der Anfangsauszahlung entspricht. Es sollte unmittelbar einleuchten, daß letzteres unter dem Aspekt kapitalwertorientierter Entscheidungsrechnungen auf der Grundlage repräsentativer Perioden die einzig sinnvolle Art darstellt, die Anfangsauszahlung auf künftige Perioden zu verteilen, also abzuschreiben.[6] Bemerkenswerterweise muß - entgegen der möglicherweise ersten Vermutung manches Lesers - die Abschreibung dabei keineswegs über einen Zeitraum erfolgen, der mit der **Projektnutzungsdauer** exakt übereinstimmt. In der Tat ist der Einzahlungsüberschuß einer repräsentativen Periode abhängig von der Zahl der insgesamt betrachteten Perioden, und entscheidend ist lediglich, daß bei Auswahlentscheidungen für alle alternativen Projekte der gleiche Betrachtungszeitraum zugrunde gelegt wird.

2.3 Statischer Gewinnvergleich versus Kapitalwertkriterium

2.3.1 Vorgehen im Rahmen eines statischen Gewinnvergleichs

Mancher mag das Treffen von Investitionsentscheidungen auf der Grundlage repräsentativer Perioden als **anschaulicher** als eine direkte Kapitalwertorientierung

---

[6] Die Summe der Abschreibungen wird bei kapitalwertorientierter Rechnung $A_0/RBF(i;T)$ wegen der Diskontierung der Abschreibungsbeträge **größer** als A_0 sein müssen. Im Rahmen der externen Rechnungslegung, die Außenstehende über die unternehmerische Ertragslage informieren soll, bestehen enge gesetzliche Vorschriften, die über A_0 hinausgehende Gesamtabschreibungen ausschließen. Uns interessieren an dieser Stelle jedoch nur interne Rechnungssysteme, die der Entscheidungsunterstützung für die Unternehmensleitung dienen und für die es grundsätzlich keine gesetzlichen Restriktionen gibt.

erachten. Natürlich ist aber auch der Kapitalwert als die durch das betrachtete Projekt für t = 0 erreichbare Vermögensmehrung als recht anschaulich zu bezeichnen. Ferner werden die benötigten äquivalenten Annuitäten letztlich auf Basis der Projektkapitalwerte bestimmt, so daß hierdurch grundsätzlich lediglich zusätzlicher Rechenaufwand verursacht wird. Typischerweise werden Betrachtungen repräsentativer Perioden daher zumeist auch gar nicht auf kapitalwertorientierter Grundlage durchgeführt, sondern sind vielmehr **gewinnorientiert**.

Das heißt, es werden für ein Investitionsprojekt[7] die im Rahmen einer repräsentativen Periode anfallenden **Gewinne** bestimmt, und es wird das betreffende Projekt auf dieser Grundlage sodann beurteilt. Wie bereits im Abschnitt 2.1 ausgeführt, spricht man in derartigen Fällen von **statischen Investitionsrechnungen** im Gegensatz zu den dynamischen, die auf (diskontierte) Zahlungsstrukturen abstellen. Nach den bisherigen Darlegungen dieses Buches ist ohne weiteres klar, daß eine gewinnorientierte Betrachtung nur sinnvoll sein kann, wenn sie stets zum gleichen Ergebnis führt wie eine kapitalwertorientierte. Selbst unter vereinfachenden Annahmen leistet ein statischer Gewinnvergleich dies nicht, und insofern ist von seiner Anwendung grundsätzlich abzuraten. Entsprechendes gilt für andere Spielarten statischer Investitionsrechnungen.

Um diese Beurteilung nachvollziehen zu können, soll im weiteren zunächst das Vorgehen im Rahmen eines statischen Gewinnvergleichs näher beschrieben werden. Analoge Darstellungen wären für statische Kosten- und Rentabilitätsvergleiche möglich. Hierauf soll aber aus Platzgründen verzichtet werden.[8]

---

[7] Der aufmerksame Leser wird anmerken, daß genaugenommen natürlich eine Investitionsprogrammentscheidung den Ansatzpunkt auch etwa für Gewinnvergleichsrechnungen bilden sollte. In der Tat sind **Gewinnformeln** aber ebenso wie Kapitalwertformeln **wertadditiv**, so daß in diesem Zusammenhang auf die im letzten Abschnitt angeführte Begründung für die Möglichkeit zur Einzelprojektbeurteilung verwiesen werden kann.

[8] Ausführliche Erörterungen statischer Vergleichsrechnungen finden sich in zahlreichen finanzwirtschaftlichen Lehrbüchern. Vgl. z.B. *Blohm/Lüder*

2.3.1.1   Einzelentscheidung

Ausgangspunkt eines statischen Gewinnvergleichs ist die **Ermittlung des Gewinns** G_t aus einem Projekt in jedem Zeitpunkt t = 0, ..., T der Nutzung dieses Projekts. Die in t = 0 im Rahmen der Projektdurchführung anfallende Anfangsauszahlung sei A_0. Da in t = 0 in Höhe dieser Anfangsauszahlung auch eine Aktivierung, das heißt Wertzuschreibung, erfolgt, ist der Gewinn in t = 0 aus der Projektdurchführung unmittelbar 0 GE. Von Null verschiedene Gewinne sollen daher erst ab t = 1, dem Beginn der laufenden Güterproduktion und -veräußerung, anfallen. In diesem Zusammenhang bezeichne x_t den **mengenmäßigen Absatz** des im Rahmen des Investitionsprojekts gefertigten Produkts zum Zeitpunkt t, während p_t für den zugehörigen (Stück-) **Preis** in diesem Zeitpunkt steht. Mit $k_{v,t}$ sollen die **variablen Kosten** pro Stück im Zeitpunkt t bezeichnet werden, und $K_{f,t}$ steht entsprechend für die **Fixkosten**, die in t anfallen. Im weiteren sei unterstellt, daß die variablen Stückauszahlungen in t ebenso wie die fixen Auszahlungen in t mit den entsprechenden Kostengrößen übereinstimmen. Des weiteren beschreibt D_t ("D" für engl. "depreciation") die auf den Zeitpunkt t verrechnete **Abschreibung** der Anfangsauszahlung. Als letztes ist schließlich noch die Größe kZ_t einzuführen, worunter die **kalkulatorischen Zinsen** eines Zeitpunktes t zu verstehen sind. Im Rahmen statischer Ansätze unterbleibt die Diskontierung monetärer Konsequenzen verschiedener Zeitpunkte. Um Zinseffekte nicht völlig zu vernachlässigen, werden aber immerhin sogenannte kalkulatorische Zinsen auf die einzelnen Perioden verrechnet. Die Vorstellung hierbei ist die, daß eine Anfangsauszahlung A_0 in t = 0 unmittelbar einen entsprechenden zu finanzierenden **Mittelbedarf** dieses Zeitpunktes zur Folge hat. Durch die Abschreibungen verringern sich der Wertansatz für die angeschafften Investitionsgüter und damit scheinbar auch der Mittelbedarf für die nächste Periode. Wenn man derart argumentiert, unterstellt man augenscheinlich wenigstens implizit, daß jeweils in Höhe der Abschreibungen (über die sowieso erfolgenden Zins-

---

(1995), S. 157 ff., *Götze/Bloech* (1995), S. 52 ff., *Grob* (2001), S. 17 ff., *Perridon/Steiner* (1999), S. 37 ff.

zahlungen hinausgehende) Rückzahlungen an Kapitalgeber geleistet werden.[9] Während demnach in t = 0 ein Mittelbedarf von A_0 auszuweisen ist, beträgt dieser in t = 1 nur A_0-D_1 aufgrund des durch die vorgenommene Abschreibung entsprechend reduzierten (Restbuch-) Wertes der eingesetzten Investitionsobjekte. Der durchschnittliche[10] Mittelbedarf ist folglich $(A_0+(A_0-D_1))/2 = A_0-D_1/2$. Mit i als maßgeblichem Kalkulationszinsfuß ergeben sich damit auf den Zeitpunkt t = 1 zu verrechnende kalkulatorische Zinsen von $i \cdot (A_0-D_1/2)$. Auf die gleiche Weise kann für den Zeitraum von t = 1 bis t = 2 verfahren werden. Mit A_0-D_1 als Mittelbedarf in t = 1 und $A_0-D_1-D_2$ als verbleibendem Mittelbedarf in t = 2 gelangt man zu kalkulatorischen Zinsen des Zeitpunktes t = 2 von $i \cdot [(A_0-D_1+A_0-D_1-D_2)/2] = i \cdot (A_0-D_1-D_2/2)$. Beliebige andere Zeiträume werden analog behandelt. Im Spezialfall linearer Abschreibung, also $D_t = D$ = konst. ($\forall$ t), ergibt sich eine recht einfache Formel für den durchschnittlichen Mittelbedarf von einem Zeitpunkt t-1 bis t. Im Zeitpunkt t-1 nämlich liegt noch ein Mittelbedarf von $A_0-(t-1) \cdot D$ vor, während in t der Mittelbedarf auf $A_0-t \cdot D$ gesunken ist. Das arithmetische Mittel dieser beiden Werte ergibt als durchschnittlichen Mittelbedarf von t-1 bis t gerade $A_0-(t-0,5) \cdot D$. Die zugehörigen kalkulatorischen Zinsen sind folglich $i \cdot [A_0-(t-0,5) \cdot D]$ und werden dem Zeitpunkt t zugeordnet.

In jedem Fall läßt sich der **Gewinn** aus dem zugrunde gelegten Projekt in einem Zeitpunkt t = 1, ..., T schreiben als:

$$G_t = x_t \cdot (p_t-k_{v,t})-K_{f,t}-D_t-kZ_t. \qquad (2.6)$$

---

[9] Diese Art der Berechnung unternehmerischen Mittelbedarfs in einem Zeitpunkt t wird auch als **bilanzbezogene Kapitalbedarfsrechnung** bezeichnet. Vgl. hierzu näher beispielsweise *Hax* (1998), S. 205 ff., sowie *Breuer* (1998a), S. 22 f.

[10] Bei einer solchen Berechnung des durchschnittlichen Mittelbedarfs von einem Zeitpunkt t-1 bis zu einem Zeitpunkt t wird eine gleichmäßige Wertminderung von t-1 bis t unterstellt, was nur bei **linearer Abschreibung**, das heißt konstanten Abschreibungsbeträgen je Periode, wirklich gerechtfertigt erscheint. Genauere Berechnungen des durchschnittlichen Mittelbedarfs im Falle nichtlinearer Abschreibung sollen hier zur Vereinfachung unterbleiben.

Der Gewinn des Zeitpunktes t ergibt sich damit aus dem **Deckungsbeitrag** $x_t \cdot (p_t - k_{v,t})$ des Zeitpunktes t unter Abzug der **Fixkosten** $K_{f,t}$, der **Abschreibung** D_t und der verrechneten **kalkulatorischen Zinsen** kZ_t. Den Gewinn $\overline{G}$ einer "repräsentativen" Periode (oder kurz: den repräsentativen Gewinn) erhält man sodann durch Summation der entsprechenden Einzelgewinne von t = 1 bis t = T und anschließende Division dieser Summe durch T:

$$\overline{G} = \frac{\sum_{t=1}^{T} G_t}{T}$$

$$= \frac{\sum_{t=1}^{T} x_t \cdot (p_t - k_{v,t})}{T} - \frac{\sum_{t=1}^{T} K_{f,t}}{T} - \frac{\sum_{t=1}^{T} D_t}{T} - \frac{\sum_{t=1}^{T} kZ_t}{T}.$$

(2.7)

Der repräsentative Gewinn eines Projekts kann demnach auch dadurch ermittelt werden, daß man vom durchschnittlichen Deckungsbeitrag die durchschnittlichen Fixkosten, die durchschnittlichen Abschreibungen und die durchschnittlichen kalkulatorischen Zinsen abzieht. Unter der Prämisse, daß die Summe aller Abschreibungen gerade der Anfangsauszahlung A_0 entspricht, bestimmt sich die durchschnittliche Abschreibung überdies **unabhängig** von der konkreten Form der Abschreibung als A_0/T. Umständliche Summationen können im Hinblick auf die Berechnung von $\overline{D}$ folglich vermieden werden.

Unter dem Aspekt der Maximierung des Gewinns einer repräsentativen Periode wird ein Projekt im Rahmen einer **Einzelentscheidung** für $\overline{G} \geq 0$ GE schließlich als vorteilhaft aufgefaßt.

Beispiel 2.3:
Gegeben sei ein Investitionsprojekt 1 mit einer Anfangsauszahlung in Höhe von 580 GE. Aus diesem Projekt sollen sich weitere monetäre Konsequenzen in den Zeitpunkten t = 1, 2, ..., 10 ergeben. Die konkreten Erfolgskonsequenzen aus

dem Investitionsprojekt 1 können der nachfolgenden *Tabelle 2.3* entnommen werden. Dabei sei von einer linearen Abschreibung über alle 10 Zeitpunkte ausgegangen. Dies führt unmittelbar zu $D_t^{(1)} = 580/10 = 58$ GE = konst. ($\forall$ t). Auf dieser Grundlage können sodann auch die kalkulatorischen Zinsen aus *Tabelle 2.3* nachvollzogen werden. So besteht zum Zeitpunkt t = 1 nur noch ein (unterstellter) Mittelbedarf von 580-58 = 522 GE. Im Durchschnitt belief sich der Mittelbedarf von t = 0 bis t = 1 auf (580+522)/2 = 551 GE. Mit einem Kapitalmarktzinssatz von i = 10 % gelangt man somit zum Ansatz von kalkulatorischen Zinsen für die Periode von t = 0 bis t = 1 in Höhe von 0,1·551 = 55,1 GE. Auf die gleiche Weise lassen sich die weiteren Zahlen der Zeile $kZ_t^{(1)}$ bestimmen. Mit 522-58 = 464 GE als verbleibendem Buchwert und damit unterstelltem Mittelbedarf in t = 2 gelangt man beispielsweise im Zeitraum von t = 1 bis t = 2 zu einem durchschnittlichen Mittelbedarf von (522+464)/2 = 493 GE, auf den 0,1·493 = 49,3 GE kalkulatorische Zinsen verrechnet werden. Augenscheinlich reduzieren sich damit die ausgewiesenen kalkulatorischen Zinsen jede Periode um 0,1·58 = 5,8 GE.

t	1	2	3	4	5	6	7	8	9	10
$x_t^{(1)}$	28	32	32	28	30	31	32	27	35	28
$p_t^{(1)}$	20	25	27	23	26	21	23	19	28	18
$k_{v,t}^{(1)}$	10	14	12	16	10	9	11	15	13	10
$K_{f,t}^{(1)}$	130	130	140	150	140	170	190	200	150	100
$D_t^{(1)}$	58	58	58	58	58	58	58	58	58	58
$kZ_t^{(1)}$	55,1	49,3	43,5	37,7	31,9	26,1	20,3	14,5	8,7	2,9

Tabelle 2.3: Erfolgskonsequenzen aus der Durchführung des Projekts 1

Mit den Werten aus *Tabelle 2.3* ist es nun möglich, die Gewinne $G_t^{(1)}$ aus dem Projekt 1 in den Zeitpunkten t = 1 bis t = 10 gemäß Formel (2.6) zu berechnen. Beispielsweise erhält man $G_1^{(1)} = 28 \cdot (20-10) - 130 - 58 - 55{,}1 = 36{,}9 \approx 37$ GE. Insgesamt ergeben sich die folgenden (ganzzahlig gerundeten) Werte:

$G_1^{(1)}$	$G_2^{(1)}$	$G_3^{(1)}$	$G_4^{(1)}$	$G_5^{(1)}$	$G_6^{(1)}$	$G_7^{(1)}$	$G_8^{(1)}$	$G_9^{(1)}$	$G_{10}^{(1)}$
37	115	239	-50	250	118	116	-165	308	63

Tabelle 2.4: (Ganzzahlig gerundete) Gewinne $G_t^{(1)}$ aus Projekt 1 (t = 1, ..., 10)

Das arithmetische Mittel der Gewinne $G_t^{(1)}$ (t = 1, ..., T), also der Gewinn einer repräsentativen Periode, beträgt damit: $\overline{G}^{(1)} \approx 1.031/10 = 103{,}1$ GE[11], wobei der kumulierte Gesamtgewinn über alle 10 Zeitpunkte durch die Anzahl der Betrachtungszeitpunkte dividiert wird. Wegen $\overline{G}^{(1)} > 0$ erweist sich Projekt 1 im Rahmen einer Einzelentscheidung und bei Zugrundelegung des Ziels der Maximierung des repräsentativen Gewinns einer Periode damit als sinnvoll. □

Unter bestimmten Voraussetzungen vereinfacht sich die Ermittlung des gesuchten repräsentativen Gewinns. Bei **linearer Abschreibung** der Anfangsauszahlung muß im Rahmen der Berechnung von $\overline{G}$ einfach nur die konstante Abschreibung $D = A_0/T$ in Abzug gebracht werden. Dies für sich genommen ist noch keine nennenswerte Erleichterung, weil stets $\overline{G} = A_0/T$ gilt, falls lediglich A_0 insgesamt abgeschrieben wird. Des weiteren aber verkürzt sich die Formel für die durchschnittlichen kalkulatorischen Zinsen sehr. Da der durchschnittliche Mittelbedarf von t = 0 bis t = T im Falle linearer Abschreibung gerade $A_0/2$ beträgt, resultieren durchschnittliche kalkulatorische Zinsen von $i \cdot A_0/2$:

---

[11] Dieser Wert resultiert auch bei exakter Rechnung.

levanten repräsentativen Gewinne der beiden Projekte in der Tat unter Zugrundelegung ihrer jeweiligen (**unterschiedlichen**) **Nutzungsdauer** ermittelt, ist die daraus resultierende Entscheidung nur unter der Prämisse stets äquivalent zur Gesamtgewinnmaximierung, daß beide Projekte so oft wiederholt werden können, daß im Rahmen der wiederholten Projektdurchführung für beide Projekte doch wiederum eine **identische Gesamtnutzungsdauer** vorliegt. Im einfachsten Fall könnte man etwa die Möglichkeit unendlich häufiger Wiederholung der beiden Projekte unterstellen. Dann wäre aus Gründen der Vergleichbarkeit auch die Berechnung repräsentativer Gewinne in besonderer Weise gerechtfertigt.

Schließlich ist auf die Frage zurückzukommen, welche Konsequenzen aus **unterschiedlichen Mitteleinsätzen** der beiden Projekte in $t = 0$ zu ziehen sind. Sofern man schlicht die in herkömmlicher Weise ermittelten repräsentativen Gewinne der beiden sich ausschließenden Projekte gegenüberstellt, ist dieses Vorgehen gleichbedeutend mit der (impliziten) Annahme, daß neben den beiden zur Auswahl stehenden Projekten keine besseren Mittelverwendungsmöglichkeiten als zum Kapitalmarktzinssatz i bestehen. Etwaige nach Projektdurchführung noch vorhandene Mittel wären dann erfolgsneutral, weil erzielte Erträge und verrechnete kalkulatorische Zinsen übereinstimmten.[13]

Beispiel 2.5:
Gegeben sei das Investitionsprojekt 1 aus Beispiel 2.3 bei weiterhin gültiger Annahme von $i = 10\%$. Zusätzlich existiere nun aber auch noch ein alternativ realisierbares Projekt 2, das bei einer Anfangsauszahlung von 430 GE in den Zeitpunkten $t = 1, \ldots, 8$ zu von Null verschiedenen Erfolgskonsequenzen führt und dessen Nutzungsdauer sich somit auf 8 Perioden beläuft. Wieder sei von einer linearen Abschreibung, dieses Mal über 8 Perioden, ausgegangen. Die hier

---

[13] Bemerkenswerterweise wird dieser Umstand in der Literatur zuweilen nicht erkannt. Vgl. etwa *Kruschwitz* (1993), Sp. 1861, sowie *Kruschwitz* (2000), S. 32. In der Tat ist dies der gleiche Grund, warum auch im Zusammenhang mit Auswahlentscheidungen über Kapitalwertbetrachtungen unterschiedliche Projektanfangsauszahlungen nicht weiter beachtlich sind.

relevanten konkreten Werte können der *Tabelle 2.5* entnommen werden.

t	1	2	3	4	5	6	7	8
$x_t^{(2)}$	29	31	29	26	31	32	30	33
$p_t^{(2)}$	25	25	22	20	24	25	24	26
$k_{v,t}^{(2)}$	12	8	12	10	11	12	15	11
$K_{f,t}^{(2)}$	180	200	190	170	180	170	170	180
$D_t^{(2)}$	53,75	53,75	53,75	53,75	53,75	53,75	53,75	53,75
$kZ_t^{(2)}$	40,31	34,94	29,56	24,19	18,81	13,44	8,06	2,69

Tabelle 2.5: Erfolgskonsequenzen aus der Durchführung des Projekts 2 (letzte Zeile mit gerundeten Werten)

Auf der Basis von *Tabelle 2.5* gelangt man zu den folgenden (ganzzahlig gerundeten) Gewinnen $G_t^{(2)}$ aus Projekt 2 in den Zeitpunkten t = 1, ..., 8:

$G_1^{(2)}$	$G_2^{(2)}$	$G_3^{(2)}$	$G_4^{(2)}$	$G_5^{(2)}$	$G_6^{(2)}$	$G_7^{(2)}$	$G_8^{(2)}$
103	238	17	12	150	179	38	259

Tabelle 2.6: (Ganzzahlig gerundete) Gewinne $G_t^{(2)}$ aus Projekt 2 (t = 1, ..., 8)

Als repräsentativer Gewinn über die Projektnutzungsdauer ergibt sich auf der Grundlage von *Tabelle 2.6* das arithmetische Mittel 996/8 = 124,5 GE[14], das somit über dem repräsentativen Gewinn aus Projekt 1 liegt. Projekt 2 würde demnach Projekt 1 vorgezogen. Gesamtgewinnmaximierend wäre diese Entscheidung aber nur unter gewissen Zusatzannahmen, etwa wenn Projekt 1 vier- und

---

[14] Diesen Wert erhält man auch auf der Grundlage der exakten Periodengewinne.

Projekt 2 fünfmal hintereinander durchgeführt werden könnte, so daß der maßgebliche Betrachtungszeitraum in beiden Fällen 40 Perioden umfaßte. Hier aber war von einer derartigen wiederholten Durchführung gar keine Rede. Dann jedoch ist die Entscheidung auf der Grundlage der gerade ermittelten Durchschnittsgewinne nicht sachgerecht. Während Projekt 1 nämlich über 10 Perioden hinweg Gewinne von durchschnittlich 103,1 GE generiert, liefert Projekt 2 einen durchschnittliche Periodengewinn von 124,5 GE nur über 8 Perioden. Wie bereits dargelegt, sollte man die berechneten Gewinne einer repräsentativen Periode wenigstens auf den gleichen Betrachtungszeitraum beziehen. Legt man etwa generell den Zeitraum von $t = 0$ bis $t = 10$ zugrunde, so liefert Projekt 1 den bereits bekannten repräsentativen Gewinn von 103,1 GE, während Projekt 2 nur auf $996/10 = 99,6$ GE kommt, also schlechter abschneidet. Entsprechend könnte man auch einen Betrachtungszeitraum von 8 Perioden ansetzen. Dies bedeutet nicht, daß man die Gewinne aus dem Projekt 1 in den Zeitpunkten $t = 9$ und $t = 10$ unberücksichtigt läßt. Vielmehr wird der Gesamtgewinn eines jeden Projekts, also auch von Projekt 1, auf lediglich 8 Perioden verteilt. Man fragt sich also genaugenommen, welcher gleichbleibende Gewinn in $t = 1, \ldots, 8$ zum gleichen Gesamtgewinn führt wie das jeweils betrachtete Projekt über seine komplette Nutzungsdauer. Dabei ergibt sich für Projekt 1 ein Wert von $1.031/8 \approx 128,88$ GE, der selbstverständlich ebenfalls über dem entsprechenden Wert von 124,5 GE des Projekts 2 angesiedelt ist. Ebenso gut kann man auch unmittelbar die kumulierten Gesamtgewinne der beiden Projekte vergleichen. Projekt 1 ist mit einem Gesamtgewinn von 1.031 GE auch hier dem Projekt 2 mit einem Gesamtgewinn von 996 GE überlegen.

Erwähnenswert ist des weiteren, daß Projekt 2 nur 430 GE Anfangsauszahlung benötigt, während Projekt 1 einen Mittelbedarf in $t = 0$ von 580 GE aufweist. Damit die obigen Rechnungen konsistent sind, muß daher angenommen werden, daß die betrachtete Unternehmung neben der Durchführung eines der beiden Projekte etwaige noch vorhandene Mittel nur noch zum Kapitalmarktzinssatz $i = 10\ \%$ anlegen kann. □

2.3.2 Gegenüberstellung mit dem Kapitalwertkriterium

Der **wesentlichste Kritikpunkt** hinsichtlich der statischen Verfahren betrifft ihre fehlende theoretische Fundierung[15] und - damit zusammenhängend - ihre allenfalls zufällige Übereinstimmung mit den auf der Grundlage des **Kapitalwertkriteriums** resultierenden optimalen Entscheidungen.

Die **Ursachen** für mögliche Diskrepanzen zwischen statischer und dynamischer Betrachtung liegen auf der Hand. Selbst wenn man annimmt, daß nur Abschreibungen und kalkulatorische Zinsen unter den Erfolgskomponenten nicht zahlungsgleich sind, ergibt sich doch dadurch schon die Unmöglichkeit, aus der Projektbeurteilung bei Gewinnvergleich auf die Projektbeurteilung bei Kapitalwertvergleich zu schließen. Denn zum einen erfolgt im Rahmen des statischen Ansatzes grundsätzlich **keine sachgerechte Verteilung** der Anfangsauszahlung auf die einzelnen Perioden und führt zum anderen eine Änderung des ohnehin nicht eindeutig determinierten anzuwendenden **Abschreibungsverfahrens** bereits zu veränderten Ausweisen des repräsentativen Gewinns, da nämlich über das gewählte Abschreibungsverfahren der angesetzte Mittelbedarf der einzelnen Perioden und mithin die zugehörigen kalkulatorischen Zinsen bestimmt werden. Des weiteren spielt die **zeitliche Verteilung** der Erlöse sowie der hiermit einhergehenden variablen Kosten und periodenbezogenen Fixkosten im Rahmen des statischen Gewinnvergleichs keine Rolle für den resultierenden durchschnittlichen Gewinn, da die verrechneten Zinsen allein durch die gewählte Abschreibungsmethode bestimmt werden. Eine Änderung der zeitlichen Verteilung von Erlösen, variablen und periodenbezogenen Fixkosten wirkt sich aber sehr wohl auf den resultieren-

---

[15] Es gibt durchaus **neuere Ansätze**, die gewinnorientierte Betrachtungen zu rechtfertigen suchen. Vgl. z.B. *Reichelstein* (1997) und *Rogerson* (1997). Im Mittelpunkt steht hierbei die Steuerung des Investitionsverhaltens eines angestellten (eigennützigen) Managers aus Sicht der Unternehmenszentrale über entsprechende Ausgestaltung der Managemententlohnung. Derartige Überlegungen auf der Grundlage von Interessenkonflikten zwischen Managern und Unternehmenszentrale sollen im Rahmen dieser einführenden Darstellung aber nicht vertieft werden.

den Projektkapitalwert aus, so daß also auch unter diesem Aspekt erkennbar ist, daß zwischen kapitalwert- und gewinnorientierter Investitionsrechnung keinerlei systematischer Zusammenhang besteht. Entsprechend leicht lassen sich Zahlenbeispiele konstruieren, in denen man zu **widersprüchlichen Empfehlungen** bei statischer und dynamischer Investitionsrechnung gelangt.

Beispiel 2.6:
Gegeben seien die Annahmen der Beispiele 2.3 und 2.5. Auf der Grundlage der *Tabellen 2.3* und *2.5* lassen sich ohne weiteres die Einzahlungsüberschüsse $z_t^{(n)} = x_t^{(n)} \cdot (p_t^{(n)} - k_{v,t}^{(n)}) - K_{f,t}^{(n)}$ aus einem Projekt n = 1, 2 in den Zeitpunkten t = 1, ..., 10 ermitteln. Für Projekt 2 etwa berechnet sich die Einzahlung $z_1^{(2)}$ des Zeitpunktes t = 1 als 29·(25-12)-180 = 197 GE. Insgesamt erhält man als Projektzahlungsreihen:[16]

t	1	2	3	4	5	6	7	8	9	10
$z_t^{(1)}$	150	222	340	46	340	202	194	-92	375	124
$z_t^{(2)}$	197	327	100	90	223	246	100	315	0	0

Tabelle 2.7: Zahlungsreihen der Projekte 1 und 2

Unter Beachtung der Werte aus *Tabelle 2.7* sowie der Anfangsauszahlungen von 580 GE für Projekt 1 und 430 GE für Projekt 2 erhält man für i = 10 % als Kapitalwerte der beiden Projekte $\kappa^{(1)} \approx 615{,}32$ GE sowie $\kappa^{(2)} \approx 631{,}53$ GE, so daß in der Tat doch Projekt 2 gegenüber Projekt 1 vorzuziehen ist. Statt der Kapitalwerte hätte man auch die äquivalenten Annuitäten der beiden Projekte für einen einheitlichen Betrachtungszeitraum von t = 0 bis t = T gegenüberstellen können. In der nachfolgenden Tabelle sind die äquivalenten Annuitäten der beiden

---

[16] In den Zeitpunkten t = 9 und t = 10 resultieren bei Projekt 2 wegen der Nutzungsdauer von 8 Perioden natürlich unmittelbar Einzahlungen von 0 GE.

Projekte für die Fälle T = 8 und T = 10 aufgeführt:

T	8	10
Projekt 1	115,34	100,14
Projekt 2	118,38	102,78

Tabelle 2.8: Äquivalente Annuitäten der Projekte 1 und 2 für T = 8 bzw. T = 10 (auf zwei Stellen genau gerundet)

Zur Prüfung der Werte aus *Tabelle 2.8* ist lediglich die Kenntnis von RBF(0,1;8) ≈ 5,3349 GE sowie RBF(0,1;10) ≈ 6,1446 erforderlich. Wenngleich sich immerhin die äquivalenten Annuitäten in der Größenordnung der jeweiligen repräsentativen Gewinne bewegen, ist doch der Zusammenhang zwischen statischem und dynamischem Kalkül mehr als lose, wie schon die unterschiedlichen resultierenden Verhaltensempfehlungen belegen. Ferner könnte durch einfache Vertauschung der Deckungsbeiträge und periodenbezogenen Fixkosten eines Projekts in den verschiedenen Zeitpunkten seine jeweilige äquivalente Annuität beeinflußt werden, ohne daß sich der zugehörige repräsentative Gewinn änderte. Zur Verdeutlichung sei unterstellt, daß bei Projekt 2 Deckungsbeitrag und periodenbezogene Fixkosten aus t = 1 nun dem Zeitpunkt t = 10 zugeordnet seien und umgekehrt. Entsprechend werde mit den anderen Zeitpunkten verfahren, so daß beispielsweise die Deckungsbeiträge und periodenbezogenen Fixkosten der Zeitpunkte t = 2 und t = 9 ebenso wie die der Zeitpunkte t = 3 und t = 8 vertauscht werden. Als Konsequenz hieraus erhält man als neue Zahlungsreihe des Projekts 2:

t	1	2	3	4	5	6	7	8	9	10
$z_t^{(2)}$	0	0	315	100	246	223	90	100	327	197

Tabelle 2.9: Modifizierte Zahlungsreihe des Projekts 2

Der zugehörige Kapitalwert beträgt nun nur noch etwa 461,06 GE, und die äquivalenten Annuitäten belaufen sich für T = 8 auf ungefähr 86,42 GE und für T = 10 auf näherungsweise 75,03 GE. Aus kapitalwertorientierter Sicht wäre Projekt 2 dem Projekt 1 nunmehr unterlegen. Bemerkenswert ist hierbei nun, daß der Gesamtgewinn aus Projekt 2 und damit natürlich auch der durchschnittliche Gewinn über alle 10 Perioden trotz dieser Transformation der zeitlichen Verteilung der Erfolgskonsequenzen unbeeinflußt geblieben ist. Für den durchschnittlichen Gewinn aus der Umsetzung von Projekt 2 ist demnach die veränderte zeitliche Struktur der zugehörigen monetären Konsequenzen bedeutungslos. □

Statische und dynamische Kalküle werden demnach nur **zufällig** zu der gleichen Entscheidung führen, wobei generell eine **geringe zeitliche Schwankung** der unternehmerischen Erlös- und Kosten- bzw. Auszahlungssituation für die Gleichartigkeit der jeweils hergeleiteten Handlungsempfehlungen hilfreich ist. Insbesondere führt ein Vergleich zweier Projekte mit identischer Nutzungsdauer und Anfangsauszahlung bei gleichem Abschreibungsverlauf und jeweils zeitlich konstanter Erlös- und Auszahlungssituation sowohl auf der Grundlage ihrer Gewinne gemäß (2.6) als auch ihrer äquivalenten Annuitäten **stets** zum selben Ergebnis. Der konstante Einzahlungsüberschuß aus einem Investitionsprojekt entspricht nämlich hier dem um kalkulatorische Zinsen und Abschreibungen erhöhten konstanten Gewinn eines Projekts je Periode. Aufgrund der getroffenen Annahmen sind kalkulatorische Zinsen und Abschreibungen für beide Investitionsobjekte jeweils gleich hoch, so daß ein höherer konstanter Einzahlungsüberschuß des einen Projekts unmittelbar auch einen höheren repräsentativen Gewinn impliziert. Infolge der für beide Investitionsobjekte gleich hohen Anfangsauszahlungen geht ein höherer Einzahlungsüberschuß eines Projekts darüber hinaus mit einer überlegenen äquivalenten Annuität einher. Äquivalente Annuität und repräsentativer Gewinn führen deshalb hier im Rahmen von Auswahlentscheidungen zum selben Ergebnis. Natürlich ist in einer solchen Situation ein Vergleich der beiden Investitionsprojekte allerdings derart simpel, daß schon die Gegenüberstellung der Einzahlungsüberschüsse aus den beiden Projekten zu einem beliebigen Zeitpunkt hinreichend für eine Entscheidungsfindung ist.

Nach der ausführlichen Darstellung der **Schwächen** statischer Vergleichsrechnungen stellt sich natürlich die Frage, was ihre nach wie vor ungebrochene[17] **Beliebtheit** in der Wirtschaftspraxis ausmachen könnte. Ein wesentliches Argument im Rahmen jeder praktischen Anwendung ist der **vermeintlich geringe Datenbedarf** zur Anwendung eines Verfahrens. Wir werden auf diesen Umstand noch an anderer Stelle zurückkommen. Zur Kapitalwertermittlung jedenfalls benötigt man die detaillierte Kenntnis der gesamten Zahlungsreihe eines Investitionsprojekts, während bei einem statischen Gewinnvergleich die **pauschale Abschätzung** eines Durchschnittsgewinns auszureichen scheint. In der Tat zeigten die obigen Zahlenbeispiele 2.3 und 2.5, daß natürlich auch der Ermittlung von Durchschnittsgewinnen irgendwelche Vorstellungen über die Gewinne in den einzelnen künftigen Zeitpunkten während der Nutzungsdauer des betrachteten Investitionsprojekts zugrunde liegen werden - und wenn es nur die Annahme eines konstanten Gewinns in allen Zeitpunkten $t = 1, ..., T$ ist. Ansonsten könnte man übrigens auch mit der gleichen Begründung die Betrachtung äquivalenter Annuitäten dem direkten Kapitalwertvergleich vorziehen. Tatsächlich aber erfolgt die Ermittlung einer äquivalenten Annuität auf der Grundlage des zugehörigen Kapitalwertes und die Bestimmung des repräsentativen Ein-Perioden-Gewinns auf der Grundlage des Gesamtgewinns über alle Perioden der Nutzungsdauer.

Insgesamt bieten damit statische Vergleiche allenfalls noch einen gewissen Vorteil in Form **einfacherer erforderlicher Rechenoperationen**. Vor allem braucht man keine Potenzen zu bestimmen. Allerdings dürfte dieser Vorteil wenigstens nach gewisser Einübung des Berechnens von Kapitalwerten keinerlei Bestand mehr haben. Alles in allem stellen statische Vergleichsrechnungen **keine ernstzunehmende Alternative** zur Anwendung des Kapitalwertkriteriums dar, weswe-

---

[17] Vgl. *Wehrle-Streif* (1989), S. 20, 34.

gen im weiteren im Rahmen dieses Buches grundsätzlich[18] nur noch auf die dynamischen Verfahren näher eingegangen wird.

2.4 Zusammenfassung

Gegenstand dieses Abschnitts waren vor allem eine Präsentation und Würdigung sogenannter **statischer Verfahren** im Rahmen von Investitionsrechnungen. Bei den statischen Verfahren wird typischerweise eine Erfolgsgröße für eine **repräsentative Periode** eines Investitionsprojekts ermittelt. Die **zeitliche Struktur** der Projekterfolge wird dabei nur sehr **pauschal** und ungenau über den Ansatz kalkulatorischer Zinsen in die Betrachtung einbezogen. In kapitalwertorientierten Ansätzen dienen **Diskontierungsfaktoren** zur expliziten und differenzierten Erfassung der zeitlich unterschiedlich anfallenden monetären Konsequenzen aus einer Projektdurchführung. Man spricht in derartigen Fällen daher auch von **dynamischen Ansätzen**.

Handelt es sich bei der der statischen Investitionsrechnung zugrundeliegenden Erfolgsgröße um den Gewinn, so spricht man von **Gewinnvergleichsrechnungen**. Entsprechend gibt es ferner **Kosten- und Rentabilitätsvergleichsrechnungen**. Auch bei **kapitalwertorientierten** Betrachtungen kann man auf repräsentative Perioden abstellen. Es geht dann um die Ermittlung von **äquivalenten Annuitäten**. Den statischen Verfahren mangelt es generell an einer ebenso überzeugenden **theoretischen Fundierung**, wie sie im vorhergehenden Abschnitt für die kapitalwertorientierten hergeleitet worden ist. Aus diesem Grunde verwundert es nicht, daß beide Verfahren nur **zufällig** zum selben Ergebnis führen. Vermeintliche Vorteile der statischen Verfahren sollen ihr **geringer Datenbedarf** und ihre **leichte Rechenbarkeit** sein. Da allerdings auch der Erfolg einer repräsentativen Periode nur bei differenzierten Vorstellungen über den Projekterfolg während der gesamten Projektnutzungsdauer bestimmt werden kann und sich Kapitalwertbe-

---

[18] Eine **Ausnahme** besteht hinsichtlich der statischen Amortisationsrechnung, die im nächsten Abschnitt der Vollständigkeit halber noch kurz vorgestellt wird.

rechnungen mit ein wenig Übung keinesfalls als schwer erweisen, sind beide Argumente **nicht** in der Lage, den Nachteil fehlender theoretischer Fundierung aufzuwiegen. Im weiteren bleiben die statischen Verfahren daher generell unberücksichtigt.

Anhang 1[19]

Man betrachte die Differenz der Summen $q^0+q^1+\ldots+q^{T-1}$ und $q^1+q^2+\ldots+q^T$. Da beide Summen aus T Summanden bestehen und sich nur in zwei Summanden unterscheiden, erhält man sofort q^0-q^T als Ergebnis der Differenzbildung. Wegen $q^1+q^2+\ldots+q^T = q\cdot(q^0+q^1+\ldots+q^{T-1})$ ist die Differenz der beiden Summanden aber auch identisch zu $(1-q)\cdot(q^0+q^1+\ldots+q^{T-1})$. Es folgt somit unter Beachtung von $q^0 = 1$:

$$(1-q)\cdot\sum_{t=1}^{T} q^{t-1} = 1-q^T$$

$$\Leftrightarrow \sum_{t=1}^{T-1} q^{t-1} = \frac{1-q^T}{1-q}.$$

(A2.1)

Die Umformung von der ersten zur zweiten Zeile ist dabei nur für $q \neq 1$ zulässig.

---

[19] Der Beweis kann auch über **vollständige Induktion** geführt werden. Vgl. hierzu etwa *Forster* (2001), S. 8.

Anhang 2[20]

Man betrachte die Summation der beiden Summen $1+2+\ldots+(T-1)+T$ und $T+(T-1)+\ldots+2+1$. Paarweise Addition zunächst der beiden jeweils ersten Summanden, dann der jeweils zweiten Summanden und so fort liefert als Ergebnis unmittelbar $(1+T)+[2+(T-1)]+\ldots+[(T-1)+2]+(T+1) = T\cdot(T+1)$. Weil die Summe aus $1+2+\ldots+(T-1)+T$ und $T+(T-1)+\ldots+2+1$ auch als $2\cdot[1+2+\ldots+(T-1)+T]$ geschrieben werden kann, erhält man damit:

$$2\cdot\sum_{t=1}^{T} t = T\cdot(T+1)$$

$$\Leftrightarrow \sum_{t=1}^{T} t = \frac{T\cdot(T+1)}{2}.$$

(A2.2)

---

[20] Vgl. hierzu etwa *Forster* (2001), S. 1 f.

Wiederholungsfragen

W2.1
Was versteht man generell unter statischen und dynamischen Verfahren im Rahmen von Investitionsrechnungen?

W2.2
Erklären Sie die Begriffe "Rentenbarwertfaktor" und "äquivalente Annuität"!

W2.3
Wie können Investitionsentscheidungen mit Hilfe äquivalenter Annuitäten getroffen werden? Gehen Sie dabei auf Einzel- und Auswahlentscheidungen ein!

W2.4
Was versteht man allgemein unter einer statischen Gewinnvergleichsrechnung?

W2.5
Welche anderen Formen statischer Investitionsrechnungen neben Gewinnvergleichsrechnungen werden gemeinhin noch unterschieden?

W2.6
Skizzieren Sie die Vorgehensweise der statischen Gewinnvergleichsrechnung im Rahmen einer Einzelentscheidung!

W2.7
Skizzieren Sie die Vorgehensweise der statischen Gewinnvergleichsrechnung im Rahmen einer Auswahlentscheidung!

W2.8
Welche zusätzlichen Probleme tauchen beim Treffen von Auswahlentscheidungen mittels statischer Gewinnvergleichsrechnungen auf, die beim Treffen von Einzelentscheidungen nicht von Relevanz sind?

W2.9
Welche Schwächen haben statische Verfahren im allgemeinen? Gehen Sie insbesondere auf die Vereinbarkeit mit dem Kapitalwertkriterium ein!

W2.10
Worin könnten Vorteile statischer Vergleichsrechnungen gesehen werden?

3 Parameterregeln

3.1 Problemstellung

Welche Zahlungsreihe man einem Investitionsprojekt zuordnet, scheint in gewisser Weise eine Frage des Standpunktes zu sein, der sich in der Definition einer Ausgangssituation als **Bezugspunkt** der Betrachtung niederschlägt. Im folgenden **Abschnitt 3.2** wird gezeigt, daß die Festlegung des Bezugspunktes bei Kapitalwertermittlungen erfreulicherweise unerheblich für die resultierende Reihung von sich gegenseitig ausschließenden Projekten nach dem Kapitalwertkriterium ist. Im **Abschnitt 3.3** wird sodann ein Gedanke aufgegriffen, der mit der Problemstellung des Abschnitts 3.2 vordergründig nicht viel gemein zu haben scheint.

Häufig interessiert es nämlich, für welche Parameterkonstellationen die Zahlungsreihe eines Investitionsprojekts zu einem Kapitalwert von gerade 0 GE führt. Die ceteris paribus ermittelten Parameterausprägungen, die zu einem Projektkapitalwert von Null führen, bezeichnet man als "kritische Werte". Abschnitt 3.3 definiert diesen Begriff genauer und gibt praktische Beispiele. Besonders wichtige kritische Werte sind **interne Zinsfüße**. Hierbei handelt es sich um Kalkulationszinsfüße, die ceteris paribus zu Projektkapitalwerten von 0 GE führen.

Im **Abschnitt 3.4** wird genauer auf die Ermittlung interner Zinsfüße und die Möglichkeit, mit ihrer Hilfe Entscheidungen zu treffen, eingegangen. Generell erweisen sich Entscheidungen auf der Basis kritischer Werte (gemäß sogenannter **Parameterregeln**) gegenüber dem Kapitalwertkriterium als in mehrfacher Hinsicht unterlegen. Insbesondere etwa ist die Rangfolge sich gegenseitig ausschließender Projekte nach ihren internen Zinsfüßen nicht unabhängig vom gewählten Bezugspunkt und allein schon deswegen unter Beachtung der Ergebnisse des Abschnitts 3.2 nur zufällig mit der Reihung nach Projektkapitalwerten identisch.

Abschnitt 3.5 dient der Zusammenfassung der zuvor hergeleiteten Ergebnisse.

3.2 Irrelevanz der Nullpunktwahl bei Kapitalwertorientierung

Ausgangspunkt der Betrachtung sei eine **Auswahlentscheidung** zwischen zwei verschiedenen Investitionsprojekten 1 und 2 bei einem Betrachtungszeitraum von t = 0 bis t = T. Aus sonstigen investiven Maßnahmen sollen sich bereits unternehmerische Einzahlungen von t = 0 bis t = T in Höhe von $z_0^{(B)}$, $z_1^{(B)}$, ..., $z_T^{(B)}$ ergeben. Die Durchführung des Projekts 1 impliziere zusätzliche Einzahlungen in t = 0 bis t = T von $z_0^{(1)}$, $z_1^{(1)}$, ..., $z_T^{(1)}$. Die Reihe der zusätzlichen Einzahlungen aus Projekt 2 sei entsprechend $z_0^{(2)}$, $z_1^{(2)}$, ..., $z_T^{(2)}$. Insgesamt ergeben sich aus der Durchführung des Projekts 1 demnach Gesamteinzahlungen von $z_0^{(B)}+z_0^{(1)}$, $z_1^{(B)}+z_1^{(1)}$, ..., $z_T^{(B)}+z_T^{(1)}$. Der zugehörige Kapitalwert sei mit $\kappa_{ges}^{(1)}$ bezeichnet. Entsprechend sei $\kappa_{ges}^{(2)}$ der Gesamtkapitalwert für das Projekt 2 auf Basis der Zahlungsreihe $z_0^{(B)}+z_0^{(2)}$, $z_1^{(B)}+z_1^{(2)}$, ..., $z_T^{(B)}+z_T^{(2)}$. Bei Orientierung am Kapitalwertkriterium ist einfach dasjenige Investitionsprojekt mit dem höchsten resultierenden Kapitalwert zu realisieren.

Einwenden könnte man gegen das gerade präsentierte Vorgehen, daß die Zahlungsreihe $z_0^{(B)}$, $z_1^{(B)}$, ..., $z_T^{(B)}$ von den Projekten 1 und 2 gar nicht verursacht worden und ihnen insofern auch nicht zuzuordnen ist.[1] Das heißt, man könnte darauf hinweisen, daß die Projekte 1 und 2 allein aufgrund der durch sie zusätzlich verursachten Zahlungsreihen $z_0^{(1)}$, $z_1^{(1)}$, ..., $z_T^{(1)}$ bzw. $z_0^{(2)}$, $z_1^{(2)}$, ..., $z_T^{(2)}$ beurteilt werden sollten. Die hieraus resultierenden Kapitalwerte seien mit $\kappa^{(1)}$ und $\kappa^{(2)}$ bezeichnet. Mit $\kappa^{(B)}$ als Kapitalwert der Zahlungsreihe $z_0^{(B)}$, $z_1^{(B)}$, ..., $z_T^{(B)}$ gilt nun aber für n = 1, 2:

---

[1] Im Rahmen der Kosten- und Leistungsrechnung wird ähnlich argumentiert, wenn **Fixkosten** aufgrund ihrer fehlenden Dispositionsabhängigkeit in Entscheidungskalkülen nicht angesetzt werden (sollen). Vgl. etwa *Scheffen* (1993), S. 319.

$$\kappa_{ges}^{(n)} = \sum_{t=0}^{T} \frac{z_t^{(B)} + z_t^{(n)}}{(1+i)^t}$$

$$= \sum_{t=0}^{T} \frac{z_t^{(B)}}{(1+i)^t} + \sum_{t=0}^{T} \frac{z_t^{(n)}}{(1+i)^t} \qquad (3.1)$$

$$= \kappa^{(B)} + \kappa^{(n)}.$$

Aus (3.1) ergibt sich sofort $\kappa_{ges}^{(1)} - \kappa_{ges}^{(2)} = \kappa^{(1)} - \kappa^{(2)}$ und demnach

$$\kappa_{ges}^{(1)} \gtreqless \kappa_{ges}^{(2)} \Leftrightarrow \kappa^{(1)} \gtreqless \kappa^{(2)}. \qquad (3.2)$$

Damit spielt es für das Ergebnis der kapitalwertorientiert getroffenen Auswahlentscheidung **keine Rolle**, ob man zur Beurteilung der beiden Investitionsprojekte die Zahlungsreihen $z_0^{(B)} + z_0^{(n)}$, $z_1^{(B)} + z_1^{(n)}$, ..., $z_T^{(B)} + z_T^{(n)}$ oder aber $z_0^{(n)}$, $z_1^{(n)}$, ..., $z_T^{(n)}$ (n = 1, 2) zugrunde legt. Die ausgewiesene Differenz der Kapitalwerte und folglich auch die hierauf basierende Handlungsempfehlung sind in beiden Fällen identisch.

Beispiel 3.1:
Gegeben sei ein Unternehmer, der aus dem bereits fest geplanten Teil seines Investitionsprogramms Einzahlungen $z_t^{(B)}$ (t = 0, ..., 3) gemäß *Tabelle 3.1* erreicht. In *Tabelle 3.1* finden sich überdies auch noch die durch zwei alternativ realisierbare Investitionsprojekte 1 und 2 jeweils zusätzlich zu den Einzahlungsüberschüssen $z_t^{(B)}$ ausgelösten Zahlungskonsequenzen $z_t^{(1)}$ bzw. $z_t^{(2)}$ (t = 0, ..., 3).

t	0	1	2	3
$z_t^{(B)}$	-1.000	400	500	400
$z_t^{(1)}$	-120	60	70	40
$z_t^{(2)}$	-100	50	45	45

Tabelle 3.1: Basiszahlungsreihe sowie Zahlungskonsequenzen zweier alternativer Projekte 1 und 2

Der Kapitalmarktzinssatz sei i = 10 %. Bei Entscheidung für Projekt 1 gelangt der Unternehmer damit zu einem Kapitalwert der Gesamtzahlungsreihe $z_t^{(B)}+z_t^{(1)}$ (t = 0, ..., 3) von $\kappa_{ges}^{(1)} \approx 99{,}835$ GE und für die Zahlungsreihe $z_t^{(B)}+z_t^{(2)}$ zu $\kappa_{ges}^{(2)} \approx 93{,}839$ GE. Die Realisation von Projekt 1 führt folglich zu einem um etwa 99,835-93,839 $\approx$ 6 GE höheren Gesamtkapitalwert als die Wahl von Projekt 2. Daß sich durch die Entscheidung zugunsten des Projekts 1 ein Kapitalwert- und damit Vermögenszuwachs von etwa 6 GE ergibt, kann man auch durch Gegenüberstellung der Kapitalwerte der Zahlungsreihen von $z_t^{(1)}$ und $z_t^{(2)}$ (t = 0, ..., 3) ermitteln. Es resultieren nämlich $\kappa^{(1)} \approx 22{,}449$ GE sowie $\kappa^{(2)} \approx 16{,}454$ GE und damit erneut eine Differenz von ungefähr 6 GE. □

Die Frage nach der "richtigen" Projektzahlungsreihe stellt sich demnach im gerade beschriebenen Kontext gar nicht. Im Rahmen der Ermittlung der einem Investitionsprojekt zuzuordnenden Zahlungsreihe geht es gewissermaßen um eine Art **Nullpunktfestlegung**. Bei Ansatz an einer Zahlungsreihe der Form $z_0^{(B)}+z_0^{(n)}$, $z_1^{(B)}+z_1^{(n)}$, ..., $z_T^{(B)}+z_T^{(n)}$ wird als Nullpunkt sozusagen keinerlei unternehmerische Tätigkeit gewählt, während die Zahlungsreihe $z_0^{(n)}$, $z_1^{(n)}$, ..., $z_T^{(n)}$ gerade die Unterlassung (nur) der beiden Investitionsprojekte bei Aufrechterhaltung der sonstigen unternehmerischen Tätigkeit als Bezugs- oder Nullpunkt impliziert. Natürlich sind noch viele andere Nullpunkte denkbar, etwa die Realisation eines der beiden Investitionsprojekte. In jedem Fall ermittelt man die durch ein Investitionsprojekt n in Relation zur definierten **Basiszahlungsreihe** resultierenden Zahlungskonsequenzen und den zugehörigen Kapitalwert. Insofern stellt jede Kapitalwertberechnung stets die Berechnung des Kapitalwertes einer **Differenzinvestition** dar. Infolge der bereits im Abschnitt 1 dieses Kapitels erörterten Eigenschaft der **Wertadditivität** der Kapitalwertformel ist aber nun gerade die Bezugspunktfestlegung ohne Bedeutung, da der Kapitalwert einer Differenz von Zahlungsreihen stets der Differenz der zugehörigen Kapitalwerte entspricht. Sofern sich also das Projekt 1 dem Projekt 2 bei vollständigem Verzicht auf jegliche unternehmerische Tätigkeit als Bezugspunkt als überlegen erweist, gilt dies auch für jeden anderen Bezugspunkt. In der Tat ist die Differenz der Kapitalwerte der Projekte 1 und 2 unabhängig von dem gewählten Bezugspunkt. Auch inhaltlich ist dieses Resultat unmittelbar einsichtig. Der einem Investitionsprojekt zugeordnete Kapitalwert gibt im Lichte der obigen Überlegungen stets die unternehmerische Vermögensmehrung in Relation zum zugrunde gelegten Nullpunkt an. Wenn Projekt 1 aber für irgendeinen beliebigen Bezugspunkt zu einer größeren Vermögensmehrung als Projekt 2 führt, dann gilt dies auch für alle anderen denkbaren Bezugspunkte. Die Zusammenhänge wirken hier in gewisser Weise ähnlich zu denen bei **Höhen- oder Temperaturmessungen**. Wenn jemand vom Scheitel bis zur Sohle 180 cm mißt und ein anderer nur 175 cm, dann ist der letztere stets 5 cm kleiner als der erste, auch wenn man die jeweils erreichte Kopfhöhe (bei gleichem Niveau des Standortes) vom Meeresspiegel oder vom Erdmittelpunkt aus mißt. Entsprechend ist 110° C um 10° wärmer als 100° C, wobei der Gefrierpunkt von Wasser als Nullpunkt dient. Die Differenz von 10° bleibt auch bestehen, wenn man die Temperaturen vom absoluten Nullpunkt (0 K = -273,15° C) aus mißt, also statt 110° C eine Temperatur von 383,15 K und statt 100° C einen Wert von 373,15 K ausweist.

Ein wenig hinken die Vergleiche allerdings. Denn genaugenommen ist die Analogie zu Höhen- und Temperaturmessungen zunächst einmal nur in der **gleichbleibenden Differenz** zwischen der Einzahlung $z_t^{(1)}$ aus einem Projekt 1 und der entsprechenden Einzahlung $z_t^{(2)}$ aus einem Projekt 2 (t = 0, ..., T) zu sehen, auch wenn man einen unterschiedlichen Nullpunkt definiert. Die anschließende Kapitalwertberechnung stellt eine **Bewertung** der Gesamtzahlungsreihe dar, und daß sich auch in diesem Zusammenhang die Bezugspunktwahl als unerheblich erweist, ist ein durchaus nicht selbstverständlicher Umstand, sondern vielmehr eine Konsequenz der spezifischen Struktur der Kapitalwertformel. Würde man etwa eine Situation ohne Kapitalmarktzugang betrachten, dann würde für eine fixierte Nutzenfunktion U eines Unternehmers ein Vergleich der Nutzenwerte $U(z_0^{(B)}+z_0^{(1)};z_1^{(B)}+z_1^{(1)};\ldots;z_T^{(B)}+z_T^{(1)})$ und $U(z_0^{(B)}+z_0^{(2)};z_1^{(B)}+z_1^{(2)};\ldots;z_T^{(B)}+z_T^{(2)})$ **keineswegs** stets zum selben Ergebnis führen wie ein Vergleich der Nutzenwerte $U(z_0^{(1)};z_1^{(1)};\ldots;z_T^{(1)})$ und $U(z_0^{(2)};z_1^{(2)};\ldots;z_T^{(2)})$. Konkret gilt dies dann, wenn die Nutzenfunktion U nicht **additiv-linear** in den Argumenten C_t ist, also nicht $U(C_0;\ldots;C_T) = \alpha_0 \cdot C_0 + \ldots + \alpha_T \cdot C_T$ mit festen Koeffizienten α_t, und $T \geq 1$ gilt.[2] Allerdings ist dies auch kein Grund zur Besorgnis, denn sachgerecht ist natürlich nur ein Vergleich der Nutzenwerte auf der Grundlage von allen resultierenden Zahlungskonsequenzen, hier also gemäß den ersten beiden Nutzenwerten.[3] Insofern liegt die für die einzelnen Handlungsalternativen anzusetzende Zahlungsreihe durchaus **eindeutig** fest, und man braucht sich zumindest aus theoretischer Sicht keine großen Gedanken um den Bezugspunkt zu machen. Von einem mehr praktischen Standpunkt aus ist es nun aber schon erfreulich, daß selbst bei "falscher" Be-

---

[2] Beachtet werden sollte, daß im Fall **reiner Ein-Zeitpunkt-Betrachtungen** (T = 0) die Bezugspunktwahl in der Tat auch bei fehlendem Kapitalmarktzugang **nicht** von Bedeutung ist: Unabhängig von den bereits erreichten Einzahlungen $z_0^{(B)}$ und der unterstellten streng monoton steigenden Nutzenfunktion $U(C_0)$ ist eine Alternative 1 mit zusätzlichen Einzahlungen $z_0^{(1)}$ besser als eine Alternative 2 mit zusätzlichen Einzahlungen $z_0^{(2)} < z_0^{(1)}$. Im Rahmen investitionsrechnerischer Überlegungen sind Ein-Zeitpunkt-Betrachtungen natürlich weitestgehend gegenstandslos. Anders verhält es sich bei der im allgemeinen einperiodig angelegten Kosten- und Leistungsrechnung. Tatsächlich ist die gerade dargelegte Überlegung der Grund für die **fehlende Entscheidungsrelevanz** von Fixkosten im Rahmen der Kosten- und Leistungsrechnung bei Sicherheit.

[3] Natürlich könnte man für den zweiten Fall simultan zur Bezugspunktänderung eine **Transformation** der angesetzten Nutzenfunktion so vornehmen, daß die jeweils ausgewiesenen Nutzenwerte trotz modifizierter angesetzter Zahlungsreihe identisch bleiben. In diesem (trivialen) Sinne allerdings ist die Nullpunktwahl **stets** entscheidungsirrelevant.

zugspunktwahl das Kapitalwertkriterium zu adäquaten Auswahlentscheidungen führt. Denn oft wird die Ermittlung bestimmter Differenzzahlungsreihen einfacher als die Ermittlung unternehmerischer Gesamtzahlungsreihen sein. Unter diesem Aspekt liegt hier also in der Tat ein bemerkenswertes Ergebnis vor, auf das wir im weiteren Verlauf dieses Abschnitts noch zurückkommen werden.

Infolge unserer gewonnenen Erkenntnis, daß jede Kapitalwertberechnung stets die Ermittlung des Kapitalwertes einer Differenzinvestition ist, sollte man generell die jeweils zugrunde gelegte Basiszahlungsreihe bei Kapitalwertermittlungen explizit nennen. Da diese sich aber letzten Endes für Projektreihungen auf der Grundlage des Kapitalwertkriteriums wiederum als irrelevant erweist, sollen im weiteren unter der Zahlungsreihe $z_0, z_1, ..., z_T$ eines Projekts (wie bislang ohnehin implizit angenommen) stets diejenigen eindeutigen Zahlungskonsequenzen verstanden werden, die sich ceteris paribus aus der Projektdurchführung im Vergleich zur **Projektunterlassung** ergeben. Als Basiszahlungsreihe fungiert hierbei demnach eine Situation, in der ceteris paribus lediglich das betreffende Projekt und die hierzu in Erwägung gezogenen Investitionsalternativen unterlassen werden, unbeschadet sonstiger, als gegeben angenommener unternehmerischer Investitionsaktivitäten. Sofern andere Basiszahlungsreihen zugrunde gelegt werden, wird hierauf explizit hingewiesen.

3.3 Parameter, kritische Werte und Projektkapitalwerte

Bereits im Rahmen des Abschnitts 2 dieses Kapitels haben wir die Determinanten der Zahlungsreihe eines Projekts weiter aufgeschlüsselt, indem auf die jeweiligen Umsätze sowie die variablen und fixen Auszahlungen eines Zeitpunktes t näher eingegangen wurde. Derartige Größen wie Absatzmengen x_t, Preise p_t, variable Stückauszahlungen $k_{v,t}$ und fixe Auszahlungen $K_{f,t}$ bezeichnet man als **Parameter** eines Investitionsprojekts. Generell versteht man im hier relevanten Kontext darunter jede Größe, deren Ausprägung Einfluß auf die Höhe des ausgewiesenen Kapitalwertes nimmt. Auch die **Projektnutzungsdauer T** sowie der angesetzte **Kalkulationszinsfuß i** sind daher als Parameter aufzufassen. Im weiteren sei zur

Vereinfachung ein Investitionsprojekt angenommen, das neben einer Anfangsauszahlung A_0 in $t = 0$ in den Zeitpunkten $t = 1$ bis $t = T$ gleichbleibende Zahlungskonsequenzen $z = x \cdot (p-k_v) - K_f$ verursacht. Aus sonstigen, bereits implementierten Investitionen sollen sich für den Unternehmer Einzahlungen von $z_0^{(B)}$, $z_1^{(B)}$, ..., $z_T^{(B)}$ mit Kapitalwert $\kappa^{(B)}$ ergeben. Als Bezugspunkt sei zunächst der Verzicht auf jegliche unternehmerische Tätigkeit gewählt. Aufgrund der **Wertadditivitätseigenschaft** der Kapitalwertfunktion und gemäß der Darstellung des vorhergehenden Abschnitts 2 dieses Kapitels kann in einem derartigen Fall der zugehörige Projektkapitalwert mit Hilfe des **Rentenbarwertfaktors RBF(i;T)** in sehr übersichtlicher Weise formuliert werden:

$$\kappa_{ges} = -A_0 + [x \cdot (p-k_v) - K_f] \cdot RBF(i;T) + \kappa^{(B)}. \tag{3.3}$$

Von besonderem Interesse sind nun solche Ausprägungen eines Parameters, die für gegebene übrige Parameterausprägungen zu einem Kapitalwert von Null führen. Man nennt derartige Parameterausprägungen **"kritische Werte"**.[4] Sofern ein Parameter also gerade seinen kritischen Wert annimmt, führt die Projektdurchführung (für gegebenen Nullpunkt) zu **keinerlei Vermögensänderung**. Im Hinblick auf die der Bestimmungsgleichung (3.3) zugrundeliegende Bezugspunktwahl bedeutet dies, daß der Unternehmer aus seiner gesamten investiven Tätigkeit unter Einschluß der (zusätzlichen) Durchführung des Projekts 1 keinerlei Reichtumszuwachs erfährt.

Natürlich kann man für verschiedene Bezugspunkte kritische Werte ermitteln. Beispielsweise könnte man sich auf die Betrachtung der durch die Projektdurchführung zusätzlich zu $z_0^{(B)}$, $z_1^{(B)}$, ..., $z_T^{(B)}$ erreichbaren Zahlungsreihe beschränken. Man würde also an einem Projektkapitalwert κ mit

$$\kappa = -A_0 + [x \cdot (p-k_v) - K_f] \cdot RBF(i;T) \tag{3.4}$$

anknüpfen, diesen gleich Null setzen und nach einem der Parameter x, p, k_v, K_f, i oder T auflösen. Basiszahlungsreihe oder Nullpunkt wäre hier demnach die

---

[4] Vgl. hierzu auch *Kilger* (1965) oder *Schneider* (1973), S. 63 ff.

Nichtdurchführung des Investitionsprojekts unter Beibehaltung der sonstigen unternehmerischen Tätigkeit. Für den hierbei ermittelten kritischen Wert wäre der Reichtumszuwachs aus der Projektdurchführung gegenüber der Projektunterlassung demnach Null. Die Interpretation von kritischen Werten ist also sachgerecht stets nur vor dem Hintergrund der jeweils angesetzten Basiszahlungsreihe möglich. Weil sich demnach für denselben betrachteten Parameter je nach zugrunde gelegtem Nullpunkt unterschiedliche Interpretationen des Bedeutungsinhalts seines jeweiligen kritischen Wertes ergeben und auch wegen der unterschiedlichen Gestalt von (3.3) und (3.4), sollte ohne weiteres einleuchten, daß auch die ermittelte Höhe des kritischen Wertes von der gewählten Basiszahlungsreihe abhängt. Im weiteren wird nur noch auf die Darstellung gemäß (3.4) zurückgegriffen, so daß die über die Setzung $\kappa = 0$ jeweils berechneten kritischen Werte unmittelbar eine Aussage der Art zulassen, daß der betrachtete Unternehmer der Projektrealisation indifferent gegenübersteht.

Man kann des weiteren verschiedene kritische Werte je nach dem betrachteten Parameter unterscheiden. Setzt man etwa (3.4) gleich Null, um nach x aufzulösen, so spricht man von der **Break-even-Menge** (in dynamischer Betrachtung[5]). Konkret erhält man:

$$x_{krit} = \frac{\frac{A_0}{RBF(i;T)} + K_f}{p - k_v}. \tag{3.5}$$

Die Break-even-Menge erhält man, indem man die auf eine repräsentative Periode bezogenen ausbringungsunabhängigen Auszahlungen durch die (zahlungsorien-

---

[5] Auch im Rahmen **statischer** Betrachtungen kann man kritische Werte ausrechnen. Dabei wird dann für gewöhnlich der **Gewinn** einer repräsentativen Periode gleich Null gesetzt. Vgl. beispielsweise *Ewert/Wagenhofer* (2000), S. 221.

tiert[6] definierte) Deckungsspanne p-k_v des hergestellten Gutes teilt. Die Deckungsspanne gibt hierbei an, wieviel Einzahlungsüberschuß zur "Abdeckung" der fixen Auszahlungsverpflichtungen der repräsentativen Periode durch den Absatz von 1 ME des hergestellten Gutes in der betreffenden Periode erwirtschaftet wird. Es leuchtet unmittelbar ein, daß man daher über (3.5) diejenige pro Periode abzusetzende Menge erhält, die zu einer Projekteinzahlung der repräsentativen Periode und damit einem Kapitalwert von Null führt. Die einzige Komplikation besteht in der Art der **Verrechnung der Anfangsauszahlung** auf die Perioden der Nutzungsdauer des Projekts mittels Division durch den Rentenbarwertfaktor. Dieses Vorgehen ist aber aus dem letzten Abschnitt 2 ebenfalls bereits bekannt.

Beispiel 3.2:

Gegeben sei ein Investitionsprojekt mit einer Anfangsauszahlung $A_0 = 100$ GE in $t = 0$, das in den Zeitpunkten $t = 1$ bis $t = 4$ den Absatz von jeweils x Mengeneinheiten eines Produkts zu einem konstanten (Stück-) Preis von $p = 3$ GE/ME bei konstanten variablen Stückauszahlungen $k_v = 1$ GE/ME ermöglicht. Ferner sollen in $t = 1$ bis $t = 4$ jeweils fixe Auszahlungen $K_f = 50$ GE anfallen. Mit einem Kapitalmarktzinssatz $i = 10\ \%$ erhält man sofort einen Rentenbarwertfaktor RBF(0,1;4) von etwa 3,1699 und damit als Break-even-Menge

$$x_{krit} \approx \frac{\frac{100}{3,1699}+50}{3-1} \approx 40{,}77 \text{ ME} \qquad (3.6)$$

oder, ganzzahlig aufgerundet, 41 ME. □

---

[6] Normalerweise bezieht sich der Begriff der Deckungsspanne auf die Differenz zwischen Absatzpreis und variablen Stückkosten. Im Rahmen unserer investitionstheoretischen Überlegungen stehen aber natürlich **Zahlungskonsequenzen** und damit die variablen Stückauszahlungen im Vordergrund. Unterstellt man wie im vorhergehenden Abschnitt 2 die Gleichheit von variablen Stückauszahlungen und -kosten, stimmt die zahlungsorientiert definierte Deckungsspanne mit der "herkömmlichen" überein.

Löst man (3.4) nach Nullsetzung alternativ nach dem Preis auf, erhält man den sogenannten **Break-even-Preis**:

$$p_{krit} = k_v + \frac{\frac{A_0}{RBF(i;T)} + K_f}{x}. \tag{3.7}$$

Auch dieses Ergebnis läßt sich leicht interpretieren. Augenscheinlich muß der Absatzpreis des erstellten Gutes mindestens den variablen Stückauszahlungen entsprechen. Zusätzlich sind aber auch die aufs Stück und eine repräsentative Periode umgerechneten beschäftigungsunabhängigen Auszahlungen abzudecken.

Beispiel 3.3:
Gegeben sei das Investitionsprojekt aus Beispiel 3.2, wobei nun von einer konstanten Absatzmenge x = 45 ME in den Zeitpunkten t = 1 bis t = 4 ausgegangen werde. Der hieraus ceteris paribus resultierende Break-even-Preis beträgt

$$p_{krit} \approx 1 + \frac{\frac{100}{3,1699} + 50}{45} \approx 2,81 \, \frac{GE}{ME} \tag{3.8}$$

und ist folglich (natürlich) kleiner als 3 GE/ME. □

Drittens kann man sich die Frage stellen, für welche Gesamtlaufzeit τ der Kapitalwert Null oder (bei Betrachtung nur ganzzahliger Werte für τ) zum ersten Mal positiv wird. Diesen kritischen Wert τ_{krit} bezeichnet man als **Amortisationsdauer**.[7]

---

[7] Auch hier ist genaugenommen von der Amortisationsdauer in dynamischer Betrachtung zu sprechen. In statischer Betrachtung läßt sich nämlich ebenfalls eine Amortisationsdauer bestimmen. Hierbei wird derjenige Zeitpunkt ermittelt, bei dem die **undiskontierte** Summe der Zahlungskonsequenzen eines Projekts Null oder (bei ganzzahliger Ermittlung der Amortisationsdauer) zum ersten Mal positiv wird.

Beispiel 3.4:

Gegeben sei das Investitionsprojekt aus Beispiel 3.2 mit x = 50 ME als möglicher Absatzmenge in den Zeitpunkten t = 1 bis t = 4. Hieraus ergibt sich ein konstanter Einzahlungsüberschuß $z = x \cdot (p-k_v) - K_f = 50$ GE für t = 1, ..., 4. In *Tabelle 3.2* sind die resultierenden Projektkapitalwerte $\kappa(\tau)$ für verschiedene Laufzeiten $\tau = 1$ bis $\tau = 4$ abgetragen:

τ	1	2	3	4
$\kappa(\tau)$	-54,55	-13,22	24,34	58,49

Tabelle 3.2: Kapitalwerte eines Investitionsprojekts in Abhängigkeit der realisierten Laufzeit (auf zwei Stellen genau gerundet)

Der Kapitalwert wird hierbei zum ersten Mal für $\tau = 3$ positiv. Die Amortisationsdauer bei Beschränkung auf ganzzahlige Werte für τ ist damit folglich gerade dieser Wert von 3 Perioden. Läßt man auch nicht-ganzzahlige Lösungen zu und unterstellt einen gleichmäßigen Zahlungseingang zwischen zwei Zeitpunkten t-1 und t, wobei die Gewichtung dieser Zahlungen aber einheitlich[8] mit $(1+i)^{-t}$ erfolge, dann erhält man wegen $\kappa(3)-\kappa(2) \approx 37{,}56$ GE eine Amortisationsdauer von $2+(37{,}56-24{,}34)/37{,}56 \approx 2{,}35$ Perioden. □

Der prominenteste kritische Wert dürfte aber durch die Nullsetzung von (3.4) und Auflösung nach i determiniert werden. Man nennt einen zum Kalkulationszinsfuß i gehörigen kritischen Wert i_{krit} einen **internen Zinsfuß** der entsprechen-

---

[8] Natürlich könnte man die Darstellung noch insofern verfeinern, daß für Zahlungsrückflüsse zu unterschiedlichen Zeitpunkten im Zeitraum von t-1 bis t auch **unterschiedliche Diskontierungsfaktoren** angesetzt werden. Dieser Gedanke würde hier aber zu weit führen und soll deswegen nicht weiter verfolgt werden.

den Zahlungsreihe.[9] Die weitere Diskussion kritischer Werte soll sich exemplarisch auf die Erörterung von Entscheidungen mit Hilfe interner Zinsfüße beziehen. Die wesentlichen Implikationen lassen sich nämlich auch auf die Nutzung anderer kritischer Werte übertragen.

3.4 Interne Zinsfüße von Zahlungsreihen

3.4.1 Ermittlung und Interpretation von internen Zinsfüßen

Besonders einfach ist die Berechnung von internen Zinsfüßen im **Zwei-Zeitpunkte-Fall**, also für ein Projekt mit Anfangsauszahlung A_0 in $t = 0$ und Rückflüssen z_1 in $t = 1$. Dann erhält man nämlich:

$$\kappa = -A_0 + \frac{z_1}{1+i} \overset{!}{=} 0$$

$$\Leftrightarrow i_{krit} = \frac{z_1 - A_0}{A_0}.$$

(3.9)

Der interne Zinsfuß einer Zahlungsreihe im Rahmen einer Zwei-Zeitpunkte-Betrachtung wird demnach ermittelt, indem man den über A_0 hinausgehenden Rückfluß aus dem Investitionsprojekt durch den in $t = 0$ erforderlichen Mitteleinsatz dividiert. Augenscheinlich ist dies der Vermögenszuwachs aus der Investition je eingesetzter Geldeinheit, also eine **Renditegröße**, wie sie schon im Kapitel II eingeführt worden ist. In der Tat können interne Zinsfüße auch im Rahmen von Mehr-Perioden-Problemen generell als **Projektrenditen** aufgefaßt werden.

Beispiel 3.5:
Zur Veranschaulichung sei von den folgenden Zahlungskonsequenzen eines Investitionsprojekts 1 ausgegangen: $z_0^{(1)} = -100$, $z_1^{(1)} = 70$ sowie $z_2^{(1)} = 50{,}16$ GE.

---

[9] Vgl. zum Begriff des internen Zinsfußes etwa *Hax* (1993), S. 15 ff., *Kruschwitz* (2000), S. 97 ff., *Schäfer* (1999), S. 153 ff.

Man prüft leicht, daß $i_{krit}^{(1)} = 14\ \%$ ein interner Zinsfuß dieser Zahlungsreihe ist:

$$\kappa^{(1)} = -100 + \frac{70}{1{,}14} + \frac{50{,}16}{1{,}14^2} = 0. \tag{3.10}$$

Sofern der Kapitalmarktzinssatz i = 14 % beträgt, entspricht der maximal aus den künftigen Projektrückflüssen in t = 0 aufnehmbare Kredit demnach gerade der Anfangsauszahlung. Der Unternehmer wird dann durch die Projektrealisation weder reicher noch ärmer. Dies impliziert, daß einem Kreditgeber bei Bereitstellung von 100 GE in t = 0 demnach exakt eine Periodenverzinsung von 14 % gewährt werden kann:

Wenn der überlassene Betrag von 100 GE sich mit 14 % verzinsen soll, dann resultieren für t = 1 hieraus Zahlungsverpflichtungen des Unternehmers im Umfang von 100·1,14 = 114 GE. Von diesen Verbindlichkeiten kann der Unternehmer in t = 1 bereits 70 GE begleichen, so daß sich eine verbleibende Schuld von 114-70 = 44 GE ergibt. Bei erneuter Verzinsung zu 14 % von t = 1 bis t = 2 muß der Unternehmer in t = 2 insgesamt noch 44·1,14 = 50,16 GE an den Kapitalgeber zahlen, wozu er gerade noch in der Lage ist. Insofern liefert das betrachtete Projekt hier in der Tat für die eingesetzten 100 GE eine Rendite von 14 %.

In ähnlicher Weise kann argumentiert werden, wenn es neben der Anfangsauszahlung in t = 0 noch weitere Zeitpunkte mit negativen Zahlungssalden gibt. Gegeben sei beispielsweise ein Investitionsprojekt 2 mit $z_0^{(2)} = -50$, $z_1^{(2)} = 60$ sowie $z_2^{(2)} = -6{,}48$ GE. Die Auszahlung zum Ende der Nutzungsdauer mag etwa Folge von Abbruch- oder sonstigen **Beseitigungsmaßnahmen** im Zusammenhang mit den eingesetzten Produktionsanlagen sein. Wieder läßt sich rechnerisch leicht verifizieren, daß der zugehörige Kapitalwert für $i_{krit} = 8\ \%$ einen Wert von Null annimmt. Der Unternehmer kann demnach bei einem Kapitalmarktzinssatz von 8 % gerade einen Kredit von 50 GE in t = 0 aufnehmen und durch zwischenzeitliche Überschußanlage auch von t = 1 bis t = 2 die Schlußauszahlung finanzieren:

Aus dem Erhalt von 50 GE in t = 0 ergeben sich für t = 1 Rückzahlungsverpflichtungen von 50·1,08 = 54 GE. Wegen z_1 = 60 > 54 könnten diese ohne weiteres bedient werden. Weil aber in t = 2 noch eine Auszahlung von 6,48 GE zu leisten ist, ist bei einem Anlagezinssatz von i = 8 % außerdem ein Betrag von 6,48/1,08 = 6 GE von t = 1 bis t = 2 anzulegen. Damit verbleiben tatsächlich 60-6 = 54 GE in t = 1, die zur Tilgung und Verzinsung der eine Periode zuvor aufgenommenen Verbindlichkeit aber immer noch gerade ausreichend sind.

Insofern liefert das betrachtete Projekt eine Periodenverzinsung von 8 % auf die in t = 0 benötigten Mittel. Diese Aussage ist allerdings etwas **weniger robust** als im ersten Beispiel. Dort nämlich kann durchaus sinnvoll behauptet werden, daß das betrachtete Projekt 1 eine 14%ige Verzinsung der Anfangsauszahlung durch die möglichen Rückflüsse in t = 1 und t = 2 gewährleistet, selbst wenn der Kapitalmarktzinssatz ein anderer sein sollte. Weitergehende Kapitalmarkttransaktionen als die Mittelaufnahme in t = 0 treten nämlich bei der oben präsentierten zugehörigen Rechnung zur Veranschaulichung der Renditeinterpretation nicht auf. Für das zweite Projekt ist dies nicht zutreffend, da zwischenzeitlich eine Mittelanlage zur späteren Leistung der Schlußauszahlung erforderlich ist: Wäre der Kapitalmarktzinssatz etwa nur 7 %, müßten in t = 1 ceteris paribus mehr als nur 6 GE bis t = 1 angelegt werden, so daß weniger als 54 GE in t = 1 an den Kapitalgeber für seine Mittelüberlassung von 50 GE in t = 0 zurückgezahlt werden können. Während demnach die Behauptung einer 14%igen Rendite für das Projekt 1 sogar unabhängig vom tatsächlichen Kapitalmarktzinssatz zutreffend ist, gewährt das zweite Projekt auf die Anfangsauszahlung eine 8%ige Rendite nur unter der Voraussetzung, daß der Kapitalmarktzinssatz auch 8 % beträgt. Weil ein Kapitalwert von Null generell nicht mehr als diesen letzten Umstand impliziert, sollte man sich darüber nicht allzu wundern.[10] □

---

[10] Vgl. zur inhaltlichen Interpretation des internen Zinsfußes auch etwa *Hering* (1998), S. 901 f.

Die Ermittlung kritischer Werte kann sich im konkreten Einzelfall als **sehr schwierig** erweisen. Eine geschlossene Lösung zur Bestimmung der Amortisationsdauer etwa kann ohne Zusatzannahmen zur zeitlichen Verteilung von Einzahlungsüberschüssen innerhalb der einzelnen Perioden gar nicht angegeben werden. Die Ermittlung interner Zinsfüße für ein Investitionsprojekt mit Zahlungsreihe $z_0, \ldots, z_T$ führt zum Problem der **Nullstellenbestimmung** hinsichtlich eines Polynoms T-ten Grades:

$$\sum_{t=0}^{T} \frac{z_t}{(1+i)^t} \overset{!}{=} 0$$

$$\Leftrightarrow \sum_{t=0}^{T} z_t \cdot (1+i)^{T-t} = 0 \qquad (3.11)$$

$$\Leftrightarrow \sum_{t=0}^{T} z_t \cdot q^{T-t} = 0,$$

wobei hier $q \equiv 1+i$ gelte und die Ermittlung von q_{krit} damit äquivalent zur Bestimmung von i_{krit} ist. Ferner sei darauf hingewiesen, daß in der zweiten Zeile von (3.11) beide Seiten der Gleichung mit $(1+i)^T$ multipliziert worden sind, so daß die auftretenden Exponenten von q Werte von 0 bis T annehmen.

Die generelle Lösung von (3.11) ist spätestens ab $T = 5$ nur noch numerisch möglich,[11] so daß sich die Berechnung interner Zinsfüße bereits hier gewissen Schwierigkeiten gegenübersieht, die allerdings wenigstens dann schon vernachlässigbar sind, wenn man Zugang zu einem programmierbaren Taschenrechner hat. Schwerer dürfte der Umstand wiegen, daß ein **Polynom T-ten Grades** grundsätzlich auch über T verschiedene Nullstellen verfügen kann. Für unser

---

[11] Nur für Gleichungen bis vierten Grades liegen allgemeine geschlossene Lösungsformeln vor. Gleichungen ab **fünftem Grad** sind nicht mehr generell algebraisch lösbar. Vgl. beispielsweise *Bronstein/Semendjajew/Musiol/Mühlig* (1999), S. 44.

Problem bedeutet dies, daß ein und dieselbe Zahlungsreihe durchaus mehrere interne Zinsfüße gleichzeitig besitzen mag. Ein derartiger Umstand trägt nicht gerade dazu bei, die **inhaltliche Interpretation** interner Zinsfüße zu erleichtern. Erfreulicherweise kann man allerdings immerhin Bedingungen formulieren, unter denen diese Mehrdeutigkeit doch **nicht** zum Zuge kommt. Für uns reicht dabei das Abstellen auf die Betrachtung sogenannter **Normalinvestitionen**. Eine Normalinvestition ist dadurch gekennzeichnet, daß von t = 0 bis zu einem Zeitpunkt t = $\tau \geq 0$ aus der Investitionsrealisation nur Auszahlungen (oder Nullzahlungen) resultieren, während ab t = τ+1 bis zum Ende der Projektnutzung in t = T die Zahlungskonsequenzen sämtlich nichtnegativ sind. Man sagt auch, daß die Zahlungsreihe $z_0, z_1, ..., z_T$ nur einen **Vorzeichenwechsel** vom Negativen zum Positiven hat.[12,13] Schon unter dem Aspekt der Interpretation interner Zinsfüße als an Kapitalgeber zu gewährende Maximalrenditen ist diese Eigenschaft einer Projektzahlungsreihe gemäß Beispiel 3.5 erfreulich. Sie dürfte im übrigen mit dem **landläufigen Verständnis** einer Investition konform gehen, die in den ersten Zeitpunkten durch Nettoauszahlungen charakterisiert ist, während sich im Anschluß an diese Aufbauphase positive Einzahlungsüberschüsse realisieren.[14] Entsprechend nennt man eine Zahlungsreihe, bei der es nur einen Vorzeichenwechsel vom Positiven ins Negative gibt, sinnvollerweise eine **Normalfinanzierung**.

---

[12] Vgl. zu dieser Begriffsfassung etwa *Kruschwitz* (2000), S. 102, oder *Bitz* (1998), S. 112. Zum Teil wird der Begriff in der Literatur allerdings auch anders definiert. Siehe etwa *Lücke* (1991), S. 291.

[13] Normalinvestitionen stellen einen Spezialfall sogenannter **regulärer Investitionen** dar, auf die hier aber nicht weiter eingegangen werden soll. Vgl. zu Begriff und Eigenschaften regulärer Investitionen etwa *Franke/Hax* (1999), S. 175, sowie *Norstrøm* (1972).

[14] Natürlich heißt dies nicht, daß in praxi nicht auch Projekte mit Zahlungsreihen auftreten können, die sich nicht als Normalinvestitionen charakterisieren lassen. Man denke nur an das Auftreten von **Schlußauszahlungen** wie bei dem Projekt 2 aus dem vorhergehenden Beispiel 3.5. Trotzdem dürfte mit Normalinvestitionen auch in der Praxis doch ein wesentlicher Teil von Investitionsprojekten erfaßt sein.

Man kann nun auf der Grundlage der sogenannten **kartesischen Vorzeichenregel** zeigen, daß es bei Normalinvestitionen (und auch Normalfinanzierungen) nur einen einzigen internen Zinsfuß größer als -100 % geben kann.[15] Zinssätze von -100 % und weniger wiederum können ohne weiteres unberücksichtigt bleiben, wie sich auf verschiedene Weisen begründen läßt. So bedeutet eine Verzinsung unterhalb von -100 %, daß man zusätzlich zu den überlassenen Mitteln als Kapitalgeber in Zukunft noch weitere Zahlungen erbringen muß.[16] Ein derartiger Kapitalmarktzinssatz ist unter der Annahme der Sicherheit auf einem vollkommenen Kapitalmarkt im Gleichgewicht nicht denkbar,[17] da jeder schon das ein-

---

[15] Nach der kartesischen Vorzeichenregel entspricht die Anzahl der positiven Nullstellen eines Polynoms T-ten Grades der Anzahl der Vorzeichenwechsel in der Folge seiner Koeffizienten oder ist um eine ganze Zahl geringer (vgl. z.B. *Hax* (1993), S. 18 f., *Bronstein/Semendjajew/Musiol/Mühlig* (1999), S. 44). Da die (nach Exponenten der zugehörigen Potenzen aufsteigend sortierten) Koeffizienten $z_T, ..., z_0$ des hier betrachteten Polynoms T-ten Grades aus (3.11) mit den (nach Zahlungszeitpunkten absteigend sortierten) Zahlungskonsequenzen des jeweiligen Investitionsprojekts in den einzelnen Zeitpunkten $t = 0, ..., T$ übereinstimmen, folgt aus nur einem Vorzeichenwechsel in der Zahlungsreihe, daß es genau einen Wert $q \equiv 1+i > 0$ gibt, für den sich der Kapitalwert der Zahlungsreihe auf Null beläuft. Dies wiederum impliziert, daß es dann nur ein $i > -100 \%$ mit dieser Eigenschaft gibt.

[16] Es sollte erwähnt werden, daß die Kapitalwertformel für $i = -100 \%$ in der Tat gar **nicht definiert** ist. In Anbetracht der Charakterisierung von Situationen mit internen Zinsfüßen unterhalb von -100 % ist es aber sachgerecht, einen internen Zinsfuß von -100 % als definitionsgemäß gegeben für Situationen mit $z_0 < 0$ bei $z_t = 0$ ($t = 1, ..., T$) aufzufassen. Hierbei handelt es sich also um Fälle, in denen der Unternehmer für die in $t = 0$ eingesetzten Mittel **keinerlei Rückzahlung** erhält.

[17] Praktisch können derartige Verzinsungen wegen der real gegebenen Ungewißheit über künftige Entwicklungen durchaus auftreten. Zu denken wäre etwa an den Erwerb eines Genossenschaftsanteils in $t = 0$ mit möglicher **Nachschußverpflichtung** für $t = 1$, die dann wirklich relevant wird. Hier ergäbe sich in der Tat eine Verzinsung unterhalb von -100 %. Zweifellos beschreibt ein derartiges Szenario einen außerordentlich seltenen und keineswegs regelmäßig eintretenden Sachverhalt. In den allermeisten Fällen dürfte auch praktisch ein Totalverlust der eingesetzten Mittel, also eine Verzinsung von -100

fache "**Verbrennen**" von Geld seiner Anlage zu i < -100 % vorziehen würde. Zu i < -100 % gäbe es demnach kein Mittelangebot, andererseits aber verständlicherweise eine unbegrenzte Mittelnachfrage. Für den von uns betrachteten Kontext sind solche Kapitalmarktzinssätze gegenstandslos, so daß auch die Erkenntnis eines Kapitalwertes von Null für einen derartigen Zinssatz, also Indifferenz gegenüber der Projektdurchführung, keine weitergehende Bedeutung hat. Im folgenden werden dementsprechend stets nur noch Zinssätze i > -100 % betrachtet.

Beispiel 3.6:
Gegeben sei das Investitionsprojekt 1 aus dem vorhergehenden Beispiel 3.5 mit den Zahlungskonsequenzen $z_0^{(1)} = -100$, $z_1^{(1)} = 70$ sowie $z_2^{(1)} = 50{,}16$ GE. Der Ansatz zur Ermittlung der internen Zinsfüße der Zahlungsreihe lautet dann:

$$\kappa(i) = -100 + \frac{70}{1+i} + \frac{50{,}16}{(1+i)^2} \stackrel{!}{=} 0$$

$$\Leftrightarrow -100 \cdot (1+i)^2 + 70 \cdot (1+i) + 50{,}16 = 0$$

$$\Leftrightarrow i^2 + 1{,}3 \cdot i - 0{,}2016 = 0 \quad\quad (3.12)$$

$$\Leftrightarrow i_{1,2} = -0{,}65 \pm \sqrt{0{,}65^2 + 0{,}2016}$$

$$\Leftrightarrow i_{krit,1} = 0{,}14, \; i_{krit,2} = -1{,}44.$$

Da die zugrunde gelegte Zahlungsreihe eine Normalinvestition beschreibt, war klar, daß es außer dem bereits bekannten internen Zinsfuß von 14 % keinen weiteren oberhalb von -100 % geben kann. In der Tat existiert zwar ein zweiter interner Zinsfuß, dieser liegt aber bei -144 %. Wäre der Kapitalmarktzinssatz -144 %, dann resultierte demnach ebenso wie für i = 14 %, daß der Unternehmer

---

%, die schlechtestmögliche Renditerealisation beschreiben. In jedem Falle stimmt dies bei herkömmlichen Kreditgewährungen.

durch die Projektdurchführung weder ärmer noch reicher würde, das heißt, es wäre ihm exakt möglich, in t = 0 einen Kredit in Höhe der Anfangsauszahlung aufzunehmen und aus den späteren Projektrückflüssen inclusive Zinsen zu bedienen. Konkret müßte der Kapitalgeber bei einem Zinssatz von -144 % in t = 1 weitere 100·(1,44-1) = 44 GE (144 GE **"negative"** Zinsen abzüglich der Tilgung von 100 GE) an den Unternehmer zahlen. Diesem würden 70+44 = 114 GE zur Anlage bis t = 2 verbleiben, wo sie zu einer Verbindlichkeit des Unternehmers von 114·(1,44-1) = 50,16 GE führten, die der Unternehmer exakt leisten könnte.[18] Insofern liefert das Projekt eine Periodenverzinsung der Anfangsauszahlung von -144 %, falls dies auch der Kapitalmarktzinssatz ist. □

3.4.2 Investitionsentscheidungen mit Hilfe interner Zinsfüße

3.4.2.1 Einzelentscheidungen

Aus Abschnitt 1 dieses Kapitels ist bereits bekannt, daß Investitionsentscheidungen im hier betrachteten Kontext kapitalwertmaximierend zu treffen sind. Sofern man mit Hilfe interner Zinsfüße zu adäquaten Investitionsentscheidungen gelangen will, sollte man daher ein solches Vorgehen wählen, daß das resultierende Investitionsprogramm **kapitalwertmaximal** ist. Im Rahmen von **Einzelentscheidungen** ist deswegen dafür Vorsorge zu treffen, daß nur Projekte mit einem **nichtnegativen Kapitalwert** realisiert werden.

Aus der Definition des **internen Zinsfußes** folgt, daß der Projektkapitalwert für einen derartigen Kapitalmarktzinssatz gerade 0 GE beträgt. Unter der Prämisse, daß es nur einen einzigen internen Zinsfuß i_{krit} mit $i_{krit} > -100$ % gibt, muß der Kapitalwert des betreffenden Investitionsprojekts für alle Kapitalmarktzinssätze

---

[18] Wie bereits weiter oben dargelegt, würde der Unternehmer (ebenso wie der Kapitalgeber aus t = 0) sein Geld lieber verbrennen, als es zu einem Zinssatz i < -100 % anzulegen. Insofern erweist sich die Betrachtung von Situationen mit Kapitalmarktzinssätzen unterhalb von -100 % in der Tat als wenig ergiebig.

i mit -100 % < i < i_{krit} das gleiche Vorzeichen aufweisen. Entsprechendes gilt für die Kapitalmarktzinssätze i mit i > i_{krit}. Bei **Normalinvestitionen** liegen die Auszahlungen näher an t = 0 als die künftigen Einzahlungsüberschüsse. Daher ist der Projektkapitalwert für kleine Zinssätze i, also "**links**" von i_{krit} positiv, für große Zinssätze i, also "**rechts**" von i_{krit} hingegen negativ.[19] Es gilt für Normalinvestitionen demnach folgender Zusammenhang:[20]

$$\kappa \underset{<}{\overset{>}{=}} 0 \Leftrightarrow i_{krit} \underset{<}{\overset{>}{=}} i. \qquad (3.13)$$

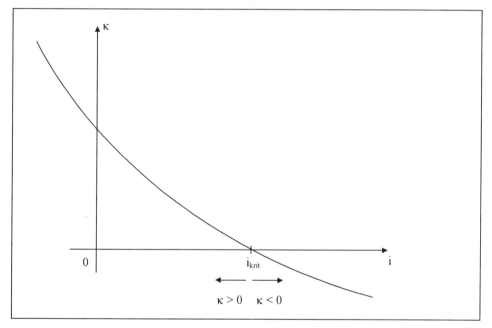

Abbildung 3.1: Verlauf der Kapitalwertkurve bei einer Normalinvestition in Abhängigkeit von i

---

[19] Der (naheliegende) Schluß auf einen generell **streng monoton fallenden** Verlauf der Kapitalwertkurve einer Normalinvestitionen für i > -100 % ist indes **nicht** zutreffend, sofern nicht der Spezialfall $z_0 < 0$ und $z_t > 0$ für alle t = 1, ..., T unterstellt wird. Gleichwohl wird in den nachfolgenden Abbildungen zur Vereinfachung stets solch ein Monotonieverhalten angenommen.

[20] Vgl. hierzu auch *Abbildung 3.1*.

Man erkennt hier also, wie auch auf der Grundlage interner Zinsfüße sachgerecht Einzelentscheidungen getroffen werden können. Sinnvoll ist es, den (eindeutigen) internen Zinsfuß des betrachteten Investitionsprojekts mit dem **Kapitalmarktzinssatz** zu vergleichen. Sofern dann auch noch der grundsätzliche Verlauf der Kapitalwertkurve links und rechts von $i = i_{krit}$ bekannt ist, kann sofort entschieden werden, ob das Projekt über einen nichtnegativen Kapitalwert verfügt und damit angenommen werden soll oder nicht. Bei einer Normalinvestition erfolgt die Projektannahme für $i_{krit} \geq i$.

Auch inhaltlich ist dieses Entscheidungskriterium ohne weiteres verständlich. Wenn man auf die Interpretation des internen Zinsfußes einer Zahlungsreihe bei Normalinvestitionen als die (maximal) an einen Kapitalgeber zu gewährende Periodenverzinsung zurückkommt, dann ist klar, daß bei einer Zinssatzforderung des jeweiligen Kapitalgebers unterhalb von i_{krit} noch positive Einzahlungsüberschüsse beim Unternehmer verbleiben. Der Unternehmer wird demnach in diesem Fall durch die Projektdurchführung **reicher**. Im Vergleich zur Unterlassung des Investitionsprojekts wird er dessen Durchführung daher in jedem Falle als vorteilhaft erachten.

Die gerade vorgestellten Überlegungen gelten auch für das Treffen von Investitionsentscheidungen auf der Grundlage anderer kritischer Werte. Generell sind diese mit der **tatsächlichen Parameterausprägung** zu kontrastieren. Sofern nun noch der grundsätzliche **Verlauf** der Kapitalwertfunktion in Abhängigkeit des jeweiligen Parameters bekannt ist, kann man unmittelbar auf das **Vorzeichen** des Projektkapitalwertes für die tatsächliche Parameterausprägung und damit die Vorteilhaftigkeit des betreffenden Investitionsprojekts schließen. Gerade in dieser zusätzlich benötigten Kenntnis des grundsätzlichen Verlaufs der Kapitalwertfunktion zeigt sich (neben den rechentechnischen Schwierigkeiten der Ermittlung von kritischen Werten) eine weitere **Schwäche** der Entscheidungsfindung auf der Basis der Betrachtung kritischer Werte. Durch die Ermittlung kritischer Parameterwerte weiß man zunächst einmal nur, daß sich für diese Parameterausprägungen der resultierende Kapitalwert auf Null beläuft, kennt aber nicht unbedingt den generellen Verlauf der Kapitalwertfunktion, sondern muß dazu gegebenenfalls **weitere Überlegungen** anstellen.

Beispiel 3.7:
Es sei ein Investitionsprojekt mit folgender Zahlungsreihe betrachtet: z_0 = -100,05, z_1 = 205 und z_2 = -105 GE. Augenscheinlich liegt keine Normalinvestition vor. In der Tat erhält man auch zwei interne Zinsfüße $i_1 \approx$ 1,4493 % sowie $i_2 \approx$ 3,4483 %, und man muß nun erst durch weiteres Nachdenken erschließen, wie die Kapitalwertfunktion in Abhängigkeit von i verläuft. Da sich die zinslos kumulierten Zahlungen auf -100,05+205-105 = -0,05 GE belaufen, ist der Kapitalwert κ für i = 0 % negativ. Daraus folgt sofort, daß κ im Bereich i > -100 % nur für Kalkulationszinsfüße i mit i_1 < i < i_2 positiv ist. Dementsprechend wäre das Projekt auch bei einem Kapitalmarktzinssatz unterhalb von i_1 abzulehnen. Wenngleich sachgerecht, fällt die inhaltliche Interpretation derartiger Entscheidungsfindungen bei mehreren relevanten internen Zinsfüßen zumeist nicht leicht. □

Der Verlauf der Kapitalwertkurven in Abhängigkeit von **Absatzmengen** oder **-preisen** ist glücklicherweise allerdings recht leicht zu bestimmen. Ceteris paribus führen höhere Absatzpreise in jedem Fall auch zu höheren Kapitalwerten. Entsprechendes gilt für Absatzmengen bei Vorliegen positiver Deckungsspannen. Bei negativen Deckungsspannen fällt der Kapitalwert eines Projekts hingegen mit wachsender Absatzmenge. Zum Verlauf der Kapitalwertkurve in Abhängkeit von der **Projektnutzungsdauer** ist keine generelle Aussage möglich. Unterstellt man allerdings, daß jede weitere Periode zu zusätzlichen nichtnegativen Einzahlungen führt, ist $\kappa(T)$ natürlich eine monoton wachsende Funktion.

Grundsätzlich kann man folglich auf Basis kritischer Werte adäquate Einzelentscheidungen derart treffen, daß **Konsistenz zum Kapitalwertkriterium** gewahrt ist. Die Berechnung kritischer Werte erweist sich allerdings in aller Regel als schwerer als eine direkte Kapitalwertberechnung. Ferner muß man wenigstens eine gewisse generelle Vorstellung vom Verlauf der Kapitalwertkurve des jeweiligen Investitionsprojekts in Abhängigkeit vom betrachteten Parameter haben. Ein drittes bislang noch nicht angesprochenes Problem existiert, wenn der betrachtete Parameter **nicht** über alle künftigen Zeitpunkte hinweg **konstant** ist, also wenn etwa in jedem Zeitpunkt t = 1, ..., T ein anderer Preis oder eine andere Absatzmenge realisiert werden könnte oder wenn die Ein-Perioden-Zinssätze nicht für alle künftigen Perioden konstant sind. Die Berechnung eines kritischen Wertes beispielsweise in Form eines über alle Zeitpunkte hinweg konstanten Break-even-Preises wäre hier wenig hilfreich, da die konkreten Absatzpreise der einzelnen Zeitpunkte teilweise unter- und teilweise oberhalb von p_{krit} liegen könnten und man dann über einen Vergleich kritischer und tatsächlicher Parameterausprägungen zu keinen sinnvollen Handlungsempfehlungen gelangen kann. In solchen Fällen mit über die Zeit hinweg nicht konstanten Parameterausprägungen könnte man nur noch für eine **ausgewählte Teilperiode** eine Break-even-Menge oder einen Break-even-Preis oder einen (einperiodigen) internen Zinsfuß ausrechnen und diesen der jeweiligen tatsächlichen Parameterausprägung für diese Periode sinnvoll gegenüberstellen. Augenscheinlich handelt es sich hierbei um wenig attraktiv erscheinende Anwendungsfälle für das Arbeiten mit kritischen Werten.

3.4.2.2 Auswahlentscheidungen

Kritische Werte können nicht nur für das Treffen von Einzelentscheidungen genutzt werden, sondern auch für **Auswahlentscheidungen**. Abermals sollte man sich fragen, wie man kritische Werte derart nutzen kann, daß die resultierende Entscheidung mit dem **Kapitalwertkriterium** übereinstimmt. Zur Veranschaulichung seien zwei sich gegenseitig ausschließende Projekte 1 und 2 betrachtet, die auf der Grundlage interner Zinsfüße miteinander verglichen werden sollen. Bezugspunkt für Kapitalwertberechnungen seien die unternehmerischen Einzahlungsüberschüsse bei Verzicht auf beide Projekte.

Es sei angenommen, daß es sich um **Normalinvestitionen** mit folglich nur jeweils einem internen Zinsfuß $i^{(1)}$ bzw. $i^{(2)}$ größer als -100 % handelt. Wir wissen damit, daß bei einem Kapitalmarktzinssatz $i = i^{(1)}$ die Durchführung des Projekts

1 aus Unternehmersicht so gut wie dessen Unterlassung ist und für $i < i^{(1)}$ zu einer Reichtumsmehrung in Form eines positiven Kapitalwertes führt. Entsprechendes besagt $i^{(2)}$ für Projekt 2. Die beiden internen Zinsfüße erlauben insofern **nur** einen Vergleich der betrachteten Investitionsalternative mit der zugrunde gelegten Basiszahlungsreihe, hier also der Unterlassung beider Projekte. Wie es um die relative Attraktivität der beiden Projekte 1 und 2 zueinander je nach Kapitalmarktzinssatz bestellt ist, kann aus den Zinssätzen $i^{(1)}$ und $i^{(2)}$ nicht abgelesen werden. Dafür ist es in der Tat von größerem Interesse zu wissen, für welchen Kalkulationszinsfuß sich die Kapitalwerte der beiden Projekte entsprechen. Dies ist gleichbedeutend damit, daß sich die Differenz $\kappa^{(1)}-\kappa^{(2)}$ bzw. $\kappa^{(2)}-\kappa^{(1)}$ der beiden Kapitalwerte und folglich der **Kapitalwert der Differenzinvestition** 1-2 bzw. 2-1 auf Null beläuft. Für Auswahlentscheidungen kommt es demnach auf den internen Zinsfuß $i_{krit}^{(1-2)} =^{21} i_{krit}^{(2-1)}$ (oder allgemeiner: den kritischen Wert des betrachteten Parameters) bezüglich der Differenzinvestition 1-2 bzw. 2-1 der beiden Projekte an. Für $i < i_{krit}^{(1-2)}$ wird ein anderes der beiden Projekte sich als vorteilhaft erweisen als für $i > i_{krit}^{(1-2)}$. In welchem der beiden Fälle Projekt 1 besser und in welchem es schlechter als Projekt 2 ist, hängt letztlich vom Verlauf der Kapitalwertkurve der jeweiligen Differenzinvestition ab. Handelt es sich bei 1-2 um eine Normalinvestition[22], dann ist $\kappa^{(1-2)} > 0$ für $i < i_{krit}^{(1-2)}$ und hierbei somit Projekt 1 besser als Projekt 2. Entsprechend kann über die Betrachtung der Differenzinvestition 2-1 argumentiert werden. Handelt es sich bei 1-2 um eine Normalinvestition, dann muß 2-1 wegen der genau entgegengesetzten Vorzeichen der einzelnen Zahlungskonsequenzen eine Normalfinanzierung sein. Aus $i < i_{krit}^{(1-2)} = i_{krit}^{(2-1)}$ folgt damit $\kappa^{(2-1)} < 0$, also erneut, daß Projekt 1 dem Projekt 2 vorzuziehen ist. Insbesondere im Zusammenhang mit der Gegenüberstellung der Argumentation

---

[21] Die Gleichheit ist eine Konsequenz aus der Äquivalenz von $\kappa^{(1)}-\kappa^{(2)} = 0$ und $\kappa^{(2)}-\kappa^{(1)} = 0$.

[22] Zu beachten ist, daß die Differenzinvestition zweier Normalinvestitionen **keineswegs** selbst wieder eine **Normalinvestition** sein muß. Die sich hieraus ergebenden Komplikationen entsprechen jedoch denen bei **Einzelentscheidungen** für "Nicht-Normalinvestitionen" und können deswegen hier undiskutiert bleiben.

für einen Ansatz an der Differenzinvestition 1-2 mit der für einen Ansatz an der Differenzinvestition 2-1 sieht man übrigens nochmals sehr deutlich, wie wichtig es bei Entscheidungen auf der Grundlage kritischer Werte ist, den Verlauf der **Kapitalwertkurve** zu kennen.

Auch bei der Entscheidung über zwei alternative Investitionen anhand des internen Zinsfußes ihrer Differenzinvestition wird der Umstand genutzt, daß mittels eines kritischen Wertes eine Investitionsalternative sinnvoll nur mit der jeweils angenommenen **Basiszahlungsreihe** verglichen werden kann. Betrachtet man etwa die Differenzinvestition 1-2, so ist das gleichbedeutend mit der Annahme einer Basiszahlungsreihe, die sich aus der Durchführung des Projekts 2 (und Beachtung sonstiger fixer Einzahlungen des Unternehmers aus weiteren Investitionen) ergibt. Für $i = i_{krit}^{(1-2)}$ ist der Wechsel zur Durchführung des Projekts 1 nun ebenso gut wie der Verbleib beim Bezugspunkt in Form des Projekts 2, weswegen für $i \neq i_{krit}^{(1-2)}$ keine Indifferenz zwischen den beiden Handlungsalternativen besteht. Diesen Umstand sollte man im weiteren stets beachten.

Beispiel 3.8:
Ausgangspunkt der Betrachtung sei ein vollkommener Kapitalmarkt mit einem über alle Perioden einheitlichen Kapitalmarktzinssatz von $i = 15\ \%$. Ein Unternehmer habe Zugang zu zwei Projekten 1 und 2 mit folgenden Zahlungskonsequenzen im Rahmen einer Drei-Zeitpunkte-Betrachtung:

t	0	1	2
$z_t^{(1)}$	-80	20	105
$z_t^{(2)}$	-60	50	40

Tabelle 3.3: Zahlungsreihen zweier alternativ realisierbarer Investitionsprojekte 1 und 2

Da es sich bei beiden Projekten um Normalinvestitionen handelt, wissen wir von vornherein, daß es für jedes der beiden Projekte nur einen internen Zinsfuß oberhalb von -100 % geben kann. In der Tat läßt sich leicht nachrechnen, daß $i_{krit}^{(1)} \approx$ 27,74 % und $i_{krit}^{(2)} \approx$ 33,33 % gilt. Diese Werte lassen aber keinen Schluß auf die jeweilige relative Vorteilhaftigkeit der beiden Projekte zu. So gilt hier des weiteren $\kappa^{(1)} \approx$ 16,79 GE > $\kappa^{(2)} \approx$ 13,72 GE. Das Projekt mit dem niedrigeren internen Zinsfuß führt hier also zur größeren Reichtumssteigerung auf seiten des Unternehmers.

Sachgerecht möglich ist allerdings beispielsweise eine Entscheidung auf der Grundlage der Differenzinvestition 1-2. Deren Zahlungsreihe kann der *Tabelle 3.4* entnommen werden.

t	0	1	2	
$z_t^{(1-2)}$	-20	-30	65	3,06
$z_t^{(2-1)}$	20	30	-65	-3,06

Tabelle 3.4: Zahlungsreihen der Differenzinvestitionen 1-2 und 2-1

Es handelt sich bei 1-2 um eine Normalinvestition mit dem einzig interessierenden internen Zinsfuß $i_{krit}^{(1-2)} \approx$ 20,26 %. Infolge der Normalinvestitionseigenschaft von 1-2 kann man unmittelbar auf $\kappa^{(1-2)} > 0$ für i = 15 % < $i_{krit}^{(1-2)} \approx$ 20,26 % schließen. Auch auf der Grundlage dieser Überlegungen gelangt man damit letztlich zur Vorteilhaftigkeit der Durchführung des Projekts 1 gegenüber dem Projekt 2. Die Zusammenhänge sind auch in den *Abbildungen 3.2* und *3.3* schematisch veranschaulicht.

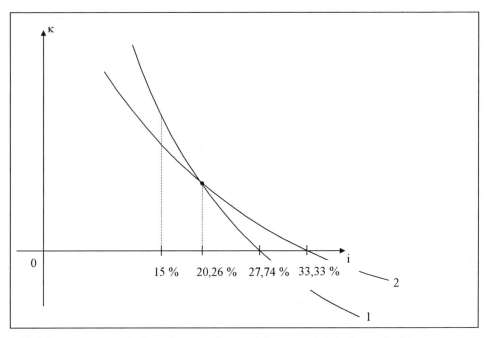

Abbildung 3.2: Kapitalwertkurven der Projekte 1 und 2 (schematisch)

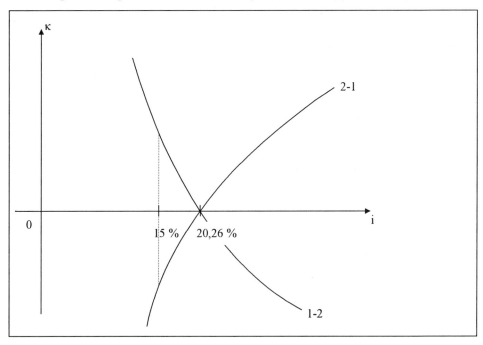

Abbildung 3.3: Kapitalwertkurven der Differenzinvestitionen 1–2 und 2–1 (schematisch)

Statt der Differenzinvestition 1-2 hätte man auch 2-1 betrachten können.[23] Selbstverständlich gilt ebenfalls $i_{krit}^{(2-1)} \approx 20{,}26\ \%$. Die Differenzinvestition 2-1 hat nicht die Struktur einer Normalinvestition, sondern vielmehr die einer Normalfinanzierung. Die Kapitalwertkurve $\kappa^{(2-1)}$ verläuft daher für i > -100 % streng monoton steigend und liegt demnach für i = 15 % < $i_{krit}^{(2-1)} \approx 20{,}26\ \%$ im Negativen.[24] Dies bedeutet, daß ein Wechsel von Projekt 1 zu Projekt 2 wegen der für den Unternehmer damit einhergehenden Reichtumseinbuße nicht sinnvoll ist. □

Ein direkter Vergleich interner Zinsfüße (oder anderer kritischer Parameterausprägungen) muß gemäß dem vorangegangenen Beispiel 3.8 **keineswegs** zu kapitalwertmaximierenden Investitionsentscheidungen führen. Die mehr als lose Verbindung zwischen den beiden Entscheidungskriterien belegt vor allem der Umstand, daß die Entscheidung auf der Grundlage kritischer Parameterwerte im Gegensatz zu kapitalwertorientierten Entscheidungen von der **Wahl des Bezugspunktes** abhängig sein kann. Daß die Wahl der Basiszahlungsreihe Einfluß nimmt auf den ausgewiesenen kritischen Wert eines Investitionsprojekts, ergibt sich schon aus Beispiel 3.8: Mit Bezugspunkt der Unterlassung beider Projekte verfügt Investitionsprojekt 1 über einen internen Zinsfuß von ca. 27,74 %. Ist die Basiszahlungsreihe hingegen die Durchführung des Projekts 2 (inclusive der von Projekt 1 und Projekt 2 unabhängigen unternehmerischen Einzahlungsüberschüsse), reduziert sich der dem Projekt 1 zuzuordnende interne Zinsfuß auf ungefähr 20,26 %. Auch der einem Investitionsprojekt zugehörige Projektkapitalwert hängt natürlich vom gewählten Bezugspunkt ab. Während aber die Rangfolge verschiedener Projekte nach Kapitalwerten durch eine Variation der Basiszahlungsreihe **nicht** beeinflußt werden kann, gilt dies im Zusammenhang mit direkten Reihungen nach kritischen Werten nicht.

---

[23] Vgl. zur resultierenden Zahlungsreihe ebenfalls *Tabelle 3.4*.

[24] Vgl. auch *Abbildung 3.3*.

Beispiel 3.9:

Das Beispiel 3.8 sei nun insofern ergänzt, als der Unternehmer in t = 0 unabhängig von seiner Entscheidung für Projekt 1 oder 2 in jedem Fall noch Auszahlungen in Höhe von 15 GE für den **Abbruch** eines vorangegangenen Investitionsprojekts leisten muß. Im Beispiel 3.8 wurde diese Zahlungskonsequenz nicht berücksichtigt. Der dort gewählte Nullpunkt war demnach die Zahlungreihe $z_0 = -15$, $z_1 = z_2 = 0$ GE. Nun soll aber $z_0 = z_1 = z_2 = 0$ GE als Basiszahlungsreihe angesetzt werden. Demnach sind bei den beiden Projekten 1 und 2 die Auszahlungen des Zeitpunktes t = 0 um jeweils 15 GE zu erhöhen. Graphisch bedeutet dies in *Abbildung 3.2*, daß sich beide Kapitalwertkurven um 15 GE nach unten verschieben. Natürlich ändert sich dadurch nichts an der Projektrangfolge nach Kapitalwerten für ein beliebiges i und wird auch die Schnittstelle der beiden Kurven, $i_{krit}^{(1-2)} = i_{krit}^{(2-1)} \approx 20{,}26\,\%$, hierdurch nicht beeinflußt, so daß Kapitalwertkriterium und Betrachtung des internen Zinsfußes der Differenzinvestition 1-2 bzw. 2-1 weiterhin zum gleichen Ergebnis führen. Sehr wohl beeinflußt werden aber die resultierenden Nullstellen der beiden Kapitalwertkurven, die sich nun als $i_{krit}^{(1)} \approx 16{,}18\,\%$ und $i_{krit}^{(2)} \approx 13{,}61\,\%$ ergeben, womit sich die Rangfolge der beiden Projekte allein durch die Änderung des Bezugspunktes im Vergleich zur Situation im Beispiel 3.8 bereits genau umkehrt.[25] □

Die Reihung von Projekten durch direkte Gegenüberstellung ihrer kritischen Werte führt allein schon wegen des gerade erörterten Problems im wesentlichen **allenfalls zufällig** zur gleichen Reihung wie nach dem Kapitalwertkriterium und ist insofern abzulehnen. Man mag dies überraschend finden, ist doch etwa im Beispiel 3.8 Projekt 2 in der Lage, einem die Anfangsauszahlung finanzierenden Kapitalgeber eine Periodenverzinsung von ungefähr 33,33 % zu gewähren, während Projekt 1 hier nur etwa 27,74 % Verzinsung bieten kann. Worin ist also neben der formalen Begründung über Kapitalwertkurven und deren Schnittpunkte die **inhaltliche Erläuterung** für den Trugschluß einer Vorteilhaftigkeit der Ent-

---

[25] Vgl. hierzu generell etwa auch *Hållsten* (1966), S. 54 ff., oder *Buchner* (1973), S. 699 f.

scheidung für Projekt 2 wegen seines höheren internen Zinsfußes zu sehen? Die Ursache hierfür liegt in dem Umstand, daß Projekt 2 zwar schon eine Verzinsung der Anfangsauszahlung von etwa 33,33 % bietet, dies aber **nur** für einen Betrag von 60 GE. Man kann sich dabei die 60 GE Mittelaufnahme in zwei Teilbeträge von 37,5 GE und 22,5 GE zerlegt vorstellen. Die Aufnahme von 37,5 GE von t = 0 bis t = 1 zu etwa 33,33 % führt im Zeitpunkt t = 1 zu einer Verbindlichkeit von ungefähr 50 GE. Die Aufnahme von 22,5 GE von t = 0 bis t = 2 zu etwa 33,33 % pro Periode begründet für t = 2 eine Verbindlichkeit von ungefähr 40 GE. Eine Aufnahme von 60 GE seitens des Unternehmers in t = 0 mit Rückzahlungen von 50 GE in t = 1 und 40 GE in t = 2 kann folglich derart interpretiert werden, daß mit 37,5 GE der größte Teil der Mittelüberlassung aus t = 0 einen einperiodigen Kredit zu ca. 33,33 % darstellt, während nur 22,5 GE für zwei Perioden zu etwa 33,33 % pro Periode bereitgestellt wurden. Im Rahmen von Projekt 1 hingegen kann ein Kapitalgeber in t = 0 insgesamt 80 GE anlegen, von denen nur ungefähr 15,66 GE einen einperiodigen Kredit darstellen (15,66·1,2774 ≈ 20 GE), während der erheblich größere Restbetrag von ca. 80-15,66 = 64,34 GE in Form eines zweiperiodigen Kredits bis t = 2 angelegt werden kann (64,34·1,2774² ≈ 105 GE). Infolge der deutlich höheren möglichen Anlagebeträge von t = 0 bis t = 2 kann sich Projekt 1 trotz der niedrigeren gebotenen Verzinsung dem Projekt 2 als überlegen erweisen. Natürlich wäre die Möglichkeit beliebig umfangreicher einperiodiger Anlagen in t = 0 und t = 1 zu jeweils 33,33 % einer ebensolchen Möglichkeit mit einem Zinssatz zu 27,74 % stets vorzuziehen. Diese **Flexibilität** liefern Investitionsprojekte aufgrund ihrer fixierten Zahlungsstruktur aber nicht, und daher ist der einfache **"Rendite"-Vergleich** hier generell **nicht zulässig**. Entsprechende Zusammenhänge gelten bei dem Versuch, Projekte nach anderen kritischen Parameterwerten direkt zu reihen.

Eine nähere Betrachtung von *Abbildung 3.2* gibt einen Hinweis auf den **einzigen** Fall, in dem man doch ohne Gefahr einer Fehlentscheidung direkt die internen Zinsfüße zweier Projekte miteinander vergleichen darf. Dieser liegt genau dann vor, wenn sich die beiden **Kapitalwertkurven nicht schneiden**, also die Differenzinvestition der beiden Zahlungsreihen über keinen internen Zinsfuß verfügt.

Beispiel 3.10:

Gegeben seien zwei Investitionsprojekte 1 und 2 mit Zahlungsstrukturen gemäß der folgenden *Tabelle 3.5*.

t	0	1	2
$z_t^{(1)}$	-200	190	100
$z_t^{(2)}$	-100	100	200

Tabelle 3.5: Zahlungsreihen zweier alternativ realisierbarer Investitionsprojekte 1 und 2

Die Kapitalwertkurven der beiden Projekte schneiden sich nicht, sondern verfügen über einen schematischen Verlauf gemäß *Abbildung 3.4*. Der Kapitalwert des Projekts 2 ist für jeden denkbaren Kapitalmarktzinssatz i > -100 % höher als der von Projekt 1, Projekt 2 demnach für jedes i besser als Projekt 1.

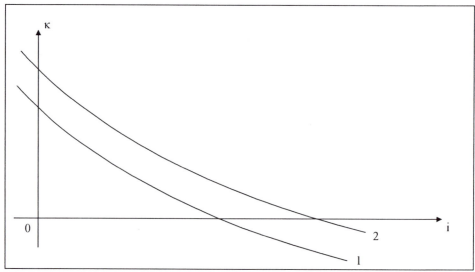

Abbildung 3.4: Schnittpunktfreie Kapitalwertkurven der Projekte 1 und 2 (schematisch)

Entsprechendes gilt für einfachere Beispiele. Angenommen, ein Projekt 1 liefert bei einer Anfangsauszahlung von 100 GE in t = 0 im Zeitpunkt t = 1 Rückflüsse von 8 GE und in t = 2 von 108 GE, während Projekt 2 bei gleicher Anfangsauszahlung nur 6 GE Einzahlung in t = 1 gewährt und 106 GE in t = 2. Projekt 1 entspricht gewissermaßen einer 8%igen Anlage von 100 GE von t = 0 bis t = 2 mit einperiodischen Zinszahlungen, während Projekt 2 eine nur 6%ige Verzinsung bietet. Natürlich ist Projekt 1 in der Tat dem Projekt 2 vorzuziehen, und insofern führt auch der Vergleich der internen Zinsfüße zum korrekten Ergebnis.

Etwas formaler ausgedrückt, erhält man im letztgenannten Fall eine Zahlungsreihe der Differenzinvestition 1-2 gemäß *Tabelle 3.6*.

t	0	1	2
$z_t^{(1-2)}$	0	2	2

Tabelle 3.6: Zahlungsreihe einer Differenzinvestition 1-2

Unabhängig davon, wie man die Zahlungsreihe $z_t^{(1-2)}$ (t = 0, 1, 2) auch diskontiert, wird sie stets positiv sein.[26] Das bedeutet, der Differenzkapitalwert ist für jeden Kalkulationszinsfuß i > -100 % stets größer als Null und damit der Kapitalwert des Projekts 1 stets größer als der von Projekt 2. Eine Entscheidung durch Vergleich der internen Zinsfüße der beiden Investitionsprojekte ist zulässig. Dieses Ergebnis läßt sich leicht verallgemeinern: Besteht die Zahlungsreihe einer Differenzinvestition entweder **nur** aus nichtnegativen oder nur aus nichtpositiven Gliedern, dann verfügt der zugehörige Kapitalwert über keinen internen Zinsfuß größer als -100 % und sind die **Kapitalwertkurven** der beiden zugehöri-

---

[26] Man kann dieses Ergebnis auch durch Anwendung der weiter oben eingeführten kartesischen Vorzeichenregel begründen, wenngleich es ohnehin unmittelbar einsichtig ist.

gen Investitionsprojekte **schnittpunktfrei**.²⁷ □

Sofern man allerdings weiß, daß sich die Kapitalwertkurven nicht schneiden, kann man das bessere Projekt statt durch die mehr oder weniger umständliche Berechnung interner Zinsfüße (oder anderer kritischer Werte) einfach durch **Gegenüberstellung der Anfangsauszahlungen** ermitteln: Dasjenige Projekt mit der niedrigeren Anfangsauszahlung A_0 muß das bessere der beiden betrachteten sein, da es wenigstens für $i \to \infty$ über einen höheren Kapitalwert (gemäß seiner niedrigeren Anfangsauszahlung) verfügt und für alle i laut vorausgesetztem Kenntnisstand die gleiche Kapitalwertrelation zwischen den beiden betrachteten Projekten resultiert.²⁸ Sollte man hingegen nicht von vornherein wissen, daß die Kapitalwertkurven der beiden Projekte über keinen Schnittpunkt verfügen, dann kann man ohnehin einfach direkt die beiden Kapitalwerte ermitteln.

Die Reihung von sich gegenseitig ausschließenden Projekten durch direkte Gegenüberstellung auf der Grundlage ihrer für einheitlichen Bezugspunkt ermittelten kritischen Parameterausprägungen wurde von *Franke* (1978) - etwas unglücklich, weil irreführend - als Durchführung **"mittelbarer" Parametervergleiche** bezeichnet.²⁹ Bei N simultan zur Auswahl stehenden Projekten würde man demnach für jedes der Projekte eine kritische Parameterausprägung ermitteln, z.B. die jeweilige Break-even-Menge, und sodann die Investitionsprojekte gemäß den

---

27 Die zuerst im Rahmen dieses Beispiels 3.10 dargestellte Auswahlentscheidung zeigt, daß das gerade formulierte Kriterium nur **hinreichend**, nicht aber notwendig für die Gewährleistung schnittpunktfreier Kapitalwertkurven ist. Für ein grundsätzlich allgemeineres Kriterium siehe daher etwa *Franke/Hax* (1999), S. 193.

28 Sofern die beiden Anfangsauszahlungen gleich hoch sind, ist entsprechend ein Vergleich der Einzahlungen des Zeitpunktes 1 oder - allgemeiner - desjenigen Zeitpunktes t, in dem die beiden Projekte zum ersten Mal zu unterschiedlichen Zahlungskonsequenzen führen, hinreichend. Die höhere Einzahlung kennzeichnet das bessere Projekt.

29 Vgl. hierzu auch *Franke/Hax* (1999), S. 193 ff.

jeweils zugehörigen kritischen Werten in eine Rangfolge bringen, also beispielsweise Platz 1 an das Projekt mit der niedrigsten Break-even-Menge vergeben. Im Zusammenhang mit der korrekten Vorgehensweise zur Ermittlung der besten von N Alternativen über den Ansatz an kritischen Werten spricht *Franke* (1978) von **"unmittelbaren" Parametervergleichen**. Um das sachgerechte Procedere herzuleiten, muß man sich nur vergegenwärtigen, daß die Entscheidung zwischen zwei Projekten durch Betrachtung des kritischen Wertes ihrer **Differenzinvestition** getroffen werden kann. Will man also etwa mit Hilfe interner Zinsfüße eine Auswahl zwischen N alternativen Investitionsmöglichkeiten treffen, so sind als erstes zwei von diesen auszuwählen, und es ist der interne Zinsfuß ihrer Differenzinvestition dem Kapitalmarktzinssatz gegenüberzustellen. Sofern der Verlauf der Kapitalwertkurve der Differenzinvestition bekannt ist, kann auf dieser Grundlage entschieden werden, welches der beiden Projekte sich als besser erweist. Dieser "Sieger" wird sodann mit einem der noch verbliebenen N-2 Projekte wieder auf der Grundlage ihrer Differenzinvestition verglichen. In dieser Weise verfährt man weiter, bis keine weiteren Projekte mehr zum Vergleich vorhanden sind, so daß nach N-1 unmittelbaren Parametervergleichen das kapitalwertmaximierende der N zur Auswahl stehenden Projekte ermittelt ist.

Beispiel 3.11:
Gegeben seien die Annahmen des Beispiels 3.8 mit der Modifikation, daß es neben den beiden Projekten 1 und 2 noch ein drittes gebe, wobei von den nunmehr 3 zur Auswahl stehenden Projekten nur ein einziges realisiert werden kann. Die Zahlungsreihe des Projekts 3 ebenso wie die der beiden bereits bekannten Projekte 1 und 2 können in *Tabelle 3.7* abgelesen werden.

t	0	1	2
$z_t^{(1)}$	-80	20	105
$z_t^{(2)}$	-60	50	40
$z_t^{(3)}$	-50	60	20

Tabelle 3.7: Zahlungsreihen dreier alternativ realisierbarer Investitionsprojekte

Als Basiszahlungsreihe wurde der Verzicht auf die Durchführung aller drei Projekte (unter Beibehaltung einer etwaigen sonstigen unternehmerischen Tätigkeit) gewählt. Die Kapitalwerte $\kappa^{(1)} \approx 16{,}79$ GE sowie $\kappa^{(2)} \approx 13{,}72$ GE der Projekte 1 und 2 sind bereits bekannt. Des weiteren erhält man für i = 15 % noch $\kappa^{(3)} \approx 17{,}3$ GE, so daß Projekt 3 demnach gegenüber Projekt 1 und dieses wiederum gegenüber Projekt 2 vorzuziehen ist. An dieser Rangfolge ändert sich auch nichts, wenn man eine andere Basiszahlungsreihe der Betrachtung zugrunde legt. Beispielsweise könnte eine Situation mit der Durchführung des Projekts 3 (unter Beibehaltung einer etwaigen sonstigen unternehmerischen Tätigkeit) als neuer Bezugspunkt definiert werden. In diesem Fall ist einem Projekt n = 1, 2, 3 gerade die Zahlungsreihe der Differenzinvestition n-3 zuzuordnen. Diese Werte können der *Tabelle 3.8* entnommen werden.

t	0	1	2
$z_t^{(1-3)}$	-30	-40	85
$z_t^{(2-3)}$	-10	-10	20
$z_t^{(3-3)}$	0	0	0

Tabelle 3.8: Zahlungsreihen dreier alternativ realisierbarer Investitionsprojekte bei modifizierter Basiszahlungsreihe

Natürlich wird dem Projekt 3 nun eine Zahlungsreihe von durchgängig 0 GE zugeordnet, da der "Wechsel" von Projekt 3 zu Projekt 3 keinerlei Reichtumskonsequenzen auslöst. Auch sollte klar sein, daß die Kapitalwerte der drei Projekte auf der Grundlage des neuen Bezugspunktes über die gleichen Differenzen wie zuvor verfügen. Es gilt nämlich nun $\kappa^{(1-3)} \approx -0{,}51$, $\kappa^{(2-3)} \approx -3{,}57$ sowie $\kappa^{(3-3)} = 0$ GE, so daß alle Kapitalwerte lediglich um etwa 17,3 GE niedriger als zuvor ausfallen und die Reihenfolge der Projekte nach dem Kapitalwertkriterium unverändert bleibt. Mit dem Bezugspunkt "Verzicht auf alle drei Investitionsprojekte" ergibt sich $i_{krit}^{(1)} \approx 27{,}74\ \%$, $i_{krit}^{(2)} \approx 33{,}33\ \%$ sowie $i_{krit}^{(3)} \approx 47{,}18\ \%$, so daß sich die teilweise falsche Reihung 1) Projekt 3, 2) Projekt 2 und 3) Projekt 1 ergäbe. Bei Zugrundelegung des Bezugspunktes "Realisation des Projekts 3" erhält man modifizierte interne Zinsfüße, die sich für Projekt 1 auf etwa 14,38 % und für Projekt 2 auf 0 % belaufen. Mithin wäre Projekt 1 nunmehr gegenüber Projekt 2 als besser einzustufen. Für Projekt 3 ist kurioserweise **jeder** Kapitalmarktzinssatz i zugleich auch ein interner Zinsfuß, da der Kapitalwert von Projekt 3 nun natürlich stets 0 GE beträgt. Insofern ist Projekt 3 auf der Grundlage interner Zinsfüße hier gar nicht sinnvoll mit den Projekten 1 und 2 vergleichbar. Diese Aussage gilt natürlich **stets** für Projekte, die die Basiszahlungsreihe definieren.

Eine korrekte Auswahlentscheidung auf der Grundlage interner Zinsfüße sieht nun derart aus, daß man einen **paarweisen Vergleich** der drei Investitionsprojekte mit Hilfe ihrer jeweiligen Differenzinvestition durchführt. Für die Differenzinvestition 1-2 wurde bereits im Rahmen des Beispiels 3.8 ein interner Zinsfuß $i_{krit}^{(1-2)}$ von etwa 20,26 % > 15 % ermittelt. Da 1-2 eine Normalinvestition darstellt, ist Projekt 1 damit gegenüber Projekt 2 vorzuziehen. Zu beachten ist, daß die Höhe von $i_{krit}^{(1-2)}$ unabhängig von der gewählten Basiszahlungsreihe ist. Zur Ermittlung des besten Projekts muß nun nur noch die Differenzinvestition 1-3 betrachtet werden. Man erhält $i_{krit}^{(1-3)} \approx 14{,}38\ \% < 15\ \%$ und weil 1-3 gemäß *Tabelle 3.8* ebenfalls eine Normalinvestition darstellt, ist Projekt 3 besser als Projekt 1. Zugleich lieferte der erste paarweise Vergleich die Erkenntnis, daß Projekt 1 gegenüber Projekt 2 vorzuziehen ist, so daß auch über die beiden durchgeführten unmittelbaren Parametervergleiche eine Komplettreihung der drei

Projekte ermöglicht wird. □

Man erkennt ohne Probleme, daß das korrekte Vorgehen im Rahmen von Parametervergleichen wesentlich aufwendiger als die Ermittlung von N Projektkapitalwerten ist. Überdies verfügt man mit den N Projektkapitalwerten stets bereits über eine komplette Reihung aller N Projekte, während die Durchführung von N unmittelbaren Parametervergleichen zunächst einmal lediglich Aufschluß über das kapitalwertmaximale Investitionsprojekt liefert, schon das zweitbeste Projekt wird aber hierbei in der Regel (noch) nicht identifizierbar sein. Wollte man eine komplette Reihung aller Projekte über unmittelbare Parametervergleiche erreichen, so wäre im Extrem der paarweise Vergleich von **allen** zur Auswahl stehenden N Projekten erforderlich. Die maximal benötigte Zahl von Parametervergleichen beläuft sich damit auf die Anzahl der möglichen Paare bei N verschiedenen Projekten und somit - gemäß den Erkenntnissen der Kombinatorik - auf $0{,}5 \cdot N \cdot (N-1)$. Denn jedes der N Projekte kann mit jedem der jeweils N-1 verbleibenden verglichen werden, wobei aber jede "Paarung" doppelt auftritt (beispielsweise ist die Paarung "Projekt 1 versus Projekt 2" äquivalent zur Gegenüberstellung "Projekt 2 versus Projekt 1"). Im Einzelfall kann man auch mit weniger paarweisen Vergleichen bereits eine komplette Reihung aller Projekte erreichen. Mindestens nötig sind aber N-1 Vergleiche. Auf diese geringe Zahl kommt man dann, wenn sich Projekt 2 gegen Projekt 1 durchsetzt, anschließend Projekt 2 aber gegen Projekt 3 verliert, das wiederum gegenüber Projekt 4 das Nachsehen hat, wobei dieses gegen Projekt 5 verliert ... und sich schließlich Projekt N gegenüber Projekt N-1 durchsetzt. Eine derartige Situation liegt im Rahmen des vorhergehenden Beispiels 3.11 vor. Die beiden durchgeführten paarweisen Vergleiche lieferten daher schon die komplette Rangfolge 1) Projekt 3, 2) Projekt 1 und 3) Projekt 2, so daß man hier also nicht $0{,}5 \cdot 3 \cdot 2 = 3$ Vergleiche benötigte.

Natürlich käme niemand auf die Idee, freiwillig über unmittelbare Parametervergleiche eine Reihung von N Investitionsprojekten zu ermitteln. Rangfolgeermittlungen über **mittelbare Parametervergleiche** sind im Gegensatz dazu deutlich einfacher, wenngleich nicht so leicht wie eine einfache Kapitalwertreihung.

Neben ihrer noch recht einfachen Handhabung und des für manchen Anwender möglicherweise anschaulicheren Abstellens auf Renditen statt auf Kapitalwerte besitzen mittelbare Parametervergleiche einen **entscheidenden Vorteil**, der sicherlich zu ihrer Verbreitung trotz grundsätzlicher Unbrauchbarkeit beigetragen hat: Man kommt im Rahmen ihrer Anwendung mit der Schätzung von **einem Parameter weniger** als beim Kapitalwertkriterium aus. Reiht man etwa Projekte nach ihren jeweiligen internen Zinsfüßen, dann benötigt man hierzu keine Kenntnis des Kapitalmarktzinssatzes i. Entsprechendes gilt für die Reihung von Projekten nach Break-even-Mengen, -Preisen oder Amortisationsdauern.

Es wurde schon darauf hingewiesen, daß die **Datenbeschaffung** in der Wirtschaftspraxis eines der Hauptprobleme darstellen dürfte. Daher wird dort jede Möglichkeit zur Reduktion des Informationsbedarfs grundsätzlich begrüßt. Die Durchführung von mittelbaren Parametervergleichen statt der Kapitalwertberechnungen stellt nun eine derartige, leider grundsätzlich unbrauchbare Möglichkeit dar. In der Tat sollte es den Anwendern doch zu denken geben, daß bei mittelbaren Parametervergleichen mit Anknüpfung an internen Zinsfüßen der zweifelsfrei für die unternehmerischen Vermögenskonsequenzen relevante Kapitalmarktzinssatz i überhaupt nicht mehr auftaucht.

3.5 Zusammenfassung

Gegenstand dieses Abschnitts war in erster Linie die Erläuterung des Begriffs **kritischer Werte** und der Möglichkeiten, mit ihrer Hilfe Investitionsentscheidungen zu treffen. Unter einem kritischen Wert versteht man generell eine solche Ausprägung eines die Höhe eines Kapitalwertes bestimmenden Parameters, daß sich ein **Kapitalwert von Null** ergibt. Bekannte kritische Werte sind die Break-even-Menge, der Break-even-Preis, die Amortisationsdauer und der interne Zinsfuß. Im Rahmen von **Einzelentscheidungen** lassen sich Projekte mit einem nichtnegativen Kapitalwert auch dadurch identifizieren, daß man zunächst für einen kapitalwertbestimmenden Parameter den zugehörigen kritischen Wert für das jeweils zu beurteilende Projekt ermittelt und diesen sodann mit der **tatsächlichen**

Parameterausprägung vergleicht. Sofern der generelle **Verlauf der Kapitalwertfunktion** in Abhängigkeit des jeweiligen Parameters bekannt ist, kann über dieses Verfahren auf das **Vorzeichen des Projektkapitalwertes** für die tatsächliche Parameterausprägung geschlossen werden.

Auch **Auswahlentscheidungen** zwischen mehreren alternativ durchführbaren Projekten können auf der Grundlage kritischer Werte sachgerecht durchgeführt werden. Dabei ist es allerdings im allgemeinen **nicht korrekt**, für alle zur Auswahl stehenden Projekte jeweils den zugehörigen kritischen Wert eines Parameters zu ermitteln und anschließend direkt hiernach (etwa absteigend nach internen Zinsfüßen oder aufsteigend nach Break-even-Mengen) die Investitionsprojekte zu reihen. Man spricht in diesem Zusammenhang von (generell unzulässigen) **mittelbaren Parametervergleichen**. Vielmehr können die Investitionsprojekte **nur paarweise** auf der Grundlage der kritischen Werte ihrer Differenzinvestitionen miteinander verglichen werden. Dieses Vorgehen bezeichnet man als die Durchführung von (zulässigen) **unmittelbaren Parametervergleichen**. Generell erweist sich das korrekte Vorgehen damit als **deutlich aufwendiger** als eine direkte Reihung der Investitionsprojekte nach ihren jeweiligen Kapitalwerten. Das fehlerhafte Vorgehen ist zwar insofern weniger kompliziert und benötigt sogar nicht einmal die Kenntnis der tatsächlichen Parameterausprägung (also beispielsweise des am Markt herrschenden Zinssatzes i, wenn nach internen Zinsfüßen gereiht wird). Leider stimmt die hierbei resultierende Rangfolge in der Regel jedoch **allenfalls zufällig** mit der nach dem Kapitalwertkriterium überein, so daß mittelbare Parametervergleiche grundsätzlich abzulehnen sind.

Wiederholungsfragen

W3.1
Was versteht man unter der Irrelevanz der Nullpunktwahl bei kapitalwertorientierten Investitionsentscheidungen?

W3.2
Was versteht man unter Parametern im Rahmen von Kapitalwertformeln?

W3.3
Wie ist der kritische Wert eines Parameters definiert?

W3.4
Was versteht man unter Break-even-Mengen und -Preisen, was unter der Amortisationsdauer eines Investitionsprojekts?

W3.5
Definieren Sie die Begriffe "interner Zinsfuß" und "Normalinvestition"!

W3.6
Welche Probleme stellen sich bei der Ermittlung interner Zinsfüße von Projektzahlungsreihen?

W3.7
Erläutern Sie, wie man mit Hilfe interner Zinsfüße Einzelentscheidungen im Rahmen der Investitionsprogrammplanung treffen kann!

W3.8
Wie lassen sich mit Hilfe interner Zinsfüße Auswahlentscheidungen im Rahmen der Investitionsprogrammplanung treffen?

W3.9

Erklären Sie die Begriffe "mittelbarer Parametervergleich" und "unmittelbarer Parametervergleich"!

W3.10

Geben Sie eine kritische Würdigung der beiden möglichen Varianten von Parametervergleichen!

4 Nutzungsdauerentscheidungen und optimaler Ersatzzeitpunkt

4.1 Problemstellung

Nachdem in den letzten drei Abschnitten die **Grundlagen** für Investitionsentscheidungen auf dem vollkommenen Kapitalmarkt erörtert wurden, sollen in den nachfolgenden vier Abschnitten dieses Kapitels einige **Fortentwicklungen** der Basiszusammenhänge präsentiert werden. So wurde bislang stets angenommen, daß die Zahlungsreihe eines Investitionsprojektes eindeutig festliegt. In praktischen Anwendungen muß dies natürlich keineswegs der Fall sein. Es ist bereits bekannt, daß man die Einzahlung z_t eines Zeitpunktes t grundsätzlich zurückführen kann auf die Differenz $x_t \cdot (p_t - k_{v,t}) - K_{f,t}$. Hierbei bezeichnet x_t die Absatzmenge des im Rahmen des Investitionsprojekts zu fertigenden Produkts im Zeitpunkt t und p_t den zugehörigen Absatzpreis. $K_{f,t}$ steht für die in t anfallenden fixen, das heißt ausbringungsunabhängigen, Auszahlungen, während $k_{v,t}$ die variablen, also ausbringungsabhängigen, Auszahlungen pro gefertigter Mengeneinheit in t kennzeichnet.

Sofern der Unternehmer nicht als Mengenanpasser fungiert, kann er aktiv auf den Preis p_t Einfluß nehmen und diesen zum **Gegenstand einer Optimierung** machen. Sehr einfach sind die Zusammenhänge, wenn der Preis p_t lediglich auf die Absatzmenge x_t einwirkt, nicht aber auf die Absatzmengen sonstiger Zeitpunkte $\tau \neq t$.[1] Dann nämlich gilt lediglich $x_t = x_t(p_t)$. Herkömmlicherweise wird man annehmen, daß x_t mit wachsendem p_t fallend verläuft, also bei ceteris paribus höheren Absatzpreisen weniger Mengeneinheiten verkauft werden können,[2] und

---

[1] Es werde demnach von **Absatzinterdependenzen** zwischen den einzelnen Betrachtungszeitpunkten abstrahiert. Vgl. hierzu etwa *Ewert/Wagenhofer* (2000), S. 46.

[2] Diese unmittelbar plausible Annahme kann als absolut gängig im Rahmen preispolitischer Betrachtungen aufgefaßt werden. Vgl. hierzu etwa die Darstel-

in der Regel die Umkehrfunktion $p_t(x_t)$ statt $x_t(p_t)$ betrachten. Bei variabler Absatzmenge ist zu beachten, daß auch die variablen Stückauszahlungen $k_{v,t}$ eine Funktion von x_t sein können. Im weiteren seien die gesamten Auszahlungen mit $K_t(x_t) \equiv x_t \cdot k_{v,t}(x_t) + K_{f,t}$ bezeichnet.[3] Der gesamte Erlös aus dem Produkteverkauf werde durch $E_t(x_t) \equiv x_t \cdot p_t(x_t)$ beschrieben. Infolge der getroffenen Annahmen sind die unternehmerischen Erlöse und Auszahlungen eines Zeitpunktes t unabhängig von denen jedes beliebigen anderen Zeitpunktes $t' \neq t$. Daher und wegen der **Wertadditivität** der Kapitalwertformel können die optimalen Preise und Absatzmengen der einzelnen Zeitpunkte $t = 1, ..., T$ unabhängig voneinander ermittelt werden. Jede Steigerung des Einzahlungsüberschusses eines beliebigen Zeitpunktes t geht nämlich ceteris paribus mit einem höheren Projektkapitalwert einher. Die optimale Absatzmenge x_t ist folglich so zu wählen, daß der Einzahlungsüberschuß z_t des Zeitpunktes t ($t = 1, ..., T$) maximal wird. Konkret lautet der **Optimierungsansatz** des Unternehmers für jeden Zeitpunkt t dabei wie folgt:

$$E_t(x_t) - K_t(x_t) \underset{x_t}{\to} \max.! \qquad (4.1)$$

Ableiten und Nullsetzen von (4.1) führt zu

$$E_t'(x_t) = K_t'(x_t). \qquad (4.2)$$

Der Unternehmer wird demnach jede Absatzmenge x_t und damit jeden Preis p_t ($t = 1, ..., T$) so festsetzen, daß der Grenzerlös aus dem Verkauf der letzten Produkteinheit gerade den Grenzauszahlungen zur Herstellung des betreffenden Stücks entspricht.[4] Der Verkauf von weniger Gütereinheiten wäre suboptimal, weil jede weitere verkaufte Mengeneinheit einen höheren Erlös erbrächte, als sie

---

lungen in *Diller* (2000), S. 80 ff., sowie *Simon* (1992), S. 94 ff.

[3] **Interdependenzen** zwischen den **Auszahlungen** der einzelnen Zeitpunkte bestehen damit ebenfalls nicht. Vgl. auch hierzu etwa *Ewert/Wagenhofer* (2000), S. 50 ff.

[4] Vgl. zu dieser **marginalanalytischen**, also an der Betrachtung von "Grenz"-Größen orientierten, Ermittlung optimaler unternehmerischer Preissetzung auch etwa *Kreps* (1990), S. 299 ff., oder *Güth* (1994), S. 22 ff.

zusätzliche Auszahlungen verursachte. Der Verkauf von mehr Gütereinheiten als über (4.2) determiniert wäre ebenfalls ungünstig, weil die zusätzlich verkauften Produkteinheiten höhere Auszahlungen induzierten, als sie an Erlösen zusätzlich verdienten. Über (4.2) gelangt man demnach schon zu einer ersten einfachen Endogenisierung der Zahlungsreihe $z_1, ..., z_T$ eines Investitionsprojekts.

Beispiel 4.1:
Gegeben sei ein Unternehmer, der auf einem vollkommenen Kapitalmarkt mit einem Kapitalmarktzinssatz von $i = 8\%$ Zugang zu einem Investitionsprojekt mit einer Anfangsauszahlung in $t = 0$ von 50 GE hat. Im Rahmen der zu beurteilenden Investition wird ein Produkt gefertigt, dessen Preis p_1 sich im Zeitpunkt $t = 1$ auf $p_1(x_1) = 30-2\cdot x_1$ beläuft, wobei x_1 die angestrebte Absatzmenge des Zeitpunktes $t = 1$ bezeichnet. Die Produktherstellung verursacht in $t = 1$ zusätzliche Auszahlungen in Höhe von $K_1(x_1) = x_1^2+20$. Auch in $t = 2$ sei noch ein Produkteabsatz möglich. Der realisierte Preis p_2 belaufe sich hierbei in Abhängigkeit von der erwünschten Absatzmenge x_2 auf $10\cdot x_2^{-0,5}$. Die maßgebliche **Auszahlungsfunktion** in $t = 2$ sei $K_2(x_2) = x_2+4$. Weitere Zahlungskonsequenzen sind mit der Projektdurchführung nicht verbunden.

Auf der Grundlage der angegebenen Daten können zunächst die optimalen Preise und Absatzmengen der Zeitpunkte $t = 1$ und $t = 2$ getrennt voneinander ermittelt werden. Aus diesen wiederum lassen sich sodann die zugehörigen Einzahlungsüberschüsse z_t aus dem Investitionsprojekt in $t = 1$ und $t = 2$ und schließlich der resultierende Projektkapitalwert bestimmen.

Der Unternehmer wird die Absatzmenge x_1 des Zeitpunktes $t = 1$ derart festlegen, daß der Einzahlungsüberschuß $p_1(x_1)\cdot x_1-K_1(x_1) = (30-2\cdot x_1)\cdot x_1-x_1^2-20 = 30\cdot x_1-3\cdot x_1^2-20$ maximiert wird. Ableiten nach x_1 und Nullsetzen führt zu

$$30-6\cdot x_1 = 0$$
$$\Leftrightarrow \quad x_1^* = 5 \text{ ME.} \tag{4.3}$$

Daraus wiederum kann man auf $z_1 = 30\cdot 5-3\cdot 5^2-20 = 55$ GE schließen.

In entsprechender Weise ist x_2 derart zu bestimmen, daß $p_2(x_2)\cdot x_2-K_2(x_2) = 10\cdot x_2^{-0,5}\cdot x_2-x_2-4 = 10\cdot x_2^{0,5}-x_2-4$ maximiert wird. Ableiten nach x_2 und Nullsetzen ergibt

$$5\cdot x_2^{-0,5}-1 = 0 \qquad (4.4)$$
$$\Leftrightarrow \quad x_2^* = 25 \text{ ME}$$

und damit $z_2 = 10\cdot 25^{0,5}-25-4 = 21$ GE. Der Kapitalwert des Investitionsprojekts bei optimalen Absatzentscheidungen in $t = 1$ und $t = 2$ bemißt sich demnach als $-50+55/1,08+21/1,08^2 \approx 18,93$ GE > 0. Das Investitionsprojekt sollte mithin realisiert werden. □

Eine weitere Möglichkeit der Einflußnahme auf die Zahlungsreihe eines Investitionsprojekts besteht aus Unternehmersicht in der Entscheidung über die vollständige **Liquidation** und damit **Veräußerung** des Investitionsprojekts. Im weiteren sei auf dieses Entscheidungsproblem näher eingegangen, während die Einzahlungen z_t ansonsten im obigen Sinne stets als bereits optimiert angenommen werden. Dabei kann man zwei verschiedene Fälle unterscheiden. Zum einen kann man sich die Frage stellen, wann ein bereits implementiertes Projekt abgebrochen und (in aller Regel) durch ein Nachfolgeprojekt ersetzt werden sollte. Hierbei geht es augenscheinlich um das Problem des **optimalen Ersatzzeitpunktes** eines (bereits vorhandenen) Projekts. Zum anderen kann (und sollte) man sich aber auch schon vor der Projektdurchführung darüber Gedanken machen, zu welchem Zeitpunkt das Projekt sinnvollerweise zu liquidieren ist. In diesem Zusammenhang spricht man von der Wahl der **optimalen Nutzungsdauer**. Sofern dabei das betrachtete Investitionsprojekt durch ein Nachfolgeprojekt abgelöst werden soll, geht es um die Bestimmung des optimalen Ersatzzeitpunktes einer möglicherweise durchzuführenden Investitionsmaßnahme. Insofern umfassen Nutzungsdauerentscheidungen als **Spezialfall** auch die Frage nach dem optimalen Ersatzzeitpunkt von Investitionsprojekten. Es genügt daher im folgenden, wenn nur auf Nutzungsdauerentscheidungen eingegangen wird.

Im Zusammenhang mit Nutzungsdauerentscheidungen können verschiedene **Fallkonstellationen** unterschieden werden, auf die der Reihe nach in den folgenden Abschnitten einzugehen ist:[5]

1) Es handelt sich um eine einmalige Investitionsentscheidung ohne Anschlußprojekt **(Abschnitt 4.2)**.
2) Es besteht im Zeitablauf N-mal hintereinander die Möglichkeit zur Durchführung eines identischen Investitionsprojekts **(Abschnitt 4.3)**.
3) Es besteht im Zeitablauf N-mal hintereinander die Möglichkeit zur Durchführung unterschiedlicher Investitionsprojekte **(Abschnitt 4.4)**.
4) Es besteht im Zeitablauf die Möglichkeit, ein bestimmtes Investitionsprojekt unendlich oft zu wiederholen **(Abschnitt 4.5)**.
5) Es besteht im Zeitablauf die Möglichkeit, unendlich oft in nicht identische Projekte zu investieren **(Abschnitt 4.6)**.

Die Ausführungen schließen wie gewohnt mit einer kurzen Zusammenfassung im **Abschnitt 4.7**.

4.2 Optimale Nutzungsdauer eines Projekts ohne Möglichkeit zu Anschlußinvestitionen

Der einfachste Fall ist naturgemäß dadurch gekennzeichnet, daß lediglich zu einem Investitionsprojekt mit noch zu bestimmender Nutzungsdauer Zugang be-

---

[5] Nutzungsdauerentscheidungen werden in zahlreichen anderen Lehrbüchern mit vergleichbarer grundlegender Systematik behandelt. Vgl. etwa *Busse v. Colbe/ Laßmann* (1990), S. 131 ff., *Kruschwitz* (2000), S. 161 ff., oder auch *v. Nitzsch* (1999), S. 50 ff., sowie *Adam* (2000), S. 196 ff. Bemerkenswert ist überdies die große Zahl von Beiträgen zu diesem wohlstrukturierten Problem in Zeitschriften zur Hochschulausbildung. Vgl. etwa *Schröder* (1986, 1987), *Altrogge* (1992) sowie *Kistner/Steven* (1992).

steht und nach der Beendigung dieses Projekts **keine Folgeprojekte** verfügbar sind. Aus dem Abbruch des Projekts in einem Zeitpunkt T ergeben sich dabei zwei Konsequenzen. Zum einen fallen ab dem Zeitpunkt T+1 keine weiteren Zahlungen aus dem Projekt mehr an. Zum anderen ist es denkbar, daß aus der Liquidation der vorhandenen Anlagen im Zeitpunkt T zusätzlich zu den gerade noch realisierten laufenden Einzahlungen z_T noch ein **Liquidationserlös** L_T erzielt wird. Demnach ergibt sich der Kapitalwert $\kappa(T)$ des betrachteten Projekts bei der Entscheidung für eine Laufzeit T als

$$\kappa(T) = \sum_{t=0}^{T} \frac{z_t}{(1+i)^t} + \frac{L_T}{(1+i)^T}. \qquad (4.5)$$

Man erhält mithin für jede denkbare Nutzungsdauer T eine spezifische Zahlungsreihe für das Investitionsprojekt und kann stets den zugehörigen Kapitalwert ermitteln. Im weiteren sei angenommen, daß bei Projektnutzung über einen Zeitpunkt T_{max} hinaus nur noch Einzahlungsüberschüsse und Liquidationserlöse in Höhe von **maximal** 0 GE realisiert werden können.[6] T_{max} beschreibt demnach in jedem Fall die maximal in Erwägung zu ziehende Projektnutzungsdauer. Somit stehen $T_{max}+1$ verschiedene Nutzungsdauern 0, ..., T_{max} zur Auswahl, von denen nur eine realisiert werden kann. Es liegt folglich de facto eine **Auswahlentscheidung** zwischen $T_{max}+1$ verschiedenen Investitionsprojekten vor. Im Vergleich zur bisher erfolgten Diskussion von Auswahlentscheidungen kommt bei Nutzungsdauerentscheidungen (ohne Möglichkeit zu Anschlußinvestitionen) lediglich das Problem hinzu, daß zunächst die Zahlungsreihen je nach möglicher Nut-

---

[6] Grundsätzlich kann jedes Investitionsprojekt ad infinitum betrieben werden. Eine maximale **technische** Nutzungsdauer existiert daher nicht. Irgendwann allerdings werden Einzahlungen aus dem Produkteverkauf ausbleiben oder aber durch ausufernde Auszahlungen zur Instandhaltung der Anlagen überkompensiert werden. Hier wird angenommen, daß eine solche Situation spätestens ab dem Zeitpunkt $T_{max}+1$ vorliegt und daher das betrachtete Investitionsprojekt aus **wirtschaftlichen** Gründen sicherlich vorher zu beenden ist.

zungsdauer ermittelt werden müssen, während sie bisher stets gegeben waren.[7]

Beispiel 4.2:[8]
Betrachtet sei ein Investitionsprojekt, das maximal bis zum Zeitpunkt $T_{max} = 5$ mit positiven Zahlungskonsequenzen verbunden ist. In der *Tabelle 4.1* kann man zum einen die Einzahlungen z_t eines Zeitpunktes t für den Fall der mindestens bis t erfolgenden Projektdurchführung ablesen. Zum anderen werden in der *Tabelle 4.1* auch die möglichen Liquidationserlöse L_t bei Projektabbruch im Zeitpunkt t angegeben. Der Kapitalmarktzinssatz sei i = 10 %, und gesucht ist der optimale Liquidationszeitpunkt.

t	0	1	2	3	4	5
z_t	-1.000	600	400	300	200	60
L_t	1.000	600	500	300	100	0

Tabelle 4.1: Mögliche Einzahlungen z_t und Liquidationserlöse L_t (t = 0, ..., 5) aus einem Investitionsprojekt

Die Zahlungsreihe des Investitionsprojekts je nach gewählter Nutzungsdauer T kann der *Tabelle 4.2* entnommen werden. Für T = 0, das heißt "sofortigen" Projektabbruch ergibt sich eine Nullzahlungsreihe: Das Investitionsprojekt wird uno actu initiiert und wieder abgebrochen, mithin faktisch überhaupt nicht realisiert. Für T = 1 erhält man zum einen in t = 0 eine Auszahlung in Höhe von 1.000

---

[7] Natürlich müssen die Zahlungsreihen auch bei "herkömmlichen" Auswahlentscheidungen stets erst einmal ermittelt werden. Insofern liegt hier keine "wirkliche" Komplizierung der Zusammenhänge vor. Am Rande sei erwähnt, daß selbstverständlich auch die Ermittlung optimaler Absatzpreise im Rahmen einer Projektdurchführung als Auswahlentscheidung verstanden werden kann.

[8] Das folgende Zahlenbeispiel ist an *Eisenführ* (1993), S. 39 f., angelehnt. Entsprechendes gilt für Beispiel 4.3.

GE, zum anderen ergeben sich Einzahlungen in t = 1 im Umfang von z_1 = 600 GE aus der laufenden Geschäftstätigkeit sowie im Ausmaß L_1 = 600 GE aus der anschließenden Projektliquidation. Insgesamt fließen dem Unternehmer für T = 1 in t = 1 demnach 1.200 GE zu. Für T = 2 bleiben weiterhin 1.000 GE Auszahlung in t = 0 erforderlich. Des weiteren erhält der Unternehmer Einzahlungen aus der laufenden Geschäftstätigkeit im Umfang von 600 GE in t = 1 und 400 GE in t = 2. Schließlich führt der Projektabbruch noch zu Liquidationserlösen in t = 2 in Höhe von 500 GE. In entsprechender Weise ergeben sich die Zahlungsreihen für T = 3, 4, 5.

	t = 0	t = 1	t = 2	t = 3	t = 4	t = 5
T = 0	0	0	0	0	0	0
T = 1	-1.000	1.200	0	0	0	0
T = 2	-1.000	600	900	0	0	0
T = 3	-1.000	600	400	600	0	0
T = 4	-1.000	600	400	300	300	0
T = 5	-1.000	600	400	300	200	60

Tabelle 4.2:   Zahlungsreihe des Investitionsprojekts je nach Nutzungsdauer T (T = 0, ..., 5)

Es liegt somit eine Auswahlentscheidung mit 6 verschiedenen, alternativ durchführbaren Investitionsprojekten vor. Zu wählen ist die Nutzungsdauer, die zum höchsten Projektkapitalwert führt. Konkret erhält man hier:

T	0	1	2	3	4	5
$\kappa(T)$	0	90,91	289,26	326,82	306,33	275,29

Tabelle 4.3: Projektkapitalwerte in Abhängigkeit der Nutzungsdauer T (auf zwei Stellen genau gerundet)

Ohne weiteres erkennt man, daß der maximale Kapitalwert bei einer Nutzungsdauer von $T^* = 3$ erreicht wird. □

Die Bestimmung der optimalen Nutzungsdauer eines einzelnen Investitionsprojekts läßt sich somit zurückführen auf das Problem einer Auswahlentscheidung zwischen $T_{max}+1$ verschiedenen Investitionsalternativen. In der Tat besteht hier aber eine Besonderheit des Problems darin, daß sich die Zahlungsreihen der Handlungsalternativen sehr stark ähneln, wie man etwa aus *Tabelle 4.2* des vorhergehenden Zahlenbeispiels ersehen kann. Bildet man konkret die **Differenzinvestition** zwischen der für Nutzungsdauer T+1 und der für Nutzungsdauer T resultierenden Projektzahlungsreihe, dann erhält man $z_t^{((T+1)-T)} = 0$ für $t = 0, ..., T-1$ und $z_t^{((T+1)-T)} = -L_T$ für $t = T$ sowie $z_t^{((T+1)-T)} = z_{T+1}+L_{T+1}$ für $t = T+1$.[9] Dieses Ergebnis ist auch recht leicht verständlich. Die gedankliche Verlängerung der Nutzungsdauer um eine Periode von T zu T+1 hat zur Folge, daß auf den Liquidationserlös L_T des Zeitpunktes T verzichtet wird, dafür aber zusätzliche Einzahlungen $z_{T+1}+L_{T+1}$ eine Periode später erzielt werden. Lohnend ist diese Verlängerung der Nutzungsdauer um eine Periode von T nach T+1 dann, wenn der Kapitalwert dieser Differenzinvestition positiv ist. Dann nämlich erzielt man durch

---

[9] Die Schreibweise "(T+1)-T" dient - analog zur Vorgehensweise in den vorangegangenen Abschnitten - kurz zur Kennzeichnung der aus dem Übergang von Nutzungsdauer T zu Nutzungsdauer T+1 resultierenden Differenzinvestition und kann natürlich nicht wie eine Summe zu "1" zusammengefaßt werden. Entsprechend handelt es sich im Zusammenhang mit den z_t hierbei um eine Indizierung und nicht um einen Exponenten (daher auch die Klammern um den Gesamtausdruck "(T+1)-T").

den Übergang von der Nutzungsdauer T zur Nutzungsdauer T+1 einen Vermögenszuwachs in der Höhe des Kapitalwertes der Differenzinvestition. Nun gilt:

$$\kappa^{((T+1)-T)}$$
$$= -\frac{L_T}{(1+i)^T} + \frac{z_{T+1}+L_{T+1}}{(1+i)^{T+1}} \overset{!}{>} 0 \qquad (4.6)$$
$$\Leftrightarrow \quad -L_T + \frac{z_{T+1}+L_{T+1}}{(1+i)} > 0.$$

Es ist zur Ermittlung des Vorzeichens von $\kappa^{((T+1)-T)}$ demnach gar nicht nötig, die beiden von Null verschiedenen Zahlungen der Differenzinvestition bis auf t = 0 zu diskontieren. Es genügt eine Diskontierung der Einzahlungen des Zeitpunktes t = T+1 auf den Zeitpunkt t = T, also eine Berechnung des Ausmaßes der Vermögensänderung im Falle der Nutzungsdauerverlängerung aus Sicht des Zeitpunktes t = T. Der hierbei relevante Kapitalwert gemäß der linken Seite der Ungleichung aus der letzten Zeile von (4.6) sei im weiteren mit $\kappa_T^{((T+1)-T)}$ bezeichnet.

Auf der Grundlage der Differenzinvestitionen zwischen "benachbarten" Projektnutzungsdauern läßt sich nun leicht auf **alternative** Weise die optimale Nutzungsdauer eines Projekts ermitteln: Zunächst bestimmt man für alle Nutzungsdauern T die Differenzinvestitionen (T+1)-T und die zugehörigen Kapitalwerte in "einfacher" Diskontierung gemäß (4.6). Eine Nutzungsdauer T kann nur optimal sein, wenn der Kapitalwert der Differenzinvestition (T+1)-T negativ[10] ist, also der Übergang von der Projektnutzungsdauer T zur Nutzungsdauer T+1 mit einer Reichtumseinbuße einhergeht. Des weiteren muß der Kapitalwert der Differenzinvestition T-(T-1) positiv sein, das heißt, der Übergang von der Nutzungsdauer

---

[10] Genauer müßte hier von einem "nichtpositiven" Kapitalwert die Rede sein, weil auch der Fall denkbar ist, daß zwei aufeinanderfolgende Nutzungsdauern T und T+1 zugleich optimal sind, der Kapitalwert der relevanten Differenzinvestition folglich Null ist. Zur Vereinfachung der Formulierungen wird von diesem Spezialfall hier jedoch abgesehen.

T-1 hin zu T muß zu einer Vermögensmehrung auf seiten des Unternehmers führen. Faßt man diese beiden Gedanken zusammen, so kann nur eine solche Nutzungsdauer T optimal sein, bei der der Kapitalwert der Differenzinvestitionen vom Positiven ins Negative umschlägt. Gibt es nur eine "Kandidatenstelle", an der dies der Fall ist, ist damit bereits die optimale Lösung gefunden. Sollte es hingegen mehrere mit einem derartigen Vorzeichenwechsel einhergehende Nutzungsdauern geben, dann ist für diese in die engere Wahl zu ziehenden Handlungsalternativen wohl doch noch die Ermittlung der konkreten Projektkapitalwerte erforderlich. Immerhin ist aber eine gewisse **Vorauswahl** unter den möglichen Nutzungsdauern gelungen, die zudem wegen der einfachen Zahlungsreihen der betrachteten Differenzinvestitionen rechentechnisch sehr leicht fällt. Ferner kann man aus (4.6) sehr gut die Konsequenzen einer Ceteris-paribus-Erhöhung des Kalkulationszinsfußes i erkennen. Augenscheinlich werden die relevanten Differenzkapitalwerte im Falle nichtnegativer laufender Einzahlungsüberschüsse und Liquidationserlöse generell reduziert, was unter dieser Prämisse eine kürzere Nutzungsdauer des betrachteten Investitionsprojekts attraktiver werden läßt.[11]

Beispiel 4.3:
Ausgangspunkt sei erneut das Entscheidungsproblem aus Beispiel 4.2. Die Berechnung der Differenzinvestitionen zwischen den Zahlungsreihen des Investitionsprojekts für "benachbarte" Nutzungsdauern liefert gemäß *Tabelle 4.4* die folgenden Ergebnisse:

---

[11] Natürlich kann es auch sein, daß eine Erhöhung von i die optimale Projektnutzungsdauer unverändert läßt. In jedem Falle aber kann eine Anhebung von i bei nichtnegativen Liquidationserlösen und Einzahlungsüberschüssen nicht mit der Optimalität einer längeren Projektnutzungsdauer einhergehen und sinkt die optimale Projektnutzungsdauer für hinreichend hohen Kalkulationszinsfuß stets auf Null.

t	0	1	2	3	4	5
1-0	-1.000	1.200	0	0	0	0
2-1	0	-600	900	0	0	0
3-2	0	0	-500	600	0	0
4-3	0	0	0	-300	300	0
5-4	0	0	0	0	-100	60

Tabelle 4.4: Zahlungsreihen der Differenzinvestitionen bei Vergleich aufeinanderfolgender Nutzungsdauermöglichkeiten T+1 und T

Wechselt man etwa von der Nutzungsdauer T = 2 zur Nutzungsdauer T = 3, betrachtet also die Differenzinvestition 3-2, dann büßt der Unternehmer einerseits den Liquidationserlös L_2 = 500 GE in t = 2 ein, gewinnt dafür aber die Einzahlungen z_3 = 300 GE und den Liquidationserlös L_3 = 300 GE des Zeitpunktes t = 3 neu hinzu.

Die zu den Zahlungsreihen aus *Tabelle 4.4* gehörigen Kapitalwerte $\kappa_T^{((T+1)-T)}$ = $-L_T + (z_{T+1} + L_{T+1})/(1+i)$ sind in *Tabelle 4.5* wiedergegeben.

T	0	1	2	3	4
$\kappa_T^{((T+1)-T)}$	90,91	218,18	45,45	-27,27	-45,45

Tabelle 4.5: Kapitalwerte $\kappa_T^{((T+1)-T)}$ der Differenzinvestitionen aufeinanderfolgender Nutzungsdauermöglichkeiten T+1 und T (auf zwei Stellen genau gerundet)

Die Folge der Kapitalwerte $\kappa_T^{((T+1)-T)}$ der Differenzinvestitionen weist nur einen Vorzeichenwechsel vom Positiven ins Negative auf, und zwar ist der Kapitalwert

$\kappa_3^{(4-3)}$ von 4-3 der erste negative. Die optimale Nutzungsdauer ergibt sich damit auch in dieser Betrachtungsweise als $T^* = 3$. □

4.3 Optimale Nutzungsdauern bei endlicher Wiederholung gleichartiger Projekte

Die zu treffende Auswahlentscheidung ist deutlich komplizierter, wenn mehrfach hintereinander Investitionsmöglichkeiten bestehen. Dabei wird grundsätzlich angenommen, daß im Zeitpunkt der Liquidation eines Projekts bereits die Anfangsauszahlung für das nächste Projekt geleistet und dieses damit schon initiiert werden kann. Diese Annahme stellt sicher, daß es in keinem Zeitpunkt zu positiven Einzahlungen z_t von zwei Projekten gleichzeitig kommen kann, andererseits aber stets ein Projekt mit positiven Einzahlungen z_t gerade "aktiv" sein mag. Die zugrundeliegende Vorstellung könnte hierbei etwa die sein, Fertigungsanlagen für ein und dasselbe Produkt im Zeitablauf immer wieder zu ersetzen: In keinem Zeitpunkt kann man dann mit einem doppelten Bestand an Fertigungsanlagen sinnvoll produzieren, wohl aber sollten überhaupt irgendwelche Fertigungsanlagen in jedem Betrachtungszeitpunkt zur Herstellung des betreffenden Produkts verfügbar sein.

Recht gut generell analysierbar ist der Fall, daß alle hintereinander durchführbaren Projekte grundsätzlich **identisch** in dem Sinne sind, daß sie bei gleicher (vom Unternehmer fixierbarer) Nutzungsdauer auch zu den gleichen Zahlungskonsequenzen vom Zeitpunkt ihrer jeweiligen Implementierung an führen. Im einfachsten Fall liegt dabei lediglich die Möglichkeit zweimaliger Investition, das heißt die Option einer einmaligen Projektwiederholung, vor. Gesucht ist sodann die optimale Nutzungsdauer im Rahmen der ersten Projektdurchführung sowie die optimale Nutzungsdauer im Rahmen der zweiten. Weil die Entscheidung über die optimale Nutzungsdauer bei der erstmaligen Projektdurchführung sachgerecht nur getroffen werden kann, wenn man weiß, wie lange das Projekt bei der zweiten Durchführung genutzt werden soll, ist es in der Tat zweckmäßig, das Entscheidungsproblem im Wege der **"Rückwärtsinduktion"** von hinten nach vorne aufzurollen.[12] Das bedeutet, daß zunächst die optimale Nutzungsdauer im Rahmen der zweiten Durchführung bestimmt wird, um auf dieser Grundlage anschließend die optimale erstmalige Nutzungsdauer zu ermitteln.[13]

Die optimale Nutzungsdauer bei zweiter Projektdurchführung bereitet keine Probleme. Da anschließend kein weiteres Investitionsprojekt mehr durchgeführt wird und wegen der **Wertadditivität** und damit **Bezugspunktunabhängigkeit** der Kapitalwertfunktion, kann die Entscheidung genau so getroffen werden, als ob nur einmalig die optimale Nutzungsdauer eines Investitionsprojekts ohne Anschlußinvestition ermittelt werden sollte. Es läßt sich folglich unmittelbar das Vorgehen aus Abschnitt 4.2 nutzen. Die hierbei resultierende optimale Nutzungsdauer der zweiten Projektdurchführung sei im weiteren mit $T^{(2)*}$ bezeichnet. Der damit einhergehende, auf den Zeitpunkt $T^{(1)}$ der Beendigung des ersten Projekts und Initiierung des zweiten bezogene Kapitalwert sei entsprechend als $\kappa^{(2)*}$ charakterisiert. Die in diesem Kontext genaugenommen erforderliche Indexierung mit "$T^{(1)}$" sei aus Vereinfachungsgründen weggelassen.

Bei der Bestimmung der optimalen Nutzungsdauer des ersten Projekts ist nun zu beachten, daß die Verlängerung der Nutzungsdauer von $T^{(1)} = T$ auf $T^{(1)} = T+1$ nicht nur zu den Zahlungskonsequenzen $-L_T$ in T und $z_{T+1}+L_{T+1}$ in T+1 führt, sondern daß sich vielmehr auch der Beginn der zweiten Projektdurchführung um eine Periode nach hinten verschiebt. Das bedeutet, daß die für eine Nutzungs-

---

[12] Gerade in investitionstheoretischen Ansätzen ist hierbei auch oft vom "**Rollback-Verfahren**" die Rede. Vgl. etwa *Hax* (1993), S. 179, *Kruschwitz* (2000), S. 301.

[13] Alternativ könnte man einfach im Rahmen **vollständiger Enumeration** für alle möglichen Kombinationen von Nutzungsdauern des ersten und des zweiten Projekts der zugehörige Gesamtkapitalwert bestimmen und auf dieser Grundlage die kapitalwertmaximale Handlungsalternative auswählen. Wenngleich hierbei sehr deutlich wird, daß einmal mehr eine Auswahlentscheidung zu treffen ist, ist dieses Verfahren jedoch deutlich aufwendiger als eine Lösung im Wege der Rückwärtsinduktion. Die letztgenannte Methodik vermeidet nämlich die Betrachtung zahlreicher suboptimaler Handlungsalternativen.

dauer von T des ersten Projekts in T anfallende Vermögensmehrung $\kappa^{(2)*}$ aus dem zweiten Projekt nunmehr erst in T+1 eintritt. Dies ist äquivalent zur Annahme, daß die Verlängerung der Nutzungsdauer des ersten Projekts insgesamt zu monetären Konsequenzen -L_T-$\kappa^{(2)*}$ in T und z_{T+1}+L_{T+1}+$\kappa^{(2)*}$ in T+1 führt. Wieder lohnt sich die Verlängerung der Nutzungsdauer für das erste Projekt von T auf T+1 genau dann, wenn der (auf T bezogene) Kapitalwert -L_T-$\kappa^{(2)*}$+(z_{T+1}+L_{T+1}+$\kappa^{(2)*}$)/(1+i) der Differenzinvestition nichtnegativ ist. Wegen -$\kappa^{(2)*}$+$\kappa^{(2)*}$/(1+i) < 0 für $\kappa^{(2)*}$ > 0 wird diese Bedingung aber eher als bei der zweiten Projektdurchführung verletzt sein. In der Tat werden für gegebene Nutzungsdauer $T^{(2)*}$ bei zweiter Projektdurchführung alle Differenzkapitalwerte des ersten Projekts um $\kappa^{(2)*}$-$\kappa^{(2)*}$/(1+i) reduziert, was tendenziell zur Vorteilhaftigkeit **kürzerer** Projektnutzungsdauern führt, obwohl die beiden hintereinander durchführbaren Projekte grundsätzlich gleichartig sind. Mit zunehmender Zahl betrachteter möglicher Projektwiederholungen verstärkt sich dieser Effekt, weil eine ceteris paribus erfolgende Verlängerung der Nutzungsdauer eines zeitlich weit vorne gelegenen Investitionsprojekts sich durch die spätere Durchführung sehr vieler nachfolgender Projekte zunehmend nachteilig auswirkt. Unterstellt man etwa die Möglichkeit dreimaliger Projektdurchführung, so führt die Verlängerung der Nutzungsdauer im Rahmen der ersten Projektimplementierung dazu, daß nun zwei Folgeprojekte jeweils eine Periode später beginnen und dementsprechend die Reichtumsmehrungen aus zwei Projekten zeitlich weiter nach hinten verschoben werden. Entsprechendes gilt bei N-maliger Projektdurchführung mit der Konsequenz, daß die optimale Nutzungsdauer des Projekts zu Anfang am kürzesten und bei der letzten Projektdurchführung am längsten ist. Man spricht hier auch von einem "**Ketteneffekt**".[14] Je höher der angesetzte Kalkulationszinsfuß ist, um so größer sind dabei ceteris paribus, das heißt für gegebene[15] Kapitalwerte der Folgeprojekte,

---

[14] Dieses bemerkenswerte Ergebnis geht auf *Preinreich* (1940), S. 16 f., zurück. Seine praktische Bedeutung wurde im deutschsprachigen Raum insbesondere von *Buchner* (1980, 1982b) sowie *Zechner* (1981, 1982) diskutiert.

[15] Natürlich sind diese Kapitalwerte in konkreten Entscheidungsproblemen nicht ceteris paribus gegeben, sondern werden typischerweise mit wachsendem i sinken. Insofern ist der Gesamteffekt einer Kalkulationszinsfußanhebung auf die

die Reichtumseinbußen aus der zeitlichen Verlagerung des Beginns von Folgeprojekten in die entferntere Zukunft.

Beispiel 4.4:

Gegeben sei die Entscheidungssituation aus Beispiel 4.2 mit dem einzigen Unterschied, daß nunmehr das besagte Investitionsprojekt zweimal hintereinander durchgeführt werden könne. Die optimale Nutzungsdauer im Rahmen der zweiten Realisation ist damit gemäß den Ergebnissen aus Beispiel 4.2 mit $T^{(2)*} = 3$ bereits bekannt. Bezogen auf den Zeitpunkt der zweiten Realisation des Projekts und damit zugleich den Zeitpunkt des Abbruchs der ersten Projektdurchführung beläuft sich der zugehörige Projektkapitalwert auf $\kappa^{(2)*} \approx 326{,}82$ GE. Aus der Verlängerung der Nutzungsdauer des ersten Projekts von T zu T+1 ergibt sich damit eine auf T bezogene Vermögenseinbuße wegen verzögerter zweiter Projektdurchführung von ungefähr 326,82-326,82/1,1 $\approx$ 29,71 GE. Alle in *Tabelle 4.5* ausgewiesenen, einfach diskontierten Kapitalwerte der zu betrachtenden Differenzinvestitionen sind demnach um diesen Betrag zu reduzieren, was aber nichts an der Optimalität einer Nutzungsdauer von $T^{(1)} = 3$ auch bei erstmaliger Projektdurchführung ändert. Augenscheinlich würde eine Verkürzung der optimalen Nutzungsdauer im Rahmen der ersten Projektdurchführung erst bei einer Reduktion aller Differenzkapitalwerte um mehr als ungefähr 45,45 GE eintreten. Im folgenden wird gezeigt, daß eine derartig deutliche Reduktion bei dreimaliger Durchführung des gleichen Investitionsprojekts in der Tat beobachtet werden kann.

Auch in diesem Fall löst man das Entscheidungsproblem im Wege der Rückwärtsinduktion von hinten nach vorne. Die optimale Nutzungsdauer für die dritte Projektdurchführung beträgt in Anbetracht der obigen Ergebnisse wegen fehlender Anschlußprojekte wieder $T^{(3)*} = 3$. Bei der zweiten Projektrealisation steht noch ein Folgeprojekt an. Auch hierfür ist die optimale Nutzungsdauer bereits bekannt. Sie beträgt ebenfalls $T^{(2)*} = 3$. Mit $T^{(1)} = T$ als die (noch zu bestim-

---

Nutzungsdauer eines bestimmten Investitionsprojekts im Rahmen der gesamten Projektkette nicht eindeutig determiniert. Vgl. hierzu auch etwa *Eisenführ* (1993), S. 74.

mende) Nutzungsdauer bei erster Projektdurchführung werden die Zahlungsreihen aus zweiter und dritter Projektdurchführung gemäß *Tabelle 4.6* beschrieben.

	T	T+1	T+2	T+3	T+4	T+5	T+6
$z_t^{(2)}$	-1.000	600	400	600	0	0	0
$z_t^{(3)}$	0	0	0	-1.000	600	400	600

Tabelle 4.6: Zahlungsreihen aus zweiter und dritter Projektdurchführung bei Optimalverhalten

Im Rahmen der Ermittlung der optimalen Nutzungsdauer bei erstmaliger Projektdurchführung ist nun zu beachten, daß jede Periode Nutzungsverlängerung sowohl die zweite als auch die dritte Projektdurchführung um eine weitere Periode hinauszögert. Aus der zweiten Projektdurchführung realisiert sich ein auf den Zeitpunkt T der Leistung der Anfangsauszahlung des zweiten Projekts und damit des Abbruchs des ersten Projekts bezogener Kapitalwert $\kappa^{(2)*}$ von etwa 326,82 GE. Entsprechend bezieht sich der gleich große Kapitalwert $\kappa^{(3)*}$ der dritten Projektdurchführung auf den Zeitpunkt $T+T^{(2)} = T+3$ der Anfangsauszahlung des dritten und damit des Abbruchs des zweiten Projekts. Die Verlängerung der Nutzungsdauer des ersten Projekts von $T^{(1)} = T$ auf $T^{(1)} = T+1$ verursacht damit hinsichtlich der unternehmerischen Vermögenssteigerungen aus dem zweiten und dritten Projekt die folgenden Konsequenzen gemäß *Tabelle 4.7*:

T	T+1	T+2	T+3	T+4
-326,82	326,82	0	-326,82	326,82

Tabelle 4.7: Vermögenskonsequenzen aus der Verlängerung der Nutzungsdauer bei erster Projektdurchführung von T auf T+1 (auf zwei Stellen genau gerundet)

Die bereits bekannten Kapitalwerte der Differenzinvestitionen aus *Tabelle 4.5* sind demnach sämtlich um $326{,}82 - 326{,}82/1{,}1 + 326{,}82/1{,}1^3 - 326{,}82/1{,}1^4 \approx 52{,}03$ GE nach unten zu korrigieren. Man erhält damit als neue, nunmehr relevante Differenzkapitalwerte bei Gegenüberstellung der Nutzungsdauern $T^{(1)} = T+1$ und $T^{(1)} = T$:

T	0	1	2	3	4
$\kappa_T^{((T+1)\text{-}T)}$	38,88	166,15	-6,58	-79,31	-97,49

Tabelle 4.8: Kapitalwerte der Differenzinvestitionen aufeinanderfolgender Nutzungsdauermöglichkeiten T+1 und T bei erster Projektdurchführung (auf zwei Stellen genau gerundet)

Augenscheinlich ist als optimale Nutzungsdauer für die erste Projektdurchführung demnach $T^{(1)*} = 2$ anzusetzen. □

4.4 Optimale Nutzungsdauern bei endlicher Kette verschiedenartiger Projekte

Die Ermittlung der optimalen Nutzungsdauer von Investitionsprojekten erschwert sich erheblich, wenn im Zeitablauf Zugang zu grundsätzlich **unterschiedlichen** Projekten besteht. Ursächlich hierfür sind die schon in einfachen Beispielen recht zahlreichen unterschiedlichen Handlungsalternativen, die sich durch die jeweils zulässigen Projektabfolgen ergeben.

Beispiel 4.5:
Gegeben sei ein Unternehmer, der in t = 0 ein Investitionsprojekt 1 mit maximaler Nutzungsdauer $T_1^{(max)} = 4$ durchführen kann. Von t = 1 bis t = 3 besteht Zugang zu einem weiteren Investitionsprojekt mit maximaler Nutzungsdauer von vier Perioden, dessen Durchführung den Abbruch des ersten Projekts erfordert. Ab t = 2 bis t = 4 schließlich kann ein drittes Investitionsprojekt mit maximaler

Nutzungsdauer von 2 Perioden initiiert werden, sofern alle vorhergehenden Projekte bereits liquidiert worden sind. Der betrachtete Unternehmer muß nun abwägen zwischen den folgenden grundsätzlichen Verhaltensweisen:

1) Durchführung entweder nur des Projekts 1 oder nur des Projekts 2 oder des Projekts 3,
2) Durchführung nur von Projekt 1 und Projekt 2,
3) Durchführung nur von Projekt 1 und Projekt 3,
4) Durchführung nur von Projekt 2 und Projekt 3,
5) Durchführung von Projekt 1, 2 und 3.

Insgesamt existieren 7 grundlegende Handlungsalternativen, für die zunächst die optimale Nutzungsdauer der jeweils betrachteten Projekte im Wege der Rückwärtsinduktion bestimmt werden könnte, wie es weiter oben präsentiert wurde, um anschließend auf der Grundlage der jeweils resultierenden Gesamtkapitalwerte zu einer abschließenden Beurteilung zu gelangen. Schon die Herleitung der optimalen Projektnutzungsdauern im Fall 4) wäre dabei aufwendiger als die Bestimmung der Lösung im Rahmen von Beispiel 4.4. □

Gerade weil sich sehr schnell recht komplexe Entscheidungsprobleme ergeben, dürfte in diesem Zusammenhang ein besonderes Bedürfnis zum Einsatz von Methoden des **Operations Research** (OR) bestehen, auf die hier allerdings nicht näher eingegangen werden soll.[16] Statt dessen soll eine zentrale Ursache für die zeitliche Abfolge unterschiedlicher Investitionsprojekte etwas näher untersucht werden, nämlich der technische Fortschritt.[17]

Technischer Fortschritt wird sich typischerweise dadurch bemerkbar machen, daß die erforderliche Anfangsauszahlung für ein Folgeprojekt im Zeitablauf sinkt

---

[16] Vgl. hierzu beispielsweise *Buchner* (1970) oder *Drexl* (1990).

[17] Vgl. zur Berücksichtigung technischen Fortschritts im Rahmen der Investitionsrechnung etwa auch *Nippel* (1995) sowie *Betge* (2000), S. 148 ff.

und/oder die nachfolgenden Einzahlungsüberschüsse wegen größerer Effektivität in der Produktfertigung oder auch wegen verbesserter Absatzmöglichkeiten infolge verbesserter Produktqualität steigen. Natürlich mag es sein, daß allgemeiner technischer Fortschritt über die dadurch ermöglichten Preissenkungsspielräume zu sinkenden Absatzpreisen führt. Von derartigen Sekundärwirkungen sei im weiteren abgesehen und vielmehr schlicht angenommen, daß die Realisation eines neuen Projekts zu einem beliebigen Zeitpunkt t bei einer (konstanten) Anfangsauszahlung $A_t = A_0$ zu anschließenden Rückflüssen $z_{t+1}, z_{t+2}, \ldots$ führt, die das q^t-fache der Einzahlungen $z_1, z_2, \ldots$ bei Projektrealisation im Zeitpunkt $t = 0$ betragen. Der Faktor $q \geq 1$ kann in diesem Zusammenhang als Maßgröße für den technischen Fortschritt aufgefaßt werden.

Fraglich ist allerdings, wie sich technischer Fortschritt auf die aus einer Liquidation des Investitionsprojektes realisierbaren Erlöse $L_{t+1}, L_{t+2}, \ldots$ auswirkt.[18] Unterstellt man etwa, daß sich diese bei Investition in t analog zu den $z_{t+1}, z_{t+2}, \ldots$ auf das q^t-fache der Werte für $L_1, L_2, \ldots$ belaufen, dann ergibt sich zumindest für das letzte Projekt in der Investitionskette eine vom Ausmaß q des technischen Fortschritts unabhängige optimale Nutzungsdauer. Die Ursache hierfür ist darin zu sehen, daß die Vorzeichen der Kapitalwerte[19] $\kappa_{t+T}^{((t+T+1)-(t+T))} = -L_{t+T}+(z_{t+T+1}+L_{t+T+1})/(1+i) = q^t \cdot [-L_T+(z_{T+1}+L_{T+1})/(1+i)]$ der relevanten Differenzinvestitionen bei Projektbeginn in t und ceteris paribus erfolgender Nutzungsdauerverlängerung von T hin zu T+1 unabhängig vom Ausmaß des technischen Fortschritts wegen $q \geq 1$ stets denen bei Projektbeginn in $t = 0$ entsprechen.

---

[18] Die Annahme $L_t = -A_t$ soll aus Plausibilitätsgründen hier nicht zur Diskussion stehen.

[19] Der Kapitalwert $\kappa_{t+T}^{((t+T+1)-(t+T))}$ bezeichnet hierbei den auf den Zeitpunkt t+T bezogenen unternehmerischen Vermögenszuwachs im Falle der Verlängerung der Nutzungsdauer des betrachteten Investitionsprojektes von T auf T+1 Perioden.

Nimmt man hingegen an, daß die Liquidationserlöse L_{t+1}, L_{t+2}, ... in Analogie zum Verhältnis zwischen A_t und A_0 sich nicht von den entsprechenden Werten L_1, L_2, ... bei Projektdurchführung im Zeitpunkt $t = 0$ unterscheiden, gelangt man zu $\kappa_{t+T}^{((t+T+1)-(t+T))} = -L_{t+T} + (z_{t+T+1} + L_{t+T+1})/(1+i) = -L_T + (q^t \cdot z_{T+1} + L_{T+1})/(1+i)$, wodurch eine verlängerte Nutzung des letzten Projekts in der Kette wegen $q^t \geq 1$ ceteris paribus zunehmend attraktiver wird. Insofern kann der technische Fortschritt zu **verlängerten** Nutzungsdauern von Projekten führen, wenn sich die positiven Konsequenzen aus dem technischen Fortschritt in erster Linie auf höhere positive Einzahlungen aus der laufenden Geschäftätigkeit beziehen. Im weiteren soll dieses plausibler[20] erscheinende der beiden behandelten Szenarien der Betrachtung zugrunde gelegt werden.

Die Konsequenzen technischen Fortschritts für Projekte, an die sich noch Folgeprojekte anschließen, sind differenzierter zu beurteilen. Neben dem gerade beschriebenen positiven Effekt aus zunehmendem technischen Fortschritt für das **aktuelle** Projekt selbst sind auch die Konsequenzen des technischen Fortschritts für die Attraktivität **künftiger** Projekte zu berücksichtigen.[21] Insbesondere macht der technische Fortschritt das Hinauszögern des Beginns neuer Projekte zum einen attraktiver, weil diese dann über günstigere Zahlungsreihen z_t verfügen. Zum anderen spricht aber für eine Verkürzung der Nutzungsdauer weit vorne gelegener Projekte im Fall starken technischen Fortschritts, daß die Kapitalwerte der Folgeprojekte und damit auch die Einbußen aus ihrem verspätetem Beginn mit wachsender Intensität des technischen Fortschritts zunehmen, so daß nicht ohne weiteres klar ist, wie sich technischer Fortschritt auf die optimale Nutzungsdauer von Projekten auswirkt, denen sich noch Folgeprojekte anschließen. Hier hilft nur eine formale Analyse, um die Gesamtzusammenhänge zu erhellen.

---

[20] Natürlich sind zahlreiche weitere Modellvarianten denkbar. Beispielsweise könnte man mit einiger Berechtigung den Liquidationserlös eines Zeitpunktes vom **gesamten** technischen Fortschritt bis zu diesem Zeitpunkt abhängig machen. Auf derartige Komplikationen wird im weiteren verzichtet.

[21] Prägnant formuliert, kann man demnach zwischen den Auswirkungen aktuellen und zukünftigen technischen Fortschritts unterscheiden.

Zu diesem Zweck sei die zweimalige Durchführung eines Investitionsprojekts unter Berücksichtigung der monetären Konsequenzen aus technischem Fortschritt betrachtet. Mit $\eta_T^{(2)*}$ sei der auf den Zeitpunkt T bezogene Ertragswert[22] aus der Durchführung des zweiten Projekts bei dessen Initiierung in T und optimaler Nutzungsdauer $T^{(2)*}$ bezeichnet. Der auf T bezogene gesamte Kapitalwert des zweiten Projekts beläuft sich wegen der Annahme $A_T = A_0$ entsprechend auf $\eta_T^{(2)*} \cdot A_0$.

Damit bewirkt eine Verlängerung der Nutzungsdauer bei erstmaliger Projektdurchführung von $T^{(1)} = T$ auf $T^{(1)} = T+1$ bei zunächst angenommener Konstanz der Nutzungsdauer $T^{(2)*}$ der zweiten Projektdurchführung, daß auf den Zeitpunkt T bezogen wegen $A_T = A_0$ und $z_{T+t} = q^T \cdot z_t$ ($t = 1, 2, ..., T^{(2)*}$) eine Kapitalwerteinbuße von $q^T \cdot \eta_0^{(2)*} \cdot A_0$ eintritt, wohingegen auf den Zeitpunkt T+1 bezogen ein zusätzlicher Kapitalwert $q^{T+1} \cdot \eta_0^{(2)*} \cdot A_0$ realisiert wird. Die monetären Konsequenzen aus der zeitlichen Verschiebung der zweiten Projektdurchführung um eine Periode nach hinten betragen auf T bezogen demnach

$$-q^T \cdot \eta_0^{(2)*} + A_0 + \frac{q^{T+1} \cdot \eta_0^{(2)*} \cdot A_0}{1+i}$$

$$= q^T \cdot \eta_0^{(2)*} \cdot \left(\frac{q}{1+i} - 1\right) + A_0 \cdot \left(1 - \frac{1}{1+i}\right). \tag{4.7}$$

Für hinreichend stark ausgeprägten technischen Fortschritt ergibt sich hier ein **positiver** Effekt aus der Nutzungsdauerverlängerung des ersten Projekts, obgleich der technische Fortschritt lediglich die Zahlungskonsequenzen aus der zweiten Projektdurchführung beeinflußt.[23] Dies gilt natürlich erst recht, wenn man eine mögliche Anpassung der Nutzungsdauer bei zweiter Projektdurchführung als Kon-

---

[22] Vgl. zum Ertragswertbegriff auch die Ausführungen im Abschnitt 2 dieses Kapitels sowie im Abschnitt 4 des Kapitels IV.

[23] Das heißt, wir betrachten hier in der Tat isoliert die Konsequenzen **künftigen** technischen Fortschritts, da aufgrund der getroffenen Annahmen **aktueller** technischer Fortschritt bei der ersten Investition keine Rolle spielt.

sequenz aus der verlängerten Nutzungsdauer des ersten Projekts explizit berücksichtigt. Entsprechendes gilt des weiteren bei der Betrachtung einer Kette von N Investitionsprojekten. In der Tat kommt es hier (unter anderem) zu einer Abwägung zwischen dem **negativen Zinseffekt** verspäteter Durchführung weiterer Projekte und dem **positiven Wachstumseffekt** aus technischem Fortschritt.

In diesem Zusammenhang ergeben sich auch bemerkenswerte Implikationen für den Fall, daß der Beginn eines Folgeprojekts über die technisch maximale Nutzungsdauer des ersten Projekts, das heißt, bis in Bereiche, in denen für das alte Projekt $z_t = L_t = 0$ gilt, hinaus verlängert werden kann. Bei hinreichend starkem technischem Fortschritt kann es sich in der Tat als lohnend erweisen, zwischen dem Ende des alten Projekts und dem Beginn des neuen Projekts zusätzlich Zeit verstreichen zu lassen.[24] Konkret wäre es bei einem positiven Vorzeichen der Differenz aus (4.7) am besten, mit dem zweiten Projekt so lange wie möglich zu warten. Technischer Fortschritt kann demnach auch und gerade unter Beachtung von Folgeprojekten ohne weiteres **nutzungsdauerverlängernd** und insofern (neu-) investitionshemmend wirken, wenn er allzu stark ausgeprägt ist[25]. Bestünde schon die Möglichkeit, die erste Investition zeitlich nach hinten zu verlagern, so wäre auch dies zu beobachten.

Die gerade beschriebenen Konsequenzen dürften auch praktisch bedeutsam sein. In der privaten Sphäre etwa führt der schnelle Fortschritt im Bereich der Computertechnologien sicherlich zu gewissen Kaufzurückhaltungen auf seiten der potentiellen Kunden, einfach weil die jeweils neu beschafften Geräte überaus schnell veralten.

---

[24] Für $q = 1$, also ohne technischen Fortschritt, käme ein derartiges Verhalten nie in Betracht.

[25] Entscheidend ist in diesem Zusammenhang allerdings, wie sich der technische Fortschritt konkret in der Zahlungsreihe manifestiert. Vgl. für einen alternativen Ansatz, in dem technischer Fortschritt stets nutzungsdauerverkürzend ist, *Swoboda* (1996), S. 106 ff.

Beispiel 4.6:

Gegeben sei das Beispiel 4.4 bei zweimaliger Investitionsmöglichkeit mit dem einzigen Unterschied, daß eine Durchführung des zweiten Projekts in einem Zeitpunkt $T^{(1)} = T$ infolge technischen Fortschritts zu Zahlungskonsequenzen $z_{T+1} = q^T \cdot z_1$, $z_{T+2} = q^T \cdot z_2$, ... führt. Es gelte hierbei $q = 1,3$. Spätestens im Zeitpunkt $T_{max} = 5$ müsse vom alten zum neuen Projekt gewechselt werden.

Die Ermittlung der optimalen Nutzungsdauern bei erster und zweiter Projektdurchführung erweist sich hier als deutlich schwieriger als im Beispiel 4.4. Denn die Nutzungsdauer bei erster Projektdurchführung bestimmt die Zahlungsreihe bei der zweiten Projektdurchführung, die aber ihrerseits von Bedeutung für die optimale Nutzungsdauer im Rahmen der erstmaligen Projektrealisation ist. Aus diesem Grunde ist für Nutzungsdauern $T = 0, ..., 5$ der ersten Projektrealisation zunächst die optimale Nutzungsdauer des zweiten Projekts zu bestimmen. Am einfachsten geschieht dies, indem man ähnlich wie im Beispiel 4.1 die jeweilige Zahlungsreihe für das zweite Projekt für gegebene Nutzungsdauer des ersten Projekts in Abhängigkeit der Nutzungsdauer des zweiten Projekts aufstellt. Beispielsweise erhält man für eine Nutzungsdauer $T^{(1)} = 3$ im Rahmen der ersten Projektdurchführung wegen $q^3 = 2,197$ mögliche Zahlungsreihen für das zweite Projekt gemäß *Tabelle 4.9*.

Zur Zahlungsreihe für $T^{(2)} = 3$ etwa gelangt man dabei, indem man unter Beibehaltung der Anfangsauszahlung von 1.000 GE die Werte der Spalten "t = 1" und "t = 2" der korrespondierenden Zeile aus *Tabelle 4.2* mit 2,197 multipliziert. Es gilt also $z_4 = 2,197 \cdot 600 = 1.318,2$ GE sowie $z_5 = 2,197 \cdot 400 = 878,8$ GE. Bei der Bestimmung von z_6 hingegen ist $2,197 \cdot 300 + 300 = 959,1$ GE zu rechnen, weil der Liquidationserlös in $t = 6$ annahmegemäß nicht vom technischen Fortschritt abhängt. In entsprechender Weise lassen sich alle übrigen Werte der *Tabelle 4.9* überprüfen.

	t = 3	t = 4	t = 5	t = 6	t = 7	t = 8
$T^{(2)} = 0$	0	0	0	0	0	0
$T^{(2)} = 1$	-1.000	1.918,2	0	0	0	0
$T^{(2)} = 2$	-1.000	1.318,2	1.378,8	0	0	0
$T^{(2)} = 3$	-1.000	1.318,2	878,8	959,1	0	0
$T^{(2)} = 4$	-1.000	1.318,2	878,8	659,1	539,4	0
$T^{(2)} = 5$	-1.000	1.318,2	878,8	659,1	439,4	131,82

Tabelle 4.9: Zahlungsreihe des Investitionsprojekts 2 je nach Nutzungsdauer T = 0, ..., 5 (bei dreiperiodiger Laufzeit von Projekt 1)

Die zugehörigen Kapitalwerte für das zweite Projekt belaufen sich mit Bezug auf den Zeitpunkt t = 3 der Projektrealisation auf:

T	0	1	2	3	4	5
$\kappa(T)$	0	743,82	1.337,87	1.645,23	1.788,25	1.801,8

Tabelle 4.10: Kapitalwerte für Projekt 2 in Abhängigkeit der Nutzungsdauer (auf zwei Stellen genau gerundet; dreiperiodige Laufzeit von Projekt 1)

Aus *Tabelle 4.10* ergibt sich damit, daß bei dreiperiodiger Laufzeit des ersten Projekts $T^{(2)*} = 5$ als optimale Laufzeit im Rahmen der zweiten Projektdurchführung resultiert. Auf entsprechende Weise kann man zeigen, daß $T^{(2)*} = 3$ für nullperiodige Laufzeit des ersten Projekts gilt, $T^{(2)*} = 4$ für ein- und zweiperiodige sowie $T^{(2)*} = 5$ für vier- und fünfperiodige. Die damit verbleibenden sechs Nutzungsdauerkombinationen können wiederum nach ihren jeweiligen Kapitalwerten beurteilt werden. Die Ergebnisse dieses Vergleichs sind in *Tabelle 4.11* zusammengefaßt.

$T^{(1)}$	$\kappa_0^{(1)}(T^{(1)})$	$\eta_{T^{(1)}}^{(2)*}-A_0$	$\kappa_0^{(1)}(T^{(1)}) + (\eta_{T^{(1)}}^{(2)*}-A_0)/1{,}1^{T^{(1)}}$
0	0	326,82	326,82
1	90,91	677,74	707,04
2	289,26	1.160,57	1.248,41
3	326,82	1.801,8	1.680,54
4	306,33	2.642,34	2.111,09
5	275,29	3.735,05	2.594,46

Tabelle 4.11: Kapitalwerte von Projekt 1 in t = 0 und Projekt 2 (bei optimaler Laufzeit) in t = $T^{(1)}$ in Abhängigkeit der Laufzeit $T^{(1)}$ des Projekts 1 (auf zwei Stellen genau gerundet)

Gemäß *Tabelle 4.11* sollte der Unternehmer demnach beide Male eine fünfperiodige Nutzungsdauer der Investitionsprojekte wählen. Sofern Projekt 1 auch mehr als fünf Perioden (mit Nullzahlungsreihen) "genutzt" oder später als in t = 0 initiiert werden könnte, würden sich hier aufgrund des sehr stark angenommenen technischen Fortschritts beide Maßnahmen aus unternehmerischer Sicht als optimal erweisen. Sehr gut erkennt man hier die mögliche **investitionshemmende** Wirkung technischen Fortschritts. □

4.5 Optimale Nutzungsdauern bei unendlicher Wiederholung identischer Projekte

Bislang wurde grundsätzlich von einem **endlichen** Betrachtungszeitraum ausgegangen. Im Zusammenhang mit bestimmten Unternehmenstypen wie Aktiengesellschaften wird jedoch in der Regel die Annahme eines **unbegrenzten** Zeithorizontes angemessener sein, da hier kein geplantes Ende der unternehmerischen

Tätigkeit vorgesehen und eine erzwungene Beendigung der Unternehmenstätigkeit im Gefolge einer Insolvenz wegen der angenommenen Sicherheit aller künftigen Zahlungskonsequenzen zumindest im hier betrachteten Kontext nicht denkbar ist. Selbst bei Abstellen auf die Betrachtung eines Einzelunternehmers kann die Annahme eines unbegrenzten Zeithorizontes sachgerecht sein, wenn man etwa die Möglichkeit der (für den Erblasser nutzenstiftenden) Vererbung eines Unternehmens in den Kalkül miteinbezieht. Insofern ist es schon von grundsätzlichem Interesse, eine derartige Situation näher zu untersuchen.

Die Bestimmung optimaler Projektnutzungsdauern bei Möglichkeit unendlich häufiger Projektwiederholung kann nun allerdings **nicht** mehr im Wege der Rückwärtsinduktion erfolgen, da es kein wohldefiniertes Ende der Projektkette gibt. Dafür kann unmittelbar darauf geschlossen werden, daß alle Projekte über **dieselbe optimale** Nutzungsdauer verfügen. In jedem Fall nämlich gibt es für ein beliebiges Projekt aus der gesamten Kette stets unendlich viele Folgeprojekte. Daraus läßt sich sofort folgern, daß die optimale Nutzungsdauer eines Projekts, dessen Kapitalwert für wenigstens ein T überhaupt größer als Null ist, auch bei unendlich häufiger Wiederholung nicht gegen Null gehen kann. Durch eine einheitliche Nutzungsdauer T = 0 könnte nämlich kein Vermögenszuwachs erzielt werden, während es annahmegemäß aber wenigstens eine einheitliche Projektnutzungsdauer T > 0 gibt, für die eine Vermögensmehrung erreichbar ist.

Die Ermittlung derjenigen einheitlichen Nutzungsdauer aller Projekte, die den Gesamtkapitalwert maximiert, kann auf verschiedene Arten erfolgen. Am einfachsten dürfte eine Argumentation auf der Grundlage **äquivalenter Annuitäten** sein.

Je nach gewählter einheitlicher Nutzungsdauer T verfügen die einzelnen Projekte über jeweils denselben Kapitalwert $\kappa(T)$. Zur Maximierung des Gesamtkapitalwertes gelangt man nun aber nicht dadurch, daß man einfach die Nutzungsdauer T wählt, die zum höchsten Kapitalwert eines Einzelprojekts führt. Zu beachten ist nämlich auch, wie viele Perioden erforderlich sind, um den betreffenden Projektkapitalwert zu "generieren". Eine kürzere Nutzungsdauer mag selbst bei geringerem damit verbundenen Kapitalwert von Vorteil sein, weil dadurch schneller zu einem Folgeprojekt gewechselt werden kann. Mit T^+ als Zeitpunkt der Implementierung eines Projekts erweist es sich aus diesem Grunde als zweckmäßig, zum Projektkapitalwert $\kappa_{T+}(T)$ bei Nutzungsdauer T diejenige gleichbleibende Einzahlung von T^++1 bis T^++T zu bestimmen, die mit Bezug auf T^+ zum gleichen Kapitalwert $\kappa_{T+}(T)$ wie die Zahlungsreihe des betrachteten Projekts führt. Dies ist definitionsgemäß die zur Projektzahlungsreihe gehörige äquivalente Annuität. Weil man sich auf die Betrachtung einer einheitlichen Nutzungsdauer für alle Projekte beschränken kann und demnach für alle Projekte bei gegebener einheitlicher Nutzungsdauer T zur gleichen äquivalenten Annuität gelangt, bestimmt man auf diese Weise letzten Endes zu jedem T einen gleichbleibenden Zahlungsstrom z(T) ab t = 1,[26] der über den gleichen Kapitalwert wie die gesamte unendliche Investitionskette verfügt. Natürlich ist diejenige Nutzungsdauer T für alle Projekte zu wählen, durch die die höchste Einzahlung z(T) erreicht wird.

Der zur Investitionskette gehörige Gesamtkapitalwert stimmt mit dem Kapitalwert der Zahlungsreihe z(T) überein. Bei Einzahlungen z(T) von t = 1 bis t = T_{ges} erhält man hierfür einen Kapitalwert von

$$\begin{aligned}
\kappa_{ges} &= z(T) \cdot RBF(i; T_{ges}) \\
&= z(T) \cdot \frac{(1+i)^{T_{ges}} - 1}{(1+i)^{T_{ges}} \cdot i} \\
&= z(T) \cdot \frac{1 - \frac{1}{(1+i)^{T_{ges}}}}{i}.
\end{aligned} \qquad (4.8)$$

---

[26] Hier erkennt man letztlich, warum der Projektkapitalwert $\kappa_{T+}(T)$ auf die Zeitpunkte T^++1 bis T^++T und nicht auf T^+ bis T^++T "umgelegt" wird. Im letztgenannten Fall nämlich gäbe es Überschneidungen zwischen den berechneten Zahlungsreihen von Projekten an den Zeitpunkten, wo das eine Projekt aufhört und ein anderes anfängt. Man erhielte somit **nicht** einen äquivalenten **konstanten** Zahlungsstrom über alle Betrachtungszeitpunkte hinweg.

Beim Übergang von der zweiten zur dritten Zeile in (4.8) wurde der Bruch mit $(1+i)^{T_{ges}}$ gekürzt.

Mit wachsendem T_{ges} wird der Ausdruck $1/(1+i)^{T_{ges}}$ immer kleiner und konvergiert für $T_{ges} \to \infty$ letzten Endes gegen Null, so daß man für den hier interessierenden Fall unendlicher Projektwiederholung ($T_{ges} \to \infty$) einen Rentenbarwertfaktor von $1/i$ und damit einen Gesamtkapitalwert von $z(T)/i$ erhält.

Beispiel 4.7:
Betrachtet sei das in den vorhergehenden Beispielen 4.2 bis 4.4 zugrunde gelegte Investitionsprojekt, das nun aber unendlich oft wiederholt werden könne. In der *Tabelle 4.12* sind die aus einmaliger Projektdurchführung in Abhängigkeit der unterstellten Projektnutzungsdauer T resultierenden Projektkapitalwerte $\kappa(T)$, die zu einer Projektlaufzeit von T jeweils gehörenden Rentenbarwertfaktoren RBF(i;T) sowie die sich somit ergebenden äquivalenten Annuitäten $z(T)$ abgetragen. Die Projektkapitalwerte sind schon aus *Tabelle 4.3* bekannt. Die Formel für die Berechnung von Rentenbarwertfaktoren lautet bekanntermaßen $[(1+i)^T-1]/[(1+i)^T \cdot i]$. Die Werte für $z(T)$ ergeben sich schließlich durch die Rechnung $\kappa(T)/RBF(i;T)$.

T	$\kappa(T)$	RBF(0,1;T)	z(T)
0	0	0	0
1	90,91	0,9091	100
2	289,26	1,7355	166,67
3	326,82	2,4869	131,42
4	306,33	3,1699	96,64
5	275,29	3,7908	72,62

Tabelle 4.12: Projektkapitalwerte, Rentenbarwertfaktoren und äquivalente Annuitäten für verschiedene Nutzungsdauern (gerundet)

Die höchste äquivalente Annuität und damit die optimale Nutzungsdauer wird für T = 2 erreicht. Der Unternehmer stellt sich hierbei genau so gut wie bei Zugang zu einer **ewigen Rente**, das heißt zeitlich unbegrenzten, gleichbleibenden Einzahlungen, ab t = 1 in Höhe von etwa 166,67 GE. Der zur Investitionskette gehörige Gesamtkapitalwert beläuft sich bei optimaler Nutzungsdauer für alle Projekte auf etwa 166,67/0,1 = 1.666,7 GE. □

4.6 Optimale Nutzungsdauern bei unendlicher Kette verschiedenartiger Projekte

Im Gegensatz zu einer Situation mit unendlicher Wiederholung identischer Projekte ist das Entscheidungsproblem bei einer unendlichen Kette **unterschiedlicher** Projekte selbstverständlich deutlich erschwert und sind allgemeine Aussagen kaum möglich. In diesem Zusammenhang mag man sich fragen, wie derartige Entscheidungssituationen mit einer Abfolge unendlich vieler nicht gleichartiger Projekte überhaupt aussehen. Ein Beispiel etwa läge für den Fall vor, daß man das im vorhergehenden Abschnitt erörterte Szenario mit technischen Fortschritt auf eine Situation mit der Möglichkeit unendlich häufiger Initiierung von Investitionsprojekten erweiterte, wobei jedes weitere Hinausschieben des Startzeitpunkts einer Investition zu einem Anwachsen der resultierenden Einzahlungsüberschüsse im Anschluß an die Anfangsauszahlung mit Faktor $q \geq 1$ führe.

Im Vergleich zur Darstellung für den Fall einer unendlichen Kette identischer Projekte werden die optimalen Nutzungsdauern einzelner verschiedenartiger Projekte im Zeitablauf generell nicht konstant sein, da bereits die **Qualität** der Folgeprojekte trotz jeweils unendlichen verbleibenden Zeithorizontes unterschiedlich ist. Insofern kann man die Untersuchung hierbei generell nicht ohne weiteres auf eine Optimierung über ewige Renten zurückführen. Aus diesem Grunde soll auf eine allgemeine Analyse dieses letzten Falls verzichtet werden. Festgehalten sei lediglich, daß sich die bereits bei endlicher Projektwiederholung auftretende investitionshemmende Wirkung des technischen Fortschritts natürlich auch bei unendlicher Projektwiederholung manifestieren kann.

Vergleichsweise einfach zu behandeln sind im wesentlichen allenfalls noch Situationen, in denen zwar grundsätzlich unterschiedliche Projekte im Zeitablauf hintereinander folgen, spätestens ab einem bestimmten Zeitpunkt T^+ jedoch aus Gründen der **Komplexitätsreduktion** dann doch eine unendliche Kette identischer Projekte betrachtet wird. Mithin läge hier zwar insgesamt eine unendliche Kette von Projekten vor, die nicht alle identisch sind, aber die Anzahl der verschiedenen Projekttypen wäre trotzdem **endlich**. In einer derartigen speziellen Situation wäre als erstes die optimale (einheitliche) Projektnutzungsdauer im Rahmen der unendlichen Kette identischer Projekte zu bestimmen. Mit Hilfe des hierbei resultierenden Kapitalwertes der gesamten Kette könnten sodann wieder im Wege der Rückwärtsinduktion die entsprechenden optimalen Nutzungsdauern der von den Gliedern der unendlichen Kette verschiedenartigen, zeitlich vorgelagerten Projekte bestimmt werden. Selbst derartige Entscheidungsprobleme können sich als außerordentlich komplex erweisen, da es sich hierbei generell um eine Erweiterung des bereits im vorhergehenden Abschnitts 4.4 behandelten Falls der endlichen Abfolge verschiedenartiger Projekte handelt. Aus diesem Grund soll nur ein sehr einfaches Beispiel zur Veranschaulichung gegeben werden.

Beispiel 4.8:
Gegeben sei das Investitionsprojekt aus Beispiel 4.2, dem eine unendliche Kette identischer Investitionsprojekte nachfolge, bei der sich die optimale Nutzungsdauer eines jeden Projekts auf 5 Perioden belaufe und einen Projektkapitalwert von jeweils 600 GE, bezogen auf den Zeitpunkt der jeweiligen Projektdurchführung, generiere. Die zu einem Kapitalwert von 600 GE gehörige äquivalente Annuität für 5 Perioden und einen Zinssatz $i = 10\%$ beträgt $600/RBF(0,1;5) \approx 600/3,7908 \approx 158,28$ GE. Mit $T^{(1)}$ sei der Zeitpunkt des Abbruchs des ersten Projekts und Beginn des zweiten bezeichnet. Damit erhält man einen auf $T^{(1)}$ bezogenen Kapitalwert der gesamten Kette von etwa $158,28/0,1 = 1.582,8$ GE. Die Aufschiebung des Beginns der Kette durch Nutzungsdauerverlängerung für das erste Projekt von $T^{(1)} = T$ auf $T^{(1)} = T+1$ führt mit Bezug auf T folglich zu einer Vermögenseinbuße von ca. $1.582,8 - 1.582,8/1,1 \approx 143,89$ GE. Um diesen Wert sind alle Differenzkapitalwerte aus *Tabelle 4.5* zu reduzieren, so daß sich

als Kandidaten für die optimale Nutzungsdauer des ersten Projekts $T^{(1)} = 0$ und $T^{(1)} = 2$ ergeben. Denn nur beim Wechsel von ein- zu zweiperiodiger Nutzung ergibt sich eine positive Kapitalwertveränderung, weswegen neben $T^{(1)} = 2$ auch der vollständige Verzicht auf Realisation des ersten Projekts grundsätzlich als Alternative in Erwägung zu ziehen ist.

Der für $T^{(1)} = 0$ resultierende Gesamtkapitalwert ist ungefähr 1.582,8 GE, während eine Nutzungsdauer von $T = 2$ für das erste Projekt zu einem Gesamtkapitalwert von etwa $289,26 + 1.582,8/1,1^2 \approx 1597,36\ \text{GE} > 1.582,8\ \text{GE}$ führt. Also beträgt die optimale Nutzungsdauer für das erste Projekt $T^{(1)*} = 2$. In der Tat war die Vorteilhaftigkeit von $T^{(1)} = 2$ gegenüber $T^{(1)} = 0$ in Anbetracht der Herleitungen aus Beispiel 4.7 des vorhergehenden Abschnitts 4.5 von vornherein klar. Dort führte die höhere äquivalente Annuität von etwa 166,67 GE zu einer Nutzungsdauerverkürzung für die erste Projektdurchführung auf ebenfalls $T^{(1)} = 2$, so daß im Rahmen dieses Beispiels 4.7 keine kürzere optimale Nutzungsdauer von 0 resultieren konnte. Generell aber sind Fälle denkbar, in denen bei einer Abfolge nicht identischer Projekte trotz eines für bestimmte Nutzungsdauern positiven Projektkapitalwertes für ein Projekt eine Nutzungsdauer von 0 gewählt wird. □

4.7 Zusammenfassung

Gegenstand dieses Abschnitts war eine vertiefte Analyse der Frage nach den Bestimmungsgründen der einem Investitionsprojekt zuzuordnenden Zahlungsreihe. Neben einer kurzen Diskussion einer Optimierung von Projektzahlungsreihen über entsprechende **Preissetzungsentscheidungen** in den einzelnen Zeitpunkten wurde anschließend schwerpunktmäßig auf die Ermittlung der **optimalen Nutzungsdauer** von Investitionsprojekten eingegangen. Schon wenn **nur ein** Projekt betrachtet wird, liegt mit der Bestimmung seiner optimalen Nutzungsdauer eine spezifische Form einer **Auswahlentscheidung** vor. Wegen der starken Ähnlichkeit der zur Auswahl stehenden Investitionsalternativen kann die Entscheidung in vielen Fällen recht leicht über die Bildung von **Differenzinvestitionen** "zeitlich benachbarter" Alternativen und die Berechnung der zugehörigen Kapitalwerte getroffen werden. Sofern mehrere Investitionsprojekte im Zeitablauf hintereinander durchgeführt werden können, ist bei **endlicher** Projektanzahl eine Lösung im Wege der **Rückwärtsinduktion** möglich. Man bestimmt demnach zunächst die optimale Nutzungsdauer des zuletzt durchzuführenden Projekts, anschließend die des vorletzten und so fort, bis man bei der ersten Projektdurchführung angelangt ist. Dieses Vorgehen ist vor allem deswegen geboten, weil die Verlängerung der Nutzungsdauer eines beliebigen Investitionsprojekts den Beginn aller nachgelagerten Projekte und die hieraus resultierenden Vermögenssteigerungen nach hinten verschiebt. Diese negative Konsequenz verlängerter Projektnutzung ist bei der Ermittlung optimaler Nutzungsdauern zu berücksichtigen und führt tendenziell zu **verkürzten** Nutzungsdauern zeitlich vorgelagerter Projekte, und zwar selbst dann, wenn eine Kette grundsätzlich identischer Projekte betrachtet wird.

Die Ermittlung der optimalen Nutzungsdauern einer Abfolge **nicht identischer** Projekte kann sich im Einzelfall als sehr schwierig erweisen und Methoden des **Operations Research** erfordern. Deswegen erfolgte in diesem Zusammenhang hier nur die Analyse eines sehr einfachen Beispiels zur Untersuchung der **Konsequenzen technischen Fortschritts** bei der Bestimmung optimaler Nutzungsdauern von Projekten im Zeitablauf. Es zeigte sich, daß für die hier gewählte Modellierung bei sehr ausgeprägtem technischen Fortschritt ein **nutzungsdauerverlängernder** und insofern **(neu-) investitionshemmender** Effekt zu beobachten war.

Schließlich wurde noch auf Situationen mit **unendlichem** Zeithorizont eingegangen, da diese Prämisse auch aus praktischen Überlegungen heraus vergleichsweise bedeutsam anmutet. Generelle Aussagen ließen sich allerdings nur unter der Annahme einer unendlichen Kette grundsätzlich **identischer** Projekte herleiten. Hierbei ergab sich, daß man wegen des Fehlens eines wohldefinierten Endes des Betrachtungszeitraums zwar das Problem nicht mehr im Wege der Rückwärtsinduktion lösen kann, dafür aber alle Projekte über die **gleiche optimale** Nutzungsdauer verfügen, da es stets unendlich viele Folgeprojekte gibt. Aus diesem Grunde ließ sich das Problem der Nutzungsdauerbestimmung auf einen Vergleich

ewiger Renten in Höhe der äquivalenten Annuitäten zu den jeweils einheitlich angenommenen Nutzungsdauern aller Projekte der Kette zurückführen.

Wiederholungsfragen

W4.1
Nennen Sie denkbare Möglichkeiten der unternehmerischen Einflußnahme auf die Zahlungsreihe eines Investitionsprojekts!

W4.2
Welche verschiedenen Fallkonstellationen im Zusammenhang mit Nutzungsdauerentscheidungen können unterschieden werden? Geben Sie jeweils eine Kurzcharakterisierung!

W4.3
Weshalb stellt die Bestimmung der optimalen Nutzungsdauer eines Investitionsprojekts ohne die Möglichkeit einer Anschlußinvestition eine typische Auswahlentscheidung dar?

W4.4
Erklären Sie die Vorgehensweise zur Bestimmung der optimalen Nutzungsdauer eines Investitionsprojekts ohne die Möglichkeit einer Anschlußinvestition mit Hilfe der Konzeption der Differenzinvestitionen zwischen "benachbarten" Projektnutzungsdauern!

W4.5
Skizzieren Sie die generelle Vorgehensweise zur Bestimmung optimaler Nutzungsdauern bei zweimaliger Wiederholung des gleichen Projekts!

W4.6
Was versteht man unter dem "Ketteneffekt" im Zusammenhang mit der Ermittlung optimaler Nutzungsdauern bei endlicher Wiederholung gleichartiger Investitionsprojekte?

W4.7

Wie wirkt sich technischer Fortschritt im Zeitablauf auf die Zahlungsreihe von Investitionsprojekten aus?

W4.8

Inwiefern erweist sich die Bestimmung optimaler Nutzungsdauern im Rahmen einer Abfolge verschiedenartiger Projekte als besonders schwierig?

W4.9

Erklären Sie intuitiv die mögliche nutzungsdauerverlängernde und (neu-) investitionshemmende Wirkung technischen Fortschritts!

W4.10

Wie ermittelt man die einheitliche optimale Projektnutzungsdauer bei unendlicher Wiederholung gleichartiger Investitionsprojekte?

Weil die hieraus resultierenden Rückflüsse die zu bedienende Verbindlichkeit inclusive Zinsen überstiegen, könnte man auf diese Weise beliebig hohe sichere Gewinne in $t = \tau+1$ erreichen. Natürlich würde jeder Marktteilnehmer diese Gelegenheit wahrnehmen wollen: Es gäbe daher zum Terminzinssatz für die Periode von $t = \tau$ bis $t = \tau+1$ in $t = 0$ kein Mittelangebot, aber eine unendlich große Mittelnachfrage, während zum zugehörigen Kassazinssatz des Zeitpunktes $t = \tau$ nur Mittel angeboten würden, aber nicht nachgefragt. Aufgrund völlig analoger Überlegungen kann der Terminzinssatz auch nicht größer als der entsprechende Kassazinssatz sein.

Beispiel 5.1:
Betrachtet sei ein Drei-Zeitpunkte-Modell ($t = 0, 1, 2$). Der in $t = 0$ für den Zeitraum von $t = 1$ bis $t = 2$ maßgebliche Terminzinssatz belaufe sich auf 5 %, während der in $t = 1$ für Anlage/Verschuldung bis $t = 2$ eintretende Kassazinssatz nur 4 % betrage. Jeder Marktteilnehmer wird dann in $t = 0$ bereits per Termin $t = 1$ Mittel in möglichst hohem Umfang bis $t = 2$ zu 5 % anlegen und den in $t = 1$ daraus resultierenden Mittelbedarf durch einperiodige Verschuldung im Rahmen eines Kassageschäfts von $t = 1$ bis $t = 2$ zu 4 % decken. Bei 100 GE, die auf diese Weise von $t = 1$ bis $t = 2$ zu 4 % aufgenommen und zu 5 % angelegt werden, resultiert letztlich ein positiver Überschuß von 1 GE in $t = 2$ ohne eigene Mitteleinsätze in $t = 0$ oder $t = 1$. Durch entsprechende Erhöhung des simultan für Verschuldung und Anlage vorgesehenen Geldbetrags kann jeder Marktteilnehmer seinen sicheren Überschuß für $t = 2$ beliebig groß werden lassen. Damit einher geht eine unbegrenzte Nachfrage nach Krediten zu 4 % und Mittelanlage zu 5 % von $t = 1$ bis $t = 2$. □

In der Literatur ist seit langem bekannt, wie im Falle **nicht-konstanter Ein-Perioden-Zinssätze** die Formel zur Berechnung des Kapitalwertes einer Zahlungsreihe lautet. Zur Herleitung muß man sich nur fragen, welchen Kreditbetrag K man in $t = 0$ aufnehmen kann, wenn man in $t = \tau$ genau 1 GE zurückzuzahlen bereit ist. Die Schulden des Zeitpunktes $t = 1$ belaufen sich bei Mittelaufnahme von $t = 0$ bis $t = 1$ in Höhe von K zu einem Zinssatz i_1 auf $K \cdot (1+i_1)$.

Da (für $\tau > 1$) in $t = 1$ noch keine Rückzahlungen erfolgen sollen, besteht Bedarf an einer Anschlußfinanzierung bis $t = 2$ zu einem Zinssatz i_2 für den Gesamtbetrag $K\cdot(1+i_1)$, was bis $t = 2$ zu weiter aufgelaufenen Verbindlichkeiten in Höhe von $K\cdot(1+i_1)\cdot(1+i_2)$ führt, die (im Falle von $\tau > 2$) wiederum für eine weitere Periode, dieses Mal zu i_3, zu refinanzieren sind. Augenscheinlich ergeben sich über diese revolvierende einperiodige Verschuldung bis $t = \tau$ insgesamt Verbindlichkeiten von $K\cdot(1+i_1)\cdot\ldots\cdot(1+i_\tau)$. Da die Verbindlichkeiten insgesamt 1 GE betragen sollen, kann man für $t = 0$ auf einen aufzunehmenden Kreditbetrag K von $1/[(1+i_1)\cdot\ldots\cdot(1+i_\tau)]$ schließen. Genau dies ist der **Kapitalwert** von 1 GE Einzahlung in $t = \tau$ aus Sicht von $t = 0$. Denn um diesen Betrag führt eine Einzahlung von 1 GE in $t = \tau$ für $t = 0$ zur Möglichkeit der Konsumausweitung für das betrachtete Wirtschaftssubjekt.[4] Die Verbindung zum Kapitalwert bei Konstanz aller Ein-Perioden-Zinssätze ist unmittelbar ersichtlich. Sofern $i_t = i$ für alle $t = 1, \ldots, \tau$ gilt, vereinfacht sich das Produkt $(1+i_1)\cdot\ldots\cdot(1+i_\tau)$ nämlich zu $(1+i)^\tau$.

Generell beträgt der Kapitalwert für eine Einzahlung z_τ in einem beliebigen Zeitpunkt $t = \tau$ natürlich $z_\tau/[(1+i_1)\cdot\ldots\cdot(1+i_\tau)]$. Der mögliche Mehrkonsum aus einer gesamten Zahlungsreihe $z_0, \ldots, z_T$ kann nun in gleicher Weise dadurch ermittelt werden, daß man sich für jede einzelne Einzahlung z_τ fragt, welcher maximale Kredit K_τ im Rahmen kurzfristig revolvierender Verschuldung von $t = 0$ bis $t = \tau$ hieraus finanziert werden kann und anschließend die Summe über all diese Einzelkredite bildet. Der Kapitalwert einer Zahlungsreihe $z_0, \ldots, z_T$ ist damit nach

---

[4] Man könnte mutmaßen, daß dieses Ergebnis doch nicht eindeutig sei, denn es wurde eine kurzfristig revolvierende Finanzierung unterstellt. Vielleicht ist der aus 1 GE in $t = \tau$ für $t = 0$ finanzierbare Konsum bei mehrperiodiger Mittelaufnahme noch höher. In der Tat ist genau dies aber nicht der Fall, da Finanzinvestitionen auf vollkommenem Kapitalmarkt **kapitalwertneutral** sind, unabhängig davon, ob die Ein-Perioden-Zinssätze konstant oder nicht konstant sind. Wäre es anders, ergäben sich erneut Möglichkeiten zur Erzielung unbegrenzter Gewinne, indem man zinsgünstig Mittel aufnähme und hochverzinslich anläge. Hierauf wird noch zurückzukommen sein.

wie vor nichts anderes als die Summe der Einzelkapitalwerte der Zahlungen z_t, **Wertadditivität** trotz mangelnder Konstanz der Ein-Perioden-Zinssätze demnach weiterhin gegeben. Aus diesem Grunde gelangt man letztlich zu der folgenden Formel für den Kapitalwert eines Investitionsprojekts mit Zahlungskonsequenzen $z_0, \ldots, z_T$:[5]

$$\kappa = z_0 + \frac{z_1}{1+i_1} + \frac{z_2}{(1+i_1)\cdot(1+i_2)} + \ldots + \frac{z_T}{(1+i_1)\cdot(1+i_2)\cdot\ldots\cdot(1+i_T)}$$

$$= \sum_{t=0}^{T} \frac{z_t}{\prod_{\tau=1}^{t}(1+i_\tau)}. \tag{5.1}$$

Formel (5.1) hat den Nachteil, daß sie sich auf künftige Kassa- bzw. aktuelle Terminzinssätze bezieht. Sofern diese nicht unmittelbar gegeben sind, stellt sich natürlich die Frage, wie sie auf der Grundlage anderer Daten wohl berechnet werden können. Konkret wird es in aller Regel einfacher sein, in praxi die für verschiedene Laufzeiten $t = \tau$ zu einem bestimmten Betrachtungszeitpunkt $t = 0$ am Kapitalmarkt für Mittelanlage und -verschuldung mit periodischer Zinszahlung jeweils herrschenden **Ein-Perioden-Verzinsungen** r_τ zu ermitteln.

Beispiel 5.2:

Es sei angenommen, daß man bei einer Mittelanlage von $t = 0$ bis $t = 4$ eine periodische Verzinsung r_4 des angelegten Betrags von 7 % erzielt. Dies bedeutet, daß bei einem Anlagebetrag von 100 GE jeweils $0{,}07 \cdot 100 = 7$ GE Zinsen in $t = 1$ bis $t = 4$ sowie in $t = 4$ zusätzlich eine Rückzahlung der angelegten 100 GE geleistet werden. Bei weiterhin gegebener Annahme eines vollkommenen Ka-

---

[5] Es sei darauf hingewiesen, daß das Produkt $\prod_{\tau=1}^{0}(\cdot)$ **definitionsgemäß** den Wert 1 annimmt. Ein zu (5.1) analoger Zusammenhang gilt natürlich auch, wenn Verzinsungen für Zeiträume von weniger als einer Periode gegeben sind. Stets steht im Nenner der Kapitalwertformel das Produkt der entsprechenden Verzinsungsmaße.

pitalmarktes gelten diese Zusammenhänge in entsprechender Weise bei Verschuldung von t = 0 bis t = 4. Der Zinssatz r_3 für Mittelanlage/-aufnahme von t = 0 bis t = 3 kann sich aber ohne weiteres auf einen anderen Wert, etwa 6,5 %, belaufen. Dies impliziert, daß ein Anlagebetrag von 100 GE Zinsen in Höhe von 0,065·100 = 6,5 GE in den Zeitpunkten t = 1 bis t = 3 erbringt, wobei zusätzlich in t = 3 der gesamte Betrag von 100 GE zurückgezahlt wird. Für eine zweiperiodige Anlage von t = 0 bis t = 2 belaufe sich der maßgebliche Ein-Perioden-Zinssatz r_2 auf 6 % und r_1 für einperiodige Anlage von t = 0 bis t = 1 auf 4 %. Diese Angaben sind nochmals in *Tabelle 5.1* zusammengefaßt.

Laufzeit t	1	2	3	4
Zinssatz r_t	4 %	6 %	6,5 %	7 %

Tabelle 5.1: Periodenzinssätze in Abhängigkeit vom Anlage-/Verschuldungszeitraum □

Sofern lediglich die Zinssätze r_t bekannt sind, ist nicht ohne weiteres klar, wie sich der Kapitalwert einer Zahlungsreihe z_0, ..., z_T berechnet und, damit zusammenhängend, welche Ein-Perioden-Zinssätze i_t (t = 1, ..., T) auf dem betrachteten Kapitalmarkt herrschen. Auf diese beiden Fragen ist im weiteren vertieft einzugehen. Vor allem von *Rolfes* wurde zu diesen Fragen in Deutschland eine umfangreiche Diskussion in Gang gesetzt, in deren Verlauf eine Reihe von Zusammenhängen neu rekapituliert wurde und auch Eingang in Lehrbuchdarstellungen fand.[6] Trotz allgemeiner Bekanntheit der generellen Zusammenhänge haben sich die Ausführungen zum Fall nicht-konstanter Ein-Perioden-Zinssätze in den meisten Lehrbüchern nämlich vor Beginn der genannten Diskussion auf die bloße Wiedergabe von (5.1) ohne tiefergehende Erläuterungen beschränkt.[7] Statt

---

[6] Vgl. insbesondere *Kruschwitz* (2000), S. 87 ff., sowie *Schäfer* (1999), S. 190 ff.

[7] Beispielhaft sei auf die Darstellung in *Hax* (1993), S. 14, verwiesen.

dessen wurde fast ausschließlich mit der Annahme $i_t = i$ = konst. ($\forall$ t) gearbeitet. Die folgende Darstellung baut deswegen auf den Ausführungen von *Rolfes* (1992, 1993)[8] und seinen Kritikern auf.[9] Zunächst wird dabei im **Abschnitt 5.2** dargelegt, wie *Rolfes* bei alleiniger Bekanntheit der Zinssätze r_t (t = 1, ..., T) Kapitalwerte über ein "retrogrades" Berechnungsschema zu ermitteln sucht.

Unter einem **Zero Bond** versteht man eine Anlage- oder Verschuldungsform, die nur in einem einzigen Zeitpunkt t > 0 Zahlungskonsequenzen mit sich bringt. Da man jeden Zahlungsstrom als ein **Bündel von Zero Bonds** verschiedener Fristigkeit auffassen kann, bietet es sich an, den Kapitalwert von Investitionsprojekten über die Summe der Kapitalwerte der der Projektzahlungsreihe entsprechenden Zero Bonds zu bestimmen. Dieser Gedanke wird im **Abschnitt 5.3** präsentiert. Zugleich werden dort auch die Grenzen der Anwendbarkeit der retrograden Berechnungsmethode von *Rolfes* aufgezeigt, und es wird ein einfacheres und allgemeineres Verfahren zur Ermittlung des Kapitalwerts von Investitionsprojekten über die Formulierung und Lösung eines **Systems linearer Gleichungen** präsentiert. Im **Abschnitt 5.4** wird aus der Kapitalmarktbewertung von Zero Bonds auf deren zugehörige **Effektivrenditen** v_t (t = 1, ..., T) geschlossen und der Begriff der **Zinsstruktur** eingeführt. **Abschnitt 5.5** dient der genaueren Analyse der Zusammenhänge zwischen den Zinssätzen i_t, r_t und v_t auf einem vollkommenen Kapitalmarkt im Gleichgewicht, und im **Abschnitt 5.6** werden alle erhaltenen Resultate zusammengefaßt.

---

[8] Im Jahre 1998 ist das Lehrbuch von *Rolfes* aus dem Jahre 1992 in quasi unveränderter zweiter Auflage erschienen.

[9] Es ist in diesem Lehrbuch nicht nötig, im einzelnen auf die Streitpunkte im Rahmen der geführten Diskussion einzugehen, zumal die Qualität der Beiträge als überaus heterogen einzustufen ist. Als sehr lesenswert können allerdings die Ausführungen von *Kruschwitz/Röhrs* (1994) und *Hartmann-Wendels/Gumm-Heußen* (1994) bezeichnet werden. Die Daten aus Beispiel 5.2 und die hierauf aufbauenden, nachfolgenden Beispiele sind entsprechend der erstgenannten Quelle entlehnt.

5.2 Die retrograde Berechnungsmethode nach *Rolfes*

Im weiteren sei angenommen, daß für alle Laufzeiten t = 1, ..., T die zugehörigen **Ein-Perioden-Verzinsungen** r_t einer entsprechenden t-periodigen Anlage/Verschuldung bekannt sind. Damit kann man sich nun als erstes für die letzte Zahlungskomponente z_T eines Investitionsprojekts fragen, wie hoch ein in t = 0 aufzunehmender Kredit K_T mit Laufzeit bis t = T sein kann, wenn im Zeitpunkt t = T der Zahlungseingang aus dem Investitionsprojekt ausreichen soll, um den Kreditbetrag inclusive der dann fälligen Zinsen zurückzuzahlen. Augenscheinlich gilt $K_T/(1+r_T)$. Dabei ist nun aber zu beachten, daß auch in den Zeitpunkten t = 1, ..., T-1 Zinszahlungen im Umfang $K_T \cdot r_T$ anfallen. Das heißt, im Zeitpunkt t = T-1 etwa verbleiben aus dem Investitionsprojekt unter Beachtung der gerade genannten Zinszahlungen noch Überschüsse von $z_{T-1} - K_T \cdot r_T$. Wiederum kann aus diesem Restbetrag eine Kreditaufnahme in t = 0, dieses Mal mit Fälligkeit in t = T-1 finanziert werden. Damit in t = T-1 Zahlungsfähigkeit gerade noch gewährleistet ist, darf der Kreditbetrag K_{T-1} nicht größer als $(z_{T-1} - K_T \cdot r_T)/(1+r_{T-1})$ gewählt werden. In t = T-2 verfügt der Unternehmer unter Beachtung der Zinszahlungen aus dem T- und (T-1)-periodigen Kredit noch über liquide Mittel von $z_{T-2} - K_T \cdot r_T - K_{T-1} \cdot r_{T-1}$, aus denen ein dritter Kredit K_{T-2} im Zeitpunkt t = 0 aufgenommen werden kann. Insgesamt kann man demnach zu jeder Einzahlung z_t einen Kreditbetrag im Umfang K_t mit gleicher Laufzeit unter Berücksichtigung der zwischenzeitlichen Zinszahlungen aufnehmen. Die Summe $K_1 + ... + K_T$ der in t = 0 verfügbaren Mittel aus den Krediten nach Abzug der Anfangsauszahlung bezeichnet den aus dem Investitionsprojekt an den Unternehmer in t = 0 fließenden Reichtumszuwachs, bestimmt also damit den **Projektkapitalwert**. Die einzelnen Kreditvolumina K_t werden hierbei "von hinten nach vorne" ermittelt, weil der maximal rückzahlbare Kreditbetrag K_t mit Fälligkeit im Zeitpunkt t grundsätzlich nur bestimmt werden kann, wenn bekannt ist, welche Zinszahlungen aufgrund von Krediten mit Fristigkeiten von t+1 bis T (auch) in t anfallen. Man spricht deswegen bei dieser Art der Ermittlung des Projektkapitalwertes von der "retrograden" Berechnungsmethode. Sie geht auf *Rolfes* (1992, 1993) zurück.

Beispiel 5.3:

Es seien ein Investitionsprojekt mit $z_0 = -8.000$, $z_1 = 2.000$, $z_2 = 2.100$, $z_3 = 2.900$ sowie $z_4 = 3.800$ GE und die Kapitalmarktdaten gemäß *Tabelle 5.1* vorausgesetzt. In *Tabelle 5.2* sind die Zahlungsreihen aller realisierbaren Kredite $K^{(t)}$ mit Fälligkeiten in t = 1 bis t = 4 wiedergegeben.

t	0	1	2	3	4
z_t	-8.000	2.000	2.100	2.900	3.800
$K^{(4)}$	3.551,4	-248,6	-248,6	-248,6	-3.800
$K^{(3)}$	2.489,58	-161,82	-161,82	-2651,4	0
$K^{(2)}$	1.593,94	-95,64	-1.689,58	0	0
$K^{(1)}$	1.436,48	-1.493,94	0	0	0
Σ	1.071,4	0	0	0	0

Tabelle 5.2: Retrograde Kapitalwertermittlung (Zahlen generell auf zwei Dezimalstellen gerundet)

Der Kreditbetrag K_4 zum Kredit $K^{(4)}$ aus *Tabelle 5.2* wurde beispielsweise durch die Rechnung 3.800/1,07 ≈ 3.551,4 GE ermittelt. Die damit einhergehenden Zinszahlungen in den Zeitpunkten t = 1, ..., 4 betragen ungefähr 0,07·3.551,4 ≈ 248,6 GE. Aus Unternehmersicht abfließende Zahlungen werden in *Tabelle 5.2* dabei durchgängig mit **negativem** Vorzeichen, zufließende Zahlungen hingegen mit **positivem** Vorzeichen ausgewiesen. Unter Beachtung der Zinszahlungen von etwa 248,6 GE in t = 3 aus dem Kreditbetrag K_4 verbleiben in t = 3 noch ungefähr 2.900-248,6 = 2.651,4 GE zur Tilgung eines Kreditbetrags K_3 mit dreiperiodiger Laufzeit, der sich deshalb auf näherungsweise 2.651,4/1,065 ≈ 2.489,58 GE belaufen kann und in t = 1, 2, 3 Zinszahlungen von ca. 0,065· 2.489,58 ≈ 161,82 GE zur Folge hat. In entsprechender Weise sind die übrigen Zahlungsgrößen aus *Tabelle 5.2* ermittelt.

Insgesamt können aus den Einzahlungsüberschüssen z_1, ..., z_4 des Investitionsprojekts damit Kredite in einem Gesamtumfang von etwa 3.551,4+2.489,58+ 1.593,94+1.436,48 ≈ 9.071,4 GE in Zukunft verzinst und getilgt werden. Nach Abzug der 8.000 GE für die Anfangsauszahlung im Zusammenhang mit dem Investitionsprojekt verbleibt dem Unternehmer in t = 0 eine Reichtumssteigerung von ca. 9.071,4-8.000 = 1.071,4 GE, wodurch zugleich der Kapitalwert des betrachteten Investitionsprojekts beschrieben wird. □

5.3 Kapitalwertberechnung mittels Zero-Bond-Abzinsungsfaktoren

So anschaulich die retrograde Berechnungsmethode auch ist, so mühselig ist sie, wenn mehrere Projekte zur Auswahl stehen. Denn für jedes Investitionsprojekt ist aufs neue ein Tableau wie in *Tabelle 5.2* zu erstellen. Aus diesem Grunde wäre es hilfreich, über eine **weniger umständliche** Methode zur Kapitalwertermittlung zu verfügen.

Einen denkbaren Zugang zur Problemlösung gewinnt man, wenn man den Begriff des **"Zero Bond"** (oder der "Nullkupon-Anleihe") einführt. Ein Zero Bond ist ein Finanzierungstitel, der nur in einem zukünftigen Zeitpunkt t mit von Null verschiedenen Zahlungskonsequenzen verbunden ist.[10] Beispielsweise führt ein in t = 0 ausgegebener dreiperiodiger Zero Bond nur in t = 3 zu Rückzahlungen an den Halter dieses Finanzierungstitels. Diese Rückzahlung umfaßt damit neben der Tilgung des jeweils an den Emittenten des Zero Bond in t = 0 gezahlten Betrags auch die zugehörige gesamte Verzinsung. Man kann sich nun natürlich ohne weiteres einen standardisierten Zero Bond mit einem Zahlungsversprechen von 1 GE im Zeitpunkt t = τ vorstellen. Dessen Preis in t = 0 sei mit d_τ bezeichnet und wird **"Zero-Bond-Abzinsungsfaktor"** genannt. Ein Zero-Bond mit einem Zahlungsversprechen von z_τ in t = τ verfügt dann über einen Preis in t = 0 von gerade $d_\tau \cdot z_\tau$. Auf einem vollkommenen Kapitalmarkt bei Sicherheit stimmt der Preis oder Marktwert eines Zahlungsstroms mit seinem Kapitalwert überein.

---

[10] Vgl. zum Begriff auch etwa *Kußmaul* (1989).

Aus der **Wertadditivität** der Kapitalwert- und damit auch der Marktwertformel folgt, daß der Preis einer Summe von Zahlungen $z_0, z_1, \ldots, z_T$ der Summe der Preise dieser Zahlungen entspricht. Da letztere wiederum mit Hilfe der Zero-Bond-Abzinsungsfaktoren bestimmt werden können, stellt sich der **Kapitalwert** eines Zahlungsstroms $z_0, z_1, \ldots, z_T$ auch wie folgt dar:

$$\kappa = d_0 \cdot z_0 + d_1 \cdot z_1 + \ldots + d_T \cdot z_T = \sum_{t=0}^{T} d_t \cdot z_t. \qquad (5.2)$$

Inhaltlicher Hintergrund für Formel (5.2) ist, daß jeder Zahlungsstrom grundsätzlich als ein **Bündel von Zero Bonds** interpretiert werden kann. Gemäß (5.2) sind die Zero-Bond-Abzinsungsfaktoren unmittelbar identisch mit den **Diskontierungsfaktoren** für die einzelnen Zahlungszeitpunkte im Rahmen von Kapitalwertberechnungen. Gerade dies macht ihre besondere Bedeutung aus, und deswegen seien sie im weiteren mit dem Kürzel "d" bezeichnet.

Beispiel 5.4:
Gegeben seien das Investitionsprojekt aus Beispiel 5.3 sowie Zero-Bond-Abzinsungsfaktoren für die verschiedenen Zeitpunkte $t = 1, \ldots, 4$ gemäß *Tabelle 5.3*.

t	0	1	2	3	4
d_t	1	0,9615	0,889	0,826	0,7595

Tabelle 5.3: Zero-Bond-Abzinsungsfaktoren d_t für verschiedene Laufzeiten t

Wieso sich die Zero-Bond-Abzinsungsfaktoren gerade auf die in *Tabelle 5.3* ausgewiesenen Werte belaufen sollten, wird noch weiter unten näher erläutert. In jedem Fall einleuchten dürfte aber, daß $d_0 = 1$ GE gilt: Eine in $t = 0$ zu erhaltende Geldeinheit ist natürlich schon definitorisch in $t = 0$ auch 1 GE wert. Klar sein dürfte auch, daß die Zero-Bond-Abzinsungsfaktoren mit wachsender Laufzeit t immer kleiner werden. In aller Regel ist der Zufluß von 1 GE in einem Zeitpunkt t = τ aus Sicht des Zeitpunktes t = 0 wertvoller als der Zugang von 1 GE in einem Zeitpunkt t = τ+1. Zumindest kann bei Möglichkeit zu **zinsloser Kassenhaltung** von Wirtschaftssubjekten unmittelbar darauf geschlossen werden, daß die Folge der d_t mit wachsendem t **monoton fallend** verlaufen muß, da ansonsten wenigstens ein Zeitpunkt t = τ existiert, so daß man sich auf folgende Weise durch Kapitalmarkttransaktionen bereichern könnte: Erwerb eines Zero Bond mit Fälligkeit in t = τ, Kassenhaltung der in t = τ zufließenden Mittel und Nutzung des damit in t = τ+1 vorhandenen liquiden Bestands zur Bedienung eines ebenfalls in t = 0 mit Fälligkeit t = τ+1 veräußerten Zero Bond gleichen Rückzahlungsbetrags wie (aber höheren Preises als) der in t = 0 erworbene. Dem per Saldo verbleibenden Mittelüberschuß in t = 0 stünden keinerlei weitere Zahlungskonsequenzen in Folgezeitpunkten gegenüber. Unterstellt man gar plausiblerweise, daß alle künftigen Ein-Perioden-Zinssätze positiv sind, dann muß die Folge der d_t sogar **streng** monoton fallen, sofern am Kapitalmarkt keine Bereicherungsmöglichkeiten bestehen sollen, was wiederum im hier betrachteten Kontext notwendige Voraussetzung für die Existenz eines Kapitalmarktgleichgewichts ist.

In jedem Fall kann man den Zahlungsstrom aus dem zu bewertenden Investitionsprojekt derart interpretieren, daß er aus 8.000 Zero Bonds über jeweils 1 GE Rückzahlung mit Fälligkeit in t = 0, 2.000 Zero Bonds über je 1 GE Rückzahlung mit Fälligkeit in t = 1, 2.100 Zero Bonds über je 1 GE Rückzahlung mit Fälligkeit in t = 2, 2.900 Zero Bonds über je 1 GE Rückzahlung mit Fälligkeit in t = 3 sowie schließlich auch noch 3.800 Zero Bonds über je 1 GE Rückzahlung mit Fälligkeit in t = 4 besteht. Der Markt- oder Kapitalwert dieses Bündels von Zero Bonds bestimmt sich dabei als

$$-8.000 + 2.000 \cdot 0{,}9615 + 2.100 \cdot 0{,}889 + 2.900 \cdot 0{,}826 + 3.800 \cdot 0{,}7595$$
$$= 1.071{,}4 \text{ GE}. \tag{5.3}$$

Es resultiert demnach das gleiche Ergebnis wie im vorhergehenden Abschnitt 5.2. In der Tat muß dies bei konsistenter Berechnung auch der Fall sein, wie gleich noch erläutert wird. Des weiteren sollte beachtet werden, daß jedes andere

Investitionsprojekt in ganz entsprechender Weise wie das obige mit Hilfe von Zero-Bond-Abzinsungsfaktoren bewertet werden kann. □

Sobald man die Zero-Bond-Abzinsungsfaktoren kennt, kann der Kapitalwert zu **jedem beliebigen** Investitionsprojekt gemäß Formel (5.2) leicht bestimmt werden. Damit stellt sich allerdings unmittelbar die Frage nach Möglichkeiten zur Ermittlung der Zero-Bond-Abzinsungsfaktoren. Im Hinblick auf das im Abschnitt 5.2 präsentierte Vorgehen zur Berechnung des Kapitalwertes eines Investitionsprojekts bietet es sich an, auch Zero-Bond-Abzinsungsfaktoren im Wege einer **retrograden Berechnung** zu ermitteln. Ein Zero-Bond-Abzinsungsfaktor d_τ ist ja nichts anderes als der Kapitalwert aus Sicht des Zeitpunktes $t = 0$ von 1 GE Einzahlung in $t = \tau$.

Beispiel 5.5:
Gegeben seien die Kapitalmarktdaten des Beispiels 5.2. Der Kapitalwert von 1 GE Einzahlung im Zeitpunkt $t = 4$ aus Sicht des Zeitpunktes $t = 0$ kann dann über die retrograde Berechnungsmethode von *Rolfes* (1992, 1993) wie folgt bestimmt werden.

t	0	1	2	3	4
z_t	0	0	0	0	1
$K^{(4)}$	0,9346	-0,0654	-0,0654	-0,0654	-1
$K^{(3)}$	-0,0614	0,004	0,004	0,0654	0
$K^{(2)}$	-0,0579	0,0035	0,0614	0	0
$K^{(1)}$	-0,0557	0,0579	0	0	0
Σ	0,7596	0	0	0	0

Tabelle 5.4: Retrograde Ermittlung von d_4 (Zahlen generell auf vier Dezimalstellen gerundet)

Der Aufbau von *Tabelle 5.4* entspricht grundsätzlich dem von *Tabelle 5.2*. Zunächst fragt man sich demnach, welcher Kredit in t = 0 mit Fälligkeit in t = 4 aufgenommen werden kann, wenn eine Einzahlung von 1 GE in t = 4 zur Kreditrückzahlung und Leistung von Zinsen zur Verfügung steht. Das gesuchte Kreditvolumen K_4 berechnet sich bekanntermaßen als 1/1,07 ≈ 0,9346 GE. Die in t = 1 bis t = 4 hieraus resultierenden Zinszahlungen sind näherungsweise 0,07· 0,9346 ≈ 0,0654 GE. Eine kleine Modifikation im Vergleich zur Kapitalwertberechnung des Beispiels 5.3 besteht nun allerdings insofern, als in t = 3 infolge fehlender positiver Einzahlungen zur Erbringung der gerade berechneten Zinsleistung von 0,0654 GE aus Sicht des Zeitpunktes t = 0 eine Anlage, also ein negativer Kredit, zu tätigen ist. Diese Anlage muß sich in t = 0 auf ungefähr 0,0654/1,065 ≈ 0,0614 GE belaufen, damit in t = 3 hieraus Rückflüsse von näherungsweise 0,0654 GE resultieren, aus denen die Zinszahlungen des Zeitpunktes t = 3 im Zusammenhang mit dem Kredit $K^{(4)}$ bedient werden können. In entsprechender Weise erhält man einen zusätzlichen Anlagebedarf in Höhe von ca. 0,0579 GE von t = 0 bis t = 2 sowie von etwa 0,0557 GE von t = 0 bis t = 1. Per saldo verbleiben von dem Kreditvolumen in Höhe von etwa 0,9346 GE nach Abzug der benötigten Anlagen von insgesamt ungefähr 0,0614+0,0579+ 0,0557 = 0,175 GE noch ungefähr 0,7596 GE in t = 0. Dies ist der letztlich über 1 GE Einzahlung in t = 4 zum Zeitpunkt t = 0 finanzierbare Mehrkonsum eines Wirtschaftssubjekts, also der Markt- oder Kapitalwert von 1 GE Einzahlung in t = 4, mithin der gesuchte Zero-Bond-Abzinsungsfaktor d_4. Bis auf Rundungsdifferenzen stimmt er mit dem über *Tabelle 5.3* ad hoc vorausgesetzten Wert für d_4 überein. □

Bei einem Betrachtungszeitraum bis t = T müßte man demnach **T-mal** über die retrograde Berechnungsmethode Zero-Bond-Abzinsungsfaktoren bestimmen. Anschließend kann allerdings dann jedes beliebige Investitionsprojekt über diese Abzinsungsfaktoren bewertet werden.

Zweifellos ist aber auch dieses Vorgehen vergleichsweise aufwendig. Wesentlich einfacher lassen sich die Zero-Bond-Abzinsungsfaktoren ermitteln, wenn man sich vor Augen hält, daß auch schon eine Mittelanlage von t = 0 bis t = τ mit laufenden Zinszahlungen in den Zeitpunkten t = 1, ..., τ nichts anderes als ein ganz spezifisches Bündel von Zero Bonds darstellt und dementsprechend auch bewertet werden kann. Bei einem Anlagebetrag etwa von 1 GE erhält man in t = 1, ..., τ-1 Zinszahlungen r_τ und in t = τ eine Gesamtzahlung von 1+r_τ. Der Preis oder Kapitalwert des Bündels aus Zero Bonds mit Fälligkeit von t = 1 bis t = τ muß gerade der angelegten Geldeinheit entsprechen, da man ansonsten durch eine reine Finanzinvestition sein Vermögen erhöhen könnte. Weil jeder eine derartige Möglichkeit zur Reichtumssteigerung über Finanzinvestitionen wahrnehmen wollte, könnten andernfalls Angebot und Nachfrage nach bestimmten Finanztransaktionen nicht zur Deckung gebracht werden. Letztlich ist dies nichts anderes als eine erneute Umschreibung des bekannten Sachverhalts der im Gleichgewicht eines vollkommenen Kapitalmarktes gegebenen **Kapitalwertneutralität von Finanzinvestitionen**. Es muß also gelten:

$$1 = d_1 \cdot r_\tau + d_2 \cdot r_\tau + ... + d_{\tau-1} \cdot r_\tau + d_\tau \cdot (1+r_\tau) \tag{5.4}$$

für alle τ = 1, ..., T.

Man erhält demnach **T Bestimmungsgleichungen**, in denen die T Zero-Bond-Abzinsungsfaktoren auftreten. Diese T Bestimmungsgleichungen lassen sich dabei aufgrund der spezifischen Struktur des Gleichungssystems sehr leicht lösen. Weil für τ = 1 die Gleichung $1 = d_1 \cdot (1+r_1)$ resultiert, kann für gegebenes r_1 hieraus d_1 sofort berechnet werden. Für τ = 2 erhält man $1 = d_1 \cdot r_2 + d_2 \cdot (1+r_2)$, woraus man bei Kenntnis von d_1 und gegebenem Wert für r_2 unmittelbar d_2 berechnen kann. In entsprechender Weise kann man für τ = 3 bis τ = T verfahren.

Beispiel 5.6:
Gegeben seien die Kapitalmarktdaten des Beispiels 5.2. Dann müssen die für die Fälligkeiten t = 1 bis t = 4 zur Verfügung stehenden Anlage-/Verschuldungsmöglichkeiten mit laufender Zinszahlung den folgenden Gleichungen genügen:

I. $1 = d_1 \cdot 1{,}04 \leftrightarrow d_1 = \dfrac{1}{1{,}04}$,

II. $1 = d_1 \cdot 0{,}06 + d_2 \cdot 1{,}06 \leftrightarrow d_2 = \dfrac{1 - d_1 \cdot 0{,}06}{1{,}06}$, (5.5)

III. $1 = d_1 \cdot 0{,}065 + d_2 \cdot 0{,}065 + d_3 \cdot 1{,}065 \leftrightarrow d_3 = \dfrac{1 - (d_1 + d_2) \cdot 0{,}065}{1{,}065}$,

IV. $1 = d_1 \cdot 0{,}07 + d_2 \cdot 0{,}07 + d_3 \cdot 0{,}07 + d_4 \cdot 1{,}07 = \dfrac{1 - (d_1 + d_2 + d_3) \cdot 0{,}07}{1{,}07}$.

Aus I. ergibt sich unmittelbar $d_1 = 1/1{,}04 \approx 0{,}9615$ GE. Einsetzen dieses Wertes in II. führt zu $d_2 \approx (1 - 0{,}9615 \cdot 0{,}06)/1{,}06 \approx 0{,}889$. In entsprechender Weise erhält man ohne große Mühe $d_3 \approx 0{,}826$ GE sowie $d_4 \approx 0{,}7595$ GE, also genau die im Beispiel 5.4 zugrunde gelegten Werte. □

Die Ermittlung der Zero-Bond-Abzinsungsfaktoren über die Lösung eines **linearen Gleichungssystems** mit T Variablen $d_1, \ldots, d_T$ ist aber nicht nur einfacher als im Rahmen einer retrograden Berechnungsmethode der d_t. Sie erweist sich überdies auch als **allgemeiner** anwendbar. Um nämlich Zero-Bond-Abzinsungsfaktoren oder auch direkt Kapitalwerte von Investitionsprojekten retrograd zu bestimmen, benötigt man die Kenntnis der Zinssätze für Anlagen mit Laufzeiten von $t = 1$ bis $t = T$. Bei der Ermittlung von Zero-Bond-Abzinsungsfaktoren über die Lösung eines Gleichungssystems ist diese Voraussetzung nicht erforderlich. Hier braucht man lediglich T Finanzierungsinstrumente **beliebiger Laufzeiten** derart, daß die resultierenden T Bewertungsgleichungen **linear unabhängig** voneinander und damit eindeutig lösbar sind.[11]

---

[11] Lineare Unabhängigkeit der Gleichungen bedeutet, daß **keine** der T Bewertungsgleichungen redundant in dem Sinne ist, daß sie durch Umformung und Zusammenfassung der anderen Bewertungsgleichungen **reproduziert** werden kann. Um T Zero-Bond-Abzinsungsfaktoren über die Lösung eines linearen

Beispiel 5.7:

Gegeben sei ein Drei-Zeitpunkte-Modell bei Sicherheit (t = 0, 1, 2). Auf dem vollkommenen Kapitalmarkt werden zwei Wertpapiere mit folgenden Zahlungsreihen gemäß *Tabelle 5.5* gehandelt:

t	1	2
$z_t^{(1)}$	6	106
$z_t^{(2)}$	2	54

Tabelle 5.5: Zahlungsreihen zweier Wertpapiere

Der Preis und damit Kapitalwert des Wertpapiers 1 in t = 0 sei $\kappa^{(1)}$ = 100,14245 GE, der des Wertpapiers 2 sei $\kappa^{(2)}$ = 50 GE. Wertpapier 1 kann als eine Anleihe interpretiert werden, die für den Zeitpunkt t = 2 einen Rückzahlungsbetrag von 100 GE verspricht. Die bei Anleihen für die Zinsberechnung maßgebliche Bezugsgröße wird als **Nenn- oder Nominalbetrag** bezeichnet. Die Zinszahlungen ergeben sich dann als Produkt von Nennbetrag und Nominalzinssatz. Für Wertpapier 1 etwa könnte ein Nennbetrag von 100 GE bei einem Nominalzinssatz von 6 % gegeben sein. Damit würde der Rückzahlungsbetrag dem Nennbetrag entsprechen, was typischerweise, wenngleich nicht zwingend, gilt. Das Konstrukt eines Nennbetrags ist bei Anleihen deswegen erforderlich, weil der jeweils aktuelle Preis einer Anleihe keine konstante Größe ist, sondern sich ständig den jeweiligen Zinsentwicklungen auf dem Kapitalmarkt anpaßt. Beispielsweise mag es sein, daß die Anleihe in einem Zeitpunkt t = -1 zu einem Preis von 100 GE erstmalig von einem Emittenten ausgegeben werden konnte, weil in diesem Zeitpunkt für dann noch dreiperiodige Anlagen gerade ein Zinssatz von 6 % bei jeweils einperiodiger Zinszahlung Gültigkeit besaß. Aus der Tatsache, daß der Anleihepreis nunmehr in t = 0 über 100 GE liegt, kann

---

Gleichungssystems eindeutig zu bestimmen, benötigt man demnach T **nicht redundante** Bewertungsgleichungen.

man unmittelbar schließen, daß in t = 0 für zweiperiodige Mittelanlage mit jeweils einperiodiger Zinszahlung ein Zinssatz von weniger als 6 % gewährt wird, weswegen die Anleihe auch mehr als 100 GE in t = 0 wert ist.

Das zweite Wertpapier könnte eine Art **Sparbrief** mit wachsender Verzinsung beschreiben.[12] Bei einem Ausgabe- und Rückzahlungsbetrag von jeweils 50 GE wird in t = 1 eine Verzinsung von 4 % und in t = 2 eine Verzinsung von 8 % auf diesen "Sparbrief" gewährt.

Es sind damit in diesem Beispiel zwei Wertpapiere gegeben, die von Wirtschaftssubjekten in beliebiger Weise in t = 0 gekauft oder verkauft werden können. Sofern dabei ein Marktteilnehmer einen der Titel verkauft, ohne ihn zu besitzen, spricht man von einem **Leerverkauf**. Der betrachtete Marktteilnehmer tritt hierbei gewissermaßen als Emittent des betreffenden Wertpapiers auf: Vom jeweiligen Vertragspartner erhält er den Kaufpreis für das Wertpapier und verpflichtet sich dafür im Gegenzug, die aus dem Wertpapier für die Folgezeitpunkte fließenden Einzahlungen an den Vertragspartner zu gewähren. Es liegt somit nichts anderes als eine spezifische Form der **Kreditaufnahme** vor.

Beide Wertpapiere im Rahmen dieses Beispiels verfügen über eine grundsätzlich zweiperiodige Laufzeit. Eine unmittelbare Anwendung der retrograden Berechnungsmethode zur Bestimmung von Zero-Bond-Abzinsungsfaktoren ist daher nicht möglich. Zwar wüßte man, daß etwa durch die Ausgabe von 1/54 des Sparbriefs in t = 0 für t = 2 eine Zahlungsverpflichtung von genau 1 GE resultierte, man also in t = 0 einen Mittelzufluß von maximal 50/54 ≈ 0,9259 GE aus 1 GE Einzahlung in t = 2 finanzieren könnte. Offen bliebe aber, welcher Betrag hiervon wieder bis t = 1 angelegt werden müßte, um die aus der Sparbriefemission für t = 1 resultierende Zinszahlungsverpflichtung von (1/54)·2 = 1/27 ≈ 0,037 GE abzudecken. Über die Formulierung eines **linearen Gleichungs-**

---

[12] Ein praktisches Beispiel wären etwa Bundesschatzbriefe des Typs A. Vgl. z.B. *Dichtl/Issing* (1993), S. 1958.

systems hingegen können die beiden Zero-Bond-Abzinsungsfaktoren d_1 und d_2 leicht bestimmt werden.

$$\text{I.} \quad 100{,}14245 = 6 \cdot d_1 + 106 \cdot d_2,$$
$$\text{II.} \quad 50 = 2 \cdot d_1 + 54 \cdot d_2. \tag{5.6}$$

Die Rechnung I.-3·II. führt zu:

$$-49{,}85755 = -56 \cdot d_2$$
$$\Leftrightarrow d_2 = \frac{49{,}85755}{56} \approx 0{,}8903 \text{ GE}. \tag{5.7}$$

Mittels Auflösung von II. nach d_1 und Einsetzen des Ergebnisses für d_2 aus (5.7) gelangt man zu

$$d_1 = \frac{50 - 54 \cdot d_2}{2} \approx 0{,}9615 \text{ GE}. \tag{5.8}$$

Mit den Werten für d_1 und d_2 ist nun wieder die Ermittlung des Kapitalwertes eines beliebigen Investitionsprojekts auf dem betrachteten Kapitalmarkt möglich. Beispielsweise erhält man für ein Investitionsprojekt mit der Zahlungsreihe $z_0 = -30$, $z_1 = 15$ und $z_2 = 20$ GE einen Kapitalwert $\kappa \approx -30 + 0{,}9615 \cdot 15 + 0{,}8903 \cdot 20 \approx 2{,}23$ GE > 0, die Projektdurchführung ist damit also lohnenswert. □

Sofern die Ermittlung von Zero-Bond-Abzinsungsfaktoren über die Lösung eines linearen Gleichungssystems mit T Gleichungen nicht möglich ist, sind die gesuchten T Zero-Bond-Abzinsungsfaktoren durch die gegebenen Kapitalmarktdaten **nicht eindeutig** bestimmt. Wenn sich die d_t (t = 1, ..., T) demnach überhaupt eindeutig bestimmen lassen, dann über die Lösung eines entsprechenden linearen Gleichungssystems.

Beispiel 5.8:

Gegeben sei ein Kapitalmarkt über drei Zeitpunkte t = 0, 1, 2 hinweg, auf dem zwei Wertpapiere 1 und 2 gemäß *Tabelle 5.6* gehandelt werden.

t	1	2
$z_t^{(1)}$	4	108
$z_t^{(2)}$	2	54

Tabelle 5.6: Zahlungsreihen zweier Wertpapiere

Der Preis oder Kapitalwert des Titels 1 sei 100 GE, der des Titels 2 belaufe sich auf 50 GE. Damit können die folgenden beiden Bestimmungsgleichungen für d_1 und d_2 formuliert werden:

$$\begin{aligned} \text{I.} \quad & 100 = 4 \cdot d_1 + 108 \cdot d_2, \\ \text{II.} \quad & 50 = 2 \cdot d_1 + 54 \cdot d_2. \end{aligned} \quad (5.9)$$

Sowohl aus I. wie aus II. folgt, daß $d_1 = 25 - 27 \cdot d_2$ gilt. Eine genauere Spezifikation von d_1 und d_2 ist jedoch nicht möglich. Jede der beiden Bewertungsgleichungen erweist sich damit in Kenntnis der jeweils anderen als **redundant**: Multiplikation von I. mit 0,5 liefert II., Multiplikation von II. mit 2 liefert I. Mit nur einer nicht redundanten Bewertungsgleichung lassen sich aber nicht simultan zwei Zero-Bond-Abzinsungsfaktoren bestimmen. □

5.4 Effektivrenditen von Zero Bonds und Zinsstrukturcharakterisierung

Da ein Zero Bond, der 1 GE Einzahlung in einem Zeitpunkt τ liefert, in t = 0 über einen Kapitalwert von d_τ verfügt, kann man ohne weiteres den zugehörigen Ein-Perioden-Kalkulationszinsfuß v_τ zur Einzahlung $z_\tau = 1$ GE berechnen, so daß der resultierende Kapitalwert sich auf d_τ beläuft:

$$d_\tau \overset{!}{=} \frac{1}{(1+v_\tau)^\tau}$$

$$\Leftrightarrow v_\tau = \sqrt[\tau]{\frac{1}{d_\tau}} - 1.$$

(5.10)

Der Zinsfuß v_τ ist damit nichts anderes als der zu der Zahlungsreihe $z_0 = -d_\tau$ und $z_\tau = 1$ GE gehörige **interne Zinsfuß**. Entsprechend der Darstellung im Abschnitt 3 dieses Kapitels kann v_τ folglich als die an den jeweiligen Halter des Zero Bond von $t = 0$ bis $t = \tau$ auf den Kaufpreis d_τ gewährte Ein-Perioden-Verzinsung oder Effektivrendite interpretiert werden.

Beispiel 5.9:
Für die Zero-Bond-Abzinsungsfaktoren aus *Tabelle 5.3* erhält man folgende zugehörige **Effektivrenditen**:[13]

$$v_1 \approx \frac{1}{0{,}9615} - 1 \approx 4\,\%,$$

$$v_2 \approx \sqrt{\frac{1}{0{,}889}} - 1 \approx 6{,}06\,\%,$$

$$v_3 \approx \sqrt[3]{\frac{1}{0{,}826}} - 1 \approx 6{,}58\,\%,$$

$$v_4 \approx \sqrt[4]{\frac{1}{0{,}7595}} - 1 \approx 7{,}12\,\%.$$

(5.11)

---

[13] In der Tat ist das Ergebnis von 4 % für v_1 sogar exakt. Die beiden "≈"-Zeichen müssen hier lediglich aufgrund der wiederholten Rundung gesetzt werden, führen aber zufälligerweise zum korrekten genauen Ergebnis.

Gemäß (5.11) ergibt sich damit beispielsweise für eine Anlage von Mitteln von t = 0 bis t = 2 eine Verzinsung pro Periode von etwa 6,06 % am Kapitalmarkt. Dies liegt leicht **über** dem Zinssatz von 6 %, der für zweiperiodige Anlage mit Zinszahlungen in t = 1 und t = 2 Gültigkeit besitzt. Der Grund hierfür ist darin zu sehen, daß im letzteren Fall genaugenommen eine **Mischung** aus einperiodiger und zweiperiodiger Anlage realisiert wird, da zum Teil Zahlungen an den Halter des Titels bereits in t = 1 erfolgen. Insofern wäre hier insgesamt eine Anlage mit einer durchschnittlichen[14] Fristigkeit unterhalb von zwei Perioden, aber natürlich oberhalb von einer Periode gegeben. Aus diesem Grunde muß die durchschnittliche Periodenverzinsung im Rahmen dieser Anlage mit 6 % auch zwischen der Periodenverzinsung von 4 % bei einer reinen einperiodigen Anlage und der Periodenverzinsung von etwa 6,06 % bei einer reinen zweiperiodigen Anlage liegen. Weil der weitaus überwiegende Teil der Zahlungen in t = 2 anfällt, liegt der Zinssatz von 6 % sehr nahe bei der Effektivrendite $v_2 \approx 6,06$ %. Aus entsprechenden Gründen gilt $v_3 \approx 6,58$ % > 6,5 % sowie $v_4 \approx 7,12$ % > 7 %. □

Die Effektivrenditen von Zero Bonds geben damit die Ein-Perioden-Verzinsungen von Wertpapieren mit "**reinen**" Laufzeiten von t = 1 bis t = T an. Folglich beschreiben die Effektivrenditen von Zero Bonds die sogenannte **Zinsstruktur**. Diese ordnet jeder Fristigkeit die jeweils am Kapitalmarkt zugehörige Ein-Perioden-Verzinsung zu. Die graphische Darstellung der Zinsstruktur bezeichnet man als **Zinskurve**.[15] Sofern die Ein-Perioden-Zinssätze v_t in t streng monoton steigen, spricht man von einer **normalen** Zinskurve und -struktur, da dieser Fall aus empirischer Sicht die Regel ist: Je länger die Laufzeit einer Anlage oder Ver-

---

[14] Natürlich stellt sich hierbei die Frage, wie die durchschnittliche Fristigkeit einer Anlage-/Verschuldungsmöglichkeit konkret berechnet werden sollte. Eine sehr weitverbreitete Kennziffer zur Bestimmung dieser durchschnittlichen Fristigkeit ist die sogenannte **Duration**. Im Anhang zu diesem Abschnitt wird allerdings gezeigt, daß sich diese Kennziffer zumindest im hier betrachteten Kontext als **wenig aussagekräftig** erweist.

[15] Vgl. auch *Abbildung 5.1*.

schuldung, um so höher ist die Effektivrendite pro Periode. Aus theoretischer Sicht[16] wird die Zinsstruktur bei Sicherheit letztlich durch die **Zeitpräferenzen** der Marktteilnehmer bestimmt. Für entsprechende Nutzenfunktionen wäre es auch denkbar, daß die Zinskurve horizontal verläuft: In diesem Fall spricht man recht anschaulich von einer **flachen** Zinskurve oder Zinsstruktur: Für alle Laufzeiten ist die zugehörige Ein-Perioden-Verzinsung identisch. Man kann sich unschwer denken, daß dies genau den Fall einheitlicher Ein-Perioden-(Termin-) Zinssätze $i_t = i =$ konst. beschreibt. Bis zum vorhergehenden Abschnitt wurde demnach im Rahmen dieses Buchs stets eine flache Zinsstruktur vorausgesetzt. Erst im Laufe dieses Abschnitts wurden auch nicht-flache Zinsstrukturen zugelassen. Sofern die v_t mit wachsendem t streng monoton fallen, spricht man von einer **inversen** Zinskurve oder -struktur, da dieser Fall empirisch eher die Ausnahme darstellt.[17]

Auch über die Effektivrenditen von Zero Bonds lassen sich wegen der über die erste Gleichung aus (5.10) gegebenen Beziehung zu den Zero-Bond-Abzinsungsfaktoren unmittelbar Kapitalwertberechnungen durchführen. Man erhält:

$$\kappa = z_0 + \frac{z_1}{1+v_1} + \frac{z_2}{(1+v_2)^2} + ... + \frac{z_T}{(1+v_T)^T} = \sum_{t=0}^{T} \frac{z_t}{(1+v_t)^t}, \qquad (5.12)$$

wobei $v_0 = 0$ und $(1+v_0)^0 = 1$ gilt.

---

[16] Auf das Gebiet der Zinsstrukturtheorien kann und soll an dieser Stelle nicht im Detail eingegangen werden. Vgl. dazu etwa die umfassende Darstellung bei *Sandmann* (2001).

[17] Das bedeutet aber nicht, daß inverse Zinsstrukturen fast nicht zu beobachten wären. So herrschte in Deutschland etwa zu Anfang der neunziger Jahre über längere Zeit eine solche Situation vor. Vgl. *Wolters/Hassler* (1998), S. 147.

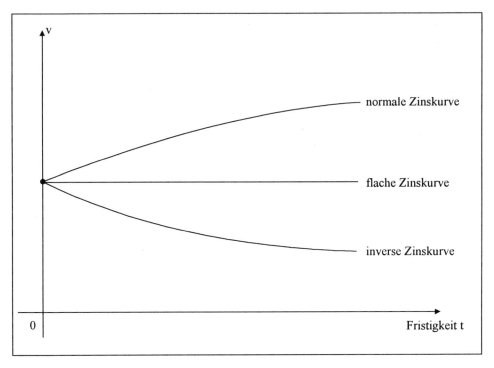

Abbildung 5.1: Grundsätzliche Verlaufstypen von Zinskurven

Beispiel 5.10:

Gegeben seien die Effektivrenditen v_t (t = 1, ..., 4) von Zero Bonds gemäß (5.11) sowie das Investitionsprojekt aus Beispiel 5.3. Dessen Kapitalwert läßt sich dann unter anderem auch wie folgt berechnen:

$$\kappa \approx -8.000 + \frac{2.000}{1,04} + \frac{2.100}{1,0606^2} + \frac{2.900}{1,0658^3} + \frac{3.800}{1,0712^4} \approx 1.071{,}35 \text{ GE,} \qquad (5.13)$$

was, abgesehen von Rundungsdifferenzen, mit den Werten aus *Tabelle 5.2* sowie Formel (5.3) übereinstimmt. □

5.5 Ein-Perioden-Terminzinssätze und Zero-Bond-Abzinsungsfaktoren

Mit Hilfe der Betrachtung von Zero-Bond-Abzinsungsfaktoren bzw. der zugehörigen Effektivrenditen ist es nun auch leicht, die **Ein-Perioden-(Termin-)Zinssätze** $i_1, \ldots, i_T$ zu bestimmen. Wenn man nämlich 1 GE von einem Zeitpunkt t = 0 bis t = τ anzulegen wünscht, dann bieten sich hierzu mehrere Möglichkeiten. Zum einen wäre es denkbar, daß man seine Mittel von t = 0 bis t = 1 zu einem Zinssatz i_1 anlegt, anschließend (für $\tau > 1$) den Gesamterlös $1+i_1$ von t = 1 bis t = 2 zu i_2, den hieraus resultierenden Rückfluß $(1+i_1)\cdot(1+i_2)$ (für $\tau > 2$) von t = 2 bis t = 3 zu i_3 und so fort, bis sich schließlich insgesamt in t = τ Einzahlungen von $(1+i_1)\cdot\ldots\cdot(1+i_\tau)$ ergeben. Zum anderen könnte man auch einen Zero Bond mit Fälligkeit in t = τ erwerben. Da ein standardisierter Zero Bond bei einem Rückzahlungsbetrag von 1 GE in t = τ einen Preis von d_τ in t = 0 hat, erhält man für 1 GE in t = 0 genau $1/d_\tau$ standardisierte Zero Bonds und daher einen entsprechenden Rückzahlungsanspruch in t = τ. Der Ausdruck $1/d_\tau$ wiederum ist gemäß (5.10) identisch zu $(1+v_\tau)^\tau$, was auch unmittelbar einleuchtet: Wenn man 1 GE über Zero Bonds von t = 0 bis t = τ anlegt, dann erhält man eine durchschnittliche Ein-Perioden-Rendite von v_τ und folglich einen Rückzahlungsbetrag am Ende der Laufzeit von $(1+v_\tau)^\tau$.

Es muß nun

$$(1+i_1)\cdot\ldots\cdot(1+i_\tau) = (1+v_\tau)^\tau \qquad (5.14)$$

für jeden beliebigen Betrachtungszeitraum t = 0 bis t = τ gelten. Andernfalls nämlich bestünde einmal mehr für Marktteilnehmer die Möglichkeit zur beliebigen Reichtumsmehrung mittels Kapitalmarkttransaktionen. Wäre etwa die linke Seite von (5.14) kleiner als die rechte, würde es sich lohnen, sich kurzfristig revolvierend von t = 0 bis t = τ zu verschulden und die in t = 0 hieraus zufließenden Mittel zum Kauf von Zero Bonds mit Fälligkeit in t = τ zu verwenden. Weil diese Transaktionen für jeden Marktteilnehmer vorteilhaft wären, gäbe es eine unbegrenzte Nachfrage nach einperiodigen Verschuldungsmöglichkeiten, aber keinerlei Angebot. Ebenso existierte eine unbegrenzte Nachfrage nach Zero

Bonds mit Fälligkeit im Zeitpunkt $t = \tau$. Niemand aber böte diese Zero Bonds an. Aus einem entsprechenden Grund kann die linke Seite von (5.14) nicht größer als die rechte sein.

Beispiel 5.11:
Gegeben sei ein Kapitalmarkt über drei Zeitpunkte $t = 0, 1, 2$ hinweg. Die Effektivrendite v_2 von Zero Bonds mit Fälligkeit in $t = 2$ betrage 6,06 %. Der Zinssatz i_1 für Mittelanlage/-aufnahme von $t = 0$ bis $t = 1$ sei 4 %, der korrespondierende Zinssatz i_2 für Mittelanlage/-aufnahme von $t = 1$ bis $t = 2$ betrage 7 %. Dann gilt: $(1+i_1) \cdot (1+i_2) = 1,1128 < 1,1249 \approx (1+v_2)^2$. Unter diesen Voraussetzungen wäre es daher lohnenswert, in $t = 0$ beispielsweise 100 GE über einen einperiodigen Kredit aufzunehmen und diesen Betrag unmittelbar zum Kauf von Zero Bonds mit Fälligkeit in $t = 2$ zu verwenden. Aus dem Zero-Bond-Erwerb ergäben sich Einzahlungen in $t = 2$ von $100 \cdot 1,0606^2 \approx 112,49$ GE. Die Kreditaufnahme in $t = 0$ ihrerseits bedingt für $t = 1$ eine Verbindlichkeit in Höhe von 104 GE. Zu deren Deckung ist eine erneute Kreditaufnahme von $t = 1$ bis $t = 2$ zu 7 % erforderlich, was schließlich zu Verbindlichkeiten in $t = 2$ von $104 \cdot 1,07 = 111,28$ GE führt. Insgesamt verbleibt damit dem handelnden Marktteilnehmer ein Überschuß von etwa $112,49 - 111,28 = 1,21$ GE > 0 in $t = 2$ ohne jeglichen eigenen Mitteleinsatz. Bei größeren Engagements über 100 GE hinaus resultierten entsprechend höhere Nettoerträge. Natürlich kann eine derartige Situation kein Kapitalmarktgleichgewicht beschreiben. □

Mittels (5.14) lassen sich nun leicht aus den Effektivrenditen der Zero Bonds sämtliche **Ein-Perioden-Zinssätze i_t** herleiten. Weil (5.14) nämlich für alle $\tau = 1$ bis T gilt, erhält man ein System von **T linearen Gleichungen**. Aufgrund der besonderen Struktur dieses Gleichungssystems fällt dessen Lösung nicht sehr schwer. So erhält man für $\tau = 1$ unmittelbar $1+i_1 = 1+v_1$ und somit $i_1 = v_1$. Natürlich entspricht der Ein-Perioden-Zinssatz i_1 von $t = 0$ bis $t = 1$ gerade der Effektivrendite des einperiodigen Zero Bond: Im Rahmen einer Ein-Perioden-Betrachtung ist nämlich **jede** Anlage naturgemäß ein Zero Bond.

Für $\tau = 2$ gilt $(1+i_1)\cdot(1+i_2) = (1+v_2)^2$. Für gegebenen Wert v_2 und bereits berechneten Wert i_1 läßt sich diese Gleichung unmittelbar zur Bestimmung von i_2 nutzen: $i_2 = [(1+v_2)^2/(1+i_1)]-1$. Analog lassen sich die Werte für i_3, i_4, ..., i_T der Reihe nach ermitteln.

Beispiel 5.12:
Gegeben seien die Effektivrenditen von Zero Bonds gemäß (5.11). Damit erhält man sofort $i_1 = 4\ \%$. Für i_2 ergibt sich ungefähr $1{,}0606^2/1{,}04-1 \approx 8{,}16\ \%$. In entsprechender Weise gelangt man zu $i_3 = (1+v_3)^3/[(1+i_1)\cdot(1+i_2)]-1 \approx 7{,}63\ \%$ sowie $i_4 = (1+v_4)^4/[(1+i_1)\cdot(1+i_2)\cdot(1+i_3)]-1 \approx 8{,}76\ \%$. Bemerkenswerterweise zeigt sich hierbei, daß eine steigende Zinsstruktur **keinesfalls** auch mit steigenden Ein-Perioden-(Termin-)Zinssätzen einhergehen muß.[18]   □

Statt der Effektivrenditen von Zero Bonds kann man wegen des Zusammenhangs $(1+v_t)^t = 1/d_t$ auch die **Zero-Bond-Abzinsungsfaktoren** zur Bestimmung der Ein-Perioden-Terminzinssätze nutzen. Dabei gilt generell:

$$i_t = \frac{d_{t-1}}{d_t} - 1. \qquad (5.15)$$

Die Richtigkeit von (5.15) ist schnell verdeutlicht. Wegen $i_1 = 1+v_1-1$ und $1+v_1 = 1/d_1$ gilt $i_1 = (1/d_1)-1$, wobei bereits bekannt ist, daß $d_0 = 1$ GE ist. Wegen $i_2 = (1+v_2)^2/(1+i_1)-1$, $(1+v_2)^2 = 1/d_2$ und $1+i_1 = 1/d_1$ gelangt man zu $i_2 = (d_1/d_2)-1$. In entsprechender Weise kann für jeden Betrachtungszeitpunkt τ

---

[18] Der Umkehrschluß ist allerdings zutreffend: Steigende Ein-Perioden-Zinssätze implizieren eine steigende Zinsstruktur. Dieser Zusammenhang ist Gegenstand einer als **Erwartungshypothese** bekannten Zinsstrukturtheorie. Vgl. etwa *Franke/Hax* (1999), S. 382 f. Das Vorliegen einer steigenden Zinsstruktur wird hierbei über die Erwartung von steigenden Ein-Perioden-Zinssätzen seitens der Marktteilnehmer erklärt. Da die Ursache dieser Erwartung nicht weiter ausgeführt wird, kann diese Zinsstrukturtheorie nur als überaus rudimentär bezeichnet werden. Ferner haben wir gerade feststellen können, daß steigende Ein-Perioden-Zinssätze nicht notwendig für das Vorliegen einer steigenden Zinsstruktur sind.

verfahren werden.

Bereits zu Anfang dieses Abschnitts wurde dargelegt, daß die Ein-Perioden-Zinssätze i_τ unter anderem auch als Terminzinssätze interpretiert werden können. Wenn aus den Zero-Bond-Daten die Werte der i_τ berechenbar sind, dann muß eine derartige Terminanlage auch grundsätzlich über Zero Bonds konstruierbar sein.[19] In der Tat ist dies recht einfach. Um 1 GE Auszahlung in $t = \tau\text{-}1$ zu generieren, muß man einen standardisierten Zero Bond mit Fälligkeit in $t = \tau\text{-}1$ im Zeitpunkt $t = 0$ zu einem Preis von $d_{\tau\text{-}1}$ emittieren. In $t = \tau$ sollen sich Einzahlungen von $1+i_\tau$ ergeben, was für $t = 0$ den Erwerb von $1+i_\tau$ standardisierten Zero Bonds über je 1 GE Rückzahlung in $t = \tau$ erfordert. Deren Preis in $t = 0$ ist $(1+i_\tau)\cdot d_\tau$. Insgesamt wendet man in $t = 0$ einen Geldbetrag von $(1+i_\tau)\cdot d_\tau - d_{\tau\text{-}1}$ = 0 GE auf, was natürlich klar war, da i_τ ansonsten kein reiner Terminzinssatz gewesen wäre.

Beispiel 5.13:
Gemäß dem Ergebnis aus Beispiel 5.12 muß es möglich sein, aus Zero Bonds eine Terminanlage von $t = 1$ bis $t = 2$ mit einer Verzinsung von etwa 8,16 % zu konstruieren. Dazu ist im Zeitpunkt $t = 0$ ein standardisierter Zero Bond mit Fälligkeit in $t = 1$ zum Preis von 0,9615 GE leerzuverkaufen. Gleichzeitig sind 1,0816 standardisierte Zero Bonds mit Fälligkeit in $t = 2$ ebenfalls noch in $t = 0$ zu einem Gesamtpreis von $1{,}0816 \cdot 0{,}889 \approx 0{,}9615$ GE zu erwerben. Damit ist die gewünschte Terminanlage **"synthetisch"** erzeugt, wie *Tabelle 5.7* belegt.

---

[19] Im **Umkehrschluß** bedeutet dies übrigens, daß nicht berechenbare Zinssätze mit nicht konstruierbaren Anlagen/Verschuldungen korrespondieren.

t	0	1	2
Zero Bond 1	0,9615	-1	0
Zero Bond 2	-0,9615	0	1,0816
Σ	0	-1	1,0816

Tabelle 5.7: Konstruktion einer synthetischen Terminanlage (Werte zum Teil gerundet) □

Im Rahmen der hier präsentierten Herleitungen wurden auch die Zero-Bond-Abzinsungsfaktoren selbst auf der Grundlage anderer Daten, konkret den Zinssätzen für Anlagen/Verschuldungen mit laufenden periodischen Zinszahlungen ermittelt. Daher ist es sogar möglich, auf der Grundlage dieser Daten jeden Zahlungsstrom zu generieren, sofern Zero-Bond-Abzinsungsfaktoren eindeutig ermittelt werden können.

Beispiel 5.14:
Gegeben seien die Kapitalmarktdaten aus *Tabelle 5.1*. Dann muß es möglich sein, in t = 0 durch geschickte Kombination von einperiodiger Verschuldung und zweiperiodiger Anlage eine Terminanlage von t = 1 bis t = 2 synthetisch zu erzeugen. Zu diesem Zweck bezeichne A_2 den Betrag, der von t = 0 bis t = 2 angelegt wird. In t = 2 sollen sich Einzahlungen von ungefähr 1,0816 GE ergeben, so daß unmittelbar auf $A_2 \cdot 1{,}06 = 1{,}0816 \Leftrightarrow A_2 = 1{,}0816/1{,}06 \approx 1{,}0204$ GE geschlossen werden kann. Aus dieser Anlage resultieren in t = 1 weitere Einzahlungen von etwa $1{,}0204 \cdot 0{,}06 \approx 0{,}06122$ GE. In t = 0 ist ferner ein Kredit im Umfang K_1 mit Fälligkeit in t = 1 aufzunehmen, so daß sich per Saldo eine Auszahlung von 1 GE für t = 1 ergibt. Es ist mithin $K_1 \cdot 1{,}04 \approx 1{,}06122$ GE zu fordern. Daraus erhält man $K_1 \approx 1{,}0204$ GE. Die synthetische Konstruktion einer Terminanlage von 1 GE zu einem Zinssatz von etwa 8,16 % von t = 1 bis t = 2 erfordert demnach die Aufnahme von ungefähr 1,0204 GE von t = 0 bis t = 1 zu einem Zinssatz von 4 % und die Anlage von ebenfalls

etwa 1,0204 GE von t = 0 bis t = 2 zu einem Zinssatz von 6 % mit Zinszahlungen in t = 1 und t = 2. In *Tabelle 5.8* sind die Zahlungskonsequenzen der beiden Kapitalmarkttransaktionen nochmals zusammengefaßt dargestellt.

t	0	1	2
Kredit	1,0204	-1,06122	0
Anlage	-1,0204	0,06122	1,0816
Σ	0	-1	1,0816

Tabelle 5.8: Konstruktion einer synthetischen Terminanlage (Werte zum Teil gerundet) □

Auch mit Hilfe der Ein-Perioden-Zinssätze $i_1, \ldots, i_T$ können Kapitalwertberechnungen durchgeführt werden. Bereits aus (5.14) in Verbindung mit (5.12) folgt dabei die Gültigkeit der zu Beginn dieses Abschnitts vorgeführten Formel (5.1). Diese stellt demnach bei Ansatz der Betrachtungen an den Zinssätzen $r_1, \ldots, r_T$ den Endpunkt der Überlegungen und nicht ihren Anfang dar.

Beispiel 5.15:
Gegeben seien das Investitionsprojekt und die Kapitalmarktdaten aus Beispiel 5.3. Dann besteht auf der Grundlage der insgesamt hergeleiteten Ergebnisse auch die folgende Möglichkeit der Kapitalwertberechnung:

$$\kappa \approx -8.000 + \frac{2.000}{1,04} + \frac{2.100}{1,04 \cdot 1,0816} + \frac{2.900}{1,04 \cdot 1,0816 \cdot 1,0763}$$
$$+ \frac{3.800}{1,04 \cdot 1,0816 \cdot 1,0763 \cdot 1,0875} \approx 1071,46 \text{ GE}.$$
(5.16)

Abgesehen von Rundungsdifferenzen stimmt der Kapitalwert gemäß (5.16) mit den Werten aus *Tabelle 5.2* sowie den Formeln (5.3) und (5.13) überein. □

Die im Rahmen dieses Abschnitts präsentierten vier Möglichkeiten zur Kapitalwertberechnung bei nicht-flacher Zinsstruktur können alle als Ausdruck einer jeweils spezifischen Form der Finanzierung des aus der Projektrealisation ermöglichten Mehrkonsums im Zeitpunkt t = 0 interpretiert werden. Während bei der retrograden Finanzierungsweise nach *Rolfes* für jeden Fälligkeitszeitpunkt t auf eine Verschuldung oder Anlage gleicher Fristigkeit bei periodischen Zinszahlungen zurückgegriffen wird, unterstellen die Formeln (5.2) und (5.12) die Veräußerung oder den Erwerb von Zero Bonds mit Fälligkeiten von t = 1 bis t = T. Formel (5.1) schließlich geht von kurzfristig revolvierenden (jeweils einperiodigen) Verschuldungen/Anlagen aus. Alle unterstellten Kapitalmarkttransaktionen führen zum selben Kapitalwert und belegen damit insbesondere nochmals die Kapitalwertneutralität von Finanzinvestitionen, wie sie schon aus dem Fall flacher Zinsstruktur bekannt ist.

5.6 Zusammenfassung

Gegenstand dieses Abschnitts war die Herleitung der Kapitalwertformel für den Fall **nicht-flacher Zinsstruktur**. Es wurde gezeigt, daß die Kapitalwertformel dabei auf verschiedene, jeweils äquivalente Weise dargestellt werden kann. Lange Zeit herrschte in den investitionsrechnerischen Lehrbüchern die Beschreibung der Kapitalwertformel über die Verwendung von **Ein-Perioden-Termin-Zinssätzen** vor. Zu Recht wurde insbesondere von *Rolfes* kritisiert, daß typischerweise die Zinssätze von Anlagen verschiedener Fristigkeit mit **laufenden Zinszahlungen** eher als die Terminzinssätze zugänglich sind. Mit Hilfe der auch von ihm vorgeschlagenen **retrograden Berechnungsmethode** wurde die Kapitalwertermittlung unmittelbar auf der Grundlage der Kapitalmarktdaten für unterschiedliche Fristigkeiten der Mittelanlage/-verschuldung präsentiert. Anschließend wurden die Interpretation eines Zahlungsstroms als eines **Bündels von Zero Bonds** und die hierauf aufbauende Kapitalwertberechnung dargestellt. Der Kapitalwert eines Zahlungsstroms wird hierbei als Summe der Kapitalwerte der ihn bildenden Zero Bonds bestimmt. Die als **Zero-Bond-Abzinsungsfaktoren** bezeichneten Preise standardisierter Zero Bonds konnten dabei zum einen retrograd nach *Rolfes* oder einfacher und allgemeiner über die Lösung eines **linearen Gleichungssystems** ermittelt werden. Zuletzt wurden die **Zusammenhänge** zwischen Zero-Bond-Abzinsungsfaktoren, Effektivrenditen von Zero Bonds sowie den Ein-Perioden-Terminzinssätzen dargelegt.

Anhang

Während die Fristigkeit von Zero Bonds unmittelbar zu erkennen ist, ist bei allen anderen Anlage- und Verschuldungsformen, die stets Bündel von Zero Bonds verschiedener Laufzeit sind, die adäquate Messung der zugehörigen durchschnittlichen Laufzeit nicht so ohne weiteres klar. In der Tat gibt es hier eine als **Duration** bekannte Maßzahl, die sich aus verschiedenen Gründen großer Beliebtheit erfreut.[20]

Unter der Duration DU einer Zahlungsreihe $z_0, ..., z_T$ versteht man ein gewogenes Mittel der **Zahlungszeitpunkte** $t = 0, ..., T$, wobei als Gewicht q_t im Zeitpunkt t der jeweilige Anteil des **Kapitalwertes** der Zahlung z_t am Gesamtkapitalwert der Zahlungsreihe fungiert.[21]

$$DU \equiv \sum_{t=1}^{T} t \cdot q_t \qquad (A5.1)$$

mit

$$q_t \equiv \frac{d_t \cdot z_t}{\sum_{\tau=1}^{T} d_\tau \cdot z_\tau}. \qquad (A5.2)$$

Beispiel A5.1:
Gegeben seien die Kapitalmarktdaten aus Beispiel 5.2 und damit Zero-Bond-Abzinsungsfaktoren, die ungefähr denen aus *Tabelle 5.3* entsprechen. Die Duration

---

[20] Auf die einzelnen (vorteilhaften) Eigenschaften der Duration soll hier nicht näher eingegangen werden. Vgl. hierzu etwa *Kruschwitz/Schöbel* (1986) oder *May* (1999).

[21] Der Zeitpunkt $t = 0$ kann ohne weiteres im folgenden unberücksichtigt bleiben, da der Beitrag des zugehörigen Teilprodukts $0 \cdot q_0$ zur Gesamtsumme natürlich stets Null ist.

DU einer Anlage von 100 GE in t = 0 bis t = 2 mit Zinszahlung in Höhe von 6 GE in t = 1 und t = 2 beträgt dann ungefähr

$$DU \approx 1 \cdot \frac{0,9615 \cdot 6}{100} + 2 \cdot \frac{0,889 \cdot 106}{100} = 1,94237. \qquad (A5.3)$$

Der Kapitalwert der aus der Anlage in t = 1 und t = 2 fließenden Zahlungen beläuft sich nämlich gerade auf 100 GE, wie schon aus Beispiel 5.2 implizit[22] folgt, aber auch leicht durch die Rechnung $6 \cdot 0,9615 + 106 \cdot 0,889 \approx 100$ GE bestätigt werden kann. In der Tat erhält man also eine Duration, die knapp unterhalb von 2 liegt. Auch dies bestätigt, daß bei einer steigenden Zinskurve mit v_1 = 4 % und $v_2 \approx 6,06$ % die Ein-Perioden-Verzinsung bei zweiperiodiger Anlage mit periodischer Zinszahlung zwischen v_1 und v_2, aber dabei sehr nahe an v_2 liegen wird. □

Beispiel A5.1 zeigt, wie man durch Durationsberechnung die durchschnittliche Fristigkeit eine Zahlungsstroms abschätzen kann. Natürlich mag man einwenden, daß man auch schon ohne Bestimmung der komplexen Kennziffer "Duration" eine durchschnittliche Laufzeit der betrachteten Anlage unterhalb von zwei Perioden behauptet hätte. Die Duration oder jede andere Form der Ermittlung einer durchschnittlichen Laufzeit könnte im hier betrachteten Kontext nur dann einen zusätzlichen Informationswert haben, wenn damit eine unmittelbare Verknüpfung zur zugehörigen **durchschnittlichen Effektivverzinsung** der betrachteten Zahlungsreihe erreicht wird.

Beispiel A5.2:
Zur Veranschaulichung sei der Zahlungsstrom $z_1 = 0,05$, $z_2 = 0$ und $z_3 = 0,058202717$ GE unter weiterhin angenommener Gültigkeit der Kapitalmarktda-

---

[22] Im Beispiel 5.2 ermöglicht eine Mittelanlage in t = 0 von 100 GE Rückflüsse in t = 1 von 6 GE und in t = 2 von 106 GE. Da Finanzinvestitionen auf vollkommenem Kapitalmarkt einen Kapitalwert von Null aufweisen, muß der Kapitalwert der Einzahlungen des Zeitpunktes t = 1 und t = 2 aus Sicht von t = 0 gerade 100 GE ausmachen.

ten aus Beispiel 5.2 betrachtet. Der Kapitalwert dieses Zahlungsstroms bestimmt sich über $d_1 \cdot z_1 + d_3 \cdot z_3$ ungefähr als 0,09615 GE. Als Duration erhält man bei Anwendung von Formel (A5.1) in Verbindung mit (A5.2) fast genau 2. Sollten sich Durationsberechnungen im hier interessierenden Kontext als hilfreich erweisen, dann müßte die zugehörige Effektivrendite des Zahlungsstroms gerade einen Wert von $v_2 \approx 6,06\ \%$, also wie bei einem Zero Bond mit Laufzeit von zwei Perioden, aufweisen. Tatsächlich aber führt die Rechnung $z_1/(1+v_2) + z_3/[(1+v_2)^3]$ zu einem Kapitalwert von etwa 0,09593 GE, wobei die Diskrepanz zum tatsächlichen Kapitalwert **nicht** rundungsbedingt ist. Dies erkennt man daran, daß die Duration der Zahlungsreihe unabhängig von d_2 und damit v_2 ist. Das bedeutet, daß man ceteris paribus für jeden anderen Effektivzinssatz v_2 eines zweiperiodigen Zero Bond stets zum Ausweis einer Duration von 2 des betrachteten Zahlungsstroms gelangte. Nur zufällig wird der mit v_2 berechnete falsche Kapitalwert dem richtigen (und von v_2 unabhängigen) entsprechen. □

Aus Beispiel A5.2 folgt unmittelbar, daß eine Kenngröße zur Quantifizierung der durchschnittlichen Laufzeit einer Zahlungsreihe über Gewichte q_t der Zahlungszeitpunkte verfügen müßte, die in jedem Fall von der **gesamten** Zinsstruktur abhängen. Das heißt, auch etwa q_1 und q_3 müßten Funktionen von v_2 sein, selbst wenn $z_2 = 0$ GE gilt. Die Duration ist damit im hier betrachteten Kontext als grundsätzlich ungeeignet zu qualifizieren, und es ist mehr als fraglich, ob überhaupt eine adäquate Kenngröße existiert. Insofern muß die Aussage, daß die Effektivzinssätze der Zero Bonds im den Ausführungen dieses Abschnitts zugrundeliegenden Zahlenbeispiel wegen der steigenden Zinsstruktur und den unter T liegenden durchschnittlichen Fristigkeiten von T-periodigen Anlagen/Verschuldungen mit periodischer Zinszahlung höher als die Effektzinssätze der zuletzt genannten Anlagen/Verschuldungen sind, so **unscharf** bleiben, wie sie formuliert ist.

Wiederholungsfragen

W5.1
Was versteht man unter Termin-, was unter Kassazinssätzen?

W5.2
Welcher Zusammenhang besteht zwischen Termin- und Kassazinssätzen im Kapitalmarktgleichgewicht bei Sicherheit?

W5.3
Wie lautet die Kapitalwertformel bei Ansatz nicht-konstanter Ein-Perioden-Zinssätze?

W5.4
Beschreiben Sie die retrograde Berechnungsmethode nach *Rolfes* zur Ermittlung von Projektkapitalwerten!

W5.5
Was versteht man unter Zero Bonds und unter Zero-Bond-Abzinsungsfaktoren?

W5.6
Auf welche verschiedenen Arten lassen sich Zero-Bond-Abzinsungsfaktoren bestimmen?

W5.7
Wie läßt sich der Kapitalwert eines Investitionsprojekts mit Hilfe von Zero-Bond-Abzinsungsfaktoren berechnen?

W5.8
Auf welche Weise kann man die Effektivrenditen von Zero Bonds aus den Zero-Bond-Abzinsungsfaktoren ermitteln?

W5.9
Welche Verläufe von Zinsstrukturkurven sind grundsätzlich denkbar, und wie sind diese inhaltlich zu interpretieren?

W5.10
Skizzieren Sie die Zusammenhänge zwischen Zero-Bond-Abzinsungsfaktoren, Effektivrenditen von Zero Bonds sowie Ein-Perioden-Terminzinssätzen!

6 Kapitalwert und Inflation[1]

6.1 Problemstellung

Bereits in früheren Abschnitten wurde darauf hingewiesen, daß sowohl der Konsum des Unternehmers als auch dessen Produktion im Rahmen von Realinvestitionen grundsätzlich in **Gütereinheiten** zu definieren ist. Erst durch die Bewertung dieser Mengeneinheiten mit den zugehörigen Preisen gelangt man zu monetären Größen, mit denen man vereinfacht weiterarbeiten kann. Natürlich kann man sich die Frage stellen, welche Relevanz Preise für den Kapitalwert eines Investitionsprojekts besitzen. Um diese Frage zu untersuchen, ist eine Aufspaltung der Zahlungsgrößen in eine **Mengen-** und eine **Wertkomponente** erforderlich. Statt auf die Bedeutung einzelner Güterpreise für Projektkapitalwerte abzustellen, wird im weiteren der Einfluß einer aggregierten Größe in Form des **Preisniveaus** einer Volkswirtschaft im Vordergrund stehen. Im folgenden **Abschnitt 6.2** wird zunächst definiert, was ein Preisniveau und - damit zusammenhängend - eine **Inflationsrate** ist. Auf dieser Grundlage können nominale und reale, sogenannte preisniveaubereinigte, Größen voneinander unterschieden werden. **Abschnitt 6.3** legt dar, wie man die gängige Kapitalwertformel in eine **preisniveaubereinigte** Form überführen kann, unter welchen Voraussetzungen diese Formulierung von Vorteil ist und wie plausibel diese Voraussetzungen sind. **Abschnitt 6.4** prüft näher die Frage, wie sich Inflationsratenvariationen auf Projektkapitalwerte und unternehmerische Endvermögenspositionen auswirken, und im **Abschnitt 6.5** werden die wichtigsten Ergebnisse zusammengefaßt.

6.2 Inflationsraten, nominale und reale Größen

Unter dem **Preisniveau** P_t eines Zeitpunktes t versteht man nichts anderes als eine gewogene Summe von Güterpreisen des betreffenden Zeitpunktes. Die Gewichte ergeben sich hierbei aus dem jeweils für die Preisniveauermittlung zu-

---

[1] Die folgende Darstellung geht in Teilen auf *Breuer* (2000c) zurück.

grunde gelegten Warenkorb. Damit ermittelt man nun die **Inflationsrate** π_t für einen Zeitraum vom Zeitpunkt t-1 bis zum Zeitpunkt t, indem man die von t-1 bis t eingetretene Preisniveauänderung P_t-P_{t-1} durch das Ausgangspreisniveau P_{t-1} des Zeitpunktes t-1 dividiert. Inflationsraten sind folglich nichts anderes als **relative Preisniveauänderungen**, deren formale Definition wie folgt lautet:

$$\pi_t \equiv \frac{P_t - P_{t-1}}{P_{t-1}} = \frac{P_t}{P_{t-1}} - 1. \tag{6.1}$$

Beispiel 6.1:
Betrachtet werde eine Volkswirtschaft über vier Zeitpunkte t = 0, ..., 3 hinweg. Das Preisniveau belaufe sich im Zeitpunkt t = 0 auf P_0 = 1,5, in t = 1 auf P_1 = 1,575, in t = 2 auf P_2 = 1,62225 und schließlich in t = 3 auf P_3 = 1,68714. Damit erhält man Inflationsraten π_1 = (1,575-1,5)/1,5 = 5 %, π_2 = (1,62225-1,575)/1,575 = 3 % sowie zuletzt π_3 = (1,68714-1,62225)/1,62225 = 4 %. □

Gemäß (6.1) gilt damit $P_t = (1+\pi_t) \cdot P_{t-1}$. Da diese Beziehung für beliebige Betrachtungszeitpunkte t Gültigkeit besitzt, erhält man weiter $P_{t-1} = (1+\pi_{t-1}) \cdot P_{t-2}$ und damit durch Einsetzen in die Bestimmungsgleichung für P_t schließlich $P_t = (1+\pi_t) \cdot (1+\pi_{t-1}) \cdot P_{t-2}$. Durch fortgesetztes rekursives Einsetzen gelangt man schließlich zu der folgenden Bestimmungsgleichung für P_t:

$$P_t = P_0 \cdot (1+\pi_1) \cdot ... \cdot (1+\pi_t) = P_0 \cdot \prod_{\tau=1}^{t} (1+\pi_\tau). \tag{6.2}$$

Das Preisniveau P_t eines Zeitpunktes t kann also aus dem Preisniveau des Zeitpunktes 0 berechnet werden, indem letzteres jeweils mit den um 1 erhöhten Inflationsraten aller Folgeperioden bis zum Betrachtungszeitpunkt t multipliziert wird.

Beispiel 6.2:
Gegeben seien erneut die Inflationsraten aus Beispiel 6.1. Dann gilt P_3 = $P_0 \cdot (1+\pi_1) \cdot (1+\pi_2) \cdot (1+\pi_3)$ = 1,5·1,05·1,03·1,04 = 1,68714. Entsprechend er-

hält man $P_2 = 1,5 \cdot 1,05 \cdot 1,03 = 1,62225$ sowie $P_1 = 1,5 \cdot 1,05 = 1,575$. □

Unter Beachtung von Inflationsraten kann man eine Unterscheidung zwischen **realen** und **nominalen Größen** einführen. Ausgangspunkt sei eine Einzahlung in Höhe von z_t zu einem Zeitpunkt t in Geldeinheiten. Eine derartige **monetäre Größe** wird als nominal bezeichnet. Bislang wurden im Rahmen dieses Lehrbuchs stets nur nominale Größen der Bestimmung von Kapitalwerten zugrunde gelegt, so daß eine genauere Kennzeichnung entbehrlich war. Im Rahmen dieses Abschnitts wird sich dies jedoch ändern, weswegen im folgenden statt z_t genauer $z_t^{(nom)}$ geschrieben wird. Dividiert man nämlich $z_t^{(nom)}$ durch das Preisniveau P_t des Zeitpunktes t, so gelangt man zu der Anzahl der im Zeitpunkt t erwerbbaren Mengeneinheiten des der Preisniveaubestimmung zugrundeliegenden Warenkorbs. Der Quotient $z_t^{(nom)}/P_t$ ist in dieser Hinsicht eine "reale", weil in **Gütereinheiten** ausgedrückte Größe und soll deswegen als $z_t^{(real)}$ bezeichnet werden.

Es sei nun angenommen, daß ein Investor einen Geldbetrag $z_{t-1}^{(nom)}$ von t-1 bis t zum maßgeblichen Ein-Perioden-Zinssatz i_t anlegt. Natürlich beträgt seine erzielbare Rendite mit Bezug auf sein Geldvermögen gerade i_t. Nun kann man sich aber auch fragen, welche Änderung seine Konsummöglichkeiten hinsichtlich des der Preisniveauberechnung zugrunde gelegten Warenkorbs erfahren. Im Zeitpunkt t-1 kann der Investor bei einem Geldbetrag $z_{t-1}^{(nom)}$ genau $z_{t-1}^{(nom)}/P_{t-1}$ Mengeneinheiten des Warenkorbs erwerben. Im Zeitpunkt t hingegen beläuft sich diese Anzahl auf $z_{t-1}^{(nom)} \cdot (1+i_t)/P_t$. Die absolute Änderung bemißt sich folglich als $[z_{t-1}^{(nom)} \cdot (1+i_t)/P_t] - [z_{t-1}^{(nom)}/P_{t-1}]$. Dividiert man diesen Betrag durch die "Ausgangskonsummöglichkeit" $z_{t-1}^{(nom)}/P_{t-1}$, so gelangt man zu der relativen Änderung der Konsummöglichkeiten. Diese relative Änderung wird als von t-1 bis t maßgeblicher **Realzinssatz** $i_t^{(real)}$ bezeichnet, weil hier ein Bezug auf die Veränderung realer Größen gegeben ist. Der Zinssatz i_t wird in Abgrenzung von $i_t^{(real)}$ als **Nominalzinssatz**[2] charakterisiert und soll im weiteren zur besseren Unterschei-

---

[2] Trotz der gleichartigen Bezeichnung hat der hier als Nominalzinssatz bezeichnete Zins grundsätzlich **nichts** mit dem Nominalzinssatz von Anleihen zu tun, wie er im Zusammenhang mit der Diskussion nicht-flacher Zinsstruk-

dung durch $i_t^{(nom)}$ beschrieben werden.

Es gilt nun:[3]

$$i_t^{(real)} \equiv \frac{\dfrac{z_{t-1}^{(nom)} \cdot (1+i_t^{(nom)})}{P_t} - \dfrac{z_{t-1}^{(nom)}}{P_{t-1}}}{\dfrac{z_{t-1}^{(nom)}}{P_{t-1}}}$$

$$= \frac{1+i_t^{(nom)}}{\dfrac{P_t}{P_{t-1}}} - 1 \qquad (6.3)$$

$$= \frac{1+i_t^{(nom)}}{1+\pi_t} - 1.$$

Man erhält somit den folgenden Zusammenhang zwischen Nominalzinssatz $i_t^{(nom)}$, Realzinssatz $i_t^{(real)}$ und Inflationsrate π_t eines beliebigen Zeitraums von t-1 bis t:

$$(1+i_t^{(real)}) \cdot (1+\pi_t) = 1+i_t^{(nom)}. \qquad (6.4)$$

Der Realzinssatz $i_t^{(real)}$ kann demnach auch als derjenige Teil der gesamten nominalen Verzinsung $i_t^{(nom)}$ von t-1 bis t interpretiert werden, der über die bloße Abgeltung der Inflationsrate hinausgeht, also insofern einen echten **Mehrkonsum**

---

turen eingeführt worden ist. Allerdings ist der Nominalzinssatz von Anleihen wie jeder andere vertraglich vereinbarte Zinssatz zusätzlich "nominal" im Sinne von "nicht real".

[3] Die Herleitung der folgenden Beziehung zwischen Real- und Nominalzinssätzen sowie Inflationsraten geht auf *Fisher* (1896) zurück. Eine sehr umfassende Analyse liefert *Gebauer* (1982). Vgl. aber auch etwa *Richter/Schlieper/Friedmann* (1978), S. 135 ff., oder *Schneider* (1992), S. 389 ff.

bezüglich des der Preisniveauermittlung zugrundeliegenden Warenkorbs ermöglicht.

Beispiel 6.3:

Gegeben sei ein Kapitalmarkt mit den folgenden nominalen Ein-Perioden-Zinssätzen $i_t^{(nom)}$ sowie Inflationsraten π_t gemäß *Tabelle 6.1* im Rahmen einer Betrachtung über vier Zeitpunkte t = 0, ..., 3, das heißt, drei Perioden.

t	1	2	3
$i_t^{(nom)}$	0,04	0,05	0,03
π_t	0,02	0,04	0,01

Tabelle 6.1: Nominalzinssätze und Inflationsraten für eine Drei-Perioden-Betrachtung von t = 0 bis t = 3

Damit kann man die Realzinssätze der einzelnen Teilperioden berechnen als $i_1^{(real)}$ = (1,04/1,02)-1 ≈ 1,96 %, $i_2^{(real)}$ = (1,05/1,04)-1 ≈ 0,96 %, $i_3^{(real)}$ = (1,03/1,01)-1 ≈ 1,98 %. □

Eine vereinfachte **(Näherungs-) Formel** für $i_t^{(real)}$ erhält man durch Ausmultiplizieren der linken Seite von (6.4):

$$1 + i_t^{(real)} + \pi_t + i_t^{(real)} \cdot \pi_t = 1 + i_t^{(nom)}$$

$$\Leftrightarrow i_t^{(real)} = i_t^{(nom)} - \pi_t - i_t^{(real)} \cdot \pi_t \qquad (6.5)$$

$$\Rightarrow i_t^{(real)} \approx i_t^{(nom)} - \pi_t,$$

sofern sich Zinssätze und Inflationsraten im Bereich weniger Prozente bewegen. Dann nämlich liegt das Produkt aus Realzinssatz und Inflationsrate im Bereich von unterhalb 1 ‰ und kann auf der rechten Seite der zweiten Zeile von (6.5) vernachlässigt werden. Approximativ läßt sich demnach die Realverzinsung $i_t^{(real)}$ von einem Zeitpunkt t-1 bis zu einem Zeitpunkt t dadurch abschätzen, daß man einfach vom zugehörigen Nominalzinssatz $i_t^{(nom)}$ die Inflationsrate π_t für den Zeitraum von t-1 bis t abzieht.

Beispiel 6.4:
Gegeben seien die Nominalzinssätze und Inflationsraten aus Beispiel 6.3 im Rahmen einer Drei-Perioden-Betrachtung. Dann gilt $i_1^{(real)} \approx 0{,}04\text{-}0{,}02 = 2$ %, $i_2^{(real)} \approx 0{,}05\text{-}0{,}04 = 1$ %, $i_3^{(real)} \approx 0{,}03\text{-}0{,}01 = 2$ %. Die auftretenden Schätzfehler betragen damit 0,02 bis 0,04 Prozentpunkte, also Bruchteile von "Promillepunkten". □

6.3 Kapitalwertformel in realen Größen

6.3.1 Herleitung

Schon im Kapitel II wurde darauf hingewiesen und zu Beginn dieses Abschnitts 6 daran erinnert, daß die Nutzenfunktion eines Unternehmers originär in den verbrauchten Mengen der einzelnen zugänglichen Konsumgüter in den Betrachtungszeitpunkten t = 0, ..., T definiert ist und der Ansatz einer in den gesamten jeweiligen Konsumauszahlungen der Zeitpunkte t = 0, ..., T definierten modifizierten Nutzenfunktion bereits eine gewisse (letzten Endes für die Herleitung der *Fisher*-Separation grundsätzlich unkritische) Aggregation beinhaltet. Natürlich kann der Preis ein und desselben Konsumguts in verschiedenen Betrachtungszeitpunkten t unterschiedlich sein, ohne daß dies für die Fundierung der *Fisher*-Separation im Abschnitt 1 des vorliegenden Kapitels in irgendeiner Form von Bedeutung ist. Entsprechendes gilt in Mehr-Perioden-Betrachtungen. Bereits dies impliziert, daß es für die Gültigkeit der *Fisher*-Separation und damit auch für die Kapitalwertberechnungen, wie sie bislang im Rahmen dieses Lehrbuchs vorgestellt wurden, grundsätzlich unbedeutend ist, inwiefern in einer Volkswirtschaft Inflation herrscht und wie sich Real- und Nominalzinssätze in den einzelnen Betrachtungsperioden zueinander verhalten. Man ermittelt die (nominale)

Zahlungsreihe und diskontiert mit den entsprechenden nominalen Zinssätzen. Gleichwohl mag man im Lichte der bislang dargestellten Zusammenhänge unter bestimmten Voraussetzungen zu vereinfachten Kapitalwertberechnungsmöglichkeiten gelangen. Zu diesem Zweck soll die Kapitalwertformel zunächst auf reale Größen zurückgeführt werden. Dazu sei $z_t^{(real)} \equiv z_t^{(nom)}/P_t$ als die unternehmerischen Konsummöglichkeiten hinsichtlich des der Preisniveauermittlung zugrundeliegenden Warenkorbs für Einzahlung $z_t^{(nom)}$ und Preisniveau P_t im Zeitpunkt t definiert. Man kann bei den $z_t^{(real)}$ knapp und ungenau von den realen Einzahlungsüberschüssen des Unternehmers aus einem Investitionsprogramm oder -projekt sprechen.[4] Damit gilt:

$$\kappa = \sum_{t=0}^{T} \frac{z_t^{(nom)}}{\prod_{\tau=1}^{t}(1+i_\tau^{(nom)})}$$

$$= \sum_{t=0}^{T} \frac{z_t^{(real)} \cdot P_t}{\prod_{\tau=1}^{t}[(1+i_\tau^{(real)}) \cdot (1+\pi_\tau)]}$$

$$= \sum_{t=0}^{T} \frac{z_t^{(real)} \cdot P_0 \cdot \prod_{\tau=1}^{t}(1+\pi_\tau)}{\prod_{\tau=1}^{t}(1+i_\tau^{(real)}) \cdot \prod_{\tau=1}^{t}(1+\pi_\tau)}$$

$$= P_0 \cdot \sum_{t=0}^{T} \frac{z_t^{(real)}}{\prod_{\tau=1}^{t}(1+i_\tau^{(real)})}.$$

(6.6)

---

[4] Der Begriff ist deswegen ungenau, weil eine "reale" Einzahlung gewissermaßen einen **Widerspruch** in sich darstellt. Zur Wahrung einer prägnanten Ausdrucksweise sei auf diese Ungenauigkeit aber nicht weiter eingegangen. In der Regel wird in anderen Darstellungen entsprechend verfahren. Vgl. etwa *Eisenführ* (1993), S. 77, oder auch *Franke/Hax* (1999), S. 215.

In der zweiten Zeile aus (6.6) wurden die Definitionen von $z_t^{(real)}$ und $i_t^{(real)}$ genutzt, in der dritten Zeile wurde P_t gemäß (6.2) ersetzt. Die vierte Zeile schließlich ergibt sich nach Herauskürzen von $\Pi_{\tau=1}^{t} (1+\pi_t)$.

Es ist demnach ohne weiteres möglich, die Berechnung des Kapitalwertes einer Zahlungsreihe von nominalen Größen in die zugehörigen **realen** Größen zu überführen.

Beispiel 6.5:
Betrachtet sei ein Investitionsprojekt über vier Zeitpunkte $t = 0, \ldots, 3$ hinweg, das zu Zahlungskonsequenzen $z_t^{(nom)}$ gemäß *Tabelle 6.2* führt. Inflationsraten und Nominalzinssätze für die einzelnen Zeiträume von t-1 bis t ($t = 1, 2, 3$) sollen denen aus *Tabelle 6.1* entsprechen. Das Preisniveau im Zeitpunkt $t = 0$ belaufe sich auf $P_0 = 1{,}5$.

t	0	1	2	3
$z_t^{(nom)}$	-100	50	60	65

Tabelle 6.2: (Nominale) Zahlungsreihe eines Projekts für $t = 0, \ldots, 3$

Der Projektkapitalwert bestimmt sich in nominaler Berechnungsweise damit als

$$\kappa = -100 + \frac{50}{1{,}04} + \frac{60}{1{,}04 \cdot 1{,}05} + \frac{65}{1{,}04 \cdot 1{,}05 \cdot 1{,}03} \approx 60{,}81 \text{ GE.} \quad (6.7)$$

Die realen "Zahlungen" aus dem Investitionsprojekt berechnen sich als $z_0^{(real)} = -100/1{,}5 \approx -66{,}6667$ GE, $z_1^{(real)} = 50/(1{,}5 \cdot 1{,}02) \approx 32{,}6797$ GE, $z_2^{(real)} = 60/(1{,}5 \cdot 1{,}02 \cdot 1{,}04) \approx 37{,}7074$ GE sowie $z_3^{(real)} = 65/(1{,}5 \cdot 1{,}02 \cdot 1{,}04 \cdot 1{,}01) \approx 40{,}4452$ GE. Die Realzinssätze sind schon aus Beispiel 6.3 bekannt. Damit läßt sich der Projektkapitalwert bei Abstellen auf reale Größen gemäß der vierten Zeile aus (6.6) auch wie folgt bestimmen:

$$\kappa \approx 1{,}5 \cdot \left(-66{,}6667 + \frac{32{,}6797}{1{,}0196} + \frac{37{,}7074}{1{,}0196 \cdot 1{,}0096} + \frac{40{,}4452}{1{,}0196 \cdot 1{,}0096 \cdot 1{,}0198} \right) \quad (6.8)$$

$\approx 60{,}82$ GE.

Es resultiert natürlich in nominaler wie realer Betrachtungsweise der (bis auf Rundungsdifferenzen) gleiche Projektkapitalwert. □

Insbesondere für ein Ausgangspreisniveau P_0 von 1 erhält man den Kapitalwert einer beliebigen Zahlungsreihe einfach dadurch, daß man die realen Einzahlungen mit den entsprechenden realen Ein-Perioden-Zinssätzen diskontiert. Im weiteren sei daher zur Vereinfachung generell $P_0 = 1$ vorausgesetzt. Diese Annahme stellt insofern keine Einschränkung dar, als letztlich nur relative Preisniveauänderungen, also Inflationsraten, praktisch von Interesse sind. Sofern P_0 nicht gleich 1 ist, kann man ohne weiteres **neue** Preisniveaus $P_t^+ \equiv P_t/P_0$ definieren, für die einerseits $P_0^+ = 1$ resultiert und andererseits $(P_t^+ - P_{t-1}^+)/P_{t-1}^+ = (P_t - P_{t-1})/P_{t-1}$, also $\pi_t^+ = \pi_t$ für alle Inflationsraten auf der Grundlage der beiden Preisniveaudefinitionen gilt, weswegen auch die ausgewiesenen Realzinssätze ceteris paribus unverändert blieben. Weitere Konsequenz der Normierung wäre, daß alle realen Zahlungen mit P_0 zu multiplizieren wären, da aus $z_t^{(real)+} \equiv z_t^{(nom)}/P_t^+$ unmittelbar $z_t^{(real)+} = P_0 \cdot z_t^{(real)}$ folgt. Insofern stellt die Normierung quasi nichts anderes als eine Umdefinition der realen Zahlungen dar.

Beispiel 6.6:
Es sei erneut die Situation aus Beispiel 6.5 betrachtet. Den (bis auf mögliche Rundungsdifferenzen) gleichen Kapitalwert wie (6.7) und (6.8) erhält man auch dann, wenn man die Preisniveaus P_t der einzelnen Zeitpunkte t über Division durch 1,5 neu normiert, so daß für den Zeitpunkt t = 0 ein Preisniveau von 1 resultiert. Konkret ergibt sich $P_0^+ = P_0/1{,}5 = 1$, $P_1^+ = P_1/1{,}5 = (1{,}5 \cdot 1{,}02)/1{,}5 = 1{,}02$, $P_2^+ = P_2/1{,}5 = (1{,}5 \cdot 1{,}02 \cdot 1{,}04)/1{,}5 = 1{,}0608$ und $P_3^+ = P_3/1{,}5 = (1{,}5 \cdot 1{,}02 \cdot 1{,}04 \cdot 1{,}01)/1{,}5 = 1{,}071408$, weswegen sich die Inflationsraten nach wie vor auf $(1{,}02/1)-1 = 2\,\%$, $(1{,}0608/1{,}02)-1 = 4\,\%$ sowie $(1{,}071408/1{,}0608)-1 =$

1 % belaufen und somit auch die Realzinssätze unverändert bleiben. Die "neuen" realen Zahlungsgrößen des Projekts bestimmen sich als Quotient aus den $z_t^{(nom)}$ und den zugehörigen Preisniveaus P_t^+ und sind damit gegenüber den "alten" realen Größen letztlich nur mit 1,5 gestreckt: $z_0^{(real)+}$ = -100/1 = -100 GE, $z_1^{(real)+}$ = 50/(1·1,02) ≈ 49,0196 GE, $z_2^{(real)+}$ = 60/(1·1,02·1,04) ≈ 56,5611 GE sowie $z_3^{(real)+}$ = 65/(1·1,02·1,04·1,01) ≈ 60,6678 GE. Damit ergibt sich:

$$\kappa \approx -100 + \frac{49{,}0196}{1{,}0196} + \frac{56{,}5611}{1{,}0196 \cdot 1{,}0096} + \frac{60{,}6678}{1{,}0196 \cdot 1{,}0096 \cdot 1{,}0198} \quad (6.9)$$
$$\approx 60{,}82 \text{ GE}.$$

Natürlich ändert diese Neudefinition demnach nichts am resultierenden Kapitalwert. □

Zu fragen ist nun, unter welchen Voraussetzungen sich ein Ansatz an der letzten Zeile von Formel (6.6) statt an der ersten Zeile als **lohnenswert** erweist. Sicherlich stellt es keine Arbeitserleichterung dar, wenn man zunächst alle nominalen Größen schätzt und sie anschließend in reale umrechnet. Eine echte Erleichterung im Bereich der Datenbeschaffung resultiert vielmehr nur dann, wenn man gewisse **Zusatzannahmen** trifft. Insbesondere ist der Gedanke naheliegend, daß der einzige Grund für schwankende nominale Ein-Perioden-Zinssätze im Zeitablauf in ebenfalls schwankenden Inflationsraten besteht. Unter dieser Prämisse erhält man einen **konstanten** Ein-Perioden-Realzinssatz $i^{(real)}$ über alle Betrachtungsperioden. Geht man nun zusätzlich davon aus, daß auch die Einzahlungsüberschüsse aus der Investition in den Zeitpunkten t = 1 bis t = T **nur** wegen unterschiedlicher Inflationsraten nicht konstant sind, wäre auch ein konstanter Wert $z^{(real)}$ der real ausgedrückten Einzahlungsüberschüsse der Unternehmung in den Zeitpunkten t = 1 bis t = T gegeben. Mit P_0 = 1 und A_0 als der in t = 0 erforderlichen Anfangsauszahlung könnte unter diesen Voraussetzungen der Kapitalwert eines Investitionsprojekts folgendermaßen ermittelt werden:

$$\kappa = -A_0 + \sum_{t=1}^{T} \frac{z^{(real)}}{(1+i^{(real)})^t} \qquad (6.10)$$

$$= -A_0 + z^{(real)} \cdot RBF(i^{(real)}; T).$$

Die Kapitalwertformel würde sich demnach rechentechnisch und vom Datenbedarf her sehr stark **vereinfachen**, da man lediglich noch zwei Größen, $i^{(real)}$ und $z^{(real)}$, zu schätzen hätte. Formel (6.10) hätte dabei für beliebige Ein-Perioden-Nominalzinssätze, Inflationsraten und nominale Projekteinzahlungen Gültigkeit, solange nur der hieraus resultierende Realzinssatz und die "reale" Projekteinzahlung in jeder Periode die gleichen sind. In der Tat dürften die nominalen Größen sogar stochastisch, das heißt risikobehaftet[5], sein, sofern nur Sicherheit bezüglich $i^{(real)}$ und $z^{(real)}$ herrscht. Die konkrete Inflationsrate hätte damit keinerlei Einfluß auf die Höhe des ausgewiesenen Projektkapitalwertes.

Beispiel 6.7:
Gegeben sei ein Investitionsprojekt, das über drei Perioden hinweg in $t = 1, 2$ und 3 reale "Einzahlungen" von jeweils 50 ME[6] bei einem konstanten realen Ein-Perioden-Zinssatz von 4 % liefert. Die Anfangsauszahlung A_0 sei 100 GE, das Preisniveau P_0 in $t = 0$ betrage 1. Dann gilt für den Projektkapitalwert:

$$\kappa = -100 + 50 \cdot RBF(0{,}04; 3)$$

$$= -100 + 50 \cdot \frac{1{,}04^3 - 1}{1{,}04^3 \cdot 0{,}04} \qquad (6.11)$$

$$\approx 38{,}75 \text{ GE}.$$

---

[5] Bei **Risiko** stimmen die künftigen (nominalen) Ein-Perioden-Kassazinssätze nicht zwingend mit den zugehörigen Terminzinssätzen überein. Stochastisch aus Sicht von $t = 0$ können natürlich nur die **künftigen Kassazinssätze** sein. Auf diese bezieht sich daher hier auch die Aussage im Haupttext.

[6] Die Einheit der $z_t^{(real)}$ lautet gemäß der Definition der $z_t^{(real)}$ auf **Mengeneinheiten** des der Preisniveauermittlung zugrundeliegenden Warenkorbs.

Zum gleichen Ergebnis gelangt man natürlich auch auf der Grundlage der nominalen Größen. Um diese zu ermitteln, benötigt man allerdings noch die Kenntnis der Inflationsraten der einzelnen Perioden. In der nachfolgenden *Tabelle 6.3* sind exemplarisch (und willkürlich) Werte für die π_t zusammen mit den hieraus resultierenden nominalen Projekteinzahlungen und den nominalen Ein-Perioden-Zinssätzen angegeben. Das bedeutet, daß zu den angesetzten Inflationsraten jeweils die Werte für $i_t^{(nom)}$ und $z_t^{(nom)}$ berechnet wurden, so daß sich entsprechend dem betrachteten Szenario $z_t^{(real)} = 50$ ME und $i_t^{(real)} = 4$ % für t = 1, 2, 3 ergibt.

t	0	1	2	3
π_t	---	5,7692 %	3,8462 %	4,8077 %
$i_t^{(nom)}$	---	10 %	8 %	9 %
$z_t^{(nom)}$	-100	52,8846	54,9186	57,5589

Tabelle 6.3: Inflationsraten, Nominalzinssätze und nominale Projekteinzahlungen für t = 0, ..., 3 (zum Teil gerundet)

Der Kapitalwert bei Abstellen auf nominale Größen beträgt damit:

$$\kappa \approx -100 + \frac{52,8846}{1,1} + \frac{54,9186}{1,1 \cdot 1,08} + \frac{57,5589}{1,1 \cdot 1,08 \cdot 1,09} \approx 38,75 \text{ GE.} \tag{6.12}$$

Nicht nur benötigt man für die explizite Durchführung der nominalen Berechnungsweise die zusätzliche Vorgabe von Inflationsraten, auch ist die Ermittlung des Kapitalwertes in der Form (6.12) umständlicher als über (6.11). □

6.3.2 Diskussion

6.3.2.1 Konstante reale Einzahlungen

Beide der Bestimmungsgleichung für den Projektkapitalwert zugrundeliegenden Prämissen sind nicht unproblematisch. So besteht zum einen grundsätzlich **keine** Veranlassung, von der Konstanz der realen Einzahlungsüberschüsse einer Unternehmung auszugehen. Aus früheren Abschnitten ist bekannt, daß im Ein-Produkt-Fall für t = 1, ..., T

$$z_t^{(nom)} = (p_t - k_{v,t}) \cdot x_t - K_{f,t} \tag{6.13}$$

geschrieben werden kann, so daß man

$$z_t^{(real)} = \frac{(p_t - k_{v,t}) \cdot x_t - K_{f,t}}{\prod_{\tau=1}^{t}(1+\pi_\tau)} \quad (t = 1, ..., T) \tag{6.14}$$

erhält. Schon anhand von (6.14) erkennt man, daß im allgemeinen nicht davon auszugehen ist, daß sich $z_t^{(real)}$ im Zeitablauf als konstant erweist. Natürlich mag dies "zufällig" einmal der Fall sein. Der **einzige systematische** Grund dürfte jedoch darin bestehen, daß sich bei konstanter Absatzmenge $x_t = x_1$ ($\forall$ t = 1, ..., T) die (Stück-) Preise p_t, die variablen Stückauszahlungen $k_{v,t}$ sowie die periodischen Fixauszahlungen $K_{f,t}$ ebenfalls entsprechend den Inflationsraten im Zeitraum von t = 1 bis t = T entwickeln:

$$\begin{aligned} p_t &= p_1 \cdot \prod_{\tau=2}^{t}(1+\pi_\tau), \\ k_{v,t} &= k_{v,1} \cdot \prod_{\tau=2}^{t}(1+\pi_\tau), \\ K_{f,t} &= K_{f,1} \cdot \prod_{\tau=2}^{t}(1+\pi_\tau). \end{aligned} \tag{6.15}$$

Bei Gültigkeit von (6.15) wird (6.14) unter Beachtung von $P_0 = 1$ zu

$$z_t^{(real)} = \frac{(p_1 - k_{v,1}) \cdot x_1 - K_{f,1}}{1 + \pi_1} = \frac{z_1^{(nom)}}{1 + \pi_1} = z_1^{(real)} = \text{konst.} \quad (t = 1, ..., T), \quad (6.16)$$

da für $P_0 = 1$ die Gleichheit von $1 + \pi_1$ und P_1 gegeben ist.

Zweifellos sind dies recht **strenge Anforderungen** zur Begründung konstanter realer Investitionseinzahlungen, so daß hiervon allenfalls näherungsweise ausgegangen werden kann.

Beispiel 6.8:
Gegeben sei ein Investitionsprojekt über vier Zeitpunkte $t = 0, 1, 2, 3$ hinweg, wobei in $t = 0$ ein Preisniveau von $P_0 = 1$ herrsche. Die Anfangsauszahlung in $t = 0$ betrage 100 GE. Für $t = 1$ wird mit einer Produktabsatzmenge von $x_1 = 70$ ME zu einem Preis $p_1 = 3{,}173076$ GE/ME bei variablen Stückauszahlungen $k_{v,1}$ von $2{,}115384$ GE/ME gerechnet. Die fixen Auszahlungen $K_{f,1}$ des Zeitpunktes $t = 1$ sollen sich auf $21{,}15384$ GE belaufen. Für die Zeitpunkte $t = 2$ und $t = 3$ geht man ebenfalls von einer Absatzmenge von jeweils 70 ME aus. Preis, variable Stückauszahlungen und fixe Auszahlungen je Periode sollen sich jedoch jeweils entsprechend der Inflationsrate von $t = 1$ bis $t = 2$ bzw. von $t = 2$ bis $t = 3$ verändern. Inflationsraten und Nominalzinssätze sollen denen aus *Tabelle 6.3* des Beispiels 6.7 entsprechen. Damit erhält man für die Projektparameter und -einzahlungen in den Zeitpunkten $t = 1, 2, 3$ die in *Tabelle 6.4* dargestellten Werte:

t	1	2	3
p_t	3,173076	3,295119	3,453538
$k_{v,t}$	2,115384	2,196746	2,302359
$K_{f,t}$	21,15384	21,967459	23,023589
$z_t^{(nom)}$	52,8846	54,9187	57,5589

Tabelle 6.4: Absatzpreise, variable Stückauszahlungen, fixe Auszahlungen und resultierende Einzahlungsüberschüsse in t = 1, 2, 3 für das Investitionsprojekt (auf vier bzw. sechs Dezimalstellen genau gerundet)

Die Projektzahlungsreihe stimmt damit fast genau mit der aus Beispiel 6.7 überein. Weil gleiches für die Inflationsraten gilt, liegt hier demnach tatsächlich eine Investition mit nahezu konstanten realen Einzahlungen von 50 ME in t = 1, 2, 3 vor, wie schon aus Beispiel 6.7 hervorgeht. Man kann dies auch leicht nochmals dadurch überprüfen, daß man die Zahlungsgrößen der $z_t^{(nom)}$ jeweils durch $(1+\pi_1)\cdot\ldots\cdot(1+\pi_t)$ dividiert, um so die realen Zahlungen zu erhalten. Es ergibt sich ein annähernd konstanter Wert von 50 ME.

Da überdies auch die Nominalzinssätze denen aus Beispiel 6.7 entsprechen, ist der Projektkapitalwert mit dem dort berechneten faktisch identisch. □

6.3.2.2 Konstanter Realzinssatz

In entsprechender Weise ist grundsätzlich auch **nicht** einzusehen, daß die reale Verzinsung über alle Perioden konstant sein sollte. Schon die Konstanz des Nominalzinssatzes bei Abstraktion von Inflation, also eine flache Zinsstruktur, läßt sich höchstens als **theoretischer Spezialfall** interpretieren, der ganz bestimmte Zeitpräferenzen der Wirtschaftssubjekte erfordert. Man könnte daher allenfalls die These vertreten, daß der Realzinssatz einer (beliebigen) Periode von t-1 bis t sich nicht in Abhängigkeit von der Inflationsrate dieses Zeitraums ändert. In diesem Zusammenhang spricht man auch von der *Fisher*-**Hypothese**.[7]

Selbst die *Fisher*-Hypothese ist aber nur sehr schwach theoretisch fundiert. Um sie sachgerecht zu würdigen, ist es erforderlich, allgemeine Marktgleichgewichte zu betrachten, in denen die Einführung einer **exogenen Störung** wie staatlichen Eingriffen, Präferenz- oder Produktionstechnologieänderungen zu Preisanpassungen führt. Durch Vergleich des vor und nach der Störung jeweils herrschenden Realzinssatzes ist sodann eine Prüfung der *Fisher*-Hypothese auf Gültigkeit möglich.[8] Dabei sollte es nicht allzu sehr verwundern, daß je nach der betrachteten Ursache für die Beeinflussung von Preisen sogar schon im **Ein-Gut-Fall** eine **Verletzung** der *Fisher*-Hypothese denkbar ist.

Zur Veranschaulichung sei ein Marktteilnehmer betrachtet, der im Rahmen eines Zwei-Zeitpunkte-Ansatzes in $t = 0$ über eine liquide Mittelausstattung in Höhe von W_0 verfüge, die er entweder zum Erwerb des einzig existenten Konsumgutes gegen Zahlung eines Preises[9] P_0 je Stück oder aber zur Anlage zum Nominal-

---

[7] Vgl. zur *Fisher*-Hypothese beispielsweise *Franke/Hax* (1999), S. 213 ff., sowie die bereits in Fußnote 3 dieses Abschnitts genannten Quellen. Vor allem *Gebauer* (1982) gibt einen umfassenden Überblick über mögliche Modifikationen der *Fisher*-Hypothese. Im Rahmen des internationalen Finanzmanagements etwa erweitert man die ursprüngliche *Fisher*-Hypothese hin zur behaupteten Gleichheit der Realzinssätze in verschiedenen Ländern und spricht hierbei dann vom "**Nationalen** *Fisher*-**Effekt**". Vgl. zu letzterem etwa *Breuer* (2000a) sowie den nachfolgenden Abschnitt 7 dieses Kapitels.

[8] Die Notwendigkeit, die *Fisher*-Hypothese im Rahmen einer **expliziten Gleichgewichtsbetrachtung** zu untermauern, wurde in der Literatur erst recht spät erkannt. Vgl. als einen frühen Beitrag etwa *Friedman* (1978). Des weiteren sei auf die Darstellung von *Sargent* (1987), S. 143 f., verwiesen.

[9] Da es **nur ein** Gut gibt, braucht nicht zwischen Güterpreis und Preisniveau unterschieden zu werden. Weil exogene Störungen auch den Güterpreis des Zeitpunktes $t = 0$ beeinflussen können, erfolgt hier überdies zweckmäßigerweise keine Beschränkung auf Situationen mit $P_0 = 1$ GE/ME.

zinssatz $i^{(nom)}$ bis $t = 1$ nutzen kann. Mit y_0 sei die Anzahl der nachgefragten Einheiten des Konsumgutes bezeichnet, der Anlagebetrag von $t = 0$ bis $t = 1$ sei durch $A^{(nom)}$ charakterisiert. In $t = 1$ verfüge das Subjekt über keine liquide Anfangsausstattung, so daß nur Mittel in Höhe von $A^{(nom)} \cdot (1+i^{(nom)})$ in $t = 1$ zum Erwerb des Konsumgutes zum dann herrschenden Preis P_1 zur Verfügung stehen. Die Variable y_1 kennzeichne die Anzahl der nachgefragten Gütereinheiten. Unter diesen Bedingungen sieht sich das Wirtschaftssubjekt mit den folgenden Budgetrestriktionen konfrontiert:

$$\text{I.} \quad P_0 \cdot y_0 + A^{(nom)} = W_0,$$
$$\text{II.} \quad P_1 \cdot y_1 = A^{(nom)} \cdot (1+i^{(nom)}). \tag{6.17}$$

Umformung der zweiten Restriktion liefert:

$$\frac{P_1}{P_0} \cdot y_1 = \frac{A^{(nom)} \cdot (1+i^{(nom)})}{P_0}$$
$$\Leftrightarrow y_1 = \frac{A^{(nom)} \cdot (1+i^{(real)})}{P_0}. \tag{6.18}$$

In der ersten Zeile wurden hierbei beide Seiten der Gleichung durch P_0 dividiert, in der zweiten Zeile durch $1 + \pi_1 = P_1/P_0$. Des weiteren sei angenommen, daß sowohl das Gesamtangebot $\bar{y}_{t,ges}$ an Gütern der Zeitpunkte $t = 1$ und $t = 2$ als auch an Möglichkeiten $\bar{A}_{ges}^{(nom)}$ der Mittelanlage preisunabhängig festliege. Die Möglichkeiten der Mittelanlage sollen dabei nämlich in dem Erwerb staatlicher Anleihen in $t = 0$ bestehen, deren Angebot seitens des Staates in $t = 0$ exogen sei. Gleichung (6.18) gilt für jedes Subjekt und damit auch bei der Addition der Güternachfragen über alle Individuen. Mit $y_{t,ges}$ als gesamter Güternachfrage und $A_{ges}^{(nom)}$ als gesamtem Anlagebetrag aller Individuen und unter Beachtung der Gleichgewichtsanforderung $\bar{y}_{t,ges} = y_{t,ges}$ erfordert Markträumung in $t = 1$ damit:

$$\overline{y}_{1,ges} = \frac{\overline{A}_{ges}^{(nom)} \cdot (1+i^{(real)})}{P_0}. \tag{6.19}$$

Da das Güterangebot ebenso wie das insgesamt mögliche Anlagevolumen der Subjekte gegeben sein soll, folgt aus der etwaigen Konstanz des Realzinssatzes, daß P_0 ebenfalls konstant sein muß.

In entsprechender Weise kann man die mit I. in (6.17) gekennzeichneten Budgetrestriktionen aller Subjekte addieren. Man erhält hieraus unter Beachtung der Markträumungsbedingung $\overline{y}_{0,ges} = y_{0,ges}$ und mit $W_{0,ges}$ als gesamter liquider Anfangsausstattung aller Marktteilnehmer in $t = 0$ die folgende Gleichgewichtsanforderung:

$$P_0 \cdot \overline{y}_{0,ges} + A_{ges}^{(nom)} = W_{0,ges}. \tag{6.20}$$

Sofern von staatlicher Seite die liquide Anfangsausstattung der Subjekte in $t = 0$ erhöht wird (indem etwa zusätzliches Geld gedruckt und ausgegeben wird), muß bei Konstanz des gesamten Güterangebots des Zeitpunktes $t = 0$ sowie des gesamten Anlagevolumens aller Marktteilnehmer der Preis P_0 steigen. Dann aber kann der Realzinssatz gemäß den Überlegungen zu (6.19) nicht mehr konstant sein. Die *Fisher*-Hypothese wäre hier also selbst im Rahmen dieser einfachen Zwei-Zeitpunkte-Betrachtung einer Ein-Gut-Welt schon **verletzt**.

Beispiel 6.9:
Es sei von $\overline{y}_{0,ges} = 10$ ME sowie $\overline{y}_{1,ges} = 22$ ME mit Preisen $P_0 = P_1 = 1$ GE/ME ausgegangen. Ferner gelte $\overline{A}_{ges}^{(nom)} = 20$ GE und $W_{0,ges} = 30$ GE. Wegen $P_0 = P_1$ stimmen Nominalzinssatz und Realzinssatz in der Ausgangssituation überein. Im weiteren wird $i^{(nom)} = 10\ \%$ unterstellt. Durch Einsetzen läßt sich leicht prüfen, daß die Gleichgewichtsbedingungen (6.19) und (6.20) für diese Parameterwerte erfüllt sind. Der Staat erhöhe nun jedoch ceteris paribus die monetäre Anfangsausstattung der Subjekte um 1/60 auf 30,5 GE. Gemäß (6.20) ist im neuen Gleichgewicht für $t = 0$ ein Güterpreis von 1,05 GE/ME statt 1 GE/ME erfor-

derlich. Damit aber kann die Gleichgewichtsbedingung (6.19) des Zeitpunktes t = 1 nur noch für einen Realzinssatz von 1,1·1,05-1 = 15,5 % ≠ 10 % erfüllt werden. Die *Fisher*-Hypothese ist damit augenscheinlich ungültig. □

Geht man über zu **Mehr-Güter-Betrachtungen**, dann werden Verletzungen der *Fisher*-Hypothese geradezu ubiquitär, sofern relative Güterpreise im Zeitablauf nicht konstant sind und exogene Störungen zu ihrer Änderung führen. Zum Beleg genügt der Ansatz an einer Volkswirtschaft mit zwei Gütern. Deren Preise in der Ausgangssituation seien für t = 0 mit $p_0^{(1)}$ und $p_0^{(2)}$ und für t = 1 entsprechend mit $p_1^{(1)}$ und $p_1^{(2)}$ charakterisiert. Nach Einführung der exogenen Störung soll sich der Preis eines Gutes j = 1, 2 im Zeitpunkt t = 0, 1 auf $p_t^{(j)+}$ belaufen. Mit $q^{(1)}$ sei das Gewicht des Gutes 1 im der Preisniveauermittlung zugrundeliegenden Warenkorb bezeichnet. Entsprechend ist $1-q^{(1)}$ das Gewicht des Gutes 2. Damit kann das Preisniveau eines Zeitpunktes t = 0, 1 in der Ausgangssituation folgendermaßen berechnet werden:

$$P_t \equiv q^{(1)} \cdot p_t^{(1)} + (1-q^{(1)}) \cdot p_t^{(2)}. \tag{6.21}$$

In analoger Weise ist das Preisniveau unter Berücksichtigung der exogenen Störung definiert. Mit $i^{(nom)}$ und $i^{(real)}$ als den vor Störung herrschenden Zinssätzen und $i^{(nom)+}$ sowie $i^{(real)+}$ als den nach Störungseintritt maßgeblichen fordert die *Fisher*-Hypothese die Gültigkeit der folgenden Gleichung:

$$1+i^{(real)} = 1+i^{(real)+}$$

$$\Leftrightarrow (1+i^{(nom)}) \cdot \frac{P_0}{P_1} = (1+i^{(nom)+}) \cdot \frac{P_0^+}{P_1^+} \tag{6.22}$$

$$\Leftrightarrow (1+i^{(nom)}) \cdot \frac{q^{(1)} \cdot p_0^{(1)} + (1-q^{(1)}) \cdot p_0^{(2)}}{q^{(1)} \cdot p_1^{(1)} + (1-q^{(1)}) \cdot p_1^{(2)}} = (1+i^{(nom)+}) \cdot \frac{q^{(1)} \cdot p_0^{(1)+} + (1-q^{(1)}) \cdot p_0^{(2)+}}{q^{(1)} \cdot p_1^{(1)+} + (1-q^{(1)}) \cdot p_1^{(2)+}}.$$

Unter dem **relativen Preis** $p_t^{(rel)}$ des Gutes 2 in Einheiten des Gutes 1 zum Zeitpunkt t versteht man die Anzahl von Einheiten des Gutes 1, die in t den gleichen Gesamtpreis wie eine Einheit des Gutes 2 aufweisen. Es gilt daher $p_t^{(rel)} = p_t^{(2)}/p_t^{(1)}$. Unter Beachtung dieser Definition kann die letzte Zeile von (6.22) in folgender Weise umgeschrieben werden:

$$(1+i^{(nom)}) \cdot \frac{p_0^{(1)}}{p_1^{(1)}} \cdot \frac{q^{(1)}+(1-q^{(1)}) \cdot p_0^{(rel)}}{q^{(1)}+(1-q^{(1)}) \cdot p_1^{(rel)}}$$
$$= (1+i^{(nom)+}) \cdot \frac{p_0^{(1)+}}{p_1^{(1)+}} \cdot \frac{q^{(1)}+(1-q^{(1)}) \cdot p_0^{(rel)+}}{q^{(1)}+(1-q^{(1)}) \cdot p_1^{(rel)+}}.$$
(6.23)

Grundsätzlich kann (6.23) als eine in $q^{(1)}$ definierte Gleichung aufgefaßt werden. Die Variable $q^{(1)}$ kürzt sich aus (6.23) nur heraus, wenn die relativen Güterpreise der Zeitpunkte t = 0 und t = 1 sowohl vor als auch nach der Störung identisch sind, also falls $p_0^{(rel)} = p_1^{(rel)}$ sowie $p_0^{(rel)+} = p_1^{(rel)+}$, oder aber die Störung die relativen Güterpreise nicht beeinflußt, also falls $p_0^{(rel)} = p_0^{(rel)+}$ und $p_1^{(rel)} = p_1^{(rel)+}$. In allen anderen Fällen ist (6.23) nur für maximal zwei Werte von $q^{(1)}$ erfüllt, da (6.23) in eine quadratische Gleichung für $q^{(1)}$ überführt werden kann. Für alle anderen Werte von $q^{(1)}$, also alle anderen denkbaren Warenkörbe, liegt dann aber zwingend eine **Verletzung** von (6.23) und damit der *Fisher*-Hypothese vor.

Beispiel 6.10:
Im Rahmen einer Zwei-Zeitpunkte-Zwei-Güter-Betrachtung gelte $p_0^{(1)} = 1$ GE/ME, $p_0^{(2)} = 1{,}2$ GE/ME, $p_1^{(1)} = 1{,}8$ GE/ME und $p_1^{(2)} = 2{,}4$ GE/ME vor Eintritt einer exogenen Störung. Nach Störungseintritt sollen die Güterpreise der Zeitpunkte t = 0 und t = 2 die Werte $p_0^{(1)+} = 1{,}2$ GE/ME, $p_0^{(2)+} = 1{,}6$ GE/ME, $p_1^{(1)+} = 2{,}2$ GE/ME und $p_1^{(2)+} = 2{,}8$ GE/ME annehmen. Der gleichgewichtige Nominalzinssatz werde durch die Störung nicht beeinflußt. Aus (6.23) läßt sich dann berechnen, daß die *Fisher*-Hypothese nur für $q^{(1)} \approx 0{,}902832$ Gültigkeit besitzen kann. Für diesen Wert von $q^{(1)}$ erhält man vor und nach exogener Stö-

rung eine Inflationsrate von ungefähr 82,29 % und damit wegen $i^{(nom)} = i^{(nom)+}$ auch den gleichen Realzinssatz.

Zwar existiert mit $q^{(2)} \approx 4{,}4305$ noch ein zweiter Wert, durch den (6.23) erfüllt wird. Doch liegt dieser nicht zwischen 0 und 1, wie es sich für einen Gewichtungsfaktor verhalten sollte. Für alle anderen Werte von q gilt die *Fisher*-Hypothese wegen der Verletzung von (6.23) ohnehin nicht. Beispielsweise beträgt die Inflationsrate vor Eintritt der Störung für $q^{(1)} = 0{,}5$ etwa 90,91 %, nach Störungseintritt jedoch nur noch näherungsweise 78,57 %, so daß der gleichgewichtige Realzinssatz als Folge der Störung steigt. □

Alles in allem verwundert es daher nicht, daß die *Fisher*-Hypothese in der **Empirie** nur recht "durchwachsenen" Rückhalt finden kann.[10] Des weiteren sei nochmals betont, daß selbst bei Gültigkeit der *Fisher*-Hypothese die Bestimmungsgleichung (6.10) **nicht** gefolgert werden kann, da sich auch bei Gültigkeit der *Fisher*-Hypothese keineswegs die Konstanz des Realzinssatzes über alle Perioden ergibt. Die *Fisher*-Hypothese bezieht sich nur darauf, daß eine in t = 0 erfolgende Ceteris-paribus-Variation von künftigen Inflationsraten der einzelnen Betrachtungsperioden die jeweils resultierenden periodenbezogenen Realzinssätze unbeeinflußt läßt. Natürlich könnte allerdings auch diese Erkenntnis das unternehmerische Investitionsentscheidungsproblem bereits vereinfachen.

Zusammenfassend ist die Bestimmungsgleichung (6.10) damit jedenfalls mit Vorsicht zu genießen. Unabhängig von dieser Würdigung ihrer praktischen Bedeutung kommt ihr jedoch **konzeptionelle Relevanz** insofern zu, als hierüber Bedingungen aufgezeigt werden, unter denen für verschiedene Inflationsniveaus stets der gleiche Kapitalwert resultiert. Im weiteren soll deshalb nun unter anderem noch etwas näher geprüft werden, wie Projektkapitalwerte generell auf Inflations-

---

[10] Die *Fisher*-Hypothese zählt sicherlich mit zu den am meisten empirisch getesteten theoretischen Zusammenhängen innerhalb der Wirtschaftswissenschaften. Die Diskussion hält dabei bis heute unvermindert an. Vgl. etwa *Crowder/Hoffman* (1996) und die dort zitierten Quellen.

ratenvariationen reagieren.

6.4 Monetäre Konsequenzen von Inflationsratenvariationen

Um die Konsequenzen einer Variation der für die Kapitalwertberechnung zugrunde gelegten Inflationsraten abzuschätzen, sind einige **vereinfachende Annahmen** zu treffen. Die nominalen Einzahlungen aus dem Investitionsprojekt sollen von $t = 1$ ab jede Periode um den **Faktor g** wachsen, so daß

$$z_t^{(nom)} = z_1^{(nom)} \cdot (1+g)^{t-1} \tag{6.24}$$

für alle $t = 1, \ldots, T$ gilt. Des weiteren werde von einem konstanten Nominalzinssatz $i^{(nom)}$ und einer konstanten Inflationsrate π über alle Perioden von $t = 0$ bis $t = T$ ausgegangen, womit wegen (6.4) auch ein konstanter Realzinssatz $i^{(real)}$ über den gesamten Betrachtungszeitraum resultiert. Als Kapitalwertformel erhält man damit:

$$\begin{aligned}
\kappa &= -A_0 + \sum_{t=1}^{T} \frac{z_t^{(nom)}}{(1+i^{(nom)})^t} \\
&= -A_0 + \frac{z_1^{(nom)}}{1+g} \cdot \sum_{t=1}^{T} \left[\frac{1+g}{(1+i^{(real)}) \cdot (1+\pi)} \right]^t \\
&= -A_0 + \frac{z_1^{(nom)}}{1+g} \cdot RBF(\iota;T)
\end{aligned} \tag{6.25}$$

mit

$$\frac{1}{1+\iota} \equiv \frac{1+g}{(1+i^{(real)}) \cdot (1+\pi)}$$

$$\Leftrightarrow \quad \iota \equiv \frac{(1+i^{(real)}) \cdot (1+\pi) - (1+g)}{1+g}. \tag{6.26}$$

Die Größen g, $i^{(real)}$ und π bilden demnach hierbei einen in spezifischer Weise zu berechnenden, zusammengesetzten Kalkulationszinsfuß ι. Des weiteren bezeichnet der Quotient $z_1^{(nom)}/(1+g)$ gewissermaßen eine fiktiv auf den Zeitpunkt $t = 0$ zurückgerechnete Einzahlung $\hat{z}_0^{(nom)}$, die sich dann ergäbe, wenn bereits in $t = 0$ laufende Einzahlungsüberschüsse aus der im Rahmen der Projektrealisation erfolgenden Produkteherstellung resultierten und die konstante Wachstumsrate von g auch im Zeitraum von $t = 0$ bis $t = 1$ Gültigkeit besäße. Die Prämisse $P_0 = 1$ ist zur Herleitung von (6.25) übrigens nicht erforderlich.

Beispiel 6.11:
Gegeben sei ein Investitionsprojekt mit einer Anfangsauszahlung in $t = 0$ von 100 GE. In $t = 1$ ergeben sich Rückflüsse von 50 GE. Die Rückflüsse der Zeitpunkte $t = 2$ und $t = 3$ sollen jeweils 20 % über denen des vorhergehenden Zeitpunktes liegen. Der Realzinssatz $i^{(real)}$ betrage für alle Teilperioden t-1 bis t (t = 1, 2, 3) jeweils 5 %, und die Inflationsrate belaufe sich auf einheitlich $\pi = 3$ % für alle Teilperioden. Damit erhält man als konstanten Nominalzinssatz $i^{(nom)}$ in den einzelnen Zeiträumen t-1 bis t (t = 1, 2, 3) jeweils 1,05·1,03-1 = 8,15 %. Der Projektkapitalwert bemißt sich dementsprechend als:

$$\kappa = -100 + \frac{50}{1{,}0815} + \frac{60}{1{,}0815^2} + \frac{72}{1{,}0815^3} \approx 54{,}45 \text{ GE}. \tag{6.27}$$

Zum gleichen Ergebnis gelangt man natürlich auch bei Verwendung der Formeln (6.25) und (6.26). Hiernach resultiert

$$\begin{aligned}\kappa &= -100 + \frac{50}{1{,}2} \cdot \text{RBF}(-0{,}09875; 3) \\ &= -100 + 41{,}\overline{6} \cdot \frac{(1-0{,}09875)^3 - 1}{(1-0{,}09875)^3 \cdot (-0{,}09875)} \\ &\approx 54{,}45 \text{ GE},\end{aligned} \tag{6.28}$$

da

$$\iota = \frac{1{,}05 \cdot 1{,}03 - 1{,}2}{1{,}2} = -9{,}875 \; \% \tag{6.29}$$

gilt.[11] □

Bestimmungsgleichung (6.25) ist augenscheinlich mit Formel (6.10) verwandt. Selbst unter der Voraussetzung $P_0 = 1$ ist aber keine der beiden Formeln als Spezialfall der jeweils anderen aufzufassen. Während in (6.10) nämlich durchaus von Periode zu Periode unterschiedliche Wachstumsraten g_t der (nominalen) Projekteinzahlungen und Inflationsraten π_t unterstellt werden können, solange nur stets $g_t = \pi_t$ Gültigkeit besitzt, wird in (6.25) zwar Konstanz aller g_t und aller π_t angenommen, $g = \pi$ muß aber nicht zwingend gelten. Entsprechend kann man (6.10) zu (6.25) unter der zusätzlichen Annahme $g_t = g$ sowie $\pi_t = \pi$ ($\forall \, t = 1$, ..., T) umformen, während man aus (6.25) die Bestimmungsgleichung (6.10) gewinnt, wenn zusätzlich von $g = \pi$ (bei $P_0 = 1$) ausgegangen wird.

Je nachdem, wie sich im Zusammenhang mit (6.25) Variationen von π auf die anderen beiden Bestimmungsgrößen $i^{(real)}$ und g auswirken, ergeben sich unterschiedliche Konsequenzen für ι und damit den resultierenden Kapitalwert κ. In genereller Form ist es nicht einfach, zu gehaltvollen Aussagen zu gelangen. Aus diesem Grunde sind weitere Simplifizierungen erforderlich. Es sollen daher nur zwei verschiedene Entscheidungssituationen betrachtet werden:

1) Unabhängigkeit von $i^{(real)}$ im Hinblick auf Änderungen von π (*Fisher-Hypothese*) und
2) Unabhängigkeit von g im Hinblick auf Änderungen von π.

---

[11] Daß ι negativ ist, spielt für die Anwendung der Rentenbarwertformel **keine** Rolle, wie man auch an den gemäß (6.27) und (6.28) resultierenden identischen Ergebnissen erkennt.

Des weiteren sei ein konstanter Wert für die fiktive Einzahlung $\hat{z}_0^{(nom)}$ angenommen, so daß Variationen von g bereits ab t = 1 die Rückflüsse aus dem Projekt beeinflussen.

Wie sich ceteris paribus eine Erhöhung von π auf den Kapitalwert im **Szenario 1)** auswirkt, hängt in erster Linie von dem Einfluß der Inflationsrate auf die Wachstumsrate der nominalen Einzahlungsüberschüsse aus dem Investitionsprojekt ab. Sofern sich 1+g prozentual stärker als 1+π erhöht, steigt κ mit wachsendem π und sinkt mit fallender Inflationsrate. Genau umgekehrt sind die Konsequenzen, wenn sich 1+g nur in geringerem prozentualen Umfang als 1+π ändert. Die **Intuition** für diese Resultate dürfte auf der Hand liegen. Sofern die Einzahlungen $z_t^{(nom)}$ (t = 1, ..., T) relativ stärker als die um 1 erhöhte Inflationsrate ansteigen, erzielt der Unternehmer aus Sicht des Zeitpunktes t = 0 mit wachsender Inflation eine Vermögensmehrung und mit fallender eine Vermögensminderung. Daß sich für g = π ein von π unabhängiger Kapitalwert ergibt, ist dabei schon aus der Diskussion des vorhergehenden Abschnitts 6.3 bekannt.

In der Tat gelten entsprechende Aussagen für das **Realvermögen** des Unternehmers zu jedem beliebigen Betrachtungszeitpunkt. So ergibt sich auf der Grundlage von (6.25) ein unternehmerisches Endvermögen des Zeitpunktes t = T von

$$\kappa \cdot (1+i^{(nom)})^T \\ = -A_0 \cdot [(1+i^{(real)}) \cdot (1+\pi)]^T + \hat{z}_0^{(nom)} \cdot \sum_{t=1}^{T} \{(1+g)^t \cdot [(1+i^{(real)}) \cdot (1+\pi)]^{T-t}\}. \quad (6.30)$$

Dieses nominale Endvermögen gemäß (6.30) muß noch durch $(1+\pi)^T$ dividiert werden, um zum zugehörigen realen Vermögenswert zu gelangen.[12] Per saldo wird κ demnach natürlich mit $i^{(real)}$ aufgezinst, und man erhält:

---

[12] Sofern der Fall $P_0 \neq 1$ berücksichtigt werden sollte, wäre - ohne Beeinflussung der Ergebnisse - durch $P_0 \cdot (1+\pi)^T$ zu teilen.

$$\kappa \cdot \left[\frac{1+i^{(nom)}}{1+\pi}\right]^T$$
$$= \kappa \cdot (1+i^{(real)})^T$$
$$= -A_0 \cdot (1+i^{(real)})^T \qquad (6.31)$$
$$+\hat{z}_0^{(nom)} \cdot \sum_{t=1}^{T} \left\{\left[\frac{1+g}{1+\pi}\right]^t \cdot (1+i^{(real)})^{T-t}\right\}.$$

Augenscheinlich wirkt eine Variation von π bei konstantem Realzinssatz $i^{(real)}$ in Abhängigkeit von der Sensitivität von g bei Inflationsratenänderung auf das reale Endvermögen demnach in gleicher Weise wie schon auf den Kapitalwert gemäß (6.25). Entsprechendes gilt für das Realvermögen $\kappa \cdot (1+i^{(real)})^t$ aus Sicht eines beliebigen anderen Bezugszeitpunktes t = 1, ..., T-1, da Variationen von π wegen des konstanten Realzinssatzes $i^{(real)}$ nur über die Beeinflussung des Projektkapitalwertes κ Wirkung entfalten können.

Beispiel 6.12:
Gegeben seien erneut die Annahmen des Beispiels 6.11. Das zum Projektkapitalwert aus (6.27) bzw. (6.28) gehörige reale Endvermögen beläuft sich ungefähr auf $54{,}45 \cdot 1{,}05^3 \approx 63{,}03$ GE. Eine Erhöhung der Inflationsrate um 2 Prozentpunkte auf $\pi = 5\,\%$ führt bei konstantem Realzinssatz $i^{(real)}$ von ebenfalls 5 % und gegebenem Wert $\hat{z}_0^{(nom)} = 41{,}\overline{6}$ GE zu einem modifizierten Projektkapitalwert κ je nach Beeinflussung von g gemäß *Tabelle 6.5*. In der letzten Zeile der *Tabelle 6.5* kann überdies das jeweils zugehörige reale Endvermögen abgelesen werden.

g	19 %	21 %	22,33 %	23 %
κ	45,912	51	54,448	56,205
$\kappa \cdot (1+i^{(real)})^3$	53,15	59,04	63,03	65,06

Tabelle 6.5: Konsequenzen einer Inflationsratenänderung je nach induzierter Variation der Wachstumsrate g (auf zwei bzw. drei Dezimalstellen gerundete Werte)

Die Veränderung der Inflationsrate um 2 Prozentpunkte ist gleichbedeutend mit einer relativen Änderung von $1+\pi$ um $1,05/1,03-1 \approx 1,942$ %. Für einen auf ca. $1,2 \cdot 1,01942 \approx 1,2233$ gestiegenen Wert von $1+g$ bleiben deswegen Projektkapitalwert und reales Endvermögen konstant. Für geringere relative Anstiege von $1+g$ fallen beide Reichtumsmaßstäbe, für höhere nehmen sie zu. □

Die Diskussion im Rahmen des Szenarios 1) basierte auf der bereits als problematisch dargestellten *Fisher*-Hypothese. Insofern dürfte eine Auseinandersetzung mit dem Szenario 2) unter expliziter Zulassung von Verletzungen der *Fisher*-Hypothese von besonderem Interesse sein.

Im **Szenario 2)** hat eine Variation von π genau dann keine Konsequenz für den ausgewiesenen Projektkapitalwert, wenn das Produkt $(1+i^{(real)}) \cdot (1+\pi)$, also der Nominalzinssatz $i^{(nom)}$, konstant bleibt. Dies ist nicht sehr überraschend, denn wenn eine Änderung der Inflationsrate weder die Projektzahlungsreihe noch den (nominalen) Diskontierungsfaktor beeinflußt, spielt die Höhe der Inflationsrate augenscheinlich keine Rolle.

Sinkt der Nominalzinssatz bei wachsendem π infolge einer zu starken Abnahme des Realzinssatzes, dann steigt der gesamte Kapitalwert. Entsprechend fällt er für eine ceteris paribus reduzierte Inflationsrate. Genau umgekehrt sind die Effekte für den plausibleren Fall, daß sich der Nominalzinssatz mit wachsender Inflationsrate ebenfalls erhöht. Insbesondere also impliziert ein konstanter Realzinssatz im Szenario 2) einen in π fallenden Projektkapitalwert. Auch diese Ergebnisse sind intuitiv gut nachvollziehbar. So führt eine steigende Inflationsrate bei konstantem Realzinssatz schon deshalb zu einem fallenden Projektkapitalwert, weil sich die hierdurch dokumentierten (durch Mittelaufnahme in t = 0 erreichbaren) Konsummöglichkeiten infolge des ceteris paribus gestiegenen Nominalzinssatzes verringert haben.

Die Konsequenzen einer Variation von π im Szenario 2) für das **real gemessene Endvermögen** eines Unternehmers aus der Projektrealisation sind etwas komplexer, da das reale Endvermögen durch Aufzinsung des Projektkapitalwertes mit dem Realzinssatz auf den Zeitpunkt t = T ermittelt wird. Weil der Projektkapitalwert bei konstantem Realzinssatz in π fällt, verschlechtern sich damit allerdings wenigstens in diesem Falle auch die für t = T erreichbaren Konsummöglichkeiten. Dieses Ergebnis bestätigt sich bei einem Blick auf Bestimmungsgleichung (6.31). Entsprechendes gilt auch, wenn eine höhere Inflationsrate zwar mit wachsendem Nominalzinssatz einhergeht, dieser aber wegen nur partieller Anpassung einen sogar sinkenden Realzinssatz induziert.

Im übrigen sind aber durchaus sowohl Konstellationen denkbar, daß ein mit wachsendem π steigender Projektkapitalwert mit einem fallenden realen Endvermögen einhergeht, als auch solche, daß ein abnehmender Projektkapitalwert mit zunehmendem realen Endvermögen zusammenfällt. Der erstgenannte Fall kann dann auftreten, wenn eine wachsende Inflationsrate einen so deutlich fallenden Realzinssatz bewirkt, daß sogar der Nominalzinssatz sinkt. Eine derartige Situation dürfte zugegebenermaßen eher theoretische, denn praktische Bedeutung haben. Praktisch ein wenig relevanter dürfte der letztgenannte Fall sein. Dieser wird dann zu beobachten sein, wenn bei ceteris paribus erhöhter Inflationsrate Nominal- und Realzinssatz anwachsen und ein hinreichend langer Betrachtungszeitraum t = 0 bis t = T zugrunde gelegt wird. Diese Zusammenhänge implizieren insbesondere, daß die Konsequenzen einer zunehmenden Inflationsrate im Rahmen des Szenarios 2) (beispielsweise in einer Ein-Gut-Welt) **präferenzabhängig** zu bewerten sind. Sofern die Projektzahlungsreihe inflationsunabhängig ist, werden Unternehmer mit hoher Gegenwartspräferenz durch zunehmende Inflation wegen der typischerweise verteuerten Kreditaufnahme geschädigt. Unternehmer mit hoher Zukunftspräferenz hingegen können von einer starken Inflation dann profitieren, wenn ein hinreichend langer Betrachtungszeitraum zugrunde gelegt wird und die durch Erhöhung von π induzierte Nominalzinssatzzunahme hinreichend ausgeprägt ist. **Trotz** Gültigkeit der *Fisher*-Separation für gegebene Inflationsrate und gegebenen Nominalzinssatz ist die Beurteilung von Parameterveränderungen demnach hier grundsätzlich präferenzabhängig. Wir werden auf dieses generelle Phänomen insbesondere bei der Diskussion der Konsequenzen aus der Besteuerung von Projekterträgen nochmals zurückkommen.

Beispiel 6.13:

Gegeben seien einmal mehr die Annahmen aus Beispiel 6.11. Eine Erhöhung der Inflationsrate um 2 Prozentpunkte auf $\pi = 0,05$ führt bei konstanter Wachstumsrate g = 20 % und gegebenem Wert $\hat{z}_0^{(nom)} = 41,\overline{6}$ GE zu einem modifizierten Projektkapitalwert κ je nach Beeinflussung des Realzinssatzes $i^{(real)}$ gemäß *Tabelle 6.6*. In der letzten Zeile der *Tabelle 6.6* kann ferner das jeweils zugehörige reale Endvermögen abgelesen werden.

$i^{(real)}$	1 %	3 %	5 %	7 %
κ	60,864	54,448	48,441	42,809
$\kappa \cdot (1+i^{(real)})^3$	62,71	59,5	56,08	52,44

Tabelle 6.6: Konsequenzen einer Inflationsratenänderung je nach induzierter Variation des Realzinssatzes $i^{(real)}$ (auf zwei bzw. drei Dezimalstellen gerundete Werte)

Sofern sich der Realzinssatz auf 3 % verringert, bleibt der resultierende Nominalzinssatz mit 8,15 % trotz Inflationsratenvariation konstant. Entsprechendes gilt für den Projektkapitalwert. Das zugehörige reale Endvermögen hingegen fällt unter das für $\pi = 3$ % in der Ausgangssituation erreichbare Niveau. Ein Realzinssatz von 1 % korrespondiert mit einem Nominalzinssatz von nur noch 6,05 %. Aufgrund des gesunkenen Nominalzinssatzes erhält man hier einen höheren Kapitalwert als in der Ausgangssituation. Wegen des gleichzeitig sehr niedrigen Realzinssatzes ist aber das hiermit einhergehende reale Endvermögen erneut niedriger als für $\pi = 3$ %. Für gleichbleibenden Realzinssatz $i^{(real)} = 5$ % resultieren - wie *Tabelle 6.6* exemplarisch belegt - stets ein niedrigerer Projektkapitalwert und ein niedrigeres reales Endvermögen.

Unterstellt man in Abweichung von den bisherigen Annahmen $\overline{g} = 0$ und $T = 30$ (unter Beibehaltung von $\hat{z}_0^{(nom)} = 41,\overline{6}$ GE), so ergibt sich für $\pi = 3$ % und $i^{(real)} = 5$ % ein Projektkapitalwert in $t = 0$ von etwa 362,51 GE bei einem zugehörigen realen Endvermögen von ca. 1.566,76 GE. Für $\pi = 5$ % und $i^{(real)} = 7$ %, mithin $i^{(nom)} = 12,35$ %, erhält man statt dessen einen niedrigeren Projektkapitalwert von etwa 227,13 GE bei einem damit zugleich einhergehenden höheren Endvermögen von näherungsweise 1.728,95 GE. □

6.5 Zusammenfassung

Im Rahmen dieses Abschnitts wurden die Konsequenzen inflationärer Tendenzen für Kapitalwertberechnungen dargelegt. Unter der **Inflationsrate** eines Zeitraums von t-1 bis t versteht man die **relative Preisniveauänderung** der betreffenden Periode. Ein **Preisniveau** wiederum ist nichts anderes als ein gewogenes Mittel von Güterpreisen, wobei die Gewichte der einzelnen Preise über den jeweils betrachteten **Warenkorb** definiert werden. Unter Beachtung inflationärer Tendenzen kann eine Unterscheidung von **nominalen** (monetären) und **realen** (das heißt in Mengeneinheiten des der Preisniveauermittlung zugrundeliegenden Warenkorbs ausgedrückten) Größen eingeführt werden. Insbesondere ergibt sich der **reale Zinssatz** näherungsweise als Differenz des nominalen Zinssatzes und der jeweiligen Inflationsrate. Die herkömmliche, auf nominale Größen bezogene Kapitalwertformel kann nun derart umgeformt werden, daß reale "Projekteinzahlungen" mit realen Ein-Perioden-Zinssätzen diskontiert werden und trotzdem der ausgewiesene Kapitalwert unverändert bleibt. Auf der Grundlage der in realen

Größen formulierten Kapitalwertformel wurden die Konsequenzen von ceteris paribus variierenden Inflationsraten auf den für einen Unternehmer in t = 0 oder in t = T erreichbaren Vermögenszuwachs aus der Projektrealisation erörtert. Dabei zeigte es sich insbesondere, daß nur unter vergleichsweise **engen** Prämissen Inflationsratenvariationen ohne Bedeutung für Projektkapitalwerte und korrespondierende (reale) Endvermögenspositionen sind. Sofern man unterstellt, daß variierende Inflationsraten auf den herrschenden Nominalzinssatz Einfluß nehmen, wird in der Regel für Inflationsunabhängigkeit des Projektkapitalwertes die Gültigkeit der *Fisher*-**Hypothese** benötigt. Danach sollen Inflationsratenvariationen ohne Bedeutung für die in den einzelnen Perioden herrschenden Realzinssätze sein. Das **theoretische** Fundament der *Fisher*-Hypothese erwies sich jedoch als derart **schwach**, daß sich ihre Gültigkeit nicht einmal im Rahmen einer Ein-Gut-Welt immer nachweisen läßt. Erst recht besteht bei Mehr-Güter-Betrachtungen keine Veranlassung, von ihrer Gültigkeit auszugehen. Es überrascht daher nicht, daß der **empirische** Gehalt der *Fisher*-Hypothese eher als **gering** zu bezeichnen ist. Schließlich konnte dargelegt werden, daß trotz Gültigkeit der *Fisher*-Separation die Beurteilung einer ceteris paribus erhöhten Inflationsrate durchaus von den **Zeitpräferenzen** des betrachteten Entscheiders abhängt.

Wiederholungsfragen

W6.1
Was versteht man unter einem Preisniveau, was unter einer Inflationsrate?

W6.2
Wie ist grundsätzlich zwischen nominalen und realen Größen zu unterscheiden? Was versteht man konkret unter einem nominalen, was unter einem realen Zinssatz?

W6.3
Welche Beziehung zwischen nominalem und realem Zinssatz gilt exakt, welche näherungsweise?

W6.4
Wie läßt sich die herkömmliche, auf nominale Größen bezogene Kapitalwertformel auf reale Größen zurückführen?

W6.5
Unter welchen Prämissen haben Inflationsratenvariationen keinen Einfluß auf die real ausgedrückte Zahlungsreihe eines Investitionsprojekts?

W6.7
Was versteht man unter der *Fisher*-Hypothese, und unter welchen (strengen) Voraussetzungen ist sie gültig?

W6.8
Unter welchen Voraussetzungen ist der Kapitalwert eines Investitionsprojekts unabhängig von Inflationsratenvariationen?

W6.9

Wie wirken sich Inflationsratenvariationen bei gegebenem Realzinssatz, aber preisniveauabhängiger Projektzahlungsreihe auf den ausgewiesenen Projektkapitalwert aus?

W6.10

Wie wirken sich Inflationsratenvariationen bei gegebener Projektzahlungsreihe, aber preisniveauabhängigem Realzinssatz auf den ausgewiesenen Projektkapitalwert aus?

7 Kapitalwert von Auslandsdirektinvestitionen

7.1 Problemstellung

Bislang wurde im Rahmen dieses Buches nicht auf den Umstand eingegangen, daß es in verschiedenen Ländern **verschiedene Währungen** geben kann. Wenngleich sich dieses Problem seit der Einführung des Euro als einheitlicher Währung im Rahmen der Europäischen Währungsunion für alle hieran beteiligten Staaten, zu denen auch Deutschland zählt, entschärft hat, ist es doch nicht völlig verschwunden. Aus deutscher Sicht etwa sind der US-Dollar, der japanische Yen und das britische Pfund als wichtige Fremdwährungen anzusehen. Im Rahmen der Investitionstheorie interessiert nun natürlich, welche Konsequenzen sich aus der expliziten Berücksichtigung verschiedener Währungen für investitionsrechnerische Kalküle ergeben. Im Mittelpunkt steht dabei die Frage, inwiefern sich die Beurteilung von Investitionen in **anderen Währungsgebieten** von "heimischen" Investitionen unterscheidet.

Realinvestitionen im Ausland bezeichnet man generell als **Auslandsdirektinvestitionen**. Der vorliegende Abschnitt ist daher in erster Linie der Beurteilung von Auslandsdirektinvestitionen gewidmet. Die Betrachtung wird dabei auf das Vorliegen von zwei Währungen beschränkt, wobei die Inlandswährung als Euro (EUR) und die Fremdwährung als US-Dollar (US-$) bezeichnet sei.

Im folgenden **Abschnitt 7.2** wird zunächst kurz dargelegt, daß trotz Existenz verschiedener Währungsgebiete bei vollkommenem heimischen Kapitalmarkt und Währungshandelsmöglichkeiten nach wie vor die *Fisher*-**Separation** Gültigkeit besitzt und Investitionsentscheidungen weiterhin derart zu treffen sind, daß der **Kapitalwert** aller unternehmerischen Einzahlungsüberschüsse maximiert wird. Gibt es mehr als eine Währung, kann der Kapitalwert eines Investitionsprojekts sowohl in Inlands- als auch in Fremdwährung dargelegt werden. Im **Abschnitt 7.3** werden beide Kapitalwertformeln für eine Auslandsdirektinvestition beschrieben und in Verbindung zueinander gesetzt. Dabei offenbart sich ein als **Interna-**

tionaler *Fisher*-Effekt bekannter Zusammenhang, der im **Abschnitt 7.4** näher dargelegt wird. **Abschnitt 7.5** diskutiert eine Reihe weitergehender Fragen, die sich insbesondere im Zusammenhang mit der Erörterung von Auslandsdirektinvestitionen stellen, die zum Teil aber auch darüber hinausgehende Bedeutung haben. Vor allem wird geprüft, unter welchen Voraussetzungen sich **vereinfachte Kapitalwertformeln** herleiten lassen. Eine wesentliche Rolle wird dabei dem **Nationalen *Fisher*-Effekt** zukommen, der daher im Detail untersucht wird. Die Ausführungen schließen mit einer Zusammenfassung im **Abschnitt 7.6**.

7.2 *Fisher*-Separation und Kapitalwertkriterium

Sofern es mindestens zwei Währungen gibt, ist es denkbar, daß der Unternehmer sowohl Güter konsumiert, die im Inland zu einem Preis in Euro angeboten werden, als auch solche, die im Ausland mit einem US-$-Preis ausgezeichnet sind. Auf dem (vollkommenen) Devisenmarkt kann man verschiedene Währungen gegeneinander tauschen. Mit w_t sei dabei der feste Preis einer Einheit Fremdwährung in Inlandswährung zum Zeitpunkt t bezeichnet, zu dem die Fremdwährung verkauft oder erworben werden kann. Man nennt w_t dann den im Zeitpunkt t gültigen **Wechselkurs** zwischen Euro und US-$, und die Einheit von w_t ist EUR/US-$. Der Preis von 1 EUR in US-$ bestimmt sich dann entsprechend als $1/w_t$. Denn für 1 US-$ bekommt man w_t Euro im Zeitpunkt t, für $1/w_t$ US-$ mithin gerade w_t/w_t, also einen.

Beispiel 7.1:
Angenommen, es gilt $w_0 = 1{,}5$ EUR/US-$. Dann muß man 1,5 EUR am Devisenmarkt zahlen, um 1 US-$ zu erhalten. Entsprechend benötigt man zum Erwerb von 1 EUR nur $1/w_0 \approx 0{,}666667$ US-$. Gilt weiterhin $w_1 = 1{,}2$ EUR/US-$ $\Rightarrow 1/w_1 \approx 0{,}833333$ US-$/EUR, dann ist der Preis des US-$ in Euro von t = 0 bis t = 1 gefallen und der des Euro in US-$ gestiegen, das heißt, der Euro ist im Verhältnis zum US-$ wertvoller geworden. Der Euro hat sich auf-, der US-$ hat sich abgewertet. □

Plant ein Unternehmer in einem bestimmten Zeitpunkt t Konsumauszahlungen $\Delta C_t^{(I)}$ in Inlandswährung und $\Delta C_t^{(F)}$ in Fremdwährung, so ist der entsprechende Gesamtgegenwert in Inlandswährung $C_t^{(I)} = \Delta C_t^{(I)} + w_t \cdot \Delta C_t^{(F)}$. Ein US-$-Betrag von $\Delta C_t^{(F)}$ kann nämlich am Devisenmarkt im Zeitpunkt t in einen Betrag von $w_t \cdot \Delta C_t^{(F)}$ Euro getauscht werden.

Zusätzliche Konsumauszahlungen, gleich in welcher Währung, ermöglichen ceteris paribus die Ausweitung der für Konsumzwecke beschafften Gütermengen und erhöhen daher in jedem Fall den resultierenden Konsumnutzen des Unternehmers. Überdies gehen sie mit einer Erhöhung von $C_t^{(I)}$ einher. Man kann deshalb die unternehmerischen Konsumauszahlungen eines jeden Zeitpunkts einheitlich in Inlandswährung ausdrücken und den Schluß ziehen, daß der Konsumnutzen des Unternehmers streng monoton steigt in den $C_t^{(I)}$. Auch bei Existenz von mehr als einer Währung können wir uns deswegen auf die Betrachtung eines Unternehmers mit einer Nutzenfunktion U beschränken, die in auf Inlandswährung lautenden Konsumauszahlungen definiert ist. Existiert nun noch ein **vollkommener Kapitalmarkt** wenigstens für gegenwärtige und künftige Zahlungen in Inlandswährung, so läßt sich die Analyse des Abschnitts 1 dieses Kapitels ohne wesentliche Änderungen hier wiederholen. Insbesondere folgt sofort die Gültigkeit der *Fisher*-**Separation** und ein Unternehmer, der an der **Maximierung des Kapitalwerts** seiner sämtlichen, gegebenenfalls zu jeweils herrschenden Wechselkursen in Inlandswährung umgerechneten Einzahlungsüberschüsse interessiert ist. Der Kapitalwert eines Investitionsprojekts entspricht dabei weiterhin dem **Marktwert** der mit dem Investitionsprojekt verbundenen Investitionsmöglichkeit und beschreibt die unternehmerische **Reichtumssteigerung** durch die Realisation des betreffenden Investitionsprojekts. Auf dieser Grundlage ist nun der Kapitalwert einer Auslandsdirektinvestition näher zu betrachten.

7.3 Kapitalwertformeln

7.3.1 Kapitalwertformel in Inlandswährung

Konkret sei nun ein Unternehmer vorausgesetzt, der in einem Zeitpunkt t = 0 in einem anderen Land eine Realinvestition mit Nutzungsdauer bis zum Zeitpunkt t = T durchführen kann. Man mag sich hierunter beispielsweise den Bau eines Zweigwerks im Ausland vorstellen.

Sowohl die Anfangsauszahlung $A_0^{(nom,F)}$ des Zeitpunktes t = 0 als auch die anschließenden Einzahlungsüberschüsse $z_1^{(nom,F)}$, ..., $z_T^{(nom,F)}$ aus dem Investitionsprojekt sollen in **Fremdwährung** anfallen. Das Kürzel "nom" steht in diesem Zusammenhang wie schon im vorhergehenden Abschnitt für "nominal". Auch im vorliegenden Abschnitt brauchen wir diese Spezifikation, da wir weiter unten erneut zur Betrachtung **realer** Größen übergehen.

Durch Umtausch einer Fremdwährungszahlung $z_t^{(nom,F)}$ in Inlandswährung zum Wechselkurs w_t ergeben sich für den Unternehmer Einzahlungen in Heimatwährung von $z_t^{(nom,I)} \equiv z_t^{(nom,F)} \cdot w_t$. In analoger Weise kann man $A_0^{(nom,I)} \equiv A_0^{(nom,F)} \cdot w_0$ definieren. Im weiteren werde überdies $z_0^{(nom,I)} \equiv -A_0^{(nom,I)}$ vereinbart. Entsprechendes gilt für $z_0^{(nom,F)}$. Mit $i_t^{(nom,I)}$ als dem von einem Zeitpunkt t-1 bis t am inländischen Kapitalmarkt herrschenden (nominalen) Ein-Perioden-Zinssatz für Anlage oder Aufnahme von Mitteln ergibt sich ein in **Inlandswährung** ausgedrückter **Kapitalwert** von:

$$\kappa^{(I)} = -A_0^{(nom,I)} + \sum_{t=1}^{T} \frac{z_t^{(nom,I)}}{\prod_{\tau=1}^{t}(1+i_\tau^{(nom,I)})}$$

$$= -A_0^{(nom,F)} \cdot w_0 + \sum_{t=1}^{T} \frac{z_t^{(nom,F)} \cdot w_t}{\prod_{\tau=1}^{t}(1+i_\tau^{(nom,I)})} \qquad (7.1)$$

$$= \sum_{t=0}^{T} \frac{z_t^{(nom,F)} \cdot w_t}{\prod_{\tau=1}^{t}(1+i_\tau^{(nom,I)})}.$$

Sofern dieser Kapitalwert positiv ist, wird der Unternehmer durch die Projektdurchführung aus Sicht des Zeitpunktes t = 0 in Inlandswährung reicher und wird deswegen das Investitionsprojekt realisieren.

Beispiel 7.2:

Betrachtet werde ein deutscher Unternehmer, der im Zeitpunkt t = 0 über die Möglichkeit zur Realisation einer Auslandsdirektinvestition in Form der Gründung einer ausländischen Tochtergesellschaft verfügt.

Die Auslandsdirektinvestition erfordert in t = 0 eine Anfangsauszahlung von 100 US-\$. In den Zeitpunkten t = 1 bis t = 3 ergeben sich Einzahlungsüberschüsse in US-\$ gemäß *Tabelle 7.1*. In *Tabelle 7.1* sind überdies die Wechselkurse w_t der Zeitpunkte t = 1, 2, 3 sowie die Ein-Perioden-Nominalzinssätze $i_t^{(nom,F)}$ des Auslands und $i_t^{(nom,I)}$ des Inlands für die Zeiträume von t-1 bis t (t = 1, 2, 3) angegeben. Der Wechselkurs w_0 des Zeitpunktes t = 0 schließlich soll 1,1 EUR/US-\$ sein.

t	1	2	3
$z_t^{(nom,F)}$	50	55	60
w_t	1,14	1,18	1,2
$i_t^{(nom,F)}$	4,2105 %	4,822 %	7,1833 %
$i_t^{(nom,I)}$	8 %	8,5 %	9 %

Tabelle 7.1: Zahlungsreihe in Fremdwährung, Wechselkurse sowie In- und Auslandszinssätze für t = 1, 2, 3

Umrechnung der Fremdwährungseinzahlungen $z_t^{(nom,F)}$ zu jeweils aktuellen Wechselkursen w_t in Inlandswährung und anschließendes Diskontieren mit den inländischen Ein-Perioden-Zinssätzen $i_t^{(nom,I)}$ liefert den beurteilungsrelevanten Kapitalwert $\kappa^{(I)}$ der Auslandsdirektinvestition:

$$\kappa^{(I)} = -100 \cdot 1,1 + \frac{50 \cdot 1,14}{1,08} + \frac{55 \cdot 1,18}{1,08 \cdot 1,085} + \frac{60 \cdot 1,2}{1,08 \cdot 1,085 \cdot 1,09} \qquad (7.2)$$

$$\approx 54{,}533236 \text{ EUR}.$$

Aus dem positiven Kapitalwert ergibt sich sofort die Vorteilhaftigkeit der Auslandsdirektinvestition. □

7.3.2 Kapitalwertformel in Fremdwährung

Statt des Kapitalwertes in Inlandswährung hätte man auch den in **Fremdwährung** berechnen können. Dieser muß sich einfach durch $w_0 \cdot \kappa^{(F)} = \kappa^{(I)} \Leftrightarrow \kappa^{(F)} = \kappa^{(I)}/w_0$ berechnen lassen,[1] weil bloß die Vermögensmehrung des Zeitpunktes t = 0 in Inlandswährung in die in Fremdwährung umzurechnen ist. Gilt $\kappa^{(I)} > 0$, so (für $w_0 > 0$) auch $\kappa^{(F)} > 0$. Ob man den Kapitalwert des Investitionsprojekts in

---

[1] Vgl. etwa *Stehle* (1982), S. 485.

Inlands- oder Fremdwährung der Projektbeurteilung mittels des Vorzeichens des Projektkapitalwerts zugrunde legt, ist demnach **bedeutungslos**.

Statt über $\kappa^{(I)}$ kann man $\kappa^{(F)}$ auch direkt durch Diskontierung der Fremdwährungseinzahlungen mit den Ein-Perioden-Zinssätzen $i_t^{(nom,F)}$ des Auslands berechnen:

$$\kappa^{(F)} = \sum_{t=0}^{T} \frac{z_t^{(nom,F)}}{\prod_{\tau=1}^{t}(1+i_\tau^{(nom,F)})}. \qquad (7.3)$$

Damit für beliebige Projektzahlungsreihen in der Tat stets $\kappa^{(I)} = w_0 \cdot \kappa^{(F)}$ gilt, muß unter Beachtung der Gleichungen (7.1) und (7.3) zwischen Wechselkursen sowie In- und Auslandszinssätzen demnach folgender Zusammenhang für jeden Zeitpunkt t gelten:

$$\frac{w_t}{\prod_{\tau=1}^{t}(1+i_\tau^{(nom,I)})} = \frac{w_0}{\prod_{\tau=1}^{t}(1+i_\tau^{(nom,F)})}$$

$$\Leftrightarrow \frac{w_t}{w_0} = \frac{\prod_{\tau=1}^{t}(1+i_\tau^{(nom,I)})}{\prod_{\tau=1}^{t}(1+i_\tau^{(nom,F)})}. \qquad (7.4)$$

Die Beziehung gemäß (7.4) bezeichnet man auch als **ungedeckte Zinsparitätentheorie** oder **Internationalen *Fisher*-Effekt**.

Beispiel 7.3:
Gegeben seien die Annahmen des Beispiels 7.2. In Kenntnis von $\kappa^{(I)}$ kann $\kappa^{(F)}$ ohne weiteres als $\kappa^{(I)}/w_0 \approx 49{,}575669$ US-\$ ermittelt werden. Zum (annähernd) gleichen Ergebnis gelangt man auch, wenn man unmittelbar die Fremdwährungs-

einzahlungen $z_t^{(nom,F)}$ mit den ausländischen Ein-Perioden-Zinssätzen $i_t^{(nom,F)}$ diskontiert:

$$\begin{aligned}\kappa^{(F)} &= -100 + \frac{50}{1,042105} + \frac{55}{1,042105 \cdot 1,04822} \\ &\quad + \frac{60}{1,042105 \cdot 1,04822 \cdot 1,071833} \\ &\approx 49,575756 \text{ US-\$}.\end{aligned}$$ (7.5)

Damit steht fest, daß in jedem Zeitraum 0 bis t (t = 1, 2, 3) der Internationale *Fisher*-Effekt (näherungsweise) Gültigkeit besitzt. In der Tat läßt sich dies auch leicht direkt überprüfen:[2]

$$\begin{aligned}\frac{w_1}{w_0} &= \frac{1+i_1^{(nom,I)}}{1+i_1^{(nom,F)}} \Leftrightarrow \frac{1,14}{1,1} = \frac{1,08}{1,042105}, \\ \frac{w_2}{w_0} &= \frac{(1+i_1^{(nom,I)}) \cdot (1+i_2^{(nom,I)})}{(1+i_1^{(nom,F)}) \cdot (1+i_2^{(nom,F)})} \Leftrightarrow \frac{1,18}{1,1} = \frac{1,08 \cdot 1,085}{1,042105 \cdot 1,04822}, \\ \frac{w_3}{w_0} &= \frac{(1+i_1^{(nom,I)}) \cdot (1+i_2^{(nom,I)}) \cdot (1+i_3^{(nom,I)})}{(1+i_1^{(nom,F)}) \cdot (1+i_2^{(nom,F)}) \cdot (1+i_3^{(nom,F)})} \\ &\Leftrightarrow \frac{1,2}{1,1} = \frac{1,08 \cdot 1,085 \cdot 1,09}{1,042105 \cdot 1,04822 \cdot 1,071833}.\end{aligned}$$ (7.6)

---

[2] Die kleinen numerischen Diskrepanzen ergeben sich dadurch, daß genaugenommen schon in *Tabelle 7.1* **gerundete** Werte für Auslandszinssätze angegeben sind.

Die **Vorteilhaftigkeit** der Auslandsdirektinvestition zeigt sich folglich ebenso in einem positiven Kapitalwert auf der Basis der Fremdwährungseinzahlungen wie in einem solchen auf der Basis der in Inlandswährung umgerechneten Einzahlungsüberschüsse. □

7.4 Der Internationale *Fisher*-Effekt

In der Tat besitzt der Internationale *Fisher*-Effekt auf vollkommenen Märkten bei Sicherheit **stets** Gültigkeit, wie man sich leicht klarmachen kann. Um Mittel von einem Zeitpunkt t-1 bis zu einem Zeitpunkt t anzulegen, stehen einem inländischen Marktteilnehmer nämlich grundsätzlich **zwei Möglichkeiten** offen. Zum einen kann der Mittelbetrag im Inland zu $i_t^{(nom,I)}$ für eine Periode angelegt werden. Aus einer Geldeinheit in Inlandswährung im Zeitpunkt t-1 resultieren in t dann Rückflüsse von $1+i_t^{(nom,I)}$. Zum anderen kann aber auch eine Mittelanlage in Fremdwährung getätigt werden zum maßgeblichen Zinssatz $i_t^{(nom,F)}$. Weil 1 Geldeinheit in Inlandswährung im Zeitpunkt t-1 in $1/w_{t-1}$ Einheiten Fremdwährung getauscht werden kann, ergibt sich bei Einsatz einer Geldeinheit in Inlandswährung ein Fremdwährungsrückfluß im Zeitpunkt t von $(1/w_{t-1})\cdot(1+i_t^{(nom,F)})$. Dieser wiederum kann zum dann maßgeblichen Wechselkurs w_t in Inlandswährung zurückgetauscht werden, so daß bei Fremdwährungsanlage ein Endvermögen in Inlandswährung von $(w_t/w_{t-1})\cdot(1+i_t^{(nom,F)})$ resultiert.

Beide möglichen Formen der Mittelanlage von t-1 bis t müssen zum gleichen Endvermögen des betrachteten Marktteilnehmers im Zeitpunkt t führen:[3]

---

[3] (7.7) kann in eine **einprägsamere Form** gebracht werden, wenn man auf beiden Seiten der letzten Gleichung aus (7.7) "-1" rechnet, und zwar auf der linken Seite in Form von w_{t-1}/w_{t-1} und auf der rechten in Form von $(1+i_t^{(nom,F)})/(1+i_t^{(nom,F)})$, und den resultierenden Ausdruck $(i_t^{(nom,F)}-i_t^{(nom,F)})/(1+i_t^{(nom,F)})$ auf der rechten Seite unter Voraussetzung von $(1+i_t^{(nom,F)}) \approx 1$ für $i_t^{(nom,F)}$ im Bereich weniger Prozente einfach als ungefähr gleich zu $i_t^{(nom,I)}-i_t^{(nom,F)}$ abschätzt. Dann nämlich erhält man $(w_t-w_{t-1})/w_{t-1} \approx i_t^{(nom,I)}-i_t^{(nom,F)}$. Die relative Wechselkursänderung (die "**Wechselkursrendite**") von t-1 bis t entspricht hiernach der Differenz der von t-1 bis t im In- und Ausland herr-

$$1+i_t^{(nom,I)} \overset{!}{=} \frac{w_t}{w_{t-1}} \cdot (1+i_t^{(nom,F)})$$

$$\Leftrightarrow \frac{w_t}{w_{t-1}} = \frac{1+i_t^{(nom,I)}}{1+i_t^{(nom,F)}}.$$

(7.7)

Ansonsten wären beliebig hohe sichere Endvermögenswerte allein durch Kapitalmarkttransaktionen erreichbar. Konkret würde es sich im Falle von $1+i_t^{(nom,I)}$ < $(w_t/w_{t-1}) \cdot (1+i_t^{(nom,F)})$ lohnen, Mittel in Inlandswährung zu $i_t^{(nom,I)}$ für eine Periode von t-1 bis t aufzunehmen und sie sodann nach Umtausch in Fremdwährung für den gleichen Zeitraum zu $i_t^{(nom,F)}$ mit anschließendem Rückwechsel in Inlandswährung anzulegen. Per saldo verblieben auch nach Rückzahlung der Verbindlichkeit in t positive Überschüsse ohne eigenen Mitteleinsatz. Natürlich würde jeder eine derartige Gelegenheit wahrnehmen wollen, weswegen hierdurch kein Marktgleichgewicht beschrieben werden könnte: Der letzten Endes unbegrenzten Nachfrage nach Krediten in Inlandswährung und Mittelanlagen in Fremdwährung stünde kein entsprechendes Angebot gegenüber. In analoger Weise könnte auch $1+i_t^{(nom,I)}$ > $(w_t/w_{t-1}) \cdot (1+i_t^{(nom,F)})$ wegen unbegrenzter Nachfrage nach Mittelanlagen in Inlandswährung und Krediten in Fremdwährung kein Gleichgewicht beschreiben.[4] Nur wenn (7.7) Gültigkeit besitzt, existieren keine Möglichkeiten zur sicheren Gewinnerzielung und sind die Kapitalmärkte arbitragefrei. Daß **Arbitragefreiheit**, also die Nichtexistenz von Arbitragemöglichkeiten, eine notwendige Bedingung für das Vorliegen eines Marktgleichgewichts ist, wurde bereits im Abschnitt 1 dieses Kapitels dargelegt.

---

schenden Ein-Perioden-Zinssätze. Vgl. für weitere Details etwa *Breuer* (2000a).

[4] Vgl. hierzu auch *Breuer* (2000a).

Beispiel 7.4:

Gegeben sei eine Zwei-Zeitpunkte-Betrachtung (t = 0, 1) mit $i_1^{(nom,I)} = 8\ \%$, $i_1^{(nom,F)} = 5\ \%$, $w_0 = 1,1$ EUR/US-\$ sowie $w_1 = 1,14$ EUR/US-\$. Dann gilt

$$1 + i_1^{(nom,I)} = 1,08 < \frac{w_1}{w_0} \cdot (1 + i_1^{(nom,F)}) = \frac{1,14}{1,1} \cdot 1,05 \approx 1,088182. \tag{7.8}$$

Die Aufnahme von 1 EUR zu $i_1^{(nom,I)} = 8\ \%$ mit anschließendem Umtausch in 1/1,1 US-\$ und Anlage von t = 0 bis t = 1 zu $i_1^{(nom,F)} = 5\ \%$ resultiert in Zuflüssen des Zeitpunktes t = 1 im Umfang von (1/1,1)·1,05 ≈ 0,954545 US-\$. Dieser Betrag entspricht ungefähr 1,14·0,954545 ≈ 1,088181 EUR. Nach Tilgung der aus der Aufnahme von 1 EUR von t = 0 bis t = 1 resultierenden Verbindlichkeit von 1,08 EUR des Zeitpunktes t = 1 verbleibt damit in t = 1 ein Nettoüberschuß des betreffenden Marktteilnehmers von etwa 1,088181-1,08 = 0,008181 EUR bzw. 0,008181/1,14 ≈ 0,007176 US-\$ ohne eigenen Mitteleinsatz. Der Markt ist nicht arbitragefrei und daher nicht im Gleichgewicht.

Entsprechendes gilt, wenn man ceteris paribus von $i_1^{(nom,F)} = 4\ \%$ ausgeht. Dann lohnt es sich, 1 US-\$ zum Fremdwährungszinssatz von 4 % in t = 0 bis t = 1 aufzunehmen, anschließend noch in t = 0 in 1,1 EUR zu tauschen und von t = 0 bis t = 1 zu $i_1^{(nom,I)} = 8\ \%$ anzulegen. Die sich hieraus ergebenden Einzahlungen in Euro belaufen sich auf 1,1·1,08 = 1,188 EUR oder 1,188/1,14 ≈ 1,042105 US-\$, so daß nach der Rückzahlung der Verbindlichkeit von 1,04 US-\$ aus der Mittelaufnahme des Zeitpunktes t = 0 noch ein Überschuß von etwa 1,042105-1,04 = 0,002105 US-\$ bzw. 0,002105·1,14 ≈ 0,0024 EUR[5] verbleibt, abermals also Arbitragemöglichkeiten bestehen. □

In der Tat kommt in (7.7) die bereits bekannte **Kapitalwertneutralität von Finanzinvestitionen** auf vollkommenen Märkten zum Ausdruck. Der Kapitalwert

---

[5] Tatsächlich ist das letzte Resultat von 0,0024 EUR sogar exakt. Das "≈"-Zeichen steht hier lediglich aufgrund der mehrfachen Rundung, die zufällig insgesamt aber zum genauen Ergebnis führt.

aus der Anlage von 1 GE in Inlandswährung über Fremdwährungsumtausch im Ausland von t-1 bis t bestimmt sich aus Sicht von t-1 und unter Beachtung des erforderlichen Mitteleinsatzes nämlich als $[(w_t/w_{t-1}) \cdot (1+i_t^{(nom,F)})/(1+i_t^{(nom,I)})]-1$ und beläuft sich folglich bei Gültigkeit des Internationalen *Fisher*-Effekts auf 0. Die Kapitalwertneutralität von Finanzinvestitionen ist insofern Ausdruck der Arbitragefreiheit der Kapitalmärkte.

Weil (7.7) für jede beliebige Periode gilt, kann man eine entsprechende Formel auch für den Zeitraum von t-2 bis t-1 aufstellen. Der Internationale *Fisher*-Effekt verlangt hierfür konkret:

$$1+i_{t-1}^{(nom,I)} \stackrel{!}{=} \frac{w_{t-1}}{w_{t-2}} \cdot (1+i_{t-1}^{(nom,F)})$$

$$\leftrightarrow \frac{w_{t-1}}{w_{t-2}} = \frac{1+i_{t-1}^{(nom,I)}}{1+i_{t-1}^{(nom,F)}}.$$

(7.9)

Auflösung von (7.9) nach w_{t-1} ermöglicht ein Einsetzen in Bestimmungsgleichung (7.7), so daß eine Beziehung zwischen w_t und w_{t-2} folgt:

$$\frac{w_t}{w_{t-2}} = \frac{(1+i_{t-1}^{(nom,I)}) \cdot (1+i_t^{(nom,I)})}{(1+i_{t-1}^{(nom,F)}) \cdot (1+i_t^{(nom,F)})}.$$

(7.10)

Auch w_{t-2} läßt sich durch eine zu (7.7) und (7.9) analoge Beziehung auf w_{t-3} zurückführen und in (7.10) ersetzen. Fortgesetztes rekursives Ersetzen führt schließlich zur Gültigkeit von (7.4).

7.5 Weitergehende Fragen

Mittels der Bestimmungsgleichungen (7.1) und (7.3) ist ohne weiteres eine Beurteilung von Auslandsdirektinvestitionen möglich. Gleichwohl werden im Zusammenhang mit Auslandsdirektinvestitionen in praktischen Anwendungen typischerweise noch einige weitergehende Fragen diskutiert. **Erstens** dürfte der betrachtete Unternehmer in aller Regel über **weitere Investitionsprojekte** auch im Inland oder in anderen Ländern verfügen, so daß sich die Frage stellt, inwiefern dieser Umstand bei der Entscheidung über die hier betrachtete Auslandsdirektinvestition eine Rolle spielt. **Zweitens** wurde oben darauf hingewiesen, daß die Einzahlungsüberschüsse aus der Auslandsdirektinvestition diskontiert werden. Was hat man hierunter in praktischen Fällen zu verstehen, wenn eine ausländische Tochterunternehmung aus ihrer Geschäftstätigkeit im Ausland Fremdwährungseinzahlungen erwirtschaftet, aber nur **ein Teil** davon zur inländischen Muttergesellschaft fließt?[6] **Drittens** benötigt man zur Kapitalwertberechnung gemäß (7.1) und (7.3) entweder die Kenntnis der künftigen Wechselkurse oder aber der künftigen ausländischen Ein-Perioden-Zinssätze.[7] Aus Gründen vereinfachter Datenbeschaffung (und gegebenenfalls Kapitalwertberechnung) mag es hilfreich sein, wenn man Bedingungen nennen könnte, unter denen die Kapitalwertberechnung **ohne** eine Schätzung dieser nicht rein inländisch orientierten Größen möglich ist.

7.5.1 Möglichkeit zur Einzelprojektbeurteilung

Schon im Abschnitt 1 dieses Kapitels wurde die Eigenschaft der **Wertadditivität** der Kapitalwertformel hergeleitet, an die hier nur erinnert werden muß: Der Ka-

---

[6] Vgl. zu dieser Frage auch *Shapiro* (1978, 1983).

[7] Es sei daran erinnert, daß die künftigen Ein-Perioden-Kassazinssätze mit den aus Sicht von t = 0 maßgeblichen korrespondierenden Ein-Perioden-Terminzinssätzen übereinstimmen. In entsprechender Weise handelt es sich bei den w_t zunächst einmal um **künftige Kassawechselkurse**, die aber im Gleichgewicht den aus Sicht von t = 0 für die korrespondierenden Devisentermingeschäfte maßgeblichen **Terminwechselkursen** entsprechen müssen. Statt der Schätzung künftiger Kassagrößen genügt im hier betrachteten Kontext in t = 0 die Bestimmung von gegenwärtigen Termingrößen. Sofern diese Termingrößen allerdings in praktischen Anwendungen nicht unmittelbar beobachtbar sind, muß sich aus dieser Neuformulierung des Datenbeschaffungsproblems nicht unbedingt ein Vorteil ergeben.

pitalwert eines Investitionsprogramms ergibt sich einfach als Summe der Kapitalwerte der das Programm bildenden Einzelprojekte. Deswegen ist jedes Investitionsprojekt aus Unternehmersicht vorteilhaft, das über einen positiven Kapitalwert verfügt. Welche Investitionsprojekte dem Unternehmer sonst noch zur Verfügung stehen, spielt dabei keine Rolle. Eine **Einzelprojektbeurteilung** ist damit ohne weiteres möglich.

7.5.2 Alleinige Bewertungsrelevanz der durch die Investition ausgelösten Zahlungskonsequenzen

Um die Vorteilhaftigkeit einer Auslandsdirektinvestition gegenüber ihrer Unterlassung zu beurteilen, sind grundsätzlich für beide Handlungsalternativen die beim Unternehmer insgesamt zu Konsumzwecken verbleibenden Einzahlungsüberschüsse gegenüberzustellen. Gemäß der Darstellung aus Abschnitt 3 dieses Kapitels kann die **Bezugspunktwahl** dabei allerdings **beliebig** erfolgen. In Entsprechung zu den Ausführungen des Abschnitts 3 dürfte es deshalb am einfachsten sein, die ceteris paribus erfolgende Unterlassung der Auslandsdirektinvestition als Bezugspunkt zu wählen. Die Bewertung der Auslandsdirektinvestition kann dann unmittelbar anhand der durch die gegenüber der Nichtinvestition resultierenden Zahlungskonsequenzen durchgeführt werden. Denn nur durch diese werden im Rahmen der Auslandsdirektinvestition die **unternehmerischen Konsummöglichkeiten** beeinflußt. Alle sonstigen Maßnahmen, die Zahlungskonsequenzen auslösen und über deren Umsetzung unabhängig von der Realisation der Auslandsdirektinvestition befunden werden kann, können demnach wegen fehlender Entscheidungsrelevanz vernachlässigt werden.

Teile positiver Einzahlungen aus einem Investitionsprojekt etwa, die von der durchführenden ausländischen Tochtergesellschaft zu Zwecken der Reinvestition einbehalten werden, sind daher als Einzahlungsüberschuß aus der Auslandsdirektinvestition zu betrachten, sofern sie auch an den Unternehmer ausgeschüttet werden könnten und ihre Einbehaltung eine von der Realisation der Auslandsdirektinvestition **unabhängige** weitere (Verwendungs-) Entscheidung beschreibt. Ist diese Reinvestition hingegen indisponibler Teil der Auslandsdirektinvestition, dann sind die entsprechenden Zahlungskonsequenzen nicht mehr als Einzahlungsüberschuß aus der Auslandsdirektinvestition aufzufassen.

Sofern Mitteleinbehaltungen im Rahmen der Auslandsdirektinvestition zur Durchführung von Finanzinvestitionen dienen, können diese alternativ auch explizit dem Investitionsprojekt zugerechnet werden. Ursächlich hierfür ist die bereits erwähnte Kapitalwertneutralität von Finanzinvestitionen auf vollkommenen Kapitalmärkten.

In entsprechender Weise sind Zahlungskonsequenzen aus der Auslandsdirektinvestition, die bei anderen Gesellschaften des Unternehmers anfallen, ebenfalls dem zu beurteilenden Projekt zuzuordnen. Dies gilt unabhängig davon, ob etwa im Falle von verursachten Zusatzauszahlungen diese von der ausländischen Tochtergesellschaft der anderen Gesellschaft erstattet werden oder nicht. Andere Zahlungen zwischen den Gesellschaften des Unternehmers, die nicht durch die Auslandsdirektinvestition induziert werden, sind nicht beurteilungsrelevant.

Die Frage also, inwiefern Zahlungen effektiv von der Auslandstochter an die Muttergesellschaft weitergeleitet werden, ist selbst höchstens von **sekundärer** Bedeutung. Maßgeblich ist vielmehr, welche zusätzlichen Konsummöglichkeiten für den Unternehmer aus der Auslandsdirektinvestition resultieren.

Beispiel 7.5:
Betrachtet sei ein Unternehmer mit der Möglichkeit der Gründung einer ausländischen Tochtergesellschaft, die im Zeitpunkt t = 0 eine Auszahlung von 100 US-\$ erfordert und in den Zeitpunkten t = 1, ..., 3 bei dieser möglichen neuen Tochtergesellschaft mit weiteren Zahlungskonsequenzen $z_t^{(nom,F)+}$ in US-\$ gemäß der folgenden *Tabelle 7.2* einhergeht. Wechselkurse sowie in- und ausländische Ein-Perioden-Zinssätze sollen denen aus Beispiel 7.2 entsprechen.

t	1	2	3
$z_t^{(\text{nom},F)+}$	50	60	60

Tabelle 7.2: Zahlungskonsequenzen in US-$ aus einer Auslandsdirektinvestition für t = 1, 2, 3

Von den Rückflüssen $z_1^{(\text{nom},F)+}$ sollen 10 US-$ in den USA von t = 1 bis t = 3 zu den dort jeweils herrschenden Ein-Perioden-Zinssätzen angelegt werden. Die übrigen Zahlungen ebenso wie die Rückflüsse aus der Finanzinvestition im Ausland wären in den Zeitpunkten ihrer Entstehung an die inländische Muttergesellschaft auszuschütten. Es ist geplant, daß jene die Beträge bis auf 15 US-$ des Zeitpunktes t = 2 unmittelbar an den Unternehmer weiterleitet, der diese konsumtiv verwenden kann. Von den einbehaltenen 15 US-$ des Zeitpunktes t = 2 würden 5 US-$ zur Ausweitung der Kapazitäten der Muttergesellschaft benötigt, um die Belieferung der ausländischen Tochter mit Vorprodukten sicherzustellen. Die Zahlungen der ausländischen Tochter für die Vorprodukte würden derart an die Mutter erfolgen, daß sich hieraus per Saldo keine weiteren Zahlungswirkungen im Inland ergeben. Das bedeutet, daß die durch die Herstellung der Vorprodukte resultierenden zusätzlichen Auszahlungen der Muttergesellschaft exakt durch Ausgleichszahlungen der Tochtergesellschaft kompensiert würden, die bereits in der Zahlungsreihe gemäß *Tabelle 7.2* berücksichtigt worden sind. Die verbleibenden 10 US-$ des Zeitpunktes t = 2 sind zu einer von der Gründung der ausländischen Tochtergesellschaft unabhängigen investiven Verwendung durch die Muttergesellschaft vorgesehen. Es stellt sich die Frage, ob die Auslandsdirektinvestition aus Sicht des Unternehmers von Vorteil ist.

Grundsätzlich **entscheidungsrelevant** sind die aus der Projektdurchführung resultierenden unternehmerischen Einzahlungsüberschüsse. Zu den Einzahlungsüberschüssen zählen hier alle monetären Konsequenzen auf Unternehmerebene, die durch die betrachtete Investitionsmöglichkeit im Vergleich zu ihrer Unterlassung ausgelöst werden. Daß die Tochtergesellschaft im Zeitpunkt t = 1 einen Betrag von 10 US-$ für investive Zwecke einbehalten will, ist ebenso wie die Einbehaltung von 10 US-$ durch die Muttergesellschaft ohne Bedeutung, da die hiermit verbundenen Finanz- oder Realinvestitionen in keinem direkten Zusammenhang mit der Auslandsdirektinvestition stehen. Letztere ist daher so zu bewerten, als ob die Einbehaltung von jeweils 10 US-$ in den Zeitpunkten $t = 1$ und $t = 2$ nicht stattfindet. Man kann sich auch vorstellen, daß zunächst diese Beträge an den Unternehmer ausgeschüttet werden, um sogleich wieder zur Anlage zu gelangen. Für die kapitalwertneutralen Finanzinvestitionen kann man die hiermit verbundenen Zahlungskonsequenzen natürlich bei der Bestimmung des Kapitalwertes der Auslandsdirektinvestition auch berücksichtigen, ohne einen Fehler zu begehen.

In der Tat nicht als Einzahlungüberschuß aus der Auslandsdirektinvestition sind jedoch die 5 US-$ zu werten, die von der Muttergesellschaft in $t = 1$ für den erforderlichen Kapazitätsausbau eingesetzt werden sollen, da sie allein durch die Auslandsdirektinvestition induziert sind. Entsprechend sind sämtliche Aus- und Einzahlungen, die die Auslandsdirektinvestition für die Muttergesellschaft auslöst, ebenfalls im Rahmen der Kapitalwertberechnung zu berücksichtigen. Insgesamt hat die Kapitalwertberechnung im Rahmen dieses Beispiels damit von $z_1^{(nom,F)} = 50$ US-$, $z_2^{(nom,F)} = 55$ US-$ sowie $z_3^{(nom,F)} = 60$ US-$ auszugehen. Die zu dieser Zahlungsreihe bei einer Anfangsauszahlung von 100 US-$ gehörigen Kapitalwerte in In- und Auslandswährung wurden bereits im Rahmen des Beispiels 7.2 berechnet. Alternativ können auch die Konsequenzen der geplanten Finanzinvestition der Auslandstochter berücksichtigt und kann die Zahlungsreihe $z_1^{(nom,F)} = 50-10 = 40$ US-$, $z_2^{(nom,F)} = 55$ US-$ sowie $z_3^{(nom,F)} = 60+10 \cdot 1{,}04822 \cdot 1{,}071833 \approx 71{,}235168$ US-$ der Kapitalwertberechnung zugrunde gelegt werden. Man erhält damit

$$\kappa^{(F)} \approx -100 + \frac{40}{1{,}042105} + \frac{55}{1{,}042105 \cdot 1{,}04822}$$

$$+ \frac{71{,}235168}{1{,}042105 \cdot 1{,}04822 \cdot 1{,}071833} \qquad (7.11)$$

$$\approx 49{,}575756 \text{ US-\$},$$

also das gleiche Ergebnis wie in (7.5). □

7.5.3 Vereinfachte Kapitalwertformel bei Gültigkeit des Nationalen *Fisher*-Effekts

7.5.3.1 Herleitung

Bestimmungsgleichung (7.3) läßt sich zunächst ohne weitere Zusatzannahmen von einer Darstellung in nominalen Größen in eine solche mit realen Größen überführen. Mit $P_t^{(F)}$ als dem ausländischen Preisniveau des Zeitpunktes t und $\pi_t^{(F)}$ = $(P_t^{(F)}/P_{t-1}^{(F)})$-1 als der zugehörigen Inflationsrate von t-1 bis t erhält man durch eine zum Vorgehen des Abschnitts 6 völlig entsprechende Herleitung folgenden Zusammenhang:

$$\kappa^{(F)} = \sum_{t=0}^{T} \frac{z_t^{(nom,F)}}{\prod_{\tau=1}^{t}(1+i_\tau^{(nom,F)})}$$

$$= \sum_{t=0}^{T} \frac{z_t^{(real,F)} \cdot P_t^{(F)}}{\prod_{\tau=1}^{t}[(1+i_\tau^{(real,F)}) \cdot (1+\pi_\tau^{(F)})]}$$

$$= \sum_{t=0}^{T} \frac{z_t^{(real,F)} \cdot P_0^{(F)} \cdot \prod_{\tau=1}^{t}(1+\pi_\tau^{(F)})}{\prod_{\tau=1}^{t}(1+i_\tau^{(real,F)}) \cdot \prod_{\tau=1}^{t}(1+\pi_\tau^{(F)})}$$

$$= P_0^{(F)} \cdot \sum_{t=0}^{T} \frac{z_t^{(real,F)}}{\prod_{\tau=1}^{t}(1+i_\tau^{(real,F)})}.$$

(7.12)

Statt der ausländischen Nominalzinssätze benötigt man im Zusammenhang mit (7.12) nunmehr die ausländischen Realzinssätze. Schon deswegen stellt die Kapitalwertberechnung mittels Bestimmungsgleichung (7.12) zunächst einmal keinen erkennbaren Vorteil gegenüber (7.1) und (7.3) dar. Unterstellt man allerdings die Gültigkeit des sogenannten **Nationalen *Fisher*-Effekts**, erfährt (7.12) eine weitere Vereinfachung.

Der Nationale *Fisher*-Effekt behauptet konkret die **Gleichheit der Realzinssätze** in verschiedenen Ländern, hier also $i_t^{(real,I)} = i_t^{(real,F)}$ für alle t. Damit aber benötigt man im Zusammenhang mit (7.12) nur noch die Prognose der inländischen Realzinssätze, so daß als einzige Fremdwährungsgröße lediglich die realen Einzahlungen $z_t^{(real,F)}$ verbleiben.[8]

Beispiel 7.6:
Gegeben seien die Annahmen des Beispiels 7.2. Zusätzlich sollen nun die in- und ausländischen Preisniveaus $P_t^{(I)}$ und $P_t^{(F)}$ berücksichtigt werden. Diese sind ebenso wie die daraus resultierenden in- und ausländischen Inflationsraten $\pi_t^{(I)}$ sowie $\pi_t^{(F)}$ in den Zeiträumen t-1 bis t (t = 1, 2, 3) der folgenden *Tabelle 7.3* zu entnehmen.

t	0	1	2	3
$P_t^{(I)}$	1,21	1,2705	1,331	1,3673
$P_t^{(F)}$	1,1	1,114474	1,127966	1,139417
$\pi_t^{(I)}$	---	0,05	0,047619	0,027273
$\pi_t^{(F)}$	---	0,013158	0,012106	0,010152

Tabelle 7.3: Preisniveaus und (gerundete) Inflationsraten des In- und Auslands

Mit Kenntnis der in- und ausländischen Inflationsraten wiederum ist es möglich, die jeweiligen Realzinssätze zu bestimmen. Damit läßt sich zeigen, daß im Rahmen dieses Zahlenbeispiels neben dem Internationalen auch der Nationale *Fisher*-Effekt (näherungsweise) Gültigkeit besitzt:[9]

---

[8] Vgl. hierzu auch die Darstellung bei *Lessard* (1981), S. 124.

[9] Erneut sind die auftretenden Diskrepanzen allein dadurch bedingt, daß die in den *Tabellen 7.1* und *7.3* angegebenen Ausgangsdaten genaugenommen bereits gerundete Werte darstellen.

$$\frac{1+i_1^{(nom,I)}}{1+\pi_1^{(I)}} = \frac{1+i_1^{(nom,F)}}{1+\pi_1^{(F)}} \Leftrightarrow \frac{1{,}08}{1{,}05} = \frac{1{,}042105}{1{,}013158},$$

$$\frac{1+i_2^{(nom,I)}}{1+\pi_2^{(I)}} = \frac{1+i_2^{(nom,F)}}{1+\pi_2^{(F)}} \Leftrightarrow \frac{1{,}085}{1{,}047619} = \frac{1{,}04822}{1{,}012106}, \qquad (7.13)$$

$$\frac{1+i_3^{(nom,I)}}{1+\pi_3^{(I)}} = \frac{1+i_3^{(nom,F)}}{1+\pi_3^{(F)}} \Leftrightarrow \frac{1{,}09}{1{,}027273} = \frac{1{,}071833}{1{,}010152}.$$

Infolge der Gültigkeit des Nationalen *Fisher*-Effekts kann der Kapitalwert $\kappa^{(F)}$ der Auslandsdirektinvestition auch dadurch ermittelt werden, daß man die "realen" Fremdwährungseinzahlungen $z_t^{(real,F)} = z_t^{(nom,F)}/P_t^{(nom,F)}$ (t = 0, ..., 3) mit den einheitlichen realen Ein-Perioden-Zinssätzen $i_t^{(real)}$ des In- und Auslands diskontiert und das Ergebnis mit $P_0^{(F)}$ multipliziert. Konkret erhält man die reale Fremdwährungszahlungsreihe gemäß *Tabelle 7.4*. In *Tabelle 7.4* sind überdies die einheitlichen Realzinssätze $i_t^{(real)}$ des In- und Auslands in den Zeiträumen t-1 bis t (t = 1, 2, 3) ausgewiesen.

t	0	1	2	3
$z_t^{(real,F)}$	-90,909091	44,864214	48,760335	52,658509
$i_t^{(real)}$	---	2,8571 %	3,5682 %	6,1062 %

Tabelle 7.4: "Reale" Fremdwährungszahlungsreihe der Auslandsdirektinvestition und Realzinssätze (auf 6 Stellen genau gerundete Werte)

Der Kapitalwert $\kappa^{(F)}$ in US-$ berechnet sich damit als:

$$\kappa^{(F)} \approx 1{,}1 \cdot \left(-90{,}909091 + \frac{44{,}864214}{1{,}028571} + \right.$$

$$\left. + \frac{48{,}760335}{1{,}028571 \cdot 1{,}035682} + \frac{52{,}658509}{1{,}028571 \cdot 1{,}035682 \cdot 1{,}061062} \right) \quad (7.14)$$

$$\approx 49{,}575687 \text{ US-\$}.$$

Natürlich entspricht das Ergebnis (annähernd) dem aus (7.5). □

Sofern man die realen Einzahlungen $z_t^{(real,F)}$ über die separate Schätzung der nominalen Zahlungen und ausländischen Inflationsraten ermittelt, hat man damit also das Problem der Schätzung von Wechselkursen oder ausländischen Zinssätzen eingetauscht gegen die Schwierigkeit der Prognose ausländischer Inflationsraten. Eine **echte Vereinfachung** der Schätzproblematik ergibt sich daher wohl nur bei pauschalem Ansatz der Fremdwährungseinzahlungen.

Insbesondere gelangt man bei Gültigkeit des Nationalen *Fisher*-Effekts und der Annahme von ab t = 1 mit den Inflationsraten anwachsenden nominalen Fremdwährungseinzahlungen zu der folgenden Kapitalwertformel:

$$\kappa^{(F)} = -A_0^{(nom,F)} + \frac{z_1^{(nom,F)}}{1+\pi_1^{(F)}} \cdot \sum_{t=1}^{T} \frac{1}{\prod_{\tau=1}^{t}(1+i_\tau^{(real)})}. \quad (7.15)$$

Die Herleitung von (7.15) aus (7.12) kann völlig analog zu dem im vorhergehenden Abschnitt 6 präsentierten Vorgehen erfolgen. Wenn die Fremdwährungseinzahlungen $z_t^{(nom,F)}$ ab dem Zeitpunkt t = 1 mit den Inflationsraten anwachsen, dann resultiert $z_t^{(real,F)} = z_1^{(real,F)}$ für alle t = 1, ..., T. Weiterhin bestehen die Zusammenhänge $P_0^{(F)} \cdot z_1^{(real,F)} = z_1^{(nom,F)}/(1+\pi_1^{(F)})$ und $A_0^{(nom,F)} = A_0^{(real,F)} \cdot P_0^{(F)}$ aufgrund der Definition realer Größen. Damit liegt bereits (7.15) vor.

Es verbleiben demnach neben der Projektanfangsauszahlung als **einzige** noch zu schätzende nicht binnenwirtschaftliche Größen die ausländische Inflationsrate von t = 0 bis t = 1 und die Fremdwährungseinzahlungen des Zeitpunktes t = 1.

Vollends "übersichtlich" wird die Kapitalwertformel, falls der Realzinssatz im Zeitablauf konstant sein sollte, also für $i_t^{(real)} = i^{(real)} = $ konst. Dann nämlich ergibt sich aus (7.15)

$$\kappa^{(F)} = -A_0^{(nom,F)} + \frac{z_1^{(nom,F)}}{1+\pi_1^{(F)}} \cdot RBF(i^{(real)};T). \tag{7.16}$$

7.5.3.2 Diskussion

Die Kapitalwertformeln aus (7.1), (7.3) und (7.12) beruhen auf den gleichen Prämissen und sind insofern als **äquivalent** aufzufassen. Gleichung (7.15) hingegen basiert auf der zusätzlichen Voraussetzung des Nationalen *Fisher*-Effekts, der theoretisch wie empirisch als recht schwach fundiert zu bezeichnen ist. In der Tat läßt er sich nur im Rahmen einer **Ein-Gut-Welt** schlüssig herleiten, wobei überdies davon ausgegangen werden muß, daß in- und ausländische Gütermärkte **vollkommen** sind. Letzteres bedeutet generell, daß Güter im In- und Ausland zu gegebenen Preisen ohne Anfall von Transaktionskosten erworben oder veräußert und auch von einem Land in ein anderes transportiert werden können.

In einer Ein-Gut-Welt kann der Preis des homogenen Konsumgutes in einem Land unmittelbar mit dem Preisniveau dieses Landes gleichgesetzt werden. Wenn damit jemand in einem beliebigen Zeitpunkt t über die Möglichkeit zum Konsum von 1 ME des homogenen Gutes verfügt, dann führt die Anlage des korrespondierenden Geldbetrags in Inland dazu, daß seine Konsummöglichkeiten zum Zeitpunkt t+1 das Ausmaß $1+i_{t+1}^{(real,I)}$ annehmen, denn so ist der inländische Realzinssatz im vorhergehenden Abschnitt 6 gerade definiert worden. In entsprechender Weise führt die Mittelanlage in Fremdwährung von t bis t+1 zu Konsummöglichkeiten von $1+i_{t+1}^{(real,F)}$. Ein allgemeines Gleichgewicht erfordert unmittelbar $1+i_{t+1}^{(real,I)} = 1+i_{t+1}^{(real,F)}$. Ansonsten könnte man durch geeignete Güter- und Kapitalmarkttransaktionen seinen Güterkonsum zum Zeitpunkt t+1 beliebig vergrößern. Für $i_{t+1}^{(real,I)} < i_{t+1}^{(real,F)}$ etwa lohnt sich im Zeitpunkt t die Leihe von $P_t^{(I)}$ Geldeinheiten in Inlandswährung gegen ein Rückzahlungsversprechen von $1+i_{t+1}^{(nom,I)}$ Geldeinheiten in t+1, während zugleich ein Betrag von $P_t^{(I)}/w_t$ Geldeinheiten in Fremdwährung zu $1+i_{t+1}^{(nom,F)}$ im Ausland angelegt wird. Dabei gilt $P_t^{(I)}/w_t = P_t^{(F)}$, denn andernfalls wäre der Preis des Gutes im Zeitpunkt t im In- und Ausland (nach Umrechnung in dieselbe Währung) unterschiedlich hoch, weswegen es sich für jeden lohnte, in dem einen Land das Gut preiswert einzukaufen, um es in dem anderen Land (ohne Anfall von Transaktionskosten) zeitgleich teuer zu verkaufen. Diese Möglichkeit zur Erzielung beliebig hoher sicherer Gewinne über Arbitrage besteht in einem Zeitpunkt t hier nur dann nicht, wenn $P_t^{(I)}/w_t = P_t^{(F)}$ gilt. Dieser Zusammenhang kann als weitere spezielle Ausprägung des bereits früher erwähnten **Gesetzes des Einheitspreises** angesehen werden.

Beispiel 7.7:
Gegeben sei eine Zwei-Zeitpunkte-Betrachtung mit nur einem homogenen Konsumgut, dessen Preis in einem Land in der jeweiligen Währung daher mit dem dort herrschenden Preisniveau identisch ist. Devisen- und Gütermärkte seien vollkommen. Der Preis des Konsumgutes belaufe sich in Euro zum Zeitpunkt t = 0 auf $P_0^{(I)}$ = 1,21 EUR und in US-$ auf $P_0^{(F)}$ = 1,12 US-$ bei einem Wechselkurs w_0 = 1,1 EUR/US-$. Im Zeitpunkt t = 1 sollen sich die entsprechenden Werte auf $P_1^{(I)}$ = 1,2705 EUR und auf $P_1^{(F)}$ = 1,08 US-$ sowie w_1 = 1,14 EUR/US-$ belaufen.

Wegen $P_0^{(I)}$ = 1,21 EUR < $P_0^{(F)} \cdot w_0$ = 1,232 EUR lassen sich beliebig hohe Gewinne im Zeitpunkt t = 0 dadurch realisieren, daß man das Konsumgut zu $P_0^{(I)}$ = 1,21 EUR im Inland erwirbt und zu $P_0^{(F)}$ = 1,12 US-$ im Ausland veräußert. Vom US-$-Veräußerungserlös je Mengeneinheit benötigt man 1,21/1,1 = 1,1 US-$, um den für den Erwerb einer Einheit des Konsumgutes im Inland benötigten Euro-Betrag zu egalisieren. Es verbleibt damit ein Gewinn von 0,02 US-$

bzw. 0,02·1,1 = 0,022 EUR für jede vom Inland ins Ausland transferierte Einheit des Konsumgutes. Ein Gleichgewicht liegt damit unter den hier getroffenen Annahmen zum Zeitpunkt t = 0 nicht vor.

Im Zeitpunkt t = 1 hingegen lohnt es sich infolge von $P_1^{(I)}$ = 1,2705 EUR > $P_1^{(F)} \cdot w_1$ = 1,2312 EUR, das Gut im Ausland zu $P_1^{(F)}$ = 1,08 US-$ zu erstehen und sofort wieder im Inland zu $P_1^{(I)}$ = 1,2705 EUR zu verkaufen. Vom Veräußerungserlös je Mengeneinheit werden 1,08·1,14 = 1,2312 EUR benötigt, um die Ausgaben für den Gütererwerb auszugleichen. Der Restbetrag von 0,0393 EUR bzw. 0,0393/1,14 ≈ 0,034474 US-$ je transferierter Gütereinheit stellt abermals einen sicheren Gewinn für den "Händler" dar. Auch im Zeitpunkt t = 1 liegt hier demnach kein Gleichgewicht vor. □

Das Gesetz des Einheitspreises bezieht sich auf die Relation der Preise eines Gutes in Inlands- und Fremdwährung. Überträgt man diese Beziehung auf die Ebene der in- und ausländischen Preisniveaus, was (fast nur) in einer Ein-Gut-Welt ohne weiteres möglich ist, dann spricht man von der **Kaufkraftparitätentheorie**.[10]

Im Zeitpunkt t+1 besteht nun zum einen eine Verbindlichkeit in Inlandswährung von $P_t^{(I)} \cdot (1+i_{t+1}^{(nom,I)})$, zum anderen eine Forderungshöhe von $P_t^{(F)} \cdot (1+i_{t+1}^{(nom,F)})$. Letztere ermöglicht im Ausland den Erwerb von $P_t^{(F)} \cdot (1+i_{t+1}^{(nom,F)})/P_{t+1}^{(F)}$ = $1+i_{t+1}^{(real,F)}$ Mengeneinheiten des Konsumgutes. Hinreichende Mittel zur Bedienung der Verbindlichkeit hingegen können durch Veräußerung von $P_t^{(I)} \cdot (1+i_{t+1}^{(nom,I)})/P_{t+1}^{(I)}$ = $1+i_{t+1}^{(real,I)}$ Mengeneinheiten des Konsumgutes erlöst werden. Für $i_{t+1}^{(real,F)} > i_{t+1}^{(real,I)}$ verbleiben beim Unternehmer ohne eigenen Mitteleinsatz demnach Möglichkeiten zum Konsum des homogenen Gutes, ein allgemeines Gleichgewicht kann hierbei folglich nicht vorliegen. Analoge Überlegungen sind für den Fall $i_{t+1}^{(real,F)} < i_{t+1}^{(real,I)}$ möglich.

---

[10] Vgl. hierzu etwa *Breuer* (1995a).

Beispiel 7.8:

Gegeben sei eine Zwei-Zeitpunkte-Betrachtung mit einem homogenen Konsumgut, dessen Preis sich in Inlandswährung zum Zeitpunkt t = 0 auf $P_0^{(I)}$ = 1,21 EUR und in US-$ auf $P_0^{(F)}$ = 1,1 US-$ bei einem Wechselkurs w_0 = 1,1 EUR/US-$ beläuft. Im Zeitpunkt t = 1 sollen die entsprechenden Werte $P_1^{(I)}$ = 1,2705 EUR, $P_1^{(F)}$ = 1,1 US-$ sowie w_1 = 1,14 EUR/US-$ betragen. Des weiteren sei der Zinssatz für Anlage oder Aufnahme von Mitteln in Euro $i_1^{(nom,I)}$ = 8 % und für entsprechende Transaktionen in US-$ betrage er $i_1^{(nom,F)}$ = 4,2105 %.

Auf der Grundlage dieser Daten ergibt sich im Inland eine Inflationsrate von $\pi_1^{(I)}$ = (1,2705/1,21)-1 = 5 % und im Ausland von $\pi_1^{(F)}$ = (1,1/1,1)-1 = 0 %. Der inländische Realzinssatz ist damit (1,08/1,05)-1 ≈ 2,8571 %, und der ausländische entspricht mit 4,2105 % dem Nominalzinssatz $i_1^{(nom,F)}$. Diese Realzinssatzdifferenz signalisiert unmittelbar die Möglichkeit zur Erzielung beliebig hoher Gewinne durch geeignete Markttransaktionen. Am einfachsten ist es hierbei, in t = 1 das Konsumgut im Ausland zu $P_1^{(F)}$ = 1,1 US-$ zu erwerben und sofort wieder zu $P_1^{(I)}$ = 1,2705 EUR im Inland zu verkaufen.[11] Der Verkaufserlös entspricht 1,2705/1,14 ≈ 1,114474 US-$, so daß aus dieser Transaktion je Mengeneinheit des Gutes ein Reinerlös von ungefähr 0,014474 US-$ resultiert. Ein Gleichgewicht kann wegen dieser Arbitragemöglichkeit für die gegebene Parameterkonstellation demnach nicht vorliegen. □

Gibt es **mehr** als ein Gut, dann ist die weiter oben präsentierte Herleitung selbst bei vollkommenen Gütermärkten so **nicht umsetzbar**, weil der Inlandspreis eines

---

[11] Es läßt sich zeigen, daß der **Nationale** *Fisher*-**Effekt** (bei Sicherheit) aus der Gültigkeit des **Internationalen** *Fisher*-**Effekts** und der **Kaufkraftparitätentheorie** gefolgert werden kann. Vgl. *Breuer* (2000a). Ist der Nationale *Fisher*-Effekt verletzt, dann auch eine der beiden anderen Beziehungen. Für konkrete Verletzungen des Nationalen *Fisher*-Effekts sind daher nicht die weiter oben zu seiner allgemeinen Begründung genutzten Transaktionen erforderlich. Man kann vielmehr direkt an der Ausnutzung der Verletzung des Internationalen *Fisher*-Effekts oder der Kaufkraftparitätentheorie ansetzen, so wie es auch hier im Rahmen des Zahlenbeispiels erfolgt.

Gutes oder auch eines Güterbündels sowie dessen Auslandspreis generell nicht beide zugleich mit den jeweiligen Preisniveaus zusammenfallen können, wenn In- und Ausland ihre Preisniveaus auf der Grundlage verschiedener Warenkörbe ermitteln.

Beispiel 7.9:
Gegeben sei zwei Volkswirtschaften, "Inland" und "Ausland", in denen zwei Güter 1 und 2 in einem Zeitpunkt t unter Gültigkeit des Gesetzes des Einheitspreises für jedes von ihnen gehandelt werden. Der Preis in Inlandswährung des Gutes 1 sei $p_t^{(1,I)} = 1$ EUR, der des Gutes 2 betrage $p_t^{(2,I)} = 1,5$ EUR. Die entsprechenden Preise in Fremdwährung sollen $p_t^{(1,F)} = 2$ US-\$ und $p_t^{(2,F)} = 3$ US-\$ sein. Mit $w_t = 0,5$ EUR/US-\$ prüft man leicht, daß das Gesetz des Einheitspreises in der Tat Gültigkeit besitzt.

Das Preisniveau im Inland werde auf der Grundlage eines Güterbündels bestimmt, daß sich zu 40 % aus Gut 1 und zu 60 % aus Gut 2 zusammensetzt. Man erhält daher $P_t^{(I)} = 0,4\cdot 1 + 0,6\cdot 1,5 = 1,3$. Der maßgebliche Warenkorb des Auslands ergebe sich zu 20 % aus Gut 1 und zu 80 % aus Gut 2. Daraus resultiert $P_t^{(F)} = 0,2\cdot 2 + 0,8\cdot 3 = 2,8$. Durch den Erwerb eines Güterbündels mit der Struktur des repräsentativen Warenkorbs des Inlands realisiert man daher einen Preis pro Mengeneinheit von 1,3 EUR. Der Preis dieses Güterbündels in Fremdwährung beläuft sich aber nun nicht auf 2,8 US-\$, sondern auf $0,4\cdot 2 + 0,6\cdot 3 = 2,6$ US-\$, weswegen man 1,3 EUR $\neq 2,8\cdot 0,5 = 1,4$ EUR erhält. Entsprechende Diskrepanzen ergeben sich, wenn man das repräsentative Güterbündel des Auslands nachbildet. Damit aber kann die Herleitung des Nationalen *Fisher*-Effekts, so wie sie oben präsentiert wurde, nicht mehr durchgeführt werden. Auch im vorhergehenden Beispiel 7.8 könnte man aus der beobachteten Verletzung der Kaufkraftparitätentheorie im Mehr-Güter-Fall **nicht** mehr zwingend auf Verletzungen des Gesetzes des Einheitspreises und die hierdurch eröffneten Arbitragemöglichkeiten schließen.[12] □

---

[12] Vgl. hierzu auch *Solnik* (1978) sowie *Breuer* (2000a).

Schon aus diesem Grunde ist die Bedeutung des Nationalen *Fisher*-Effekts eher als **gering** einzustufen. Hinzu kommt überdies, daß gerade für Gütermärkte die Annahme ihrer Vollkommenheit eher als fragwürdig anzusehen ist.[13] In analoger Weise sind die Kapitalwertformeln (7.15) und (7.16) zu beurteilen. Auch die zusätzlich zur Herleitung von (7.16) getroffenen Annahmen konstanter realer Fremdwährungseinzahlungen und eines über die Perioden hinweg konstanten Realzinssatzes werden allenfalls zufällig erfüllt sein. Hierauf wurde schon im Rahmen des vorhergehenden Abschnitts 6 eingegangen. Alles in allem wird man daher unter einigermaßen plausiblen Annahmen zur Beurteilung von Auslandsdirektinvestitionen nicht umhinkönnen, auch entweder künftige Wechselkurse oder aber künftige ausländische Ein-Perioden-Zinssätze zu schätzen.

7.6 Zusammenfassung

Gegenstand dieses Abschnitts war die Beurteilung von **Auslandsdirektinvestitionen**. Hierbei wurde zum ersten Mal der Umstand berücksichtigt, daß Zahlungen in verschiedenen Währungen anfallen können. Schon bei Beschränkung der Betrachtung auf zwei Währungsgebiete kann man zwischen Zahlungen in Inlands- und in Fremdwährung unterscheiden. Den Preis einer Währung in Geldeinheiten der anderen bezeichnet man dabei als einen **Wechselkurs**.

Die Gültigkeit der *Fisher*-Separation und die Optimalität kapitalwertmaximierender Investitionsentscheidungen werden hierdurch grundsätzlich **nicht** betroffen. Lediglich kann man nun zwischen dem Kapitalwert eines Investitionsprojekts auf Basis der in Inlandswährung umgerechneten Einzahlungen und dem auf Basis der in Fremdwährung ausgedrückten Einzahlungen unterscheiden. Beide Kapitalwerte sind über den **Internationalen *Fisher*-Effekt** unmittelbar miteinander verknüpft. Dieser beschreibt eine Beziehung zwischen den Zinssätzen des In- und Auslands und den Wechselkursen zwischen den beiden Währungen in verschiede-

---

[13] Entsprechend schwach ist - wie bereits angedeutet - der **empirische Beleg** zur Gültigkeit des Nationalen *Fisher*-Effekts. Vgl. etwa *Demirag/Goddard* (1994), S. 75.

nen Zeitpunkten.

Ferner wurde die Gelegenheit genutzt, etwas ausführlicher zu verdeutlichen, was man unter der "**Zahlungsreihe**" eines Investitionsprojekts versteht. Diese Frage kann insbesondere dann kompliziert werden, wenn eine Unternehmung aus mehreren verschiedenen Gesellschaften mit Zahlungsverflechtungen besteht. Grundsätzlich umfaßt die Zahlungsreihe eines Investitionsprojekts all die Zahlungskonsequenzen, die durch die betreffende Investition ausgelöst werden, also ohne die betreffende Investition nicht anfielen.

Schließlich wurde der **Nationale *Fisher*-Effekt** vorgestellt, der die Gleichheit der Realzinssätze des In- und Auslands postuliert und einen Beitrag zu vereinfachten Kapitalwertformeln leisten kann. Allerdings ist der Nationale *Fisher*-Effekt sowohl theoretisch als auch empirisch nur schwach zu stützen.

Generell zeigt sich, daß wenigstens für den Fall bei Sicherheit die Berücksichtigung von Fremdwährungseinzahlungen im Rahmen der Investitionstheorie **keine** besondere Schwierigkeit darstellt. Daß diese Einschätzung bei Entscheidungen unter Risiko nicht mehr ohne weiteres aufrechterhalten werden kann, sollte nicht allzu sehr überraschen, sprengt aber den Rahmen dieser einführenden Darstellung. Wir werden hierauf im Rahmen des Bands II zurückkommen.

Wiederholungsfragen

W7.1
Was charakterisiert eine Auslandsdirektinvestition?

W7.2
Was versteht man unter einem Wechselkurs?

W7.3
Wieso führt die Betrachtung von Zahlungskonsequenzen in verschiedenen Währungen bei Vollkommenheit der Devisen- und Kapitalmärkte nicht zu einer Revision der *Fisher*-Separation und der Optimalität kapitalwertmaximierender Investitionsentscheidungen?

W7.4
Wie bestimmt sich der Kapitalwert einer Auslandsdirektinvestition in Inlandswährung?

W7.5
Wie bestimmt sich der Kapitalwert einer Auslandsdirektinvestition in Fremdwährung?

W7.6
Was versteht man unter dem Internationalen *Fisher*-Effekt?

W7.7
Wieso kann man bei Gültigkeit des Kapitalwertkriteriums eine Auslandsdirektinvestition unabhängig von den sonstigen unternehmerischen Investitionsaktivitäten beurteilen?

W7.8
Welche monetären Konsequenzen sind als Zahlungsreihe einer Auslandsdirektinvestition aufzufassen?

W7.9
Was sagt das Gesetz des Einheitspreises aus?

W7.10
Welchen Zusammenhang beschreibt der Nationale *Fisher*-Effekt?

IV Investitionsentscheidungen bei unvollkommenem Kapitalmarkt

1 *Hirshleifer*-Modell und Klienteleffekt

1.1 Problemstellung

Sofern man vom einführenden (kurzen) Kapitel II einmal absieht, wurde im Rahmen dieses Lehrbuchs bislang stets die Prämisse eines **vollkommenen Kapitalmarktes** vorausgesetzt. Dies implizierte insbesondere die Gleichheit des für Mittelaufnahme und -anlage von einem Zeitpunkt t-1 bis t jeweils gültigen Zinssatzes. Zweifellos ist das ein mit realen Gegebenheiten nur schwer zu vereinbarender Umstand. Typischerweise wird man davon ausgehen müssen, daß der von t-1 bis t für Anlagezwecke erreichbare **Habenzinssatz** hinter dem für die gleiche Periode maßgeblichen **Sollzinssatz** zurückbleibt. Im folgenden **Abschnitt 1.2** sollen die Konsequenzen aus einer derartigen Situation im Rahmen einer einfachen Zwei-Zeitpunkte-Betrachtung näher analysiert werden. Weil dieses Szenario zum ersten Mal 1958 von *Jack Hirshleifer* analysiert wurde,[1] spricht man hierbei auch vom "*Hirshleifer*-Modell".[2] Es wird sich zeigen, daß die *Fisher*-Separation innerhalb dieses Ansatzes **keine** Gültigkeit mehr besitzt. Eine präferenzunabhängige Beurteilung von Investitionsprojekten ist damit im allgemeinen nicht mehr möglich.

Zuweilen wird darauf hingewiesen, daß eine vertiefte Analyse des *Hirshleifer*-Modells den Weg zu einem sogenannten **Klienteleffekt** weist, der in gewisser

---

[1] Vgl. *Hirshleifer* (1958). Siehe aber auch *Hirshleifer* (1974).

[2] Darstellungen des *Hirshleifer*-Modells finden sich auch in zahlreichen anderen finanzwirtschaftlichen Lehrbüchern. Vgl. insbesondere *Hax* (1993), S. 77 ff., *Drukarczyk* (1993), S. 38 ff., *Franke/Hax* (1999), S. 158 ff., *Schäfer* (1999), S. 203 ff.

Weise eine Restitution des Separationsergebnisses von *Fisher* ermöglicht. Im **Abschnitt 1.3** wird daher zunächst der Klienteleffekt gemäß der in der Literatur üblichen Form vorgestellt. Weil sich dabei allerdings eine Reihe von Unstimmigkeiten im Verhältnis zum zuvor behandelten *Hirshleifer*-Modell ergibt, ist im **Abschnitt 1.4** die sachgerechte Einpassung des Klienteleffekts in das *Hirshleifer*-Modell im Detail zu problematisieren. Die Ausführungen schließen im **Abschnitt 1.5** wie stets mit einer Zusammenfassung.

1.2 Das *Hirshleifer*-Modell

1.2.1 Die Annahmen

Abgesehen von einer entscheidenden Ausnahme, auf die wir in Kürze zu sprechen kommen werden, sollen im weiteren die gleichen Annahmen gelten, die auch schon im Kapitel II sowie im Abschnitt 1 des vorhergehenden Kapitels bei der Erörterung des *Fisher*-Modells zugrunde gelegt wurden. Das heißt, es wird ein Unternehmer im Rahmen eines Zwei-Zeitpunkte-Modells von $t = 0$ bis $t = 1$ betrachtet. Seine **Nutzenfunktion** U hängt positiv von seinem (nichtnegativen) Konsum C_0 im Zeitpunkt $t = 0$ sowie von seinem (nichtnegativen) Konsum C_1 im Zeitpunkt $t = 1$ ab, wobei die Grenznutzenzuwächse aus steigendem Konsum C_t in einem Zeitpunkt $t = 0, 1$ jedoch ceteris paribus abnehmend verlaufen.

$$U \equiv U(C_0; C_1) \quad \text{mit} \quad \frac{\partial U}{\partial C_t} > 0, \ \frac{\partial^2 U}{\partial C_t^2} < 0. \tag{1.1}$$

Im $(C_0; C_1)$-Diagramm kann die Nutzenfunktion U über **Indifferenzkurven** dargestellt werden. Eine Indifferenzkurve stellt bekanntermaßen den geometrischen Ort aller $(C_0; C_1)$-Kombinationen dar, die aus Unternehmersicht **gleichen** Nutzen stiften. Je weiter außen eine solche Indifferenzkurve liegt, desto größer ist das mit ihr verbundene Nutzenniveau. Ziel des Unternehmers wird es deswegen sein, eine möglichst weit außen gelegene Indifferenzkurve zu erreichen. Wie bisher sei angenommen, daß die Indifferenzkurven **konvex** verlaufen.[3]

Der Unternehmer hat des weiteren in t = 0 die Möglichkeit zur Durchführung von Realinvestitionen I, die in t=1 zu Erträgen F(I) führen. Auch im Rahmen dieses Abschnitts sei dabei ein "stilisierter", durchgängig differenzierbarer Verlauf der Realinvestitionsfunktion F gemäß dem **Gesetz vom abnehmenden Grenzertrag** unterstellt. Das heißt, mit steigendem Investitionsvolumen nimmt die Grenzrendite F'(I)-1 des Investitionsprogramms beständig ab.[4]

Die Anfangsausstattung des Unternehmers beläuft sich auf W_0 Geldeinheiten Konsummöglichkeiten in t = 0. Für ein beliebiges Investitionsvolumen I realisiert der Unternehmer damit folgende Konsumposition:

$$\begin{aligned} C_0 &= W_0 - I, \\ C_1 &= F(I) = F(W_0 - C_0). \end{aligned} \qquad (1.2)$$

Die graphische Darstellung von (1.2) im (C_0;C_1)-Diagramm wurde im Kapitel II als **Transformationskurve** eingeführt. Sie beschreibt die Möglichkeiten des Unternehmers, durch Konsumverzicht in t = 0, also (Real-) Investitionen, seinen Konsum in t = 1 zu steigern.

Neben der Möglichkeit zur Durchführung von Realinvestitionen habe der Unternehmer auch noch Zugang zu einem **Kapitalmarkt**. Dort kann er als **Mengenanpasser** Mittel zu einem Zinssatz $i^{(S)}$ aufnehmen bzw. zu einem niedrigeren Zinssatz $i^{(H)}$ anlegen und auf diese Weise Konsummöglichkeiten von t = 1 nach t = 0 bzw. von t = 0 nach t = 1 transferieren. Die Diskrepanz zwischen dem Zinssatz $i^{(S)}$ für **Mittelaufnahme** und dem Zinssatz $i^{(H)}$ für **Mittelanlage** ist konstitutives Merkmal des *Hirshleifer*-Modells. Begründet wird sie mit der Existenz von **Transaktionskosten** im Zusammenhang mit der Abwicklung von Kapital-

---

[3] Vgl. zur Diskussion dieser Präferenzannahmen Kapitel II dieses Buchs.

[4] Vgl. auch hierzu schon Kapitel II dieses Buchs.

markttransaktionen. Generell ergeben sich Transaktionskosten schon aus dem erforderlichen Zeitaufwand zur Anbahnung und Umsetzung eines Mittelüberlassungsvertrags.[5] *Hirshleifer* unterstellt somit einen augenscheinlich unvollkommenen Kapitalmarkt.

Zur Veranschaulichung der Konsequenzen aus dem Anfall von Transaktionskosten sei stark vereinfacht angenommen, daß diese nur bei der Mittelrückzahlung auftreten. Dies führt dann dazu, daß der Mittelabfluß beim Kapitalnehmer zum Zeitpunkt t = 1 über dem entsprechenden Mittelzufluß beim Kapitalgeber liegt. Die Spanne zwischen $i^{(S)}$ und $i^{(H)}$ gibt deswegen in diesem Zusammenhang die Höhe der Transaktionskosten in t = 1 an, die am Kapitalmarkt je ursprünglich aufgenommener bzw. angelegter Geldeinheit anfallen.

Beispiel 1.1:
Angenommen, im Rahmen der Mittelaufnahme von t = 0 bis t = 1 ist brutto, das heißt vor Abzug von Transaktionskosten, eine Verzinsung von $i^{(S)}$ = 12 % zu gewähren, und es fallen Transaktionskosten von 0,04 GE je zurückgezahlter Geldeinheit (exclusive Zinsen) bei Rückzahlung der aufgenommenen Mittel an. Dann resultiert für den Kapitalgeber in t = 1 nur noch ein Nettozufluß von 1,12-0,04 = 1,08 GE je in t = 0 angelegter Geldeinheit und mithin ein Habenzinssatz $i^{(H)}$ = 8 %. □

Zweifellos ist es realitätsnäher, den wesentlichen Anfall der Transaktionskosten im Zusammenhang mit dem Abschluß und der Abwicklung eines Mittelüberlassungsvertrags auf den Zeitpunkt t = 0 zu beziehen. Dann aber kann die Spanne $i^{(S)}$-$i^{(H)}$ nicht mehr so leicht wie bei vollständigem Transaktionskostenanfall in t = 1 interpretiert werden.

---

[5] Vgl. zu einer Systematisierung von Transaktionskosten beispielsweise *Breuer* (1993a), S. 60 ff. Umfassende Darstellungen von Transaktionskosten als Quelle von Marktunvollkommenheiten finden sich insbesondere bei *Richter/Furubotn* (1999), S. 70 ff., und *Neus* (2001), S. 91 ff.

Beispiel 1.2:

Angenommen, im Rahmen der Mittelaufnahme von t = 0 bis t = 1 ist netto an den Kapitalgeber in t = 1 eine Verzinsung von $i^{(H)}$ = 8 % zu gewähren. 4 % der in t = 0 erhaltenen Mittel werden aber unmittelbar durch Transaktionskosten aufgebraucht. Von 100 GE, die brutto in t = 0 überlassen werden, verbleiben dem Kapitalnehmer folglich nach Abzug der Transaktionskosten nur 96 GE, auf die in t = 1 insgesamt 100·1,08 = 108 GE zurückzuzahlen sind. Dies entspricht einem Sollzinssatz $i^{(S)}$ auf die netto zugeflossenen 96 GE von (108-96)/96 = 12,5 %, weswegen die Differenz $i^{(S)}$-$i^{(H)}$ hierbei nicht dem Transaktionskostensatz von 4 % je aufgenommener oder von 4/96 ≈ 4,17 % je netto erhaltener Geldeinheit entspricht. □

Ausgehend von einer beliebigen Konsumposition ($\overline{C}_0^{(S)}$;$\overline{C}_1^{(S)}$), die der Unternehmer allein aufgrund seiner durchgeführten Realinvestitionen verwirklichen könnte, führt die Aufnahme eines Kredits in Höhe von K ≥ 0 dazu, daß der Unternehmer in t = 0 sein Konsumniveau auf $C_0 = \overline{C}_0^{(S)}$+K steigert. Dafür reduziert sich infolge der erforderlichen Kreditrückzahlung sein Konsum im Zeitpunkt t = 1 auf $C_1 = \overline{C}_1^{(S)}$-(1+$i^{(S)}$)·K. Löst man die Bestimmungsgleichung für C_0 nach K auf und setzt das Ergebnis in die Bestimmungsgleichung für C_1 ein, so erhält man die Gleichung der sogenannten **Kreditgeraden**[6]:

$$C_1 = \overline{C}_1^{(S)}-(1+i^{(S)})\cdot(C_0-\overline{C}_0^{(S)}), \qquad (1.3)$$

wobei $C_0-\overline{C}_0^{(S)}$ ≥ 0, also K ≥ 0, gelten muß, da eine Mittelanlage, K < 0, zu $i^{(S)}$ nicht möglich ist. Die Kreditgerade beschreibt den geometrischen Ort aller (C_0;C_1)-Kombinationen, die der Unternehmer durch Aufnahme von Mitteln am Kapitalmarkt, ausgehend von einer (durch Realinvestitionen erreichten) Konsumposition ($\overline{C}_0^{(S)}$;$\overline{C}_1^{(S)}$), realisieren kann. Die Steigung einer Kreditgeraden ist unabhängig vom "Startpunkt" ($\overline{C}_0^{(S)}$;$\overline{C}_1^{(S)}$) stets konstant -(1+$i^{(S)}$).[7] Als Startpunkt kommt dabei jeder Punkt der Transformationskurve in Frage, da jede dieser

---

[6] Vgl. zum Begriff *Hirshleifer* (1974), S. 197.

[7] Vgl. die Kreditgeraden K^+ und K^* in *Abbildung 1.1*.

Kombinationen von gegenwärtigem und zukünftigem Konsum durch entsprechende Realinvestitionen vom Unternehmer erreichbar ist. Zu beachten ist, daß die Kreditgeraden dabei nur rechts vom jeweiligen Startpunkt verlaufen, da eine Mittelanlage zu $i^{(S)}$ (also der Fall $C_0-\overline{C}_0^{(S)} < 0$) nicht erfolgen kann. Präzise formuliert, handelt es sich hierbei demnach um "Halbgeraden".

Beispiel 1.3:
Gegeben sei ein Unternehmer, der ohne die Durchführung von Kapitalmarkttransaktionen die Konsumallokation $(\overline{C}_0^{(S)}; \overline{C}_1^{(S)}) = (1,14; 8,64)$ realisieren kann. Mit $i^{(S)}$ = 12 % lautet die Gleichung der für ihn relevanten Kreditgeraden dann folgendermaßen:

$$C_1 = 8{,}64 - 1{,}12 \cdot (C_0 - 1{,}14) = 9{,}9168 - 1{,}12 \cdot C_0, \tag{1.4}$$

wobei $C_0 \geq 1{,}14$ GE zu beachten ist. □

Legt der Unternehmer statt dessen einen Betrag $A \geq 0$, ausgehend von einer Konsumposition $(\overline{C}_0^{(H)}; \overline{C}_1^{(H)})^8$, zum dafür maßgeblichen Zinssatz $i^{(H)}$ von $t = 0$ bis $t = 1$ an, dann reduziert sich sein Konsumniveau in $t = 0$ auf $C_0 = \overline{C}_0^{(H)} - A$. Dafür erhöhen sich seine Konsummöglichkeiten des Zeitpunktes $t = 1$ auf $C_1 = \overline{C}_1^{(H)} + (1+i^{(H)}) \cdot A$. Durch Auflösung der Bestimmungsgleichung für C_0 nach A und Einsetzen des Ergebnisses in die Bestimmungsgleichung für C_1 gelangt man zur sogenannten **Darlehnsgeraden**[9]:

$$C_1 = \overline{C}_1^{(H)} + (1+i^{(H)}) \cdot (\overline{C}_0^{(H)} - C_0), \tag{1.5}$$

wobei $\overline{C}_0^{(H)} - C_0 \geq 0$, also $A \geq 0$, gelten muß, da eine Mittelaufnahme, $A < 0$, zu $i^{(H)}$ nicht in Frage kommt. Die Darlehnsgerade beschreibt den geometrischen

---

[8] Die Unterscheidung der "Startpositionen" $(\overline{C}_0^{(S)}; \overline{C}_1^{(S)})$ und $(\overline{C}_0^{(H)}; \overline{C}_1^{(H)})$ erfolgt bereits an dieser Stelle, weil sich schon sehr bald zeigen wird, daß der Unternehmer je nach angestrebten Kapitalmarkttransaktionen auch unterschiedliche Realinvestitionsvolumina realisieren wird.

[9] Vgl. zum Begriff erneut *Hirshleifer* (1974), S. 197.

Ort aller (C_0;C_1)-Kombinationen, die der Unternehmer durch Anlage von Mitteln am Kapitalmarkt, ausgehend von einer (durch Realinvestitionen erreichten) Konsumposition ($\overline{C}_0^{(H)}$;$\overline{C}_1^{(H)}$), realisieren kann. Auch die Steigung der Darlehnsgeraden ist startpunktunabhängig stets konstant, und zwar gleich $-(1+i^{(H)})$.[10] Darlehnsgeraden verlaufen damit flacher als die entsprechenden Kreditgeraden, wobei die Steigungsdifferenz mit wachsenden Transaktionskosten zunimmt. Des weiteren ist erneut jeder Punkt der Transformationskurve als Startpunkt für eine Darlehnsgerade denkbar und handelt es sich abermals nur um Halbgeraden, da eine Verschuldung zu $i^{(H)}$ (also der Fall $\overline{C}_0^{(H)} - C_0 < 0$) nicht möglich ist.

Beispiel 1.4:

Gegeben sei ein Unternehmer, der ohne die Durchführung von Kapitalmarkttransaktionen die Konsumallokation ($\overline{C}_0^{(H)}$;$\overline{C}_1^{(H)}$) = (5,85;8,96) realisieren kann. Mit $i^{(H)}$ = 8 % lautet die Gleichung der für ihn relevanten Darlehnsgeraden dann:

$$C_1 = 8{,}96 + 1{,}08 \cdot (5{,}85 - C_0) = 15{,}278 - 1{,}08 \cdot C_0, \tag{1.6}$$

wobei $C_0 \leq 5{,}85$ GE zu beachten ist. □

1.2.2 Optimale Investitionsentscheidungen im *Hirshleifer*-Modell

Unabhängig von der konkret angenommenen Nutzenfunktion U des Unternehmers ist für diesen auf jeden Fall nur die am **weitesten außen** gelegene von allen überhaupt erreichbaren Kreditgeraden von Interesse. Denn alle Punkte auf weiter innen gelegenen Kreditgeraden werden entweder durch Punkte auf der äußersten Kreditgeraden oder durch Punkte auf der Transformationskurve derart **dominiert**, daß sowohl ein nichtniedrigeres heutiges als auch ein nichtniedrigeres zukünftiges Konsumniveau, also mindestens der gleiche Nutzenwert wie bei dem betreffenden Punkt auf der innen gelegenen Kreditgeraden, erreichbar ist. Die einzig relevante Kreditgerade ist dabei gerade Tangente an die Transformations-

---

[10] Vgl. die Darlehnsgeraden D^+ und D^* in *Abbildung 1.1*.

kurve des Unternehmers und in *Abbildung 1.1* mit K* bezeichnet. Sofern sich der Unternehmer also in t = 0 verschulden möchte, wird er es stets auf der Grundlage des in *Abbildung 1.1* mit $I^{(S)*}$ bezeichneten Realinvestitionsvolumens tun.

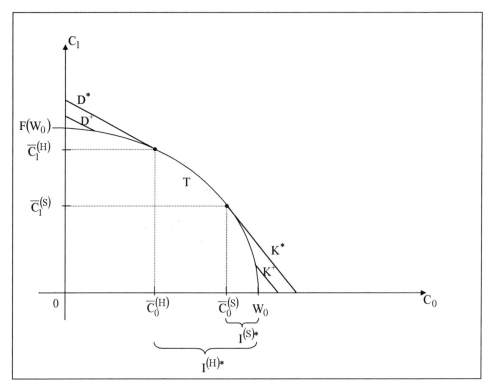

Abbildung 1.1: Transformationskurve, Darlehns- und Kreditgeraden im *Hirshleifer*-Modell

Beispiel 1.5:

Betrachtet sei ein Unternehmer mit einer Vermögensanfangsausstattung in t = 0 in Höhe von $W_0 = 5$ GE. Seine Investitionsertragsfunktion sei $F(I) = 4{,}4 \cdot I^{0{,}5}$ und entspreche damit der aus Beispiel 1.6 des Kapitels II. Der Kapitalmarktzinssatz $i^{(S)}$ für Mittelaufnahme von t = 0 bis t = 1 betrage 12 %. Unter der Voraussetzung, daß sich der Unternehmer am Kapitalmarkt zu verschulden beabsichtigt, muß die Steigung der Transformationskurve, -F'(I), beim optimalen unternehmerischen Investitionsvolumen $I^{(S)*}$ gerade dem Wert -1,12 entsprechen:

$$-\frac{2,2}{\sqrt{I}} = -1,12 \Leftrightarrow I^{(S)*} \approx 3,86 \text{ GE.} \qquad (1.7)$$

Mit $I^{(S)*} \approx 3,86$ GE sowie $W_0 = 5$ GE erhält man unmittelbar $\overline{C}_0^{(S)} \approx 1,14$ GE und $\overline{C}_1^{(S)} \approx 8,64$ GE. Die Gleichung der vom Unternehmer bei optimalem Investitionsverhalten (ungefähr) erreichbaren Kreditgeraden stimmt folglich mit der im Beispiel 1.3 berechneten überein. □

Auf der Grundlage der gleichen Überlegung ist von allen erreichbaren Darlehnsgeraden nur die am weitesten außen gelegene näher zu betrachten, und diese ist ebenfalls Tangente an die Transformationskurve. In *Abbildung 1.1* ist diese Darlehnsgerade mit D^* charakterisiert. Falls der Unternehmer demnach in $t = 0$ Mittel am Kapitalmarkt anlegen möchte, wird er dies nur auf der Grundlage des in *Abbildung 1.1* mit $I^{(H)*}$ bezeichneten Realinvestitionsvolumens tun.

Beispiel 1.6:
Betrachtet sei wieder der Unternehmer aus Beispiel 1.5, nun aber mit einem Anfangsvermögen von $W_0 = 10$ GE. Der Kapitalmarktzinssatz $i^{(H)}$ für Mittelanlage von $t = 0$ bis $t = 1$ betrage 8 %. Sofern der Unternehmer in $t = 0$ einen Teil seiner Anfangsausstattung bis $t = 1$ anzulegen gedenkt, wird er zugleich ein solches Realinvestitionsvolumen $I^{(H)*}$ anstreben, daß die Steigung der Transformationskurve, $-F'(I)$, gerade den Wert -1,08 annimmt:

$$-\frac{2,2}{\sqrt{I}} = -1,08 \Leftrightarrow I^{(H)*} \approx 4,15 \text{ GE.} \qquad (1.8)$$

Mit $I^{(H)*} \approx 4,15$ GE sowie $W_0 = 10$ GE erhält man unmittelbar $\overline{C}_0^{(H)} \approx 5,85$ GE und $\overline{C}_1^{(H)} \approx 8,96$ GE. Die Gleichung der vom Unternehmer bei optimalem Investitionsverhalten (ungefähr) erreichbaren Darlehnsgeraden entspricht folglich der im Beispiel 1.4 ermittelten. □

In der Tat kommen als **nutzenmaximierende Konsumniveaus** nur Punkte auf K^* oder D^* sowie auf dem dazwischen liegenden Verbindungsstück T der Transformationskurve in Frage. Im weiteren sei von Randlösungen abgesehen. Unter dieser Voraussetzung wird die optimale unternehmerische Konsumallokation durch einen (eindeutigen) Tangentialpunkt einer Indifferenzkurve mit K*, D* oder T beschrieben. Wo dieser Tangentialpunkt dabei konkret liegt, kann nur einzelfallabhängig bestimmt werden. Sollte das unternehmerische Nutzenmaximum auf der Kreditgeraden liegen, wird der Unternehmer das Realinvestitionsvolumen $I^{(S)*} = W_0 - \overline{C}_0^{(S)}$ anstreben und sich anschließend auf dem Kapitalmarkt zu $i^{(S)}$ verschulden. Die Verschuldung am Kapitalmarkt zum Zwecke der Steigerung von C_0 ist besser, als das Investitionsvolumen unter das Niveau $I^{(S)*}$ hin einzuschränken, weil die Grenzrendite der Investitionen für Volumina unterhalb von $I^{(S)*}$ höher als $i^{(S)}$ ist und somit die Einbuße an künftigem Konsum durch Reduktion des Realinvestitionsvolumens ausgeprägter ist als durch Verschuldung zu $i^{(S)}$. Wie schon im Rahmen des *Fisher*-Modells spricht man hier davon, daß der Unternehmer vom **Schuldnertyp** ist. Ein Unternehmer dieses Typs hat im Verhältnis zu seiner Anfangsausstattung vergleichsweise ausgeprägte Gegenwartspräferenzen. Insbesondere bei sehr niedriger Anfangsausstattung wird ein Unternehmer im allgemeinen vom Schuldnertyp sein. Gilt etwa $W_0 = 0$ GE ist der betrachtete Unternehmer für jede beliebige Nutzenfunktion $U(C_0;C_1)$ (notgedrungen) als zum Schuldnertyp gehörig zu klassifizieren. Wir werden auf diesen Umstand im nächsten Abschnitt noch zurückkommen.

Der Schuldnertyp investiert so lange, bis die Grenzrendite $F'(I)-1$ aus Realinvestitionen dem Sollzinssatz $i^{(S)}$ entspricht. In völliger Analogie zu den Ausführungen im Rahmen der Erörterung des *Fisher*-Modells ist die am weitesten außen liegende von allen erreichbaren Kreditgeraden dadurch gekennzeichnet, daß ihr C_0-Achsenabschnitt maximal ist. Dieser wiederum entspricht der Summe aus dem unternehmerischen Anfangsvermögen W_0 und dem auf der Grundlage von $i^{(S)}$ berechneten Kapitalwert der unternehmerischen Realinvestitionen. Der Schuldnertyp maximiert also seinen Kapitalwert aus Realinvestitionen bei Ansatz eines Kalkulationszinsfußes $i^{(S)}$.

Beispiel 1.7:
Gegeben sei der Unternehmer aus Beispiel 1.5. Zusätzlich sei angenommen, daß seine Nutzenfunktion durch $U(C_0;C_1) = C_0^{0,3} \cdot C_1^{0,7}$ beschrieben werden könne. Sofern der Unternehmer vom Schuldnertyp ist, ist für ihn die in den Beispielen 1.3 und 1.5 genannte Kreditgerade maßgeblich. Wenn sein Konsumoptimum in der Tat auf der Kreditgeraden liegen sollte, dann muß es einen Wert $C_0^* > 1{,}14$ GE so geben, daß die folgenden beiden Bedingungen erfüllt sind:[11]

$$\text{I.} \quad \overline{U}^{\frac{10}{7}} \cdot C_0^{-\frac{3}{7}} = 9{,}9168 - 1{,}12 \cdot C_0,$$

$$\text{II.} \quad \frac{3}{7} \cdot \overline{U}^{\frac{10}{7}} \cdot C_0^{-\frac{10}{7}} = 1{,}12. \tag{1.9}$$

Diese beiden Bedingungen sind von ihrer Struktur her schon aus Beispiel 1.3 im Rahmen des Abschnitts 1 des vorhergehenden Kapitels bekannt. Konkret ist eine Indifferenzkurve mit (maximalem) Nutzenniveau $\overline{U}$ gesucht, die einen Punkt mit der Kreditgeraden gemeinsam hat (I.) und in diesem Punkt über eine Grenzrate der Substitution von 1,12 verfügt (II.). Die simultane Lösung der beiden Gleichungen aus (1.9) liefert $C_0^* \approx 2{,}66$ GE sowie $\overline{U}^* \approx 5{,}21$. Durch Einsetzen von $C_0^* \approx 2{,}66$ GE in die Gleichung der Kreditgeraden ergibt sich des weiteren $\overline{C}_1^* \approx 6{,}94$ GE. Wegen $\overline{C}_0^{(S)} \approx 1{,}14$ GE $< C_0^* \approx 2{,}66$ GE tätigt der Unternehmer also infolge von im Verhältnis zu seiner Anfangsausstattung recht stark ausgeprägten Gegenwartspräferenzen zur teilweisen Finanzierung seiner beabsichtigten Realinvestitionen im Umfang $I^{(S)*} \approx 3{,}86$ GE eine Mittelaufnahme von etwa 1,52 GE. □

---

[11] Die Restriktion $C_0^* > 1{,}14$ GE ist zu beachten, weil die hier relevante Kreditgerade nur für solche C_0-Werte definiert ist. Sollte sich aus (1.9) eine Lösung mit $C_0 < 1{,}14$ GE ergeben, so impliziert dies schlicht, daß das Nutzenmaximum des Unternehmers **nicht** auf der Kreditgeraden liegt und er folglich nicht vom **Schuldnertyp** ist.

Sollte sich das Nutzenmaximum des Unternehmers auf der Darlehnsgeraden befinden, dann impliziert dies zugleich ein Realinvestitionsvolumen von $I^{(H)*} = W_0 - \overline{C}_0^{(H)}$ und die zusätzliche Anlage eines bestimmten Betrags am Kapitalmarkt zum Habenzinssatz $i^{(H)}$. Letzteres ist ertragreicher, als das Investitionsvolumen über $I^{(H)*}$ hinaus auszudehnen, da der Grenzertrag $F'(I)$ weiterer Investitionen unterhalb von $1+i^{(H)}$, die Grenzrendite $F'(I)-1$ aus weiteren Investitionen also unterhalb des Habenzinssatzes liegt. Im Falle der Mittelanlage am Kapitalmarkt spricht man bekanntermaßen vom Vorliegen eines **Anlegertyps**. Dieser Typ ist durch eine im Verhältnis zu seiner Anfangsausstattung vergleichsweise geringe Gegenwartspräferenz charakterisiert. Insbesondere bei sehr hoher Anfangsausstattung wird ein Unternehmer im allgemeinen vom Anlegertyp sein.

Das optimale Investitionsvolumen $I^{(H)*}$ des Anlegertyps ist demnach durch die Gleichheit von Grenzrendite $F'(I)-1$ und Habenzinssatz $i^{(H)}$ charakterisiert. Da $i^{(H)} < i^{(S)}$ und das Gesetz vom abnehmenden Grenzertrag für Realinvestitionen angenommen wurden, folgt bereits hieraus, daß der Anlegertyp ein höheres Investitionsvolumen $I^{(H)*}$ als der Schuldnertyp mit $I^{(S)*}$ realisiert. Des weiteren läuft das optimale Investitionsverhalten auch des Anlegertyps auf Kapitalwertmaximierung hinaus, und zwar auf der Grundlage eines Kalkulationszinsfußes $i^{(H)}$.

Beispiel 1.8:
Gegeben sei der Unternehmer aus Beispiel 1.6. Zusätzlich sei angenommen, daß seine Nutzenfunktion wie schon im Beispiel 1.7 durch $U(C_0;C_1) = C_0^{0,3} \cdot C_1^{0,7}$ beschrieben werden könne. Der einzige Unterschied zum Beispiel 1.7 besteht damit in der nunmehr mit $W_0 = 10$ GE höheren Anfangsausstattung.

Sofern der Unternehmer infolge seines höheren Anfangsvermögens vom Anlegertyp ist, ist für ihn die in den Beispielen 1.4 und 1.6 genannte Darlehnsgerade maßgeblich. Wenn sein Konsumoptimum in der Tat auf der Darlehnsgerade liegen sollte, dann muß es einen Wert $C_0^* < 5{,}85$ GE so geben, daß die folgenden beiden Bedingungen erfüllt sind:[12]

$$\begin{aligned} \text{I.} \quad & \overline{U}^{\frac{10}{7}} \cdot C_0^{-\frac{3}{7}} = 15{,}278 - 1{,}08 \cdot C_0, \\ \text{II.} \quad & \frac{3}{7} \cdot \overline{U}^{\frac{10}{7}} \cdot C_0^{-\frac{10}{7}} = 1{,}08. \end{aligned} \qquad (1.10)$$

Gesucht ist eine Indifferenzkurve mit (maximalem) Nutzenniveau $\overline{U}$, die einen Punkt mit der Darlehnsgeraden gemeinsam hat (I.) und in diesem Punkt über eine Grenzrate der Substitution von 1,08 verfügt (II.). Die simultane Lösung der beiden Gleichungen aus (1.10) liefert $C_0^* \approx 4{,}24$ GE sowie $\overline{U}^* \approx 8{,}1$. Durch Einsetzen von $C_0^* \approx 4{,}24$ GE in die Gleichung der Darlehnsgeraden resultiert des weiteren $C_1^* \approx 10{,}7$ GE. Wegen $\overline{C}_0^{(H)} \approx 5{,}85$ GE $> C_0^* \approx 4{,}24$ GE tätigt der Unternehmer also infolge im Verhältnis zu seiner Anfangsausstattung recht stark ausgeprägter Zukunftspräferenzen zusätzlich zu seinen Realinvestitionen im Umfang $I^{(H)*} \approx 4{,}15$ GE noch eine Kapitalmarktanlage von etwa 1,61 GE. □

Schließlich ist noch denkbar, daß das Nutzenmaximum auf der Transformationskurve zwischen den oder auf den beiden Tangentialpunkten liegt. Unter dieser Voraussetzung liegt das zugehörige Investitionsvolumen $I^{(N)*}$ zwischen $I^{(S)*}$ und $I^{(H)*}$. Eine genauere Spezifikation von $I^{(N)*}$ ist nicht möglich, da sich jedes Investitionsvolumen aus dem (geschlossenen) Intervall $[I^{(S)*}; I^{(H)*}]$ aus Sicht eines Unternehmers als optimal erweisen kann, sofern nur passende Zeitpräferenzen und Anfangsausstattung angenommen werden. Eine Mittelaufnahme oder -anlage am Kapitalmarkt kommt hierbei in jedem Falle nicht zustande. Aus diesem Grunde gilt $(\overline{C}_0^{(N)}; \overline{C}_1^{(N)}) = (C_0^*; C_1^*)$: Der vom Unternehmer durch sein Realinvestitionsvolumen erreichte Startpunkt $(\overline{C}_0^{(N)}; \overline{C}_1^{(N)})$ für Kapitalmarkttransaktionen fällt mit dem Konsumoptimum $(C_0^*; C_1^*)$ zusammen. Man spricht hierbei vom **"neutralen" Unter-**

---

[12] Die Begründung für die Berücksichtigung der Restriktion $C_0^* < 5{,}85$ GE ist analog zu der im Zusammenhang mit der Restriktion $C_0^* > 1{,}14$ GE aus dem vorhergehenden Beispiel 1.7.

nehmertyp.

Der neutrale Typ verfügt über moderate Gegenwarts- und Zukunftspräferenzen in Relation zu seinem Anfangsvermögen und realisiert dabei eine Grenzrendite $F'(I^{(N)*})-1$, die im Optimum zwischen den Werten $i^{(H)}$ und $i^{(S)}$ liegt. Natürlich kann man zum optimalen Konsumpunkt $(\overline{C}_0^{(N)},\overline{C}_1^{(N)}) = (C_0^*;C_1^*)$ eines Neutralen stets eine Kapitalmarktgerade mit Steigung $-[1+F'(I^{(N)*})-1] = -F'(I^{(N)*})$ definieren, die zur Tangente an die Transformationskurve im Punkt $(\overline{C}_0^{(N)},\overline{C}_1^{(N)})$ wird. Von allen Geraden mit dieser Steigung ist sie dann die am weitesten außen gelegene, und um sie zu erreichen, muß der Unternehmer sein Realinvestitionsvolumen derart wählen, daß dessen Kapitalwert bei Ansetzung eines Kalkulationszinsfußes $F'(I^{(N)*})-1$ mit $i^{(H)} \leq F'(I^{(N)*})-1 \leq i^{(S)}$ maximiert wird.

Beispiel 1.9:

Gegeben sei erneut der Unternehmer aus den Beispielen 1.7 und 1.8, dieses Mal aber mit einem Anfangsvermögen $W_0 = 7,5$ GE. Aus den Beispielen 1.5 und 1.6 ist bereits bekannt, daß $I^{(S)*} \approx 3,86$ und $I^{(H)*} \approx 4,15$ GE gilt. Wenn sich der Unternehmer für diese Anfangsausstattung "neutral" verhält, dann muß sein optimales Investitionsvolumen folglich zwischen (ungefähr) 3,86 GE und 4,15 GE liegen und sein optimaler Gegenwartskonsum entsprechend einen Wert zwischen (ungefähr) 7,5-4,15 = 3,35 GE und 7,5-3,86 = 3,64 GE annehmen. Anders formuliert, muß es einen Wert C_0^* mit $3,35 \leq C_0^* \leq 3,64$ geben, so daß die folgenden beiden Bedingungen erfüllt sind:

$$\text{I.} \quad \overline{U}^{\frac{10}{7}} \cdot C_0^{-\frac{3}{7}} = 4,4 \cdot \sqrt{7,5-C_0},$$

$$\text{II.} \quad \frac{3}{7} \cdot \overline{U}^{\frac{10}{7}} \cdot C_0^{-\frac{10}{7}} = \frac{2,2}{\sqrt{7,5-C_0}}.$$
(1.11)

Bedingung I. in (1.11) stellt sicher, daß ein gemeinsamer Punkt von Transformationskurve und Indifferenzkurve betrachtet wird. Bedingung II. in (1.11) gewährleistet, daß es sich bei diesem gemeinsamen Punkt um einen Tangentialpunkt handelt. Die numerische Lösung dieser beiden Gleichungen führt zu einem optimalen Gegenwartskonsum von etwa 3,46 GE, einem zugehörigen Investitionsvolumen von ca. 4,04 GE sowie Zukunftskonsum von ungefähr 8,84 GE. Der Unternehmer erreicht damit insgesamt ein Nutzenniveau in Höhe von näherungsweise 6,67. Weil $3,35 \leq C_0^* \leq 3,64$ gilt, ist gewährleistet, daß der Tangentialpunkt aus Transformations- und Indifferenzkurve in einem Bereich liegt, der nicht von Punkten auf der Kreditgeraden K^* oder der Darlehnsgeraden D^* dominiert wird, was ansonsten dazu führte, daß sich die eingangs aufgestellte Hypothese, es mit einem "neutralen" Unternehmer zu tun zu haben, als widersprüchlich erwiese. In *Abbildung 1.1* wurde dieser nicht dominierte Bereich der Transformationskurve mit "T" bezeichnet.

Die Grenzrendite auf Realinvestitionen im unternehmerischen Konsumoptimum beträgt ungefähr 9,45 %, wie sich durch Einsetzen des optimalen unternehmerischen Gegenwartskonsums in die rechte Seite der Gleichung II. aus (1.11) leicht überprüfen läßt. Das heißt, würde der Unternehmer bei Ansatz eines derartigen Kalkulationszinsfußes den Kapitalwert seines Investitionsprogramms maximieren wollen, erhielte man erneut $I^{(N)*} \approx 4,04$ GE:

$$\kappa = \frac{4,4 \cdot \sqrt{I}}{1,0945} - I \to \max_{I}!$$

$$\Leftrightarrow \frac{4,4}{2 \cdot \sqrt{I} \cdot 1,0945} - 1 \overset{!}{=} 0 \qquad (1.12)$$

$$\Leftrightarrow I^{(N)*} \approx 4,04 \text{ GE}$$

Das Kapitalwertkriterium ist demnach bei Voraussetzung eines Kalkulationszinsfußes von etwa 9,45 % auch hier anwendbar. □

Auf der Grundlage der obigen Überlegungen gelangt man damit zu einigen wesentlichen Erkenntnissen hinsichtlich des optimalen unternehmerischen Realinvestitionsverhaltens bei unvollkommenem Kapitalmarkt. Zunächst einmal ist augenscheinlich, daß das optimale Realinvestitionsvolumen des Unternehmers sich als generell **präferenz- und vermögensabhängig** erweist. Die auf einem vollkommenen Kapitalmarkt gültige *Fisher*-Separation kann hier demnach nicht gefolgert werden. Auf eine genaue Kenntnis der unternehmerischen Zeitpräferenzen und Anfangsausstattung kann lediglich insofern verzichtet werden, als die Information, mit einem Anlegertyp konfrontiert zu sein, eindeutig das optimale Investitionsvolumen $I^* = I^{(H)*}$ determiniert, während aus Kenntnis des Vorliegens eines Schuldnertyps sofort auf $I^* = I^{(S)*}$ geschlossen werden kann. Sofern nur bekannt ist, daß der Unternehmer vom neutralen Typ ist, kann I^* lediglich auf Werte zwischen $I^{(S)*}$ und $I^{(H)*}$ eingegrenzt werden. Letzteres gilt auch schon, wenn man nichts Genaueres über die unternehmerischen Zeitpräferenzen weiß.

Des weiteren aber bleibt das **Kapitalwertkriterium** in modifizierter Form gültig: Für jeden Unternehmer existiert nämlich stets ein Kalkulationszinsfuß i mit $i^{(H)} \leq i \leq i^{(S)}$, so daß sich auf dieser Grundlage das subjektiv-optimale Realinvestitionsvolumen des betreffenden Unternehmers zugleich als kapitalwertmaximierend erweist. Während allerdings im Rahmen des *Fisher*-Modells der relevante Kalkulationszinsfuß mit dem Kapitalmarktzinssatz i eindeutig und für jeden Unternehmer gleichermaßen a priori festliegt, erweist sich der maßgebliche Kalkulationszinsfuß im Rahmen des *Hirshleifer*-Modells als **präferenz- und vermögensabhängig**. Für sehr ausgeprägte Gegenwartspräferenzen in Relation zur monetären Anfangsausstattung ist $i^{(H)}$ zu nutzen, für starke Zukunftspräferenzen hingegen $i^{(S)}$. Im Falle moderater (oder gänzlich unbekannter) Zeitpräferenzen liegt der adäquate Kalkulationszinsfuß ("irgendwo") zwischen den beiden Extremen. Weil der anzusetzende Kalkulationszinsfuß im Rahmen von Kapitalwertberechnungen hier genaugenommen erst bekannt ist, wenn man das optimale Realinvestitionsvolumen eines Unternehmers kennt, spricht man auch von einem **"endogenen" Kalkulationszinsfuß** im Gegensatz zum exogenen Kalkulationszinsfuß aus dem *Fisher*-Modell.

Die Existenz endogener Kalkulationszinsfüße ist dabei nicht an die Voraussetzungen des *Hirshleifer*-Modells gebunden. Beispielsweise existiert auch in einer Situation wie der aus Kapitel II, also ohne jeglichen unternehmerischen Kapitalmarktzugang, stets ein passender Kalkulationszinsfuß, so daß die unternehmerische Realinvestitionsentscheidung als kapitalwertmaximierend interpretiert werden kann. Dieser Umstand ergibt sich unmittelbar aus der Diskussion des neutralen Typs im Rahmen dieses Abschnitts. Dieser nämlich kann schon definitionsgemäß so behandelt werden, als gäbe es keinen Kapitalmarktzugang. Der anzusetzende relevante Kalkulationszinsfuß entspricht hierbei stets der Grenzrendite aus Realinvestitionen bei Optimalverhalten. Adäquate endogene Kalkulationszinsfüße für die einzelnen Perioden gibt es des weiteren auch dann, wenn man eine **Mehr-Perioden-Betrachtung** vornimmt. Wir werden auf diesen Umstand in einem späteren Abschnitt noch näher eingehen. Ferner besitzt die Kapitalwertformel auf der Grundlage der endogenen Kalkulationszinsfüße natürlich weiterhin die Eigenschaft der **Wertadditivität**. Das bedeutet unter anderem, daß bei Ansatz der endogenen Kalkulationszinsfüße zur Kapitalwertberechnung eine **Einzelprojektbeurteilung** möglich ist.[13]

Augenscheinlich kommt endogenen Kalkulationszinsfüßen mehr konzeptionelle denn praktische Bedeutung zu, da sie zwar eine theoretische Begründung für die Anwendung des Kapitalwertkriteriums liefern, aber ihre exakte Ausprägung grundsätzlich erst **nach Lösung** des jeweiligen Entscheidungsproblems bekannt ist, also dann, wenn ihre Kenntnis gar nicht mehr erforderlich ist.

---

[13] Diese Erkenntnis widerspricht nicht der Feststellung aus Abschnitt 1 des Kapitels III, daß bei fehlendem Zugang zu einem vollkommenen Kapitalmarkt **keine Einzelprojektbeurteilung** erfolgen kann. Zu beachten ist nämlich, daß die Ausprägungen der endogenen Kalkulationszinsfüße bei fehlendem oder nicht vollkommenem Kapitalmarkt von den verfügbaren Investitionsprojekten **abhängen** werden und sich hieraus **Interdependenzen** bei der Beurteilung der einzelnen verfügbaren Investitionsprojekte ergeben. **Nur** für als gegeben angenommene "endogene" Kalkulationszinsfüße besteht demnach eine (Schein-) Möglichkeit der Einzelprojektbeurteilung.

Allerdings kann es schon hilfreich sein, wenigstens zu wissen, in welchen Grenzen der adäquate Kalkulationszinsfuß liegen wird. Aus der Tatsache etwa, daß i ≥ $i^{(H)}$ gilt, folgt unmittelbar im Rahmen der hier relevanten Zwei-Zeitpunkte-Betrachtung, daß alle Investitionen mit einem negativen Kapitalwert für i = $i^{(H)}$ von keinem Unternehmer realisiert werden, da der negative Kapitalwert dann auch für alle höheren Kalkulationszinsfüße resultiert. In entsprechender Weise verfügt ein Investitionsprojekt mit nichtnegativem Kapitalwert für i = $i^{(S)}$ über einen ebensolchen für jeden anderen Kalkulationszinsfuß i ≤ $i^{(S)}$. Investitionen mit κ ≥ 0 für i = $i^{(S)}$ werden daher von jedem Unternehmer durchgeführt.[14] Als kritisch erweisen sich mithin solche Projekte, die für i = $i^{(H)}$ über einen nichtnegativen Kapitalwert verfügen (für den Anlegertyp demnach interessant sind), gleichzeitig aber durch κ < 0 für i = $i^{(S)}$ charakterisiert sind (für den Schuldnertyp daher nicht in Frage kommen). Die Betrachtung endogener Kalkulationszinsfüße ermöglicht demnach zumindest in Grenzen noch eine gewisse **Vorselektion** von Investitionsprojekten in solche, die auf keinen Fall realisiert werden sollten, solche, die auf jeden Fall durchgeführt werden sollten, und solche, deren Beurteilung präferenz- und anfangsvermögensabhängig ist.

Beispiel 1.10:
Gegeben sei ein Kapitalmarkt mit $i^{(H)}$ = 8 % sowie $i^{(S)}$ = 12 % im Rahmen einer Zwei-Zeitpunkte-Betrachtung. Ein Unternehmer habe Zugang zu drei unabhängig voneinander durchführbaren Projekten 1, 2 und 3 gemäß *Tabelle 1.1*.

---

[14] Unterstellt wird hierbei wie schon in früheren Abschnitten, daß bei einem Kapitalwert von Null ebenfalls noch Projektdurchführung erfolgt.

t	0	1
$z_t^{(1)}$	-100	120
$z_t^{(2)}$	-50	53
$z_t^{(3)}$	-120	132

Tabelle 1.1: Zahlungsreihe dreier Investitionsprojekte 1, 2, 3

Die Kapitalwerte der drei Projekte sind für $i^{(S)} = 12\ \%$ sowie $i^{(H)} = 8\ \%$ in *Tabelle 1.2* aufgeführt.

i	8 %	12 %
$\kappa^{(1)}$	11,11	7,14
$\kappa^{(2)}$	-0,93	-2,68
$\kappa^{(3)}$	2,22	-2,14

Tabelle 1.2: Kapitalwerte dreier Investitionsprojekte 1, 2, 3 für $i^{(H)} = 8\ \%$ bzw. $i^{(S)} = 12\ \%$ (auf zwei Stellen genau gerundet)

Man erkennt ohne weiteres, daß Projekt 1 selbst für $i^{(S)} = 12\ \%$ über einen positiven Kapitalwert verfügt. Unabhängig von der konkreten Vermögensanfangsausstattung des Unternehmers und seinen Präferenzen wird sich deshalb die Realisation von Projekt 1 als vorteilhaft erweisen. Aus einem entsprechenden Grund wird Projekt 2 mit einem schon für $i^{(H)} = 8\ \%$ negativen Kapitalwert auf keinen Fall durchgeführt. Einzelfallabhängig ist hingegen die Beurteilung des Investitionsprojekts 3, da es mit einem positiven Kapitalwert für $i^{(H)} = 8\ \%$ aus Sicht eines Anlegertyps vorteilhaft ist, während ein Schuldnertyp wegen des negativen Projektkapitalwertes für $i^{(S)} = 12\ \%$ auf die Investition verzichtete. Innerhalb der Gruppe der Neutralen schließlich wird man sowohl Unternehmer finden, die Projekt 3 durchzuführen wünschen, als auch solche, die darauf lieber verzichten werden. □

1.2.3 Marktwert von Investitionsmöglichkeiten

Nicht mehr möglich ist es ferner im allgemeinen, den Kapitalwert eines Investitionsprojekts bei Zugrundelegung des "korrekten" Kalkulationszinsfußes als **Vermögensmehrung** aus Sicht des Zeitpunktes t = 0 bei Durchführung des Investitionsprojekts zu bezeichnen. Die Vermögensmehrung aus Sicht des Zeitpunktes t = 0 ist vielmehr stets unter Zugrundelegung des Sollzinssatzes zu bestimmen, da nur zu diesem eine Kreditaufnahme in t = 0 möglich ist. In entsprechender Weise lockert sich die Beziehung zwischen dem **Kapitalwert** eines Investitionsprojekts und dem **Marktwert** der damit verbundenen Investitionsmöglichkeit. Zur Veranschaulichung sei die obere Graphik aus *Abbildung 1.2* betrachtet (**"Situation 1"**). Angenommen wurde hier, daß ein Investitionsprojekt zu Einzahlungen $\overline{C}_1 > 0$ im Zeitpunkt t = 1 führt. Ferner gebe es einen Unternehmer, der lediglich über ein Anfangsvermögen W_0 in t = 0 ohne zusätzliche Realinvestitionsmöglichkeiten verfügt und unter diesen Voraussetzungen den intertemporalen Konsumplan $(C_0^*;C_1^*)$ mit $C_1^* > \overline{C}_1$ anstrebt. Dieser Unternehmer wäre bereit, maximal den Betrag $W_0-\overline{C}_0$ in t = 0 zum Erwerb der Einzahlung $\overline{C}_1$ des Zeitpunktes t = 1 aus dem Investitionsprojekt aufzuwenden, denn von dem damit erreichbaren Punkt $(\overline{C}_0;\overline{C}_1)$ aus könnte er sodann durch zusätzliche Mittelanlage das gleiche Konsumoptimum wie vor dem Erwerb von $\overline{C}_1$ realisieren. Der aufzuwendende Betrag wiederum besteht aus dem **Kaufpreis V** (V für engl. "value") der dem Projekt zugrundeliegenden Investitionsmöglichkeit zuzüglich der Anfangsauszahlung A_0. Weil die Differenz zwischen W_0 und $\overline{C}_0$ dem Kapitalwert von $\overline{C}_1$ bei Ansatz von $i^{(H)}$ entspricht, ist der Erwerb der Investitionsmöglichkeit aus Sicht des betrachteten Unternehmers genau dann von Vorteil,[15] wenn

---

[15] Bei Gleichheit in (1.13) besteht natürlich genaugenommen Indifferenz zwischen dem Erwerb der Investitionsmöglichkeit und dem Verzicht hierauf aus Sicht des Unternehmers. Insofern ist der Erwerb dann nur "schwach" vorteilhaft.

$$\frac{\overline{C}_1}{1+i^{(H)}} \geq V + A_0$$

$$\Leftrightarrow \frac{\overline{C}_1}{1+i^{(H)}} - A_0 \geq V \tag{1.13}$$

und somit der Projektkapitalwert bei Berechnung mittels $i^{(H)}$ nicht kleiner als der Kaufpreis V ist. Aufgrund völlig analoger Überlegungen würde der betreffende Unternehmer beim Verkauf der Investitionsmöglichkeit mindestens einen Preis V verlangen, der dem Projektkapitalwert für $i = i^{(H)}$ entspricht, sofern er allein durch Realinvestitionen den Konsumpunkt $(\overline{C}_0;\overline{C}_1)$ erreichen könnte, also wenn sich sein Anfangsvermögen W_0 nach Abzug der Anfangsauszahlung A_0 für die Realinvestition gerade noch auf $\overline{C}_0$ beliefe.

Beispiel 1.11:
Betrachtet sei ein Unternehmer mit der Nutzenfunktion $U(C_0;C_1) = C_0^{0,3} \cdot C_1^{0,7}$ und einem Anfangsvermögen $W_0 = 211{,}11$ GE in $t = 0$. Der am Kapitalmarkt gültige Habenzinssatz für Mittelanlage von $t = 0$ bis $t = 1$ belaufe sich auf $i^{(H)} = 8$ %, der entsprechende Sollzinssatz sei $i^{(S)} = 12$ %.

In Ermangelung einer positiven Anfangsausstattung mit Konsummöglichkeiten in $t = 1$ ist für den betrachteten Unternehmer lediglich die in dem Punkt (211,11;0) beginnende Darlehnsgerade relevant. Auf dieser Grundlage erhält man die optimale unternehmerische Konsumallokation durch Bestimmung des Tangentialpunktes von Darlehnsgerade und unternehmerischer Indifferenzkurvenschar. Der erforderliche Ansatz entspricht unter Beachtung der nunmehr relevanten Darlehnsgeradengleichung $C_1 = 1{,}08 \cdot (211{,}11 - C_0)$ strukturell den beiden Gleichungen aus (1.10) im Rahmen des Beispiels 1.8. Man erhält hierbei schließlich $C_0^* \approx 63{,}33$ GE und $C_1^* \approx 159{,}6$ GE.

Der Unternehmer könne nun ein Investitionsprojekt mit Einzahlungen von 120 GE in t = 1 und einer Anfangsauszahlung von 100 GE in t = 0 erlangen. Es handelt sich folglich um Projekt 1 aus *Tabelle 1.1* des vorhergehenden Beispiels. Der zu $i^{(H)}$ = 8 % berechnete Projektkapitalwert dieser künftigen Einzahlungen beträgt gemäß *Tabelle 1.2* ungefähr 11,11 GE. Solange der Preis V für den Erwerb dieser Investitionsmöglichkeit nicht über ungefähr 11,11 GE liegt, ist die Beschaffung der Investitionsmöglichkeit für den Unternehmer nicht nachteilig. Für V ≈ 11,11 GE ist der Unternehmer gerade **indifferent** zwischen Beschaffung und Nicht-Beschaffung des betreffenden Investitionsprojekts. Im Falle des Erwerbs der Investitionsmöglichkeit zu V ≈ 11,11 GE und anschließender Projektdurchführung realisiert der Unternehmer die Konsumallokation $(\overline{C}_0;\overline{C}_1)$ = (100;120). Durch Anlage eines Betrags in Höhe von ungefähr 100-63,33 = 36,67 GE von t = 0 zu t = 1 kann der Unternehmer annähernd die gleiche (und überdies bei Projekterwerb weiterhin optimale) Konsumallokation (63,33;159,6) wie im Falle ohne Investitionsprojekt erwerben. Für alle über ca. 11,11 GE hinausgehenden Kaufpreise stellt sich der Unternehmer schlechter, für alle geringeren hingegen besser.

Aus entsprechenden Gründen würde der Unternehmer bei einer monetären Anfangsausstattung von 200 GE und Zugang zum besagten Investitionsprojekt mindestens einen Preis von ungefähr 11,11 GE von einem potentiellen Erwerber der Investitionsmöglichkeit verlangen. □

Etwas komplizierter liegt der Fall für einen Unternehmer mit Präferenzen und Anfangsausstattung gemäß der Darstellung der unteren Graphik aus *Abbildung 1.2* ("**Situation 2**").[16] Auch hier beschreibt die Differenz $W_0-\overline{C}_0$ den maximal

---

[16] Ob man für einen Unternehmer zur Ermittlung des maximal akzeptablen Betrags zum Erwerb eines zukünftigen Konsumniveaus C_1 die Situation 1 oder die Situation 2 zugrunde zu legen hat, läßt sich **leicht** feststellen. Situation 1 ist maßgeblich, wenn der vom Unternehmer angestrebte Optimalwert seines Zukunftskonsums allein auf der Grundlage seiner Anfangsausstattung mindestens C_1 beträgt. Ansonsten ist Situation 2 relevant. Entsprechendes gilt, wenn es um die Ermittlung des mindestens zu verlangenden Verkaufs-

vom betrachteten Unternehmer aufwendbaren Betrag zum Erwerb der Konsummöglichkeit $\overline{C}_1$ des Zeitpunktes t = 1. Denn von $(\overline{C}_0;\overline{C}_1)$ aus kann der Unternehmer durch zusätzliche Verschuldung die Konsumallokation $(C_0^{*(1)};C_1^{*(1)})$ realisieren, die ihm das Erreichen der **gleichen** Indifferenzkurve wie seine Anfangsausstattung W_0 ermöglicht. Über W_0 nämlich kann der Unternehmer durch geeignete Mittelanlage zu $(C_0^{*(2)};C_1^{*(2)})$ gelangen. Erneut darf sich der zum Erwerb und der anschließenden Durchführung des Investitionsprojekts benötigte Betrag auf nicht mehr als die Differenz zwischen W_0 und $\overline{C}_0$ belaufen. Diese Differenz ist größer als $\overline{C}_1/(1+i^{(S)})$, aber kleiner als $\overline{C}_1/(1+i^{(H)})$. Anders formuliert, ist der Absolutbetrag der Steigung -(1+i) der (in *Abbildung 1.2* nicht eingezeichneten) Verbindungsgeraden zwischen $(\overline{C}_0;\overline{C}_1)$ und $(W_0;0)$ größer als $1+i^{(H)}$ und kleiner als $1+i^{(S)}$. Es gibt demnach einen Zinssatz i mit $i^{(H)} < i < i^{(S)}$, so daß $W_0-\overline{C}_0 = \overline{C}_1/(1+i)$ gilt. Weil $W_0-\overline{C}_0 \geq V+A_0$ erfüllt sein muß, damit der Unternehmer mit Präferenzen gemäß der zweiten Graphik aus *Abbildung 1.2* bereit ist, die Investitionsmöglichkeit zu erwerben, erhält man folgende Bedingung:

$$\frac{\overline{C}_1}{1+i} \geq V+A_0$$

$$\Leftrightarrow \quad \frac{\overline{C}_1}{1+i} - A_0 \geq V.$$

(1.14)

Der Projektkapitalwert, berechnet zum Kalkulationszinsfuß i mit $i^{(H)} < i < i^{(S)}$, muß demnach mindestens dem Kaufpreis V entsprechen. In analoger Weise wird ein Unternehmer mit Präferenzen gemäß der zweiten Graphik aus *Abbildung 1.2*, der die Investitionsmöglichkeit zu verkaufen beabsichtigt und über ein Anfangsvermögen nach Erbringung der Anfangsauszahlung von $\overline{C}_0$ verfügt, mindestens einen Kaufpreis in Höhe des mittels i berechneten Projektkapitalwertes verlangen.

---

preises für eine Investitionsmöglichkeit geht.

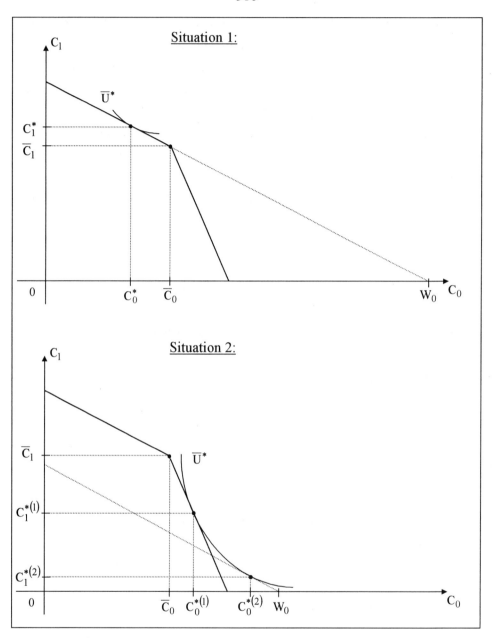

Abbildung 1.2: Subjektive Bewertung von Investitionsmöglichkeiten

Beispiel 1.12:

Betrachtet sei ein Unternehmer mit Nutzenfunktion $U(C_0;C_1) = C_0^{0,7} \cdot C_1^{0,3}$ und Anfangsvermögen $W_0 = 158,87$ GE in $t = 0$. Der am Kapitalmarkt gültige Habenzinssatz für Mittelanlage von $t = 0$ bis $t = 1$ belaufe sich auf $i^{(H)} = 8\%$, der entsprechende Sollzinssatz sei $i^{(S)} = 12\%$. Im Vergleich zu Beispiel 1.11 wird damit ein Unternehmer betrachtet, dessen Gegenwartspräferenzen in Relation zur Anfangsausstattung deutlich ausgeprägter sind. Wie schon im Abschnitt 1 des Kapitels III ausgeführt, erkennt man dies am größeren Exponenten für C_0-Konsum bei gleichzeitig geringerem Exponenten für C_1-Konsum im Vergleich zur unternehmerischen Nutzenfunktion aus Beispiel 1.11 (und geringerem Anfangsvermögen).

Wegen fehlender positiver Anfangsausstattung mit Konsummöglichkeiten in $t = 1$ ist für den betrachteten Unternehmer lediglich die in dem Punkt (158,87;0) beginnende Darlehnsgerade relevant. Erneut kann damit unter Beachtung des Zusammenhangs $C_1 = 1,08 \cdot (158,87-C_0)$ auf das Vorgehen des Beispiels 1.8 zur Ermittlung des Tangentialpunktes von Darlehnsgerade und unternehmerischer Indifferenzkurvenschar verwiesen werden, wobei nun allerdings auch der Verlauf der Indifferenzkurvenschar ein anderer als in Beispiel 1.8 ist. In der Tat entspricht er hier dem Fall 2) aus Beispiel 1.3 des Abschnitts 1 im Kapitel III. Auf dieser Grundlage erhält man als optimale unternehmerische Konsumallokation $C_0^{*(2)} \approx 111,21$ GE und $C_1^{*(2)} \approx 51,47$ GE. Das dabei resultierende Nutzenniveau beläuft sich auf ungefähr 88,26.

Der Unternehmer könne nun ein Investitionsprojekt mit Einzahlungen von 120 GE in $t = 1$ und einer Anfangsauszahlung von 100 GE in $t = 0$ erlangen. Bei einem Preis von etwa 8,87 GE für die Investitionsmöglichkeit ist der Unternehmer gerade indifferent zwischen dem Erwerb dieser Möglichkeit und dem Verzicht hierauf. Denn im Falle der Projektdurchführung und unter Beachtung eines Kaufpreises von ca. 8,87 GE erreicht der Unternehmer die Konsumposition $(\overline{C}_0;\overline{C}_1) \approx (50;120)$, von der aus der optimale Konsumplan durch Verschuldung im Umfang von etwa 60 GE realisiert wird: $(C_0^{*(2)};C_1^{*(2)}) \approx (110;52,8)$. Letztere

Behauptung läßt sich verifizieren, indem der Tangentialpunkt der durch (50;120) verlaufenden unternehmerischen Kreditgeraden $C_1 = 120-1,12\cdot(C_0-50)$ mit der unternehmerischen Indifferenzkurvenschar gemäß dem Vorgehen aus Beispiel 1.7 bestimmt wird. Das dabei letztlich erreichbare Nutzenniveau ist erneut ungefähr 88,26, Indifferenz (näherungsweise) mithin gegeben. Folglich wird der Unternehmer bereit sein, die Investitionsmöglichkeit zu Preisen bis zu ca. 8,87 GE in $t = 0$ zu erwerben.

Aus völlig analogen Überlegungen folgt, daß ein Unternehmer mit einer Anfangsausstattung von 150 GE und Nutzenfunktion U gemäß diesem Beispiel mindestens 8,87 GE für den Verkauf der Investitionsmöglichkeit verlangen wird. Nach Verkauf der Investitionsmöglichkeit kann er dann nämlich entlang seiner Darlehnsgeraden $C_1 = 1,08\cdot(158,87-C_0)$ das gleiche Nutzenniveau wie bei Projektdurchführung und folglich maßgeblicher Kreditgeraden $C_1 = 120-1,12\cdot(C_0-50)$ erreichen.

Einen Kapitalwert von etwa 8,87 GE erhält man für das betreffende Investitionsprojekt, wenn man die Einzahlungen von 120 GE in $t = 1$ mit einem Zinssatz von ungefähr 10,226 % abzinst: $\kappa \approx -100+120/1,10226 \approx 8,87$ GE. □

Es ist unter den hier beschriebenen Prämissen ohne weiteres denkbar, daß ein Unternehmer in der Situation 1 als Käufer einer Investitionsmöglichkeit im Eigentum eines Unternehmers gemäß Situation 2 in Frage kommt und sich die Kontrahenten zu **beiderseitigem Vorteil** auf einen **Verkaufspreis V** zwischen den zu $i^{(H)}$ und $i^{(S)}$ berechneten Projektkapitalwerten verständigen. Die akzeptable **Preisobergrenze** für den Erwerb der Investitionsmöglichkeit ist nämlich mit $\overline{C}_1/(1+i^{(H)})-A_0$ für einen Unternehmer in Situation 1 in jedem Falle **größer** als die zu beachtende **Preisuntergrenze** $\overline{C}_1/(1+i)-A_0$ mit $i^{(S)} > i > i^{(H)}$ für einen Unternehmer in Situation 2 im Zusammenhang mit dem Verkauf der Investitionsmöglichkeit.

Während demnach im *Fisher*-**Modell** der Kapitalwert eines Investitionsprojekts den Marktwert der zugehörigen Investitionsmöglichkeit beschreibt, kann man im *Hirshleifer*-**Modell** einmal mehr nur festhalten, daß der Marktwert einer Investitionsmöglichkeit **irgendwo zwischen** den zu $i^{(H)}$ und $i^{(S)}$ resultierenden Projektkapitalwerten liegt. Gleichzeitig erkennt man hier noch einmal die Präferenz- und Ausstattungsabhängigkeit der Bewertung von Realinvestitionen bei unvollkommenem Kapitalmarkt.

Beispiel 1.13:
Gegeben sei der Unternehmer aus Beispiel 1.12 mit einer Anfangsausstattung von 150 GE in t = 0 und Zugang zu dem dort beschriebenen Investitionsprojekt (Unternehmer 2). Des weiteren sei der Unternehmer aus Beispiel 1.11 mit Anfangsvermögen in t = 0 von 211,11 GE ohne Zugang zum Investitionsprojekt betrachtet (Unternehmer 1).

Weil Unternehmer 2 für den Verkauf der Investitionsmöglichkeit mindestens einen Preis von ca. 8,87 GE verlangen wird und Unternehmer 1 höchstens einen Preis von ungefähr 11,11 GE zu zahlen bereit ist, besteht hier zwischen beiden ein positiver Einigungsbereich. Für jeden Kaufpreis V $\in$ (8,87;11,11) stellen sich beide Vertragspartner echt besser. □

Alles in allem zeigt sich jedenfalls, daß **Separationsaussagen** im Rahmen des *Hirshleifer*-Modells nur noch **sehr eingeschränkt** möglich sind.[17]

1.3 Der Klienteleffekt[18]

Im Abschnitt 1.2 wurde verdeutlicht, daß man drei Gruppen von Wirtschaftssubjekten nach ihren Zeitpräferenzen unterscheiden kann, nämlich

---

[17] Vgl. hierzu auch die Überlegungen bei *von Nitzsch* (1997), S. 46 ff.

[18] Die Ausführungen der nachfolgenden Abschnitte 1.3 und 1.4 basieren im wesentlichen auf *Breuer* (1993b).

1) solche, die das Realinvestitionsvolumen $I^{(H)*}$ umsetzen und Mittel zu $i^{(H)}$ am Kapitalmarkt anlegen (**Anleger** mit relativ hoher Präferenz für Konsum in t = 1),

2) solche, die das Realinvestitionsvolumen $I^{(S)*}$ umsetzen und Mittel am Kapitalmarkt zu $i^{(S)}$ aufnehmen (**Schuldner** mit relativ hoher Präferenz für Konsum in t = 0), sowie

3) solche, die ein Realinvestitionsvolumen zwischen $I^{(H)*}$ und $I^{(S)*}$ umsetzen und keinerlei Kapitalmarkttransaktionen durchführen (**Neutrale** mit "gemäßigten" Zeitpräferenzen).

Sofern in einer Unternehmung Gesellschafter unterschiedlichen Typs zusammentreffen, kann es folglich **Schwierigkeiten** bei der Festlegung des optimalen Realinvestitionsvolumens geben. Als Ursache für dieses Problem gilt gemeinhin der **gegebene** Gesellschafterkreis.[19] Deswegen fragt man, wie sich die Ergebnisse aus Abschnitt 1.2 ändern, wenn der Gesellschafterkreis **endogenisiert** wird. Als erstes stellt sich dann in der Tat die Frage, wie die Partizipation der einzelnen Beteiligten an Anfangsauszahlung und späteren Einzahlungsüberschüssen aus der unternehmerischen Tätigkeit genau aussehen soll. Es soll hier nicht näher auf dieses **Verteilungsproblem** eingegangen werden. Statt dessen ist von gegebenen Teilungsregeln auszugehen und sind die einzelnen Gesellschafter nach ihrem Optimalverhalten für gegebene Partizipation an den Einzahlungsüberschüssen der Unternehmung zu klassifizieren. Finanzinvestitionen werden dabei wegen ihrer Präferenzabhängigkeit und infolge der aufgrund der bestehenden Spanne zwischen Soll- und Habenzinssatz nicht kostenlos auf Gesellschafterebene rückgängig zu machenden Kapitalmarkttransaktionen auf Unternehmensebene[20] nur durch die Gesellschafter selbst durchgeführt. Ohne weiteres ist damit klar, daß es dann keine Probleme hinsichtlich der Bestimmung des optimalen Realinvestitionsvolumens gibt, wenn **alle** Gesellschafter zum Anlegertyp gehören. Entsprechendes gilt, wenn **alle** vom Schuldnertyp sind. Problematisch bleiben aber die

---

[19] Vgl. *Franke/Hax* (1999), S. 162.

[20] Damit ist gemeint: **vor** Verteilung der Zahlungsströme an die Gesellschafter.

Neutralen. Auch ist unklar, wie eine **Selbstorganisation** der verschiedenen Gesellschaftertypen vonstatten gehen sollte. Hier setzt der eigentliche **Klienteleffekt** an. Er läßt sich wie folgt formulieren:[21]

Wenn ein Wirtschaftssubjekt Wertpapiere einer Unternehmung hält, kann es nur vom Anlegertyp sein, denn der Schuldnertyp verschuldet sich lediglich am Kapitalmarkt, und der Neutrale tritt gar nicht erst am Kapitalmarkt in Erscheinung.

Daraus wird nun gefolgert, daß **alle** Gesellschafter einer Unternehmung vom **Anlegertyp** sein müssen, wenn man die Prämisse eines gegebenen Gesellschafterkreises fallenläßt. Genau dieses Phänomen wird als **Klienteleffekt** bezeichnet. Aus dem Klienteleffekt wird weiter eine wichtige **Konsequenz** für die optimale Investitionspolitik einer Unternehmung gezogen. Unter den Wirtschaftssubjekten des Anlegertyps herrsche nämlich **Einmütigkeit** über das anzustrebende Realinvestitionsprogramm: Alle Anleger seien sich einig, daß nur Investitionen mit einer Rendite von mindestens $i^{(S)}$ (vor Berücksichtigung von Transaktionskosten) durchgeführt werden. Denn nur dann könne nach Berücksichtigung der Transaktionskosten eine Verzinsung von $i^{(H)}$ für die Kapitalgeber sichergestellt werden. Durch diese Überlegung gelangt man demnach ebenfalls zu einem Separationsergebnis. Der relevante Kalkulationszinsfuß zur Bestimmung optimaler unternehmerischer Realinvestitionsentscheidungen bemißt sich präferenzunabhängig als $i^{(S)}$.

1.4 *Hirshleifer*-Modell und Klienteleffekt

Die Aussage des Klienteleffekts grenzt an eine **Tautologie**. Nur Anleger werden Wertpapiere einer Unternehmung erwerben. Auf ganz natürliche Weise scheint

---

[21] Vgl. auch hierzu *Franke/Hax* (1999), S. 162. Neben dem Klienteleffekt im Kontext des *Hirshleifer*-Modells gibt es noch andere als Klienteleffekt bezeichnete Phänomene, insbesondere im Zusammenhang mit der unternehmerischen **Dividendenpolitik**. Siehe zu letzterem etwa *Wilhelm* (1993). Auf derlei soll hier natürlich nicht weiter eingegangen werden.

sich damit auch das optimale und präferenzunabhängige Investitionsvolumen einer Unternehmung zu ergeben. Trotzdem bleibt die Argumentation **unscharf**, und es ist nicht ohne weiteres klar, wie der Klienteleffekt ins ursprüngliche *Hirshleifer*-Modell aus Abschnitt 1.2 paßt. Wenn dort alle Gesellschafter vom Anlegertyp sind, wird das Investitionsprogramm $I^{(H)*}$, nicht aber $I^{(S)*}$ realisiert. Andererseits gilt auch im ursprünglichen *Hirshleifer*-Modell, daß nur Anlegertypen als (externe) Kapitalgeber in Frage kommen. Gleichwohl realisiert deswegen nicht jede Unternehmung ein Investitionsvolumen in Höhe von $I^{(S)*}$. Deswegen stellt sich die Frage, wie der Klienteleffekt bzw. das auf ihm fußende Separationsergebnis sachgerecht ins *Hirshleifer*-Modell einzupassen ist. Folgende **Interpretation** liegt hierbei nahe:

Man betrachte im *Hirshleifer*-Modell einen Unternehmer, der über **keinerlei** Vermögensanfangsausstattung verfüge. Wie in *Abbildung 1.3* dargestellt, beginnt seine Transformationskurve deswegen im Ursprung. Zulässig sind nur nichtnegative Konsumpositionen, das heißt, der Unternehmer muß versuchen, den **positiven Quadranten** zu erreichen. Unabhängig von seinen Präferenzen gibt es dazu nur eine Möglichkeit: Er muß sich zu $i^{(S)}$ verschulden. Damit steht aber auch fest, daß das von ihm gewählte Realinvestitionsvolumen **stets** $I^{(S)*}$ betragen wird. Genau dies ist das **Separationsergebnis** des Klienteleffekts.

Ein **mittelloser** Unternehmer kann nur investieren, wenn er Mittel zu $i^{(S)}$ aufnimmt. Das optimale Investitionsvolumen bemißt sich diesem Fall stets als $I^{(S)*}$. Entscheidend ist also nicht, daß nur Anleger Wertpapiere einer Unternehmung erwerben. Es kommt vielmehr darauf an, ob der Unternehmer **überhaupt** extern Kapital aufnimmt. Wenn er dies tut, ist $I^{(S)*}$ das optimale Realinvestitionsvolumen. Beim Klienteleffekt wird nun gerade unterstellt, daß dies **stets** der Fall ist, die Unternehmung sozusagen eine **Hülse** ohne Mittel ist und die Bereitstellung von Mitteln durch den Unternehmer selbst Transaktionskosten wie bei jeder anderen Kapitalaufnahme verursacht. Dann nämlich ist jede Form der Investitionsfinanzierung externe Finanzierung, die Transaktionskosten verursacht und deswegen eine Bruttoverzinsung, das heißt Verzinsung vor Transaktionskosten, von

$i^{(S)}$ erfordert.

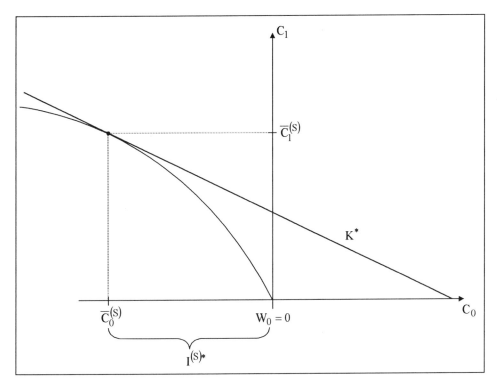

Abbildung 1.3: Klienteleffekt als Vermögenseffekt

Im ursprünglichen *Hirshleifer*-Modell gibt es **zwei** Arten von Kapitalgebern: Unternehmer bzw. Gesellschafter, die ohne Anfall von Transaktionskosten ihre Mittel in die Unternehmung einbringen, und externe Kapitalgeber, deren Mittelüberlassung zu Transaktionskosten führt. Der Klienteleffekt hebt diese Unterscheidung auf. Hier verursacht die Überlassung von Mitteln durch die Gesellschafter **genauso hohe** Transaktionskosten wie die Mittelaufnahme bei Externen. Der Klienteleffekt steht und fällt mit dieser Annahme. Mit einer etwaigen Endogenisierung des Gesellschafterkreises hat diese Argumentation deswegen tatsächlich nichts gemein. Vielmehr wirkt hier ein **Vermögenseffekt**, der jeden Unternehmer bzw. Gesellschafter bei seiner Realinvestitionsentscheidung quasi in einen **Schuldner**typ (**nicht** in einen **Anleger**typ!) verwandelt. Gerade dies dürfte die wesentliche Lehre sein, die man aus der Diskussion des Klienteleffekts ziehen kann. Ob ein Wirtschaftssubjekt vom Anleger- oder Schuldnertyp ist, hängt nicht nur von seinen Präferenzen, sondern (selbstverständlich) auch von seiner **Anfangsausstattung** ab, wie schon im Abschnitt 1.2 exemplarisch gezeigt wurde. Bei einer Anfangsausstattung von Null ist **jeder** Unternehmer vom Schuldnertyp, und Interessenkonflikte bezüglich des optimalen Realinvestitionsvolumens können nicht mehr auftreten.

Beispiel 1.14:
Gegeben sei eine Unternehmung mit einer Investitionsertragsfunktion $F(I) = 4{,}4 \cdot I^{0,5}$. Jede zu investierende Geldeinheit muß extern zu $i^{(S)} = 12\ \%$ beschafft werden. Unabhängig von den Präferenzen der geschäftsführenden Gesellschafter ist deshalb so zu investieren, daß der Kapitalwert der Investitionen auf der Grundlage eines Kalkulationszinsfußes $i = i^{(S)}$ maximiert wird. Man erhält deswegen gemäß der Rechnung aus Beispiel 1.5 unmittelbar stets $I^* = I^{(S)*} \approx 3{,}86$ GE, woraus sich mit $W_0 = 0$ GE weiter $\overline{C}_1 \approx 8{,}64$ GE bei $\overline{C}_0 \approx -3{,}86$ GE ergibt. Die Gleichung der resultierenden, einzig relevanten Kreditgeraden ist damit

$$C_1 \approx 8{,}64 - 1{,}12 \cdot (C_0 + 3{,}86) = 4{,}3168 - 1{,}12 \cdot C_0, \tag{1.15}$$

wobei zur Sicherstellung nichtnegativen Konsums in $t = 0$ und $t = 1$ (ungefähr) $0 \leq C_0 \leq 3{,}86$ zu beachten ist. □

Präferenzunabhängige Einmütigkeit hinsichtlich des Ansatzes eines Kalkulationszinsfußes von $i = i^{(S)}$ liegt dabei genaugenommen nicht nur vor, wenn sämtliche investierten Mittel einer Unternehmung nur unter Anfall von Transaktionskosten beschafft werden können. **Hinreichend** ist vielmehr schon eine derart geringe positive unternehmerische Anfangsausstattung W_0, daß die Grenzrendite $F'(W_0) - 1$ noch nicht kleiner als $i^{(S)}$ ist.

Alles in allem jedenfalls ist der **Klienteleffekt** wegen seiner vergleichsweise sonderbar anmutenden theoretischen Fundierung wohl **kaum geeignet**, eine überzeugende Begründung für die Präferenzunabhängigkeit optimaler Realinvestitionsvolumina auf unvollkommenem Kapitalmarkt zu liefern.

1.5 Zusammenfassung

Gegenstand des vorliegenden Abschnitts war eine Darstellung des *Hirshleifer*-**Modells**, das durch **gespaltene** Soll- und Habenzinssätze infolge von **Transaktionskosten** charakterisiert ist. Es zeigte sich, daß unter dieser Prämisse die *Fisher*-**Separation** ihre generelle Gültigkeit **verliert**. Realinvestitionsentscheidungen können nicht mehr unabhängig von unternehmerischen Präferenzen und Anfangsausstattungen getroffen werden und erweisen sich als unmittelbar verknüpft mit unternehmerischen Kapitalmarkttransaktionen. Als Konsequenz hieraus kann auch das **Kapitalwertkriterium** zur Entscheidungsfindung grundsätzlich **nicht** mehr herangezogen werden. Bekannt ist lediglich, daß es zu jeder optimalen Realinvestitionsentscheidung eines Unternehmers einen passenden (**"endogenen"**) **Kalkulationszinsfuß** derart gibt, daß sich das ausgewählte Realinvestitionsprogramm für diesen Zinssatz als **kapitalwertmaximierend** erweist. Ohne Kenntnis der unternehmerischen Zeitpräferenzen kann dieser Zinssatz aber höchstens **grob abgeschätzt** werden, so daß vor Lösung des Entscheidungsproblems ein kapitalwertorientierter Problemzugang weitgehend ausscheidet. In entsprechender Weise erweist sich der **Marktwert** einer Investitionsmöglichkeit allein auf der Grundlage von Soll- und Habenzinssatz als **nicht eindeutig** bestimmbar.

Der **Klienteleffekt** behauptet, daß letztlich nur Subjekte mit Anlagewünschen und damit vergleichsweise geringen Gegenwartspräferenzen als Kapitalgeber für Unternehmen in Frage kommen. Um diesen nach Transaktionskosten eine Verzinsung in Höhe von $i^{(H)}$ zu gewähren, ist vor Transaktionskosten eine Beschränkung auf Realinvestitionen mit einer Rendite von mindestens dem Sollzinssatz $i^{(S)}$ erforderlich. Insofern liegt der adäquate Kalkulationszinsfuß hier dann auch wieder **präferenzunabhängig** fest.

Es wurde erläutert, daß die Argumentation des Klienteleffekts auf der **impliziten** Prämisse beruht, daß **jegliche** Form der Mittelüberlassung an Unternehmen, also auch durch die Unternehmer selbst, Transaktionskosten verursacht. Ein derartiges Szenario dürfte **wenig Relevanz** besitzen, da wenigstens durch Einzahlungsüberschüsse vergangener Perioden stets Mittel in Unternehmen ohne Anfall weiterer Transaktionskosten vorhanden sein werden. Aus diesem Grunde läßt sich die *Fisher*-Separation letzlich **nicht überzeugend** im Rahmen des *Hirshleifer*-Modells restituieren.

Wiederholungsfragen

W1.1
Durch welches konstituierende Element ist das *Hirshleifer*-Modell gekennzeichnet? Wie wird dieses gemeinhin begründet?

W1.2
Was versteht man unter Kreditgeraden, was unter Darlehnsgeraden, und wie lauten die entsprechenden Geradengleichungen?

W1.3
Warum hat die *Fisher*-Separation im *Hirshleifer*-Modell keine Gültigkeit mehr?

W1.4
Was versteht man im Rahmen des *Hirshleifer*-Modells unter dem Anlegertyp, was unter dem Schuldertyp und was unter dem neutralen Typ, und wie verhalten sich Unternehmer der verschiedenen Typen jeweils?

W1.5
In welcher Hinsicht besitzt das Kapitalwertkriterium auch noch im Rahmen des *Hirshleifer*-Modells Gültigkeit, und was ist in diesem Zusammenhang für den jeweils relevanten Kalkulationszinsfuß charakteristisch?

W1.6
Inwiefern ist auch noch im Rahmen des *Hirshleifer*-Modells präferenz- und anfangsvermögensunabhängig eine gewisse Vorselektion von Investitionsprojekten möglich?

W1.7
Welcher Zusammenhang besteht im *Hirshleifer*-Modell zwischen Kapitalwert eines Investitionsprojekts und dem Marktwert der zugehörigen Investitionsmöglichkeit?

W1.8

Was versteht man im Kontext des *Hirshleifer*-Modells unter dem "Klienteleffekt"?

W1.9

Welche Konsequenz wird typischerweise aus dem Klienteleffekt bezüglich des optimalen unternehmerischen Investitionsprogramms gezogen?

W1.10

Weshalb ist der Klienteleffekt wenig geeignet, um eine Separationsaussage im Rahmen des *Hirshleifer*-Modells sinnvoll zu untermauern?

2 Das *Dean*-Modell

2.1 Problemstellung

Bereits vor *Jack Hirshleifer* hat sich *Joel Dean* im Jahre 1951 mit der Frage nach der Ermittlung optimaler Kapitalbudgets auf unvollkommenem Kapitalmarkt auseinandergesetzt. Seine Überlegungen mündeten in den nach ihm als ***Dean*-Modell** bezeichneten Problemlösungsansatz. Im folgenden **Abschnitt 2.2** soll zunächst die Grundstruktur des *Dean*-Modells im Rahmen einer **Zwei-Zeitpunkte-Betrachtung** präsentiert werden. Im **Abschnitt 2.3** wird sodann geprüft, inwiefern Möglichkeiten zur **Lockerung** der recht restriktiven Annahmen des Grundmodells bestehen. Obgleich unternehmerische Zeitpräferenzen im *Dean*-Modell nicht differenziert abgebildet werden können, sondern stets Endvermögensmaximierung unterstellt wird, lassen sich grundsätzlich die gleichen drei allgemeinen Szenarien für optimale unternehmerische Investitionsvolumina wie im *Hirshleifer*-Modell des vorhergehenden Abschnitts 1 dieses Kapitels darstellen. Der **Abschnitt 2.4** kontrastiert daher das *Dean*-Modell mit dem *Hirshleifer*-Modell und wird die konzeptionelle Überlegenheit des letztgenannten Ansatzes belegen. Die wichtigsten Ergebnisse werden im **Abschnitt 2.5** nochmals zusammengefaßt.

2.2 Das *Dean*-Modell in seiner Grundversion

2.2.1 Die Prämissen

In seiner **Grundversion** handelt es sich beim *Dean*-Modell um einen **Zwei-Zeitpunkte-Ansatz**.[1] Alle zur Auswahl stehenden Investitionsprojekte sind beliebig teilbar und können unabhängig voneinander durchgeführt werden. Entsprechendes

---

[1] Darstellungen des *Dean*-Modells in seiner hier zunächst behandelten Grundversion finden sich in fast jedem Lehrbuch zur Behandlung investitionstheoretischer Fragen. Vgl. beispielsweise *Hax* (1993), S. 62 ff., *Gerke/Bank* (1998), S. 393 ff., *Schäfer* (1999), S. 218 ff., oder auch *Schulte* (1999), S. 127 ff.

gilt auch für alle Finanzierungsmaßnahmen. Die Zielsetzung des Unternehmers besteht in der Maximierung seines **Endvermögens** zum Zeitpunkt t = 1 bei gegebener Anfangsausstattung ΔW_0 in t = 0, die investiv verwendet werden soll.

Die von *Dean* (1951) eingeführte Lösungsmethodik zur Bestimmung des optimalen Investitions- und Finanzierungsprogramms des Unternehmers ist **graphischer** Art und besteht aus der Ermittlung des Schnittpunkts zweier Kurven, die als **Kapitalangebots- und -nachfragekurven** bezeichnet werden. Beide Kurven sind dabei unternehmensbezogen definiert, tragen also keinen gesamtwirtschaftlichen Charakter.

Die **Kapitalnachfragefunktion** ordnet jedem möglichen Investitionsvolumen die Rendite der letzten investierten Geldeinheit, also die jeweilige **Grenzrendite**, zu. Ihre graphische Darstellung wird als **Kapitalnachfragekurve (KNK)** bezeichnet. Aus dieser Definition der Kapitalnachfragefunktion ergibt sich sofort, daß sie grundsätzlich der um 1 reduzierten ersten Ableitung der Realinvestitionsfunktion F(I) entspricht. Zusätzlich zur Durchführung von Realinvestitionen ist es aber auch möglich, Mittel am Kapitalmarkt zu einem Zinssatz $i^{(H)}$ anzulegen. Insofern entspricht die Kapitalnachfragefunktion der um 1 reduzierten ersten Ableitung von F(I) nur solange, wie F'(I)-1 größer als $i^{(H)}$ ist, also bis zum Investitionsvolumen $I^{(H)*}$ des vorhergehenden Abschnitts. Ab diesem Punkt geht die Kapitalnachfragekurve in eine Horizontale mit Ordinatenabschnitt $i^{(H)}$ über. Natürlich verläuft die Kapitalnachfragefunktion stets monoton fallend, da zunächst solche Investitionsmaßnahmen mit besonders hoher Grenzrendite durchgeführt werden, während auf weniger ertragreiche Investitionsmöglichkeiten erst nach Ausschöpfung günstigerer Projekte mit höherer Grenzrendite zurückgegriffen wird. Auf diesen Umstand wurde schon im Kapitel II im Detail eingegangen. Ist die Realinvestitionsfunktion stetig differenzierbar für alle I > 0, dann erhält man auch eine stetige Kapitalnachfragefunktion. Insbesondere ist dies der Fall, wenn man von der Existenz sehr vieler und sehr kleiner Investitionsprojekte mit marginal variierender Rendite ausgeht. Sofern hingegen eine endliche Anzahl von Investitionsprojekten mit nicht nur marginalen maximalen Anfangsauszahlungen betrachtet wird, ist die Realinvestitionsfunktion bekanntermaßen abschnittsweise linear und dementsprechend die zugehörige Kapitalnachfragefunktion ebenfalls, allerdings letztere mit Sprungstellen jeweils dort, wo eine weitere Erhöhung des Investitionsvolumens die Durchführung eines neuen Investitionsprojekts bedingt.

Die Zusammenhänge zwischen Realinvestitions- und Kapitalnachfragekurve sind in *Abbildung 2.1* wiedergegeben. Dabei soll die Ordinatenbezeichnung i hier für die Grenzrendite aus dem jeweiligen Investitionsprogramm stehen, und KMA bezeichne die Kapitalmarktanlage von Mitteln zu $i^{(H)}$ seitens des betrachteten Unternehmers. Die beiden oberen Graphiken beziehen sich auf den Fall einer stetig differenzierbaren Realinvestitionsfunktion, während die beiden unteren Graphiken exemplarisch Realinvestitions- und zugehörige Kapitalnachfragekurve bei Verfügbarkeit von nur zwei (beliebig teilbaren) Investitionsprojekten 1 und 2 mit (konstanten) Grenzrenditen $i^{(1)}$ bzw. $i^{(2)}$ bei nicht nur marginalen Anfangsauszahlungen abbilden.

Die **Kapitalangebotsfunktion** gibt zu jedem benötigten Finanzierungsvolumen (für investive Zwecke) die von den jeweiligen Kapitalgebern geforderte Verzinsung der letzten an den Unternehmer überlassenen Geldeinheit an. Man spricht hierbei auch von dem jeweiligen **marginalen Kapitalkostensatz**.[2] Die graphische Darstellung der Kapitalangebotsfunktion wird als **Kapitalangebotskurve (KAK)** bezeichnet.

---

[2] Vgl. zum Kapitalkostenbegriff z.B. *Breuer* (1994) oder *Hax* (1998), S. 213 ff.

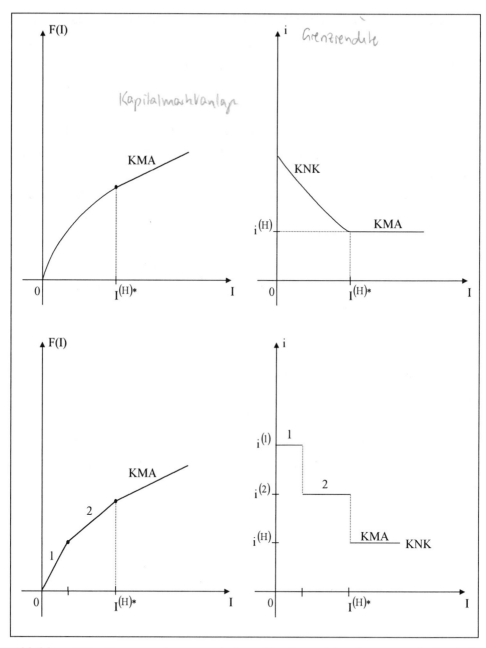

Abbildung 2.1: Zusammenhang zwischen Realinvestitionskurve und Kapitalnachfragekurve

Im Rahmen des dem *Dean*-Modell zugrundeliegenden Entscheidungsproblems existieren grundsätzlich zwei Quellen zur Finanzierung von Investitionsprojekten. Zum einen sind dies etwaige **Fremdmittel** von externen Kapitalgebern. Im weiteren sei zunächst angenommen, daß Mittel hier zu einem einheitlichen Sollzinssatz $i^{(S)}$ im Rahmen der unternehmerischen Budgetrestriktion in beliebigem Umfang beschafft werden können. Der Zinssatz $i^{(S)}$ beschreibt demnach den hierbei maßgeblichen (Fremd-) Kapitalkostensatz.

Zum anderen sind dies die **eigenen Mittel** des Unternehmers, die nicht für Konsum in t = 0 vorgesehen sind. Die eigenen Mittel des Unternehmers stehen dabei grundsätzlich kostenlos für investive Zwecke zur Verfügung. Man könnte daher argumentieren, daß sich der relevante Kapitalkostensatz auf 0 % beläuft, da keine Zinszahlungen geleistet werden müssen. In der Tat läßt sich aber auch noch die schärfere Behauptung rechtfertigen, daß der relevante Kapitalkostensatz -100 % ist, da auch eine Mittelrückzahlung des Unternehmers an sich selber nicht erfolgen muß und somit bei Eigenfinanzierung stets eine Zahlungsverpflichtung in t = 1 von 0 GE besteht. Weil man in diesem Kontext den relevanten Kapitalkostensatz aus den tatsächlich für den Kapitalnehmer zu erbringenden **(Aus-) Zahlungen** herleiten will, sind die beiden angesprochenen Ansätze von 0 % oder gar -100 % für den unternehmerischen (Eigen-) Kapitalkostensatz ebenso wie der Fremdkapitalkostensatz $i^{(S)}$ als **"pagatorisch"** (von lateinisch "pagare" = (be-)zahlen) zu bezeichnen.

Zumeist wird in der Literatur statt eines Eigenkapitalkostensatzes von 0 % oder gar -100 % ein solcher in Höhe von $i^{(H)}$ angesetzt. Dieser Kapitalkostensatz beruht auf **Opportunitätskostenüberlegungen** und ist insofern nicht als pagatorisch, sondern vielmehr als **wertmäßig** zu bezeichnen.[3] Implizit wird über den

---

[3] Vgl. zu diesen beiden Kostenkonzeptionen z.B. generell *Kloock/Sieben/Schildbach* (1999), S. 31. Insbesondere im Zusammenhang mit Kapitalkostenbetrachtungen spricht man statt vom wertmäßigen auch vom **Alternativkostenkonzept**. Vgl. etwa *Breuer* (1994), S. 820 ff., *Hax* (1998), S. 215 f. Eine nähere Charakterisierung dieses Ansatzes findet sich auch in *Breuer* (2001c)

Ansatz von $i^{(H)}$ die **beste Alternativverwendung** der eigenen Mittel, nämlich die Anlage am Kapitalmarkt zum Habenzinssatz, abgebildet. Realinvestitionen kommen für den Unternehmer nämlich nur insofern in Frage, wie mindestens eine (Grenz-) Rendite von $i^{(H)}$ erreicht wird. Natürlich ist bei einem derartigen Eigenkapitalkostenansatz im Rahmen der Kapitalnachfragefunktion nicht mehr auf die Möglichkeit der Mittelanlage zu $i^{(H)}$ einzugehen. Generell besteht kein Vorteil darin, Handlungsalternativen implizit statt explizit abzubilden. Sachgerechter erscheint es daher, die Möglichkeit der Mittelanlage zu $i^{(H)}$ als Investitionsalternative zu berücksichtigen.[4] Beide Ansätze führen überdies zum gleichen Ergebnis. Im weiteren wird deshalb schwerpunktmäßig einer Darstellung der Kapitalangebotskurve auf der Basis des pagatorischen Kapitalkostenbegriffs der Vorzug gegeben. Hierbei wiederum spielt es ebenfalls keine Rolle, ob man einen Eigenkapitalkostensatz von -100 % oder aber 0 % ansetzt, solange eine Anlage eigener Mittel am Kapitalmarkt zu $i^{(H)} \geq 0\,\%$ im beliebigen Umfang möglich ist. Dieser Zusammenhang wird weiter unten noch klarer dargelegt. Aus Vereinfachungsgründen wird daher ein Eigenkapitalkostensatz von 0 % angesetzt.

Natürlich werden für investive Zwecke in jedem Fall zunächst die "preiswerten" eigenen Mittel und erst dann die "teuren" Fremdmittel eingesetzt. Die Kapitalangebotsfunktion verläuft damit stets monoton steigend und - wie in *Abbildung 2.2* - typischerweise abschnittsweise linear. In den Graphiken aus *Abbildung 2.2* bezeichnet i auf der Ordinate nun den jeweiligen marginalen Kapitalkostensatz eines beliebigen Finanzierungsvolumens F.[5] Die Größe ΔW_0 steht hier und im folgenden jeweils für das unternehmerische Anfangsvermögen des Zeitpunktes $t = 0$, soweit es für investive Zwecke vorgesehen ist.

---

sowie im zweiten Band zur Investitionstheorie.

[4] In entsprechender Weise werden ja auch die **Realinvestitionsmöglichkeiten** explizit abgebildet und nicht implizit über Opportunitätskostenbetrachtungen.

[5] Natürlich ist das Finanzierungsvolumen F nicht mit dem unternehmerischen Einzahlungsüberschuß F(I) bei Realinvestitionsvolumen I zu verwechseln.

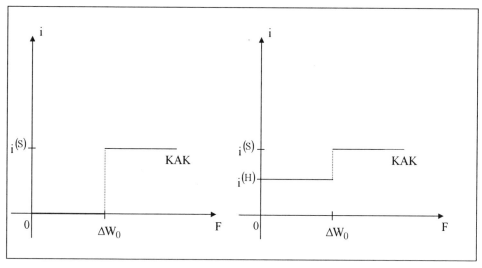

Abbildung 2.2: Kapitalangebotskurve bei pagatorischem (links) und wertmäßigem (rechts) Kapitalkostenverständnis

2.2.2 Die Resultate

Das **optimale Kapitalbudget**, verstanden als die Gesamtheit aller durchzuführenden Investitions- und Finanzierungsmaßnahmen, beschreibt sich im Rahmen des *Dean*-Modells nun gerade durch den **Schnittpunkt** von Kapitalangebots- und Kapitalnachfragekurve. Dies wird schnell klar, wenn man sich zur Verdeutlichung einmal die linke obere Graphik im Rahmen von *Abbildung 2.3* etwas näher anschaut. Ausgehend von einem Investitionsvolumen I = 0 GE kann mit der ersten investierten Geldeinheit gemäß der Kapitalnachfragekurve eine Grenzrendite erwirtschaftet werden, die oberhalb von 0 %, also dem hier zunächst maßgeblichen marginalen Kapitalkostensatz liegt. Es kann daher mit der ersten Geldeinheit mehr erwirtschaftet werden als von den Kapitalgebern, hier: dem Unternehmer, verlangt wird, so daß sich die Investition dieser ersten Geldeinheit lohnt. In der Tat gilt diese Aussage auch für alle nachfolgenden Investitionsvolumina, solange der jeweils maßgebliche marginale Kapitalkostensatz nicht über der relevanten marginalen Investitionsrendite liegt. Gerade dies bezeichnet aber den Schnittpunkt der beiden Kurven. Das optimale Investitionsvolumen im Zusammenhang mit der linken oberen Graphik aus *Abbildung 2.3* bemißt sich deshalb als ΔW_0. Zum gleichen Ergebnis wäre man auch gekommen, wenn der Eigenkapitalkostensatz mit -100 % angesetzt worden wäre. Lediglich für den Fall, daß $i^{(H)} < 0$ % gälte, würde der Ansatz eines Eigenkapitalkostensatzes von 0 % zu Fehlentscheidungen führen. Für $i^{(H)} = -10$ % etwa würde der Unternehmer bei Zugrundelegung einer Kapitalangebotskurve wie der aus der linken oberen Graphik von *Abbildung 2.3* bereits bei Erreichung einer Grenzrendite von 0 % aus Realinvestitionen auf weitere investive Maßnahmen verzichten wollen, auch wenn noch nicht der gesamte Betrag ΔW_0 zum Einsatz gekommen ist. Tatsächlich würden weitere Real- oder Finanzinvestitionen mit Renditen oberhalb von -100 % durchaus noch zum Transfer von Mitteln von t = 0 nach t = 1 und damit zur Steigerung des unternehmerischen Endvermögens geeignet sein. In derartigen Fällen würde also die Rechnung mit einem Eigenkapitalkostensatz von 0 % zu Fehlentscheidungen führen. Praktisch relevant dürften solche Situationen allerdings nicht sein, weswegen sich der Ansatz von 0 % als Eigenkapitalkostensatz durchaus vertreten läßt. Insbesondere hat dieser Ansatz den weiteren Vorteil, daß aus der graphischen Darstellung von Kapitalnachfrage- und -angebotskurve sehr leicht der gesamte **Vermögenszuwachs** des Unternehmers von t = 0 bis t = 1 abgelesen werden kann. Dieser entspricht nämlich einfach der Fläche zwischen den beiden Kurven für Werte von I zwischen 0 und dem Abszissenabschnitt ΔW_0 der beiden Kurven. Der letztgenannte Vorteil besteht auch gegenüber einer Formulierung der Kapitalangebotskurve auf der Grundlage des wertmäßigen Kostenbegriffs, wie es bei der rechten oberen Graphik aus *Abbildung 2.3* der Fall ist. Das ablesbare optimale Realinvestitionsvolumen ist (natürlich) das gleiche wie in der oberen linken Graphik aus *Abbildung 2.3*. Aus der positiven Differenz zwischen ΔW_0 und dem Abszissenabschnitt $I^{(H)*}$ des Kurvenschnittpunkts kann überdies das Volumen der unternehmerischen Kapitalmarktanlage abgelesen werden. Weder die Fläche zwischen der Kapitalnachfrage- und Kapitalangebotskurve für Werte von I zwischen 0 und $I^{(H)*}$ noch die Fläche für Werte von I zwischen 0 und ΔW_0 gibt aber den unternehmerischen Endvermögenszuwachs korrekt an.

Des weiteren verfügt der Schnittpunkt von Kapitalangebots- und -nachfragekurve auch noch über einen **Ordinatenabschnitt**, der sich im Rahmen der linken oberen Graphik gerade auf $i^{(H)}$ bemißt: Alle Investitionsmaßnahmen mit einer Rendite oberhalb von $i^{(H)}$ werden realisiert, alle mit einer Rendite unterhalb von $i^{(H)}$ verworfen. Das impliziert, daß alle Investitionsprojekte mit einem für $i = i^{(H)}$ positiven Kapitalwert vorteilhaft, alle mit einem für $i = i^{(H)}$ negativen Kapitalwert nachteilig sind. In entsprechender Weise sind alle Finanzierungsmaßnahmen nachteilig, deren Kapitalkostensatz über $i^{(H)}$ liegt, die also zu $i = i^{(H)}$ einen negativen Kapitalwert aufweisen. Finanzierungsmaßnahmen hingegen, deren Kapitalkostensatz unterhalb von $i^{(H)}$ liegt, also solche mit positivem Kapitalwert für $i = i^{(H)}$, werden in jedem Fall wahrgenommen. Unklar ist nur die Beurteilung von Investitions- und Finanzierungsmaßnahmen mit einer Rendite bzw. einem Kapitalkostensatz von gerade $i^{(H)}$, deren Kapitalwert sich folglich auf 0 GE beläuft. Anders als auf einem vollkommenen Kapitalmarkt ist der Unternehmer hinsichtlich ihrer Durchführung generell **nicht indifferent**. Abgesehen von Spezialfällen, kann es nur ein Investitions- oder Finanzierungsprojekt mit einem Kapitalwert von 0 GE für $i = i^{(H)}$ geben. Dieses wird in einem solchen Umfang durchgeführt, daß sich Investitions- und Finanzierungsvolumen in $t = 0$ gerade entsprechen. In der linken oberen Graphik aus *Abbildung 2.3* etwa ist der Kapitalwert von Kapitalmarktanlagen für $i = i^{(H)}$ natürlicherweise 0 GE. Daher werden diese in einem Umfang getätigt, daß die Lücke zwischen ΔW_0 (dem Ausmaß von Finanzierungsmöglichkeiten mit positivem Kapitalwert) und $I^{(H)*}$ (dem Ausmaß von Investitionsmöglichkeiten mit positivem Kapitalwert) gerade geschlossen wird.

In der Tat ist $i^{(H)}$ hier nichts anderes als der bereits aus der Diskussion des *Hirshleifer*-Modells bekannte **endogene Kalkulationszinsfuß**, so daß man auch mittels des *Dean*-Modells zu einer (theoretisch interessanten, aber praktisch bekanntermaßen nur sehr eingeschränkt nützlichen) Rechtfertigung des Kapitalwertkriteriums für den unvollkommenem Kapitalmarkt gelangt. Insbesondere[6] die Darstellung des *Dean*-Modells verdeutlicht dabei, daß endogene Kalkulationszins-

---

[6] Dieses Ergebnis gilt selbstverständlich auch im *Hirshleifer*-Modell, doch die dortige Art der Darstellung lenkt das Augenmerk nicht so unmittelbar auf diesen Sachverhalt wie das *Dean*-Modell, weswegen erst im vorliegenden Abschnitt darauf eingegangen wird.

füße in völlig entsprechender Weise nicht nur zur Beurteilung von Investitions-, sondern **auch** Finanzierungsprojekten genutzt werden können. Auf dem unvollkommenen Kapitalmarkt erweisen sich Finanzinvestitionen bei Zugrundelegung des endogenen Kalkulationszinsfußes **nicht** mehr generell als kapitalwertneutral, und durchgeführt werden nur solche Finanzierungsmaßnahmen, deren Kapitalwert größer[7] als (oder in Grenzfällen: gleich) 0 GE ist. Zur Diskussion der Bedeutung endogener Kalkulationszinsfüße kann im übrigen auf den vorhergehenden Abschnitt 1 über das *Hirshleifer*-Modell verwiesen werden.

Beispiel 2.1:

Gegeben sei ein Unternehmer, dessen Realinvestitionsfunktion $F(I) = 4{,}4 \cdot I^{0,5}$ sei und der einen Betrag $\Delta W_0 = 5{,}76$ GE für investive Zwecke vorgesehen habe. Der Habenzinssatz $i^{(H)}$ betrage 8 %, und der Sollzinssatz $i^{(S)}$ belaufe sich auf 12 %. Aus Beispiel 1.6 des vorhergehenden Abschnitts ist bekannt, daß die angenommene Realinvestitionsfunktion ungefähr bis zu einem Investitionsvolumen von 4,15 GE über eine Grenzrendite von mehr als $i^{(H)} = 8$ % verfügt. Eine Grenzrendite von 12 % wird gemäß dem Ergebnis des Beispiels 1.5 des vorhergehenden Abschnitts bereits ab einem Realinvestitionsvolumen von über 3,86 GE unterschritten. Alles in allem liegt damit eine Situation vor, die wegen $\Delta W_0 > I^{(H)*}$ der aus der linken oberen Graphik von *Abbildung 2.3* mit den genannten Konkretisierungen für die Werte $i^{(H)}$, $i^{(S)}$, $I^{(H)*}$, $I^{(S)*}$ sowie ΔW_0 entspricht: Der Unternehmer wird lediglich den Betrag ΔW_0 ohne zusätzliche Kreditaufnahme für investive Zwecke verwenden, wobei $\Delta W_0 - I^{(H)*} \approx 5{,}76 - 4{,}15 = 1{,}61$ GE am Kapitalmarkt angelegt werden. Der resultierende Endvermögenszuwachs entspricht der Fläche unterhalb der Kapitalnachfragekurve im Bereich von $I = 0$ GE bis $I =$

---

[7] Zu beachten ist, daß bei Unvollkommenheit des Kapitalmarktes **Arbitragemöglichkeiten** trotz positiver Kapitalwerte von Finanzinvestitionen **nicht** bestehen müssen, ohne weiteres also ein Kapitalmarktgleichgewicht gegeben sein kann. Beispielsweise wird die Finanzierung von Investitionsprojekten durch eigene Mittel des betrachteten Unternehmers für einen oberhalb von $i^{(H)}$ liegenden endogenen Kalkulationszinsfuß über einen positiven Kapitalwert verfügen. Schon die beschränkte Anfangsausstattung des Unternehmers setzt der Ausnutzung dieses Umstands aber natürliche Grenzen.

$\Delta W_0 = 5{,}76$ GE und kann durch Integration ermittelt werden als:

$$\int_0^{4,15} [F'(I) - 1] \cdot dI + (5{,}76 - 4{,}15) \cdot 0{,}08$$

$$= [F(I) - I]_0^{4,15} + 0{,}1288 \qquad (2.1)$$

$$\approx 4{,}94 \text{ GE.}$$

Auch inhaltlich ist die Rechnung aus (2.1) gut zu verstehen: Grundsätzlich erhält man den Endvermögenszuwachs zum einen durch Rechnung $F(I^{(H)*}) - I^{(H)*}$ für den Bereich, in dem Realinvestitionen durchgeführt werden, und zum anderen durch Multiplikation des Ausmaßes der Kapitalmarktanlage mit dem Habenzinssatz $i^{(H)} = 8$ %. Das gesamte unternehmerische Endvermögen zum Zeitpunkt $t = 1$ beläuft sich damit auf ungefähr $5{,}76 + 4{,}94 = 10{,}7$ GE. □

Die übrigen beiden Zeilen mit Graphiken aus *Abbildung 2.3* stellen weitere denkbare Fälle mit jeweils unterschiedlichem optimalen Kapitalbudget des Unternehmers und unterschiedlichem endogenen Kalkulationszinsfuß dar. Im Rahmen des Abschnitts 2.4 wird auf diese Graphiken noch explizit zurückzukommen sein.

Investitionsentscheidungen können demnach jedenfalls auch mit Hilfe des *Dean*-Modells getroffen werden. Weil dabei die Anwendung des *Dean*-Modells augenscheinlich für die gleiche Entscheidungssituation wie im Rahmen des *Hirshleifer*-Modells möglich ist, stellt sich unmittelbar die Frage nach der **Beziehung** der beiden Ansätze. Bei richtiger Wiedergabe von Kapitalangebots- und -nachfragefunktion muß sich im *Dean*-Modell stets die gleiche Lösung wie im Rahmen des *Hirshleifer*-Modells ergeben. Bevor auf diese Frage im Abschnitt 2.4 näher eingegangen wird, sollen zuvor allerdings noch einige Ansätze zur **Erweiterung der Analysemöglichkeiten** im Rahmen des *Dean*-Modells vorgestellt werden.

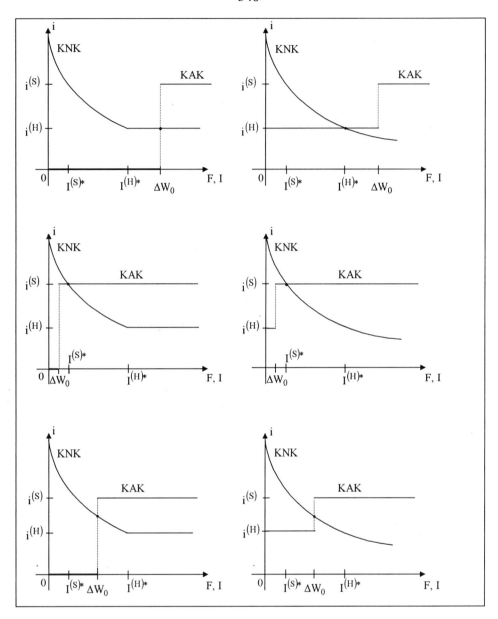

Abbildung 2.3: Das *Hirshleifer*-Modell im *Dean*-Modell

2.3 Mögliche Erweiterungen des *Dean*-Modells

Ähnlich wie schon das *Hirshleifer*-Modell fußt auch das *Dean*-Modell auf Annahmen, die sich als nur schwerlich mit der Realität vereinbar erweisen, andererseits aber essentiell für die Herleitung der Modellergebnisse sind. Auf einige dieser Prämissen und die mit ihrer Lockerung verbundenen Probleme soll im folgenden eingegangen werden.

2.3.1 Mangelnde Teilbarkeit von Investitionsprojekten

Auf die Problematik der **Annahme beliebiger Projektteilbarkeit** wurde bereits im Kapitel II dieses Buches hingewiesen. Diese Annahme stellte dann kein Problem dar, wenn man aus dem optimalen Investitionsprogramm bei beliebiger Teilbarkeit ohne weiteres auf die zugehörige Lösung bei fehlender Teilbarkeit schließen könnte. Genau dies ist aber im allgemeinen nicht zutreffend. In jedem Fall kann es in der Lösung unter der Teilbarkeitsprämisse maximal ein Investitionsprojekt geben, das nur teilweise durchgeführt werden soll. Gibt es kein Projekt mit dieser Eigenschaft, verursacht die Annahme der mangelnden Projektteilbarkeit natürlich keinerlei weitere Probleme. Schwierigkeiten bereitet demnach nur der Fall, bei dem ein bestimmtes Investitionsprojekt, nennen wir es P, lediglich zu einem bestimmten Bruchteil durchgeführt werden kann. Eine derartige Situation ist deshalb kritisch, weil sich die Lösung für den Fall fehlender Projektteilbarkeit nicht einfach dadurch aus der Lösung mit Teilbarkeitsannahme ermitteln läßt, daß man das optimale Investitionsprogramm bei Teilbarkeitsannahme und vollständiger Realisation des Projekts P mit dem bei vollständigem Verzicht auf die Durchführung von P vergleicht, also gewissermaßen nur "benachbarte" Investitionsprogramme gegenüberstellt. Vielmehr kann sich die Lösung bei unteilbaren Investitionsprojekten **grundlegend** von der mit teilbaren Investitionsprojekten unterscheiden, so daß der Lösungsvorschlag des *Dean*-Modells dann keinerlei Hilfestellung zur Entscheidungsfindung bietet. Ferner existiert in diesem Fall auch **kein endogener Kalkulationszinsfuß** mehr, durch den eine (nachträgliche) Problemlösung mittels des Kapitalwertkriteriums möglich wäre, wie sie weiter

342

oben für eine Situation mit beliebiger Projektteilbarkeit vorgestellt worden ist. Diese Phänomene sollen anhand eines Beispiels erläutert werden.

Beispiel 2.2:

Gegeben sei ein Unternehmer, der Zugang zu den in *Tabelle 2.1* angegebenen drei Realinvestitionsprojekten hat.

t	0	1
$z_t^{(1)}$	-120	133,2
$z_t^{(2)}$	-260	287,3
$z_t^{(3)}$	-100	108,5

Tabelle 2.1: Anfangsauszahlungen und Rückflüsse für Investitionsprojekte 1, 2, 3

Als interne Zinsfüße der Projekte erhält man $i^{(1)} = 11\%$, $i^{(2)} = 10,5\%$ sowie $i^{(3)} = 8,5\%$. Der Habenzinssatz $i^{(H)}$ belaufe sich auf 8 % und der Sollzinssatz $i^{(S)}$ auf 12 %. Vom Unternehmer sei ein Betrag $\Delta W_0 = 224$ GE für investive Zwecke in $t = 0$ vorgesehen. Nach dem weiter oben skizzierten Vorgehen gelangt man zu einer Kapitalangebots- und einer Kapitalnachfragekurve gemäß *Abbildung 2.4*. Demnach wird unter der Prämisse beliebiger Projektteilbarkeit auf den Einsatz von fremden Mitteln vollständig verzichtet. Allein der vom Unternehmer selbst zur Verfügung gestellte Betrag von $\Delta W_0 = 224$ GE wird investiv verwendet, und zwar zur vollständigen Durchführung des Projekts 1 und zur Realisation des Projekts 2 in einem Bruchteil von $(224-120)/260 = 40\%$. Das damit erzielbare unternehmerische Endvermögen für $t = 1$ ist $133,2+0,4\cdot287,3 = 248,12$ GE, der zugehörige Endvermögenszuwachs entsprechend $248,12-224 = 24,12$ GE.

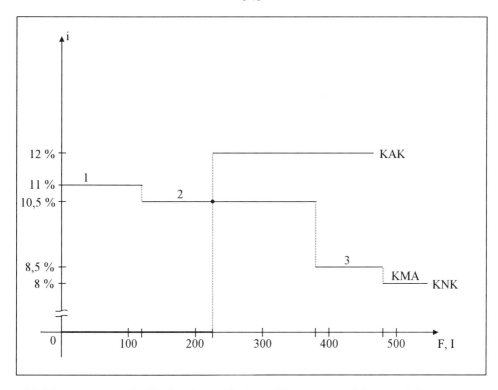

Abbildung 2.4: Kapitalbudgetierung bei unteilbaren Investitionsprojekten

Ist die teilweise Realisation von Projekt 2 nicht möglich, dann besteht das optimale Investitionsprogramm weder aus der alleinigen Durchführung von Projekt 1 noch der kompletten Realisation von 1 und 2. Vielmehr erweist es sich als am besten, nur Projekt 2 mit teilweiser Mittelaufnahme am Kapitalmarkt zu $i^{(S)}$ = 12 % durchzuführen. Um dies zu erkennen, sind zwei Fälle zu unterscheiden.

Erstens ist nach dem optimalen Realinvestitionsprogramm für den Fall zu fragen, daß der Unternehmer weiterhin wie bei Projektteilbarkeit auf die Aufnahme von Mitteln am Kapitalmarkt verzichtet. In dieser Situation kann Projekt 2 wegen fehlender Mittel nicht realisiert werden. Möglich und vorteilhaft bleibt aber die Implementierung der beiden Investitionsprojekte 1 und 3, da beide zu höheren Rückflüssen je eingesetzter Geldeinheit, also höheren Renditen, als bei Kapitalmarktanlage der unternehmerischen Mittel führen. Der verbleibende Restbetrag in Höhe von 224-120-100 = 4 GE wird dann in der Tat am Kapitalmarkt zu $i^{(H)}$ = 8 % bis t = 1 angelegt. Insgesamt ergibt sich damit für den Unternehmer bei Verzicht auf Mittelaufnahme am Kapitalmarkt ein Endvermögen von 133,2+ 108,5+4·1,08 = 246,02 GE, also ein Endvermögenszuwachs von 246,02-224 = 22,02 GE.

Zweitens kann man das optimale unternehmerische Realinvestitionsprogramm für den Fall zusätzlicher Aufnahme von Mitteln zum Sollzinssatz $i^{(S)}$ = 12 % bestimmen. Mittel aufzunehmen, um damit die zusätzliche Durchführung des Projekts 2 bei Beibehaltung der Projekte 1 und 3 zu ermöglichen, kann wegen $i^{(2)}$ = 10,5 % < $i^{(S)}$ = 12 % und der fast vollständigen Fremdfinanzierung der Umsetzung von 2 nicht sinnvoll sein. Auch die Kombination von 2 und 3 erweist sich im Vergleich zur simultanen Durchführung von 1 und 3 unmittelbar als suboptimal. Das Projekt 2 liefert eine geringere Rendite als 1 und wäre überdies zu mehr als 50 % über Mittel mit $i^{(S)}$ = 12 % zu finanzieren. Die Kombination von 1 und 2 ist infolge des hier abermals sehr hohen Fremdfinanzierungsanteils zur Umsetzung von 2 ebenfalls zweifellos schlechter als die Realisation von 1 und 3. In der Tat kommt die Mittelaufnahme am Kapitalmarkt daher nur dann in Betracht, wenn man sich auf die alleinige Durchführung von Projekt 2 beschränkt. Unter dieser Bedingung muß sich der Unternehmer im Umfang von 260-224 = 36 GE zu $i^{(S)}$ = 12 % von t = 0 bis t = 1 verschulden. Sein aus diesem Kapitalbudget resultierendes Endvermögen beläuft sich auf 287,3-36·1,12 = 246,98 GE, der entsprechende Endvermögenszuwachs also auf 246,98-224 = 22,98 GE. Tatsächlich lautet damit die optimale unternehmerische Verhaltensweise bei angenommener Unteilbarkeit der verfügbaren Investitionsprojekte auf die alleinige Durchführung des Investitionsprojekts 2 bei Einsatz von allen verfügbaren eigenen Mitteln des Unternehmers und zusätzlicher Aufnahme eines Betrags von 36 GE am Kapitalmarkt von t = 0 bis t = 1 zu $i^{(S)}$ = 12 %. Natürlich ist das hierbei erreichbare Endvermögen niedriger als bei beliebiger Projektteilbarkeit.

Wie man sieht, kann in diesem Beispiel nicht unmittelbar von der Lösung unter der Prämisse beliebiger Projektteilbarkeit auf die optimale unternehmerische Verhaltensweise unter der Annahme der Unteilbarkeit von Investitionsprojekten geschlossen werden. Überdies gibt es keinen endogenen Kalkulationszinsfuß, so daß das optimale Kapitalbudget bei mangelnder Projektteilbarkeit über eine Anwendung des Kapitalwertkriteriums reproduziert werden könnte. Für jeden beliebigen Kalkulationszinsfuß unter 12 % ist nämlich der Kapitalwert der Mittelaufnahme am Kapitalmarkt zu $i^{(S)} = 12$ % durch einen negativen Kapitalwert charakterisiert, während jeder Zinsfuß oberhalb von 10,5 % zu einem negativen Kapitalwert des Projekts 2 führt. Es gibt daher schon keinen Kalkulationszinsfuß, so daß Projekt 2 und die Mittelaufnahme am Kapitalmarkt zu $i^{(S)} = 12$ % simultan über einen nichtnegativen Kapitalwert verfügen. Gleichwohl sind beide Maßnahmen Bestandteil des optimalen Kapitalbudgets. □

2.3.2 Gegenseitiger Ausschluß von Investitionsprojekten

Hebt man die **Annahme völliger Unabhängigkeit** der Investitionsprojekte auf, stellt dies ebenfalls eine deutliche Erschwerung der Analyse dar. Dies gilt selbst dann, wenn man sich auf die Betrachtung des einfachsten Falls von Projektinterdependenzen, des **gegenseitigen Ausschlusses** nämlich, beschränkt. Schließen sich zwei Projekte 1 und 2 gegenseitig aus und gelten ansonsten die Prämissen des *Dean*-Modells gemäß Abschnitt 2.2.1 weiter, dann sind grundsätzlich **zwei Fälle** zu unterscheiden. **Unproblematisch** ist eine Situation, in der das Investitionsprojekt mit der höheren Rendite auch über die höhere maximale Anfangsauszahlung verfügt. Dann nämlich ist dieses Projekt dem anderen infolge der Teilbarkeitsannahme eindeutig überlegen: Unabhängig davon, wie viele Geldeinheiten der Unternehmer in das Projekt mit der geringeren Rendite auch investieren wollte, führt die Investition des gleichen Betrags in das Projekt mit der höheren Rendite in t = 1 zu höheren Rückflüssen und erweist sich deswegen als überlegen.

Unklar ist die Entscheidungssituation demnach nur, wenn das Investitionsprojekt mit der geringeren Rendite, angenommen Projekt 1, zugleich über die höhere maximale Anfangsauszahlung verfügt. Dann mag es nämlich durchaus sein, daß sich die Entscheidung für Projekt 1 **trotz** eines geringeren Renditewertes als sinnvoll erweist. Notwendige Voraussetzung dafür ist natürlich, daß der maximal mögliche Rückfluß aus Projekt 1 größer als beim Alternativprojekt 2 ist.

Beispiel 2.3:
Gegeben sei ein Investitionsprojekt 1 mit einer Anfangsauszahlung von 100 GE in t = 0 und einem Rückfluß von 120 GE in t = 1. Ein Projekt 2a liefere bei einer Anfangsauszahlung von 50 GE in t = 0 Einzahlungen von 55 GE in t = 1. Weil Projekt 1 folglich mit 20 % gegenüber 10 % von Projekt 2a sowohl über eine höhere Rendite als auch über einen höheren maximalen Investitionsbetrag in t = 0 verfügt, würde bei beliebiger Teilbarkeit und gegenseitigem Ausschluß Projekt 1 gegenüber 2a für jeden Investitionsbetrag vorgezogen.

Ein weiteres Projekt 2b gewährleiste eine maximale Anfangsauszahlung von 90 GE in t = 0 bei einem Einzahlungsüberschuß von 125 GE in t = 1. Im Vergleich mit Projekt 1 verfügt es über die deutlich höhere Rendite mit etwa 38,89 %, wenngleich Projekt 1 einen höheren Investitionsbetrag ermöglicht. Selbst aber bei Investition von 100 GE in Projekt 1 können nicht so hohe Einzahlungen wie bei Durchführung des Projekts 2b mit nur 90 GE erreicht werden. Daher ist 2b dem Projekt 1 gegenüber eindeutig überlegen und würde im Rahmen einer Auswahlentscheidung stets vorgezogen.

Schließlich sei ein Projekt 2c betrachtet, das bei einer Anfangsauszahlung von 80 GE in t = 0 Rückflüsse von 98 GE in t = 1 in Aussicht stellt. Die Rendite ist mit 22,5 % erneut höher als die des Projekts 1. Für hinreichend hohe Investitionsvolumina könnte sich nun aber in der Tat trotzdem die Durchführung des Projekts 1 gegenüber der Implementierung des Projekts 2c als überlegen erweisen, da die maximalen Rückflüsse von Projekt 1 mit 120 GE über denen von Projekt 2c mit 98 GE liegen. Entscheidend ist hierbei natürlich, wie die im Rahmen der Durchführung von Projekt 2c gegenüber der Realisation von Projekt 1 gegebenenfalls eingesparten Mittel anderweitig verwendet werden können. □

Im weiteren sei lediglich auf den allein interessanten Fall eingegangen, daß zwei beliebig teilbare und sich gegenseitig ausschließende Projekte 1 und 2 vorliegen, wobei Projekt 1 mit größerer Anfangsauszahlung und größerem Rückfluß, aber geringerer Rendite als Projekt 2 ausgestattet ist. Für Investitionsvolumina, die jenseits der Anfangsauszahlung von Projekt 2 liegen, mag es dann von Vorteil sein, sich für Projekt 1 zu entscheiden. Wie bereits im Beispiel 2.3 angedeutet, kommt es dabei aber maßgeblich darauf an, über welche weiteren Verwendungsmöglichkeiten der Unternehmer für die bei Durchführung von Projekt 2 statt Projekt 1 nicht benötigten Mittel verfügt.

Um im konkreten Entscheidungsproblem das optimale Kapitalbudget zu ermitteln, bieten sich zwei Wege an. **Erstens** kann man **zweimal** eine Kapitalnachfragefunktion herleiten, einmal mit Projekt 1, das andere Mal mit Projekt 2, und für beide Fälle graphisch das optimale Kapitalbudget ermitteln, um anschließend das höhere Endvermögen zu bestimmen. Dieses Vorgehen ist stets anwendbar, wenngleich recht aufwendig.

Zweitens kann man aber auch versuchen, mit **nur einer** Graphik das Problem zu lösen. Dazu bedarf es einer Betrachtung der Differenzinvestition 1-2. Aus der Diskussion der Parameterregeln im Abschnitt 3 des Kapitels III ist bekannt, daß der Übergang vom Projekt 2 zum Projekt 1 dann von Vorteil ist, wenn die Rendite der Differenzinvestition 1-2 größer als der Kapitalmarktzinssatz i ist, weil der zusätzliche Mitteleinsatz dann höhere Erträge als Aufwendungen abwirft. Diese Überlegung ist auch dann noch zutreffend, wenn sich der relevante Kalkulationszinsfuß wie im *Dean*-Modell über die gesamte Anfangsauszahlung für 1-2 nicht notwendig als konstant erweist: Solange jede Geldeinheit der zusätzlichen Anfangsauszahlung einen höheren Ertrag als den jeweils maßgeblichen Kapitalkostensatz erbringt, lohnt sich der Übergang von 2 nach 1. Um die Gültigkeit dieser Voraussetzung zu testen, wird die Kapitalnachfragefunktion daher nun unter Berücksichtigung der Projekte 2 und 1-2 hergeleitet. Die Rendite der Differenzinvestition 1-2 ist dabei in jedem Fall **geringer** als die Rendite des Projekts

2, da schon die Rendite von 1 geringer als die von 2 ist:[8]

$$i^{(2)*} \equiv \frac{z_1^{(2)}}{|z_0^{(2)}|} - 1 > i^{(1)*} \equiv \frac{z_1^{(1)}}{|z_0^{(1)}|} - 1$$

$$\Leftrightarrow z_1^{(2)} \cdot |z_0^{(1)}| - z_1^{(1)} \cdot |z_0^{(2)}| > 0$$

$$\Leftrightarrow \frac{z_1^{(2)} \cdot |z_0^{(1)}| - z_1^{(2)} \cdot |z_0^{(2)}| - (z_1^{(1)} \cdot |z_0^{(2)}| - z_1^{(2)} \cdot |z_0^{(2)}|)}{|z_0^{(2)}| \cdot (|z_0^{(1)}| - |z_0^{(2)}|)} > 0 \quad (2.2)$$

$$\Leftrightarrow \frac{z_1^{(2)} \cdot (|z_0^{(1)}| - |z_0^{(2)}|)}{|z_0^{(2)}| \cdot (|z_0^{(1)}| - |z_0^{(2)}|)} > \frac{|z_0^{(2)}| \cdot (z_1^{(1)} - z_1^{(2)})}{|z_0^{(2)}| \cdot (|z_0^{(1)}| - |z_0^{(2)}|)}$$

$$\Leftrightarrow i^{(2)*} \equiv \frac{z_1^{(2)}}{|z_0^{(2)}|} - 1 > i^{(1-2)*} \equiv \frac{z_1^{(1)} - z_1^{(2)}}{|z_0^{(1)}| - |z_0^{(2)}|} - 1.$$

In der dritten Zeile von (2.2) wurde dabei zum einen der Ausdruck $-z_1^{(2)} \cdot |z_0^{(2)}|$ $-(-z_1^{(2)} \cdot |z_0^{(2)}|) = 0$ hinzuaddiert und zum anderen durch das Produkt $|z_0^{(2)}| \cdot (|z_0^{(1)}| - |z_0^{(2)}|) > 0$ dividiert.[9]

Je nachdem, wie der Schnittpunkt von Kapitalangebots- und -nachfragekurve liegt, sind damit grundsätzlich nur **drei Fälle** denkbar. Entweder ergibt sich, daß weder 2 noch 1-2 durchgeführt werden sollen, oder man erhält, daß wohl 2, nicht aber 1-2 durchzuführen ist, oder es ergibt sich, daß 2 und 1-2 implementiert wer-

---

[8] Zu beachten ist, daß $z_0^{(1)}, z_0^{(2)} < 0$ gilt, weswegen im Rahmen der Renditeberechnung jeweils die zugehörigen Beträge $|z_0^{(1)}|$ und $|z_0^{(2)}|$ (oder ebenso gut die mit -1 multiplizierten Werte $-z_0^{(1)}$ und $-z_0^{(2)}$) anzusetzen sind.

[9] Es sei daran erinnert, daß die Anfangsauszahlung des Projekts 1 annahmegemäß größer als die des Projekts 2 ist: $|z_0^{(1)}| > |z_0^{(2)}|$.

den sollen. Der letztgenannte Fall bedeutet, daß per Saldo 1 und nicht 2 gewählt wird. Denn die simultane Durchführung von 2 und des Wechsels von 2 nach 1 über Realisation der entsprechenden Differenzinvestition 1-2 ergibt gerade 1.

Beispiel 2.4:
Gegeben sei ein Unternehmer, der einen Betrag $\Delta W_0 = 50$ GE für investive Zwecke vorgesehen hat. Der Habenzinssatz $i^{(H)}$ betrage 8 %, der Sollzinssatz $i^{(S)}$ belaufe sich auf 12 %. Als Realinvestitionsprojekte seien die beiden beliebig teilbaren und sich gegenseitig ausschließenden Projekte 1 und 2c aus Beispiel 2.3 verfügbar. Die hier relevante Differenzinvestition 1-2c erfordert eine Anfangsauszahlung in t = 0 von 100-80 = 20 GE und führt zu zusätzlichen Einzahlungen in t = 1 von 120-98 = 22 GE, so daß sich die Rendite von 1-2c auf 10 % bemißt. Diese Angaben führen zu *Abbildung 2.5*, aus der ersichtlich ist, daß sich die Durchführung der Differenzinvestition im Gegensatz zur Implementierung von 2c nicht lohnt. Dem Projekt 2c wird hier also gegenüber 1 der Vorzug gegeben, 30 GE der Anfangsauszahlung von 80 GE in t = 0 werden dabei über Kreditaufnahme in t = 0 finanziert. Dieses Resultat kann auch leicht rechnerisch nachgeprüft werden. Im Falle der Durchführung des Projekts 1 müssen 50 GE in t = 0 zu $i^{(S)} = 12$ % aufgenommen werden. Das unternehmerische Endvermögen beläuft sich daher auf 120-50·1,12 = 64 GE und der zugehörige Endvermögenszuwachs auf 64-50 = 14 GE. Der letztgenannte Wert kann auch aus *Abbildung 2.5* abgelesen werden. Der unternehmerische Endvermögenszuwachs bei Entscheidung für 2c und 1-2c ergibt sich nämlich gleichfalls über die Flächenberechnung 50·0,225+30·(0,225-0,12)+20·(0,1-0,12) = 14 GE.

Bei Implementierung des Projekts 2c hingegen erhält man unter Beachtung der Verschuldung in Höhe von 30 GE am Kapitalmarkt zu $i^{(S)} = 12$ % ein unternehmerisches Endvermögen von 98-30·1,12 = 64,4 GE > 64 GE und einen zugehörigen Endvermögenszuwachs von 64,4-50 = 14,4 GE > 14 GE.

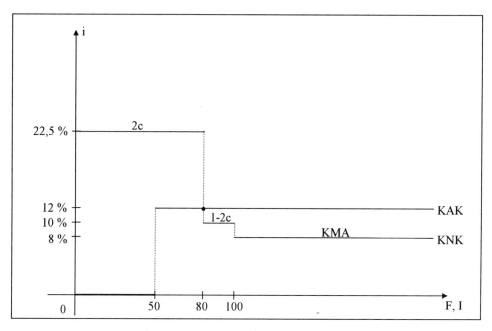

Abbildung 2.5: Kapitalbudgetierung mittels Differenzinvestitionen bei sich gegenseitig ausschließenden Investitionsprojekten

Unterstellt man, daß sich der Sollzinssatz nur auf $i^{(S)} = 9\,\%$ beläuft, dann ist das optimale Investitionsprogramm durch die Realisation von 2c und 1-2c, also letzten Endes 1, gekennzeichnet. Dieses Ergebnis bestätigt sich auch, wenn man zwei separate Graphiken, einmal mit Projekt 1, das andere Mal mit Projekt 2c, der Entscheidungsfindung zugrunde legt.[10] Die Kapitalnachfragefunktion auf der Grundlage von 1 führt mit 120-50-50·1,09 = 15,5 GE zu einem höheren maximalen Endvermögenszuwachs als die Kapitalnachfragefunktion auf der Grundlage von 2c mit 98-50-30·1,09 = 15,3 GE. □

---

[10] Vgl. hierzu *Abbildung 2.6*.

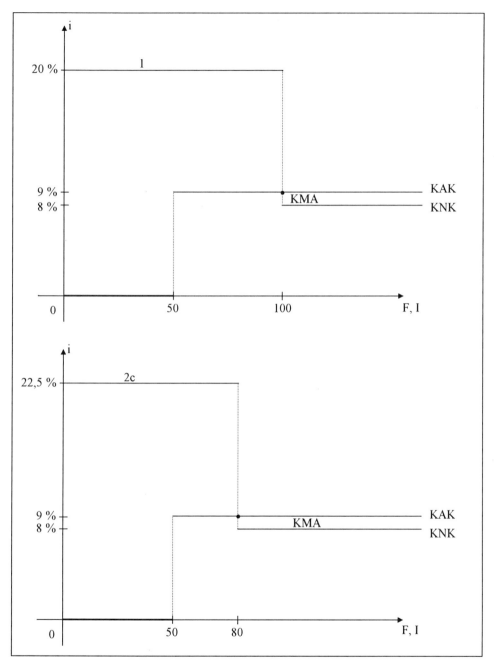

Abbildung 2.6: Kapitalbudgetierung ohne Differenzinvestitionen bei sich gegenseitig ausschließenden Investitionsprojekten

Alle drei Situationen lassen sich folglich ohne Probleme **sachgerecht** interpretieren, weswegen man scheinbar in der Tat auf der Grundlage eines einzigen Diagramms das Problem sich gegenseitig ausschließender Projekte berücksichtigen kann. In vielen Fällen ist dies wirklich auch möglich, ein **Problem** besteht allerdings dann, wenn die optimale Lösung durch **teilweise Realisation** der Differenzinvestition charakterisiert ist. Selbst wenn man unterstellt, daß Realinvestitionsprojekte beliebig teilbar sind, gilt dies doch denknotwendig nicht für Differenzinvestitionen sich gegenseitig ausschließender Projekte. Die 40 %ige Durchführung einer Differenzinvestition 1-2 beispielsweise impliziert, daß im Optimum 1 zu 40 % und 2 zu 60 % durchgeführt werden soll, beide Projekte also in bestimmten Bruchteilen simultan realisiert werden. Tritt eine derartige Situation auf, kann man gemäß den Ausführungen des vorhergehenden Abschnitts 2.3.1 nicht einfach das optimale Investitionsprogramm mit 100 %iger Durchführung mit dem mit 0 %iger Durchführung der Differenzinvestition vergleichen. Vielmehr bleibt nun nichts anderes übrig, als **nachträglich** doch die zuerst genannte Methode anzuwenden oder in anderer Form zusätzliche Überlegungen anzustellen.

Beispiel 2.5:
Gegeben sei die Entscheidungssituation aus Beispiel 2.4 bei zusätzlicher Verfügbarkeit eines Projekts 2d, das bei einer Anfangsauszahlung von 10 GE in t = 0 zu einem Rückfluß von 10,9 GE in t = 1 führt. Ferner sei $\Delta W_0 = 90$ GE angenommen. In *Abbildung 2.7* erkennt man, daß man unter diesen modifizierten Prämissen zur **(sinnlosen)** Empfehlung der teilweisen Realisation der Differenzinvestition 1-2c gelangt. Optimal ist aber nun weder die alleinige Durchführung von 2c noch die simultane Durchführung von 2c und 1-2c, also per Saldo 1. Endvermögensmaximierend ist vielmehr ein aus 2c und 2d bestehendes Investitionsprogramm, das nämlich hier ohne jede Fremdfinanzierung möglich ist. □

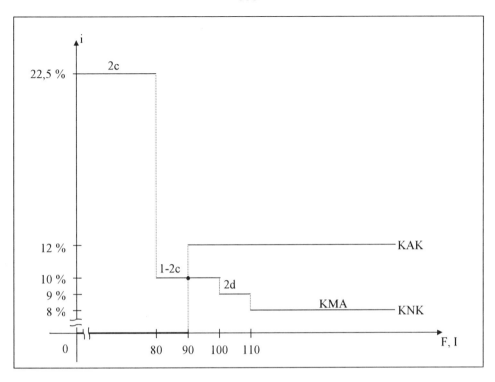

Abbildung 2.7: Problematische Kapitalbudgetierung mittels Differenzinvestitionen bei sich gegenseitig ausschließenden Investitionsprojekten

2.3.3 Mehr-Perioden-Betrachtung

Das Vorgehen aus dem *Dean*-Modell kann natürlich ohne weiteres auch im Rahmen von **Mehr-Perioden-Problemen** Anwendung finden. Zu diesem Zweck wird für jedes Investitions- und Finanzierungsprojekt der interne Zinsfuß bestimmt und anschließend eine Reihung der Investitionsprojekte nach absteigenden und der Finanzierungsprojekte nach aufsteigenden Zinsfüßen vorgenommen. Der Schnittpunkt von Kapitalangebots- und -nachfragekurve beschreibt nach wie vor die Empfehlung für das zu realisierende Kapitalbudget.

In der Tat ist ein solches Vorgehen im Falle der Betrachtung von mehr als zwei Zeitpunkten in verschiedener Hinsicht **problematisch**. Zum einen ist die **Zahlungsfähigkeit** der Unternehmung nicht in jedem Zeitpunkt gewährleistet, denn durch die Realisation aller Investitions- und Finanzierungsprogramme links vom Schnittpunkt erreicht man lediglich, daß die Finanzierung aller Investitionen in t = 0 gelingt. Ob Zahlungsfähigkeit auch in einem Zeitpunkt t > 0 gewährleistet ist, bleibt zunächst einmal völlig offen.

Beispiel 2.6:
Gegeben sei ein Unternehmer mit ΔW_0 = 20 GE in t = 0, der im Rahmen einer Drei-Zeitpunkte-Betrachtung mit einem Habenzinssatz in Höhe von $i^{(H)}$ = 0 % lediglich Zugang zu den folgenden beiden Projekten 1 und 2 hat:

t	0	1	2
$z_t^{(1)}$	-100	30	130
$z_t^{(2)}$	100	-120	0

Tabelle 2.2: Projekte 1 und 2 im Rahmen einer Drei-Zeitpunkte-Betrachtung

Augenscheinlich handelt es sich bei Projekt 1 um ein Investitionsprojekt mit einem internen Zinsfuß von 30 %, während 2 ein Finanzierungsprojekt mit einem internen Zinsfuß von 20 % beschreibt. Eine Betrachtung gemäß dem *Dean*-Modell würde laut *Abbildung 2.8* zur Empfehlung gelangen, das Projekt 1 vollständig zu implementieren und die erforderliche Anfangsauszahlung von 100 GE zum einem über die eigenen Mittel ΔW_0 = 20 GE des Unternehmers und zum anderen über die Durchführung von Projekt 2 mit einem Bruchteil von 80 % aufzubringen. Als Konsequenz hieraus müßte der Unternehmer in t = 1 aber Auszahlungen von 120·0,8 = 96 GE auf das Finanzierungsprojekt leisten, die aufgrund der zu geringen Einzahlung aus dem Investitionsprojekt in diesem Zeitpunkt nicht erbracht werden können. Für die hier zugrunde gelegten Prämissen wäre der Unternehmer demnach im Zeitpunkt t = 1 **zahlungsunfähig**. □

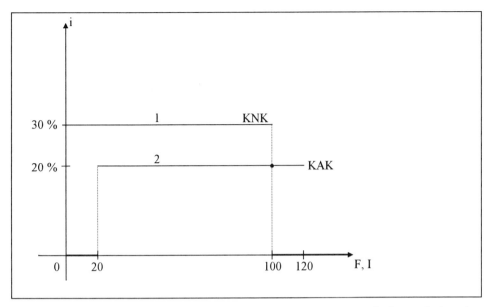

Abbildung 2.8: Fehlende Berücksichtigung von Liquiditätsrestriktionen bei Mehr-Perioden-Betrachtungen im *Dean*-Modell

Ferner ist **keineswegs** sichergestellt, daß das realisierte Kapitalbudget in der Tat **endwertmaximierend** ist. Dafür können mehrere Gründe angeführt werden. So werden erst **nach** t > 0 realisierbare Investitions- und Finanzierungsprojekte im Rahmen der hergeleiteten Kapitalangebots- und -nachfragekurven überhaupt nicht berücksichtigt. Würde man sie hingegen bereits "**antizipativ**" doch hinzunehmen, dann ergäbe sich selbst schon für t = 0 die Gefahr von Zahlungsmitteldefiziten oder -überschüssen.

Beispiel 2.7:
Gegeben sei eine Drei-Zeitpunkte-Betrachtung mit einem Unternehmer, der über ein investiv zu verwendendes Vermögen $\Delta W_0 = 20$ GE verfügt und ansonsten bei einem Habenzinssatz von $i^{(H)} = 0$ % nur noch Zugang zu den folgenden drei Projekten 1, 2 und 3 hat:

t	0	1	2
$z_t^{(1)}$	-100	30	130
$z_t^{(2)}$	100	-162,5	0
$z_t^{(3)}$	0	100	-105

Tabelle 2.3: Projekte 1, 2 und 3 im Rahmen einer Drei-Zeitpunkte-Betrachtung

Bei den (beliebig teilbaren) Projekten 2 und 3 handelt es sich demnach um zwei jeweils einperiodige Finanzierungsmaßnahmen von t = 0 bis t = 1 bzw. von t = 1 bis t = 2. Als interne Zinsfüße erhält man für Projekt 2 einen Wert von 62,5 % und für 3 einen Wert von 5 %. Projekt 1 charakterisiert eine Normalinvestition mit internem Zinsfuß von 30 % und sei als unteilbar angenommen.

Man prüft ohne größere Schwierigkeit, daß es optimal ist, das Investitionsprojekt 1 und das Finanzierungsprojekt 3 im vollen Umfang sowie das Finanzierungsprojekt 2 zu einem Bruchteil von 80 % durchzuführen. Aus der 80 %igen Durchführung von Projekt 2 ergeben sich in t = 0 Einzahlungen von 80 GE, die zusammen mit dem unternehmerischen Vermögen von ΔW_0 = 20 GE die Finanzierung der Anfangsauszahlung von 100 GE für das Investitionsprojekt ermöglichen. In t = 1 realisiert der Unternehmer Einzahlungen von 30+100 = 130 GE aus den Projekten 1 und 3, denen Auszahlungen von 0,8·162,5, also von ebenfalls 130 GE, gegenüberstehen. Als einzige von Null verschiedene Konsequenz des optimalen unternehmerischen Kapitalbudgets verbleibt damit ein Einzahlungsüberschuß von 130-105 = 25 GE im Zeitpunkt t = 2. Dieses Endvermögen übertrifft dasjenige, das sich durch Mittelanlage des Unternehmers von t = 0 bis t = 2 zu $i^{(H)}$ = 0 % ergibt, weswegen die behauptete Optimalität des betrachteten Kapitalbudgets tatsächlich vorliegt.

Erstellt man jedoch die Kapitalangebotskurve ohne Berücksichtigung des erst zukünftig verfügbaren Projekts 3, dann gelangt man zur Ablehnung der Durchführung von Projekt 1 gemäß der linken Graphik aus *Abbildung 2.9*. Wird Projekt 3 bei der Erstellung der Kapitalangebotskurve schon hinzugenommen, dann ergibt sich gemäß der rechten Graphik[11] aus *Abbildung 2.9* die unsinnige Empfehlung, die Anfangsauszahlung des Investitionsprojekts in t = 0 allein über das unternehmerische Vermögen von ΔW_0 = 20 GE sowie das Projekt 3 zu finanzieren. □

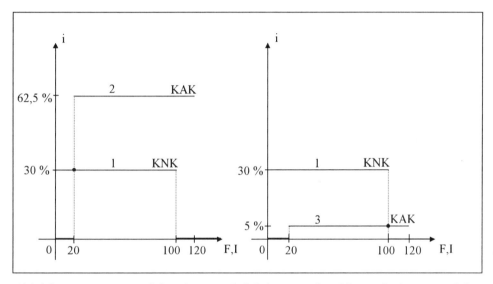

Abbildung 2.9: Unzureichende Berücksichtigung zukünftig verfügbarer Projekte im *Dean*-Modell

In ähnlicher Weise **ändern** sich die Renditen und Kapitalkostensätze von Projekten von Periode zu Periode. Die vorgenommene Gegenüberstellung ist insofern nur eine Momentaufnahme zum Zeitpunkt t = 0. Beispielsweise ist es denkbar, daß eine bestimmte, teure Finanzierungsform nur für eine Periode von t = 0 bis t = 1 zur Finanzierung eines langfristig lukrativen Investitionsprojekts benötigt wird.[12] Dieser Umstand kommt bei einer Betrachtung der zum Zeitpunkt t = 0 relevanten Kapitalangebots- und -nachfragekurven überhaupt nicht zum Ausdruck.

---

[11] Aus Platzgründen ist in der rechten Graphik auf die komplette Darstellung der Kapitalangebotskurve unter Einbezug des Projekts 2 verzichtet worden.

[12] Vgl. auch hierzu schon Beispiel 2.7.

Drittens schließlich ist darauf zu achten, daß die Reihung von Investitions- und Finanzierungsprojekten nach ihren internen Renditen im Rahmen einer Mehr-Perioden-Betrachtung ohne jegliche theoretische Fundierung ist. In der Tat stellen derartige Reihungen einen im allgemeinen **unzulässigen mittelbaren Parametervergleich** dar, und es sind ohne Schwierigkeiten Szenarien denkbar, in denen ein Projekt mit einem höheren internen Zinsfuß bei Durchführung zu einem geringeren Endvermögen für den Unternehmer als ein anderes Projekt mit niedrigerem internen Zinsfuß führt.

Beispiel 2.8:
Gegeben sei ein Unternehmer, dem bei einem für investive Zwecke vorgesehenen Anfangsvermögen von $\Delta W_0 = 100$ GE im Rahmen einer Drei-Zeitpunkte-Betrachtung zwei Investitionsprojekte 1 und 2 mit gleicher Anfangsauszahlung gemäß *Tabelle 2.4* zur Verfügung stehen.

t	0	1	2
$z_t^{(1)}$	-100	0	132,25
$z_t^{(2)}$	-100	116	0

Tabelle 2.4: Projekte 1 und 2 im Rahmen einer Drei-Zeitpunkte-Betrachtung

Man prüft leicht, daß Projekt 1 über einen internen Zinsfuß von 15 % verfügt, während der von Projekt 2 bei 16 % liegt. Projekt 2 würde deswegen im Rahmen einer Herleitung der Kapitalnachfragekurve vor Projekt 1 abgetragen werden. Unterstellt man aber etwa einen Habenzinssatz $i^{(H)} = 8$ %, dann gelangt man bei Durchführung des Projekts 2 nur zu einem (Brutto-[13]) Endvermögen des Zeitpunktes t = 2 von 116·1,08 = 125,28 GE < 132,25 GE, so daß sich in der Tat die Entscheidung für Projekt 1 als vorteilhaft erwiese. □

---

[13] Das heißt hier: **vor** Abzug etwaiger Finanzierungskosten.

Bei einer **reinen Zwei-Zeitpunkte-Betrachtung** hingegen ist die Reihung nach internen Zinsfüßen **unkritisch**, weil hier infolge der beliebigen Teilbarkeit von Investitionsprojekten grundsätzlich standardisierte Projekte mit jeweils 1 GE Anfangsauszahlung betrachtet werden können, für die sich im Rahmen einer Zwei-Zeitpunkte-Betrachtung auch ein mittelbarer Parametervergleich als zulässig erweist.

Statt zweier Projekte 1 und 2 mit Zahlungsstrukturen ($z_0^{(1)}$;$z_1^{(2)}$) bzw. ($z_0^{(2)}$;$z_1^{(2)}$) in t = 0, 1 kann man folglich ebenso gut $|z_0^{(1)}|$ Projekte 1a mit einer Auszahlung von jeweils 1 GE in t = 0 und einem Rückfluß von $z_1^{(1a)} \equiv z_1^{(1)}/|z_0^{(1)}|$ und $|z_0^{(2)}|$ Projekte 2a mit einer Auszahlung von ebenfalls 1 GE in t = 0 bei einer Einzahlung von $z_1^{(2a)} \equiv z_1^{(2)}/|z_0^{(2)}|$ in t = 1 betrachten.

Ein höherer interner Zinsfuß bei dem Projekt 1a mit Einzahlung $z_1^{(1a)}$ auf die zu investierende Geldeinheit als bei dem Projekt 2a mit Einzahlung $z_1^{(2a)}$ auf die zu investierende Geldeinheit geht stets einher mit $z_1^{(1a)} > z_1^{(2a)}$ und damit auch einem höheren Endvermögen bei Investition der betreffenden Geldeinheit ins Projekt 1a. Man kann ferner sagen, daß der Kapitalwert $[z_1^{(1a)}/(1+i)]-1$ der Investition in das Projekt 1a für jeden beliebigen Zinssatz i größer als der entsprechende Kapitalwert $[z_1^{(2a)}/(1+i)]-1$ bei Investition in das Projekt 2a ist. Es liegt hier demnach die aus dem Abschnitt 3 des Kapitels III bekannte **Dominanzbeziehung** zwischen zwei Projekten 1a und 2a vor, die ihrerseits eine Reihung nach internen Zinsfüßen rechtfertigt. Zu beachten ist hierbei, daß neben der Beschränkung auf die Betrachtung von nur zwei Zeitpunkten auch die beliebige Projektteilbarkeit erforderlich ist, um eine Rangordnungsbildung auf der Grundlage von internen Zinsfüßen zu fundieren.

Insgesamt sind die Erweiterungs- und Anwendungsmöglichkeiten des *Dean*-Modells damit vergleichsweise **eng**. Hinzu kommt, daß man selbst an der Grundversion dieses Modells noch **Kritik** üben kann, wie der nächste Abschnitt anhand eines Vergleichs von *Dean*- und *Hirshleifer*-Modell belegt.

2.4 Das Verhältnis von *Hirshleifer*- zu *Dean*-Modell[14]

Im weiteren soll das unternehmerische Entscheidungsproblem für die drei grundlegenden Fälle des *Hirshleifer*-Modells einmal in einer Darstellung mittels Kapitalangebots- und -nachfragefunktionen, also einer Darstellung im Kontext des *Dean*-Modells, veranschaulicht werden.

Für den **Anlegertyp** gilt, daß er Mittel im Umfang $\Delta W_0 > I^{(H)*}$ für investive Zwecke zu verwenden bereit ist. Hieraus resultiert sofort die bereits angesprochene linkere obere Graphik aus *Abbildung 2.3*, denn die Kapitalangebotskurve verläuft demnach für Finanzierungsvolumina $F \leq \Delta W_0$ auf der Abszisse, für $F > \Delta W_0$ hingegen erhält man einen Ordinatenwert von gerade $i^{(S)}$.

Wie ebenfalls bereits erwähnt, liefert die rechte obere Graphik aus *Abbildung 2.3* eine Alternativdarstellung auf der Grundlage des **wertmäßigen Kostenbegriffs**. Nochmals hervorzuheben ist, daß die Kapitalangebotskurve bei dieser Darstellung stets an der Stelle $I = I^{(H)*}$ von der Kapitalnachfragekurve geschnitten wird und man aus der Differenz $\Delta W_0 - I^{(H)*}$ unmittelbar den Umfang der unternehmerischen Kapitalmarktanlage zu $i^{(H)}$ ablesen kann.

Handelt es sich bei dem betreffenden Unternehmer hingegen um einen **Schuldnertyp**, dann stehen von unternehmerischer Seite nur Mittel im Umfang $\Delta W_0 < I^{(S)*}$ für investive Zwecke zur Verfügung. Bei gleicher Kapitalnachfragekurve verschiebt sich demnach im Vergleich zur Situation bei Betrachtung eines Anlegertyps die Sprungstelle der Kapitalangebotskurve nach links, und zwar derart, daß der Schnittpunkt der beiden Kurven nunmehr auf dem oberen der beiden Teilabschnitte der Kapitalangebotskurve liegt. Aus der Differenz $I^{(S)*} - \Delta W_0$ kann unmittelbar das Ausmaß der fremdfinanzierten Investitionen ersehen werden. Der endogene Kalkulationszinsfuß nimmt hierbei einen Wert von $i^{(S)}$ an. Ein Beispiel für

---

[14] Die Ausführungen dieses Abschnitts basieren im wesentlichen auf *Breuer* (2000b).

eine derartige Situation bietet die linke mittlere Graphik aus *Abbildung 2.3*. Wieder zeigt die zugehörige rechte mittlere Graphik die Zusammenhänge bei **wertmäßigen Kostenansätzen**.

Beispiel 2.9:
Gegeben sei der Unternehmer aus Beispiel 2.1, dieses Mal aber mit einem für investive Zwecke vorgesehenen Anfangsvermögen von nur $\Delta W_0 = 2{,}34$ GE $<$ $I^{(S)*}$. Als Konsequenz hieraus verschiebt sich die Sprungstelle seiner Kapitalangebotskurve so deutlich nach links, daß eine den mittleren Graphiken aus *Abbildung 2.3* entsprechende Situation resultiert. Der Unternehmer wird dabei zur Realisation von $I^{(S)*}$ noch einen zusätzlichen Kredit von $I^{(S)*}-\Delta W_0 \approx 3{,}86-2{,}34 = 1{,}52$ GE aufnehmen. □

Schließlich kann der Unternehmer noch vom Typ "**Neutraler**" sein. In diesem Fall sieht der Unternehmer Mittel ΔW_0 im Umfang von $I^{(H)*} \geq \Delta W_0 \geq I^{(S)*}$ für investive Zwecke vor und resultiert ein endogener Kalkulationszinsfuß i mit $i^{(H)} \leq i \leq i^{(S)}$, wobei typischerweise in beiden Ungleichungsketten echte Ungleichungen vorherrschen werden. Die linke untere Graphik aus *Abbildung 2.3* beschreibt genau einen derartigen Fall. Unter Voraussetzung des **wertmäßigen Kostenverständnisses** ist die rechte untere Graphik aus *Abbildung 2.3* maßgeblich.

Beispiel 2.10:
Gegeben sei der Unternehmer aus Beispiel 2.1, dieses Mal jedoch mit einem für investive Zwecke vorgesehenen Anfangsvermögen von $\Delta W_0 = 4{,}04$ GE. Wegen $I^{(H)*} > \Delta W_0 > I^{(S)*}$ wird der Unternehmer seine Mittel ΔW_0 vollständig für Realinvestitionen nutzen und auf ergänzende Kapitalmarkttransaktionen zur Gänze verzichten. Der adäquate endogene Kalkulationszinsfuß beläuft sich dabei auf $F'(\Delta W_0)-1 = 2{,}2 \cdot (4{,}04)^{-0{,}5}-1 \approx 9{,}45$ %. □

Insgesamt zeigt sich also, daß das Entscheidungsproblem des *Hirshleifer*-Modells grundsätzlich **auch** im Rahmen des *Dean*-Modells abgebildet werden kann, obgleich im *Dean*-Modell differenzierte Zeitpräferenzen des Unternehmers explizit gar nicht dargestellt werden. Vielmehr wird stets lediglich von der Maximierung des Endvermögens des Unternehmers ausgegangen. Das *Dean*-Modell läßt sich ferner selbst in seiner Grundversion auch auf Entscheidungssituationen anwenden, die nicht mit der aus dem *Hirshleifer*-Modell übereinstimmen. Insbesondere ist an den Fall zu denken, daß mehr als eine Art der Fremdfinanzierung möglich ist, also verschiedene Fremdfinanzierungsquellen mit unterschiedlichen (Soll-) Zinssätzen und unterschiedlichen maximalen Volumina zur Verfügung stehen. Wie erörtert, würden diese verschiedenartigen Finanzierungsprojekte einfach nach ihren jeweiligen internen Zinsfüßen als Kapitalkostensätzen aufsteigend gereiht werden.

Überdies dürfte die Argumentation über unternehmensbezogene Kapitalangebots- und -nachfragekurven den meisten anschaulicher erscheinen als die Nutzenmaximierung im Rahmen des *Hirshleifer*-Modells. All dies könnte zu dem **Schluß** verleiten, daß das *Hirshleifer*-Modell nur ein Spezialfall des *Dean*-Modells und letzteres überdies auch noch deutlich "praxisorientierter" ist. Vielmehr muß man in der Tat aber das ***Hirshleifer*-Modell** als **überlegen** ansehen.

Eine Anwendung des *Dean*-Modells setzt nämlich voraus, daß der Unternehmer bestimmt, welchen Bruchteil ΔW_0 seiner Anfangsausstattung W_0 er für investive Zwecke verwenden möchte.[15] Nur **nach** Klärung dieser Frage kann die Kapitalangebotskurve angegeben werden. Aus der Diskussion des *Hirshleifer*-Modells im Rahmen des vorhergehenden Abschnitts 1 dieses Kapitels ist bekannt, daß wenigstens für das hier betrachtete Entscheidungsproblem das Ausmaß des gesamten investiven Engagements eines Unternehmers unmittelbar auch seine optimale Konsum-, Realinvestitions- sowie Finanzierungsentscheidung determiniert und umgekehrt. Insofern ist eine Anwendung des *Dean*-Modells nur möglich, wenn die optimale Verhaltensweise des Unternehmers in der Tat bereits **feststeht**. Das

---

[15] Vgl. hierzu auch *Schmidt/Terberger* (1999), S. 175 f.

Dean-Modell abstrahiert also von den Interdependenzen zwischen Konsum- und Investitionsentscheidungen, die im *Hirshleifer*-Modell im Vordergrund stehen. Aus diesem Grunde stellt das **Dean-Modell** selbst im Rahmen einer reinen Zwei-Zeitpunkte-Betrachtung genaugenommen einen generell **unzulässigen Partialansatz** dar. Weil nämlich die Teilentscheidung über den investiv zu verwendenden und damit nicht bereits in t = 0 zu konsumierenden Betrag ΔW_0 im *Dean*-Modell als bereits getroffen angenommen wird, bleibt natürlich nur noch offen, wie man diesen Betrag derart einsetzen kann, daß er zum maximal möglichen Rückfluß im Zeitpunkt t = 1 für den Unternehmer führt. Nur mit diesem **Ausschnitt** aus dem unternehmerischen Gesamtproblem setzt sich das *Dean*-Modell noch auseinander.[16] Bestenfalls ist es demnach mit dem *Dean*-Modell in einer Zwei-Zeitpunkte-Betrachtung möglich, die durch ΔW_0 implizit bereits beschriebene optimale unternehmerische Konsum-, Investitions- und Finanzierungsentscheidung partiell zu reproduzieren.

Beispiel 2.11:
Betrachtet man etwa den Unternehmer aus Beispiel 2.1, so ist $\Delta W_0 = 5{,}76$ GE (näherungsweise) die Konsequenz eines Anfangsvermögens von $W_0 = 10$ GE bei einer Nutzenfunktion $U(C_0; C_1) = C_0^{0,3} \cdot C_1^{0,7}$, wie aus Beispiel 1.8 des vorhergehenden Abschnitts 1 bereits bekannt ist. Dort wurden auch schon das optimale Realinvestitionsvolumen $I^{(H)*} \approx 4{,}15$ GE sowie der optimale Anlagebetrag für den Kapitalmarkt mit ca. 1,61 GE hergeleitet. Das optimale Konsumvolumen des Zeitpunktes t = 0 kann im *Dean*-Modell wegen mangelnder Kenntnis des "tatsächlichen" Anfangsvermögens W_0 übrigens nicht reproduziert werden.

---

[16] Lediglich für den Fall, daß der Unternehmer in der Tat über eine **nur** im Konsum des Zeitpunktes t = 1 definierte Nutzenfunktion verfügt, fallen der Partialansatz des *Dean*-Modells und das komplette Entscheidungsproblem des Unternehmers zusammen. Denn dann gilt $\Delta W_0 = W_0$. In einer derartigen Situation kann aber auch im Rahmen eines $(C_0; C_1)$-Diagramms im Kontext des *Hirshleifer*-Modells das maximale Endvermögen leicht als Ordinatenabschnitt der einzig relevanten Darlehnsgeraden D^* abgelesen werden.

Entsprechendes gilt für die Unternehmer aus den Beispielen 2.9 und 2.10. Die dort angegebenen Werte ΔW_0 sind genaugenommen nur bekannt, weil das unternehmerische Entscheidungsproblem bereits in dem vorhergehenden Abschnitt 1 gelöst worden ist. Beispiel 2.9 des vorliegenden Abschnitts korrespondiert dabei mit Beispiel 1.7 des vorhergehenden Abschnitts, wo ein Unternehmer mit Anfangsvermögen $W_0 = 5$ GE in $t = 0$ betrachtet wurde. Das Beispiel 2.10 schließlich basiert auf Beispiel 1.9 des Abschnitts 1 dieses Kapitels. □

In **Mehr-Perioden-Betrachtungen** treten sogar noch zusätzliche Probleme auf, wie oben schon dargelegt wurde. Hier ist selbst die Erreichung des endwertmaximalen Kapitalbudgets mit Hilfe des *Dean*-Modells nicht mehr gewährleistet, von einer Berücksichtigung differenzierterer Zeitpräferenzen ganz zu schweigen. Insofern käme das *Dean*-Modell nun nur noch als **Heuristik** in Frage, das zwar keine optimalen, aber möglicherweise doch "recht gute" Empfehlungen zur Erreichung eines hohen Endvermögens ausspricht. Eine Untersuchung von *Kruschwitz* und *Fischer* (1980) hat aber gezeigt, daß der Wert des *Dean*-Modells als Heuristik eher als **bescheiden** einzustufen ist. Alles in allem erweist sich das *Dean*-Modell daher nur als begrenzt hilfreich zum Treffen von Investitions- und Finanzierungsentscheidungen auf dem unvollkommenen Kapitalmarkt.

2.5 Zusammenfassung

Gegenstand dieses Abschnitts war die Präsentation des *Dean*-**Modells** zur Ermittlung endwertmaximierender unternehmerischer Kapitalbudgets. Das *Dean*-Modell beruht auf der **graphischen** Gegenüberstellung von unternehmensbezogen definierten Kapitalangebots- und -nachfragekurven. Im Rahmen der **Kapitalangebotskurve** kann man zu jedem **Finanzierungsvolumen F** den zugehörigen **marginalen Kapitalkostensatz** ablesen, das heißt die auf die letzte von den Kapitalgebern überlassene Geldeinheit (mindestens) zu erbringende Verzinsung. Die **Kapitalnachfragekurve** wiederum ordnet jedem **Investitionsvolumen I** die **marginale Rendite** zu. Aus dem **Schnittpunkt** von Kapitalangebots- und Kapitalnachfragekurve läßt sich das **optimale Kapitalbudget** ermitteln. Grundsätzlich handelt es sich bei dem *Dean*-Modell um einen Zwei-Zeitpunkte-Ansatz mit beliebig teil- und unabhängig voneinander durchführbaren Investitions- und Finanzierungsprojekten. Es konnte gezeigt werden, daß **alle** gerade genannten drei Prämissen erforderlich sind, um optimale Handlungsempfehlungen auf der Grundlage des *Dean*-Modells herzuleiten. Aber selbst bei Gültigkeit dieser Prämissen ist die Bedeutung des *Dean*-Modells sehr stark **eingeschränkt**, da **exogen** der Betrag vorgegeben werden muß, den ein Unternehmer für investive Zwecke vorsieht. Aus dem *Hirshleifer*-**Modell** jedoch ist bekannt, daß dieser Betrag erst feststeht, **nachdem** das optimale Konsum-, Investitions- und Finanzierungsverhalten des betreffenden Unternehmers bereits ermittelt worden ist. Insofern vernachlässigt das *Dean*-Modell die **Interdependenzen** zwischen unternehmerischen Konsum- und Investitionsentscheidungen und leistet folglich bestenfalls die Reproduktion der implizit schon vorgegebenen optimalen Kapitalbudgetierung aus dem *Hirshleifer*-Modell, wodurch die theoretische Bedeutung des *Dean*-Modells quasi gegen **Null** geht.

Wiederholungsfragen

W2.1
Was versteht man im Rahmen des *Dean*-Modells unter der Kapitalnachfragefunktion?

W2.2
Über welche Eigenschaften verfügt die Kapitalnachfragefunktion? Unterscheiden Sie dabei zwischen einer Situation mit unendlich vielen Investitionsprojekten mit jeweils marginal variierender Rendite und einer Situation mit endlich vielen Investitionsprojekten mit nicht nur marginalen Anfangsauszahlungen!

W2.3
Was versteht man im Rahmen des *Dean*-Modells unter der Kapitalangebotsfunktion?

W2.4
Inwiefern läßt sich zwischen einem pagatorischen und einem wertmäßigen Kapitalkostensatz unterscheiden? Wie sieht in den beiden Fällen jeweils die resultierende Kapitalangebotsfunktion aus?

W2.5
Wie bestimmt sich das optimale unternehmerische Kapitalbudget im Rahmen des *Dean*-Modells?

W2.6
Welche Probleme können sich im Rahmen des *Dean*-Modells ergeben, wenn man von mangelnder Teilbarkeit der Investitionsprojekte ausgeht?

W2.7

Wie kann man versuchen, mit Hilfe der Konzeption von Differenzinvestitionen die Lösung von Kapitalbudgetierungsproblemen trotz gegenseitigen Ausschlusses bestimmter Investitionsprojekte mit nur einer einzigen Graphik zu ermitteln?

W2.8

Welche Probleme ergeben sich bei der Anwendung des *Dean*-Modells im Rahmen von Mehr-Perioden-Betrachtungen?

W2.9

In welchem Verhältnis stehen *Hirshleifer*- und *Dean*-Modell zueinander?

W2.10

Wie ist das *Dean*-Modell insbesondere unter Beachtung der Antwort zu W2.9 abschließend zu würdigen?

3 Vollständige Finanzplanung und Ansätze der Linearen Programmierung

3.1 Problemstellung

Der Ermittlung optimaler unternehmerischer Investitions- und Finanzierungsprogramme (Kapitalbudgets) unter Beachtung von Kapitalmarktunvollkommenheiten kommt zweifellos eine ganz erhebliche praktische Bedeutung zu. Die beiden bislang für derartige Situationen vorgestellten Entscheidungshilfen, das *Hirshleifer*- und das *Dean*-Modell, sind von ihren Anwendungsmöglichkeiten jedoch derart begrenzt, daß hiermit kaum praktisch relevante Probleme gelöst werden können. In der Tat hilft in vielen Fällen kaum mehr als eine **explizite Enumeration** aller unternehmerischen Handlungsalternativen, also Kapitalbudgets. Die Problemlösung geschieht sodann durch vollständige Auflistung der erreichbaren Investitions- und Finanzierungsprogramme und Vergleich ihrer jeweiligen monetären Konsequenzen. Das zum Zwecke der Beschreibung der monetären Konsequenzen von Kapitalbudgets einzusetzende Instrument wird als **vollständiger Finanzplan** bezeichnet und soll im Rahmen dieses Abschnitts näher vorgestellt werden.

Zunächst wird im folgenden **Abschnitt 3.2** die Grundstruktur vollständiger Finanzpläne dargelegt, um im **Abschnitt 3.3** deren Einsatz anhand eines konkreten Beispiels zu präsentieren. Gleichzeitig wird dabei ein Brückenschlag zu der Diskussion von Parameterregeln des Abschnitts 3 aus Kapitel III und zur in den Abschnitten 1 und 2 dieses Kapitels erörterten Problematik endogener Kalkulationszinsfüße auf unvollkommenem Kapitalmarkt ermöglicht.

Die Lösung von Entscheidungsproblemen mit Hilfe der vollständigen Finanzplanung ist nur möglich, sofern eine **überschaubare Alternativenanzahl** ihre vollständige Auflistung ohne Schwierigkeiten erlaubt und sich damit die Komplexität des Entscheidungsproblems als nicht zu groß erweist. Ist diese Voraussetzung nicht gegeben, wird man auf andere Techniken der Lösungsfindung zurückgreifen müssen, die als **Ansätze der Linearen Programmierung (LP)** seit den sechziger Jahren bekannt sind und von ihrer Grundstruktur auf allgemein formulierten vollständigen Finanzplänen aufbauen. Auch diese werden im folgenden im Rahmen des **Abschnitts 3.4** näher beschrieben, und es wird zugleich angesprochen, wieso sich diese Ansätze bislang in der Praxis kaum durchsetzen konnten. Die Ausführungen werden abgerundet durch eine kurze Zusammenfassung im **Abschnitt 3.5**.

3.2 Die Grundstruktur vollständiger Finanzpläne

3.2.1 Definition und Funktion vollständiger Finanzplanung

Unter einem **vollständigen Finanzplan** versteht man die **systematische Erfassung** aller mit einem bestimmten Kapitalbudget, das heißt Investitions- und Finanzierungsprogramm, verbundenen Zahlungsströme.[1] Diese Zahlungsströme werden dabei begrifflich in originäre und derivative Zahlungen unterschieden. **Originär** sind solche Zahlungen, die unabhängig vom jeweiligen Finanzierungsprogramm sind, also vor allem die Zahlungsreihe der Realinvestitionen und die vom betrachteten Unternehmer erwünschten Entnahmen für Konsumzwecke. **Derivativ**, das heißt davon abgeleitet, sind alle übrigen Zahlungen.[2]

---

[1] Die Konzeption vollständiger Finanzplanung geht in ihren Grundzügen mindestens zurück auf *Heister* (1962). Vgl. zur Begriffsbildung und Weiterentwicklung der Konzeption insbesondere *Grob* (1984, 1989a, 1989b).

[2] Inwiefern diese begriffliche Differenzierung für die Lösung von Entscheidungsproblemen hilfreich sein kann, soll hier dahingestellt bleiben. Zumindest die Höhe der möglichen Entnahmen wird natürlich auch durch die gewählten Finanzierungsmaßnahmen bestimmt.

Die vollständige Finanzplanung verfolgt zwei eng miteinander verbundene Zwecksetzungen:[3]

1) Beschreibungsfunktion

Ein vollständiger Finanzplan dient der **umfassenden Wiedergabe** von allen monetären Konsequenzen eines Kapitalbudgets.

2) Entscheidungsunterstützungsfunktion

Durch Vergleich der mit verschiedenen Kapitalbudgets verbundenen vollständigen Finanzpläne können unmittelbar **Entscheidungen getroffen** werden. Als Anwendungsbereich für vollständige Finanzpläne bieten sich dementsprechend (vergleichsweise einfache[4]) Entscheidungssituationen bei unvollkommenem Kapitalmarkt und damit bestehenden Interdependenzen zwischen unternehmerischen Konsum-, Investitions- und Finanzierungsentscheidungen an.

Ein **formalisierter** vollständiger Finanzplan kann des weiteren als Grundlage für Ansätze Linearer Programmierung dienen.

---

[3] Vgl. hierzu etwa *Grob* (1989a), S. 3 f.

[4] Im Abschnitt 3.3 wird anhand eines Zahlenbeispiels der Aufwand im Rahmen der Lösung von Kapitalbudgetierungsproblemen mittels Gegenüberstellung der vollständigen Finanzpläne verschiedener Handlungsalternativen verdeutlicht werden. Der Leser wird ohne weiteres erkennen, daß bei allzu vielen Handlungsmöglichkeiten eine derart "manuelle" Problemlösung **nicht** mehr in Frage kommt.

3.2.2 Elemente eines vollständigen Finanzplans

Vollständige Finanzpläne sind als **Tabellen** aufgebaut,[5] in deren Spalten die einzelnen **Zahlungszeitpunkte** t = 0, ..., T abgetragen sind. In den Zeilen finden sich die **Zahlungsreihen**, allen voran die **Einzahlungsüberschüsse** aus dem jeweils angenommenen Investitionsprogramm. Anschließend folgt eine Zeile mit möglichen **Einlagen** des Unternehmers oder seinen **Entnahmen** für Konsumzwecke, wobei Entnahmen einfach als negative Einlagen gedeutet werden können. Weil unternehmerische Einlagen einen Mittelzufluß auf der Unternehmensebene bedeuten, werden sie im Rahmen der Finanzplanung positiv erfaßt, Entnahmen als Mittelabfluß entsprechend negativ.

Sodann werden die Zahlungsreihen verschiedener **Kredite** gemäß den an den Unternehmer ausgezahlten oder von diesem zurückgeleisteten Beträgen (ohne Zinszahlungen) wiedergegeben. Aufgenommene Beträge fließen der Unternehmung zu und werden daher mit einem positiven Vorzeichen versehen. Kredittilgungen lassen sich entsprechend als negative Kreditaufnahmen interpretieren.

Das Pendant zu Kreditaufnahmen und -tilgungen bilden unternehmerische **Mittelanlagen** am Kapitalmarkt oder deren **Auflösung**, wieder ohne Berücksichtigung von Zinszahlungen. Mittelanlagen stellen liquide Abflüsse dar und werden deshalb mit einem negativen Vorzeichen deklariert, die Auflösung von Mittelanlagen führt entsprechend zu Zuflüssen.

Soll- und Habenzinsen verschiedener Kredite und Mittelanlagen werden separat in verschiedenen Zeilen ausgewiesen, Sollzinsen als Abflüsse mit negativem, Habenzinsen als Zuflüsse mit positivem Vorzeichen.

---

[5] Vgl. exemplarisch *Tabelle 3.1*.

Weitere Zeilen können bei Bedarf zur Erfassung zusätzlicher Zahlungen, etwa **Steuerzahlungen**[6], eingefügt werden. In jedem Fall werden alle Ein- und Auszahlungen eines beliebigen Zeitpunktes t im Rahmen eines Finanzplans erfaßt, weswegen deren Summe sich stets auf **Null** belaufen muß: Wäre die Summe aller Ein- und Auszahlungen negativ, könnte der betreffende Unternehmer seine erwünschten Auszahlungen nicht erbringen, wäre sie positiv, stellte sich die Frage, wie der Unternehmer mit dem überschüssigen Betrag verfahren sollte: Wird dieser entnommen oder angelegt? Immer können die aus diesen zusätzlichen Maßnahmen resultierenden Zahlungskonsequenzen ebenfalls adäquat im Rahmen des Finanzplans erfaßt werden. Die Summe aller Ein- und Auszahlungen eines Zeitpunktes t wird als "**Finanzierungssaldo**" bezeichnet und als Prüfgröße ebenfalls im Rahmen des Finanzplans ausgewiesen.

Alle bislang behandelten Größen sind **Stromgrößen**, die zu- oder abfließende Zahlungen bezeichnen. Überdies werden im Rahmen eines Finanzplans (gegebenenfalls leicht abgesetzt) zwei weitere Kategorien erfaßt, bei denen es sich um **Bestandsgrößen** in einem Zeitpunkt handelt, nämlich der **Kreditstand** sowie der **Guthabenstand** eines Zeitpunktes t, beides möglicherweise aufgeschlüsselt nach verschiedenen Kredit- oder Anlagearten. Diese Bestandsgrößen erfüllen eine Hilfsfunktion zur Ermittlung der Zahlungsströme der einzelnen Zeitpunkte, beispielsweise im Zusammenhang mit der Bestimmung von Haben- oder Sollzinszahlungen. Darüber hinaus ist es auch denkbar, daß sich **weitere Nebenrechnungen** als nötig erweisen, etwa im Zusammenhang mit der Berechnung von Steuerzahlungen.[7]

---

[6] Vgl. hierzu auch den nachfolgenden Abschnitt 4.

[7] Auch hierauf wird im anschließenden Abschnitt 4 eingegangen.

Zeitpunkt t	t = 0	t = 1	...	t = T
Investitionszahlungen z_t				
+ Einlage				
+ Kreditaufnahme				
- Mittelanlage				
- Sollzinsen				
+ Habenzinsen				
- Steuerzahlungen				
= Finanzierungssaldo	0	0	0	0
Kreditstand				
Guthabenstand				

Tabelle 3.1: Struktur eines vollständigen Finanzplans

3.2.3 Mögliche Zielsetzungen im Rahmen vollständiger Finanzplanung

Schließlich ist für einen Vergleich der verschiedenen möglichen vollständigen Finanzpläne noch zu klären, welche **Zielfunktion** vom Unternehmer zugrunde gelegt wird. Konkret ist hierbei die unternehmerische Nutzenfunktion zu spezifizieren. Damit Entscheidungsprobleme mit Hilfe vollständiger Finanzpläne lösbar bleiben, darf die unternehmerische Nutzenfunktion dabei nicht allzu komplizierte Formen annehmen. In der Tat werden in der Regel im Zusammenhang mit vollständiger Finanzplanung nur **vier** verschiedene Zielfunktionen diskutiert:[8]

---

[8] Vgl. hierzu *Grob* (1989a), S. 6 ff.

1) Endwertmaximierung

Unterstelltes Ziel des Unternehmers ist es hierbei, ein **maximales Endvermögen** des Zeitpunktes $t = T$ aus seinem Investitions- und Finanzierungsprogramm zu realisieren. Die unternehmerische Nutzenfunktion ist folglich von der Form $U(C_T)$: Konsum zu anderen Zeitpunkten als in $t = T$ stiftet annahmegemäß keinen Nutzen.

Diese Zielsetzung kann noch insofern **modifiziert** werden, als für die Zeitpunkte $t = 0$ bis $t = T-1$ exogen fixierte, gegebenenfalls von Null verschiedene Konsumniveaus vorgegeben werden. Wenngleich dies eine Verallgemeinerung zur "unrestringierten" Endwertmaximierung darstellt, wird eine nutzentheoretische Fundierung dieses modifizierten Ansatzes **problematisch** sein. Anders formuliert, dürften Nutzenfunktionen, bei denen unabhängig vom konkret gewählten Investitionsprogramm und den möglichen Finanzierungsprojekten ein bestimmter (von Null verschiedener) Konsumstrom $C_0, ..., C_{T-1}$ angestrebt wird, vergleichsweise unplausibel sein.[9]

2) Anfangswertmaximierung

Das Gegenstück zur Endwertmaximierung besteht in der Vorgabe einer Nutzenfunktion $U(C_0)$, gemäß der der Unternehmer lediglich an **Konsum** im Zeitpunkt **$t = 0$** interessiert ist. Wieder kann diese Zielsetzung insofern **modifiziert** werden, als (erneut ohne nutzentheoretischen Hintergrund) für die Zeitpunkte $t = 1$ bis $t = T$ exogen Konsumniveaus als Restriktion vorgegeben werden.

---

[9] Natürlich ist auch die Vorstellung einer Nutzenfunktion $U(C_T)$ schon insofern **wenig realitätsnah**, als hierbei von Konsumbedürfnissen in anderen Zeitpunkten völlig abgesehen wird. Gerade derartiges ist aber fast eine zwingende Begleiterscheinung aus der Annahme vereinfachter unternehmerischer Zielfunktionen.

3) Entnahmemaximierung

Zielsetzung ist es für den Unternehmer hier, seine laufende, als **konstant angenommene Entnahme** in den Zeitpunkten $t = 1$ bis $t = T$ zu maximieren. Wenngleich ein derartiger Ansatz auf den ersten Blick plausibler als reine End- oder Anfangswertmaximierung erscheint, läßt er sich **nutzentheoretisch** doch **kaum** rechtfertigen. Zur Erklärung sei angenommen, daß der Unternehmer über eine Nutzenfunktion der Form $U(C_1;...;C_T) = u(C_1)+...+u(C_T)$ mit degressiv steigendem Verlauf von $u(\cdot)$ verfügt. Selbst bei derart "homogen" wirkenden Zeitpräferenzen wird es sich kaum als optimal erweisen, $C_1 = ... = C_T$ zu wählen. Beispielsweise müssen in diesem Zusammenhang auf einem vollkommenen Kapitalmarkt mit $T = 2$ optimale positive Konsumwerte C_1^* und C_2^* so beschaffen sein, daß $|dC_2/dC_1| = 1+i$ und damit $u'(C_1^*)/u'(C_2^*) = 1+i$ gilt,[10] was augenscheinlich für $i \neq 0$ % nur durch $C_1^* \neq C_2^*$ erfüllt werden kann. Aufgrund derartiger Probleme ist überhaupt nicht abzusehen, wie eine nutzentheoretische Begründung für das Ziel der Entnahmemaximierung aussehen könnte.

Daß überdies nur die Zeitpunkte $t = 1$ bis $t = T$ ohne $t = 0$ zugrunde gelegt werden, mag damit zusammenhängen, daß man eine gewisse Analogie zur Betrachtung im Zusammenhang mit **äquivalenten Annuitäten** bei kapitalwertorientierten Entscheidungen gewährleisten will.[11] Aber selbstverständlich könnte man ohne weiteres die Entnahmemaximierung unter Einschluß des Zeitpunktes $t = 0$ neu definieren. Alternativ wäre die Vorgabe eines exogenen Konsumniveaus für $t = 0$ denkbar, was eine nutzentheoretische Fundierung der unternehmerischen Zielfunktion allerdings sicherlich nicht erleichtern würde.

---

[10] $|dC_2/dC_1|$ ist hierbei als die **Grenzrate der Substitution** zwischen Konsum C_2 in $t = 2$ und Konsum C_1 in $t = 1$ definiert. Vgl. zur Definition der Grenzrate der Substitution die Ausführungen im Kapitel II dieses Buches.

[11] Der Leser sei an die zugehörigen Ausführungen des Abschnitts 2 des Kapitels III dieses Buchs erinnert.

4) Renditemaximierung

Sofern der Unternehmer eine positive Einlage EK[12] in $t = 0$ tätigt, kann man ohne weiteres die auf den Betrag EK von $t = 0$ bis $t = T$ erzielbare **Rendite** je Periode berechnen. Diese ist nämlich nichts anderes als der interne Zinsfuß $v_T^{(EK)}$ einer Zahlungsreihe, die in $t = 0$ aus einer Auszahlung in Höhe von EK und in $t = T$ aus einer Einzahlung in Höhe des dann für den Unternehmer verfügbaren Endwertes EW besteht:

$$-EK + \frac{EW}{(1+v_T^{(EK)})^T} \stackrel{!}{=} 0$$

$$\Leftrightarrow v_T^{(EK)} = \sqrt[T]{\frac{EW}{EK}} - 1,$$

(3.1)

was natürlich gerade der aus Abschnitt 5 des Kapitels III bekannten Formel für die Effektivrendite eines Zero Bond mit Laufzeit von $t = 0$ bis $t = T$ entspricht.[13]

Für fest vorgegebene positive Einlage resultiert aus der zweiten Zeile von (3.1) unmittelbar, daß eine Maximierung von $v_T^{(EK)}$ stets einhergeht mit einer Maximierung von EW. Eine in diesem Sinne definierte Renditemaximierung ist damit für fixierte Einlage EK stets **äquivalent** zur Endwertmaximierung und braucht deswegen als eigenständige Zielsetzung nicht weiter beachtet zu werden.[14]

---

[12] "EK" steht hierbei für "Eigenkapital".

[13] Deswegen ist auch die Wahl des Symbols $v_T^{(EK)}$ hier gerechtfertigt.

[14] Sofern man die Einlage EK nicht vorgibt, ist die gerade angesprochene Äquivalenz natürlich **nicht** mehr gegeben. Aus der Diskussion der Probleme bei **mittelbaren Parametervergleichen** sollte aber klar sein, daß bei endogenem Wert für EK die Maximierung von $v_T^{(EK)}$ merkwürdige Ergebnisse (beispielsweise ein Investitionsvolumen von quasi Null mit gleichwohl sehr hoher

Aus der *Fisher*-Separation folgt unmittelbar, daß die Vorgabe der konkreten Zeitpräferenzen eines Unternehmers bei **vollkommenem Kapitalmarkt** keinerlei Bedeutung für die unternehmerische Investitionsentscheidung besitzt. Aus diesem Grunde führen **alle** oben genannten Zielfunktionen bei vollkommenem Kapitalmarkt auch zum selben optimalen Investitionsprogramm. Lediglich die Finanzierungsmaßnahmen werden sich unterscheiden, erweisen sich aber insofern als trivial, als bei Endwertmaximierung alle frei verfügbaren Mittel bis t = T angelegt werden, während bei Anfangswertmaximierung die maximal mögliche Kreditaufnahme in t = 0 realisiert wird und bei Entnahmemaximierung Finanzierungsmaßnahmen zur Realisation des gleichbleibenden unternehmerischen Einkommensstroms zu wählen sind, wobei sich dieser als äquivalente Annuität zum Kapitalwert des angestrebten Investitionsprogramms einfach berechnen läßt.

Auf dem **unvollkommenen Kapitalmarkt** führen die genannten Zielfunktionen jedoch **nicht** zwingend zum gleichen Investitionsprogramm. Erst recht werden sich die gewählten Kapitalmarkttransaktionen unterscheiden. Überdies sind letztere auch nicht mehr so leicht wie für den vollkommenen Kapitalmarkt zu ermitteln, da gegebenenfalls eine Auswahl zwischen verschiedenen Finanzierungsformen besteht, die beispielsweise trotz gleicher Fristigkeit sehr unterschiedliche Zahlungskonsequenzen bedingen. Man spricht hier auch von der **Konditionenvielfalt** bei unvollkommenem Kapitalmarkt. Vor allem in diesem Kontext kommt der im Rahmen der vollständigen Finanzplanung zugrunde gelegten Zielsetzung eine ganz besondere Bedeutung zu. Am **einfachsten** läßt sich dabei das Ziel der **Endwertmaximierung** verfolgen, da hierzu lediglich die Anlage der jeweils in einem Zeitpunkt t noch vorhandenen überschüssigen Mittel bis zum Planungsende in T berücksichtigt werden muß. Alle anderen Zielgrößen erfordern **zusätzlichen Berechnungsaufwand** und werden typischerweise auf der Grundlage der für endwertmaximierendes Verhalten resultierenden Finanzpläne ermittelt.

Grenz- und Durchschnittsrendite) zeitigen kann. Deshalb bieten sich derlei Betrachtungen nicht an.

3.3 Ein Zahlenbeispiel

Am einfachsten läßt sich die Kapitalbudgetierung auf der Grundlage vollständiger Finanzplanung anhand eines Zahlenbeispiels veranschaulichen.[15]

Beispiel 3.1:

Ein mittelloser Unternehmer beabsichtige im Rahmen einer Zwei-Perioden-Betrachtung (t = 0, 1, 2) die Durchführung eines Investitionsprojekts. Die erforderliche Anfangsauszahlung in t = 0 belaufe sich auf 4.500 GE. In t = 1 rechnet der Unternehmer mit Einzahlungsüberschüssen in Höhe von 2.400 GE, in t = 2 sogar mit Einzahlungsüberschüssen in Höhe von 4.000 GE. Zur Finanzierung der Anfangsauszahlung steht dem Unternehmer ein **Kontokorrentkredit** zur Verfügung, der zu 15 % je Periode zu verzinsen ist und der flexibel in t = 0 und t = 1 aufgenommen sowie in t = 1 und t = 2 jeweils teilweise oder ganz zurückgezahlt werden kann. Natürlich ist der Kredit dabei bis zum Ende des Planungshorizonts in t = 2 komplett zurückzuführen. Etwaige überschüssige Mittel könne der Unternehmer in den Zeitpunkten t = 0 und t = 1 jeweils für eine Periode anlegen, wobei sich der Habenzinssatz für Beträge bis 1.000 GE jeweils auf 9 % belaufe. Der Teil des gesamten Anlagebetrags, der über 1.000 GE hinausgeht, verzinse sich in jeder Anlageperiode sogar zu 11 %. Die Zielsetzung des Unternehmers bestehe in der Maximierung seines Endvermögens zum Zeitpunkt t = 2.

Auf der Grundlage dieser Prämissen ergibt sich der in *Tabelle 3.2* dargestellte **vollständige Finanzplan**. Der Übersichtlichkeit halber sind Einträge von 0 GE grundsätzlich durch "-----" gekennzeichnet. Lediglich die den Finanzierungssaldo aufweisende Zeile wird wegen ihrer prominenten Bedeutung durch explizit ausgeschriebene Nullen gekennzeichnet.

---

[15] Die folgenden Ausführungen knüpfen an *Breuer* (1995b) an.

Zeitpunkt t	t = 0	t = 1	t = 2
Investitionszahlungen z_t	-4.500	2.400	4.000
+ Einlage	-----	-----	-808,75
+ Kreditaufnahme	4.500	-1.725	-2.775
- Mittelanlage zu 9 %	-----	-----	-----
- Mittelanlage zu 11 %	-----	-----	-----
- Sollzinsen	-----	675	416,25
+ Habenzinsen (9 %)	-----	-----	-----
+ Habenzinsen (11 %)	-----	-----	-----
= Finanzierungssaldo	0	0	0
Kreditstand	4.500	2.775	-----
Guthabenstand (9 %)	-----	-----	-----
Guthabenstand (11 %)	-----	-----	-----

Tabelle 3.2: Vollständiger Finanzplan bei Investitionsfinanzierung mittels Kontokorrentkredit

Natürlich wird der Unternehmer wegen des über den möglichen Habenzinssätzen liegenden Sollzinssatzes in t = 0 den Kontokorrentkredit nicht stärker in Anspruch nehmen als zur Durchführung des Investitionsprojekts erforderlich ist. Derartige **triviale Teilentscheidungen** können unmittelbar bei der Erstellung eines Finanzplans gefällt werden und erfordern nicht die Aufstellung weiterer Finanzpläne.

Die Kreditaufnahme in Höhe von 4.500 GE in t = 0 bedingt einen ebensolchen Kreditstand in diesem Zeitpunkt. Daraus ergeben sich für t = 1 Zinszahlungsverpflichtungen von 4.500·0,15 = 675 GE. Der in t = 1 verbleibende Betrag von 2.400-675 = 1.725 GE aus dem Einzahlungsüberschuß des Investitionsprojekts könnte vom Unternehmer zur partiellen Rückzahlung des Kontokorrentkredits oder aber zur Mittelanlage bis t = 2 verwandt werden. Erneut ist es wegen der Höhe des zu leistenden Sollzinssatzes unter dem Aspekt der Endwertmaximierung eindeutig besser, mit den verbleibenden Einzahlungen den Kontokorrentkredit teilweise zurückzuführen. Es kommt somit zu einer Kredittilgung in Höhe von 1.725 GE, die in *Tabelle 3.2* als negative Kreditaufnahme des Zeitpunktes t = 1 ausgewiesen ist. Hieraus resultiert ein Restkredit von t = 1 bis t = 2 in Höhe von 4.500-1.725 = 2.775 GE, der als Kreditstand in t = 1 ausgewiesen wird. Aus diesem Restkreditbetrag ergibt sich für t = 2 eine weitere Sollzinszahlung von 2.775·0,15 = 416,25 GE. Zusätzlich ist der Restkreditbetrag von 2.775 GE zurückzuzahlen ("negative" Kreditaufnahme in dieser Höhe), so daß von dem Einzahlungsüberschuß in Höhe von 4.000 GE aus dem Investitionsprojekt im Zeitpunkt t = 2 noch 4.000-2.775-416,25 = 808,75 GE verbleiben, die als Entnahme (das heißt negative Einlage) im Zeitpunkt t = 2 erfaßt werden. Genau dies ist das für den Unternehmer bei Finanzierung des Investitionsprojekts über den Kontokorrentkredit maximal für Konsumzwecke zur Verfügung stehende, erreichbare Endvermögen des Zeitpunktes t = 2.

Fragt man **statt** nach dem maximalen Endvermögen bei Nutzung des Kontokorrentkredits nach dem maximalen zugehörigen Anfangsvermögen und beschränkt man die Darstellung weiterhin auf reine Kontokorrentkreditfinanzierung, so fällt die Antwort nicht schwer. Der betrachtete Unternehmer kann aus dem maximalen Endvermögen von 808,75 GE im Zeitpunkt t = 2 aus Sicht von t = 0 eine zusätzliche Kreditaufnahme von $808,75/1,15^2 \approx 611,53$ GE finanzieren. Genau dies bezeichnet deswegen den maximal erreichbaren Konsum des Zeitpunktes t = 0 bei alleiniger Betrachtung des Kontokorrentkredits als Finanzierungsmöglichkeit.

Der Finanzplan hätte im übrigen **alternativ** auch derart gestaltet werden können, daß man in allen Zellen des Finanzplans Zuflüsse zum Unternehmen mit einem positiven Vorzeichen versieht und alle Abflüsse durch ein negatives Vorzeichen kennzeichnet, also etwa in die Sollzinszeile "-675" und "-416,25" einträgt. Im obigen Finanzplan hingegen erhält man die "korrekten" Vorzeichen der einzelnen Zahlungsgrößen erst dann, wenn man zusätzlich zu den Vorzeichen der Zelleneinträge die Vorzeichen aus der jeweils zugehörigen ersten Spalte des Finanzplans berücksichtigt, also beispielsweise zusätzlich zu den positiven Vorzeichen der Sollzinszahlungen "675" und "416,25" das negative Vorzeichen vor "Sollzinsen" in der ersten Spalte beachtet. ☐

Durch Erstellung vollständiger Finanzpläne für **alle** relevanten Kapitalbudgets ist sodann eine Entscheidung auf der Grundlage der formulierten Zielsetzung möglich.

Beispiel 3.2:
Betrachtet sei erneut der Unternehmer aus dem Beispiel 3.1. Als alternative Finanzierungsmöglichkeit zur Nutzung eines Kontokorrentkredits für sein Investitionsprojekt sei nun die Aufnahme eines **Festkredits** zu einem Nominalzinssatz von 8 % in Erwägung gezogen, der mit einem **Disagio** von 10 % in t = 0 ausgezahlt wird und in t = 2 zum Nennwert zurückzuzahlen ist. Zinszahlungen sind in t = 1 und t = 2 zu leisten. Zusätzliche Inanspruchnahme oder Tilgung in t = 1 sei nicht möglich.

Der **Nennwert**[16] eines Kredits ist generell Grundlage der Zinsberechnung und entspricht in aller Regel - so wie hier - dem Rückzahlungsbetrag. Es wäre aber auch denkbar, daß sich der Rückzahlungsbetrag durch die Berücksichtigung von **Agios**, das heißt Zuschlägen, oder **Disagios**, das heißt Abschlägen, vom Kreditnennbetrag unterscheidet. Hier tritt eine derartige Abweichung nur für den Auszahlungsbetrag auf. Dieser liegt nämlich infolge des angegebenen Disagios genau um diesen Abschlag von 10 % unterhalb des Rückzahlungsbetrags. Bei einem

---

[16] Auf den Begriff **"Nennwert"** oder **"Nennbetrag"** wurde bereits im Abschnitt 5 des vorhergehenden Kapitels eingegangen.

Rückzahlungsbetrag in Höhe von K in t = 2 erhält der Unternehmer demnach in t = 0 nur Mittel in Höhe von 0,9·K. Um die Anfangsauszahlung des Investitionsprojekts von 4.500 GE in t = 0 aus dem aufgenommenen Kredit erbringen zu können, muß demnach 0,9·K = 4.500 ⇔ K = 5.000 GE gelten. Die Zinszahlungen für t = 1 und t = 2 bestimmen sich generell als Produkt von Nennbetrag und Nominalzinssatz[17] und sind daher hier nicht auf der Grundlage des Auszahlungsbetrags von 4.500 GE, sondern auf der Grundlage des Rückzahlungsbetrags von 5.000 GE zu berechnen. Sie belaufen sich demach in t = 1 und t = 2 auf jeweils 0,08·5.000 = 400 GE. Insgesamt gelangt man zur folgenden Zahlungsreihe für den zur Projektfinanzierung erforderlichen Festkredit:

t = 0	t = 1	t = 2
4.500	-400	-5.400

Tabelle 3.3: Zahlungsreihe des Festkredits

Aus ökonomischer Sicht zahlt der Unternehmer demnach auf einen Kreditaufnahmebetrag von 4.500 GE in t = 0 im Zeitpunkt t = 1 einen Betrag von 400 GE, also 400/4.500 ≈ 8,89 %, und im Zeitpunkt t = 2 einen Betrag von 900 GE, also 20 %, Zinsen.[18] Im einfachen artihmetischen Mittel sind dies etwa 14,44 % Zinsen auf 4.500 GE Mittelüberlassung, und in dieser Größenordnung

---

[17] Es wurde schon darauf hingewiesen, daß man unter "**Nominalzinssatz**" auch den Gegenbegriff zu "**Realzinssatz**" verstehen kann. Vgl. hierzu vor allem den Abschnitt 6 des vorhergehenden Kapitels. Dies ist hier natürlich nicht gemeint.

[18] Natürlich ist dies nur **eine** denkbare Interpretation der Zahlungsreihe aus *Tabelle 3.3*, die unter der impliziten Prämisse steht, daß die Zahlungen des Zeitpunktes t = 1 nur als Zinsen, nicht aber als partielle Kreditrückzahlung zu deuten sind. Schon wegen dieser **Willkürlichkeit** ist die nachfolgende Berechnung einer "Durchschnittsverzinsung" sicherlich nicht als Grundlage unternehmerischer Entscheidungen geeignet, sondern dient lediglich in gewissen Grenzen zu Veranschaulichungen.

bewegt sich auch der zum Festkredit gehörige (über -100 % hinausgehende) interne Zinsfuß, also die Effektivrendite, dieses Kredits:

$$4.500 - \frac{400}{1+i_{krit}} - \frac{5.400}{(1+i_{krit})^2} \stackrel{!}{=} 0 \tag{3.2}$$

$\Leftrightarrow i_{krit} \approx 14{,}08\ \%.$

Der Kontokorrentkredit hingegen hat augenscheinlich einen internen Zinsfuß von 15 %, unabhängig davon, in welchen Ausmaßen K_0 bzw. K_1 er vom Unternehmer in t = 0 bis t = 1 bzw. in t = 1 bis t = 2 in Anspruch genommen wird.

$$K_0 - \frac{1{,}15 \cdot K_0}{1+i_{krit}} + \frac{K_1}{1+i_{krit}} - \frac{1{,}15 \cdot K_1}{(1+i_{krit})^2} \stackrel{!}{=} 0 \tag{3.3}$$

$\Leftrightarrow i_{krit} = 15\ \%.$

Der Unternehmer kann in t = 0 einen Kontokorrentkredit in grundsätzlich beliebiger Höhe K_0 aufnehmen, der zu Zahlungsverpflichtungen für t = 1 von $1{,}15 \cdot K_0$ führt. Letztere wiederum kann der Unternehmer vollständig in t = 1 erfüllen oder aber einen neuen Kontokorrentkredit im Umfang $K_1 > 0$ von t = 1 bis t = 2 aufnehmen. Mit $K_1 = 1{,}15 \cdot K_0$ etwa würde der Unternehmer in t = 1 gar keine Zahlungen an den Kreditgeber leisten und statt dessen Verbindlichkeiten in Höhe von $1{,}15 \cdot K_1 = 1{,}15^2 \cdot K_0$ erst in t = 2 erbringen. Entsprechend würde $K_1 = K_0$ bedeuten, daß der Unternehmer in t = 1 nur die Sollzinszahlungen effektiv erbringt. Wie auch immer K_0 und K_1 ausgestaltet sind, der resultierende (relevante) interne Zinsfuß ist jedenfalls $i_{krit} = 15\ \%$, sofern man sich auf die Betrachtung von Kalkulationszinsfüßen oberhalb von -100 % beschränkt. Man prüft die Richtigkeit dieser Behauptung leicht durch Einsetzen von i = 15 % in die erste Zeile von (3.3) unter Beachtung des Umstands, daß die Zahlungsreihe für Kontokorrentkredite eine Normalfinanzierung ist.

Bekanntermaßen werden die internen Zinsfüße oder Effektivrenditen von Finanzierungsprojekten auch als Kapitalkostensätze bezeichnet. Weil es sich hier um Fremdfinanzierung handelt, spricht man genauer von Fremdkapitalkostensätzen. Unter dem Aspekt der **Minimierung des Fremdkapitalkostensatzes** wäre daher der Festkredit als Finanzierungsalternative für das besagte Investitionsprojekt zu wählen. Aus den Diskussionen zum **mittelbaren Parametervergleich** des Abschnitts 3 aus Kapitel III sowie aus dem vorhergehenden Abschnitt dieses Kapitels zur Projektreihung nach internen Zinsfüßen ist aber schon geläufig, daß ein derartiges Vorgehen generell zu **Fehlentscheidungen** führen kann.[19] Statt dessen ist auf einem unvollkommenen Kapitalmarkt eine Auswahl zwischen den beiden Handlungsalternativen mittels vollständiger Finanzplanung möglich. Dabei gelangt man im Falle der Festkreditfinanzierung nur zu einem unternehmerischen Endvermögen von 800 GE, wie *Tabelle 3.4* belegt.

In $t = 0$ nimmt der Unternehmer dabei den Kredit über 5.000 GE mit Auszahlungsbetrag 4.500 GE zur Finanzierung der Anfangsauszahlung des Investitionsprojekts auf. Deshalb kommt es in $t = 0$ zu einem positiven Eintrag in Höhe von 4.500 GE in der Zeile "Kreditaufnahme" und einem solchen in Höhe von 5.000 GE in der Zeile "Kreditstand".

In $t = 1$ erzielt der Unternehmer aus der Projektdurchführung Einzahlungen in Höhe von 2.400 GE. Einen Betrag von 400 GE muß er an Zinsen auf den Kredit zahlen (positiver Eintrag bei "Sollzinsen"). Demzufolge kann er 2.000 GE anlegen (positive Einträge bei "Mittelanlage zu 9 %" und "Mittelanlage zu 11 %"): Für die ersten 1.000 GE erhält er 9 % Zinsen (90 GE in $t = 2$), für die zweiten 1.000 GE sogar 11 % (110 GE in $t = 2$). Entsprechend beträgt sein Guthaben in $t = 1$ insgesamt 2.000 GE (positive Einträge bei "Guthabenstand (9 %)" und "Guthabenstand (11 %)").

---

[19] Vgl. zur Zielsetzung der **Kapitalkostenminimierung** im allgemeinen auch die Darstellung in *Breuer* (1998a), S. 48 ff., sowie *Breuer* (1998b).

Zeitpunkt t	t = 0	t = 1	t = 2
Investitionszahlungen z_t	-4.500	2.400	4.000
+ Einlage	-----	-----	-800
+ Kreditaufnahme	4.500	-----	-5.000
- Mittelanlage zu 9 %	-----	1.000	-1.000
- Mittelanlage zu 11 %	-----	1.000	-1.000
- Sollzinsen	-----	400	400
+ Habenzinsen (9 %)	-----	-----	90
+ Habenzinsen (11 %)	-----	-----	110
= Finanzierungssaldo	0	0	0
Kreditstand	5.000	5.000	-----
Guthabenstand (9 %)	-----	1.000	-----
Guthabenstand (11 %)	-----	1.000	-----

Tabelle 3.4: Vollständiger Finanzplan bei Investitionsfinanzierung mittels Festkredit

In t = 2 hat der Unternehmer 5.400 GE an Zinsen und Tilgung zu leisten. Daher werden 5.000 GE mit negativem Vorzeichen in der Zeile "Kreditaufnahme" ausgewiesen und 400 GE mit positivem Vorzeichen in der Zeile "Sollzinsen". Andererseits erzielt der Unternehmer Einzahlungen in Höhe von 4.000 GE aus dem Investitionsprojekt und in Höhe von 200 GE aus seinen Geldanlagen der Vorperiode (positive Einträge bei "Habenzinsen (9 %)" und "Habenzinsen (11 %)"). Folglich muß er noch 5.400-4.000-200 = 1.200 GE seiner Anlagen der Vorperiode liquidieren, um seinen Zahlungsverpflichtungen nachzukommen. Die restlichen 800 GE aus seinen Mittelanlagen werden ebenfalls liquidiert (also insgesamt negative Einträge bei "Mittelanlage zu 9 %" und "Mittelanlage zu 11 %" von je 1.000 GE), um sie als Entnahme zu konsumieren (negativer Eintrag von 800 GE bei "Einlage" in t = 2).

Überraschenderweise erweist sich damit hier doch die Kontokorrentkreditfinanzierung unter dem Aspekt der Endwertmaximierung gegenüber einer Festkreditfinanzierung als überlegen. Eine vollständige Finanzplanung kann Unternehmer damit vor Fehlentscheidungen bewahren, die sich auf der Grundlage von "**Heuristiken**" wie der (Fremd-) Kapitalkostenminimierung ergeben würden.

Die Vorteilhaftigkeit des Kontokorrentkredits trotz höheren Kapitalkostensatzes und gleicher unternehmerischer Krediteinzahlung in t = 0 wird natürlich durch dessen **flexible Tilgungsmöglichkeiten** begründet. Während der Unternehmer bei Festkreditfinanzierung von t = 1 bis t = 2 vergleichsweise unattraktive Mittelanlagen tätigen muß, kann der Kontokorrentkredit wenigstens teilweise bereits in t = 1 zurückgeführt werden. Zwar stimmt es, daß beim Kontokorrentkredit der jeweils noch ausstehende Kreditbetrag mit 15 % zu verzinsen ist, während beim Festkredit nur eine durchschnittliche Periodenverzinsung von ungefähr 14,08 % der erhaltenen Mittel zu leisten ist, doch ist die **Basis der Zinsberechnung**, nämlich die Höhe der noch nicht zurückgezahlten Mittel, beim Kontokorrentkredit bereits in t = 1 drastisch auf 2.775 GE reduzierbar. Beim Festkredit hingegen kann die Situation des Zeitpunktes t = 1 derart interpretiert werden, daß sich der Unternehmer einer Restschuld von[20] etwa 4.733,6 GE gegenübersieht, die bis t = 2 mit ca. 14,08 % zu verzinsen ist und dann zu einer Rückzahlungsverpflichtung inclusive Zinsen von 5.400 GE führt. Hierbei ist es nun generell besser, 15 % Zinsen auf einen sehr kleinen Kreditbetrag zu zahlen, als

---

[20] Auf diesen Betrag kommt man, indem man für die Mittelüberlassung von 4.500 GE in t = 0 eine Verzinsung von etwa 14,08 % bis t = 1 zugrunde legt und die in t = 1 tatsächlich erfolgende Zahlung von 400 GE an den Kreditgeber in Abzug bringt. Weil 400 GE weniger sind als 4.500·0,1408 = 633,6 GE, steigt die Restschuld des Unternehmers zum Zeitpunkt t = 1 sogar über 4.500 GE an.

14,08 % auf einen deutlich größeren, selbst wenn man im zweiten Fall die zusätzlich ermöglichten Mittelanlagen berücksichtigt.

Wäre der Kontokorrentkredit **auch** erst in t = 2 rückzahlbar, das heißt, könnten in t = 1 nur die Zinsen auf den Kontokorrentkredit geleistet werden, dann erwiese sich dieser in der Tat als schlechter als der Festkredit. Dieser Umstand kann aus *Tabelle 3.5* gemäß der dort für das gerade angesprochene Szenario bestimmten maximalen Entnahme des Zeitpunktes t = 2 in Höhe von 719,75 GE abgelesen werden.

Zeitpunkt t	t = 0	t = 1	t = 2
Investitionszahlungen z_t	-4.500	2.400	4.000
+ Einlage	-----	-----	-719,75
+ Kreditaufnahme	4.500	-----	-4.500
- Mittelanlage zu 9 %	-----	1.000	-1.000
- Mittelanlage zu 11 %	-----	725	-725
- Sollzinsen	-----	675	675
+ Habenzinsen (9 %)	-----	-----	90
+ Habenzinsen (11 %)	-----	-----	79,75
= Finanzierungssaldo	0	0	0
Kreditstand	4.500	4.500	-----
Guthabenstand (9 %)	-----	1.000	-----
Guthabenstand (11 %)	-----	725	-----

Tabelle 3.5: Vollständiger Finanzplan bei Investitionsfinanzierung mittels Kontokorrentkredit mit Verbot vorzeitiger Tilgung

Bemerkenswert ist hierbei vor allem, daß der Kontokorrentkredit natürlich auch dann über einen Kapitalkostensatz von 15 % verfügt, wenn **keine** Möglichkeit zu vorzeitiger Tilgung besteht. Auch hieran zeigt sich sehr anschaulich, daß ein Abstellen auf Kapitalkostensätze für Auswahlentscheidungen zwischen Finanzierungsalternativen grundsätzlich problematisch ist.

Die Ermittlung des zu einem maximalen Endvermögen von 800 GE bei Einsatz eines Festkredits gehörenden Anfangsvermögens ist ein wenig **schwieriger** als die entsprechende Berechnung im Falle der Finanzierung über einen Kontokorrentkredit. Konkret gesucht ist hierbei die maximale Festkredithöhe des Zeitpunktes t = 0, die aus den künftigen Einzahlungen des Investitionsprojekts gerade noch finanziert werden kann. Zieht man davon die für die Projektdurchführung in t = 0 erforderliche Anfangsauszahlung von 4.500 GE ab, so gelangt man schließlich zu dem durch den Unternehmer maximal in t = 0 konsumierbaren Betrag. Da sich der Kapitalkostensatz des Festkredits unabhängig von seinem konkreten Volumen auf etwa 14,08 % beläuft, könnte man vermuten, daß dieser maximale Anfangskonsum sich einfach als $800/1,1408^2 \approx 614,71$ GE ergibt. Diese Vermutung ist aber insofern unzutreffend, als der Konsum des Zeitpunktes t = 0 bei Vergleich mit dem Kapitalbudget aus *Tabelle 3.4* nicht allein durch eine Ausweitung des Festkreditvolumens, sondern **partiell** auch durch eine **Rückführung** der zwischenzeitlichen Mittelanlagen finanziert wird. Der hierbei auftretende Entgang von Zinserträgen ist vergleichsweise gering und bedingt, daß der **adäquate Kalkulationszinsfuß** zur Diskontierung des Endvermögens von 800 GE etwas **unterhalb** von 14,08 % liegt.

Konkret ist folgende Überlegung anzustellen: Der Kreditbetrag K kann maximal so hoch gewählt werden, daß er sich inclusive Zinszahlungen in t = 2 noch bedienen läßt. Zur Verfügung stehen in t = 2 zum einen die dann anfallenden Einzahlungsüberschüsse von 4.000 GE aus dem Investitionsprojekt sowie der in t = 1 nicht für die Erbringung der Zinszahlungen in Höhe von $0,08 \cdot K$ benötigte und zu 9 % bzw. 11 % bis t = 2 angelegte Teil der Projekteinzahlungen von 2.400 GE. Sicherlich werden von den 2.400 GE in t = 1 mehr als 1.000 GE nach Leistung der Zinszahlungen verbleiben, denn Zinszahlungen von über 1.400 GE würden mit einem Kreditbetrag von mehr als 1.400/0,08 = 17.500 GE einhergehen, der in t = 2 nicht bedient werden könnte. Aus diesem Grunde ergeben sich aus den Projekteinzahlungen des Zeitpunktes t = 1 in Abhängigkeit des Kreditbetrags K für t = 2 zusätzlich verfügbare Mittel von 1,09·1.000+1,11·(1.400-0,08·K). Gesucht ist damit ein solcher Wert K, der folgende Gleichung erfüllt:

$$4.000+1,09\cdot 1.000+1,11\cdot(1.400-0,08\cdot K) \stackrel{!}{=} 1,08\cdot K$$

$$\Leftrightarrow 6.644 = 1,1688\cdot K$$

(3.4)

$$\Leftrightarrow K \approx 5.684,463 \text{ GE}.$$

Ein Kreditbetrag von ungefähr 5.684,463 GE korrespondiert wiederum mit einer unternehmerischen Einzahlung von 0,9·5.684,463 ≈ 5.116,02 GE, weswegen für den Unternehmer in t = 0 ein maximaler Konsumbetrag von ungefähr 5.116,02-4.500 = 616,02 GE > 614,71 GE verbleibt. Der **korrekte Zinsfuß** zur Diskontierung des maximalen Endwertes von 800 GE ist daher[21] näherungsweise $(800/616,02)^{0,5}-1 \approx 13,96\ \% < 14,08\ \%$. Als Nebenergebnis erhält man hier überdies, daß unter dem Aspekt der Anfangswertmaximierung die Festkreditfinanzierung besser als die Finanzierung über einen Kontokorrentkredit ist. Eine Alternative, die mit dem höchsten unternehmerischen Endvermögen einhergeht, muß demnach auf unvollkommenem Kapitalmarkt anders als bei Vollkommenheit des Kapitalmarktes nicht notwendigerweise auch das höchste unternehmerische Anfangsvermögen implizieren.

Bei dem berechneten Zinssatz von etwa 13,96 % handelt es sich ferner in der Tat einmal mehr um einen **endogenen Kalkulationszinsfuß**: Natürlich kann man

---

[21] Die genutzte Formel entspricht der für die Bestimmung der **Effektivrendite eines Zero Bond** mit Laufzeit von t = 0 bis t = 2.

den zum Endwert von 800 GE gehörenden Kapitalwert auch auf einem wie hier unterstellten unvollkommenen Kapitalmarkt berechnen. Nur ist der adäquate Kalkulationszinsfuß grundsätzlich erst nach Lösung des Problems, hier nach Bestimmung des Anfangs- und damit Kapitalwertes von ungefähr 616,02 GE, bekannt. **A priori** läßt sich lediglich festhalten, daß der adäquate Kalkulationszinsfuß sicherlich nicht unter dem geringsten auftretenden Ein-Perioden-Zinssatz von 9 % liegen wird und nicht oberhalb des höchsten von etwa 14,08 %. Da überdies der Anteil der Konsumfinanzierung durch Anlagereduktion ohne weiteres als vergleichsweise gering vermutet[22] werden konnte, war auch klar, daß man einen endogenen Zinsfuß nur knapp unterhalb von 14,08 % erhalten würde.

Schließlich sollte die obige Diskussion zur fehlenden Adäquanz von Kapitalkostenvergleichen zumindest nahelegen, daß durch eine **geschickte Mischung** von Fest- und Kontokorrentkreditfinanzierung für den Unternehmer noch ein höheres Endvermögen als bei isolierter Nutzung nur einer der beiden Finanzierungsmöglichkeiten erreichbar ist. Um den **endwertmaximierenden Finanzierungsmix** zu bestimmen, muß man sich als erstes vergegenwärtigen, daß es aufgrund der niedrigen Habenzinsen in jedem Fall nachteilig ist, Mittel von $t = 1$ bis $t = 2$ anzulegen. Es sei daher angenommen, daß der Nennbetrag F des Festkredits und das Volumen K des Kontokorrentkredits in $t = 0$ so gewählt wurden, daß sämtliche vorhandenen Mittel von 2.400 GE in $t = 1$ zum einen zur Leistung der Zinszahlungen auf den Festkredit und zum anderen - soweit noch verfügbar - zur weitestgehenden Bedienung des Kontokorrentkredits genutzt werden. Wenn man nun 1 GE Mittelaufnahme in $t = 0$ vom Kontokorrentkredit zum Festkredit umschichtet, also K um 1 GE verringert und F um 1/0,9 GE erhöht[23], dann

---

[22] Anlagereduktion in $t = 1$ kommt nur insofern in Betracht, wie vermehrte Kreditaufnahme in $t = 0$ zu höheren Zinszahlungsverpflichtungen in $t = 1$ führt, hier also im Umfang von ungefähr $(5.684{,}463 - 5.000) \cdot 0{,}08 \approx 54{,}76$ GE.

[23] Die Erhöhung des Nennbetrags um 1/0,9 GE führt zu einer zusätzlichen Festkreditauszahlung an den Unternehmer von gerade $0{,}9 \cdot (1/0{,}9) = 1$ GE.

resultieren für den Unternehmer einerseits um 0,08/0,9 GE erhöhte Zinszahlungen auf den Festkredit in t = 1, denen Minderauszahlungen auf den Kontokorrentkredit von 1,15 GE im gleichen Zeitpunkt gegenüberstehen. Per saldo verbleiben in t = 1 zunächst einmal Mittel in Höhe von 1,15-0,08/0,9 ≈ 1,06111 GE. In diesem Ausmaß kann der Unternehmer seine noch bestehende Verbindlichkeit aus dem Kontokorrentkredit in t = 1 zusätzlich infolge der vorgenommenen Umschichtung reduzieren. Dies impliziert einen Zuwachs an verfügbaren Mitteln zum Zeitpunkt t = 2 von annähernd 1,06111·1,15 ≈ 1,2203 GE, die allerdings mit der erhöhten Rückzahlungspflicht von 1,08/0,9 = 1,2 GE auf den Festkredit in t = 2 zu verrechnen sind. Insgesamt aber erhöht die Umschichtung vom Kontokorrentkredit zum Festkredit das unternehmerische Endvermögen für jede Geldeinheit der "**Umfinanzierung**" in t = 0 zum Zeitpunkt t = 2 um etwa 1,2203-1,2 = 0,0203 GE. Es ist daher am besten, wenn der Kontokorrentkredit in t = 0 im geringstmöglichen Ausmaß aufgenommen wird. Das wiederum bedeutet, daß K so zu wählen ist, daß in t = 1 die gesamte Verbindlichkeit von 1,15·K aus dem Kontokorrentkredit zurückgezahlt werden kann, da weiter augenscheinlich nicht sinnvoll umgeschichtet werden kann.[24]

Aufgrund dieser Überlegungen müssen daher die folgenden beiden Bedingungen simultan erfüllt sein:

I. $0,9 \cdot F + K = 4.500,$

II. $0,08 \cdot F + 1,15 \cdot K = 2.400.$

(3.5)

Bedingung I. gewährleistet, daß die insgesamt in t = 0 aufgenommenen Mittel ausreichen, um die Projektanfangsauszahlung zu erbringen. Hierbei ist natürlich zu beachten, daß nur 90 % des Nennbetrags F des Festkredits ausgezahlt werden. **Bedingung II.** stellt sicher, daß sämtliche in t = 1 aus dem Investitions-

---

[24] Eine weitere Reduktion von K zugunsten von F würde **keine** zusätzliche Entlastung bei der Restschuld aus dem Kontokorrentkredit in t = 1 erbringen (können), sondern vielmehr zur Notwendigkeit der (ineffizienten) **Anlage** von Mitteln seitens des Unternehmers von t = 1 bis t = 2 führen.

projekt erreichbaren Einzahlungsüberschüsse vollständig für Zins- und Tilgungsleistungen verbraucht werden und hierbei der Kontokorrentkredit des Zeitpunktes t = 0 gänzlich zurückgeführt werden kann. Als **Lösung des Gleichungssystems** erhält man F ≈ 2.905,76 GE sowie K ≈ 1.884,82 GE. Der sich hiermit in t = 2 ergebende Endwert kann leicht bestimmt werden, ohne erneut einen kompletten vollständigen Finanzplan aufzustellen. Die Werte von F und K sind so gewählt, daß im Zeitpunkt t = 1 keinerlei Anlagen getätigt werden und in t = 2 nur noch der Festkredit mit dann anfallenden Zinsen zurückgezahlt werden muß. Aus diesem Grunde erreicht der Unternehmer hierbei einen maximalen Endwert von ungefähr 4.000-1,08·2.905,76 ≈ 861,78 GE, also deutlich mehr, als über reine Fest- oder reine Kontokorrentkreditfinanzierung erzielbar wäre. □

Alles in allem sind vollständige Finanzpläne sicherlich schon eine große Hilfe zur Lösung von Kapitalbudgetierungsproblemen. Will man allerdings den Rechenaufwand in vertretbaren Grenzen halten, dann wird ein gewisses Maß an Kreativität wie in dem hier präsentierten Beispiel 3.2 in der Regel erforderlich sein. Bei **komplizierteren** Entscheidungssituationen hilft aber auch dies nicht mehr weiter. Glücklicherweise lassen sich aber alle über vollständige Finanzplanung lösbaren Probleme auch in verallgemeinerter formalisierter Darstellung abbilden und mit **Techniken der Linearen Programmierung (LP) lösen.**[25] Die Grundidee dieser Ansätze soll im weiteren kurz vorgestellt werden. Gleichzeitig kann hierbei erneut auf das **Problem endogener Kalkulationszinsfüße** eingegangen werden.

---

[25] Wesentliche Beiträge hierzu gehen auf *Weingartner* (1963) sowie *Hax* (1964) zurück. Vgl. zu einem **tabellarischen Überblick** über andere wichtige Arbeiten in diesem Bereich *Kruschwitz* (2000), S. 191.

3.4 LP-Ansätze zur Lösung von Kapitalbudgetierungsproblemen

3.4.1 Charakterisierung des allgemeinen Budgetierungsproblems

Die **Grundidee** von Ansätzen Linearer Programmierung besteht darin, die Struktur eines vollständigen Finanzplans in Form eines **linearen Gleichungssystems** abzubilden. Zu diesem Zweck bezeichne $\alpha^{(n)}$ den Bruchteil eines (Investitions- oder Finanzierungs-) Projekts n, den ein Unternehmer zu realisieren wünscht. Dabei sei zunächst von beliebiger Teilbarkeit aller Projekte ausgegangen, so daß lediglich die Restriktionen $0 \leq \alpha^{(n)} \leq 1$ für alle n zu beachten ist.[26] Des weiteren sei die Zahlungsreihe des betreffenden Projekts durch $z_0^{(n)}$, ..., $z_T^{(n)}$ beschrieben. Das Symbol C_t stehe für die unternehmerische Konsumentnahme eines Zeitpunktes t. Darüber hinaus möge der Unternehmer über ein bestimmtes Anfangsvermögen W_0 im Zeitpunkt t = 0 verfügen. Die Anforderung eines Finanzierungssaldos von Null in einem beliebigen Zeitpunkt t = 0, ..., T ist dann gleichbedeutend mit der Gültigkeit der folgenden Gleichung:

$$\sum_{n=1}^{N} \alpha^{(n)} \cdot z_t^{(n)} - C_t = 0. \tag{3.6}$$

Ferner ist zu beachten, daß alle Konsumwerte C_t nichtnegativ sind, das heißt, es gilt generell $C_t \geq 0$. Unter diesen Restriktionen wird der Unternehmer im allgemeinen Fall eine Nutzenfunktion $U(C_0;...;C_T)$ maximieren. Sofern diese linear ist, liegt ein lineares Optimierungsproblem vor, da sich sowohl die Zielfunktion als auch alle Restriktionen als lineare Funktionen der C_t erweisen. Derartige **lineare Optimierungsprobleme** lassen sich problemlos mit Methoden des **Ope-**

---

[26] Es ist durchaus denkbar, daß Finanzierungsprojekte in grundsätzlich beliebigem Umfang durchgeführt werden können. Dann entfallen für diese Projekte Restriktionen der Form $\alpha^{(n)} \leq 1$. Im weiteren braucht dieser Spezialfall aber nicht weiter beachtet zu werden, da er lediglich zu einer vereinfachten Problemstellung führt, ohne daß sich die relevanten qualitativen Ergebnisse ändern.

rations Research[27] (OR) für konkrete Zahlenwerte lösen. In der Tat ist dies sogar unter der Annahme fehlender Teilbarkeit von Investitionsprojekten der Fall, wenn also für ein Investitionsprojekt n die Restriktion $\alpha^{(n)} \in \{0;1\}$ statt $\alpha^{(n)} \in [0;1]$ zu beachten ist. In derartigen Fällen helfen Verfahren der **gemischt-ganzzahligen** Linearen Programmierung weiter.[28] Deren Bezeichnung deutet an, daß sie auf Fälle anwendbar sind, in denen ein Teil der gesuchten Variablen als ganzzahlig vorauszusetzen ist.

Beispiel 3.3:
Die optimale Kombination von Festkredit- und Kontokorrentkreditfinanzierung im Rahmen des vorhergehenden Beispiels 3.2 erhält man (unter der a priori erfolgenden Abstraktion von der unmittelbar als ineffizient zu erkennenden zwischenzeitlichen Anlage von Mitteln) etwa als Lösung des folgenden LP-Ansatzes. Zu maximieren ist eine Nutzenfunktion $U(C_T) = C_T$ mit $C_T \geq 0$ unter den Nebenbedingungen

I. $-4.500 + 4.500 \cdot \alpha^{(1)} + 4.500 \cdot \alpha^{(2)} = 0$,

II. $2.400 - 400 \cdot \alpha^{(1)} - 5.175 \cdot \alpha^{(2)} + 5.000 \cdot \alpha^{(3)} = 0$, (3.7)

III. $4.000 - 5.400 \cdot \alpha^{(1)} - 5.750 \cdot \alpha^{(3)} - C_T = 0$,

IV. $\alpha^{(1)}, \alpha^{(2)}, \alpha^{(3)} \geq 0$.

Dabei steht $\alpha^{(1)}$ für das Ausmaß der Inanspruchnahme des Festkredits mit der Zahlungsreihe (4.500;-400;-5.400) und $\alpha^{(2)}$ entsprechend für den Bruchteil, zu dem in t = 0 ein Kontokorrentkredit mit Einzahlung von 4.500 GE bei Rückzahlungsverpflichtung von $4.500 \cdot 1,15 = 5.175$ GE zum Zeitpunkt t = 1 vom Unternehmer in Anspruch genommen wird. Die Variable $\alpha^{(3)}$ dient zur Erfassung der

---

[27] Zur Einführung in die Techniken des Operations Research sei etwa auf *Ellinger/Beuermann/Leisten* (2001) verwiesen.

[28] Vgl. beispielsweise *Domschke/Drexl* (2002), S. 110 ff., oder auch *Ellinger/Beuermann/Leisten* (2001), S. 149 ff.

Kontokorrentkreditfinanzierung von t = 1 bis t = 2 bei Zugrundelegung eines völlig willkürlich[29] gewählten Basisvolumens von 5.000 GE Einzahlung für den Unternehmer in t = 1 mit Rückzahlungsvolumen von 5.000·1,15 = 5.750 GE in t = 2. Obergrenzen für die Aufnahme der einzelnen Kredite existieren nicht und brauchen deshalb in (3.7) auch nicht erfaßt zu werden.

Das gerade beschriebene Kapitalbudgetierungsproblem läßt sich unter anderem schon mit einem **Tabellenkalkulationsprogramm wie Excel** lösen.[30] Man erhält $\alpha^{(1)*} \approx 0{,}58115183$, $\alpha^{(2)*} \approx 0{,}41884817$ sowie $\alpha^{(3)*} = 0$. Dies bedeutet, daß man etwa 58,12 % der in t = 0 benötigten Mittel über einen Festkredit und die restlichen ca. 41,88 % über einen Kontokorrentkredit, der komplett in t = 1 bereits zurückgezahlt wird, finanzieren sollte. In der Tat ist dies genau die Lösung, die bereits weiter oben im Rahmen des Beispiels 3.2 hergeleitet worden ist. Denn $\alpha^{(1)*} \approx 0{,}58115183$ bedeutet in t = 0 einen Mittelerhalt für den Unternehmer aus dem Festkredit von etwa 0,58115183·4.500 ≈ 2.615,183 GE, was einem Nominalwert F von ungefähr 2.615,183/0,9 ≈ 2.905,76 GE entspricht. Ein Anteil $\alpha^{(2)*} \approx 0{,}41884817$ wiederum impliziert einen Kontokorrentkredit K in t = 0 von näherungsweise 0,41884817·4.500 = 1.884,82 GE. □

Auf die einzelnen numerischen Lösungsverfahren soll hier nicht weiter eingegangen werden, da es sich hierbei im Kern um Methoden handelt, die Gegenstand des OR sind und die Kenntnis ihrer Existenz hinreichend ist. Hervorzuheben ist damit jedenfalls, daß sich das unternehmerische Kapitalbudgetierungsproblem zumindest für den Fall bei Sicherheit in sehr **allgemeiner** Form in praktischen Anwendungen als **lösbar** erweist. Wenngleich der vorgestellte Ansatz bereits seit den sechziger Jahren bekannt ist und seine methodische Überlegenheit etwa gegenüber der Anwendung des einfachen Kapitalwertkriteriums auf der Ba-

---

[29] Auch die für den Festkredit und den zeitlich ersten Kontokorrentkredit anzusetzenden Volumina sind natürlich **beliebig** wählbar. Es ändern sich dann nur die jeweiligen Koeffizienten vor $\alpha^{(1)}$ und $\alpha^{(2)}$ in den einzelnen Restriktionen.

[30] Vgl. hierzu etwa *Braun* (1999).

sis der Annahme eines vollkommenen Kapitalmarktes oder der Nutzung des *Dean*-Modells als Lösungsheuristik bei unvollkommenem Kapitalmarkt eindeutig sein sollte, haben Methoden der Linearen Programmierung in der praktischen Anwendung im Rahmen der Finanz- und Investitionsplanung bislang **kaum größere** Bedeutung erlangt. Über die Gründe hierfür kann nur spekuliert werden.[31] So mag eine denkbare Ursache darin zu sehen sein, daß der **Datenbedarf** in Form einer explizit gemachten detaillierten Finanzplanung als zu hoch eingestuft wird und man sich deswegen mit der einfachen Vorgabe von exogenen Ein-Perioden-Zinsfüßen zur Anwendung des schlichten Kapitalwertkriteriums unter der (impliziten) Annahme eines vollkommenen Kapitalmarktes zufriedengibt. In diesem Zusammenhang mag es ferner zutreffen, daß die adäquate[32] zusätzliche Berücksichtigung von **Risikoaspekten** als **wesentlicher** angesehen wird als die Erfassung von Unvollkommenheiten eines Kapitalmarktes bei Sicherheit. Auf Risikoaspekte wird daher im anschließenden zweiten Band zur Investitionsrechnung separat eingegangen, wobei auch darauf hinzuweisen sein wird, daß eine geschlossene und operationale Theorie der optimalen unternehmerischen Kapitalbudgetierung auf unvollkommenem Kapitalmarkt bei Risiko bislang nicht existiert.

In jedem Fall kommt der Analyse des gerade beschriebenen generellen Kapitalbudgetierungsproblems insofern **konzeptionelle Bedeutung** zu, als auf dieser Grundlage eine allgemeine formale Herleitung der Relevanz endogener Kalkulationszinsfüße möglich ist.

---

[31] Vgl. zur Würdigung der LP-Ansätze insbesondere *Weingartner* (1977) oder auch *Schmidt/Terberger* (1999), S. 181 ff.

[32] Es existieren durchaus auch LP-Ansätze zur Lösung von Kapitalbudgetierungsentscheidungen bei Risiko, namentlich sogenannte **Chance-constrained-programming-Ansätze**. Vgl. hierzu etwa *Hax* (1993), S. 182 ff., und die dort angegebene Literatur. Doch können diese aus verschiedenen Gründen nicht überzeugen und haben sich daher in der Praxis bislang wohl auch gar **nicht durchgesetzt**.

3.4.2 Endogene Kalkulationszinsfüße im Rahmen des allgemeinen Budgetierungsproblems

Das im vorhergehenden Abschnitt 3.4.1 beschriebene Kapitalbudgetierungsproblem mit allgemeiner Zielfunktion $U(C_0;...;C_T)$ kann unter der Voraussetzung beliebiger Projektteilbarkeit grundsätzlich mit Hilfe eines sogenannten *Kuhn-Tucker-Lagrange*-Ansatzes gelöst werden,[33] bei dem man zunächst sämtliche Ungleichungsrestriktionen in eine Form "$f(\cdot) \geq 0$" mit spezifischen Funktionen $f(\cdot)$ bringt, hier also etwa $\alpha^{(n)} \geq 0$ ($\forall$ n), $1-\alpha^{(n)} \geq 0$ ($\forall$ n) und $C_t \geq 0$ ($\forall$ t). Auch die als Gleichungen formulierten Nebenbedingungen löst man nach Null auf. Sodann werden die linken Seiten aller Nebenbedingungen, also etwa alle $\alpha^{(n)}$ und alle $1-\alpha^{(n)}$ mit einem *Lagrange*-Multiplikator malgenommen und an die eigentliche Zielfunktion, hier U, "angehängt". Die so resultierende neue Funktion verfügt bemerkenswerterweise über das gleiche Maximum wie die ursprüngliche unter Beachtung ihrer Restriktionen. Es ist damit also folgendes Problem zu lösen:[34]

$$L \equiv U(C_0;...;C_T) + \sum_{t=0}^{T} \lambda_t \cdot \left(\sum_{n=1}^{N} \alpha^{(n)} \cdot z_t^{(n)} - C_t \right)$$

$$+ \sum_{n=1}^{N} \mu^{(n)} \cdot \alpha^{(n)} + \sum_{n=1}^{N} \nu^{(n)} \cdot (1-\alpha^{(n)}) + \sum_{t=0}^{T} \gamma_t \cdot C_t \to \max_{\substack{C_0,...,C_T,\alpha^{(1)},...,\alpha^{(N)}, \\ \lambda_0,...,\lambda_T, \mu^{(1)},...,\mu^{(N)}, \\ \nu^{(1)},...,\nu^{(N)}, \gamma_0,...,\gamma_T}}! \qquad (3.8)$$

---

[33] Man mag sich fragen, wozu dann weiter oben der Möglichkeit der Anwendung von Methoden der Linearen Programmierung soviel Beachtung geschenkt worden ist. In der Tat erhält man mittels des *Kuhn-Tucker-Lagrange*-Ansatzes gewisse notwendige Bedingungen für ein optimales Kapitalbudget, wie sich gleich zeigen wird. Diese notwendigen (und hinreichenden) Bedingungen **explizit** zur Herleitung optimaler Werte $\alpha^{(1)*}$, ..., $\alpha^{(N)*}$ sowie C_0^*, ..., C_T^* zu nutzen ist damit noch **nicht gelungen**. Gerade hier machen sich dann eine vereinfachte Zielfunktion und der Einsatz von Methoden des OR bezahlt.

[34] Vgl. hierzu insbesondere auch *Hax* (1993), S. 97 ff.

Die *Lagrange*-Multiplikatoren $\lambda_0, \ldots, \lambda_T$ beziehen sich demnach auf die Liquiditätsrestriktionen gemäß (3.6), die Multiplikatoren $\mu^{(1)}, \ldots, \mu^{(N)}$ haben Bezug zu den Anforderungen $\alpha^{(n)} \geq 0$ ($\forall$ n), während die *Lagrange*-Multiplikatoren $\nu^{(1)}, \ldots, \nu^{(N)}$ auf $1-\alpha^{(n)} \geq 0$ ($\forall$ n) abstellen. Die Variablen $\gamma_0, \ldots, \gamma_T$ schließlich werden wegen der Anforderungen $C_t \geq 0$ ($\forall$ t) benötigt.

Zur Lösung von (3.8) sind zunächst einmal die Ableitungen nach allen C_t und allen $\alpha^{(n)}$ gleich Null zu setzen. Man erhält hieraus:

$$\frac{\partial L}{\partial C_t} = \frac{\partial U}{\partial C_t} - \lambda_t + \gamma_t = 0 \quad (\forall\ t = 0, \ldots, T),$$

$$\frac{\partial L}{\partial \alpha^{(n)}} = \sum_{t=0}^{T} \lambda_t \cdot z_t^{(n)} + \mu^{(n)} - \nu^{(n)} = 0 \quad (\forall\ n = 1, \ldots, N).$$

(3.9)

Des weiteren ist es wichtig zu wissen, daß die zu Ungleichungen gehörenden *Lagrange*-Multiplikatoren in der hier gewählten Formulierung in jedem Fall nicht-negativ sind und das Produkt aus *Lagrange*-Multiplikator und zugehöriger Restriktion stets den Wert Null annehmen muß.[35] Dies impliziert unmittelbar, daß für ein Projekt n mit $\alpha^{(n)*} \in (0,1)$ sowohl $\mu^{(n)}$ als auch $\nu^{(n)}$ gleich Null sein müssen.[36] Die Variable $\mu^{(n)}$ kann entsprechend nur für $\alpha^{(n)*} = 0$ von Null verschieden sein, die Variable $\nu^{(n)}$ nur für $\alpha^{(n)*} = 1$. Im weiteren sei unterstellt, daß $C_t^* > 0$ für alle $t = 0, \ldots, T$ gilt, also eine innere Lösung bezüglich der unternehmerischen Konsumniveaus vorliegt. Davon kann insbesondere dann ausgegangen werden, wenn der Grenznutzen für Werte von C_t nahe bei Null hinreichend hoch ist. Unter der Voraussetzung einer **inneren Lösung** bezüglich der C_t muß

---

[35] Für eine ausführliche Diskussion des *Kuhn-Tucker-Lagrange*-Ansatzes siehe beispielsweise *Neus* (2001), S. 513 ff., oder auch *Chiang* (1984), S. 722 ff.

[36] Genaugenommen sind auch die *Lagrange*-Multiplikatoren $\mu^{(n)}$ und $\nu^{(n)}$ hier mit einem "*" zu versehen, da es um deren Werte im Optimum geht. Auf diese zusätzliche Indizierung kann hier aber wohl ohne die Verursachung von Unklarheiten verzichtet werden.

zwingend $\gamma_t = 0$ für alle $t = 0, ..., T$ gelten, und man erhält auf der Grundlage von (3.9) folgende Zusammenhänge:[37]

$$\frac{\partial U}{\partial C_t} = \lambda_t \quad (\forall\ t = 0, ..., T),$$

$$\sum_{t=0}^{T} \lambda_t \cdot z_t^{(n)} + \mu^{(n)} - \nu^{(n)} = 0$$

$$\Leftrightarrow \sum_{t=0}^{T} \frac{\partial U}{\partial C_t} \cdot z_t^{(n)} + \mu^{(n)} - \nu^{(n)} = 0 \qquad (3.10)$$

$$\Leftrightarrow \sum_{t=0}^{T} \frac{\partial U/\partial C_t}{\partial U/\partial C_0} \cdot z_t^{(n)} = \frac{\nu^{(n)} - \mu^{(n)}}{\partial U/\partial C_0}$$

$$\Leftrightarrow \sum_{t=0}^{T} \left|\frac{dC_0}{dC_t}\right| \cdot z_t^{(n)} = \frac{\nu^{(n)} - \mu^{(n)}}{\partial U/\partial C_0} \quad (\forall\ n = 1, ..., N).$$

Im Rahmen der ersten Äquivalenzumformung der zweiten Gleichung wurde der Zusammenhang aus der ersten Gleichung genutzt.

Die Quotienten $|dC_0/dC_t|$ sind nichts anderes als **Grenzraten der Substitution**, wie sie bereits im Kapitel II dieses Lehrbuchs eingeführt wurden.[38] Der

---

[37] Daneben sind als weitere Optimalitätsbedingungen natürlich sämtliche als Gleichungen formulierten Restriktionen zu beachten. Diese spielen für die folgende Herleitung aber **keine** besondere Rolle.

[38] Genaugenommen handelt es sich um **Kehrwerte** von Grenzraten der Substitution, wie sie im Kapitel II erörtert worden sind. Da die inhaltliche Interpretation aber vollkommen analog erfolgen kann, ist es sachgerecht, auch im Zusammenhang mit den Differentialquotienten $|dC_0/dC_t|$ von Grenzraten der Substitution (zwischen C_0- und C_t-Konsum) zu sprechen.

Ausdruck $|dC_0/dC_t|$ gibt dabei näherungsweise[39] an, auf wie viele Geldeinheiten Gegenwartskonsum der betrachtete Entscheidungsträger für eine weitere Geldeinheit Zukunftskonsum ceteris paribus zu verzichten bereit ist bzw. wie viele Geldeinheiten zusätzlichen Gegenwartskonsums dem Entscheidungsträger mindestens für die Aufgabe einer Geldeinheit Zukunftskonsum geboten werden müssen. Augenscheinlich stellt das Produkt $|dC_0/dC_t| \cdot z_t^{(n)}$ damit eine **subjektive Umrechnung** der künftigen Einzahlungen aus dem Projekt n im Zeitpunkt t in **äquivalenten Gegenwartskonsum** dar.

Insgesamt kann die linke Seite der letzten Gleichung aus (3.10) demnach als der (**"subjektive"**) **Kapitalwert** des Projekts n gedeutet werden. Die Grenzraten der Substitution $|dC_0/dC_t|$ beschreiben hierbei nichts anderes als Zero-Bond-Abzinsungs- oder **Diskontierungsfaktoren d_t**, die wegen ihrer Abhängigkeit vom unternehmerischen Konsumverhalten und damit der optimalen Lösung des betreffenden Kapitalbudgetierungsproblems als **endogen** zu bezeichnen sind. Es existieren folglich auch im Rahmen des hier betrachteten allgemeinen Budgetierungsproblems endogene Kalkulationszinsfüße $i_t = (d_{t-1}/d_t)-1$, mit deren Hilfe Kapitalwertberechnungen möglich sind. In diesem Zusammenhang lassen sich nun des weiteren **drei** verschiedene Fälle unterscheiden:

1) $\alpha^{(n)*} = 0$

Mit $\alpha^{(n)*} = 0$ gilt für die *Lagrange*-Multiplikatoren $\mu^{(n)} \geq 0$ sowie $\nu^{(n)} = 0$, so daß die rechte Seite der letzten Gleichung aus (3.10) wegen $\partial U/\partial C_0 > 0$ nichtpositiv ist.

2) $\alpha^{(n)*} = 1$

Mit $\alpha^{(n)*} = 1$ gilt für die *Lagrange*-Multiplikatoren $\mu^{(n)} = 0$ sowie $\nu^{(n)} \geq 0$, so daß die rechte Seite der letzten Gleichung aus (3.10) nichtnegativ ist.

---

[39] Exakt sind die Zusammenhänge nur für **infinitesimale** Größen.

3) $0 < \alpha^{(n)*} < 1$

Mit $0 < \alpha^{(n)*} < 1$ gilt für die *Lagrange*-Multiplikatoren $\mu^{(n)} = 0$ sowie $\nu^{(n)} = 0$, so daß die rechte Seite der letzten Gleichung aus (3.10) einen Wert von Null annimmt.

Zusammenfassend ergibt sich damit, daß (Investitions- oder Finanzierungs-[40]) Projekte mit einem **positiven Kapitalwert** auf der Grundlage der im Optimum gültigen Grenzraten der Substitution $|dC_t/dC_0|$ in **vollem Umfang**, also $\alpha^{(n)*} = 1$, realisiert werden. Projekte mit einem **negativen Kapitalwert** werden in diesem Zusammenhang **gar nicht**, das heißt mit $\alpha^{(n)*} = 0$, implementiert. Projekte mit einem **Kapitalwert von Null** werden **ganz, teilweise oder überhaupt nicht** durchgeführt.[41] All diese Zusammenhänge sollten dem Leser bekannt erscheinen. Sie wurden bereits in den Abschnitten 1 und 2 dieses Kapitels über das *Hirshleifer-* bzw. das *Dean*-Modell hergeleitet. Insofern ist die Analyse des allgemeinen Kapitalbudgetierungsproblems eines Unternehmers für die theoretische Fundierung des Kapitalwertkriteriums von grundlegender Bedeutung, wenngleich die in den Abschnitten 1 und 2 dieses Kapitels angeführte **Kritik** an der (fehlenden) praktischen Relevanz endogener Kalkulationszinsfüße hier ohne Einschränkung wiederholt werden kann.

---

[40] Es sei darauf hingewiesen, daß alle vorhergehenden Überlegungen nicht nach Finanzierungs- und Investitionsprojekten differenziert waren. Dies impliziert unmittelbar, daß die für Finanzierungsprojekte auf dem vollkommenen Kapitalmarkt gegebene **Kapitalwertneutralität** auf unvollkommenem Kapitalmarkt (und bei Diskontierung mit den endogenen Ein-Perioden-Kalkulationszinsfüßen) grundsätzlich **nicht** mehr gegeben ist. Vgl. hierzu auch die Ausführungen im vorhergehenden Abschnitt 2 dieses Kapitels.

[41] Zu beachten ist, daß all diese Resultate bei **fehlender beliebiger Teilbarkeit** von Investitionsprojekten so **nicht** mehr gelten, wie schon im vorhergehenden Abschnitt 2 angedeutet wurde. In der Tat konnten *Laux/Franke* (1970) unter recht allgemeinen Annahmen nachweisen, daß bei bindenden Ganzzahligkeitsrestriktionen überhaupt **keine** Kalkulationszinsfüße existieren, mit deren Hilfe eine Rekonstruktion des optimalen Kapitalbudgets über Anwendung der Kapitalwertmethode möglich ist. Vgl. hierzu auch *Hellwig* (1973).

3.5 Zusammenfassung

Gegenstand dieses Abschnitts war die Lösung von Kapitalbudgetierungsproblemen unter der Prämisse eines unvollkommenen Kapitalmarktes, der durch "**Konditionenvielfalt**" auf der Finanzierungsseite gekennzeichnet ist. Zu diesem Zweck wurde das Instrument der **vollständigen Finanzplanung** eingeführt, bei dem es um die **systematische Erfassung** aller mit einem bestimmten Kapitalbudget verbundenen Zahlungskonsequenzen in Tabellenform geht und nur einfache unternehmerische Zielfunktionen wie etwa die Maximierung des jeweiligen Endvermögens zugelassen werden. Für **überschaubare Entscheidungsprobleme** bei unvollkommenem Kapitalmarkt kann man durch direkte Gegenüberstellung der in Erwägung zu ziehenden Finanzpläne das optimale unternehmerische Investitions- und Finanzierungsprogramm ermitteln. Bei **komplexeren** Anwendungen versagt diese Verfahrensweise, weswegen man dann auf **Methoden des Operations Research (OR)** zurückgreift, bei denen es um die EDV-gestützte Lösung in allgemeiner Form beschriebener Kapitalbudgetierungsprobleme geht. Quasi als Nebenergebnis konnte auch in diesem sehr allgemeinen Modellkontext die Existenz adäquater **endogener Kalkulationszinsfüße** zur (Ex-post-) Anwendung des Kapitalwertkriteriums hergeleitet werden.

Wenngleich sich durch die Möglichkeit zur Nutzung von **Methoden des OR** Kapitalbudgetierungsprobleme bei Sicherheit in sehr allgemeiner Form als lösbar erweisen, haben derlei Methoden insbesondere gegenüber der (Ad-hoc-) Anwendung einfacher Kapitalwertkriterien bislang **keine** sonderlich große **praktische Bedeutung** erlangt. Dies dürfte zum einen Folge des beträchtlichen **Datenbedarfs** zur Beschreibung aller zulässigen Kapitalbudgets bei unvollkommenem Kapitalmarkt und zum anderen durch die wohl als besonders wichtigen Aspekt wahrgenommene, nicht überzeugend zu berücksichtigende **Unsicherheit** künftiger Zahlungsströme, bedingt sein.

Wiederholungsfragen

W3.1
Was versteht man unter einem vollständigen Finanzplan, und welche beiden Zwecke werden mit der Konzeption der vollständigen Finanzplanung verfolgt?

W3.2
Aus welchen Komponenten ist ein vollständiger Finanzplan aufgebaut?

W3.3
Welche unternehmerischen Zielsetzungen sind im Rahmen vollständiger Finanzplanung zu unterscheiden?

W3.4
In welcher Beziehung stehen die in W3.3 darzulegenden unternehmerischen Zielfunktionen auf einem vollkommenen Kapitalmarkt?

W3.5
Wie sind die Beziehungen zwischen den in W3.3 darzulegenden unternehmerischen Zielfunktionen auf einem unvollkommenen Kapitalmarkt zu beurteilen?

W3.6
Wie begründet sich im (Ausgangs-) Zahlenbeispiel aus Abschnitt 3.3 die Überlegenheit des Kontokorrentkredits gegenüber dem Festkredit?

W3.7
Wie würde der Vorteilhaftigkeitsvergleich zwischen Kontokorrentkredit und Festkredit im Zahlenbeispiel aus Abschnitt 3.3 auf Basis der Kapitalkostensätze ausfallen, und weshalb ist ein Kapitalkostenvergleich zur Entscheidungsfindung generell ungeeignet?

W3.8
Was versteht man allgemein unter LP-Ansätzen zur Lösung von Kapitalbudgetierungsproblemen, und wie stellt sich die Grundstruktur dieser Ansätze dar?

W3.9
Wie lassen sich endogene Kalkulationszinsfüße im Rahmen eines allgemeinen Ansatzes zur Lösung von Kapitalbudgetierungsproblemen herleiten?

W3.10
Wie sind LP-Ansätze zur Lösung von Kapitalbudgetierungsproblemen, insbesondere auch im Vergleich zum *Hirshleifer*- und *Dean*-Modell, zu beurteilen?

4 Steuern in der Investitionsrechnung

4.1 Problemstellung

Im Rahmen des vorhergehenden Kapitels III wurde stets von einem vollkommenen Kapitalmarkt ausgegangen. Dies impliziert unter anderem auch die Abstraktion von jeglicher Art der Besteuerung von Wirtschaftssubjekten. Zweifellos existieren aber in der Unternehmenspraxis **Steuern**, und insofern ist ihre Diskussion im Rahmen eines investitionstheoretischen Lehrbuchs sicherlich geboten. Sehr einfach verhielte es sich, wenn das betrachtete Steuersystem investitionsneutral wäre. **Investitionsneutralität** ist eine bestimmte Form der **Entscheidungsneutralität**. Entscheidungsneutralität eines Steuersystems liegt generell dann vor, wenn die Rangfolge von Handlungsalternativen im Rahmen eines beliebigen, hier nicht näher zu spezifizierenden Entscheidungsproblems ceteris paribus ohne Berücksichtigung der Steuern, das heißt "**vor**" Steuern, mit der unter Beachtung der Besteuerung, das heißt "**nach**" Steuern, übereinstimmt. Investitionsneutralität meint nun den Spezialfall der Entscheidungsneutralität, bei der die Rangfolge möglicher Investitionsprogramme vor und nach Steuern im Rahmen von Investitionsentscheidungen identisch ist. Augenscheinlich kann man sich im Falle investitionsneutraler Besteuerung zur Ermittlung optimaler Investitionsprogramme auf reine Vor-Steuer-Betrachtungen beschränken. Leider ist diese Eigenschaft bei realen Steuersystemen typischerweise aber **nicht** gegeben,[1] so daß eine **explizite Berücksichtigung** steuerlicher Aspekte auch in investitionsrechnerischen Kalkülen in aller

---

[1] Natürlich kann man sich fragen, wie **praktisch bedeutsam** die fehlende Entscheidungsneutralität der jeweils gültigen Form der Besteuerung insbesondere in Abwägung zum durch die Berücksichtigung steuerlicher Aspekte erhöhten Rechenaufwand sein mag. Vgl. hierzu etwa die Kontroverse zwischen *Mellwig* (1980, 1981) und *Wagner* (1981). Zumindest für die im folgenden betrachteten Formen der Besteuerung ist deren Berücksichtigung im Rahmen investitionsrechnerischer Kalküle derart einfach und ohne zusätzlichen Prognoseaufwand möglich, daß schon die bloße Möglichkeit der Entscheidungsrelevanz der Besteuerung eine Investitionsrechnung unter explizitem Einbezug steuerlicher Aspekte geboten erscheinen läßt.

Regel geboten ist.[2]

Im weiteren sollen deswegen zunächst im **Abschnitt 4.**2 einige wesentliche Aspekte der in **Deutschland** relevanten steuerlichen Regelungen beschrieben und mit den Annahmen des "**Standardmodells** zur Erfassung steuerlicher Aspekte in der Investitionsrechnung" kontrastiert werden. Auf der Grundlage des Standardmodells kann gezeigt werden, daß **auch** unter Zugrundelegung einer allgemeinen Gewinnbesteuerung die *Fisher*-**Separation** und die daraus resultierende Möglichkeit präferenzunabhängiger und kapitalwertorientierter Investitionsrechnung noch **Bestand** haben kann. Dies ist Gegenstand des **Abschnitts 4.3**. Da im Abschnitt 1 des vorhergehenden Kapitels III bereits eine ausführliche Diskussion des *Fisher*-Modells für den Fall **ohne** Steuern erfolgte und die Einführung von Steuern weitgehend analoge Herleitungen ermöglicht, wird dem Leser vieles vertraut erscheinen. Trotzdem soll die Darstellung aus didaktischen Gründen auch unter Inkaufnahme gelegentlicher Redundanzen - ähnlich wie bei der bereits erfolgten Diskussion des *Hirshleifer*-Modells - nicht allzu knapp gehalten werden.

Je nach der konkreten Ausgestaltung eines Steuersystems kann das Phänomen auftreten, daß ein Investitionsprojekt, dessen Durchführung sich vor Steuern als nachteilig für einen Unternehmer erweist, nach Steuern vorteilhaft ist. Man spricht in diesem Zusammenhang vom Vorliegen eines **Steuerparadoxons**. Auf dieses Phänomen wird im **Abschnitt 4.4** vertieft eingegangen. Wenigstens dann, wenn Steuerparadoxa im gerade beschriebenen Sinne auftreten, erweist sich das betrachtete Steuersystem unmittelbar als nicht investitionsneutral. Aus diesem Grunde wird ebenfalls noch im Abschnitt 4.4 der Frage nachgegangen, wie ein Steuersystem ausgestaltet sein sollte, um **Investitionsneutralität** zu gewährleisten. Im **Abschnitt 4.5** schließlich werden die wichtigsten Ergebnisse nochmals zusammengefaßt.

---

[2] Lehrbücher, die sich ausführlich mit dem Einbezug von Steuern in investitionsrechnerische Kalküle befassen, stammen unter anderem von *Mellwig* (1985) sowie *Schneider* (1992).

4.2 Grundzüge steuerlicher Regelungen in Deutschland und die Annahmen des Standardmodells

Im weiteren ist auf steuerliche Fragen nur insoweit einzugehen, wie sie sich im Rahmen von Investitionsentscheidungen als besonders relevant erweisen. So beeinflussen natürlich auch Hunde- und Kfz-Steuer die aus einem Investitionsprojekt resultierenden Nach-Steuer-Einzahlungen, wenn nämlich Wachhunde gehalten werden müssen und ein Fuhrpark Bestandteil der Investitionsmaßnahme ist. Von zentraler Bedeutung im Rahmen des Treffens von Investitionsentscheidungen dürften jedoch die sogenannten **Ertragsteuern** sein, die an Gewinn- oder Einkommensgrößen anknüpfen. Zwar gab es in der Vergangenheit mit Vermögen- und Gewerbekapitalsteuer auch zwei wesentliche, an Vermögensgrößen anknüpfende sogenannte **Substanzsteuern**,[3] doch werden diese zumindest zur Zeit[4] nicht erhoben und brauchen daher nicht näher betrachtet zu werden. Es soll demnach im folgenden nur kurz auf **Körperschaft-, Einkommen- und Gewerbe(ertrag)steuer** eingegangen werden. Bei jeder Steuerart ergibt sich die Steuerzahlung grundsätzlich aus dem Produkt von **Bemessungsgrundlage** und **Steuersatz**.

Unabhängig von ihrer Rechtsform unterliegen alle Unternehmen der **Gewerbesteuer**. Vor 1998 setzte sich die Gewerbesteuer aus den beiden **Komponenten** Gewerbeertrag- und Gewerbekapitalsteuer zusammen. Seit Anfang 1998 wird **nur noch** die Gewerbeertragsteuer erhoben, so daß im weiteren die beiden Begriffe "Gewerbeertragsteuer" und "Gewerbesteuer" synonym verwendet werden können. Die **Bemessungsgrundlage** der Gewerbe(ertrag)steuer, also die Grundlage für die Ermittlung der Steuerlast, ist der **Gewerbeertrag** der Unternehmung. Dieser wie-

---

[3] Vgl. hierzu näher etwa *Rose* (1993).

[4] Die Behandlung steuerrechtlicher Fragen hat stets mit dem Problem zu kämpfen, daß jede Beschreibung des Status quo schon sehr schnell wieder **überholt** sein kann und etwaige künftige Änderungen des Steuerrechts aufgrund ihrer zumeist **nicht erkennbaren Systematik** auch kaum vorhersehbar sind. Aus diesem Grunde werden hier schwerpunktmäßig die für das Jahr des Erscheinens dieses Buches, 2002, geltenden steuerrechtlichen Regelungen skizziert.

derum ergibt sich vereinfacht als der erzielte Unternehmensgewinn zuzüglich der Hälfte der Zinsen auf die Dauerschulden[5] der Unternehmung und abzüglich der Gewerbesteuer selbst. Die Gewerbesteuer mindert also ihre eigene Bemessungsgrundlage.[6] Im weiteren sei vereinfachend angenommen, daß sich der Gewinn G_t eines Zeitpunktes t aus dem Einzahlungsüberschuß z_t dieses Zeitpunktes zuzüglich der von der Kapitalgesellschaft vereinnahmten Habenzinsen HZ_t und abzüglich der geleisteten Sollzinsen SZ_t und der verbuchten Abschreibungen D_t ergibt.

Beispiel 4.1:[7]

Es sei ein Gewerbesteuersatz von 20 % und ein unternehmerischer Gewerbeertrag[8] **vor** Abzug der Gewerbesteuer selbst von 100 GE angenommen. Die Gewerbesteuerbelastung GS der Unternehmung bemißt sich gemäß folgender Gleichung:

$$\begin{aligned} GS &= 0{,}2 \cdot (100 - GS) \\ \leftrightarrow GS &= \frac{0{,}2}{1{,}2} \cdot 100 \\ \leftrightarrow GS &= 0{,}1\overline{6} \cdot 100 \\ \leftrightarrow GS &= 16{,}\overline{6} \text{ GE}. \end{aligned} \quad (4.1)$$

---

[5] Im wesentlichen sind **Dauerschulden** typischerweise durch eine (anfängliche) Laufzeit von mindestens **zwölf Monaten** gekennzeichnet. Vgl. zu einer ausführlicheren Begriffserörterung etwa *Rose* (2001), S. 172 ff.

[6] Welchem **Zweck** eine derartige Konstruktion dienen soll, vermag wohl nur der Steuergesetzgeber selbst zu offenbaren, weswegen diese Frage hier nicht beantwortet werden kann.

[7] Vgl. hierzu auch *Breuer* (1998a), S. 94.

[8] Wie sich dieser aus Gewinn (vor Gewerbeertragsteuer) und hälftigen Dauerschulden zusammensetzt, spielt keine Rolle.

De facto liegt damit eine (**Effektiv-**) **Steuerbelastung** des Gewerbeertrags (vor Abzug der Gewerbesteuer) von nur etwa 16,67 % statt 20 % vor. □

Ferner **mindert** die Gewerbesteuer die Bemessungsgrundlage der Einkommen- und der Körperschaftsteuer.

Ein **konkreter** Gewerbe(ertrag)steuersatz läßt sich in praxi **nicht** ohne weiteres angeben, da die Gewerbesteuer eine **kommunale Steuer** ist und die einzelnen Gemeinden den erwünschten Gewerbesteuersatz letzten Endes in gewissen Bandbreiten selbst festlegen können. Eine Rechnung mit **20 % Gewerbesteuersatz** dürfte jedoch als **Durchschnittswert** vergleichsweise sachgerecht sein.[9] Wegen der Möglichkeit, die Gewerbesteuer bei sich selbst abzuziehen, resultiert damit gemäß Beispiel 4.1 ein **Effektivsteuersatz** von ca. 16,67 %. Im weiteren sei dieser Effektivsteuersatz eines Zeitpunktes t generell mit $s_t^{(g)}$ bezeichnet.

Betrachtet man nun näher eine **Kapitalgesellschaft**, so hat diese als eigenständiges Steuersubjekt auf ihren Gewinn (nach Gewerbesteuer) **Körperschaftsteuer** zu zahlen. Mit Wirkung ab dem Jahr 2001 sind einige wesentliche Vorschriften des deutschen Steuerrechts grundlegend neu gefaßt worden.[10] Insbesondere existiert nunmehr nur noch ein **einheitlicher Körperschaftsteuersatz** von 25 % auf den Gewinn einer Kapitalgesellschaft unabhängig von der Frage der Gewinnverwendung. Vor dieser Neuregelung war zu unterscheiden zwischen einem Körperschaftsteuersatz für einbehaltene und einem solchen für ausgeschüttete Gewinne. Nichts geändert hat sich an dem Umstand, daß Unternehmungen Steuern auf die Körperschaftsteuer zu zahlen haben, und zwar den im Gefolge der deutschen Wiedervereinigung eingeführten und seit 1998 in der aktuellen Form bestehenden

---

[9] Vgl. *Rose* (2001), S. 191.

[10] Vgl. hierzu etwa *Bareis* (2000).

"**Solidaritätszuschlag**"[11] in Höhe von 5,5 % der Körperschaftsteuer. Der Solidaritätszuschlag stellt hierbei letzten Endes nichts anderes dar als eine **Erhöhung** des unternehmerischen Körperschaftsteuersatzes auf $0{,}25 \cdot 1{,}055 = 26{,}375\ \%$. Im weiteren werde der Körperschaftsteuersatz inclusive des Solidaritätszuschlags für einen Zeitpunkt t mit $s_t^{(k)}$ bezeichnet.

Soweit Teile des nach Gewerbe- und Körperschaftsteuer verbleibenden Gewinns an Anteilseigner ausgeschüttet werden, unterliegen sie dort zusätzlich der Einkommensteuer. Als Bemessungsgrundlage dient dabei die Hälfte der vorgenommenen Ausschüttung, weswegen auch vom **Halbeinkünfteverfahren** die Rede ist. Zusätzlich gehen etwaige Habenzinsen aus Finanzinvestitionen ebenfalls in die Bemessungsgrundlage der Einkommensteuer ein, während von einem Anteilseigner zu leistende Sollzinsen grundsätzlich nicht steuerlich abzugsfähig sind. Hieraus kann bereits ein wichtiger Schluß gezogen werden: Im Rahmen der hier erfolgenden vereinfachten Betrachtung sollten etwaige **Kreditaufnahmen** zur zeitlichen Transformation der Einkommensströme von Anteilseignern zum Zwecke der Steuerersparnis sinnvollerweise im Bereich der jeweiligen **Gesellschaft** und nicht in der privaten Sphäre des jeweiligen Anteilseigners angesiedelt werden.

Der von einem Subjekt zu zahlende Einkommensteuersatz ist **keine konstante** Größe. Vielmehr steigt die auf die jeweils "letzte" verdiente Geldeinheit erhobene (Grenz-) Einkommensteuer mit wachsendem Einkommen bis zu einem **maximalen "Grenzsteuersatz"** von 48,5 % an. Da auch auf Einkommensteuer ein Solidaritätszuschlag von 5,5 % erhoben wird, beträgt der Spitzensteuersatz de facto $0{,}485 \cdot 1{,}055 = 51{,}11675\ \%$. Der maßgebliche (Grenz-) Einkommensteuersatz inclusive Solidaritätszuschlag in t werde im weiteren durch $s_t^{(e)}$ charakterisiert.

---

[11] Zweifellos handelt es sich hierbei um eine sehr wohlklingende Beschreibung des Umstands einer **faktischen Erhöhung** der Körperschaft- und Einkommensteuer, wenngleich kaum davon auszugehen ist, daß den Steuerzahlern die Erfüllung ihrer Pflichten hierdurch größere Freude bereitet.

Mit GS_t sei die Gewerbesteuer- und mit KS_t die Körperschaftsteuerbelastung der Unternehmung in einem Zeitpunkt t bezeichnet. Entsprechend stehe ES_t für die Einkommensteuerbelastung des betrachteten Unternehmers in t. Der Gewinn nach Gewerbe- und Körperschaftsteuer im Zeitpunkt t ist somit $G_t - GS_t - KS_t$. Hiervon werde der Anteil α ausgeschüttet. Mit diesen Informationen können die dem Unternehmer insgesamt zufließenden Zahlungen nach Steuern bestimmt werden. Diese belaufen sich nämlich auf $\alpha \cdot (G_t - GS_t - KS_t) - ES_t$. Unterstellt man vereinfachend, daß der Unternehmer in Zeitpunkten $t > 0$ keinerlei Gewinnbestandteile für Reinvestitionen thesauriert, dann gilt sofort $\alpha = 1$, und man erhält die dem Unternehmer zufließenden Mittel als $G_t - (GS_t + KS_t + ES_t)$. Die Gesamtsteuerbelastung $GS_t + KS_t + ES_t$ läßt sich weiter konkretisieren:

$$\begin{aligned}
& GS_t + KS_t + ES_t \\
&= GS_t + s_t^{(k)} \cdot (G_t - GS_t) + s_t^{(e)} \cdot \frac{(1 - s_t^{(k)}) \cdot (G_t - GS_t)}{2} \\
&= [s_t^{(k)} + 0{,}5 \cdot s_t^{(e)} \cdot (1 - s_t^{(k)})] \cdot G_t + [1 - s_t^{(k)} - 0{,}5 \cdot s_t^{(e)} \cdot (1 - s_t^{(k)})] \cdot GS_t \quad (4.2) \\
&= [s_t^{(k)} + 0{,}5 \cdot s_t^{(e)} \cdot (1 - s_t^{(k)})] \cdot G_t + s_t^{(g)} \cdot [1 - s_t^{(k)} - 0{,}5 \cdot s_t^{(e)} \cdot (1 - s_t^{(k)})] \cdot (G_t + 0{,}5 \cdot SZ_t) \\
&= s_t \cdot G_t + s_t^+ \cdot SZ_t
\end{aligned}$$

mit $s_t \equiv [s_t^{(k)} + 0{,}5 \cdot s_t^{(e)} \cdot (1 - s_t^{(k)})] \cdot (1 - s_t^{(g)}) + s_t^{(g)}$ sowie $s_t^+ \equiv 0{,}5 \cdot s_t^{(g)} \cdot [1 - s_t^{(k)} - 0{,}5 \cdot s_t^{(e)} \cdot (1 - s_t^{(k)})]$.

Die Gesamtsteuerbelastung besteht damit aus einem vom unternehmerischen Gewinn G_t und zusätzlich aus einem vom Ausmaß der geleisteten Sollzinsen SZ_t positiv abhängigen Teil. Überdies ist $s_t^{(e)}$ im Gegensatz zu $s_t^{(g)}$ und $s_t^{(k)}$ selbst für gegebenen Zeitpunkt t keine Konstante.

Im Rahmen des **Standardmodells** der Investitionsrechnung zur Untersuchung steuerlicher Fragen wird (4.2) in verschiedener Hinsicht vereinfacht.[12] Konkret wird angenommen, daß lediglich eine allgemeine Gewinnsteuer existiert und der zugehörige **Gewinnsteuersatz** s für alle Zeitpunkte und Ausprägungen der Bemessungsgrundlage konstant ist. Bezogen auf (4.2), bedeutet dies demnach, daß s_t^+ = 0 % für alle t gilt, was wiederum eine **vollständige Abstraktion** von der Gewerbeertragsteuer impliziert. Schließlich wird angenommen, daß die ermittelte Steuer im Falle eines positiven Gewinnausweises unmittelbar in t zu zahlen ist. Ist die errechnete Steuerzahlung des Steuersubjekts negativ, so erhalte das jeweilige Steuersubjekt unmittelbar eine Steuererstattung in der entsprechenden Höhe.

Bei **Personengesellschaften** sind grundsätzlich nur die Gesellschafter selbst die Steuersubjekte, weswegen zum einen die Körperschaftsteuer entfällt, dafür aber zum anderen auch der **gesamte** nach Gewerbesteuer verbleibende Gewinn mit Einkommensteuer belegt wird. Zusätzlich wird freilich bei Personengesellschaften die Einkommensteuerschuld direkt durch Abzug einer **pauschal**, das heißt ohne Bezug auf die jeweiligen konkreten kommunalen Regelungen, bestimmten Gewerbesteuerbelastung reduziert. Auf diese Weise wird der Einfluß der Gewerbesteuer auf den nach Steuern dem Unternehmer zufließenden Einzahlungsüberschuß zweifellos reduziert, weswegen die Annahmen des Standardmodells tendenziell besser als im Falle von Kapitalgesellschaften zur Approximation realer steuerlicher Gegebenheiten geeignet sein dürften.[13]

Das Standardmodell kann zusammenfassend ganz allgemein als **vereinfachte Abbildung** gängiger realer Steuersysteme aufgefaßt werden und erfreut sich demgemäß in der Praxis recht großer Beliebtheit.[14] Die Vereinfachung bezieht sich insbesondere zum einen auf **Art** und **Anzahl** der erfaßten Teile der steuerlichen

---

[12] Vgl. hierzu etwa *Wagner* (1979), *Wagner/Dirrigl* (1980), S. 24 ff., *Kruschwitz* (2000), S. 129 ff.

[13] Vgl. zu einer genaueren Analyse *Bareis* (2000) sowie *Scheffler* (2001).

[14] Vgl. z.B. *Lenz* (1991), S. 499.

Bemessungsgrundlage und zum anderen auf die Annahme eines **konstanten** Gewinnsteuersatzes. Die **Approximationsgüte** hinsichtlich der tatsächlich in Deutschland maßgeblichen steuerlichen Regelungen ist dabei seit der nicht mehr erfolgenden Erhebung der früheren beiden Substanzsteuern, Vermögen- und Gewerbekapitalsteuer, ebenso wie durch die Neuregelungen zum 1. Januar 2001 tendenziell gestiegen. Auf diese Frage wird aber noch zurückzukommen sein.

4.3 *Fisher*-Separation und Kapitalwertkriterium bei Steuern[15]

4.3.1 Unternehmerische Präferenzen und Realinvestitionsmöglichkeiten

Wie im Abschnitt 1 des vorhergehenden Kapitels werde ein Unternehmer mit einem Anfangsvermögen W_0 in t = 0 im Rahmen eines **Zwei-Zeitpunkte-Ansatzes** bei Sicherheit betrachtet. Der Unternehmer verfüge über eine **Nutzenfunktion** $U = U(C_0;C_1)$, wobei C_t bekanntermaßen für den **Konsum** des Unternehmers im Zeitpunkt t = 0, 1 steht. Der Nutzen des Unternehmers nehme sowohl mit wachsendem Gegenwartskonsum C_0 als auch mit wachsendem Zukunftskonsum C_1 gemäß dem **Gesetz vom abnehmenden Grenznutzen** degressiv zu. Die aus der unternehmerischen Nutzenfunktion herleitbaren Indifferenzkurven, verstanden als geometrische Orte aller Kombinationen von C_0 und C_1, die gleichen Nutzen stiften, sollen wie schon im Abschnitt 1 des zweiten Kapitels degressiv fallend verlaufen.

In t = 0 habe der besagte Unternehmer Zugang zu **Realinvestitionsmöglichkeiten**, die bei einem Investitionsvolumen von I in t = 0 zu Rückflüssen in Höhe von F(I) zum Zeitpunkt t = 1 führen. F(I) sei durchgängig differenzierbar und degressiv steigend in I. Es gilt also $F'(I) > 0$ und $F''(I) < 0$.

Die unternehmerischen Erträge sollen gemäß dem im vorhergehenden Abschnitt 4.2 vorgestellten Standardmodell besteuert werden. Unterstellt man, daß der

---

[15] Der folgende Abschnitt basiert im wesentlichen auf *Breuer* (1999b).

Unternehmer im Umfang I seiner in t = 0 durchgeführten Investitionen entsprechende (steuerlich wirksame) **Aktivierungen** von Investitionsobjekten vorzunehmen hat, dann beläuft sich sein in t = 0 ausgewiesener Gewinn auf Null, da einer Anfangsauszahlung in Höhe von I eine entsprechende Zuschreibung (das heißt **negative** Abschreibung) in gerade dieser Höhe gegenübersteht.

Anders verhält es sich in t = 1. Hier ergeben sich zum einen die Rückflüsse F(I) aus der investiven Tätigkeit. Diese sind um die anfallenden Steuerzahlungen zu kürzen. Der ausgewiesene Gewinn des Unternehmers beläuft sich auf F(I)-I, da die durchgeführten Investitionen bereits in t = 1 **vollständig** abzuschreiben sind: In t = 1 endet annahmegemäß jede wirtschaftliche Tätigkeit des Unternehmers. **Nach** Steuern verbleiben dem Unternehmer demnach in t = 1 noch Einzahlungsüberschüsse in Höhe von

$$F_s(I) \equiv F(I) - s \cdot [F(I) - I] = (1-s) \cdot F(I) + s \cdot I. \qquad (4.3)$$

Auch die so ermittelte Realinvestitionskurve nach Steuern verläuft für Gewinnsteuersätze s mit $0 < s < 1$ wie die vor Steuern weiterhin **degressiv steigend** in I, wie man durch Bildung der ersten **(positiven)** und der zweiten **(negativen)** Ableitung leicht nachprüfen kann:

$$\begin{aligned} F_s'(I) &= (1-s) \cdot F'(I) + s > 0 \quad \text{für } F'(I) > 0, \\ F_s''(I) &= (1-s) \cdot F''(I) < 0 \quad \text{für } F''(I) < 0. \end{aligned} \qquad (4.4)$$

Die Einführung einer allgemeinen **Gewinnsteuer** bedingt demnach auf der Seite der Realinvestitionen keine grundlegende Änderung der Zusammenhänge.

Wie im Abschnitt 1 des vorhergehenden Kapitels kann man die durch Realinvestitionen erreichbaren unternehmerischen Konsumpositionen natürlich auch in einem $(C_0; C_1)$-**Diagramm** darstellen. Da $I = W_0 - C_0$ gilt, folgt bei alleiniger Betrachtung der unternehmerischen Realinvestitionsmöglichkeiten

$$C_1 = F_s(W_0 - C_0) = (1-s) \cdot F(W_0 - C_0) + s \cdot (W_0 - C_0). \qquad (4.5)$$

Die graphische Darstellung dieser Beziehung zwischen C_1 und C_0 bezeichnet man bekanntlich als **Transformationskurve** (hier: nach Steuern). Die Transformationskurve ist ganz allgemein der geometrische Ort aller Kombinationen von gegenwärtigem und zukünftigem Konsum, die der Unternehmer allein durch Realinvestitionen erreichen kann. Bei Abstraktion von Finanzinvestitionen ist die Transformationskurve wegen der Unmöglichkeit negativer Konsumpositionen sinnvoll nur im ersten Quadranten definiert. Unter den hier getroffenen Annahmen verläuft sie trotz der Berücksichtigung von Steuern wie schon im Fall ohne Steuern progressiv fallend.[16]

Beispiel 4.2:
Betrachtet sei ein Unternehmer mit einer Vermögensanfangsausstattung in $t = 0$ in Höhe von $W_0 = 10$ GE. Seine Investitionsertragsfunktion vor Steuern sei $F(I) = 4,4 \cdot I^{0,5}$, und der allgemeine Gewinnsteuersatz im Rahmen des Standardmodells belaufe sich auf $s = 30\%$. Damit ergibt sich eine Realinvestitionsfunktion nach Steuern der Form $F_S(I) = (1-s) \cdot F(I) + s \cdot I = 3,08 \cdot I^{0,5} + 0,3 \cdot I$. Die zugehörige Transformationskurve nach Steuern lautet $C_1 = F_S(W_0 - C_0) = 3,08 \cdot (10 - C_0)^{0,5} + 0,3 \cdot (10 - C_0)$ und ist zunächst einmal (also ohne Berücksichtigung von Finanzinvestitionen) nur definiert für Werte C_0 mit $0 \leq C_0 \leq 10$. □

4.3.2 Der unternehmerische Kapitalmarktzugang

Der betrachtete Unternehmer habe neben seinen Realinvestitionsmöglichkeiten in $t = 0$ Zugang zu einem (bis auf die Existenz einer allgemeinen Gewinnsteuer) **vollkommenen Kapitalmarkt**. Gemäß der Darstellung aus Abschnitt 1 des Kapitels III bedeutet das folgendes: Alle Subjekte auf dem Kapitalmarkt agieren erstens **rational**. Von mehreren zur Auswahl stehenden Handlungsalternativen wählen sie stets nur eine solche, die für sie **zum höchsten Zielerreichungsgrad** führt. Weil der betrachtete Unternehmer sowohl mit wachsendem Gegenwarts-

---

[16] Vgl. hierzu etwa exemplarisch die Transformationskurve nach Steuern in *Abbildung 4.1*.

wie auch wachsendem Zukunftskonsum Nutzensteigerungen erfährt, impliziert dies unter anderem, daß der Unternehmer sicherlich **keine** Verhaltensweise wählen wird, zu der es eine Alternative gibt, die ihm eine **simultane** Erhöhung von C_0 **und** C_1 ermöglicht.

Zweitens gilt, daß alle Marktteilnehmer als **Mengenanpasser** handeln, also die am Kapitalmarkt herrschenden Zinssatzkonditionen als durch sie unbeeinflußbar annehmen. Drittens sind mit allen Handlungen (bis auf die anfallenden Steuerbelastungen) **keinerlei Transaktionskosten** verbunden. Aus diesen drei Charakteristika folgt unmittelbar, daß es für die Anlage und Aufnahme von Geld von $t = 0$ bis $t = 1$ in der Nach-Steuer-Betrachtung ebenso wie schon in der Vor-Steuer-Betrachtung nur **genau einen** einheitlichen Zinssatz i_S geben kann.[17]

Zunächst einmal kann nämlich festgehalten werden, daß die bei einem Kapitalgeber nach Steuern verbleibende Verzinsung mit der vom Kapitalnehmer unter Beachtung steuerlicher Aspekte zu erbringenden übereinstimmt. Die Steuerbelastung durch Zinserhalt beim Kapitalgeber entspricht nämlich wegen des konstanten Steuersatzes s und der Möglichkeit negativer Gewinnbesteuerung der Steuerentlastung beim Kapitalnehmer, und weitere Transaktionskosten existieren annahmegemäß nicht. Aus diesem Grunde hat jeder beliebige Nach-Steuer-Zinssatz stets simultan für Kapitalgeber und -nehmer Gültigkeit.

Existierten unter Beachtung des gerade dargelegten Zusammenhangs wenigstens zwei verschiedene Nach-Steuer-Zinssätze auf dem betrachteten Kapitalmarkt, würde jeder Marktteilnehmer zum günstigeren der beiden Zinssätze Mittel aufnehmen und zum höheren Mittel anlegen wollen. Sofern es außer der besagten Gewinnsteuer keine Marktunvollkommenheit gibt, besteht keinerlei Grund zu der Annahme, daß die erwünschten Transaktionen nicht friktionsfrei durchgeführt

---

[17] Das Symbol i_S steht demnach für den einheitlichen Nach-Steuer-Kapitalmarktzinssatz im Zusammenhang mit Anlage oder Verschuldung auf einem bis auf die Existenz von Steuern vollkommenen Kapitalmarkt und ist damit natürlich **nicht** zu verwechseln mit dem Sollzinssatz $i^{(S)}$ aus dem *Hirshleifer*-Modell.

werden könnten. Damit aber gäbe es zum höheren der beiden Zinssätze keine Nachfrage und zum niedrigeren kein Angebot an Mitteln.

Ausgehend von einer (beliebigen) **Konsumposition** $(\overline{C}_0; \overline{C}_1)$, die der Unternehmer allein aufgrund seiner durchgeführten Realinvestitionen verwirklichen könnte, führt die Aufnahme eines **Krediter** in Höhe von K dazu, daß der Unternehmer in t = 0 sein Konsumniveau auf $C_0 = \overline{C}_0 + K$ steigert. Dafür **reduziert** sich infolge der erforderlichen Kreditrückzahlung sein Konsum im Zeitpunkt t = 1 auf $C_1 = \overline{C}_1 - (1 + i_S) \cdot K$.

Man kann ohne weiteres auch negative Werte für K zulassen: Ein negatives Kreditvolumen entspricht der Anlage von Mitteln am Kapitalmarkt zum Zinssatz i_S von t = 0 bis t = 1. Natürlich führt K < 0 dazu, daß sich das unternehmerische Konsumniveau in t = 0 verringert, dafür aber nimmt der Konsum des Unternehmers in t = 1 zu.

Unabhängig davon, ob K positiv oder negativ ist, steht der Nach-Steuer-Zinssatz i_S in folgender Beziehung zum Vor-Steuer-Zinssatz i: Der Unternehmer hat für einen Kreditaufnahmebetrag in Höhe von K in t = 1 Zinsen in Höhe von i·K zu zahlen. Weil diese Zinszahlungen seinen in t = 1 ausgewiesenen steuerpflichtigen Gewinn mindern, reduziert sich seine Steuerbelastung um den Betrag s·i·K. Insgesamt verbleiben demnach für den Unternehmer in der Nach-Steuer-Betrachtung noch Zinszahlungen von i·K−s·i·K = i·(1−s)·K, so daß man $i_S = i \cdot (1-s)$ als **Nach-Steuer-Zinssatz** für die Annahmen des Standardmodells erhält. Ist **K < 0**, tätigt der Unternehmer also eine **Mittelanlage** in t = 0, so behalten alle Aussagen auch hierfür ihre Gültigkeit. In diesem Fall reduziert sich die Nach-Steuer-Rendite eben gerade auch auf i·(1−s). Löst man die Gleichung $C_0 = \overline{C}_0 + K$ nach −K auf und setzt das Ergebnis in die Bestimmungsgleichung für C_1 ein, so erhält man unter Beachtung von $i_S = i \cdot (1-s)$ die Gleichung der **Kapitalmarktgeraden** (hier: wieder **nach** Steuern):

$$C_1 = \overline{C}_1 + [1 + i \cdot (1-s)] \cdot (\overline{C}_0 - C_0). \tag{4.6}$$

Sie beschreibt den geometrischen Ort aller $(C_0;C_1)$-Kombinationen, die der Unternehmer durch Anlage oder Aufnahme von Mitteln am Kapitalmarkt, ausgehend von einer (durch Realinvestitionen erreichten) Konsumposition $(\overline{C}_0;\overline{C}_1)$, realisieren kann. Die **Steigung** der Kapitalmarktgeraden ist unabhängig vom "Startpunkt" $(\overline{C}_0;\overline{C}_1)$ stets **konstant** $-[1+i\cdot(1-s)]$.[18] Natürlich können erneut nur Konsumpositionen vom Unternehmer angestrebt werden, für die $C_0, C_1 \geq 0$ gilt. Allerdings mag der Startpunkt der Kapitalmarktgeraden durchaus im zweiten Quadranten liegen, wie schon im Abschnitt 1 aus Kapitel III dargelegt wurde.

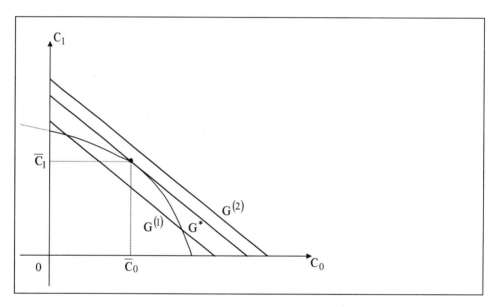

Abbildung 4.1: Die *Fisher*-Separation im Standardmodell

Beispiel 4.3:

Es sei angenommen, der Zinssatz i für Anlage und Verschuldung von t = 0 bis t = 1 belaufe sich auf 10 % bei einem konstanten Gewinnsteuersatz s von 30 %. Hieraus resultiert sofort ein Nach-Steuer-Zinssatz $i_S = 0,1\cdot(1-0,3) = 7$ %. Unternehmer 1 habe eine Anfangsausstattung von $W_0 = 10$ GE, aber keinen Zugang

---

[18] Vgl. die Kapitalmarktgeraden $G^{(1)}$ und G^* in *Abbildung 4.1*.

zu Realinvestitionsmöglichkeiten. Damit ist der Startpunkt der für ihn relevanten Kapitalmarktgeraden durch $(\overline{C}_0;\overline{C}_1) = (10;0)$ festgelegt, und deren zugehörige Gleichung lautet

$$C_1 = 0+1{,}07\cdot(10-C_0) = 10{,}7-1{,}07\cdot C_0. \tag{4.7}$$

Unternehmer 2 hingegen plane für gegebene Vermögensanfangsausstattung derartige Realinvestitionen, daß sich als Startpunkt der für ihn relevanten Kapitalmarktgeraden $(\overline{C}_0;\overline{C}_1) = (6;7{,}36)$ ergibt. Hieraus resultiert als Geradengleichung:

$$C_1 = 7{,}36+1{,}07\cdot(6-C_0) = 13{,}78-1{,}07\cdot C_0. \tag{4.8}$$

In beiden Fällen erhält man als Geradensteigung also -1,07. Die Kapitalmarktgerade des Unternehmers 1 liegt dabei weiter innen als die des Unternehmers 2, wie man leicht anhand des für Unternehmer 2 maximal erreichbaren Zukunftskonsums von 13,78 GE im Vergleich zum entsprechenden Wert von 10,7 GE für Unternehmer 1 erkennt. Die relative Lage der beiden Kapitalmarktgeraden zueinander entspricht damit prinzipiell derjenigen der Geraden $G^{(1)}$ und G^* aus *Abbildung 4.1*, wenn man die Kapitalmarktgerade des Unternehmers 1 mit $G^{(1)}$ und die des Unternehmers 2 mit G^* bezeichnet. Da die beiden betrachteten Startpunkte der Kapitalmarktgeraden durch positiven Gegenwartskonsum gekennzeichnet sind, verlaufen die relevanten Teile der beiden Kapitalmarktgeraden hier in der Tat nicht außerhalb des ersten Quadranten. □

4.3.3 Kapitalwertmaximierung als Auswahlkriterium für Realinvestitionen

Unabhängig von der konkret angenommenen Nutzenfunktion U des Unternehmers ist es für diesen am besten, wenn er eine möglichst weit **außen** liegende Kapitalmarktgerade erreicht. Denn eine weiter außen liegende Kapitalmarktgerade ermöglicht es im Vergleich zu einer weiter innen liegenden stets, sowohl den unternehmerischen Gegenwarts- als auch den Zukunftskonsum zu erhöhen. Sieht man im weiteren von Randlösungen ab,[19] so realisiert der Unternehmer die am weitesten außen liegende Kapitalmarktgerade, wenn er ein solches Realinvestitionsvolumen I^* umsetzt, daß die zugehörige Kapitalmarktgerade **Tangente** an die

---

[19] Vgl. hierzu auch schon die Ausführungen im Abschnitt 1 aus Kapitel III.

Transformationskurve wird. Natürlich gibt es noch weiter außen liegende Kapitalmarktgeraden, doch haben diese - wie etwa $G^{(2)}$ in *Abbildung 4.1* - **keinen** Punkt mehr mit der Transformationskurve gemein, können vom Unternehmer also durch Realinvestitionen nicht erreicht werden. Alle sonst erreichbaren Kapitalmarktgeraden - wie etwa $G^{(1)}$ - liegen hingegen **weiter innen** und sind aus Unternehmersicht deshalb **schlechter** als die Tangente G^*.

In dem Tangentialpunkt entspricht die Steigung der Transformationskurve $-F_S{}'(W_0-C_0)$ der (einheitlichen) Steigung $-(1+i_S)$ der Kapitalmarktgeraden. Ganz analog zu der Darstellung aus Abschnitt 1 des Kapitels III folgt daraus die **Gleichheit** der Grenzrendite (nun nach Steuern) $F_S{}'(I)-1$ von Investitionen und des Nach-Steuer-Zinssatzes i_S: Solange die Grenzrendite größer als i_S ist, wird der Unternehmer durch zusätzliche Investitionen schon bei deren Kreditfinanzierung ceteris paribus seine Konsummöglichkeiten des Zeitpunktes t = 1 steigern können, sobald die Grenzrendite geringer als i_S wird, sollte der Unternehmer sinnvollerweise seine geplanten Realinvestitionen wieder verringern und etwaige gewünschte Mittelanlagen durch Finanzinvestitionen am Kapitalmarkt umsetzen.

Die **Entscheidung** über das optimale Realinvestitionsprogramm eines Unternehmers kann demnach trotz der Existenz positiver Steuern auch hier **unabhängig** von den unternehmerischen **Präferenzen** und seiner **Anfangsausstattung** getroffen werden, indem einfach das Erreichen der am weitesten außen liegenden Kapitalmarktgeraden angestrebt wird. Die Präferenzen und die Anfangsausstattung des Unternehmers bestimmen lediglich, ob der Unternehmer Mittel am Kapitalmarkt aufnimmt oder anlegt, also **welchen Punkt** $(C_0^*;C_1^*)$ er letzten Endes auf der eindeutig bestimmten (Tangential-) Kapitalmarktgeraden G^* (ausgehend von $(\overline{C_0};\overline{C_1})$) anstrebt.

Im hier zugrunde gelegten Kontext ist nun noch folgende Umformung möglich:

$$F_s'(I) - 1 = i_s$$
$$\Leftrightarrow (1-s) \cdot F'(I) + s - 1 = i \cdot (1-s)$$
$$\Leftrightarrow (1-s) \cdot F'(I) = i \cdot (1-s) + 1 - s \qquad (4.9)$$
$$\Leftrightarrow (1-s) \cdot F'(I) = (1-s) \cdot (1+i)$$
$$\Leftrightarrow F'(I) - 1 = i.$$

Man erhält hier damit das doch recht überraschende Ergebnis, daß das optimale Investitionsvolumen nicht nur durch die Gleichheit der Nach-Steuer-Renditen von Real- und Finanzinvestitionen, sondern auch der entsprechenden Vor-Steuer-Renditen charakterisiert ist. Das bedeutet, daß das optimale Investitionsvolumen im Rahmen dieses Zwei-Zeitpunkte-Ansatzes in der Vor- und der Nach-Steuer-Betrachtung identisch ist. Es liegt hier demnach **Investitionsneutralität** des zugrunde gelegten Steuersystems vor. Dies ist allerdings eine Implikation der Betrachtungsverengung auf **nur zwei** Zeitpunkte (bei gleichzeitiger Fixierung der **Aktivierung** des Zeitpunktes t = 0 auf I). Wir werden im Abschnitt 4.4 noch anhand des Beispiels 4.8 sehen, daß bei Mehr-Perioden-Betrachtungen im Rahmen des Standardmodells zur Erfassung steuerlicher Aspekte in der Investitionsrechnung Investitionsneutralität generell nicht gegeben ist. Robust ist hingegen das Ergebnis der Präferenz- und Ausstattungsunabhängigkeit des optimalen Realinvestitionsvolumens.

Angemerkt werden sollte des weiteren, daß die hier resultierende Investitionsneutralität des Steuersystems nicht auch mit einer Konsumneutralität einhergeht. In Analogie zur Investitionsneutralität kann man von **Konsumneutralität im engeren Sinne** für den Fall sprechen, daß die optimalen unternehmerischen Konsumauszahlungen in t = 0 und t = 1 vor Steuern die gleichen sind wie nach Steuern. Da Steuern der Erzielung staatlicher Einnahmen dienen, wird Konsumneutralität i.e.S. augenscheinlich typischerweise nicht gegeben sein. **In einem weiteren Sinne** soll deswegen dann von **Konsumneutralität** gesprochen werden, wenn das

Verhältnis der optimalen Konsumauszahlungen verschiedener Zeitpunkte zueinander steuersatzunabhängig konstant ist und somit wenigstens die Struktur der intertemporalen Konsumallokation trotz Einführung einer Besteuerung erhalten bleibt. Selbst im hier betrachteten Zwei-Zeitpunkte-Kontext liegt Konsumneutralität allerdings weder im engeren noch im weiteren Sinne generell vor, da die mit bzw. ohne Steuern resultierenden (Tangential-) Kapitalmarktgeraden trotz gleichen optimalen Wertes für das Realinvestitionsvolumen auch bei gegebener (steuerunabhängiger) Anfangsausstattung durch unterschiedliche Tangentialpunkte verlaufen und über unterschiedliche Steigungen verfügen. Daher wird der Unternehmer in aller Regel trotz gleichbleibender investiver Tätigkeit sowohl absolut als auch relativ unterschiedliche optimale zeitliche Konsumallokationen realisieren.[20]

Beispiel 4.4:

Betrachtet sei ein Unternehmer mit einer Vermögensanfangsausstattung in $t = 0$ in Höhe von $W_0 = 10$ GE. Seine Investitionsertragsfunktion vor Steuern sei $F(I) = 4{,}4 \cdot I^{0{,}5}$ und stimme folglich mit der aus Beispiel 4.2 überein. Entsprechendes gelte für den Gewinnsteuersatz $s = 30\,\%$. Der Kapitalmarktzinssatz i für Mittelanlage und -aufnahme von $t = 0$ bis $t = 1$ betrage vor Steuern $10\,\%$. Daraus resultiert ein Nach-Steuer-Zinssatz von $i \cdot (1-s) = 7\,\%$. Für das optimale Investitionsvolumen muß die Steigung der Transformationskurve nach Steuern, $-F_s'(I)$, gerade dem Wert -1,07 entsprechen:

$$-\left(\frac{1{,}54}{\sqrt{I}} + 0{,}3\right) = -1{,}07 \Leftrightarrow I^* = 4 \text{ GE}. \tag{4.10}$$

Das optimale Realinvestitionsvolumen entspricht damit in der Tat demjenigen, das im Beispiel 1.2 im Abschnitt 1 des dritten Kapitels für den Vor-Steuer-Fall hergeleitet worden ist.

---

[20] Vgl. hierzu näher auch die Ausführungen im Zusammenhang mit Beispiel 4.13.

423

Mit $I^* = 4$ GE sowie $W_0 = 10$ GE erhält man unmittelbar $\overline{C}_0 = 6$ GE und $\overline{C}_1$ = 7,36 GE. Die Gleichung der vom Unternehmer bei optimalem Investitionsverhalten erreichbaren Kapitalmarktgeraden ist folglich mit der des Unternehmers 2 aus Beispiel 4.3 identisch. Im Vor-Steuer-Fall des Beispiels 1.2 aus Abschnitt 1 des vorhergehenden Kapitels galt hingegen $\overline{C}_1 = 8,8$ GE bei gleichem Wert für $\overline{C}_0$ und war die Steigung der resultierenden Kapitalmarktgeraden -1,1. Trotz gleichen Realinvestitionsvolumens ergibt sich also im Vor- und im Nach-Steuer-Fall jeweils eine unterschiedliche Tangentialkapitalmarktgerade.

Im Beispiel 1.3 aus Abschnitt 1 des Kapitels III wurde für den Vor-Steuer-Fall bei Zugrundelegung einer unternehmerischen Nutzenfunktion der Form $U(C_0;C_1)$ = $C_0^{0,3} \cdot C_1^{0,7}$ als optimale Konsumposition $(C_0^*;C_1^*) = (4,2;10,78)$ ermittelt. Der Ansatz für die Bestimmung des Konsumoptimums für den Nach-Steuer-Fall im Rahmen dieses Beispiels 4.4 lautet:

$$\text{I.} \quad \overline{U}^{\frac{10}{7}} \cdot C_0^{-\frac{3}{7}} = 13,78 - 1,07 \cdot C_0,$$

$$\text{II.} \quad \frac{3}{7} \cdot \overline{U}^{\frac{10}{7}} \cdot C_0^{-\frac{10}{7}} = 1,07. \tag{4.11}$$

Gesucht ist eine Indifferenzkurve mit (maximalem) Nutzenniveau $\overline{U}$, die einen Punkt mit der Kapitalmarktgeraden gemeinsam hat (I.) und in diesem Punkt über eine Grenzrate der Substitution von 1,07 verfügt (II.). Die simultane Lösung der beiden Gleichungen aus (4.11) liefert $C_0^* \approx 3,864$ GE sowie $\overline{U}^* \approx 7,331$. Durch Einsetzen von $C_0^* \approx 3,864$ GE in die Gleichung der Kapitalmarktgeraden gemäß (4.8) ergibt sich des weiteren $C_1^* \approx 9,646$ GE, also eine deutlich andere (und eindeutig schlechtere) Konsumposition als im Fall ohne Steuern. Auch das Verhältnis C_1^*/C_0^* weicht hier mit einem Wert von ungefähr 2,496 von der entsprechenden Relation 2,56 im Falle ohne Steuern ab.

Wegen $\overline{C}_0 = 6$ GE $> C_0^* \approx 3,864$ GE tätigt der Unternehmer in der Situation mit Steuern dabei infolge recht stark ausgeprägter Zukunftspräferenzen zusätzlich zu seinen Realinvestitionen im Umfang $I^* = 4$ GE auch noch eine Kapitalmarktanlage von etwa 2,136 GE.   □

Das Ergebnis vermögens- und präferenzunabhängiger Real- sowie vermögens- und präferenzabhängiger Finanzinvestitionsentscheidungen ist für den Fall ohne Steuern bereits im Abschnitt 1 des vorhergehenden Kapitels hergeleitet und als *Fisher*-**Separation** bezeichnet worden. Die gerade angestellten Überlegungen zeigen, daß die *Fisher*-Separation grundsätzlich **auch** bei Existenz einer **allgemeinen Gewinnsteuer** ihre Gültigkeit behalten kann. Wesentlich ist in diesem Zusammenhang, daß Soll- und Habenzinsen **steuerlich gleichartig** behandelt werden. Denn nur dadurch können die jeweils möglichen Kapitalmarkttransaktionen des betrachteten Unternehmers über eine Schar von Kapitalmarktgeraden mit **einheitlicher** Steigung repräsentiert werden.

Betrachtet man etwa die durch Gleichung (4.2) vereinfacht beschriebene steuerliche Situation für **Kapitalgesellschaften** in Deutschland, dann liegt hier augenscheinlich keine Gleichbehandlung von Soll- und Habenzinsen vor, und zwar selbst dann, wenn man von dem Problem abstrahiert, daß Sollzinsen im Rahmen privater Verschuldung von Wirtschaftssubjekten ohnehin nicht steuerlich abzugsfähig sind. Ursache hierfür ist die **Gewerbeertragsteuer**, in deren Rahmen geleistete Sollzinsen nur partiell die Bemessungsgrundlage mindern. De facto wirkt dieser Umstand in dem hier zugrunde gelegten Kontext wie eine **Erhöhung** des Sollzinssatzes nach Steuern über den entsprechenden Habenzinssatz, sofern eine Situation unterstellt wird, in der Habenzinsen gewerbeertragsteuerpflichtig sind. Konkret führt die Besteuerung der Habenzinsen im Rahmen ihrer Berücksichtigung in G_t zu einem Habenzinssatz nach Steuern von $i \cdot (1-s)$, wobei s wie in (4.2) definiert ist, während sich der Sollzinssatz nach Steuern als $i \cdot (1-s+s^+) > i \cdot (1-s)$ ergibt, da die Sollzinsen separat im Rahmen eines zweiten Summanden in (4.2) besteuert werden. Sofern man vom zusätzlichen Problem fehlender Konstanz von s absieht, gelangt man hiermit demnach zu einem Szenario, das (allerdings ohne konkreten Bezug zu steuerlichen Fragen) als *Hirshleifer*-**Modell** in der Literatur ebenfalls hinlänglich bekannt ist und auch schon im Rahmen des vorliegenden Lehrbuchs im Abschnitt 1 dieses Kapitels erörtert worden ist. Es kann deswegen mit $i^{(H)} \equiv i \cdot (1-s)$ sowie $i^{(S)} \equiv i \cdot (1-s+s^+) > i^{(H)}$ ohne weiteres auf die dortigen Ausführungen verwiesen werden. Unmittelbare Folge hiervon ist insbesondere der Umstand, daß nunmehr die *Fisher*-Separation ihre Gültigkeit verliert. Die Ergebnisse des Standardmodells sind allein schon deshalb nur mit Einschränkung auf die realen deutschen (Steuer-) Verhältnisse übertragbar. Im Rahmen dieses einführenden Lehrbuchs soll jedoch grundsätzlich von der Gültigkeit der Prämissen des Standardmodells ausgegangen werden.[21] Gerechtfertigt werden kann dieses Vorgehen wenigstens ansatzweise insbesondere dadurch, daß sich durch Vernachlässigung von s^+ bei der Bestimmung des Sollzinssatzes $i^{(S)}$ grundsätzlich ein Fehler von nur wenigen Bruchteilen von Prozentpunkten ergibt.[22]

Beispiel 4.5:
Für $s^{(e)} = 51{,}11675\,\%$, $s^{(g)} = 16{,}67\,\%$, $s^{(k)} = 25\,\%$ und $i = 10\,\%$ resultiert
$i \cdot (1-s) = i \cdot \{1-[s^{(k)}+0{,}5 \cdot s^{(e)} \cdot (1-s^{(k)})] \cdot (1-s^{(g)})-s^{(g)}\} \approx 4{,}65\,\%$ sowie $i \cdot (1-s+s^+) = i \cdot \{1-[s^{(k)}+0{,}5 \cdot s^{(e)} \cdot (1-s^{(k)})] \cdot (1-s^{(g)})-0{,}5 \cdot s^{(g)} \cdot [1+s^{(k)}+0{,}5 \cdot s^{(e)} \cdot (1-s^{(k)})]\} \approx 5{,}12\,\%$. Für $s_e = 20{,}9945\,\%$[23] ergibt sich unter sonst gleichen Voraussetzungen $i \cdot (1-s) \approx 5{,}59\,\%$ und $i \cdot (1-s+s^+) \approx 6{,}15\,\%$ □

Im Zusammenhang mit **Personengesellschaften** ist die resultierende Differenz zwischen Soll- und Habenzinssatz infolge des Abzugs einer pauschalierten Gewerbesteuerbelastung von der Einkommensteuerschuld und der damit ceteris paribus reduzierten Bedeutung der Gewerbesteuer tendenziell noch geringer.

---

[21] Durch die umfassende und vollständig für die Diskussion steuerlicher Aspekte nutzbare Darstellung des *Hirshleifer*-Modells ist aber immerhin eine gewisse Auseinandersetzung mit den Konsequenzen eines den deutschen Verhältnissen etwas besser entsprechenden Steuersystems vorhanden.

[22] Freilich hat auch schon die Annahme der Identität von Soll- und Habenzinssatz **vor Steuern** in der Empirie keine exakte Gültigkeit.

[23] Im Jahre 2002 liegt der **Eingangssteuersatz** im Rahmen der Einkommensteuer exclusive Solidaritätszuschlag bei 19,9 %, inclusive dieses Zuschlags folglich bei 20,9945 %.

Aus der Gültigkeit der *Fisher*-Separation im Rahmen des Standardmodells folgt nun des weiteren ebenso wie im Abschnitt 1 des vorhergehenden Kapitels auch die Anwendbarkeit des Kapitalwertkriteriums zur Ermittlung optimaler Realinvestitionsentscheidungen. Augenscheinlich ist I^* nämlich wieder so zu wählen, daß der **Abszissenabschnitt** $C_{0,max}$ der zugehörigen erreichbaren Kapitalmarktgeraden **maximal** wird. Diesen ermittelt man zu einem beliebigen Investitionsvolumen I, indem man in der Gleichung der entsprechenden Kapitalmarktgeraden C_1 gleich Null setzt und den Ausdruck nach C_0 auflöst. Man erhält:

$$C_1 = \overline{C}_1 + (1+i_s) \cdot (\overline{C}_0 - C_0) = F_s(I) + (1+i_s) \cdot (W_0 - I - C_0) \stackrel{!}{=} 0$$

$$\leftrightarrow F_s(I) + (1+i_s) \cdot (W_0 - I) = (1+i_s) \cdot C_0 \qquad (4.12)$$

$$\leftrightarrow C_{0,max} = W_0 - I + \frac{F_s(I)}{1+i_s} = W_0 - I + \frac{(1-s) \cdot F(I) + s \cdot I}{1 + i \cdot (1-s)}.$$

Mit W_0 als Konstante maximiert man in (4.12) den Wert für $C_{0,max}$, indem man die **Differenz**

$$\kappa_s \equiv \frac{(1-s) \cdot F(I) + s \cdot I}{1 + i \cdot (1-s)} - I \qquad (4.13)$$

maximiert. Diese Differenz bezeichnet man als den zu einem durch das Investitionsvolumen I beschriebenen Investitionsprogramm gehörenden **Kapitalwert nach Steuern**. Die Bestimmungsgleichung (4.13) gibt konkret an, wie sich der Kapitalwert eines Investitionsprogramms unter Berücksichtigung von Steuern in einer Zwei-Zeitpunkte-Betrachtung bestimmt.

Daß die *Fisher*-Separation eine **Rechtfertigung** für die Berechnung von **Kapitalwerten** zur (präferenz- und anfangsvermögensunabhängigen) Beurteilung der Vorteilhaftigkeit von Investitionsprogrammen bei Abstraktion von steuerlichen Fragen liefert, ist ebenfalls bereits im Abschnitt 1 des dritten Kapitels erörtert worden. Für den hier betrachteten Ansatz zeigt sich, daß diese Implikation der *Fisher*-Separation **auch** unter Einbezug von steuerlichen Überlegungen erhalten bleibt. Anschaulich läßt sich der Kapitalwert eines Investitionsprogramms dabei weiterhin als die durch dieses Programm erzielbare Steigerung des gegenwärtigen Konsums und damit letztlich als die **Vermögenssteigerung** für den betreffenden Unternehmer im Zeitpunkt t = 0 über den Startwert W_0 hinaus interpretieren, denn es gilt: $\kappa_S = C_{0,max} - W_0$.

Weil diese Vermögenssteigerung bei allgemein gleichartiger Besteuerung durch **jeden** erreicht werden kann, der Zugang zu dem betreffenden Investitionsprogramm hat, gibt der Kapitalwert eines Investitionsprogramms auch hier noch an, welchen **Preis** ein Unternehmer bei Verkauf seiner Investitionsmöglichkeit auf dem Kapitalmarkt erzielen kann: Der **Kapitalwert** eines Investitionsprogramms beschreibt also auf einem (bis auf die Existenz einer allgemeinen Gewinnsteuer gemäß dem Standardmodell) vollkommenen Kapitalmarkt zugleich den bei Veräußerung der entsprechenden Investitionsmöglichkeit erzielbaren **Marktwert**.

Beispiel 4.6:
Gegeben sei der Unternehmer aus Beispiel 4.4. Der Kapitalwert des zum optimalen Investitionsvolumen I* = 4 GE gehörigen Investitionsprogramms beläuft sich wegen $F_S(I^*) = 3{,}08 \cdot 4^{0,5} + 0{,}3 \cdot 4 = 7{,}36$ GE und $i_S = 7\ \%$ auf $\kappa_S^* = -4 + 7{,}36/1{,}07 \approx 2{,}88$ GE. Der maximal mögliche unternehmerische Konsum in t = 0 bei optimaler Realinvestition beträgt damit etwa 10+2,88 = 12,88 GE. □

Aus (4.13) läßt sich natürlich erneut die **Investitionsneutralität** der Besteuerung im Rahmen des Standardmodells bei Betrachtungsverengung auf zwei Zeitpunkte herleiten. Es gilt nämlich:

$$\begin{aligned}\kappa_S &= \frac{(1-s)\cdot F(I) + s\cdot I - [1+i\cdot(1-s)]\cdot I}{1+i\cdot(1-s)} \\ &= \left(-I + \frac{F(I)}{1+i}\right)\cdot \frac{(1-s)\cdot(1+i)}{1+i\cdot(1-s)} \quad\quad\quad (4.14) \\ &= \left(-I + \frac{F(I)}{1+i}\right)\cdot \left(1 - \frac{s}{1+i\cdot(1-s)}\right).\end{aligned}$$

Im Vergleich zu einer Situation ohne Steuern werden damit für s > 0 die Kapitalwerte aller realisierbaren Investitionsprogramme mit dem gleichen Faktor 1-s/[1+i·(1-s)] < 1 gestaucht.

Bis auf den Umstand der Investitionsneutralität besitzen all die für den Zwei-Zeitpunkte-Fall genannten Zusammenhänge - wie bereits angedeutet - auch bei Betrachtung von **mehr** als zwei Zeitpunkten, wenn also von einem Investitionsprogramm mit Einzahlungsüberschüssen z_t vor Steuern in den Zeitpunkten t = 0, 1, 2, ..., T ausgegangen wird (wobei folglich z_0 = -I gilt). Sofern der Vor-Steuer-Zinssatz für alle[24] Perioden sowie für Anlage und Aufnahme von Mitteln einheitlich i beträgt und das Investitionsprogramm zu **Abschreibungen** in Höhe von D_t in den Zeitpunkten t = 0, ..., T führt, ermittelt sich der **Kapitalwert nach Steuern** des Investitionsprogramms unter den Prämissen des Standardmodells wie folgt:

$$\kappa_s = \sum_{t=0}^{T} \frac{z_t - s \cdot (z_t - D_t)}{[1+i \cdot (1-s)]^t} = \sum_{t=0}^{T} \frac{(1-s) \cdot z_t + s \cdot D_t}{[1+i \cdot (1-s)]^t}. \qquad (4.15)$$

Diese Formel kann ein wenig vereinfacht werden, wenn in t = 0 eine Aktivierung des Investitionsobjekts in Höhe der Anfangsauszahlung erfolgt, also negative Abschreibungen $D_0 = z_0$ anfallen, so daß sich der steuerpflichtige Gewinn in t = 0 auf $z_0 - D_0 = 0$ beläuft. Damit wird aus (4.15)

$$\kappa_s = z_0 + \sum_{t=1}^{T} \frac{z_t - s \cdot (z_t - D_t)}{[1+i \cdot (1-s)]^t} = z_0 + \sum_{t=1}^{T} \frac{(1-s) \cdot z_t + s \cdot D_t}{[1+i \cdot (1-s)]^t}. \qquad (4.16)$$

Wie im Zwei-Zeitpunkte-Fall erfolgt also eine **Diskontierung** der Einzahlungsüberschüsse mit dem Nach-Steuer-Zinssatz i_s = i·(1-s), nur daß Einzahlungen **späterer** Zeitpunkte entsprechend **stärker** mit diesem Diskontierungsfaktor abgezinst werden. Im Zusammenhang mit der Modifikation des anzusetzenden Zinssatzes für die Diskontierung im Fall mit Steuern spricht man auch vom **Zinseffekt** der Gewinnbesteuerung.

---

[24] Auf die - unproblematische - Berücksichtigung **nicht-flacher Zinsstrukturen** werde zur Vereinfachung verzichtet.

Gegenstand der Abzinsung sind wie im Zwei-Zeitpunkte-Modell jeweils die Einzahlungsüberschüsse aus dem Investitionsprogramm **nach** Steuern, aber **ohne** Berücksichtigung der Zahlungskonsequenzen (inclusive induzierter Steuerzahlungen) aus Finanzinvestitionen. Diese steuerlich bedingte Modifikation der Zahlungsreihe des Investitionsprogramms nennt man auch den **Volumeneffekt** der Gewinnbesteuerung.

Daß dabei Finanzinvestitionen in der Zahlungsreihe nach Steuern nicht auftreten, mag auf den ersten Blick überraschen, in der Tat ergab sich aber entsprechendes auch schon im Rahmen der Zwei-Zeitpunkte-Betrachtung, wie man leicht anhand von Gleichung (4.13) überprüft und überdies auch schon in der generellen Kapitalwertdiskussion des Abschnitts 1 des Kapitels III bei Abstraktion von Steuern beobachten konnte. Die **Ursache** für das Nicht-Auftreten der Zahlungskonsequenzen aus Finanzinvestitionen in der Kapitalwertformel ist hierbei darin zu sehen, daß **Finanzinvestitionen** auch unter Berücksichtigung ihrer Steuerwirkungen nicht zu einer Vermögensänderung auf seiten des Unternehmers führen. Sie bewirken nach wie vor lediglich eine Umschichtung von Konsummöglichkeiten zwischen den einzelnen Zeitpunkten, also etwa zwischen $t = 0$ und $t = 1$. Graphisch zeigt sich dies im Rahmen einer Zwei-Zeitpunkte-Darstellung erneut daran, daß Finanzinvestitionen auch im Standardmodell zur Berücksichtigung von Steuern in der Investitionsrechnung nur eine Bewegung auf einer Kapitalmarktgeraden darstellen, nicht aber einen Wechsel zu einer höher gelegenen ermöglichen. Anders formuliert, ist der **Kapitalwert** von Finanzinvestitionen stets gerade **Null**, und deswegen tauchen die Zahlungskonsequenzen von Finanzinvestitionen nicht explizit in den Formeln (4.13) bis (4.16) auf.

Beispiel 4.7:
Ausgangspunkt der Betrachtung sei ein Unternehmer, der in $t = 0$ Zugang zu einem Investitionsprojekt mit einer Anfangsauszahlung von 100 GE und einer Nutzungsdauer von vier Perioden bis $t = 4$ habe. Die genauen Zahlungskonsequenzen z_t des Projekts in den einzelnen Zeitpunkten $t = 0, ..., 4$ sind der *Tabelle 4.1* zu entnehmen.

t	0	1	2	3	4
z_t	-100	20	30	50	50

Tabelle 4.1: Zahlungsreihe eines Investitionsprojekts über fünf Zeitpunkte t = 0, ..., 4

Die Anfangsauszahlung werde (steuerlich wirksam) in t = 0 aktiviert und in vier gleichen Beträgen linear über den Nutzungszeitraum abgeschrieben. Des weiteren habe der Unternehmer Zugang zu einem Kapitalmarkt, auf dem zu einem Zinssatz i vor Steuern Mittel für jeweils eine Periode angelegt oder aufgenommen werden können. Die Besteuerung erfolge gemäß den Prämissen des Standardmodells der Investitionsrechnung zur Erfassung steuerlicher Aspekte.

Der Nutzen des Unternehmers wachse ceteris paribus in den unternehmerischen Konsumauszahlungen C_t der Zeitpunkte t (t = 0, ..., 4) an. Der Kapitalmarktzinssatz vor Steuern sei i = 15 %, und der für alle Zeitpunkte und Gewinnhöhen konstante Steuersatz belaufe sich auf s = 40 %. Geprüft werden soll, ob das zugrunde gelegte Investitionsprojekt aus Sicht des Unternehmers von Vorteil ist. Aus den Ausführungen dieses Abschnitts ist bekannt, daß man unter diesen Prämissen die Vorteilhaftigkeit eines Investitionsprojekts unabhängig von den konkreten unternehmerischen Zeitpräferenzen und dem Anfangsvermögen des Unternehmers durch Ermittlung des Projektkapitalwerts nach Steuern beurteilen kann. Ferner wurde gezeigt, daß zur Kapitalwertberechnung die Zahlungsreihe aus dem Investitionsprojekt nach Steuern, aber ohne explizite Berücksichtigung von Kapitalmarkttransaktionen mit dem maßgeblichen Nach-Steuer-Zinssatz zu diskontieren ist.

In *Tabelle 4.2* können neben den Einzahlungen z_t des Investitionsprojekts in den Zeitpunkten t = 0, ..., 4, die Abschreibungen D_t in diesen Zeitpunkten, der jeweilige steuerpflichtige Gewinn $G_t = z_t - D_t$ unter Vernachlässigung von Kapitalmarkttransaktionen sowie schließlich noch die Steuerzahlungen $S_t = s \cdot (z_t - D_t)$ und die Zahlungsreihe z_t-S_t nach Steuern abgelesen werden. Zu beachten ist, daß die Aktivierung des Investitionsobjekts in t = 0 zu 100 GE als eine Zuschreibung, das heißt negative Abschreibung, zu interpretieren ist.

t	0	1	2	3	4
z_t	-100	20	30	50	50
D_t	-100	25	25	25	25
z_t-D_t	0	-5	5	25	25
S_t	0	-2	2	10	10
z_t-S_t	-100	22	28	40	40

Tabelle 4.2: Ermittlung der Zahlungsreihe nach Steuern (t = 0, ..., 4)

Aus i = 15 % und s = 40 % ergibt sich ein Nach-Steuer-Zinssatz i_S = 0,15·(1-0,4) = 9 %. Der Kapitalwert κ_S des Investitionsprojekts unter Berücksichtigung von Steuern berechnet sich damit als

$$\kappa_S = -100 + \frac{22}{1,09} + \frac{28}{1,09^2} + \frac{40}{1,09^3} + \frac{40}{1,09^4} \approx 2,97 \text{ GE.} \qquad (4.17)$$

Das bedeutet, der Unternehmer wird durch die Durchführung des Investitionsprojekts in t = 0 um etwa 2,97 GE reicher: Er könnte in t = 0 einen Kredit in Höhe von (ungefähr) 100+2,97 = 102,97 GE aufnehmen, von diesen Mitteln 100 GE zur Bestreitung der Anfangsauszahlung für das Investitionsprojekt verwenden und den Restbetrag konsumtiven Verwendungen zuführen. Die Rückzahlung dieses Kredits könnte vollständig aus den künftigen Einzahlungsüberschüssen des Investitionsprojekts erfolgen. Zum Beleg dieser Behauptung sollen sämtliche Zahlungen aus dem Investitionsprojekt und dem aufgenommenen Kredit in Höhe von 102,97 GE mittels eines (einfachen) **vollständigen Finanzplans** in den folgenden *Tabellen 4.3* und *4.4* abgebildet werden.

Zeitpunkt t	t = 0	t = 1	t = 2	t = 3	t = 4
Investitionszahlungen z_t	-100	20	30	50	50
+ Einlage	-2,97	-----	-----	-----	-----
+ Kreditaufnahme	102,97	-12,73	-19,88	-33,67	-36,7
- Sollzinsen	-----	15,45	13,54	10,55	5,5
- Steuerzahlungen	-----	-8,18	-3,42	5,78	7,8
= Finanzierungssaldo	0	0	0	0	0
Kreditstand	102,97	90,24	70,36	36,69	0[25]

Tabelle 4.3: Vollständige Finanzplanung bei reiner Fremdfinanzierung (generell auf zwei Stellen genau gerundete Werte)

Zeitpunkt t	t = 0	t = 1	t = 2	t = 3	t = 4
Investitionszahlungen z_t	-100	20	30	50	50
- Abschreibungen	-100	25	25	25	25
- Sollzinsen	0	15,45	13,54	10,55	5,5
= Gewinn	0	-20,45	-8,54	14,45	19,5
Steuerzahlungen	0	-8,18	-3,42	5,78	7,8

Tabelle 4.4: Nebenrechnung zur Ermittlung der Steuerbelastungen in t = 0, ..., 4 (generell auf zwei Stellen genau gerundete Werte)

---

[25] In der Tat ergibt sich als Endwert ein Kreditstand von -0,01 GE. Auf den Ausweis dieser rundungsbedingten Abweichung von 0 GE wurde der Einfachheit halber in *Tabelle 4.3* verzichtet.

In *Tabelle 4.3* sind sämtliche Ein- und Auszahlungen des Unternehmens für die einzelnen Zeitpunkte t = 0, ..., 4 aufgelistet. Die Summe aller Zahlungen eines Zeitpunktes ergibt den Finanzierungssaldo. Dieser muß sich gemäß der Darstellung aus dem vorhergehenden Abschnitt 3 stets auf Null belaufen. In der letzten Zeile aus *Tabelle 4.3* ist der jeweils noch ausstehende Kreditbetrag des betreffenden Zeitpunktes ausgewiesen. Das Kreditvolumen reduziert sich hierbei in jedem Zeitpunkt um die vorgenommenen Tilgungen. Diese stehen in *Tabelle 4.3* als negative Kreditaufnahme. Der Wert -12,73 für die Kreditaufnahme in t = 1 bedeutet also, daß in t = 1 eine Kredittilgung in Höhe von 12,73 GE erfolgt. Dadurch verändert sich der Bestand an liquiden Mitteln um +(-12,73) = -12,73 GE, er nimmt also ab.

Entsprechend sind die anderen Zahlen in *Tabelle 4.3* zu interpretieren. So bezeichnet die negative Einlage des Zeitpunktes t = 0 die aus Unternehmersicht mögliche Entnahme für Konsumzwecke. Negative Werte für die Steuerzahlungen bezeichnen Steuererstattungen seitens des Fiskus, die den unternehmerischen Kassenbestand des jeweiligen Zeitpunktes t positiv verändern. Die Steuerzahlungen wiederum kann man nicht unmittelbar angeben. Hierzu ist vielmehr eine Nebenrechnung zur Ermittlung des steuerpflichtigen Gewinns eines Zeitpunktes t erforderlich. Diese findet sich in *Tabelle 4.4*. Die Steuerbelastung in der letzten Zeile der *Tabelle 4.4* ergibt sich hierbei als 40 % des ausgewiesenen Gewinns.

Zur Entwicklung der beiden Tabellen berechnet man als erstes für gegebenen Kreditstand eines Zeitpunktes t-1 die resultierenden Sollzinszahlungen (vor Steuern) des Zeitpunktes t. Mit deren Hilfe lassen sich über *Tabelle 4.4* der steuerpflichtige Gewinn und die Steuerzahlungen im Zeitpunkt t berechnen. Letztere werden in *Tabelle 4.3* zusammen mit den Sollzinszahlungen schließlich zur Bestimmung der in t noch möglichen Kredittilgung genutzt.

Die *Tabellen 4.3* und *4.4* zeigen, daß ein Kredit von 102,97 GE in der Tat bis t = 4 quasi exakt zurückgezahlt werden kann. Dies bedeutet aber auch, daß sich der Unternehmer für beliebige Konsumpräferenzen und beliebiges Anfangsvermögen durch die Realisation des Investitionsprojekts bessergestellt als bei dessen Unterlassung: Die ca. 2,97 GE Reichtumszuwachs in t = 0 erzielt der Unternehmer nämlich auch dann, wenn er in t = 0 über sonstige liquide Mittel (etwa von 100 GE) verfügt, und sollte er Konsum in späteren Zeitpunkten gegenüber Konsum in t = 0 präferieren, dann kann er den Zugewinn von ungefähr 2,97 GE in t = 0 bis zu einem späteren Zeitpunkt ohne weiteres wieder anlegen und so seinen Zukunftskonsum entsprechend ausdehnen. □

Bei Zugrundelegung der Annahmen des Standardmodells sind **Realinvestitionen** demnach stets **kapitalwertmaximierend** zu treffen. Um den Kapitalwert der Gesamtheit aller Investitionen eines Unternehmers, also seines Investitionsprogramms, zu maximieren, sind **alle** Investitionsprojekte mit **positivem** Kapitalwert durchzuführen. Die Summe der Kapitalwerte der einzelnen Projekte ergibt nämlich auch in der Nach-Steuer-Rechnung den Kapitalwert der Summe dieser Projekte, das heißt des Investitionsprogramms. Die Eigenschaft der **Wertadditivität** der Kapitalwertformel bleibt demnach ebenfalls im Rahmen des Standardmodells erhalten. Zur Verdeutlichung sei ein Investitionsprogramm unterstellt, das sich aus zwei Einzelprojekten 1 und 2 zusammensetzt. Die Zahlungsreihen der beiden Projekte seien ebenfalls wie die jeweiligen Abschreibungen durch einen hochgestellten Index "(1)" bzw. "(2)" charakterisiert. Der Kapitalwert $\kappa_S^{(1+2)}$ des gesamten Investitionsprogramms ergibt sich dann als **Summe** der Kapitalwerte $\kappa_S^{(1)}$ und $\kappa_S^{(2)}$ der beiden Projekte 1 und 2:

$$\begin{aligned}\kappa_S^{(1+2)} &\equiv \sum_{t=0}^{T} \frac{(z_t^{(1)}+z_t^{(2)})-s\cdot[(z_t^{(1)}+z_t^{(2)})-(D_t^{(1)}+D_t^{(2)})]}{[1+i\cdot(1-s)]^t} \\ &= \sum_{t=0}^{T} \frac{(1-s)\cdot z_t^{(1)}+s\cdot D_t^{(1)}}{[1+i\cdot(1-s)]^t} + \sum_{t=0}^{T} \frac{(1-s)\cdot z_t^{(2)}+s\cdot D_t^{(2)}}{[1+i\cdot(1-s)]^t} \\ &\equiv \kappa_S^{(1)}+\kappa_S^{(2)}.\end{aligned} \quad (4.18)$$

4.4 Steuerparadoxon und Investitionsneutralität

Im Rahmen des Zwei-Zeitpunkte-Ansatzes aus dem vorhergehenden Abschnitt resultierte unmittelbar die Investitionsneutralität der Besteuerung. Allerdings wurde bereits weiter oben darauf hingewiesen, daß es sich hierbei keinesfalls um eine allgemeingültige Implikation des Standardmodells handelt. Beispiele mit **fehlender Investitionsneutralität** lassen sich nämlich leicht auch im Kontext des Standardmodells formulieren.

Beispiel 4.8:
Gegeben seien die Annahmen aus dem vorhergehenden Beispiel 4.7. Der Kapitalwert κ des Investitionsprojekts vor Steuern bestimmt sich dann als

$$\kappa = -100 + \frac{20}{1{,}15} + \frac{30}{1{,}15^2} + \frac{50}{1{,}15^3} + \frac{50}{1{,}15^4} \approx 1{,}54 \text{ GE}. \tag{4.19}$$

Dieser liegt unterhalb des Kapitalwertes für das Investitionsprojekt bei Existenz einer allgemeinen Gewinnsteuer. Wäre die Anfangsauszahlung in $t = 0$ nun etwa um 2 GE höher als bislang angenommen, betrüge sie also 102 GE, dann ergäbe sich in (4.19) ein negativer Kapitalwert von ca. -0,46 GE, während der Kapitalwert nach Steuern aufgrund der durch die erhöhte Anfangsauszahlung bedingten zusätzlichen Abschreibungsmöglichkeiten ebenfalls nicht um mehr als 2 GE abnähme und folglich weiterhin positiv bliebe. In der Vor-Steuer-Rechnung würde das Investitionsprojekt demnach abgelehnt, in der Nach-Steuer-Rechnung hingegen angenommen. Das Postulat der Investitionsneutralität ist hierbei demnach verletzt.
□

Beispiel 4.8 belegt nicht nur, daß im Rahmen des Standardmodells Investitionsneutralität nicht zwingend gegeben sein muß. Es zeigt überdies auch, daß der Kapitalwert eines Investitionsprojekts nach Steuern höher sein kann als vor Steuern. Man spricht in diesem Zusammenhang wegen des auf den ersten Blicks kontraintuitiven Zusammenhangs vom sogenannten **Steuerparadoxon**.[26]

Insgesamt ist damit nun auf **zwei Problemkreise** einzugehen. Zum einen besteht Klärungsbedarf hinsichtlich des Steuerparadoxons. Zum anderen stellt sich die Frage, unter welchen Bedingungen im Rahmen des Standardmodells Investitionsneutralität generell gegeben ist. Augenscheinlich sind beide Fragestellungen miteinander verknüpft. Zunächst soll auf die Hintergründe des Steuerparadoxons eingegangen werden. Danach wird die Frage der Investitionsneutralität eines Steuersystems näher behandelt.

4.4.1 Das Steuerparadoxon[27]

In der einfachsten Version wird man von einem Steuerparadoxon bereits dann sprechen, wenn der Nach-Steuer-Kapitalwert κ_S über dem Vor-Steuer-Kapitalwert κ liegt. Sofern nicht gerade ein Steuersystem mit $\kappa_S \equiv \kappa$ vorausgesetzt wird, ist das Steuerparadoxon in dieser Form stets beobachtbar. Zur Veranschaulichung muß man lediglich zum einen wissen, daß man einen Kapitalwert κ in der Vor-Steuer-Betrachtung stets als Differenz zwischen dem Kapitalwert der Einzahlungen von $t = 1$ bis $t = T$, also dem aus Sicht des Zeitpunktes $t = 0$ maßgeblichen Ertragswert, und der Anfangsauszahlung A_0 bestimmen kann. Zum anderen ist wesentlich, daß sich ein Nach-Steuer-Kapitalwert κ_S als die um die Anfangsauszahlung A_0 verringerte Summe der unter Zugrundelegung von Nach-Steuer-Zinssätzen berechneten Kapitalwerte $\Delta\eta_S^{(1)}$ der Nach-Steuer-Einzahlungen $(1-s)\cdot z_1, \ldots, (1-s)\cdot z_T$ und $\Delta\eta_S^{(2)}$ der Steuerminderungen für $t = 1$ bis $t = T$ infolge der Abschreibung der Anfangsauszahlung ergibt: $\kappa_S = \Delta\eta_S^{(1)} + \Delta\eta_S^{(2)} - A_0$. Falls nun $\kappa_S < \kappa$ für eine bestimmte zugrundeliegende Realinvestition gilt, impliziert dies $\Delta\eta_S^{(1)} < \Delta\eta$ wegen $\Delta\eta_S^{(2)} > 0$. Durch Multiplikation der Einzahlungen $z_1, \ldots, z_T$ mit -1 resultiert folglich $-\Delta\eta_S^{(1)} > -\Delta\eta$ und damit auch $-\kappa_S > -\kappa$, das heißt ein auf

---

[26] Vgl. z.B. *Grob* (1989b), S. 697 ff., sowie sehr ausführlich *Steiner* (1980), S. 102 ff.

[27] Die folgenden Ausführungen basieren zum Teil auf *Breuer* (1999c).

die modifizierte Zahlungsreihe -A_0, -z_1, ..., -z_T bezogenes Steuerparadoxon.

Weniger trivial und auch von größerer Bedeutung ist das Zusammentreffen von $\kappa_s > 0$ und $\kappa < 0$ für eine Realinvestition. Im Rahmen einer Einzelentscheidung erhält man hier nämlich, daß sich ein Investitionsprojekt unter Berücksichtigung von Steuerzahlungen als vorteilhaft erweisen kann, obwohl es vor Steuern von Nachteil ist. In derartigen Fällen soll vom **Steuerparadoxon im engeren Sinne** gesprochen werden, während das erstgenannte - allgemeinere - Szenario das **Steuerparadoxon im weiteren Sinne** bezeichne. Ein Steuerparadoxon im engeren Sinne ist immer genau dann konstruierbar, wenn ein Steuersystem Situationen mit $\kappa_s > \kappa$ bei $\kappa_s > 0$ impliziert: Eine ceteris paribus erfolgende Erhöhung der Projektanfangsauszahlung um $\kappa + \epsilon$ (mit $\epsilon > 0$, aber klein) führt dann zu einem negativen Projektkapitalwert vor Steuern, während der Projektkapitalwert nach Steuern infolge der zusätzlichen Abschreibungsmöglichkeiten bei erhöhter Anfangsauszahlung um nicht mehr als $\kappa + \epsilon$ sinken wird und aus diesem Grunde positiv bleibt.

Das Steuerparadoxon i.e.S. hat darüber hinaus auch Bedeutung für **Auswahlentscheidungen**: Wenn der Differenzkapitalwert $\kappa_s^{(1-2)}$ der Projekte 1 und 2 nach Steuern positiv ist bei einem negativen Differenzkapitalwert $\kappa^{(1-2)}$ vor Steuern, dann ist nach Steuern Projekt 1 gegenüber dem Projekt 2 überlegen, während es sich vor Steuern genau anders herum verhält.

Schließlich ist die Abwesenheit von Steuerparadoxa i.e.S. infolge der gerade dargelegten Zusammenhänge notwendig und hinreichend für die Investitionsneutralität eines Steuersystems. Damit wiederum erfordert Investitionsneutralität insbesondere, daß $\kappa_s > \kappa$ für $\kappa_s > 0$ nicht möglich ist.

Rein formal liegt die Ursache für das Steuerparadoxon auf der Hand: Der **(negative) Volumeneffekt** in der Rechnung mit Steuern wird durch den **(positiven) Zinseffekt** überkompensiert. Diese **Überkompensation** kann derart ausgeprägt sein, daß ein negativer Kapitalwert vor Steuern sich nach Steuern ins Positive wandelt, also sogar ein Steuerparadoxon i.e.S. auftreten kann.

Auch inhaltlich dürfte dieses Phänomen bei näherer Überlegung durchaus verständlich sein. Wie bereits mehrfach dargelegt, gibt der Kapitalwert generell den Vermögenszuwachs oder Zusatzkonsum (in t = 0) an, den ein Investor auf einem (bis auf die Existenz einer allgemeinen Gewinnsteuer) vollkommenen Kapitalmarkt durch die Investitionsrealisation erreicht. Für die Entscheidungssituation aus den Beispielen 4.7 und 4.8 ist dieser mögliche Konsumzuwachs unter Berücksichtigung von Steuern tatsächlich **größer** als ohne diese. Eine **notwendige Voraussetzung** für das Auftreten von Steuerparadoxa i.e.S. ist grundsätzlich, daß die Sollzinsen auf aufgenommene Kredite steuerlich **abzugsfähig** sind.[28] Dieser Effekt kann sich derart günstig auswirken, daß trotz der generellen Besteuerung der Einzahlungsüberschüsse aus dem Investitionsprojekt die Einführung einer allgemeinen Gewinnbesteuerung dem Unternehmer ceteris paribus einen höheren Konsum in t = 0 als in der Vor-Steuer-Rechnung ermöglicht. Falls der betrachtete Unternehmer demnach vor allem an **Gegenwartskonsum** interessiert ist, weil seine Gegenwartspräferenz sehr ausgeprägt oder aber seine Anfangsausstattung mit Konsummöglichkeiten in t = 0 sehr gering ist, wird er tatsächlich die Einführung der hier betrachteten **Gewinnsteuer begrüßen**.

Beispiel 4.9:
Es sei im Rahmen der Entscheidungssituation aus den Beispielen 4.7 und 4.8 von einem völlig mittellosen Unternehmer mit alleinigem Wunsch zu Konsum in t = 0 ausgegangen. Dieser Unternehmer wird die ceteris paribus erfolgende Einführung der Gewinnbesteuerung wegen der Möglichkeit, seinen Konsum in t = 0 von etwa 1,54 GE auf ca. 2,97 GE zu steigern, zweifelsfrei für sich als vorteilhaft ansehen. □

---

[28] Vgl. hierzu Anhang 1 zu diesem Abschnitt.

Die gerade beschriebene Möglichkeit zur Vorteilhaftigkeit der Einführung einer Gewinnbesteuerung aus Sicht eines Steuersubjekts wird zuweilen übersehen.[29] Die obigen Ausführungen implizieren allerdings **nicht**, daß im Rahmen des hier betrachteten Entscheidungsproblems die Einführung einer Gewinnsteuer für den Unternehmer **stets** von Vorteil ist. Zum einen wird die Einführung einer Gewinnbesteuerung **Einfluß** nehmen auf die Real- und Finanzinvestitionsvolumina und damit auf den am Kapitalmarkt herrschenden **Zinssatz i**, so daß man zum Vergleich der beiden Situationen ohne und mit einer Gewinnbesteuerung **nicht** einfach jeweils den gleichen Vor-Steuer-Zinssatz ansetzen können wird.[30] Zum anderen kann es aber sogar bei Konstanz von i sein, daß sich der Unternehmer durch die Einführung einer Gewinnbesteuerung **schlechterstellt**, **obwohl** der Kapitalwert des Investitionsprojekts in der Nach-Steuer-Rechnung **größer** als in der Vor-Steuer-Rechnung ist.

Beispiel 4.10:
Zur Verdeutlichung sei angenommen, daß der in den Beispielen 4.7 und 4.8 betrachtete Unternehmer über eine Anfangsausstattung von 100 GE in $t = 0$ verfügt und lediglich in $t = 4$ Konsumausgaben tätigen möchte. In $t = 0$ beläuft sich sein verbleibendes liquides Vermögen nach Leistung der Anfangsauszahlung, aber vor Durchführung von Finanzinvestitionen sowohl bei Rechnung mit als auch ohne Steuern stets auf 0 GE. Die jeweiligen Einzahlungsüberschüsse aus der Investition, z_t bzw. $z_t - S_t$, legt er bis $t = 4$ zu $i = 15\%$ bzw. $i_s = 9\%$ an. Ohne Gewinnbesteuerung resultiert damit für ihn in $t = 4$ ein konsumierbares Endvermögen von

$$20 \cdot 1{,}15^3 + 30 \cdot 1{,}15^2 + 50 \cdot 1{,}15 + 50 \approx 177{,}59 \text{ GE}. \qquad (4.20)$$

Mit Gewinnbesteuerung hingegen kommt der Unternehmer bis $t = 4$ nur auf einen Endwert in Höhe von

---

[29] Vgl. etwa die Ausführungen zum Steuerparadoxon in *Franke/Hax* (1999), S. 212.

[30] Vgl. zur Frage, inwiefern die Einführung von Steuern den gleichgewichtigen Kapitalmarktzinssatz beeinflußt, sehr ausführlich *Sinn* (1985).

$$22 \cdot 1{,}09^3 + 28 \cdot 1{,}09^2 + 40 \cdot 1{,}09 + 40 \approx 145{,}36 \text{ GE.} \tag{4.21}$$

In der Tat wäre es nun für den Unternehmer weitaus besser, wenn es **keine** Gewinnbesteuerung gäbe.

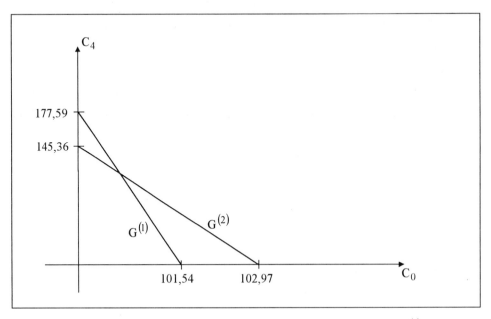

Abbildung 4.2: Konsummöglichkeiten in t = 0 und t = 4 ohne ($G^{(1)}$) und mit ($G^{(2)}$) Steuern (Skizze; gerundete Werte)

Für die hier betrachtete Entscheidungssituation können die **unterschiedlichen Wohlfahrtskonsequenzen** aus der Einführung der Gewinnbesteuerung je nach Zielgröße (Gegenwartskonsum C_0 oder Zukunftskonsum C_4) gut graphisch dargestellt werden. Die Kapitalmarktgerade $G^{(1)}$ in *Abbildung 4.2* gibt alle erreichbaren Kombinationen von Konsum in t = 0 und t = 4 an, die der Unternehmer für $C_1 = C_2 = C_3 = 0$ GE bei einer Vermögensanfangsausstattung von 100 GE in t = 0 und Fehlen einer Gewinnbesteuerung erreichen kann. Die Gerade $G^{(2)}$ gibt die entsprechenden Konsumkombinationen für den Fall an, daß die hier beschriebene Gewinnsteuer erhoben wird (und i dabei konstant bleibt). Man erkennt unmittelbar, daß in der **Vor-Steuer-Betrachtung** höhere Werte für C_4 und in der **Nach-Steuer-Betrachtung** höhere Werte für C_0 erreicht werden können. Letzteres beschreibt gerade das Auftreten des **Steuerparadoxons**. Eine **allgemeingülti-**

ge Beurteilung der Wohlfahrtskonsequenzen aus der Einführung der hier betrachteten Gewinnsteuer ist gemäß *Abbildung 4.2* jedenfalls **nicht** möglich. □

Die **Ursache** für das Resultat aus dem vorhergehenden Beispiel 4.10 ist offenkundig: Für Subjekte, die am Kapitalmarkt vornehmlich **Anlagen** tätigen, resultiert als Folge der Gewinnbesteuerung nicht nur ein geringerer Einzahlungsüberschuß nach Steuern aus der Investition, sondern überdies ergeben sich auch noch **geringere** Erträge aus **Kapitalmarktanlagen**. Insbesondere Entscheidungsträger mit hoher **Zukunftspräferenz** oder hoher **Vermögensanfangsausstattung** in t = 0 werden deshalb durch die Gewinnbesteuerung in der Regel **Wohlfahrtseinbußen** erfahren.

4.4.2 Investitionsneutrale Besteuerung

4.4.2.1 Ertragswertabschreibung im Standardmodell

Steuerparadoxa i.e.S. können je nach Art der Besteuerung auftreten, sie müssen es aber nicht. Letzteres gilt selbst dann, wenn die notwendige Bedingung für das Auftreten von Steuerparadoxa i.e.S., nämlich die steuerliche Abzugsfähigkeit von Sollzinsen, erfüllt ist. Entscheidend ist hierbei nämlich noch die Art der **Abschreibung**. Wir haben schon gesehen, daß im Zwei-Zeitpunkte-Fall mit D_0 = -I und D_1 = I Investitionsneutralität herrscht. Investitionsneutralität erhält man überdies generell sogar im Mehr-Perioden-Fall, wenn die Abschreibung auf sogenannte **Ertragswerte** erfolgt.[31]

Im Rahmen der **Ertragswertabschreibung** geht es nicht darum, die Anfangsauszahlung aus einer Investition auf die Projektnutzungsdauer zu verteilen. Aus diesem Grunde ist weder die Summe der Abschreibungen noch ihr Kapitalwert zwingend gleich der Anfangsauszahlung. Vielmehr besteht der Ansatzpunkt in der

---

[31] Wichtige Arbeiten zur Relevanz der Ertragswertabschreibung gehen auf *Johansson* (1961, 1969) und *Samuelson* (1964) zurück.

Betrachtung des jeweiligen Kapitalwerts der noch ausstehenden künftigen Einzahlungen aus einem Investitionsprojekt.

Der Kapitalwert zum Zeitpunkt t der aus Sicht dieses Zeitpunktes künftigen Projekteinzahlungen z_{t+1}, ..., z_T bis zum Ende des Planungshorizonts T wurde bereits in einem früheren Abschnitt als **Ertragswert** η_t definiert. Dieser Ertragswert beschreibt, monetär ausgedrückt, die noch im Projekt vorhandenen **Nutzungsmöglichkeiten** zum Betrachtungszeitpunkt t. In dem Maße, wie sich dieser Ertragswert von Periode zu Periode verringert, verliert ein Investitionsprojekt an Wert und sollte dementsprechend abgeschrieben werden. Statt die Anfangsauszahlung auf die Jahre der Projektnutzung zu verteilen, geht es demnach hierbei um die Erfassung der monetären Wertminderung von Investitionsprojekten im Zeitablauf.

Beispiel 4.11:[32]
Betrachtet sei ein Investitionsprojekt mit der folgenden Zahlungsreihe für t = 0, ..., 4 gemäß *Tabelle 4.5*.

t	0	1	2	3	4
z_t	-100.000	35.157	24.764	25.735	35.491

Tabelle 4.5: Zahlungsreihe eines Investitionsprojekts (t = 0, ..., 4)

Der Kapitalmarktzinssatz vor Steuern sei i = 8 %. Den Ertragswert des Zeitpunktes t = 0 erhält man, indem man die Einzahlungen der Zeitpunkte t = 1 bis t = 4 auf den Zeitpunkt t = 0 abzinst. Es gilt also:

$$\eta_0 = \frac{35.157}{1,08} + \frac{24.764}{1,08^2} + \frac{25.735}{1,08^3} + \frac{35.491}{1,08^4} \approx 100.300,134 \text{ GE.} \quad (4.22)$$

---

[32] Das folgende Zahlenbeispiel ist an *Wagner/Wissel* (1995) angelehnt. Entsprechendes gilt für die auf Beispiel 4.11 aufbauenden Beispiele 4.12, 4.14 sowie 4.17.

In entsprechender Weise lassen sich die anderen Ertragswerte η_t (t = 1, 2, 3) berechnen. Beispielsweise gilt für den Ertragswert η_2 des Zeitpunktes t = 2:

$$\eta_2 = \frac{25.735}{1,08} + \frac{35.491}{1,08^2} \approx 54.256,516 \text{ GE.} \tag{4.23}$$

In *Tabelle 4.6* sind sämtliche Ertragswerte η_t (t = 0, ..., 3) zusammengefaßt. Der Ertragswert η_4 des Zeitpunktes t = 4 beläuft sich natürlich auf 0 GE, da es vollständig an zukünftigen Einzahlungsüberschüssen mangelt. Im gleichen Maße, wie sich der Ertragswert des betrachteten Investitionsprojekts verringert, reduziert sich der Marktwert der mit dem Investitionsprojekt jeweils noch verbundenen künftigen Einzahlungen. Die hieraus resultierenden Abschreibungen D_t eines Zeitpunktes t = 0, ..., 4 ergeben sich als Differenzen $\eta_{t-1}-\eta_t$. Auch diese Werte können aus *Tabelle 4.6* abgelesen werden.

t	0	1	2	3	4
η_t	100.300,134	73.167,144	54.256,516	32.862,037	0
D_t	-100.300,134	27.132,99	18.910,628	21.394,479	32.862,037

Tabelle 4.6: Projektertragswerte und Abschreibungen je nach Betrachtungszeitpunkt t = 0, ..., 4 (generell auf drei Stellen genau gerundet)

Im Zusammenhang mit der Bestimmung von $D_0 = \eta_{-1}-\eta_0$ ist dabei von dem fiktiven Wert $\eta_{-1} = 0$ GE auszugehen, so daß sich für den Zeitpunkt t = 0 eine Zuschreibung, also Aktivierung des Investitionsobjekts, gemäß seinem Ertragswert, das heißt der Summe aus Anfangsauszahlung und Projektkapitalwert, ergibt. Ein generelles Zeichen der Ertragswertabschreibung bei Voraussetzung eines Investitionsprojekts mit positivem Kapitalwert ist, daß in t = 0 eine um den Projektkapitalwert über die Anfangsauszahlung hinausgehende Aktivierung erfolgt, insofern also ein Verstoß gegen das **Anschaffungswertprinzip** vorliegt. Nach diesem sind bilanzielle Wertausweise für Investitionsobjekte nur bis maximal zur Höhe der Anfangsauszahlung zulässig. Für interne Rechensysteme ist dieses Prinzip natürlich ohne Bedeutung. □

Nimmt man nun an, daß steuerrechtlich Abschreibungen trotz des Verstoßes gegen das Anschaffungswertprinzip gemäß den Vor-Steuer-Ertragswerten anerkannt werden, dann gelangt man zu dem bemerkenswerten Ergebnis, daß sich bei Ausschluß der Besteuerung der über A_0 in $t = 0$ hinausgehenden Zuschreibung in der Nach-Steuer-Rechnung stets der **gleiche Kapitalwert** wie in der Vor-Steuer-Rechnung ergibt.[33]

Beispiel 4.12:
Es sei an dem Investitionsprojekt aus Beispiel 4.11 angeknüpft und alternativ ein Steuersatz $s^{(1)} = 40\%$ bzw. $s^{(2)} = 30\%$ unterstellt. Mit Abschreibungen gemäß *Tabelle 4.6* gelangt man zu den in *Tabelle 4.7* dokumentierten steuerlich relevanten Gewinnausweisen $G_t = z_t - D_t$ (unter zulässiger Vernachlässigung von Zahlungsströmen aus Finanzinvestitionen) und schließlich zu den ebenfalls in *Tabelle 4.7* abgetragenen Steuerzahlungen $S_t^{(1)} = s^{(1)} \cdot G_t$ bzw. $S_t^{(2)} = s^{(2)} \cdot G_t$.

t	1	2	3	4
G_t	8.024,01	5.853,372	4.340,521	2.628,963
$S_t^{(1)}$	3.209,604	2.341,349	1.736,208	1.051,585
$S_t^{(2)}$	2.407,203	1.756,012	1.302,156	788,689

Tabelle 4.7: Gewinnausweise und Steuerbelastungen bei Ertragswertabschreibung für $s^{(1)} = 0,4$ und $s^{(2)} = 0,3$ (auf drei Stellen genau gerundete Werte)

---

[33] Der etwas mühselige Nachweis dieses Umstands kann dem Anhang 2 zu diesem Abschnitt entnommen werden.

Man prüft leicht, daß sich der steuerpflichtige Gewinn G_t eines Zeitpunktes t gemäß *Tabellen 4.6* und *4.7* gerade als $\eta_{t-1} \cdot i$, also als mit dem Vor-Steuer-Kapitalmarktzinssatz i verzinster Ertragswert der Vorperiode, ergibt. Die Größe $\eta_{t-1} \cdot i$ nennt man "**ökonomischer Gewinn**". Denn solange sich Entnahmen nur auf die Höhe des ökonomischen Gewinns belaufen, bleibt der Ertragswert der unternehmerischen Einzahlungen konstant, es kommt zu keinem "**Substanzverlust**". Dieser Aspekt spielt im Rahmen unserer Betrachtung keinerlei Rolle. Erwähnenswert ist aber, daß die Konzeption der Ertragswertabschreibung zur Besteuerung gerade des ökonomischen Gewinns führt.[34]

Auf der Grundlage von *Tabelle 4.7* kann nun die jedenfalls Projektzahlungsreihe $z_t - S_t^{(1)}$ bzw. $z_t - S_t^{(2)}$ nach Steuern in Abhängigkeit vom unterstellten Steuersatz bestimmt werden. Die resultierenden Werte sind in *Tabelle 4.8* aufgeführt.

t	0	1	2	3	4
$z_t - S_t^{(1)}$	-100.000	31.947,396	22.422,651	23.998,792	34.439,415
$z_t - S_t^{(2)}$	-100.000	32.749,797	23.007,988	24.432,844	34.702,311

Tabelle 4.8: Projektzahlungsreihe nach Steuern je nach unterstelltem Steuersatz (auf drei Stellen genau gerundete Werte)

Der Kapitalmarktzinssatz beläuft sich nach Steuern entweder auf $i \cdot (1-s^{(1)}) = 4,8$ % oder auf $i \cdot (1-s^{(2)}) = 5,6$ %. Damit läßt sich nun der Projektkapitalwert nach Steuern sowohl für $s^{(1)} = 0,4$ als auch $s^{(2)} = 0,3$ ermitteln:

---

[34] Vgl. zum ökonomischen Gewinn auch *Neus* (2001), S. 371 ff. Der Nachweis, daß bei Ertragswertabschreibung letztlich der ökonomische Gewinn Gegenstand der Besteuerung ist, findet sich übrigens als Nebenergebnis im Anhang 2 zu diesem Kapitel.

$$\kappa_S^{(1)} \approx -100.000 + \frac{31.947,396}{1,048} + \frac{22.422,651}{1,048^2} + \frac{23.998,792}{1,048^3} + \frac{34.439,415}{1,048^4}$$

$$\approx 300,13 \text{ GE},$$

$$\kappa_S^{(2)} \approx -100.000 + \frac{32.749,797}{1,056} + \frac{23.007,988}{1,056^2} + \frac{24.432,844}{1,056^3} + \frac{34.702,311}{1,056^4}$$

$$\approx 300,13 \text{ GE}.$$

(4.24)

In der Tat erhält man demnach für beide Steuersätze den gleichen Nach-Steuer-Kapitalwert von ungefähr 300,13 GE, wobei dieser überdies dem Vor-Steuer-Kapitalwert entspricht. Es gilt nämlich:

$$\kappa = -100.000 + \frac{35.157}{1,08} + \frac{24.764}{1,08^2} + \frac{25.735}{1,08^3} + \frac{35.491}{1,08^4} \approx 300,13 \text{ GE}. \quad (4.25)$$

Investitionsneutralität ist damit wegen der Steuersatzunabhängigkeit von Projektkapitalwerten hier unmittelbar gegeben. □

Bei steuerrechtlicher Anerkennung von Ertragswertabschreibungen ist der Kapitalwert eines Projekts vor Steuern demnach mit dem nach Steuern identisch. Auch der Ertragswert eines Investitionsprojekts nach Steuern entspricht in jedem Zeitpunkt t dem vor Steuern. Insofern ist es in der Tat **gerechtfertigt**, unter den hier geltenden Prämissen den "Wert" eines Investitionsprojekts trotz der Existenz von Steuerzahlungen über den Vor-Steuer-Ertragswert zu berechnen.

Sofern die in t = 0 über die Anfangsauszahlung hinausgehende Zuschreibung der Besteuerung unterliegt, ist der Nach-Steuer-Kapitalwert natürlich nicht mehr mit dem Vor-Steuer-Kapitalwert identisch. Vielmehr kommt es zur De-facto-Besteuerung des Kapitalwertes und damit zu der Beziehung $\kappa_S = (1-s)\cdot\kappa$. Die Rangfolge aller Investitionsprojekte bleibt freilich auch hier erhalten. Investitionsneutralität ist demnach auch in diesem modifizierten Steuersystem sowohl für Einzel- als auch Auswahlentscheidungen gegeben. Steuerparadoxa im engeren Sinne sind ebenfalls selbst bei **Zuschreibungsbesteuerung** nicht möglich. Steuerparadoxa im weiteren Sinne treten im Zusammenhang mit negativen Kapitalwerten κ von Investitionsprojekten freilich auf, da dann $\kappa_s = (1-s)\cdot\kappa > \kappa$ gilt.

Obschon durch Ertragswertabschreibungen im Rahmen des Standardmodells zur Investitionsrechnung Investitionsneutralität gewährleistet ist, wird die **intertemporale Konsumallokation** eines Unternehmers durch die Einführung der Besteuerung in aller Regel aber ceteris paribus sehr wohl beeinflußt.

Beispiel 4.13:
Betrachtet sei einmal mehr der Unternehmer aus Beispiel 4.4. Das steuerrechtlich zulässige Abschreibungsverfahren sei nun aber die Ertragswertabschreibung, wobei Zuschreibungen über die Anfangsauszahlung hinaus in t = 0 keine Steuerzahlungen auslösen sollen.

Der Ertragswert vor Steuern eines Investitionsprogramms mit Investitionsvolumen I beläuft sich aus Sicht von t = 0 auf F(I)/(1+i). Der zu versteuernde Gewinn des Unternehmers in t = 1 beträgt damit F(I)-F(I)/(1+i) = i·F(I)/(1+i), da der Ertragswert in t = 1 vollständig abzuschreiben ist. Aus diesem Grunde ergeben sich für den Unternehmer in t = 1 Einzahlungen nach Steuern von $F_s(I) \equiv$ F(I)-s·[i·F(I)/(1+i)] = [1+i·(1-s)]·F(I)/(1+i).

Das optimale unternehmerische Investitionsvolumen ist weiterhin durch die Gleichsetzung der Steigung der Transformationskurve, $-F_s'(I) = -[1+i\cdot(1-s)]\cdot$ F'(I)/(1+i), mit $-(1+i_s) = -[1+i\cdot(1-s)]$ gekennzeichnet. Hieraus folgt sofort

$$-\frac{[1+i\cdot(1-s)]\cdot F'(I)}{1+i} \stackrel{!}{=} -[1+i\cdot(1-s)] \qquad (4.26)$$

$\Leftrightarrow F'(I) = 1+i$

und damit (natürlich) Investitionsneutralität sowie folglich das gleiche optimale Investitionsvolumen $I^* = 4$ GE des Unternehmers wie schon im Beispiel 1.2 des

Abschnitts 1 aus dem vorhergehenden Kapitel.[35] Der Startpunkt der hieraus resultierenden Kapitalmarktgeraden ist $(\overline{C}_0;\overline{C}_1) = (6;8{,}56)$, die zugehörige Geradengleichung folglich $C_1 = 14{,}98 - 1{,}07 \cdot C_0$. Sie liegt wegen der günstigeren Abschreibungsmöglichkeiten dabei weiter außen als die für $D_1 = I$ im Rahmen des Beispiels 4.4 resultierende Kapitalmarktgerade. Als optimale unternehmerische Konsumentscheidung erhält man schließlich $C_0^* = 4{,}2$ GE sowie $C_1^* = 10{,}486$ GE. Bei gleichem Wert für den unternehmerischen Konsum des Zeitpunktes $t = 0$ wie im Fall ohne Steuern resultiert folglich (natürlich) ein niedrigerer Wert für den Konsum des Unternehmers im Zeitpunkt $t = 1$ in der Situation mit Steuern. **Konsumneutralität** ist daher weder im engeren noch im weiteren Sinne gegeben. □

Fehlende Konsumneutralität im Zusammenhang mit Ertragswertabschreibungen ist kein sehr überraschendes Ergebnis, wie man sich anhand der dem vorhergehenden Beispiel 4.13 zugrundeliegenden Zwei-Zeitpunkte-Betrachtung leicht klarmachen kann. Während der Unternehmer im Fall ohne Steuern über eine relevante Kapitalmarktgerade mit Steigung $-(1+i)$ verfügt, liegt die Steigung der relevanten Kapitalmarktgeraden im Fall mit Steuern bei $-[1+i \cdot (1-s)]$. Des weiteren verfügen beide Kapitalmarktgeraden über den gleichen Abszissenabschnitt $W_{ges} \equiv W_0 + F(I)/(1+i)$, da der Kapitalwert des zum Investitionsvolumen I^* gehörigen Investitionsprogramms vor und nach Steuern identisch ist. Damit liegt die aus Unternehmersicht optimale Kapitalmarktgerade im Fall mit Steuern eindeutig weiter innen,[36] und sobald in der Vor-Steuer-Betrachtung $C_1^* > 0$ gilt, kann Konsumneutralität i.e.S. daher schon nicht mehr gegeben sein.

Konsumneutralität im weiteren Sinne würde erfordern, daß die Einführung der Besteuerung dazu führt, daß sich die optimalen unternehmerischen Konsumniveaus in $t = 0$ und $t = 1$ durch die Besteuerung um den gleichen Prozentsatz

---

[35] Es sollte darauf hingewiesen werden, daß das Ergebnis gemäß (4.26) keineswegs schon im Rahmen von (4.9) vorweggenommen wurde, da die Gesamthöhe der Abschreibungen in beiden Fällen grundlegend verschieden ist.

[36] Vgl. hierzu *Abbildung 4.3*.

reduzieren (oder erhöhen). Das wiederum impliziert, daß alle je nach Steuersatz möglichen Konsumoptima im Rahmen eines $(C_0;C_1)$-Diagramms auf einer Geraden durch den Ursprung liegen, da entlang einer derartigen Geraden die Konstanz von C_1/C_0 gegeben ist. Dies könnte höchstens zufällig der Fall sein. Für die im vorhergehenden Beispiel 4.13 verwendete *Cobb-Douglas*-**Nutzenfunktion** etwa ist bekannt, daß die durch die einzelnen Punkte einer Geraden aus dem Ursprung verlaufenden Indifferenzkurven sämtlich über die gleiche Steigung verfügen.[37] Dann können sie aber naturgemäß nicht sämtlich tangential zu Kapitalmarktgeraden mit variierender Steigung $-[1+i\cdot(1-s)]$ sein, wie man aus *Abbildung 4.3* erkennt.[38] Insofern muß man sich damit begnügen, daß wenigstens Investitionsneutralität gewährleistet ist.[39]

---

[37] Vgl. hierzu etwa *Varian* (2001), S. 95 f. Man spricht in diesem Zusammenhang auch vom Vorliegen **homothetischer Präferenzen**. Siehe hierzu des weiteren *Varian* (1994), S. 146 f., oder *Mas-Colell/Whinston/Green* (1995), S. 45.

[38] Die besonderen Eigenschaften der *Cobb-Douglas*-Nutzenfunktion implizieren überdies, daß der optimale unternehmerische Konsum des Zeitpunktes t = 0 im Falle der steuerrechtlichen Zulässigkeit der Ertragswertabschreibung **unabhängig** vom Steuersatz s und damit vor und nach Steuern identisch ist. Auch diese "**partielle**" Konsumneutralität ist also keineswegs eine allgemeingültige Implikation der Ertragswertabschreibung.

[39] Die gerade dargelegten Zusammenhänge belegen dabei zugleich nochmals etwas ausführlicher, warum auch für den Fall $D_0 = -I$, $D_1 = I$, wie er etwa im Beispiel 4.4 behandelt worden ist, **keine Konsumneutralität** vorliegt. Die in diesem Kontext resultierende Kapitalmarktgerade verläuft nämlich zum einen wegen der ungünstigeren Abschreibungsmöglichkeiten für jeden Steuersatz s weiter innen als die korrespondierende Kapitalmarktgerade bei Ertragswertabschreibung und liegt zum anderen aber stets parallel zur letztgenannten. Erneut können die für variierenden Steuersatz resultierenden Konsumoptima nur zufällig alle auf einer Geraden durch den Ursprung liegen.

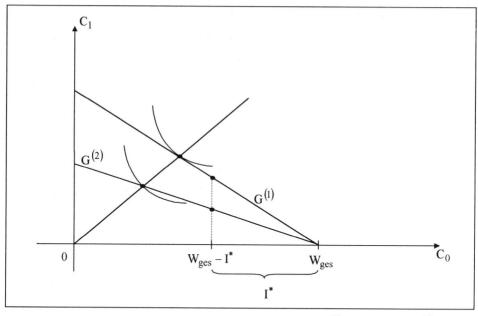

Abbildung 4.3: Relevante Kapitalmarktgeraden ohne ($G^{(1)}$) und mit ($G^{(2)}$) Steuern bei Ertragswertabschreibung

Wenngleich sich bei Zulässigkeit von Ertragswertabschreibungen generell Investitionsneutralität im Rahmen des Standardmodells zur Erfassung steuerlicher Aspekte in der Investitionsrechnung nachweisen läßt, findet diese Art der Besteuerung steuerrechtlich in praxi **keinerlei Anerkennung**. Neben dem formalen Problem eines Verstoßes gegen das **Anschaffungswertprinzip** ist vor allem inhaltlich bedeutsam, daß die Abschreibungen gemäß der Schätzung von Ertragswerten auf der Grundlage künftiger Einzahlungsüberschüsse erfolgen und sich der Fiskus hierbei auf die Angaben des Steuersubjekts verlassen müßte. Mit anderen Worten mangelt es an der Möglichkeit der **intersubjektiven Nachprüfbarkeit** für die der Abschreibung zugrunde gelegten Ertragswerte, so daß der unternehmerischen **Willkür** hier Tür und Tor geöffnet wird. Die Summe aller Abschreibungen in den Zeitpunkten von $t = 1$ bis $t = T$ entspricht dabei zwingend stets dem in $t = 0$ als Anfangswert des jeweiligen Investitionsobjekts genutzten Ertragswert dieses Zeitpunktes, wie er vom Unternehmer gemeldet wird. Sofern Zuschreibungen über die Anfangsauszahlung in $t = 0$ hinaus nicht zu Steuerzahlungen führen können, wäre es für den jeweiligen Unternehmer daher am besten, in $t = 0$ einen möglichst hohen (fiktiven) Ertragswert anzugeben und so möglichst viel "Abschreibungspotential" zu schaffen. Schon dieser Verhaltensfehlanreiz spricht dafür, auch bereits in t = 0 Steuerzahlungen im Umfang $s \cdot (z_0 - D_0)$ vorzusehen. Unter dieser Prämisse wiederum wäre es für den Unternehmer von Vorteil, in t = 0 einen möglichst niedrigen Ertragswert zu behaupten. Akzeptiert der Fiskus mit Hinweis auf ansonsten in Kauf genommene Vermögensverluste auf seiten des Unternehmers nur Ertragswertangaben in Höhe von mindestens der Anfangsauszahlung in t = 0,[40] dann wird der Unternehmer genau diese Angabe tätigen. Trotz der grundsätzlichen Voraussetzung von Ertragswertabschreibungen würde somit in t = 0 eine generelle Aktivierung von Investitionsobjekten gemäß dem Anschaffungswertprinzip erfolgen. Es bliebe allerdings ein Anreiz für den Unternehmer, schon im Zeitpunkt t = 1 zu behaupten, daß sich der Ertragswert auf Null (oder noch besser ins Negative) aufgrund veränderter Ertragsaussichten reduziert hat, um auf diese Weise möglichst große Steuerminderungen durch entsprechend hohe Abschreibungen zu erreichen. Deswegen wird sich der Fiskus auch bei Besteuerung von Zuschreibungen im Zeitpunkt t = 0 nicht auf die Angaben des Unternehmers zur Ertragswertentwicklung einlassen können, sondern es wäre die formalisierte Nutzung von Fiktionen zum zeitlichen Verlauf von Ertragswerten erforderlich. Beispielsweise könnte eine **praktikable Fiktion** gemäß dem Prinzip vom unzureichenden Grunde[41] darin bestehen, daß sich der mit einem Investitionsobjekt verbundene Ertragswert in jeder Periode in gleicher Weise reduziert. Man käme damit auf ganz "natürlichem" Wege zur Rechtferti-

---

[40] Der Fiskus könnte sich also auf den Standpunkt stellen, daß der Unternehmer freiwillig **keine** Projekte mit negativem Kapitalwert durchführen wird, der Ertragswert eines Investitionsprojekts also mindestens seiner Anfangsauszahlung entsprechen muß.

[41] Dieses Prinzip ist auch als *Laplace*-**Prinzip** bekannt. Vgl. hierzu generell z.B. *Wollenhaupt* (1982), S. 85 ff. Konkret auf das hier betrachtete Problem bezogen, würde man auf der Grundlage dieses Prinzips behaupten, daß man wegen fehlender entgegenstehender Informationen von einem gleichmäßigen Abbau des in t = 0 angesetzten Ertragswerts bis t = T ausgehen sollte.

gung linearer Abschreibungen auf Anschaffungswerte.[42] Von der ursprünglichen Idee der Ertragswertabschreibung (und der damit implizierten Investitionsneutralität) wäre allerdings nichts übriggeblieben. Augenscheinlich erweisen sich Ertragswertabschreibungen damit für praktische Zwecke als recht wenig geeignet.

4.4.2.2 Cash-flow-Besteuerung

Einfachere und auch weniger manipulationsanfällige Möglichkeiten zur Gewährleistung der Investitionsneutralität ergeben sich insbesondere dann, wenn man den Kontext des Standardmodells verläßt.[43] Im Rahmen der sogenannten **Cash-flow-Steuer**[44] etwa ergibt sich der Gewinn G_t eines Zeitpunktes t einfach als Saldo **aller** Ein- und Auszahlungen aus Real- und Finanzinvestitionen zu einem Zeitpunkt t. Dies impliziert zum einen, daß die Anfangsauszahlung eines Investitionsprojekts unmittelbar erfolgswirksam wird und in zukünftigen Zeitpunkten keine Abschreibungen verrechnet werden. Man spricht hierbei auch von einer sogenannten **Sofortabschreibung**, da das betreffende Investitionsobjekt gar nicht erst steuerlich wirksam aktiviert wird. Genauer formuliert wird die obligatorische Zuschreibung des Zeitpunktes t = 0 in Höhe von A_0 unmittelbar durch eine Abschreibung in gleicher Höhe kompensiert. In der Tat gilt demnach $D_0 = D_1 = \ldots = D_T = 0$. Zum anderen werden im Rahmen von Finanzinvestitionen nicht nur Haben- und Sollzinsen, sondern auch Auszahlungen zum Erwerb von Wertpapieren und Zuflüsse aus Tilgungen und Wertpapierverkäufen besteuert. **Sämtliche** im Zusammenhang mit Investitionen veranlaßten Ein- und Auszahlungen unterliegen somit der Besteuerung. Gerade deswegen spricht man von einer Cash-flow-Steuer.

---

[42] Vgl. zur Interpretation bilanzieller Wertansätze unter Ertragswertaspekten etwa *Ordelheide* (1988, 1989, 1998).

[43] Vgl. zu einer generellen Diskussion der Eigenschaften **investitionsneutraler Besteuerung** mit zahlreichen Literaturhinweisen insbesondere *König* (1997).

[44] Auf die Investitionsneutralität der Cash-flow-Steuer wurde wohl zum ersten Mal in *Brown* (1948) hingewiesen.

Mit C_t als den unternehmerischen Konsumauszahlungen, z_t als dem Einzahlungsüberschuß eines Zeitpunktes t aus Realinvestitionen und f_t als dem Einzahlungsüberschuß aus Finanzinvestitionen gilt notwendigerweise $z_t + f_t - C_t - s \cdot (z_t + f_t) = 0$ in jedem Zeitpunkt t. Die Einzahlungsüberschüsse z_t und f_t sind dabei in der Tat als Salden der Einzahlungen aus Real- bzw. Finanzinvestitionen und der entsprechenden Auszahlungen (auch für neue Investitionen) zu verstehen. Eine Ausdehnung des Konsums C_t ist daher ceteris paribus nur möglich, wenn z_t und/oder f_t erhöht werden, was gleichbedeutend mit verringerten investiven Auszahlungen ist. Diese Erhöhung von z_t und/oder f_t läßt die Bemessungsgrundlage der Cash-flow-Steuer im betreffenden Zeitpunkt in entsprechender Weise ansteigen. Deswegen müssen die investiven Auszahlungen für jede Geldeinheit Mehrkonsum in t sogar um $1/(1-s) > 1$ GE zurückgenommen werden und bedingt jede Geldeinheit Mehrkonsum ceteris paribus eine um $s/(1-s)$ höhere Steuerbelastung für den betrachteten Entscheidungsträger. Man spricht daher in diesem Zusammenhang auch von einer **reinen Konsumbesteuerung**.

Wenn die Anlage eines Betrags A am Kapitalmarkt zu einem Vor-Steuer-Zinssatz i von einem beliebigen Zeitpunkt t-1 bis t möglich ist, dann ergibt sich nach Steuern in t nur ein Rückfluß von $A \cdot (1+i) - s \cdot A \cdot (1+i) = (1-s) \cdot A \cdot (1+i)$, weil die gesamte Vor-Steuer-Einzahlung $A \cdot (1+i)$ der Besteuerung unterworfen ist. Andererseits bedingt eine Investition in Höhe von A ceteris paribus eine entsprechende Reduktion der steuerlichen Bemessungsgrundlage, so daß die Nach-Steuer-Auszahlung in t-1 nur $A - s \cdot A = (1-s) \cdot A$ beträgt. Insgesamt erzielt das betrachtete Subjekt aus seiner einperiodigen Mittelanlage damit eine Nach-Steuer-Rendite i_s von

$$i_s = \frac{(1-s) \cdot A \cdot (1+i) - (1-s) \cdot A}{(1-s) \cdot A} = i. \tag{4.27}$$

Die Nach-Steuer-Rendite entspricht damit der Vor-Steuer-Rendite. Entsprechendes gilt natürlich im Falle der Kreditaufnahme, so daß sich Wirtschaftssubjekte im Rahmen der Cash-flow-Besteuerung grundsätzlich den **gleichen** Kapitalmarktgeraden wie vor Steuern gegenübersehen. Die Existenz von Kapitalmarktgeraden mit einheitlicher Steigung wiederum impliziert die weiterhin bestehende Gültigkeit der *Fisher*-Separation und - damit zusammenhängend - die Unmöglichkeit der Vermögensbeeinflussung durch Finanzinvestitionen. Dies bedeutet, daß Investitionsprojekte auch bei Zugrundelegung einer Cash-flow-Besteuerung nach ihrem Projektkapitalwert nach Steuern und unter Abstraktion von Finanzinvestitionen beurteilt werden können.

Bei Vernachlässigung von Finanzinvestitionen ergibt sich der Einzahlungsüberschuß eines Zeitpunktes t nach Steuern als $z_t - s \cdot z_t = (1-s) \cdot z_t$. Wegen $i_S = i$ erhält man somit als Nach-Steuer-Kapitalwert:

$$\kappa_S = \sum_{t=0}^{T} \frac{(1-s) \cdot z_t}{(1+i)^t} = (1-s) \cdot \kappa. \tag{4.28}$$

Es resultiert folglich der gleiche Zusammenhang zwischen Vor-Steuer- und Nach-Steuer-Kapitalwert wie im Falle der steuerrechtlichen Zulässigkeit von Ertragswertabschreibungen mit Besteuerung von Zuschreibungen über die Anfangsauszahlung in $t = 0$.

Beispiel 4.14:
Gegeben sei erneut das Investitionsprojekt aus Beispiel 4.11 bei Unterstellung eines Kapitalmarktzinssatzes vor Steuern von $i = 8\%$ und unter Zugrundelegung einer Cash-flow-Steuer mit einem Steuersatz von $s^{(1)} = 40\%$ bzw. $s^{(2)} = 30\%$. Die jeweilige Zahlungsreihe aus dem Investitionsprojekt nach Steuern kann dann aus *Tabelle 4.9* abgelesen werden.

t	0	1	2	3	4
$(1-s^{(1)}) \cdot z_t$	-60.000	21.094,2	14.858,4	15.441	21.294,6
$(1-s^{(2)}) \cdot z_t$	-70.000	24.609,9	17.334,8	18.014,5	24.843,7

Tabelle 4.9: Projektzahlungsreihe nach Steuern je nach unterstelltem Steuersatz (Cash-flow-Steuer)

Damit erhält man für die Projektkapitalwerte:

$$\kappa_S^{(1)} = -60.000 + \frac{21.094,2}{1,08} + \frac{14.858,4}{1,08^2} + \frac{15.441}{1,08^3} + \frac{21.294,6}{1,08^4}$$

$$\approx 180,08 \text{ GE}$$

$$\approx (1-s^{(1)}) \cdot \kappa,$$

(4.29)

$$\kappa_S^{(2)} = -70.000 + \frac{24.609,9}{1,08} + \frac{17.334,8}{1,08^2} + \frac{18.014,5}{1,08^3} + \frac{24.843,7}{1,08^4}$$

$$\approx 210,09 \text{ GE}$$

$$\approx (1-s^{(2)}) \cdot \kappa,$$

wobei daran erinnert sei, daß sich der Vor-Steuer-Kapitalwert κ des betrachteten Investitionsprojekts auf ungefähr 300,13 GE beläuft. □

Auch durch die Implementierung einer **Cash-flow-Besteuerung** kann damit das Auftreten von Steuerparadoxa i.e.S. vermieden werden und ist Investitionsneutralität daher gewährleistet. Erneut bleibt allerdings die vom jeweiligen Unternehmer angestrebte **intertemporale Konsumallokation** durch die Besteuerung nicht unbeeinflußt. Konsumneutralität i.e.S. wird nie, Konsumneutralität i.w.S. nur bei bestimmten Eigenschaften der unternehmerischen Nutzenfunktion erfüllt sein.[45]

Beispiel 4.15:
Ein weiteres Mal sei der Unternehmer aus Beispiel 4.4 betrachtet, nun jedoch unter der Annahme einer allgemeinen Cash-flow-Besteuerung mit s = 30 %. Als

---

[45] Bemerkenswerterweise wird dies von *Wagner/Wissel* (1995), S. 69, nicht erkannt, sondern das Vorliegen von Konsumneutralität schlicht mit der Gleichheit von Vor- und Nach-Steuer-Kapitalmarktzinssatz identifiziert. In ähnlicher Weise äußern sich auch schon etwa *Wenger* (1986), S. 140 f., oder *Wagner* (1989), S. 271, ohne daß der Begriff der Konsumneutralität jedoch überhaupt in operationaler Weise definiert wird.

Konsequenz hieraus führt ein Investitionsvolumen von I in t = 0 für den Unternehmer nur zu Nettoabflüssen von (1-s)·I. Der nach Realinvestitionen in t = 0 im Umfang von I vor Steuern verbleibende unternehmerische Konsum beläuft sich nach Steuern daher generell auf $C_0 = W_0 - (1-s) \cdot I$.

Entsprechend beträgt die unternehmerische Einzahlung nach Steuern aus der Realinvestition in t = 1 nur noch $C_1 = F_s(I) \equiv (1-s) \cdot F(I)$. Auflösen der Bestimmungsgleichung für C_0 nach I und Einsetzen in die Bestimmungsgleichung für C_1 liefert die im Rahmen der Cash-flow-Steuer maßgebliche funktionale Darstellung der Transformationskurve:

$$C_1 = (1-s) \cdot F\left(\frac{W_0 - C_0}{1-s}\right). \tag{4.30}$$

Weiterhin muß die Steigung der Transformationskurve für das optimale unternehmerische Investitionsvolumen der Steigung der Kapitalmarktgeraden entsprechen. Durch Ableitung von (4.30) gemäß Kettenregel erhält man als Steigung der Transformationskurve hier gerade $-F'(I)$, und die Steigung der Kapitalmarktgeraden ist bei der Cash-flow-Steuer bekanntermaßen einheitlich $-(1+i)$. Natürlich zeigt sich über die Optimalitätsbedingung $-F'(I) = -(1+i)$ damit auch für den Spezialfall der Zwei-Zeitpunkte-Betrachtung die Investitionsneutralität der Cash-flow-Steuer. Man erhält demnach für die Zahlen dieses Beispiels $I^* = 4$ GE. Im Gegensatz zur Situation ohne Steuern ist der Startpunkt der relevanten Kapitalmarktgeraden nun aber nicht (6;8,8) sondern (7,2;6,16). Denn eine Investition von 4 GE in t = 0 führt tatsächlich nur zu Auszahlungen nach Steuern von $(1-0,3) \cdot 4 = 2,8$ GE, weswegen $10 - 2,8 = 7,2$ GE in t = 0 beim Unternehmer verbleiben. Dafür werden allerdings auch die Rückflüsse vor Steuern von 8,8 GE des Zeitpunktes t = 1 um 30 % Steuern gekürzt auf $(1-0,3) \cdot 8,8 = 6,16$ GE.

Der Kapitalmarktzinssatz beläuft sich vor wie nach Steuern aufgrund der spezifischen Eigenschaften der Cash-flow-Steuer auf i = 10 %. Die für den Unternehmer im Fall ohne Steuern maßgebliche Kapitalmarktgerade ist bereits aus Gleichung (1.4) des Abschnitts 1 des vorhergehenden Kapitels als $C_1 = 15,4 - 1,1 \cdot C_0$ bekannt. Die Kapitalmarktgerade im Falle mit Steuern lautet $C_1 = 14,08 - 1,1 \cdot C_0$

und liegt natürlich weiter innen als die erstgenannte Kapitalmarktgerade. Die Richtigkeit der Kapitalmarktgeraden für den Fall mit Steuern prüft man leicht, indem man $C_0 = 7,2$ GE einsetzt und dann passend $C_1 = 6,16$ GE erhält. Augenscheinlich wird das vom Unternehmer angestrebte Konsumoptimum damit im Fall mit Steuern zwingend ein anderes als im Fall ohne Steuern sein. Konsumneutralität i.e.S. kann demnach hier nicht vorliegen. Konkret lauten die nunmehr relevanten Optimumbedingungen

I. $\overline{U}^{\frac{10}{7}} \cdot C_0^{-\frac{3}{7}} = 14{,}08 - 1{,}1 \cdot C_0,$

II. $\frac{3}{7} \cdot \overline{U}^{\frac{10}{7}} \cdot C_0^{-\frac{10}{7}} = 1{,}1.$

(4.31)

Wieder stellt die erste Gleichung sicher, daß ein gemeinsamer Punkt einer Indifferenzkurve und der relevanten Kapitalmarktgeraden betrachtet wird. Die zweite Bedingung gewährleistet wie stets, daß es sich um einen Tangentialpunkt der beiden Kurven handelt. Aus der Lösung des Gleichungssystems gemäß (4.31) erhält man $C_0^* \approx 3{,}84$ GE sowie $C_1^* \approx 9{,}86$ GE bei einem resultierenden maximalen Nutzenniveau von etwa 7,43. Das Verhältnis $C_1^*/C_0^* \approx 2{,}57$ der beiden Konsumauszahlungen entspricht aber in der Tat dem für den Fall ohne Steuern. Konsumneutralität i.w.S. ist hier folglich erfüllt. Bemerkenswerterweise führt die Besteuerung hierbei allerdings nicht dazu, daß der Unternehmer in $t = 0$ und $t = 1$ jeweils 30 % weniger Konsumauszahlungen tätigt. Vielmehr erhält man, daß der Unternehmer trotz der Existenz einer Konsumsteuer lediglich eine Reduktion seiner Konsumauszahlungen in $t = 0$ und $t = 1$ um jeweils etwa 8,57 % hinnehmen muß. Die Ursache hierfür liegt in der nicht besteuerten Anfangsausstattung $W_0 = 10$ GE des Unternehmers. □

Daß bei einer Cash-flow-Besteuerung **Konsumneutralität i.e.S.** nicht gegeben sein kann, ist evident, wenn man sich auf eine Zwei-Zeitpunkte-Betrachung wie im vorhergehenden Beispiel 4.15 beschränkt. Die Steigung der relevanten Kapitalmarktgeraden ist hier vor Steuern wie nach Steuern identisch. Der Ordinatenabschnitt des Startpunkts wird jedoch um den Betrag $s \cdot F(I^*)$ gekürzt. In entsprechender Weise wird der zugehörige Abszissenabschnitt um $s \cdot I^*$ erhöht. Der Absolutbetrag der Steigung der Sekanten durch die beiden Startpunkte vor und nach Steuern ist einfach $[s \cdot F(I^*)]/(s \cdot I^*) = F(I^*)/I^* > 1+i$, wobei die Ungleichung eine Folge der Eigenschaften des optimalen Realinvestitionsprogramms ist: Alle investierten Geldeinheiten liefern eine Rendite von mindestens i. Damit aber liegt die relevante Kapitalmarktgerade nach Steuern bei gleicher Steigung weiter innen als die relevante Kapitalmarktgerade im Falle der Existenz einer Cash-flow-Steuer, wie auch *Abbildung 4.4* verdeutlicht. Konsumneutralität i.e.S. wird daher unmöglich. Weil aber verschiedene Steuersätze lediglich zur Relevanz von Kapitalmarktgeraden mit einheitlicher Steigung bei variierenden Achsenabschnitten führen, gewährleistet eine *Cobb-Douglas*-Nutzenfunktion hier tatsächlich **Konsumneutralität i.w.S.**: Alle Punkte, in denen Indifferenzkurven über eine Steigung von $-(1+i)$ verfügen, liegen auf einer Geraden durch den Ursprung und sind allein als unternehmerische Konsumoptima im Falle einer Cash-flow-Steuer denkbar. Genau dies charakterisiert die Eigenschaft der Konsumneutralität i.w.S. Bei **anderen** Arten unternehmerischer Nutzenfunktionen liegen die Punkte gleicher Steigung von Indifferenzkurven typischerweise nicht mehr auf einer Geraden, und es ergibt sich auch für die Cash-flow-Steuer nicht mehr Konsumneutralität i.w.S.

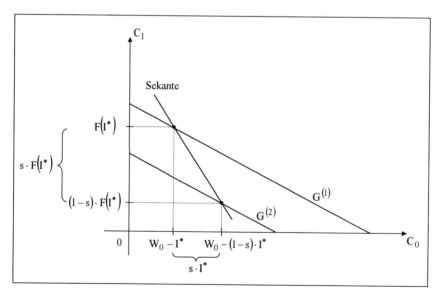

Abbildung 4.4: Relevante Kapitalmarktgeraden ohne ($G^{(1)}$) und mit ($G^{(2)}$) Steuern bei Cash-flow-Besteuerung (Skizze)

Da die Cash-flow-Besteuerung lediglich an Zahlungen ansetzt, ist diese Besteuerungsform weit **weniger manipulationsanfällig** als etwa die Ertragswertabschreibung. Sie ist überdies sehr einfach zu verstehen.[46] Nachteilig ist, daß es sich hierbei um einen prinzipiellen **Strukturbruch** zu den in Deutschland herrschenden steuerlichen Regelungen handelt, so daß die Implementierung eines derartigen Steuersystems eine erhebliche Umwälzung darstellte. Überdies wurde bereits weiter oben darauf hingewiesen, daß Gegenstand der Besteuerung letztlich diejenigen Einzahlungsüberschüsse eines Zeitpunktes t darstellen, die konsumtive Verwendung finden. Weil in der Regel ausgeführt wird, daß einkommensschwache Bevölkerungsgruppen größere Einkommensanteile für Konsumzwecke verwenden als einkommensstarke, trifft diese Besteuerungsform die "**sozial Schwachen**" verhältnismäßig stark. Diese Überlegung mag zur grundsätzlichen Ablehnung einer Konsumsteuer führen, wenngleich durch Freibetrags- und Steuerprogressionsgestaltungen derartigen sozialen Gesichtspunkten durchaus Rechnung getragen werden könnte. Auf derlei Aspekte soll hier nicht weiter eingegangen werden.[47] Festgehalten werden kann jedenfalls, daß eine Cash-flow-Besteuerung aus investitionstheoretischer Sicht über interessante Eigenschaften verfügt, aber zumindest in Deutschland auf absehbare Zeit nicht durchsetzbar erscheint.

4.4.2.3 Residualgewinnorientierte Besteuerung

Eine überaus interessante dritte Variante investitionsneutraler Besteuerung macht sich die Aussage des sogenannten *Lücke*-Theorems zunutze.[48] Das ***Lücke*-Theo-**

---

[46] Aufgrund des Zusammenhangs $i_s = i$ kann man übrigens des weiteren eine **modifizierte Cash-flow-Steuer** betrachten, bei der nur die Einzahlungsüberschüsse z_t aus Realinvestitionen Gegenstand der Besteuerung sind. Auch in diesem Falle gelangte man zur Kapitalwertformel (4.28) und hätte überdies eine weitere technische Vereinfachung der Besteuerung erreicht.

[47] Erwähnt werden soll lediglich, daß derartige Modifikationen allerdings durchaus die Investitionsneutralität der Cash-flow-Steuer beeinträchtigen können.

[48] Das *Lücke*-Theorem geht - wie der Name schon sagt - auf *Lücke* (1955) zurück. Allerdings wurde es schon etwa zwei Jahrzehnte vorher von *Preinreich*

rem formuliert Bedingungen, unter denen man auf der Grundlage von Kosten und Leistungen Kapitalwerte gleicher Höhe wie bei der Anknüpfung an den Einzahlungsüberschüssen eines Investitionsprojekts ermittelt. Eine derartige Äquivalenz ist wegen der unterschiedlichen zeitlichen Struktur von Leistungen und Kosten einerseits sowie Ein- und Auszahlungen andererseits keineswegs selbstverständlich und bedarf daher detaillierter Analyse. Aus Platzgründen ist eine ausführliche Darstellung des *Lücke*-Theorems und seiner Implikationen an dieser Stelle jedoch nicht möglich. Unter Beibehaltung der Prämisse, daß der einzige Unterschied zwischen Gewinnausweisen und Einzahlungsüberschüssen aus der unternehmerischen Tätigkeit in der Existenz von erst noch im Zeitablauf abzuschreibenden Anfangsauszahlungen besteht, kann auf der Grundlage des *Lücke*-Theorems jedenfalls folgender Zusammenhang hergeleitet werden:

Im weiteren sei der in einem Zeitpunkt t noch nicht abgeschriebene Teil $A_0 - \Sigma_{\tau=1}^{t} D_\tau$ der Anfangsauszahlung[49] für ein Investitionsobjekt als Restbuchwert RB_t in t bezeichnet. Der **Kapitalwert** eines Investitionsprojekts auf der Basis seiner Einzahlungsüberschüsse stimmt nun mit dem Kapitalwert dieses Projekts auf der Basis der Gewinne überein, wenn im Rahmen der Gewinnermittlung in Abweichung vom Standardmodell zu einem Zeitpunkt t "kalkulatorische" Zinsen[50] $i \cdot RB_{t-1}$ auf den Restbuchwert der jeweiligen Vorperiode in Abzug gebracht werden und die Summe aller Abschreibungen der Anfangsauszahlung entspricht. Bezeichnet man mit G_t den Gewinn gemäß den Prämissen des Standardmodells und mit RG_t den **"Residualgewinn"** unter Berücksichtigung kalkulatorischer Zinsen, dann gilt unter Beachtung von $RB_{t-1} = A_0 - \Sigma_{\tau=1}^{t-1} D_\tau$ demnach

$$RG_t \equiv G_t - i \cdot \left(A_0 - \sum_{\tau=1}^{t-1} D_\tau \right) \tag{4.32}$$

(1937), S. 220 f., formuliert.

[49] Im folgenden gilt also in Übereinstimmung mit den tatsächlichen Regelungen in Deutschland wieder das Anschaffungswertprinzip.

[50] Kalkulatorische Zinsen fanden, wenngleich in etwas anderer Form, auch schon im Abschnitt 2 des Kapitels III Berücksichtigung.

für t = 1, ..., T. Ferner sei $RG_0 = G_0 = 0$ GE vereinbart, da $D_0 = -A_0$ ist und keine Zinsen auf frühere Investitionsprojekte zu verrechnen sind. Formal behauptet das *Lücke*-Theorem damit die folgende Beziehung für jede beliebige Form der Abschreibung der Anfangsauszahlung:

$$\sum_{t=0}^{T} \frac{z_t}{(1+i)^t} = \sum_{t=0}^{T} \frac{RG_t}{(1+i)^t}. \tag{4.33}$$

Der zugehörige Nachweis wird im Anhang 3 zu diesem Abschnitt geführt.

Beispiel 4.16:

Ausgangspunkt der Betrachtung sei das Investitionsprojekt mit der Zahlungsreihe gemäß *Tabelle 4.5* im Beispiel 4.11, wobei von einer linearen Abschreibung der Anfangsauszahlung des Zeitpunktes t = 0 in den Zeitpunkten t = 1 bis t = 4 ausgegangen werde. In den Zeitpunkten t = 1, ..., 4 ermittelt man den jeweiligen Residualgewinn, indem man von den ausgewiesenen Einzahlungsüberschüssen zunächst die Abschreibung in Höhe von 25.000 GE und außerdem die Zinsen auf den im vorhergehenden Zeitpunkt t-1 jeweils gegebenen Restbuchwert des Investitionsprojekts abzieht. Für t = 1 führt dies bei i = 10 % zu einem Residualgewinn von 35.157-25.000-0,08·100.000 = 2.157 GE. In entsprechender Weise erhält man für t = 2 einen Residualgewinn von 24.764-25.000-0,08·75.000 = -6.236 GE. Die Werte für t = 3 und t = 4 sind RG_3 = 25.735-25.000-0,08·50.000 = -3.265 GE und RG_4 = 35.491-25.000-0,08·25.000 = 8.491 GE. Als Kapitalwert des Investitionsprojekts auf der Grundlage der Residualgewinne erhält man damit unter Beachtung von $RG_0 = 0$ GE:

$$\kappa = \frac{2.157}{1,08} - \frac{6.236}{1,08^2} - \frac{3.265}{1,08^3} + \frac{8.491}{1,08^4} \approx 300{,}13 \text{ GE} \tag{4.34}$$

und folglich in der Tat den gleichen Kapitalwert wie bei "zahlungsorientierter" Rechnung.

Hätte man das Investitionsprojekt in t = 1 und t = 2 jeweils zu 50.000 GE abschreiben können (mit $D_3 = D_4 = 0$), ergäben sich Residualgewinne von RG_1 = 35.157-50.000-0,08·100.000 = -22.843 GE und RG_2 = 24.764-50.000-0,08·

50.000 = -29.236 GE bei $RG_3 = z_3$ und $RG_4 = z_4$. Erneut ergäbe sich ein Kapitalwert von etwa 300,13 GE. Die Art der Abschreibung kann folglich den ausgewiesenen Kapitalwert nicht beeinflussen. □

Das *Lücke*-Theorem kann nun leicht genutzt werden, um die Investitionsneutralität eines Steuersystems nachzuweisen, daß an Residualgewinnen ansetzt. Man kann hier von **residualgewinnorientierter oder zinskorrigierter Besteuerung** sprechen.[51] Der einzige, aber entscheidende Unterschied zur Besteuerung im Rahmen des Standardmodells besteht darin, daß als **Steuerbemessungsgrundlage** nunmehr der Residualgewinn RG_t statt des Gewinns G_t gewählt wird.

Als Konsequenz einer residualgewinnorientierten Besteuerung ist zunächst einmal festzuhalten, daß die Anlage oder Aufnahme von Mitteln am Kapitalmarkt steuerlich **neutral** wirkt, weil etwa die Anlage eines Betrags A in t = 0 unter Beachtung der kalkulatorischen Zinsen auf A in t = 1 zu einem Residualgewinn von $i \cdot A - i \cdot A = 0$ führt. In entsprechender Weise führt Verschuldung über die Verrechnung negativer kalkulatorischer Zinsen nicht mehr zu einer steuerlichen Entlastung. Der Kalkulationszinsfuß nach Steuern ist bei residualgewinnorientierter Besteuerung folglich gleich dem vor Steuern. Dies rechtfertigt zugleich, warum auch im Fall mit Steuern der Residualgewinn unter Zugrundelegung des Vor-Steuer-Zinssatzes berechnet wird. Des weiteren impliziert die Existenz eines einheitlichen Nach-Steuer-Kalkulationszinsfußes von i für beliebige Anlage oder Aufnahme von Mitteln unmittelbar die weiterhin bestehende Gültigkeit der *Fisher-Separation* sowie die (Nach-Steuer-) Kapitalwertneutralität von Finanzinvestitionen. Finanzinvestitionen können im Rahmen von Kapitalwertberechnungen folglich weiterhin vernachlässigt werden.

Damit ist auf der Grundlage des Kapitalwertes κ_S nach Steuern nunmehr folgende Umformung möglich:

---

[51] Die Grundidee hierzu findet sich bei *Wenger* (1983) sowie *Boadway/Bruce* (1984).

$$\begin{aligned}
\kappa_S &= \sum_{t=0}^{T} \frac{z_t - s \cdot RG_t}{(1+i)^t} \\
&= \sum_{t=0}^{T} \frac{RG_t - s \cdot RG_t}{(1+i)^t} \\
&= (1-s) \cdot \sum_{t=0}^{T} \frac{RG_t}{(1+i)^t} \qquad (4.35) \\
&= (1-s) \cdot \sum_{t=0}^{T} \frac{z_t}{(1+i)^t} \\
&= (1-s) \cdot \kappa.
\end{aligned}$$

Die Umformung von der ersten zur zweiten Zeile ist zulässig, weil gemäß dem *Lücke*-Theorem der Kapitalwert $\Sigma_{t=0}^{T} z_t/(1+i)^t$ der Einzahlungsüberschüsse aus einem Investitionsprojekt dem Kapitalwert $\Sigma_{t=0}^{T} RG_t/(1+i)^t$ der Residualgewinne entspricht. Das *Lücke*-Theorem liegt auch dem Übergang von der dritten zur vierten Zeile zugrunde.

Unabhängig von der konkreten zeitlichen Ausgestaltung der Abschreibung der Anfangsauszahlung führt damit eine **residualgewinnorientierte Besteuerung** im Ergebnis zu der gleichen Beziehung zwischen Vor-Steuer- und Nach-Steuer-Kapitalwert wie im Rahmen der **Cash-flow-Besteuerung**.

Beispiel 4.17:
Gegeben sei das Projekt aus dem vorhergehenden Beispiel 4.16 unter Zugrundelegung residualgewinnorientierter Besteuerung und linearer Abschreibung der Anfangsauszahlung über den Nutzungszeitraum. Für die beiden alternativen Steuersätze $s^{(1)} = 40\%$ und $s^{(2)} = 30\%$ sind die jeweils resultierenden Steuerzahlungen zusammen mit den Residualgewinnen der einzelnen Zeitpunkte $t = 1, \ldots, 4$ in der nachfolgenden *Tabelle 4.10* angegeben.

t	1	2	3	4
RG_t	2.157	-6.236	-3.265	8.491
$S_t^{(1)}$	862,8	-2.494,4	-1.306	3.396,4
$S_t^{(2)}$	647,1	-1.870,8	-979,5	2.547,3

Tabelle 4.10: Residualgewinnausweise und Steuerbelastungen bei residualgewinnorientierter Besteuerung für $s^{(1)} = 0,4$ und $s^{(2)} = 0,3$

Die Zahlungsreihe nach Steuern ergibt sich, indem man die Steuerzahlungen gemäß *Tabelle 4.10* von den Einzahlungsüberschüssen vor Steuern aus dem jeweiligen Investitionsprojekt abzieht. Das Resultat ist in *Tabelle 4.11* ausgewiesen.

t	1	2	3	4
z_t-$S_t^{(1)}$	34.294,2	27.258,4	27.041	32.094,6
z_t-$S_t^{(2)}$	34.509,9	26.634,8	26.714,5	32.943,7

Tabelle 4.11: Zahlungsreihen nach Steuern bei residualgewinnorientierter Besteuerung für $s^{(1)} = 0,4$ und $s^{(2)} = 0,3$

Auf dieser Grundlage gelangt man zu den folgenden Nach-Steuer-Kapitalwerten

$$\kappa_S^{(1)} = -100.000 + \frac{34.294,2}{1,08} + \frac{27.258,4}{1,08^2} + \frac{27.041}{1,08^3} + \frac{32.094,6}{1,08^4} \approx 180,08 \text{ GE},$$

$$\kappa_S^{(2)} = -100.000 + \frac{34.509,9}{1,08} + \frac{26.634,8}{1,08^2} + \frac{26.714,5}{1,08^3} + \frac{32.943,7}{1,08^4} \approx 210,09 \text{ GE},$$

(4.36)

also in der Tat zu den gleichen Kapitalwerten wie im Rahmen einer Cash-flow-Besteuerung. Dieses Ergebnis hat auch für andere Formen der Abschreibung Bestand. Sofern man etwa erneut unterstellt, daß Abschreibungen in Höhe von

50.000 GE in t = 1 und in t = 2 erfolgen, ergeben sich für $s^{(1)} = 0,4$ Steuerzahlungen von 0,4·(-22.843) = -9.137,2 GE in t = 1, 0,4·(-29.236) = -11.694,4 GE in t = 2 sowie von 0,4·25.735 = 10.294 GE in t = 3 und 0,4·35.491 = 14.196,4 GE in t = 4. Die Zahlungsreihe nach Steuern (ab t = 1) lautet damit gemäß *Tabelle 4.12*.

t	1	2	3	4
$z_t - S_t^{(1)}$	44.294,2	36.458,4	15.441	21.294,6

Tabelle 4.12: Zahlungsreihe nach Steuern bei residualgewinnorientierter Besteuerung für $s^{(1)} = 0,4$ und im Vergleich zu *Tabelle 4.11* variierter Abschreibungsform

Erneut ergibt sich ein Kapitalwert von ungefähr 180,08 GE wie im Fall der linearen Abschreibung über die gesamte Nutzungsdauer des Projekts. □

Nicht nur entsprechen sich ceteris paribus die Nach-Steuer-Kapitalwerte bei Zugrundelegung einer Cash-flow-Steuer und der residualgewinnorientierten Besteuerung, überdies entspricht auch der Nach-Steuer-Kapitalmarktzinssatz in beiden Fällen dem Vor-Steuer-Kapitalmarktzinssatz. Als Konsequenz hieraus stimmt nicht nur ceteris paribus der maximal mögliche unternehmerische Gegenwartskonsum bei beiden Formen der Besteuerung überein, sondern gilt dies auch für die Möglichkeiten zum Transfer von Gegenwarts- in Zukunftskonsum. Ceteris paribus wird der Unternehmer daher bei beiden Formen der Besteuerung die **gleiche intertemporale Konsumallokation** anstreben. Hieraus folgt sofort, daß die residualgewinnorientierte Konsumbesteuerung ebenfalls nicht zur Konsumneutralität i.e.S. führt und nur bei Voraussetzung von homothetischen Präferenzen wie im Fall einer *Cobb-Douglas*-Nutzenfunktion Konsumneutralität i.w.S. bedingt.

Beispiel 4.18:

Zum letzten Mal sei der Unternehmer aus Beispiel 4.4 betrachtet. Dieses Mal soll eine residualgewinnorientierte Besteuerung mit s = 30 % zugrunde gelegt werden. Ein Investitionsvolumen I führt damit in t = 1 zu Nach-Steuer-Einzahlungen für den Unternehmer von $F_S(I) = F(I) - s \cdot [F(I) - I - i \cdot I]$. Das optimale Realinvestitionsvolumen ist nach wie vor durch die Gleichheit der Ableitungen von Transformationskurve, $-F_S'(I) = -F'(I) + s \cdot [F'(I) - (1+i)]$, und der Steigung der Kapitalmarktgeradenschar, $-(1+i)$, charakterisiert. Leicht prüft man, daß sich aus der Anforderung $-F_S'(I) = -(1+i)$ erneut $F'(I) = 1+i$ und damit Investitionsneutralität ergibt. Mit i = 10 % und $F(I) = 4{,}4 \cdot I^{0{,}5}$ erhält man wieder $I^* = 4$ GE. Für $W_0 = 10$ GE folgt demnach $\overline{C}_0 = 6$ GE sowie $\overline{C}_1 = 8{,}8 - 0{,}3 \cdot (8{,}8 - 4 - 0{,}1 \cdot 4) = 7{,}48$ GE. Die Gleichung der aus Unternehmersicht relevanten Kapitalmarktgeraden lautet folglich $C_1 = 14{,}08 - 1{,}1 \cdot C_0$ und stimmt mit der aus Beispiel 4.15 für den Fall einer Cash-flow-Steuer überein. □

Residualgewinnorientierte Besteuerung und Cash-flow-Besteuerung erweisen sich somit als **äquivalent.** Im Gegensatz zur Cash-flow-Steuer erfordert eine residualgewinnorientierte Besteuerung jedoch keine größeren Änderungen des herrschenden Steuerrechts. Der flüchtige Beobachter könnte lediglich kritisieren, daß die Zinseinkünfte aus Finanzinvestitionen de facto nicht besteuert werden. Natürlich sind dafür im Gegenzug Sollzinszahlungen auch nicht steuerlich abzugsfähig. Überdies stellt sich die Frage, ob die steuerliche Erfassung von Haben- und Sollzinszahlungen in der Tat einen von Effizienzüberlegungen losgelösten Eigenwert besitzt. Bei Betrachtung aktueller steuerpolitischer Diskussionen in der zweiten Hälfte des Jahres 1999 muß man dies freilich für bestimmte politische Parteien in Deutschland wohl bejahen.

Wer die gerade durchgeführten Herleitungen genau nachvollzogen hat, kann aus der Äquivalenz residualgewinnorientierter Besteuerung und Cash-flow-Besteuerung überdies darauf schließen, daß die erstgenannte Besteuerung nichts anderes als eine verkappte Konsumbesteuerung ist. Auch unter diesem Blickwinkel stellt sich erneut ein Wertungsproblem, das sicherlich nicht Gegenstand eines ökonomischen und erst recht nicht betriebswirtschaftlichen Lehrbuchs sein kann. In jedem Falle besticht die residualgewinnorientierte Besteuerung unter Effizienzaspekten und unter dem Aspekt der einfachen Möglichkeit ihrer Implementierung in das herrschende Steuerpdurch ihre augenscheinliche Eleganz. Zumindest in **Kroatien** findet die residualgewinnorientierte Besteuerung tatsächlich Anwendung.[52]

4.5 Zusammenfassung

Im Rahmen dieses Abschnitts wurde gezeigt, daß die *Fisher*-**Separation** auch unter Berücksichtigung einer allgemeinen **Gewinnsteuer** weiterhin **Bestand** haben kann und Investitionsentscheidungen damit auch unter Beachtung steuerlicher Aspekte präferenz- und ausstattungsunabhängig auf der Grundlage des Kapitalwertkriteriums unter Zugrundelegung der herrschenden Marktzinssätze getroffen werden können. Des weiteren wurde gezeigt, wie sich der Kapitalwert eines Investitionsprogramms generell unter Berücksichtigung von Steuerzahlungen ermittelt.

Für die Herleitung der *Fisher*-Separation war neben der Annahme eines (bis auf die Einführung von Steuern) **vollkommenen** Kapitalmarktes (bei Sicherheit) vor allem von Bedeutung, daß Soll- und Habenzinszahlungen eines Steuersubjekts grundsätzlich steuerlich **gleich** behandelt werden. Dies trifft insbesondere für das **Standardmodell** der Investitionsrechnung zur Erfassung einer allgemeinen Gewinnbesteuerung zu. Reale Steuersysteme werden allerdings durch dieses Standardmodell **nur partiell** abgebildet, so daß für solche Fälle das **Kapitalwertkriterium** als präferenzunabhängiger Bewertungsmaßstab **nicht** ohne weiteres gefolgert werden kann.

Bei steuerlicher Ungleichbehandlung von Soll- und Habenzinszahlungen wird man in der Regel auf einen Ansatz wie das *Hirshleifer*-**Modell** zurückgreifen müssen. Eine präferenzunabhängige Beurteilung von Investitionsmöglichkeiten wird dann grundsätzlich allerdings nicht mehr möglich sein.

---

[52] Vgl. hierzu insbesondere *Wagner/Wenger* (1996).

Je nach der konkret unterstellten Art der Besteuerung kann sich trotz weiterhin gegebener Gültigkeit der *Fisher*-Separation ein als **Steuerparadoxon** bekanntes Phänomen ergeben. In einem **weiteren** Sinne liegt ein Steuerparadoxon dann vor, wenn der Nach-Steuer-Kapitalwert eines Investitionsprojekts über dem entsprechenden Vor-Steuer-Kapitalwert liegt. Im **engeren** Sinne spricht man von einem Steuerparadoxon, wenn der Nach-Steuer-Kapitalwert positiv, der Vor-Steuer-Kapitalwert hingegen negativ ist. In diesem letzteren Falle ist zugleich **Investitionsneutralität** des Steuersystems nicht mehr gegeben. Das bedeutet, daß durch die Besteuerung Einfluß auf das unternehmerische Investitionsverhalten genommen wird. Notwendige Voraussetzung für das Auftreten von Steuerparadoxa im engeren Sinne ist die **steuerliche Abzugsfähigkeit** von Sollzinszahlungen. Relevant ist überdies die Art der steuerlich zulässigen **Abschreibung**. Für den Spezialfall der sogenannten **Ertragswertabschreibung** erhält man das überraschende Ergebnis, daß unabhängig vom unterstellten Steuersatz s der im Standardmodell resultierende Nach-Steuer-Kapitalwert stets mit dem Vor-Steuer-Kapitalwert übereinstimmt, sofern im Zeitpunkt der Projektanfangsauszahlung keinerlei Steuern anfallen. Auch bei einer sogenannten **Cash-flow-Steuer** können keine Steuerparadoxa i.e.S. auftreten und ist Investitionsneutralität somit gewährleistet. Im Rahmen der Cash-flow-Besteuerung werden alle nicht investiv verwendeten Einzahlungen, also letztlich die **Konsumauszahlungen**, besteuert. Vollständig äquivalent zur Cash-flow-Besteuerung ist die **residualgewinnorientierte Besteuerung**, bei der in Abweichung vom Standardmodell die der Besteuerung zugrundeliegende Gewinnermittlung unter Abzug kalkulatorischer Zinsen erfolgt. Gerade die letztere Steuer könnte auch in Deutschland ohne größere Änderungen der bisher geltenden Regelungen implementiert werden. Die intertemporale Konsumallokation der Subjekte wird allerdings durch die residualgewinnorientierte Besteuerung ebenso wie durch die Cash-flow-Steuer oder eine Besteuerung gemäß dem Standardmodell im allgemeinen beeinflußt. **Konsumneutralität** der Besteuerung liegt hier demnach in aller Regel **nicht** vor.

Anhang 1

Um zu zeigen, daß die **steuerliche Abzugsfähigkeit von Kreditzinsen** notwendig für das Auftreten von Steuerparadoxa i.e.S. ist, braucht nur nachgewiesen zu werden, daß ohne steuerliche Abzugsfähigkeit von Kreditzinsen aus $\kappa_S \geq 0$ stets $\kappa_S \leq \kappa$ folgt. Dann nämlich kann augenscheinlich kein Steuerparadoxon i.e.S. mit $\kappa_S > 0$ und $\kappa < 0$ vorliegen. Im weiteren sei deswegen $\kappa_S \geq 0$ vorausgesetzt.

In der Vor-Steuer-Betrachtung gilt

$$\kappa = \sum_{t=0}^{T} \frac{z_t}{(1+i)^t}, \tag{A4.1}$$

in der Nach-Steuer-Betrachtung hingegen

$$\kappa_S = \sum_{t=0}^{T} \frac{(1-s) \cdot z_t + s \cdot D_t}{(1+i_S)^t}. \tag{A4.2}$$

Sofern Sollzinsen nicht steuerlich abzugsfähig sind, ist in (A4.2) unabhängig von der Behandlung der Habenzinsen mit $i_S = i$ zu rechnen, und man erhält:

$$\kappa_S = (1-s) \cdot \kappa + s \cdot \sum_{t=0}^{T} \frac{D_t}{(1+i)^t}. \tag{A4.3}$$

In aller Regel gilt $\Sigma_{t=0}^{T} D_t = 0$. Selbst unter Voraussetzung sogenannter Ertragswertabschreibungen[53] (und $\kappa_S \geq 0$) gilt höchstens $\Sigma_{t=0}^{T} D_t = \kappa_S \geq 0$. Mit $i \geq 0\,\%$ ist dann aber für $D_1, \ldots, D_T \geq 0$ auch von $\Sigma_{t=0}^{T} D_t/(1+i)^t \leq \kappa_S$ auszugehen.[54] Damit erhält man als Obergrenze für den Nach-Steuer-Kapitalwert:

---

[53] Vgl. hierzu auch Abschnitt 4.4.2.1.

[54] Um genau zu sein, wird für die Herleitung dieses Abschnitts damit neben nichtnegativen Werten für $D_1, \ldots, D_T$ und i auch eine Abschreibungssumme von $t = 0$ bis $t = T$ von nicht mehr als κ_S benötigt. Dies sind freilich keine strengen Annahmen.

$$\kappa_S \leq (1-s)\cdot\kappa + s\cdot\kappa_S \quad \text{(A4.4)}$$

$$\Leftrightarrow \kappa_S \leq \kappa.$$

Sofern κ_S demnach nichtnegativ ist, ist κ_S nicht größer als κ, weswegen dann natürlich auch κ nicht kleiner als Null ist.

Ein **Steuerparadoxon** im Falle von $i_S = i$ kann demnach nur noch für den vergleichsweise uninteressanten Fall $\kappa_S \leq 0$ und damit $\kappa < 0$ auftreten, wenn also ein Investitionsprojekt unabhängig von der Besteuerung besser gar nicht durchgeführt werden sollte, ein Steuerparadoxon im engeren Sinne damit gar nicht vorliegt, sondern nur im weiteren Sinne. Hierfür lassen sich im übrigen leicht Beispiele formulieren. Im Falle der im Abschnitt 4.4.2.2 erörterten Cash-flow-Besteuerung etwa gelten $D_t = 0$ ($\forall\, t = 0, ..., T$) und $i_S = i$, somit also $\kappa_S = (1-s)\cdot\kappa > \kappa$, falls $\kappa < 0$. Insofern liegt hier eine Situation mit einem Steuerparadoxon im weiteren Sinne (allerdings nicht im engeren Sinne) vor. Insbesondere die interessanteste Konstellation, Wechsel von Projektablehnung zu -annahme, also von $\kappa < 0$ zu $\kappa_S > 0$ und somit ein Steuerparadoxon im engeren Sinne, ist für $i_S = i$ nicht möglich, Investitionsneutralität hierbei daher gewahrt.

Anhang 2[55]

Zur Herleitung der **Investitionsneutralität der Ertragswertabschreibung** im Falle der Nichtbesteuerung von über die Anfangsauszahlung hinausgehenden Zuschreibungen des Zeitpunktes t = 0 sind zunächst die Formeln für Vor- und Nach-Steuer-Kapitalwert zu rekapitulieren:

$$\kappa = z_0 + \sum_{t=1}^{T} \frac{z_t}{(1+i)^t},$$

$$\kappa_S = z_0 + \sum_{t=1}^{T} \frac{z_t - s \cdot (z_t - D_t)}{[1+i \cdot (1-s)]^t}. \tag{A4.5}$$

Im Falle der Ertragswertabschreibung gilt $D_t = \eta_{t-1} - \eta_t$, woraus sich wegen $\eta_{t-1} = (z_t + \eta_t)/(1+i) \Leftrightarrow \eta_t = \eta_{t-1} \cdot (1+i) - z_t$ schließlich $D_t = z_t - i \cdot \eta_{t-1}$ und damit $z_t - D_t = i \cdot \eta_{t-1}$ ergibt.[56]

Die Differenz $\Delta\kappa \equiv \kappa - \kappa_S$ der beiden Kapitalwerte ist laut Behauptung für jede beliebige Parameterkonstellation stets identisch Null. Im weiteren ist diese Differenz daher ein wenig näher zu betrachten:

$$\Delta\kappa = \sum_{t=1}^{T} z_t \cdot \left\{ \frac{1}{(1+i)^t} - \frac{1}{[1+i \cdot (1-s)]^t} \right\} + s \cdot \sum_{t=1}^{T} \frac{i \cdot \eta_{t-1}}{[1+i \cdot (1-s)]^t}. \tag{A4.6}$$

Der erste Summand läßt sich mittels einiger "Kunstgriffe" in der folgenden modifizierten Form darstellen:

---

[55] Der folgende Nachweis orientiert sich sehr stark am Vorgehen von *Georgi* (1994), S. 32 ff.

[56] Gerade die letztgenannte Gleichung beschreibt die Besteuerung des **ökonomischen Gewinns** im Rahmen des Standardmodells bei Ertragswertabschreibung, wie schon im Haupttext im Zusammenhang mit Beispiel 4.12 erwähnt worden ist.

$$\sum_{t=1}^{T} z_t \cdot \left\{ \frac{1}{(1+i)^t} - \frac{1}{[1+i\cdot(1-s)]^t} \right\}$$

$$= \sum_{t=1}^{T} \frac{z_t}{(1+i)^t} \cdot \left\{ 1 - \left[\frac{(1+i)}{1+i\cdot(1-s)}\right]^t \right\} \qquad (A4.7)$$

$$= \left[1 - \frac{1+i\cdot(1-s)}{1+i}\right] \cdot \sum_{t=1}^{T} \frac{z_t}{(1+i)^t} \cdot \frac{1 - \left[\frac{(1+i)}{1+i\cdot(1-s)}\right]^t}{1 - \frac{1+i\cdot(1-s)}{1+i}}.$$

In der dritten Zeile aus (A4.7) erfolgte dabei lediglich eine Erweiterung im Zähler und Nenner um den Faktor 1-{[1+i·(1-s)]/(1+i)}. Bereits im Anhang 1 des Abschnitts 2 von Kapitel III wurde der Nachweis erbracht, daß für **geometrische Reihen** mit q ≠ 1 der folgende Zusammenhang Gültigkeit besitzt:

$$\sum_{t=1}^{T} q^{t-1} = \frac{1-q^T}{1-q}$$

$$\Leftrightarrow \sum_{\tau=1}^{t} q^{\tau-1} = \frac{1-q^t}{1-q}. \qquad (A4.8)$$

Gemäß (A4.8) erhält man des weiteren:

$$\frac{1-q^t}{1-\frac{1}{q}} = \frac{q}{q} \cdot \frac{1-q^t}{1-\frac{1}{q}} = q \cdot \frac{1-q^t}{q-1} = -q \cdot \frac{1-q^t}{1-q} = -q \cdot \sum_{\tau=1}^{t} q^{\tau-1} = -\sum_{\tau=1}^{t} q^{\tau}. \qquad (A4.9)$$

Definiert man nun q ≡ (1+i)/[1+i·(1-s)], dann ergibt sich auf der Grundlage von (A4.9) unmittelbar:

$$\frac{1-\left[\frac{1+i}{1+i\cdot(1-s)}\right]^t}{1-\frac{1+i\cdot(1-s)}{1+i}} = -\sum_{\tau=1}^{t} \left[\frac{1+i}{1+i\cdot(1-s)}\right]^{\tau}. \qquad (A4.10)$$

Einsetzen des Ergebnisses aus (A4.10) in die letzte Zeile aus (A4.7) liefert somit:

$$-\left[1-\frac{1+i\cdot(1-s)}{1+i}\right]\cdot\sum_{t=1}^{T}\frac{z_t}{(1+i)^t}\cdot\sum_{\tau=1}^{t}\left[\frac{1+i}{1+i\cdot(1-s)}\right]^{\tau}$$

$$= -\{(1+i)-[1+i\cdot(1-s)]\}\cdot\sum_{t=1}^{T}\sum_{\tau=1}^{t}\frac{z_t\cdot(1+i)^{\tau-t-1}}{[1+i\cdot(1-s)]^{\tau}} \qquad (A4.11)$$

$$= -s\cdot i\cdot\sum_{\tau=1}^{T}\sum_{t=1}^{\tau}\frac{z_{\tau}\cdot(1+i)^{t-\tau-1}}{[1+i\cdot(1-s)]^t}.$$

Im Rahmen der dritten Zeile wurden lediglich die Variablen t und τ in ihren Bedeutungen vertauscht.

Betrachtet man nun etwas näher die zu berücksichtigenden Kombinationen der Variablen τ und t in der **Doppelsumme** der letzten Zeile aus (A4.11), dann entsprechen diese den in der folgenden *Tabelle A4.1* durch "x" gekennzeichneten Zellen:

τ \ t	1	2	3	...	T
1	x				
2	x	x			
3	x	x	x		
...	...	...	...	...	...
T	x	x	x	x	x

Tabelle A4.1: Im Rahmen der Doppelsumme aus (A4.11) - letzte Zeile - zu beachtende Kombinationen von τ und t

Summiert man statt $\sum_{\tau=1}^{T} \sum_{t=1}^{\tau} (\cdot)$ in der Form $\sum_{t=1}^{T} \sum_{\tau=t}^{T} (\cdot)$, dann kann man leicht anhand von *Tabelle A4.1* prüfen, daß hierdurch die gleichen Kombinationen von τ und t erfaßt werden. Während im ersten Fall für jeden möglichen Wert von τ gewissermaßen zeilenweise summiert wird, erfolgt die Addition im zweiten Fall für jeweils gegebenen Wert von t spaltenweise.

Daher gilt folgender Zusammenhang:

$$-s \cdot i \cdot \sum_{\tau=1}^{T} \sum_{t=1}^{\tau} \frac{z_\tau \cdot (1+i)^{t-\tau-1}}{[1+i \cdot (1-s)]^t} = -s \cdot i \cdot \sum_{t=1}^{T} \sum_{\tau=t}^{T} \frac{z_\tau \cdot (1+i)^{t-\tau-1}}{[1+i \cdot (1-s)]^t}. \quad (A4.12)$$

Der Ertragswert η_{t-1} eines Zeitpunktes t-1 ergibt sich als $\sum_{\tau=t}^{T} z_\tau \cdot (1+i)^{-\tau+t-1}$, da die Zahlungen nur auf den Zeitpunkt t-1 abgezinst werden, der Exponent von $1+i$ also nicht einfach $-\tau$ ist, sondern um t-1 wieder erhöht werden muß.

Zusammenfassend kann unter Beachtung von (A4.12) und der Definition von η_{t-1} die Bestimmungsgleichung (A4.6) für $\Delta\kappa$ wie folgt vereinfacht werden:

$$-s \cdot i \cdot \sum_{t=1}^{T} \frac{1}{[1+i \cdot (1-s)]^t} \cdot \sum_{\tau=t}^{T} z_\tau \cdot (1+i)^{t-\tau-1} + s \cdot \sum_{t=1}^{T} \frac{i \cdot \eta_{t-1}}{[1+i \cdot (1-s)]^t}$$

$$= -s \cdot i \cdot \sum_{t=1}^{T} \frac{\eta_{t-1}}{[1+i \cdot (1-s)]^t} + s \cdot i \cdot \sum_{t=1}^{T} \frac{\eta_{t-1}}{[1+i \cdot (1-s)]^t} \quad (A4.13)$$

$$= 0.$$

In der Tat führt damit die Möglichkeit einer Ertragswertabschreibung unter den getroffenen Annahmen zur Identität $\kappa_S \equiv \kappa$ für beliebigen Steuersatz s und beliebige sonstige Parameterwerte.

Anhang 3[57]

Um das *Lücke*-Theorem im hier betrachteten Kontext nachzuweisen, muß man nur Anfangsauszahlung und zugehörige Abschreibungen näher betrachten, da ansonsten alle Zahlungen annahmegemäß unmittelbar erfolgswirksam sind.

Die zahlungsorientierte Kapitalwertberechnung kann unter den hier getroffenen Annahmen als ein **Spezialfall** gewinnorientierter Kapitalwertermittlung mit Sofortabschreibung des zu A_0 bewerteten Investititionsobjekts im Zeitpunkt 0 interpretiert werden. Im Rahmen der "eigentlichen" gewinnorientierten Kapitalwertberechnung werden die Abschreibungen hingegen erst zu späteren Zeitpunkten vorgenommen. Man muß sich zum Vergleich der beiden Kapitalwertberechnungsmöglichkeiten daher nur fragen, wie es sich ceteris paribus auf den Kapitalwert eines Investitionsprojekts auswirkt, wenn die Anfangsauszahlung nicht komplett bereits im Zeitpunkt 0 abgeschrieben wird, sondern im Ausmaß D_t eine Abschreibung erst im Zeitpunkt t erfolgt.

Wird die Anfangsauszahlung A_0 im Betrag D_t erst in t abgeschrieben, so bedingt dies für sich, daß der Kapitalwert in gewinnorientierter Rechnung um $D_t - [D_t/(1+i)^t]$ über dem Kapitalwert bei zahlungsorientierter Rechnung liegt. Konsequenz aus der späteren erfolgswirksamen Verrechnung von Teilen der Anfangsauszahlung ist aber auch, daß der Restbuchwert des Investitionsobjekts in den Zeitpunkten 0 bis t-1 um D_t über dem Restbuchwert bei erfolgswirksamer Verrechnung des Betrags D_t bereits im Zeitpunkt 0 liegt. Wenn man nun kalkulatorische Zinsen in den Zeitpunkten 1 bis T auf den Restbuchwert des Investitionsobjekts im jeweils unmittelbar vorhergehenden Zeitpunkt gewinnmindernd ansetzt, also eine Residualgewinnbetrachtung vornimmt, dann bedingt die Verschie-

---

[57] Der Nachweis orientiert sich an *Laux/Liermann* (1997), S. 563 ff. Siehe hierzu auch *Knoll* (1996). Das *Lücke*-Theorem gilt darüber hinaus unter sehr viel generelleren Annahmen. Neben den beiden bereits genannten Quellen sei insbesondere auf *Marusev/Pfingsten* (1993) verwiesen, wo das *Lücke*-Theorem sogar für den Fall nicht-flacher Zinsstruktur belegt wird.

bung der Abschreibung D_t vom Zeitpunkt 0 zum Zeitpunkt t Gewinnreduktionen von $i \cdot D_t$ in den Zeitpunkten von 1 bis t. Diese Gewinnreduktionen mindern den Kapitalwert in (residual-) gewinnorientierter Betrachtung im Vergleich zur zahlungsorientierten Kapitalwertermittlung um $i \cdot D_t \cdot \Sigma_{\tau=1}^{t}(1+i)^{-\tau} = i \cdot D_t \cdot RBF(i;t)$. Die resultierende Gesamtkapitalwertänderung durch Verschiebung einer Abschreibung D_t vom Zeitpunkt 0 zu einem Zeitpunkt t beträgt damit:

$$D_t - \frac{D_t}{(1+i)^t} - i \cdot D_t \cdot RBF(i;t) = D_t - \frac{D_t}{(1+i)^t} - i \cdot D_t \cdot \frac{(1+i)^t - 1}{(1+i)^t \cdot i} = 0. \qquad (A4.14)$$

Genau diese **Kapitalwertinvarianz** bei Variationen von D_t ist die Aussage des *Lücke*-Theorems.

Wiederholungsfragen

W4.1
Wie sind die Annahmen des Standardmodells zur Erfassung steuerlicher Aspekte in der Investitionsrechnung im Vergleich zu den tatsächlich in Deutschland bestehenden Regelungen zu beurteilen?

W4.2
Wieso besitzt die *Fisher*-Separation unter den getroffenen Annahmen des Standardmodells bei einer allgemeinen Gewinnbesteuerung weiterhin Gültigkeit?

W4.3
Welche Konsequenzen ergeben sich aus der Gültigkeit der *Fisher*-Separation im Rahmen des Standardmodells der Investitionsrechnung bei allgemeiner Gewinnbesteuerung?

W4.4
Was versteht man unter dem Zins- und und was unter dem Volumeneffekt der Gewinnbesteuerung?

W4.5
Wie läßt sich zeigen, daß die Kapitalwertformel im Rahmen des Standardmodells nach wie vor über die Eigenschaft der Wertadditivität verfügt?

W4.6
Was versteht man generell unter der Investitionsneutralität der Besteuerung?

W4.7
Was versteht man unter dem Steuerparadoxon im engeren Sinne, was unter dem im weiteren Sinne?

W4.8

Was versteht man unter einer Ertragswertabschreibung, und welche Konsequenzen ergeben sich aus ihrer Anwendung?

W4.9

Was versteht man unter einer Cash-flow-Steuer, und welche Konsequenzen ergeben sich aus ihrer Anwendung?

W4.10

Was versteht man unter einer residualgewinnorientierten Besteuerung, und welche Konsequenzen ergeben sich aus ihrer Anwendung?

V Ausblick

Ziel dieses **ersten Bandes** war, einen möglichst umfassenden Überblick über das adäquate **Treffen von Investitionsentscheidungen bei Sicherheit** zu geben. Alles in allem gehört die Investitionstheorie bei Sicherheit zweifellos zu den betriebswirtschaftlichen Teilgebieten, die sich durch außerordentlich große Geschlossenheit und weitestgehende Beantwortung der interessierenden Fragestellungen auszeichnen. Vorausgesetzt, das Problem der Datenbeschaffung ist gelöst, vermag die Investitionstheorie für so gut wie **jede** denkbare Entscheidungssituation bei Sicherheit adäquate Lösungsansätze anzubieten. Gerade weil hier generell keine Fragen mehr offenbleiben, überrascht es nicht, daß sich das finanzwirtschaftliche Forschungsinteresse seit einer letzten Blütezeit in den sechziger Jahren generell nicht mehr auf diesen Problembereich richtet. Als Kontrapunkt dazu sind die **zahlreichen Lehrbücher** auf diesem Gebiet anzusehen, die ihre Ursache neben der großen praktischen Relevanz von Investitionsentscheidungen insbesondere auch in der Existenz eines derart schlüssigen Theoriegebäudes haben.

So befriedigend die Errichtung eines monolithischen Theoriegebäudes für Investitionsentscheidungen bei Sicherheit auch sein mag, so unbefriedigend ist die fehlende Berücksichtigung von **Risikoaspekten**. Die Unsicherheit hinsichtlich der künftigen Konsequenzen von unternehmerischen Handlungsalternativen dürfte gerade für Investitionsentscheidungen mit ihrer langfristigen Natur konstitutiv sein. Aus diesem Grund widmet sich der **zweite Band** ausführlich den Fragen einer **Investitionstheorie bei Risiko**. Schon unter der Prämisse des vollkommenen Kapitalmarktes erreichen die Probleme dabei eine Komplexität, daß unmittelbar einsichtig sein wird, warum eine geschlossene Theorie für Investitionsentscheidungen bei Risiko nicht in gleicher Weise wie für Sicherheit existiert.

Des weiteren wurde im Rahmen des ersten Bandes stets unterstellt, daß die betrachteten Unternehmer sämtliche Investitionsentscheidungen selber treffen. Typischerweise werden in Unternehmen Entscheidungen auch **delegiert** und folglich dezentral getroffen, um den besseren Informationsstand der unter der Unternehmenszentrale angesiedelten Stellen zu nutzen. Die Unternehmenszentrale wird demnach in der Regel die konkreten Investitionsmöglichkeiten nicht mit Sicherheit kennen und in jedem Fall nicht so gut wie die untergeordneten Stellen beurteilen können. Im Rahmen des **Investitionscontrolling** wird geprüft, wie man sicherstellen kann, daß generell Investitionsentscheidungen im Sinne der Unternehmenszentrale getroffen werden. Derartige Fragen werden zu einem späteren Zeitpunkt im Rahmen eines noch zu erstellenden **dritten Bands** erörtert. Alles in allem sollen der zweite und der dritte Band im Hauptstudium das weiterführen, was über den ersten Band im Grundstudium bereits vermittelt wurde.

Literaturverzeichnis

Adam, D. (2000): Investitionscontrolling, 3. Aufl., München/Wien.

Altrogge, G. (1992): Kriterien der Nutzungsdauer von Investitionsprojekten, in: WISU - das Wirtschaftsstudium, 21. Jg., S. 639-647.

Bamberg, G./Coenenberg, A. G. (2000): Betriebswirtschaftliche Entscheidungslehre, 10. Aufl., München.

Bareis, P. (2000): Die Steuerreform 2000 ein Jahrtausendwerk?, in: WiSt - Wirtschaftswissenschaftliches Studium, 29. Jg., S. 602-609.

Betge, P. (2000): Investitionsplanung, 4. Aufl., Wiesbaden.

Bitz, M. (1998): Investition, in: *Bitz, M.*, u.a. (Hrsg.), *Vahlens* Kompendium der Betriebswirtschaftslehre, Band 1, 4. Aufl., München, S. 107-173.

Blohm, H./Lüder, K. (1995): Investition, 8. Aufl., München.

Boadway, R./Bruce, N. (1984): A General Proposition on the Design of a Neutral Business Tax, in: Journal of Public Economics, Vol. 24, S. 231-239.

Braun, B. (1999): Simultane Investitions- und Finanzplanung mit dem Excel-Solver, in: WISU - das Wirtschaftsstudium, 28. Jg., S. 73-80.

Breuer, C./Schweizer, T. (1997): Die Bedeutung von Zeitpräferenzen und Anfangsausstattung im *Fisher*-Modell, in: WiSt - Wirtschaftswissenschaftliches Studium, 26. Jg., S. 211-215.

Breuer, W. (1993a): Finanzintermediation im Kapitalmarktgleichgewicht, Wiesbaden.

Breuer, W. (1993b): *Hirshleifer*-Modell und Klienteleffekt, in: WiSt - Wirtschaftswissenschaftliches Studium, 22. Jg., S. 625-628.

Breuer, W. (1994): Kapitalkosten - Begriff, Bedeutung und Ermittlung, in: WISU - das Wirtschaftsstudium, 23. Jg., S. 819-828.

Breuer, W. (1995a): Finanzhedging bei Auslandsdirektinvestitionen, in: WiSt - Wirtschaftswissenschaftliches Studium, 24. Jg., S. 105-107.

Breuer, W. (1995b): Vollständige Finanzplanung, in: WiSt - Wirtschaftswissenschaftliches Studium, 24. Jg., S. 553-556.

Breuer, W. (1997a): Die Marktwertmaximierung als finanzwirtschaftliche Entscheidungsregel, in: WiSt - Wirtschaftswissenschaftliches Studium, 26. Jg., S. 222-226.

Breuer, W. (1997b): Die Wertadditivität von Marktbewertungsfunktionen, in: WISU - das Wirtschaftsstudium, 26. Jg., S. 1148-1153.

Breuer, W. (1998a): Finanzierungstheorie, Wiesbaden.

Breuer, W. (1998b): Kapitalkostenminimierung, in: WISU - das Wirtschaftsstudium, 27. Jg., S. 1056-1062.

Breuer, W. (1999a): Geschichte der Finanzwirtschaftslehre: Finanzierungstheorie, in: *Lingenfelder, M.* (Hrsg.), 100 Jahre Betriebswirtschaftslehre in Deutschland, München, S. 141-156.

Breuer, W. (1999b): *Fisher*-Separation und Kapitalwertkriterium bei Steuern, in: WiSt - Wirtschaftswissenschaftliches Studium, 28. Jg., S. 270-274.

Breuer, W. (1999c): Das Steuerparadoxon in der Investitionsrechnung, in: WiSt - Wirtschaftswissenschaftliches Studium, 28. Jg., S. 325-328.

Breuer, W. (2000a): Unternehmerisches Währungsmanagement, 2. Aufl., Wiesbaden.

Breuer, W. (2000b): *Hirshleifer-* und *Dean-*Modell im Vergleich, in: WiSt - Wirtschaftswissenschaftliches Studium, 29. Jg., S. 182-187.

Breuer, W. (2000c): Kapitalwert und Inflation, in: WISU - das Wirtschaftsstudium, 29. Jg., S. 1298-1305.

Breuer, W. (2001a): Investition II - Entscheidungen bei Risiko, Wiesbaden.

Breuer, W. (2001b): Konsumorientiertes Währungsmanagement, in: WiSt - Wirtschaftswissenschaftliches Studium, 30. Jg., S. 122-126.

Breuer, W. (2001c): Kapitalkostenorientierte Investitionsentscheidungen, in: WISU - das Wirtschaftsstudium, 30. Jg., S. 332-336.

Bronstein, I. N./Semendjajew, K. A./Musiol, G./Mühlig, H. (1999): Taschenbuch der Mathematik, 4. Aufl., Stuttgart usw.

Brown, E. C. (1948): Business-Income Taxation and Investment Incentives, in: *Metzler, L. A.*, u.a. (Hrsg.), Income, Employment and Public Policy, New York, S. 300-316.

Buchner, R. (1970): Zur Anwendung der Verfahren der dynamischen Programmierung und der Netzwerktechnik auf Fragen der optimalen Anlagenpolitik, in: Zeitschrift für Betriebswirtschaft, 40. Jg., S. 571-588.

Buchner, R. (1973): Zur Frage der Zweckmäßigkeit des internen Zinsfußes als investitionsrechnerisches Auswahlkriterium, in: Zeitschrift für Betriebswirtschaft, 43. Jg., S. 693-710.

Buchner, R. (1980): Anmerkungen zur Darstellung des sogenannten "Ketteneffekts" im Rahmen der betriebswirtschaftlichen Investitionstheorie, in: Zeitschrift für Betriebswirtschaft, 50. Jg., S. 33-46.

Buchner, R. (1982a): Das Separationstheorem von *Fisher*, in: WiSt - Wirtschaftswissenschaftliches Studium, 11. Jg., S. 172-177.

Buchner, R. (1982b): Zu "DerKetteneffekt bei Investitionsentscheidungen in wachsenden und in schrumpfenden Unternehmungen" - Eine Erwiderung, in: Zeitschrift für Betriebswirtschaft, 52. Jg., S. 501-502.

Busse v. Colbe, W./Laßmann, G. (1990): Betriebswirtschaftstheorie, Band 3: Investitionstheorie, 3. Aufl., Berlin usw.

Chiang, A. C. (1984): Fundamental Methods of Mathematical Economics, 3. Aufl., Auckland usw.

Copeland, T. E./Weston, J. F. (1997): Financial Theory and Corporate Policy, 3. Aufl., Reading (Massachusetts).

Crowder, W. J./Hoffman, D. L. (1996): The Long-Run Relationship between Nominal Interest Rates and Inflation: The *Fisher* Equation Revisited, in: Journal of Money, Credit, and Banking, Vol. 28, S. 102-118.

Dean, J. (1951): Capital Budgeting, New York/London.

Demirag, I./Goddard, S. (1994): Financial Management for International Business, Maidenhead.

Dichtl, E./Issing, O. (Hrsg.) (1993): *Vahlens* Großes Wirtschaftslexikon, 2. Aufl., München.

Diller, H. (2000): Preispolitik, 3. Aufl., Stuttgart usw.

Domschke, W./Drexl, A. (2002): Einführung in Operations Research, 5. Aufl., Berlin usw.

Drexl, A. (1990): Nutzungsdauerentscheidungen bei Sicherheit und Risiko, in: Zeitschrift für betriebswirtschaftliche Forschung, 42. Jg., S. 51-66.

Drukarczyk, J. (1993): Theorie und Politik der Finanzierung, 2. Aufl., München.

Eisenführ, F. (1993): Investitionsrechnung, 6. Aufl., Aachen.

Eisenführ, F./Weber, M. (1999): Rationales Entscheiden, 3. Aufl., Berlin usw.

Eller, R./Spindler, C. (1994): Zins- und Währungsrisiken optimal hedgen, Wiesbaden.

Ellinger, T./Beuermann, G./Leisten, R. (2001): Operations Research, 5. Aufl., Berlin usw.

Ewert, R./Wagenhofer, A. (2000): Interne Unternehmensrechnung, 4. Aufl., Berlin usw.

Fama, E. F./Miller, M. H. (1972): The Theory of Finance, Hinsdale (Illinois).

Felderer, B./Homburg, S. (1999): Makroökonomik und neue Makroökonomik, 7. Aufl., Berlin usw.

Fischer, E. O. (1996): Finanzwirtschaft für Anfänger, 2. Aufl., München/Wien.

Fisher, I. (1896): Appreciation and Interest, in: Publications of the American Economic Association, Third Series, Vol. 11 (4), New York/London.

Fisher, I. (1930): The Theory of Interest, New York.

Fisher, I. (1932): Die Zinstheorie, Jena.

Forster, O. (2001): Analysis I, 6. Aufl., Braunschweig/Wiesbaden,

Franke, G. (1978): Mittelbarer Parametervergleich als Entscheidungskalkül - Illusionen durch konventionsbedingte Rangordnungen, in: Zeitschrift für betriebswirtschaftliche Forschung, 30. Jg., S. 431-452.

Franke, G. (1983): Kapitalmarkt und Separation, in: Zeitschrift für Betriebswirtschaft, 53. Jg., S. 239-260.

Franke, G./Hax, H. (1999): Finanzwirtschaft des Unternehmens und Kapitalmarkt, 4. Aufl., Berlin usw.

Friedman, B. M. (1978): Who Puts the Inflation Premium into Nominal Interest Rates?, in: Journal of Finance, Vol. 33, S. 833-845.

Gebauer, W. (1982): Realzins, Inflation und Kapitalzins, Berlin usw.

Georgi, A. A. (1994): Steuern in der Investitionsrechnung, 2. Aufl., Hamburg.

Gerke, W./Bank, M. (1998): Finanzierung, Stuttgart.

Götze, U./Bloech, J. (1995): Investitionsrechnung, 2. Aufl., Berlin usw.

Grob, H. L. (1984): Investitionsrechnung auf der Grundlage vollständiger Finanzpläne - Vorteilhaftigkeitsanalyse für ein einzelnes Investitionsobjekt, in: WISU - das Wirtschaftsstudium, 13. Jg., S. 16-23.

Grob, H. L. (1989a): Investitionsrechnung mit vollständigen Finanzplänen, München.

Grob, H. L. (1989b): Die Examensklausur aus der Betriebswirtschaftslehre, in: WISU - das Wirtschaftsstudium, 18. Jg., S. 697-699.

Grob, H. L. (2001): Einführung in die Investitionsrechnung, 4. Aufl., München.

Güth, W. (1994): Markt- und Preistheorie, 2. Aufl., Berlin usw.

Haley, C. W./Schall, L. D. (1979): The Theory of Financial Decisions, 2. Aufl., Auckland usw.

Hållsten, B. (1966): Investment and Financing Decisions, Stockholm.

Hartmann-Wendels, T./Gumm-Heußen, M. (1994): Zur Diskussion um die Marktzinsmethode: Viel Lärm um Nichts?, in: Zeitschrift für Betriebswirtschaft, 64. Jg., S. 1285-1301.

Hax, H. (1964): Investitions- und Finanzplanung mit Hilfe der linearen Programmierung, in: Zeitschrift für betriebswirtschaftliche Forschung, 16. Jg., S. 430-446.

Hax, H. (1982): Finanzierungs- und Investitionstheorie, in: *Koch, H.* (Hrsg.), Neuere Entwicklungen in der Unternehmenstheorie, Wiesbaden, S. 49-68.

Hax, H. (1993): Investitionstheorie, 5. Aufl., Heidelberg.

Hax, H. (1998): Finanzierung, in: *Bitz, M.*, u.a. (Hrsg.), *Vahlens* Kompendium der Betriebswirtschaftslehre, Band 1, 4. Aufl., München, S. 175-233.

Hax, H./Hartmann-Wendels, T./v. Hinten, P. (1988): Moderne Entwicklung der Finanzierungstheorie, in: *Christians, F. W.* (Hrsg.), Finanzierungshandbuch, 2. Aufl., Wiesbaden, S. 689-713.

Heister, M. (1962): Rentabilitätsanalyse von Investitionen, Köln/Opladen.

Hellwig, K. (1973): Die Lösung ganzzahliger investitionstheoretischer Totalmodelle durch Partialmodelle, Meisenheim.

Hering, T. (1998): Kapitalwert und interner Zins, in: WISU - das Wirtschaftsstudium, 27. Jg., S. 899-904.

Hirshleifer, J. (1958): On the Theory of Optimal Investment Decision, in: Journal of Political Economy, Vol. 66, S. 329-352.

Hirshleifer, J. (1974): Kapitaltheorie, Köln.

Johansson, S.-E. (1961): Skatt-investering-värdering, Stockholm.

Johansson, S.-E. (1969): Income Taxes and Investment Decisions, in: Swedish Journal of Economics, Vol. 71, S. 104-110.

Kilger, W. (1965): Kritische Werte in der Investitions- und Wirtschaftlichkeitsrechnung, in: Zeitschrift für Betriebswirtschaft, 35. Jg., S. 338-353.

Kistner, K.-P./Steven, M. (1992): Optimale Nutzungsdauer und Ersatzinvestitionen, in: WiSt - Wirtschaftswissenschaftliches Studium, 21. Jg., S. 327-333.

Kloock, J./Sieben, G./Schildbach, T. (1999): Kosten- und Leistungsrechnung, 8. Aufl., Düsseldorf.

Knoll, L. (1996): Das *Lücke*-Theorem, in: WISU - das Wirtschaftsstudium, 25. Jg., S. 115-117.

König, R. (1997): Ungelöste Probleme einer investitionsneutralen Besteuerung - Gemeinsame Wurzel unterschiedlicher neutraler Steuersysteme und die Berücksichtigung unsicherer Erwartungen, in: Zeitschrift für betriebswirtschaftliche Forschung, 49. Jg., S. 42-63.

Kreps, D. M. (1990): A Course in Microeconomic Theory, New York usw.

Kruschwitz, L. (1977): Zur heuristischen Planung des Investitionsprogramms, in: Zeitschrift für Betriebswirtschaft, 47. Jg., S. 209-224.

Kruschwitz, L. (1993): Statische Investitionsrechnung, in: *Chmielewicz, K./ Schweitzer, M.* (Hrsg.), Handwörterbuch des Rechnungswesens, 3. Aufl., Stuttgart, Sp. 1859-1869.

Kruschwitz, L. (2000): Investitionsrechnung, 8. Aufl., München/Wien.

Kruschwitz, L. (2002): Finanzierung und Investition, 3. Aufl., München/Wien.

Kruschwitz, L./Fischer, J. (1980): Die Planung des Kapitalbudgets mit Hilfe von Kapitalnachfrage- und Kapitalangebotskurven, in: Zeitschrift für betriebswirtschaftliche Forschung, 32. Jg., S. 393-418.

Kruschwitz, L./Röhrs, M. (1994): *Debreu, Arrow* und die marktzinsorientierte Investitionsrechnung, in: Zeitschrift für Betriebswirtschaft, 64. Jg., S. 655-665.

Kruschwitz, L./Schöbel, R. (1986): Duration - Grundlagen und Anwendungen eines einfachen Risikomaßes zur Beurteilung festverzinslicher Wertpapiere, in: WISU - das Wirtschaftsstudium, 15. Jg., S. 550-554, 603-608.

Kußmaul, H. (1989): Zero-Bonds: Begriff, Merkmale, Gestaltungsmöglichkeiten, in: WiSt - Wirtschaftswissenschaftliches Studium, 18. Jg., S. 15-19.

Laux, H./Franke, G. (1970): Das Versagen der Kapitalwertmethode bei Ganzzahligkeitsbedingungen, in: Zeitschrift für betriebswirtschaftliche Forschung, 22. Jg., S. 517-527.

Laux, H./Liermann, F. (1997): Grundlagen der Organisation, 4. Aufl., Berlin usw.

Lenz, H. (1991): Dynamische Investitionsrechenverfahren, in: WiSt - Wirtschaftswissenschaftliches Studium, 20. Jg., S. 497-502.

Lessard, D. R. (1981): Evaluating International Projects: An Adjusted Present Value Approach, in: *Crum, R. L./Derkinderen, F. G. J.* (Hrsg.), Capital Budgeting under Conditions of Uncertainty, Boston usw., S. 118-137.

Lücke, W. (1955): Investitionsrechnungen auf der Grundlage von Ausgaben oder Kosten?, in: Zeitschrift für handelswissenschaftliche Forschung, N.F., 7. Jg., S. 310-324.

Lücke, W. (Hrsg.) (1991): Investitionslexikon, 2. Aufl., München.

Marusev, A. W./Pfingsten, A. (1993): Das *Lücke*-Theorem bei gekrümmter Zinsstruktur-Kurve, in: Zeitschrift für betriebswirtschaftliche Forschung, 45. Jg., S. 361-365.

Mas-Collel, A./Whinston, M. D./Green, J. R. (1995): Microeconomic Theory, New York/Oxford.

May, S. (1999): Drei Interpretationen des Duration-Konzeptes, in: WiSt - Wirtschaftswissenschaftliches Studium, 28. Jg., S. 494-497.

Mellwig, W. (1980): Sensitivitätsanalyse des Steuereinflusses in der Investitionsplanung - Überlegungen zur praktischen Relevanz einer Berücksichtigung der Steuern bei der Investitionsentscheidung, in: Zeitschrift für betriebswirtschaftliche Forschung, 32. Jg., S. 16-32.

Mellwig, W. (1981): Die Berücksichtigung der Steuern in der Investitionsplanung - Modellprämissen und Ausmaß des Steuereinflusses, in: Zeitschrift für betriebswirtschaftliche Forschung, 33. Jg., S. 53-55.

Mellwig, W. (1985): Investition und Besteuerung, Wiesbaden.

Neus, W. (2001): Einführung in die Betriebswirtschaftslehre aus institutionenökonomischer Sicht, 2. Aufl., Tübingen.

Nippel, P. (1995): Investitionsplanung bei unsicherem, zukünftigem technischen Fortschritt, in: Zeitschrift für Planung, 6. Jg., S. 371-388.

v. Nitzsch, R. (1997): Investitionsbewertung und Risikofinanzierung, Stuttgart.

v. Nitzsch, R. (1999): Investitionsrechnung, 2. Aufl., Aachen.

Norstrøm, C. J. (1972): A Sufficient Condition for a Unique Nonnegative Internal Rate of Return, in: Journal of Financial and Quantitative Analysis, Vol. 7, S. 1835-1839.

Ordelheide, D. (1988): Zu einer neoinstitutionalistischen Theorie der Rechnungslegung, in: *Budäus, D.*, u.a. (Hrsg.), Betriebswirtschaftslehre und Theorie der Verfügungsrechte, Wiesbaden, S. 269-295.

Ordelheide, D. (1989): Kapital und Gewinn. Kaufmännische Konvention als kapitaltheoretische Konzeption?, in: *Hax, H.*, u.a. (Hrsg.), Zeitaspekte in betriebswirtschaftlicher Theorie und Praxis, Stuttgart, S. 21-41.

Ordelheide, D. (1998): Externes Rechnungswesen, in: *Bitz, M.*, u.a. (Hrsg.), *Vahlens* Kompendium der Betriebswirtschaftslehre, Band 1, 4. Aufl., München, S. 475-586.

Perridon, L./Steiner, M. (1999): Finanzwirtschaft der Unternehmung, 10. Aufl., München.

Preinreich, G. A. D. (1937): Valuation and Amortization, in: Accounting Review, Vol. 12, S. 209-235.

Preinreich, G. A. D. (1940): The Economic Life of Industrial Equipment, in: Econometrica, Vol. 8, S. 12-44.

Pyndick, R. S./Rubinfeld, D. L. (1998): Mikroökonomie, München/Wien.

Reichelstein, S. (1997): Investment Decisions and Managerial Performance Evaluation, in: Review of Accounting Studies, Vol. 2, S. 157-180.

Richter, R./Furubotn, E. G. (1999): Neue Institutionenökonomik, 2. Aufl., Tübingen.

Richter, R./Schlieper, U./Friedmann, W. (1978): Makroökonomik, Berlin usw.

Rogerson, W. P. (1997): Intertemporal Cost Allocation and Managerial Investment Incentives: A Theory Explaining the Use of Economic Value Added as a Performance Measure, in: Journal of Political Economy, Vol. 105, S. 770-795.

Rolfes, B. (1986): Statische Verfahren der Wirtschaftlichkeitsrechnung, in: WISU - das Wirtschaftsstudium, 15. Jg., S. 411-417.

Rolfes, B. (1992): Moderne Investitionsrechnung, München/Wien.

Rolfes, B. (1993): Marktzinsorientierte Investitionsrechnung, in: Zeitschrift für Betriebswirtschaft, 63. Jg., S. 691-713.

Rolfes, B. (1998): Moderne Investitionsrechnung, 2. Aufl., München/Wien.

Rose, G. (1993): Die Substanzsteuern, 9. Aufl., Wiesbaden.

Rose, G. (2001): Die Ertragsteuern, 16. Aufl., Wiesbaden.

Rudolph, B. (1983): Zur Bedeutung der kapitaltheoretischen Separationstheoreme für die Investitionsplanung, in: Zeitschrift für Betriebswirtschaft, 53. Jg., S. 261-287.

Samuelson, P. A. (1964): Tax Deductibility of Economic Depreciation to Insure Invariant Valuations, in: Journal of Political Economy, Vol. 72, S. 604-606.

Sandmann, K. (2001): Einführung in die Stochastik der Finanzmärkte, 2. Aufl., Berlin usw.

Sargent, T. J. (1987): Dynamic Macroeconomic Theory, Cambridge/London.

Schäfer, H. (1999): Unternehmensinvestitionen, Heidelberg.

Schall, L. D. (1972): Asset Valuation, Firm Investment, and Firm Diversification, in: Journal of Business, Vol. 45, S. 11-28.

Scheffen, O. (1993): Zur Entscheidungsrelevanz fixer Kosten, in: Zeitschrift für betriebswirtschaftliche Forschung, 45. Jg., S. 319-341.

Scheffler, W. (2001): Gewerbesteuerbelastung von Einzelunternehmen und Personengesellschaften nach der Unternehmenssteuerreform, in: WiSt - Wirtschaftswissenschaftliches Studium, 30. Jg., S. 477-482.

Schmidt, R. H./Terberger, E. (1999): Grundzüge der Investitions- und Finanzierungstheorie, 4. Aufl., Wiesbaden.

Schneider, D. (1992): Investition, Finanzierung und Besteuerung, 7. Aufl., Wiesbaden.

Schneider, E. (1973): Wirtschaftlichkeitsrechnung, 8. Aufl., Tübingen.

Schröder, H.-H. (1986): Das investitionsrechnerische Grundmodell zur Bestimmung der optimalen Nutzungsdauer von Anlagegütern, in: WISU - das Wirtschaftsstudium, 15. Jg., S. 21-27.

Schröder, H.-H. (1987): Bestimmungsgründe der optimalen Nutzungsdauer von Anlagegütern und ihre Wirkungen, in: WISU - das Wirtschaftsstudium, 16. Jg., S. 35-39, 91-97.

Schulte, G. (1999): Investition, Stuttgart.

Seicht, G. (2001): Investition und Finanzierung, 10. Aufl., Wien.

Shapiro, A. C. (1978): Capital Budgeting for the Multinational Corporation, in: Financial Management, Vol. 7 (Frühjahr), S. 7-16.

Shapiro, A. C. (1983): International Capital Budgeting, in: Midland Corporate Finance Journal, Vol. 1, S. 26-45.

Simon, H. (1992): Preismanagement, 2. Aufl., Wiesbaden.

Sinn, H.-W. (1985): Kapitaleinkommensbesteuerung, Tübingen.

Solnik, B. (1978): International Parity Conditions and Exchange Risk: A Review, in: Journal of Banking and Finance, Vol. 2, S. 281-293.

Spremann, K. (1996): Wirtschaft, Investition und Finanzierung, 5. Aufl., München/Wien.

Stehle, R. (1982): Quantitative Ansätze zur Beurteilung ausländischer Investitionsprojekte, in: *Lück, W./Trommsdorff, V.* (Hrsg.), Internationalisierung als Problem der Betriebswirtschaftslehre, Berlin, S. 475-499.

Steiner, J. (1980): Gewinnsteuern in Partialmodellen für Investitionsentscheidungen, Münster.

Swoboda, P. (1996): Investition und Finanzierung, 5. Aufl., Göttingen.

Takayama, A. (1985): Mathematical Economics, 2. Aufl., Cambridge.
Varian, H. R. (1994): Mikroökonomie, 3. Aufl., München/Wien.
Varian, H. R. (2001): Grundzüge der Mikroökonomik, 5. Aufl., München/ Wien.
Wagner, F. W. (1979): Das Grundmodell der Ertragsteuerwirkungen auf die Investitionsentscheidung, in: WiSt - Wirtschaftswissenschaftliches Studium, 8. Jg., S. 67-72.
Wagner, F. W. (1981): Der Steuereinfluß in der Investitionsplanung, in: Zeitschrift für betriebswirtschaftliche Forschung, 33. Jg., S. 47-52.
Wagner, F. W. (1989): Die zeitliche Erfassung steuerlicher Leistungsfähigkeit, in: *Hax, H.*, u.a. (Hrsg.), Zeitaspekte in betriebswirtschaftlicher Theorie und Praxis, Stuttgart, S. 261-277.
Wagner, F. W./Dirrigl, H. (1980): Die Steuerplanung der Unternehmung, Stuttgart/New York.
Wagner, F. W./Wenger, E. (1996): Theoretische Konzeption und legislative Transformation eines marktwirtschaftlichen Steuersystems in der Republik Kroatien, in: *Sadowski, D.*, u.a. (Hrsg.), Regulierung und Unternehmenspolitik, Wiesbaden, S. 399-415.
Wagner, F. W./Wissel, H. (1995): Entscheidungsneutralität der Besteuerung als Leitlinie einer Reform der Einkommensteuer, in: WiSt - Wirtschaftswissenschaftliches Studium, 24. Jg., S. 65-70.
Wehrle-Streif, U. (1989): Empirische Untersuchung zur Investitionsrechnung, Köln.
Weingartner, H. M. (1963): Mathematical Programming and the Analysis of Capital Budgeting Decisions, Englewood Cliffs.
Weingartner, H. M. (1977): Capital Rationing: n Authors in Search of a Plot, in: Journal of Finance, Vol. 32, S. 1403-1431.
Wenger, E. (1983): Gleichmäßigkeit der Besteuerung von Arbeits- und Vermögenseinkünften, in: Finanzarchiv, N.F., 41. Jg., S. 207-252.
Wenger, E. (1986): Einkommensteuerliche Periodisierungsregeln, Unternehmenserhaltung und optimale Einkommensbesteuerung, in: Zeitschrift für Betriebswirtschaft, 56. Jg., S. 132-151.

Wiese, H. (1999): Mikroökonomik, 2. Aufl., Berlin usw.

Wilhelm, J. (1993): Ausschüttungspolitik, in: *Wittmann, W.* (Hrsg.), Handwörterbuch der Betriebswirtschaft, 5. Aufl., Stuttgart, Sp. 213-227.

Wollenhaupt, H. (1982): Rationale Entscheidungen bei unscharfen Wahrscheinlichkeiten, Thun/Frankfurt.

Wolters, J./Hassler, U. (1998): Die Zinsstruktur am deutschen Interbanken-Geldmarkt: Eine empirische Analyse für das vereinigte Deutschland, in: ifo Studien, 44. Jg., S. 141-160.

Zechner, J. (1981): Der Ketteneffekt bei Investitionsentscheidungen in wachsenden und in schrumpfenden Unternehmungen, in: Zeitschrift für Betriebswirtschaft, 51. Jg., S. 559-572.

Zechner, J. (1982): Zu "Der Ketteneffekt bei Investitionsentscheidungen in wachsenden und in schrumpfenden Unternehmungen" - Eine Stellungnahme zur Erwiderung, in: Zeitschrift für Betriebswirtschaft, 52. Jg., S. 503-504.

Verweisregister

In der folgenden Tabelle findet sich in der ersten Spalte die jeweilige Seitenzahl aus "Investition II", auf der auf die erste Auflage von "Investition I" verwiesen wird. Die zweite Spalte gibt den jeweiligen Verweis auf die erste Auflage von "Investitition I" an, die dritte Spalte den entsprechend zu modifizierenden Verweis auf die vorliegende zweite Auflage.

Seitenzahl aus "Investition II"	Verweis auf "Investition I" (2000)	Verweis auf "Investition I" (2002)
S. 10	S. 85	S. 89
S. 62	S. 42	S. 44
S. 113	S. 356 ff.	S. 360 ff.
S. 171	S. 196 ff.	S. 200 ff.
S. 192	S. 329 f.	S. 333 f.
S. 266	S. 209	S. 213
S. 270	S. 188 f.	S. 192 f.
S. 281	S. 225	S. 229
S. 290	S. 257 ff.	S. 261 ff.
S. 292	S. 269	S. 273
S. 491	S. 472	keine exakte Entsprechung mehr; am ehesten noch S. 409 ff.
S. 492	S. 420 f.	S. 424 f.

Stichwortregister

Absatzinterdependenzen 155
Abschreibung 89
    lineare 93
Agio 381
Alternativkostenkonzept 333
Amortisationsdauer 123
Amortisationsrechnung, statische 83
Anfangswertmaximierung 374
Anlegertyp 53, 304
Annuität, äquivalente 85, 181 ff., 375
Annuitätenfaktor 85
Anschaffungswertprinzip 443
Arbitrage 46
Auslandsdirektinvestition 261
Auswahlentscheidung 75 f., 160
Auszahlungsfunktion 157

Basiszahlungsreihe 116 f.
Bemessungsgrundlage 407
Berechnungsmethode, retrograde 198 ff.
Bestandsgröße 372
Besteuerung, residualgewinnorientierte 459 ff.
Besteuerung, zinskorrigierte 462
Betrachtung, marginalanalytische 156
Break-even-Menge 121 f.
Break-even-Preis 123

Cash-flow-Steuer 452 ff.
Chance-constrained-Programming-Ansätze 396
Cobb-Douglas-Nutzenfunktion 11, 449

Darlehnsgerade 298 f.
Dauerschulden 408
Dean-Modell 329 ff.
Differential, totales 10

Differenzinvestition 76 ff., 117, 137 ff., 163 ff.
Disagio 381
Diskontierungsfaktor 65, 201, 400
Duration 212, 223 ff.

Einlage 371
Einkommensteuer 407 ff.
Einzelentscheidung 70
Einzelprojektbeurteilung 71, 273 f.
Endwertmaximierung 374
Entnahme 371
Entnahmemaximierung 375
Entscheidungsneutralität 405
Enumeration, vollständige 168
Ersatzzeitpunkt, optimaler 158
Ertragsteuern 407
Ertragswert 89
Ertragswertabschreibung 441 ff.
Erwartungshypothese 217

Festkredit 381
Finanzierungssaldo 372
Finanzierungstheorie 1
Finanzinvestitionen 12, 62 f., 429
Finanzplan, vollständiger 431 ff.
Finanzwirtschaft 1
Fisher-Effekt, Internationaler 267 ff.
Fisher-Effekt, Nationaler 243, 278 ff.
Fisher-Hypothese 243 ff.
Fisher-Separation 57 f., 61, 262 f., 424, 454, 462
Fortschritt, technischer 173 ff.
Fremdkapitalkostensatz 384
Fremdwährung 264

Gesetz des Einheitspreises 46, 284
Gewerbe(ertrag)steuer 407 ff.
Gewinn, ökonomischer 445, 471
Gewinnsteuer 412
Gewinnvergleich 83, 90 ff.
Grenznutzen 10
Grenzrate der Substitution 30 ff., 375, 399 f.
Grenzrate der Transformation 34
Grenzrendite 36
Grenzsteuersatz 410
Größe, nominale 230
Größe, reale 230

Habenzinssatz 293
Halbeinkünfteverfahren 410
Hirshleifer-Modell 293 ff., 360 ff., 424 f.
Hyperebenen 191

Indifferenzkurve 28 ff.
Inflationsrate 229
Inlandswährung 264
Investitionscontrolling 480
Investitionsertragsfunktion 13 ff.
Investitionsertragskurve 17 f.
Investitionsneutralität 421, 435 ff.
Investitionsprogramm 14
Investitionsprojekt 13
Investitionsrechnung, dynamische 83
Investitionsrechnung, statische 83
Investitionstheorie 1
Isonutzenlinie 28 ff.

Kalkulationszinsfuß, endogener 308, 337 f., 389 f., 397 ff.
Kapitalbedarfsrechnung, bilanzbezogene 93
Kapitalbudget 335
Kapitalgesellschaft 409
Kapitalmarkt, vollkommener 44 f.
Kapitalmarktgerade 46 ff., 417 ff.

Kapitalangebotsfunktion 331 ff.
Kapitalangebotskurve 331 ff.
Kapitalkostenminimierung 384
Kapitalkostensatz 331
Kapitalkostensatz, pagatorischer 333
Kapitalkostensatz, wertmäßiger 333 f.
Kapitalnachfragefunktion 330 ff.
Kapitalnachfragekurve 330 ff.
Kapitalwert 60, 400 f., 426 ff.
Kapitalwertkriterium 63 f.
Kassageschäft 192
Kassawechselkurs 273
Kassazinssatz 192
Kassenhaltung 16
Kaufkraftparitätentheorie 285 ff.
Ketteneffekt 169 f.
Klienteleffekt 319 ff.
Komplexitätsreduktion 185
Konditionenvielfalt 377
Konsumauszahlungen 8 ff.
Konsumneutralität 421, 448, 457 f.
Konsumbesteuerung 453
Kontokorrentkredit 378
Körperschaftsteuer 409 f.
Kostenvergleich 83
Kreditgerade 297 f.
Kuhn-Tucker-Lagrange-Ansatz 397 ff.

Laplace-Prinzip 451
Leerverkauf 208
LP-Ansätze 393 ff.
Liquidation 158
Liquidationserlös 160
Lücke-Theorem 459 f., 475 f.

Marktwert 62, 312 ff.
Marktwertmaximierung 64

Nennbetrag 207
Neutraler 53, 305 f.
Nominalbetrag 207
Nominalzinssatz 230 ff.
Normalfinanzierung 129
Normalinvestition 129
Nullkupon-Anleihe 200
Nullpunktfestlegung 116
Nullstellenbestimmung 128
Nutzungsdauer 78
    optimale 158
    maximale 160

Operations Research 173, 393 f.
Optimierungsprobleme, lineare 393 ff.
Ordinalität einer Nutzenfunktion 9 f.

Parameter 119
Parameterregeln 113 ff.
Parametervergleich, mittelbarer 146, 358, 376 f., 384
Parametervergleich, unmittelbarer 147
Periode, repräsentative 88 f.
Personengesellschaft 412
Präferenzen, homothetische 449
Preisniveau 228 f.
Prinzip der arbitragefreien Bewertung 46
Programmierung, Lineare 393 ff.

Realinvestitionsfunktion 13 ff.
Realinvestitionskurve 17 f.
Realinvestitionen 12 f.
Realzinssatz 230 ff.
Rendite 14
Renditemaximierung 376
Rentabilitätsvergleich 83
Rente, ewige 184
Rentenbarwertfaktor 84 ff.
Residualgewinn 460

Risikoaspekte 396, 479
Rollback-Verfahren 168
Rückwärtsinduktion 167 f.

Schuldnertyp 53, 302
Sofortabschreibung 452 f.
Solidaritätszuschlag 409 f.
Sollzinssatz 293
Sparbrief 208
Standardmodell 412
Steuern 405 ff.
Steuerparadoxon 435 ff.
Steuersatz 407
Stromgröße 372
Substanzsteuern 407

Tabellenkalkulationsprogramm 395
Teilbarkeit 14, 19 ff.
Terminanlage, synthetische 218
Termingeschäft 192
Terminwechselkurs 273
Terminzinssatz 191 f., 215 ff.
Transaktionskosten 295 f.
Transformationsfunktion 26 f.
Transformationskurve 26 f., 415

Unabhängigkeit 13, 22 ff.

Verfügungsgeschäft 192
Verpflichtungsgeschäft 192
Volumeneffekt der Besteuerung 429, 437 f.
Vorzeichenregel, kartesische 130 f.

Wechselkurs 262
Wechselkursrendite 269 f.
Wert, kritischer 120
Wertadditivität 69 f., 117, 156, 168, 195, 434

Zahlungen, derivative 369
Zahlungen, originäre 369
Zero Bond 197, 200
Zero-Bond-Abzinsungsfaktor 200
Zinseffekt der Besteuerung 428, 437 f.
Zinsen, kalkulatorische 92, 460
Zinsfuß, interner 124 ff.
Zinskurve 212
Zinsparitätentheorie, ungedeckte 267
Zinsstruktur 212
    flache 213
    inverse 213
    nicht-flache 213
    normale 212

Konzepte für das neue Jahrtausend

Das mikroökonomische Risikokalkül

Problemstellung – Investitionsentscheidungen bei Quasi-Sicherheit – Investitionsentscheidungen bei fehlendem Kapitalmarktzugang – Investitionsentscheidungen bei vollkommenem Kapitalmarkt – Investitionsentscheidungen bei unvollkommenem Kapitalmarkt – Zusammenfassung und Ausblick

Das Lehrbuch bildet den zweiten Teil einer auf drei Bände angelegten Darstellung des aktuellen Standes der betriebswirtschaftlichen Investitionstheorie. Im Rahmen einer konsequent mikroökonomisch fundierten Darstellung werden hier in umfassender Weise Investitionsentscheidungen bei Risiko behandelt. Der Schwerpunkt liegt auf der kapitalmarkttheoretisch orientierten Planung von Realinvestitionen. Stets werden dabei vor dem Hintergrund der jeweiligen Prämissen Möglichkeiten und Grenzen der praktischen Umsetzung der Entscheidungskalküle kritisch beleuchtet.

Wolfgang Breuer
Investition II
Entscheidungen bei Risiko
2001. XVIII, 520 S.
Br. € 39,00
ISBN 3-409-11832-2

Änderungen vorbehalten. Stand: April 2002

Gabler Verlag · Abraham-Lincoln-Str. 46 · 65189 Wiesbaden · www.gabler.de

Konzepte für das neue Jahrtausend

Optimale Unternehmensfinanzierung

Die Bestimmung der optimalen Finanzierungsweise von Unternehmen zählt zu den Kernproblemen der Betriebswirtschaftslehre. Dieses Lehrbuch wählt einen konsequent an den denkbaren Funktionen unternehmerischer Finanzierungsmaßnahmen ausgerichteten Ansatz und bietet somit einen didaktisch nützlichen und systematischen Überblick.

Wolfgang Breuer
Finanzierungstheorie
Eine systematische Einführung
(Die Wirtschaftswissenschaften, hrsg. von Horst Albach)
1998. XIV, 249 S., Br.,
€ 34,00
ISBN 3-409-12942-1

So stellt man ein erfolgreiches Portfolio zusammen

Dieses Lehrbuch schildert verschiedene Ansätze der optimalen Portfolioselektion. Es geht dabei über die klassische Markowitz-Theorie hinaus und stellt Alternativen dar. Alle vorgestellten Ansätze werden an konkreten, möglichst durchgängigen Zahlenbeispielen erläutert.

Wolfgang Breuer, M. Gürtler, F. Schuhmacher
Portfoliomanagement
Theoretische Grundlagen und praktische Anwendungen
1999. XIV, 403 S. mit 52 Abb., 44 Tab., Br., € 36,00
ISBN 3-409-11508-0

Optimieren Sie Ihre Fremdwährungspositionen

Währungsmanagement beschäftigt sich mit der Frage, wie die währungsbezogene Zusammensetzung von Zahlungsströmen im Unternehmen beeinflusst werden kann. W. Breuer erläutert die zentralen Begriffe Wechselkursrisiko, Hedging und Spekulation und stellt Instrumente zur Verfolgung von Hedging- und/oder Spekulationszielen auf Devisenmärkten vor. Das fundierte Wissen wird anhand konkreter Kurssicherungsprobleme vertieft.

Wolfgang Breuer
Unternehmerisches Währungsmanagement
Eine anwendungsorientierte Einführung. Mit Übungsaufgaben.
2., überarb. Aufl. 2000.
XIV, 379 S. mit 13 Abb., 24 Tab., Br., € 32,00
ISBN 3-409-23572-8

Übungen zum internationalen Finanzmanagement

Das Übungsbuch präsentiert zu jedem Abschnitt des Lehrbuchs „Unternehmerisches Währungsmanagement" Übungsaufgaben mit ausführlichen Lösungen.

Wolfgang Breuer
Übungsbuch Unternehmerisches Währungsmanagement
1999, X, 138 S., Br.,
€ 22,00
ISBN 3-409-11515-3

Änderungen vorbehalten. Stand: November 2001

Gabler Verlag · Abraham-Lincoln-Str. 46 · 65189 Wiesbaden · www.gabler.de

GABLER